Jostein Ådna

T5-BPY-845

Jesu Stellung zum Tempel

Die Tempelaktion und das Tempelwort als Ausdruck seiner messianischen Sendung

Mohr Siebeck

JOSTEIN ÅDNA, geboren 1955; 1974–82 Studium der ev. Theologie in Oslo und Tübingen; 1982–83 israelischer Staatsstipendiat an der Hebräischen Universität Jerusalem; 1986–88 wiss. Assistent in Oslo; 1988–93 wiss. Assistent in Tübingen; seit 1993 Dozent an der Hochschule für Theologie und Mission in Stavanger; 1994 Promotion.

BT
416
, A352
2000

Die Deutsche Bibliothek – CIP-Einheitsaufnahme

Ådna, Jostein:
Jesu Stellung zum Tempel : die Tempelaktion und das Tempelwort als Ausdruck seiner messianischen Sendung / Jostein Ådna. – Tübingen : Mohr Siebeck, 2000
   (Wissenschaftliche Untersuchungen zum Neuen Testament : Reihe 2 ; 119)
   ISBN 3-16-146974-7

© 2000 J. C. B. Mohr (Paul Siebeck) Tübingen.

Das Werk einschließlich aller seiner Teile ist urheberrechtlich geschützt. Jede Verwertung außerhalb der engen Grenzen des Urheberrechtsgesetzes ist ohne Zustimmung des Verlags unzulässig und strafbar. Das gilt insbesondere für Vervielfältigungen, Übersetzungen, Mikroverfilmungen und die Einspeicherung und Verarbeitung in elektronischen Systemen.

Das Buch wurde von Gulde-Druck in Tübingen auf alterungsbeständiges Werkdruckpapier der Papierfabrik Niefern gedruckt und von der Großbuchbinderei Heinr. Koch in Tübingen gebunden.

ISSN 0340-9570

Wissenschaftliche Untersuchungen
zum Neuen Testament · 2. Reihe

Herausgegeben von
Martin Hengel und Otfried Hofius

119

Meiner Frau
Gerd Marie Ådna

Vorwort

Diese Studie stellt die überarbeitete und erweiterte Fassung eines Teils meiner Dissertation „Jesu Kritik am Tempel. Eine Untersuchung zum Verlauf und Sinn der sogenannten Tempelreinigung Jesu, Markus 11,15–17 und Parallelen" (Tübingen/Stavanger 1993) dar. Die Dissertation wurde im Herbst 1993 an der Theologischen Gemeindefakultät in Oslo, Norwegen, eingereicht und am 16.03.1994 in einer öffentlichen Disputation verteidigt.

Meine Beschäftigung mit der Thematik „Jesus und der Tempel" wurde vor allem von Prof. Dr. Dr.h.c. Peter Stuhlmacher, Tübingen, angeregt. Nachdem ich ihn bereits während meines Studiums der evangelischen Theologie in Oslo und Tübingen in den Jahren 1974–82 kennengelernt hatte, wandte ich mich 1984 an ihn und bat um seinen Rat im Hinblick auf ein geeignetes Promotionsthema. Unter mehreren von Prof. Stuhlmacher gemachten Vorschlägen sprach mich eine historisch-theologische Studie über jenes Ereignis, das traditionell die Tempelreinigung Jesu genannt wird, am meisten an. Die Forschungsarbeit dazu wurde während meiner Tätigkeit als wissenschaftlicher Assistent – zunächst an der Gemeindefakultät in Oslo (1986–88) und anschließend bei Prof. Stuhlmacher an der Evangelisch-theologischen Fakultät der Eberhard-Karls-Universität Tübingen (1988–93) – durchgeführt.

Die hiermit vorgelegte Studie widmet sich der Stellung Jesu zum Tempel, und zwar vor dem Hintergrund der alttestamentlich-frühjüdischen Traditionsgeschichte von Tempelkritik und Tempelerneuerungserwartungen sowie der zeitgeschichtlichen Umstände im Jerusalemer Tempel zu Beginn des 1. Jh.s. Während die Dissertation, worauf ihr Untertitel hinweist, nur die Tempelaktion Jesu in den Mittelpunkt stellte, bemüht sich diese überarbeitete Fassung um eine etwas weitere Erfassung des für die Thematik „Jesus und der Tempel" bedeutsamen Traditionsstoffes, indem sie der Tempelaktion nun das Tempelwort Jesu an die Seite rückt.

Es sind viele, denen ich anläßlich des Erscheinens dieses Buches zu danken habe. An erster Stelle ist Prof. Dr. Dr.h.c. Peter Stuhlmacher zu nennen. Er regte nicht nur vor mehr als 15 Jahren überhaupt erst meine Beschäftigung mit dem Thema an, sondern durch die Berufung zu seinem Assistenten und durch die Betreuung und großzügige Unterstützung meiner Arbeit sowohl während der Assistentenjahre als auch danach hat er seinen großen Anteil an diesem Werk. Ich möchte ihm meinen herzlichen und tief empfundenen Dank aussprechen!

Bereits im Sommer 1994 äußerte Prof. Dr. Drs.h.c. Martin Hengel DD sein Interesse an einer möglichen Herausgabe meiner Dissertation in WUNT. Ihm und Prof. Dr. Otfried Hofius als Herausgebern sowie dem Verleger Herrn Georg Siebeck möchte ich für die freundliche Aufnahme meiner Studie in WUNT und die damit von ihnen aufgebrachte Geduld mit mir über ein halbes Jahrzehnt hinweg aufrichtig danken. Von seiten des Verlags hat Herr Matthias Spitzner die Herstellung des Buches begleitet; ich danke ihm für stets schnelle und präzise Antworten auf meine vielen Fragen zur technischen Gestaltung.

Dem Norwegischen Forschungsrat („Norges forskningsråd") danke ich für die finanzielle Unterstützung des Buchprojekts, die es mir ermöglichte, stud.theol. Anja Meybohm Næss, Stavanger, als Mitarbeiterin zu beschäftigen. Frau Meybohm Næss hat vor allem bei der Konvertierung und der technisch-formalen Anpassung von Textdateien aus der Dissertation, die in das Buch in nochmals inhaltlich verarbeiteter Form aufgenommen werden sollten, sowie ferner bei der Herstellung der Register geholfen. Cand. theol. Enno Edzard Popkes, München, und Frau Ulrike Borgert, Tübingen, haben Korrekturen gelesen und manchen dankbar angenommenen Verbesserungsvorschlag gemacht. Allen drei sei für ihre ganz entscheidenden Beiträge zum erfolgreichen Abschluß herzlich gedankt!

Erwähnung muß hier auch unbedingt die Hochschule für Theologie und Mission, „Misjonshøgskolen", in Stavanger, Norwegen, finden, deren Ruf ich 1993 erhielt und wo ich seitdem im Fachbereich Neues Testament tätig bin. Die geistig-geistliche Gemeinschaft mit den Kollegen, der wissenschaftliche Austausch mit ihnen, der freundliche Umgang zwischen Studierenden und Dozenten und die gemeinsame Bemühung aller um den Dienst an Mission und Kirche in theologischer Forschung und Ausbildung von (Missions-)Pfarrerinnen und (Missions-)Pfarrern bedeuten mir viel. Im Hinblick auf das Werden dieses Buches möchte ich meinem Arbeitgeber ganz besonders für die Gewährung eines Forschungsaufenthaltes in Cambridge und Tübingen im Zeitraum Januar – August 1999 danken, während dessen die meiste Arbeit daran durchgeführt wurde.

Zuletzt soll der Dank an meine liebe Frau, Gerd Marie Ådna, der dieses Buch gewidmet ist, ausgesprochen werden. Sie ist nicht nur jetzt wieder wie seinerzeit bei der Dissertation in der hektischen Schlußphase tatkräftig beim Ausdrucken der Druckvorlage und bei der Herstellung der Register eingesprungen, sondern sie ist mir vor allem Tag um Tag eine Inspiration, sowohl im persönlich-familiären Bereich als auch in geistig-wissenschaftlicher Hinsicht. Ich habe das Privileg, vom Austausch mit ihr, der Theologin und Islamwissenschaftlerin, immer neu profitieren zu können.

Stavanger, im Februar 2000   Jostein Ådna

Inhaltsverzeichnis

Teil I

Einleitung

Teil II

Das Tempelwort Jesu (Mk 14,58 und Parallelen)

Teil III

Die Tempelaktion Jesu (Mk 11,15–17 und Parallelen)

Teil IV

Ergebnis

Abkürzungsverzeichnis

Die benutzten Abkürzungen richten sich nach *Theologische Realenzyklopädie. Abkürzungsverzeichnis*, 2., überarbeitete und erweiterte Auflage, zusammengestellt von S.M. SCHWERTNER, Berlin / New York 1994.

Bar	Baruch
BDR	BLASS, F. / DEBRUNNER, A.: Grammatik des neutestamentlichen Griechisch, bearb. v. F. REHKOPF, 14., völlig neubearb. und erw. Aufl., Göttingen 1976
Hyp	Hypothetica (eine Schrift des Philo von Alexandria, die nur durch die Auszüge in Eusebius, *Praeparatio Evangelica viii* bekannt ist)
Kol.	Kolumne(n)
NA²⁶ NA²⁷	Novum Testamentum Graece, 26. Aufl., 1979ff, bzw. 27. Aufl., 1993
OTP	The Old Testament Pseudepigrapha, 2 Vol., Ed. J.H. CHARLESWORTH, Garden City / New York 1983/1985
SQE¹³	Synopsis Quattuor Evangeliorum, ¹³1985
TN	Targum Neofiti
TR	Die Tempelrolle von Qumran (11Q19)

Bei Querverweisen auf Anmerkungen wird, sofern es sich um Verweise innerhalb eines Kapitels handelt, lediglich die betreffende Anmekungsziffer angeführt; sonst werden immer auch die Seitenzahlen genannt.

Teil I

Einleitung

Kapitel 1

Einleitung

1. Die Frage nach dem historischen Jesus

Jesus von Nazareth ist ein zentraler „Gegenstand" geschichtswissenschaftlicher und theologischer Forschung. Das ist zwar nicht immer seit dem Aufkommen der historischen Kritik der Fall gewesen, aber heute – um die Jahrtausendwende – blüht diese Forschung wie niemals zuvor.

Die Leben-Jesu-Forschung erfreute sich ihrer ersten Blütezeit im Zeitalter der liberalen Theologie im 19. Jahrhundert, nachdem ihr entscheidende Impulse zu einer Beschäftigung mit der Person und dem Leben Jesu unter rein historischen Gesichtspunkten vor allem in den *posthum* veröffentlichten sieben „Fragmenten" des H.S. REIMARUS (1694–1768) vorausgegangen waren[1]. Diese Forschung geriet aber in Verruf und eine tiefe Krise, als am Anfang des 20. Jahrhunderts einerseits WILHELM WREDE das Vertrauen in das Markusevangelium als historische Quelle des Lebens Jesu erschütterte und andererseits ALBERT SCHWEITZER den Erweis brachte, „daß jedes der liberalen Jesusbilder genau die Persönlichkeitsstruktur aufwies, die in den Augen ihres Verfassers als höchstes anzustrebendes, ethisches Ideal galt"[2]. Es folgte, am ausgeprägtesten in Deutschland, eine Phase der manchmal geradezu prinzipiell-theologisch begründeten Ablehnung der historischen Jesusforschung, bis in der ersten Hälfte der 1950er Jahre die Frage nach dem historischen Jesus wieder aufgegriffen wurde. Diese „neue Frage" blieb allerdings weitgehend den theologischen Leitlinien der ihr vorausgehenden „anti-historischen" Phase

---

[1] Die Veröffentlichung erfolgte zunächst anonym 1774–78 durch G.E. LESSING.

[2] THEISSEN/MERZ, Jesus, 25. Es geht um die Werke W. WREDE, Das Messiasgeheimnis in den Evangelien. Zugleich ein Beitrag zum Verständnis des Markusevangeliums, Göttingen 1901 ([4]1969), und A. SCHWEITZER, Von Reimarus zu Wrede. Eine Geschichte der Leben-Jesu-Forschung, Tübingen 1906. (Ab der 2., stark erweiterten Auflage von 1913 trägt dieses Werk den Titel „Geschichte der Leben-Jesu-Forschung". Der 5. Auflage von 1951 fügte SCHWEITZER eine neue Vorrede hinzu.)

verhaftet[3]. Erst mit der sogenannten „*third quest*" for the historical Jesus" im letzten Viertel des 20. Jahrhunderts ist es wiederum zu einer regen, breit gefächerten Beschäftigung mit der historischen Gestalt des Jesus von Nazareth und seinem Wirken gekommen[4].

Während die „neue Frage" nach dem historischen Jesus sich recht einseitig dem Logienmaterial in der synoptischen Evangelientradition zuwandte, zeichnet die „third quest" auch ein großes Interesse für die Handlungen bzw. Aktivitäten Jesu aus[5]. Es ist nicht weiter verwunderlich, daß im Gefolge dieser allgemein gewachsenen Aufmerksamkeit für die Handlungen Jesu auch jene Aktion, die er allen vier Evangelien zufolge im Jerusalemer Tempel durchgeführt hat, ins Blickfeld rückt (vgl. Mt 21,12–17; Mk 11,15–19; Lk 19,45–48; Joh 2,13–22). In einem der bedeutendsten

---

[3] Jeder informierte Leser hat begriffen, daß die obigen Äußerungen sich auf die radikale dialektische Theologie mit RUDOLF BULTMANN als ihrem prominentesten Vertreter beziehen. Die „neue Frage" brach gerade im Kreis seiner Schüler auf, mit ERNST KÄSEMANN (vgl. seinen als epochemachend angesehenen Aufsatz „Das Problem des historischen Jesus", ZThK 51, 1954, 125–153 [= Exegetische Versuche und Besinnungen I, Göttingen 1960, 187–214]) und GÜNTHER BORNKAMM (vgl. seine 1956 erstmals erschienene Monographie „Jesus von Nazareth") als treibenden Kräften. Obwohl die „neue Frage" ein deutlicher Ausdruck dessen war, daß die Ablehnung des Fragens nach dem historischen Jesus auf die Dauer weder historisch noch theologisch durchzuhalten war, blieb sie immerhin den die „Bultmannschule" auszeichnenden Interessen der „Kerygma"-Theologie und der existentialen Interpretation weitgehend verpflichtet. Nach wenigen Jahren war darum ihr Potential ausgeschöpft. Vgl. zu diesem Urteil THEISSEN/MERZ, Jesus, 26, 28.

[4] Soweit ich sehen kann, hat sich die englische Bezeichnung „third quest" für diese neue Phase international, so auch im deutschsprachigen Raum, durchgesetzt. Der Terminus stammt von N. THOMAS WRIGHT, der ihn allerdings in einem engeren Sinn für jene Strömung in der Forschung reservieren möchte, die in der Nachfolge A. SCHWEITZERs Jesus in einen eschatologischen Rahmen setzt. Die ausgeprägt nicht-eschatologischen Jesusdeutungen aus den letzten Jahren, etwa die von BURTON L. MACK und JOHN DOMINIC CROSSAN, ordnet WRIGHT in die Kategorie „the ‚new quest' renewed" ein (s. WRIGHT, Jesus, 28ff). Inwiefern derartige terminologische Nuancierungen berechtigt und wünschenswert sein mögen, kann hier nicht näher erörtert werden.

Für forschungsgeschichtliche Übersichten aus den letzten Jahren s. u.a. MEYER, Aims, 25–59; SANDERS, Jesus and Judaism, 23–58; N.T. WRIGHT, *Art.* Quest for the Historical Jesus, in: the Anchor Bible Dictionary, Vol. III, New York u.a. 1992, 796–802; WRIGHT, Jesus, 13–124; THEISSEN/MERZ, Jesus, 21–29. Sehr informativ ist der mit 18 Beiträgen zu einzelnen Themen der historischen Jesusforschung versehene Sammelband B. CHILTON / C.A. EVANS (Ed.), Studying the Historical Jesus. Evaluations of the State of Current Research, NTTS 19, Leiden/New York/Köln 1994.

[5] Repräsentativ für dieses komplementäre Interesse sind etwa die kürzlich von BRUCE CHILTON und CRAIG A. EVANS herausgegebenen Bände „Authenticating the Words of Jesus" und „Authenticating the Activities of Jesus", Anfang 1999 in Leiden erschienen und als Bände 28.1 sowie 28.2 in der Reihe NTTS geführt. Zur Charakterisierung der „third quest" gegenüber der „neuen Frage" und den daraus zu ziehenden methodologischen Folgerungen s. auch TAN, Zion and Jesus, 4, 7–11.

Werke der „third quest", die 1985 erschienene Monographie „Jesus and Judaism", nahm deren Autor, ED P. SANDERS, die Tempelaktion sogar zum Ausgangspunkt für seine ganze Darlegung über den historischen Jesus[6]. SANDERS' Buch leitete eine neue Phase der wissenschaftlichen Beschäftigung mit der Tempelaktion Jesu ein. Natürlich kann dabei dieses Ereignis nicht isoliert betrachtet werden, sondern es lenkt den Blick des Forschers auf alle damit verwandten Stoffe der Jesusüberlieferung. Daraus sticht das sogenannte Tempelwort Jesu besonders hervor (vgl. Mt 26,61; 27,40; Mk 14,58; 15,29; Joh 2,19; EvThom 71).

2. Die Fragestellung dieser Studie vor dem Hintergrund der neueren Forschung über die Tempelaktion und das Tempelwort Jesu

Die Tempelaktion gehört zu den wenigen Erzählungen über das Wirken Jesu, die in allen vier neutestamentlichen Evangelien vorkommen. Obwohl die Evangelisten soweit übereinstimmen, treten bereits bei flüchtiger Lektüre beträchtliche Unterschiede zwischen den vier parallelen Texteinheiten hervor. Angesichts dieses auffälligen Befundes stellte der französische Neutestamentler ÉTIENNE TROCMÉ vor gut 30 Jahren die Frage, ob die Erzählung von Jesu Aktion im Jerusalemer Tempel ohne eine richtungsweisende Sinndeutung auf die Evangelisten zukam und ob ihnen aus diesem Grund große Freiheit in der redaktionellen Gestaltung und Interpretation gegeben war, und zwar ohne daß irgendeine bestimmte Deutung einen Absolutheitsanspruch erheben konnte oder *wollte*[7]. Dieser Sachverhalt macht einerseits verständlich, warum einige größere Arbeiten über diese Texte, wie vor allem die Dissertation R.E. DOWDAS (1972), sich schwerpunktmäßig der redaktionsgeschichtlichen Fragestellung nach der Deutung und der Funktion des Berichts auf der Ebene der einzelnen Evangelien zugewandt haben[8]. Andererseits lassen die von TROCMÉ in den

---

[6] SANDERS, Jesus and Judaism, 11f, 61–76; vgl. noch 77–90.

[7] TROCMÉ, Expulsion, 10: „Devant l'extrême diversité des interprétations que le récit de l'expulsion des marchands reçoit dans les quatre Evangiles, on est entraîné à penser que la signification suggérée aux évangélistes par la tradition n'était pas très contraignante à leurs yeux." Vgl. GNILKA, Jesus, 277: „Für die Überlieferung der Perikope fällt auf, daß der Tempelprotest Jesu auf sehr unterschiedliche Weise gedeutet wird." S. auch H.D. BETZ, Jesus, 455: „Can we reconstruct what ‚really happened' historically in that event? Or has Christian interpretation so strongly shaped the brief narrative that we are unable to recover the historical facts? What kind of facts can we hope to identify, if we have only interpretations, especially since *the Gospel writers themselves give us very different interpretations of what they thought happened*?" (kursiv von mir).

[8] Auch die Dissertation L.A. LOSIES von 1984 kann hier genannt werden, obwohl sie zugegebenermaßen „Jesus' Cleansing of the Temple" ein eigenes Kapitel widmet.

Blick genommenen Differenzen zwischen den verschiedenen Fassungen der Evangelien es als keine Überraschung erscheinen, daß unter jenen Forschern, die vor diesen Variationen nicht resigniert haben, sondern hinter der Vielfalt der Evangelien zu der Absicht Jesu bei seinem Vorgehen im Tempel und zu dem Sinn, der diesem Ereignis im Ursprungskontext eignete, vorzustoßen versuchen, die Meinungen z.T. sehr weit auseinandergehen.

Um das Tempelwort Jesu ist es nicht anders bestellt. Auch dieses Logion ist vielfach mit beträchtlichen Variationen bezeugt – zweimal im Matthäus- und im Markusevangelium, einmal im Johannesevangelium und im nicht-kanonischen Thomasevangelium sowie auch noch indirekt im zweiten Teil des lukanischen Doppelwerks (vgl. Act 6,14). Sowohl wegen dieser Variationen als auch wegen der in einigen der Fälle beigefügten Auskunft, es seien falsche Zeugen, die Jesus (bzw. Stephanus) dieses Wort untergeschoben haben, ist in der Forschung viel darüber gerätselt worden, ob die in den verschiedenen Texten vorliegenden Fassungen überhaupt auf einen gemeinsamen Ursprung bei Jesus zurückgehen und wie das Wort in seinem Munde dann gegebenenfalls gelautet haben mag. Nochmals liegen die Textbefunde so, daß es dem Exegeten als einfacher und verlockender erscheinen kann, auf die Rückfrage nach dem historischen Jesus zu verzichten und sich auf den Umlauf und die Deutung des Tempelwortes im nachösterlichen Urchristentum zu beschränken, zumal es über die Belege in den Evangelien und Act 6,14 hinaus noch Verbindungen zu weiteren neutestamentlichen und frühjüdischen Texten bzw. Theologumena zu geben scheint.

Der komplizierten Quellenlage zum Trotz soll hier der Versuch unternommen werden, die Stellung des historischen Jesus zum Tempel herauszuarbeiten. Die schwerpunktmäßige Beschränkung auf die Tempelaktion und das Tempelwort, die ich mir dabei erlaube, bedarf einer Begründung. Wünschenswert wäre sicherlich eine gründliche Behandlung aller Stoffe der Evangelien, die in irgendeiner Weise eine Beziehung zur Tempelthematik aufweisen. Wie so oft im Alltag wissenschaftlicher Arbeit stehen mir jedoch weder die erforderliche Zeit noch eine unbegrenzte Anzahl von Buchseiten für ein derartig breit angelegtes Verfahren zur Verfügung. Es hat sich also die Frage gestellt, welche Stoffe einerseits für die detaillierte Untersuchung ausgewählt werden müssen und sollen und welche Stoffe andererseits zurückgestellt werden können, ohne daß dies historisch verhängnisvolle Folgen zu haben droht. Die bereits oben angesprochene breite Bezeugung der Tempelaktion und des Tempelwortes zeichnet diese beiden Überlieferungen sofort als zugehörig zu jenen Stoffen aus, auf die ein besonderes Augenmerk gerichtet werden muß. Darüber, ob es weitere Stoffe gibt, die ihnen in bezug auf die historische Fragestellung nach Jesu

Stellung zum Tempel gleichrangig oder jedenfalls fast ebenbürtig sind, gehen die Meinungen auseinander. Im Rahmen des dieser Untersuchung Möglichen habe ich mich dafür entschieden, die beiden Überlieferungen der Tempelaktion und des Tempelwortes, die sowieso unter allen Umständen berücksichtigt werden mußten, *gründlich* zu erörtern. Die ausführliche Behandlung hat die Konsequenz, daß andere tempelbezogene Stoffe aus der evangelischen Jesusüberlieferung nur am Rande herangezogen werden. Ich glaube trotzdem, daß dieses Verfahren historisch und methodisch verantwortbar ist. Einerseits hoffe ich, daß meine Studie die historische Schlüsselposition der Tempelaktion und des Tempelwortes im Hinblick auf Jesu Stellung zum Tempel zu belegen und somit auch die gewählte Schwerpunktsetzung zu rechtfertigen vermag, und andererseits wird zumindest thesenhaft der Bezug zwischen diesen beiden Überlieferungen und den übrigen Stoffen im abschließenden Ergebniskapitel besprochen. Die Alternative einer gleichmäßigeren Behandlung mehrerer Überlieferungen ohne Erhöhung der Gesamtseitenzahl der Studie wäre m.E. zu sehr auf Kosten der erwünschten Ausführlichkeit in der Erörterung der Tempelaktion und des Tempelwortes gegangen. Im Hinblick auf die Plausibilitätsprüfung der verfochtenen Ergebnisse fällt die fehlende Darlegung der Wirkungs- und Rezeptionsgeschichte der Tempelaktion und des Tempelwortes Jesu im nachösterlichen Urchristentum vermutlich schwerer ins Gewicht als die kurzgeratene Berücksichtigung der sonstigen Jesusüberlieferung. Denn selbstverständlich hängt die Glaubwürdigkeit aller in der historischen Jesusforschung vorgebrachten Thesen davon ab, inwiefern sie die urchristliche Rezeption des „Jesuserbes" und die in den ersten Jahrzehnten nach Jesu Tod und Auferstehung sich anbahnenden Entwicklungen plausibel zu erklären vermögen.

Hier darf ich darauf hinweisen, daß meine Dissertation „Jesu Kritik am Tempel. Eine Untersuchung zum Verlauf und Sinn der sogenannten Tempelreinigung Jesu, Markus 11,15–17 und Parallelen", auf der diese Studie aufbaut, wenigstens eine redaktionsgeschichtliche Analyse der Tempelaktionsperikopen in allen vier Evangelien sowie eine kurze Skizze über die „Ablösung vom Tempelkult" im Urchristentum enthält[9]. Im Rahmen dieser Arbeit ist es mir nicht möglich gewesen, die Spuren der Tempelaktion und des Tempelwortes Jesu ins nachösterliche Urchristentum hinein zu verfolgen. Vielleicht können die Tempelpraxis der Jerusalemer Urgemeinde und die urchristliche Tempeltheologie Themen für eine zukünftige separate Studie werden.

Während die Darlegung der Nachgeschichte wünschenswert gewesen wäre, ist die Darlegung der *Vorgeschichte* sowie der relevanten *zeitgeschichtlichen Daten* unbedingt erforderlich. Die m.E. wichtigsten traditionsgeschichtlichen Hintergründe werden in Kapitel 2 und im ersten Teil von Kapitel 3 dargeboten[10]. Die historischen Umstände und Voraussetzungen – insbesondere der Tempelaktion – im Jerusalemer Tempel habe ich in

---

[9] ÅDNA, Jesu Kritik, 523–553 sowie 554–559.

[10] S. die Verweise S. 36 Anm. 35, 36 auf die detailliertere Darlegung wesentlicher Bestandteile der biblisch-frühjüdischen Traditionsgeschichte in der Dissertation.

meiner im Frühjahr 1999 erschienenen Studie „Jerusalemer Tempel und Tempelmarkt im 1. Jahrhundert n.Chr." ausführlich erörtert[11]. Dies macht es möglich, bei den Fragen der Lokalisierung des Tempelmarkts sowie der Tätigkeit der dort vorhandenen Geldwechsler und Verkäufer relativ kurz zu verfahren und für den genaueren wissenschaftlichen Nachweis auf diese Spezialstudie zu verweisen.

3. Forschungsgeschichtliche Perspektiven

Der detaillierten Erörterung, die unter Berücksichtigung der Forschung und im ständigen Gespräch mit ihr durchgeführt wird, sollen einige perspektivische Betrachtungen vorausgestellt werden, die darum bemüht sind, eine Brücke von der bisherigen Erforschung der Tempelaktion und des Tempelwortes Jesu zu dieser Studie zu schlagen. Obwohl die Fragen der Historizität und Authentizität einerseits sowie der Exegese und Interpretation andererseits zusammenhängen und in manchen Forschungsbeiträgen gar nicht auseinandergehalten oder unterschieden werden, ist es m.E. dienlich und trägt zur besseren Übersichtlichkeit bei, wenn im folgenden die historischen Probleme, denen sich die Forschung angesichts der Überlieferungen über die Tempelaktion und das Tempelwort gegenübergestellt gesehen hat, getrennt von den hauptsächlichen Interpretationsvorschlägen bzw. -typen, die die bisherige Forschung aufzuweisen gehabt hat, dargelegt werden.

3.1 Historische Probleme in Verbindung mit der Tempelaktion Jesu

Die historische Beurteilung der Tempelaktion unterlag in der Forschung des 20. Jahrhunderts merklichen Schwankungen. Wenn wir bei RUDOLF BULTMANNs epochemachendem Werk „Die Geschichte der synoptischen Tradition" (1. Auflage 1921, 2. neubearbeitete und seitdem nicht mehr geänderte Auflage 1931) einsetzen, fällt auf, daß der allgemein im Hinblick auf Historizität der einzelnen Überlieferungen in den synoptischen Evangelien sehr skeptisch eingestellte BULTMANN urteilte, „die erzählte Handlung (Tempelreinigung)" sei „ein wahrscheinlich geschichtlicher Vorgang"[12]. Nichtsdestoweniger herrschte über Jahrzehnte hinweg – vor allem in der deutschen Forschung, etwa vertreten durch ERNST LOHMEYER, WALTER GRUNDMANN und ERNST HAENCHEN – große Skepsis vor. Erst die oben bereits erwähnte Monographie von E.P. SANDERS „Jesus and Judaism" (1985) läutete, wie mir scheint, im Rahmen der „third quest"

---

[11] Diese als Band 25 in der Reihe „Abhandlungen des Deutschen Palästina-Vereins" im Harrassowitz Verlag in Wiesbaden herausgegebene Monographie stellt auch die überarbeitete und erweiterte Fassung eines Teils der Dissertation dar (vgl. Jesu Kritik, 23–122).

[12] BULTMANN, Geschichte, 59.

eine neue Phase ein, in der die Historizitätsfrage weitgehend positiv beurteilt worden ist[13]. Ein Gegenschlag gegen das verbreitete Vertrauen in die Historizität in den letzten Jahren ist mir hauptsächlich aus den USA bekannt (ROBERT J. MILLER, DAVID SEELEY).

Angesichts dieser forschungsgeschichtlichen Situation betrachte ich es als angebracht und geradezu erforderlich, die Historizität der Tempelaktion Jesu einer soliden kritischen Prüfung zu unterziehen. Nach meinem Urteil verwies vor allem die oben angesprochene deutsche Forschung auf echte historische Probleme, die nicht übersprungen oder verschwiegen werden dürfen, sondern sehr ernst zu nehmen sind. Wenn viele, vielleicht im Zuge einer allgemeinen Tendenz oder eines sich verbreitenden Konsensus, es sich zu leicht oder zu selbstverständlich mit der Historizität machen, tut eine kritische Prüfung der vorgeführten Argumentation oder gegebenenfalls der Nachweis gut, daß eine ordentliche Argumentation zugunsten der verfochtenen Historizität gar nicht erbracht worden ist[14].

Es geht vor allem um folgende historische Probleme:
Es ist ein gemeinsamer Zug aller vier Evangelienberichte, daß Jesus allein die Aktion im Tempel durchführte, die in der Austreibung von Verkäufern, Käufern und gegebenenfalls Tieren (so Joh 2,15), dem Umstoßen von Wechslertischen und eventuell auch noch der Unterbindung vom Tragen irgendwelcher Gegenstände durch den Tempel (so Mk 11,16) bestand. Wie hat aber ein einzelner den riesengroßen, ungefähr 450 x 300 Meter oder nach Abzug der inneren Tempelvorhöfe etwa 80.000 Quadratmeter messenden Tempelplatz[15], wo nach allgemeinem Konsensus der von den Berichten der Evangelien vorausgesetzte Tempelmarkt lokalisiert werden muß[16], in dieser Weise säubern und eventuell für längere Zeit (vgl. oben zu Mk 11,16) kontrollieren können, zumal kurz vor dem Passafest (vgl. Joh 2,13; Mk 14,1), als Zehntausende von Juden aus der Diaspora nach Jerusalem strömten und entsprechend großer Betrieb und Gedränge im Tempel herrschten? ERNST HAENCHEN hält dies für

---

[13] Vgl. z.D. aus dem Jahr 1992 SÖDING, Tempelaktion, 50: „Die Historizität einer Aktion Jesu im Tempelbezirk läßt sich nicht ernsthaft bezweifeln."

[14] Vgl. für eine solche Prüfung ausgewählter Forscher die Aufsätze von MILLER, (A)Historicity und Historical Method.

[15] Zur Unterscheidung zwischen dem äußeren Vorhof und den inneren Vorhöfen im Jerusalemer Tempel z.Z. Jesu vgl. ÅDNA, *Art.* Tempel, 1538f.

[16] Hier ließe sich eine schier unbegrenzte Menge an Lit. anführen. Ich greife einige wenige Beispiele heraus: NINEHAM, Mark, 303: „... the Court of the Gentiles ... was the scene of the incident described here. Around this court ran colonnades ... while on the open pavement stood the booths of traders ...". DOWDA, Cleansing, 175: „Teaching activity probably occurred in the pillared halls of this outer court ... while on the open pavement stood the booths of the traders and moneychangers." MAIER, Johannes-Evangelium, 95f: „Der ‚Tempel' ist hier selbstverständlich nicht das den Priestern vorbehaltene Tempelgebäude. ‚Tempel' meint hier den ganzen Tempelbezirk, der ein Fünftel der Fläche Jerusalems eingenommen haben soll. Man kann noch genauer lokalisieren. Der Handel hatte seinen Sitz im Vorhof der Heiden, einem riesigen Platz." Vgl. sonst u.a. TAYLOR, Mark, 462; ROLOFF, Kerygma, 95; GNILKA, Markus II, 128; CARSON, John, 178; SÖDING, Tempelaktion, 45f.

unvorstellbar: Das Berichtete lasse sich „nur dann verstehen, wenn Jesus nicht allein handelte, sondern hinter und neben ihm eine zahlreiche und schlagkräftige Helferschar stand. Den riesigen Tempelplatz ... konnte ein einzelner gar nicht kontrollieren"[17]. Zur Tempelverwaltung gehörte eine eigene Polizeitruppe, die später sowohl Jesus im Garten Gethsemane gefangennahm (vgl. Mk 14,43 par. Mt 26,47) als auch wiederholt gegen die Verkündigungstätigkeit der Leiter der Jerusalemer Urgemeinde einschritt (vgl. Act 4,1–3; 5,17ff). Es ist ferner ohne weiteres anzunehmen, daß die Opfertierverkäufer und Geldwechsler nach dieser Tempelpolizei gerufen hätten, falls sie tätig angegriffen und in ihrer legalen Tätigkeit behindert worden wären, oder daß die Tempelpolizei von selbst den Ort des Geschehens aufgesucht und den/die Unruhestifter verhaftet hätte[18]. Wenn das Nichteingreifen der Tempelpolizei seinen Grund darin gehabt haben sollte, daß „eine große und begeisterte Anhängerschaft [sc. Jesu] dieser Truppe weit überlegen war"[19], bleibt die Duldung der Tempelaktion Jesu trotzdem unerklärlich, denn in diesem Fall der Überwältigung der Tempelpolizei muß sie ja wirklich tumultähnliche Ausmaße angenommen haben, was sofort ein Durchgreifen der römischen Garnison zur Folge gehabt hätte, die in der Festung Antonia an der nordwestlichen Ecke der Tempelanlage stationiert war, um gerade Ausschreitungen, die besonders in Verbindung mit den Wallfahrtsfesten zu befürchten waren, zu verhindern bzw. im Keim zu ersticken: „... in der Festung lag stets eine römische Kohorte, deren Soldaten an den Festtagen in voller Bewaffnung auf die Säulenhallen verteilt wurden und das Volk im Auge behielten, damit ja kein Aufstand ausbräche" (Bell 5,244[20]; vgl. 2,224; Ant 20,106f; Act 21,27ff)[21].

---

[17] HAENCHEN, Johanneische Probleme, 38 (vgl. DERS., Der Weg Jesu, 384, 386). Vgl. auch LOHMEYER, Markus, 237: „... es ist schwer vorstellbar, wie Jesus allein den weiten Tempelplatz sollte gesäubert haben ...".

[18] Vgl. HAENCHEN, Der Weg Jesu, 386: „Wir haben keinerlei Grund für die Annahme, die Leute, welche im Tempelvorhof Opfertiere kaufen wollten, und die Verkäufer und Wechsler hätten sich einfach von einem Wort hinausweisen lassen ... Selbst wenn die konzessionierten Wechsler und Verkäufer sich der Gewalt gebeugt hätten, so hätten sie doch sofort die Hilfe der Tempelpolizei verlangt. Das Erstaunliche aber ist – auch wenn es die Kommentatoren nicht immer erstaunt hat –, daß die Tempelpolizei nicht eingriff." Vgl. auch LOHMEYER, Markus, 237: „... es ist schwer vorstellbar, ... weshalb die Tempelpolizei nicht eingegriffen hat ...".

[19] HAENCHEN, Johanneische Probleme, 38. Vgl. noch GRUNDMANN, Markus, 308: „Wie hat Jesus allein den weiten Tempelplatz reinigen und wie hat das ohne Eingreifen der Tempelpolizei geschehen können? Beide Fragen deuten darauf hin, daß die Tempelaustreibung im geschichtlichen Hergang von einer großen Erregung der Jesus begleitenden und anhängenden Menschen getragen gewesen sein muß, gegen die ein Einschreiten nicht möglich gewesen ist."

[20] Wenn nichts angemerkt ist, folgen die Zitate aus Flavius Josephus' Werk *De bello Judaico* in deutscher Übers. MICHEL/BAUERNFEIND, De bello Judaico (hier Bd. II.1, 145). Die zitierte Stelle ist einer längeren Beschreibung der Antonia in Bell 5,238–246 entnommen.

[21] Vgl. die Fortsetzung des Zitats aus GRUNDMANN, Markus, 308 in Anm. 19: „Jedoch, die Tempelpolizei mag durch das unerwartete Geschehen gelähmt gewesen sein, aber gewiß nicht die zur Festzeit in Jerusalem anwesende römische Besatzungstruppe, die vor allem die Aufgabe hatte, Unruhen und Aufstandsversuche, die aus der Erregung der Festmenge leicht entbrennen konnten, im Keim zu ersticken." Vgl. ferner HAENCHEN, Johanneische Probleme, 38; DERS., Der Weg Jesu, 386 und LOHMEYER, Markus, 237: „... es ist schwer vorstellbar, ... weshalb ... nicht eingegriffen hat ... die römische Wache auf

ERNST HAENCHEN verweist über all diese objektiven, auf den zeitgeschichtlichen Umständen beruhenden Probleme hinaus noch auf Züge des geschilderten Handelns Jesu, die von dem her, was das Neue Testament sonst von ihm zu berichten weiß, sehr befremden: „... hier (wird) mit nackter Gewalt vorgegangen. Und das läßt sich in das Jesusbild der Evangelien nicht einfügen. Zwischen diesem Jesus, der mit seinen Anhängern gewaltsam im Tempel eine ‚neue Ordnung' einführt, und dem Jesus der Gleichnisse und der Sprüche besteht eine tiefe Kluft."[22] Neben der ausgeübten physischen Gewalt schätzt HAENCHEN noch das aus dieser Tat sprechende Bemühen um rituelle Heiligkeit als einen Widerspruch zur sonstigen Jesusüberlieferung ein[23].

Auch wenn diese Behauptung der Spannung oder Widersprüchlichkeit der Tempelaktion zur sonstigen Jesusüberlieferung reichlich übertrieben sein oder auf falschen Prämissen ruhen sollte, bleiben die auf zeitgeschichtlicher Grundlage formulierten historischen Anfragen. Zu Recht bemerkt WALTER GRUNDMANN, daß „das Unterbleiben jeden Einschreitens gegen Jesu Handeln das große geschichtliche Problem (ist)"[24]. Er erwägt zwei mögliche Antworten auf dieses Problem, eine *Maximal-* und eine *Minimallösung*. Die erstere würde besagen, daß die Aktion Jesu einen so großen Umfang hatte, daß aus diesem Grund ein Einschreiten ausblieb. Diejenigen, die das Handeln Jesu im Tempel als eine zelotisch-revolutionäre Aktion deuten, erklären die fehlende Gegenwehr aus der überwältigenden und erfolgreichen Besetzung des ganzen Tempelgeländes durch Jesu Truppen und sehen in den Berichten der Evangelien apologetisch begründete Entdramatisierungen bzw. Verharmlosungen des tatsächlich Geschehenen[25]. Dieser Maximallösung stehen jedoch scheinbar unwiderlegbare Tatsachen im Wege: Wir haben in den Texten, die unsere einzigen Quellen für den Vorfall im Tempel sind, weder Anhaltspunkte für die Annahme, daß Jesus seine Jünger und Anhänger als eine Besatzungstruppe geführt hat, noch für das Einlenken bzw. die Unterlegenheit der Verkäufer und der Käufer – d.h. weitgehend der Pilger, die nach Jerusalem gekommen waren, um ihre Opfer darzubringen – im Fall einer das ganze Tempelgelände betreffenden Aktion. Der schwerwiegendste Einwand gegen die Maximallösung scheint mir der Verweis auf die römische Garnison zu sein, denn sie hätte unmöglich einer Besetzung des Tempels tatenlos zusehen können[26]. Die Minimallösung des Problems, warum es zu keinem Ein-

---

der Burg Antonia ...". Die römische Truppe in der Antonia umfaßte als Kohorte 500 bis 600 Mann (vgl. HENGEL, War Jesus Revolutionär?, 15).

[22] HAENCHEN, Der Weg Jesu, 387. Vgl. auch DERS., Johanneische Probleme, 38f: „... viel bedenklicher ist ...: Jesus wendet hier – darum kommt man nicht herum – Gewalt an. Das widerspricht völlig dem Bild, das die synoptischen Evangelien sonst entwerfen ... Man hat diese Gewaltanwendung mit dem Messiasbewußtsein Jesu begründet. Dem steht entgegen, daß nach Mk davon nur die vertrautesten Jünger wußten und daß Jesus gerade als Messias zum Leiden entschlossen war."

[23] Johanneische Probleme, 38: „Was Jesus für unheilig hielt, waren ganz andere Dinge als der Verkauf von Schafen auf dem Vorhof der Heiden, und dieses Unheilige ließ sich nicht durch Gewaltmaßnahmen im Stil der Tempelreinigung beseitigen."

[24] GRUNDMANN, Markus, 309.

[25] Vgl. u.a. R. EISLER, ΙΗΣΟΥΣ ΒΑΣΙΛΕΥΣ ΟΥ ΒΑΣΙΛΕΥΣΑΣ, RWB 9, 2Bde., Heidelberg 1929–1930: Bd. II, 476–515 (bes. 491–499); J. CARMICHAEL, Leben und Tod des Jesus von Nazareth, München 1965, 169–172 und S.G.F. BRANDON, Jesus and the Zealots, 1967, 331–336, 338f.

[26] Vgl. nicht nur die in den obigen Belegen explizite Nennung der Vorbeugung und Niederschlagung von Aufständen als Motiv für die Präsenz der Truppe im Tempel und

schreiten gegen Jesus kam, beschreibt GRUNDMANN mit Hilfe eines Hinweises auf EDUARD SCHWEIZER: Es „ist erwogen worden, daß hinter dem Bericht ein kleinerer übersehbarer Vorgang zeichenhaften Charakters ... steht. *E. Schweizer* spricht von einem ‚Vorgang, der zeichenhaft auf einen kleinen Winkel des Platzes beschränkt war' und so berichtet wird, ‚daß der Eindruck von etwas viel Größerem entsteht'. Aber auch das ist kaum vorstellbar. Wie sollte der kleine zeichenhafte Vorgang begrenzt bleiben?"[27] Auch hier scheint GRUNDMANN in aller Nüchternheit die räumlichen Gegebenheiten am Ort in Erinnerung zu rufen und der vielleicht verlockenden These, einen „kleinen Winkel des Platzes" als Stätte des Handelns Jesu zu postulieren, entgegenzuhalten, daß eine Verlegenheitslösung dieser Art nicht angeht, so lange man den „kleinen Winkel" nicht genauer zu benennen und den bescheideneren Umfang des Handelns Jesu nicht plausibel darzustellen vermag. GRUNDMANN scheinen die mit dem Bericht von Jesu Auftreten im Tempel verbundenen historischen Probleme in der Summe so beträchtlich zu sein, daß er sich veranlaßt sieht, seine historische Erörterung mit folgender Annahme abzuschließen: „Vielleicht ist die Tempelaustreibung überhaupt eine Umsetzung kritischer Worte Jesu gegen die Art des Tempelkultes in Jerusalem in eine Handlung, die in einer historisch unwahrscheinlichen Weise erzählt wird."[28]

Eine Studie über die Tempelaktion im Rahmen vom Wirken des historischen Jesus darf diesen Problemen nicht ausweichen, sondern muß sich ihnen stellen.

3.2 Das Tempelwort Jesu

Die sich im Zusammenhang des Tempelwortes ergebenden historischen Probleme sind anderer Art als die der Tempelaktion. Denn natürlich stehen der historischen Vorstellbarkeit, daß Jesus von Nazareth dieses Logion irgendwo und irgendwann – vorzugsweise in Jerusalem während seiner letzten Tage – gesprochen haben mag, derartige zeitgeschichtliche und topographische Bedenken wie bei der Tempelaktion nicht im Wege. Nichtsdestoweniger sind die Schwierigkeiten nicht zu unterschätzen. Einerseits mutet die neutestamentliche Überlieferung des Tempelwortes, was den historischen Ursprung des Wortes betrifft, widersprüchlich an; andererseits läßt sich dieses Logion laut Auskunft der Forschungsgeschichte nur schwer eine Deutung abgewinnen, die traditionsgeschichtlich plausibel ist und zum historischen Jesus paßt.

Die wirkliche oder vermeintliche Widersprüchlichkeit der neutestamentlichen Überlieferung betrifft den Umstand, daß sie sich nicht einig zu sein scheint, ob überhaupt Jesus selbst das Tempelwort gesprochen hat (so Joh

---

ihr Eingreifen in Act 21,27ff, sondern auch die generelle römische Strategie, frühzeitig gegen Auflehnungsbestrebungen vorzugehen (s. u.a. Ant 18,85–87 [samaritanischen Aufstand, von Präfekten Pilatus niedergeschlagen!]; 20,97f [vgl. Act 5,36]; Bell 2,253. 260.261–263 par. Ant 20,160f.169–172 [vgl. Act 21,38]).

[27] GRUNDMANN, Markus, 309 (das Zitat von SCHWEIZER ist dessen Markuskommentar, 126f entnommen [dort fehlt das Wort „kleinen" vor „Winkel"]).

[28] GRUNDMANN, Markus, 311.

2,19) oder ob es ein ihm nur böswillig untergeschobener Spruch seitens seiner Gegner ist, der sogar als falsches Zeugnis im Prozeß gegen ihn – und später nochmals gegen Stephanus – vorgebracht wurde (Mk 14,57f; Act 6,13f). Bereits in der exegetischen und historischen Beurteilung des Tempelwortes im Rahmen der mk Schilderung des Verhörs vor dem Hohenpriester (Mk 14,55–64) stehen die Forschungsmeinungen einander diametral gegenüber: Die einen meinen, in der Sicht des Markus sei die Anklage falsch; seiner Überzeugung nach habe Jesus niemals gesagt: „Ich werde diesen mit Händen gemachten Tempel abbrechen, und in drei Tagen werde ich einen anderen nicht mit Händen gemachten errichten" (Mk 14,58)[29]. Nach anderen muß Markus mit seiner Charakterisierung des Zeugnisses als falsch etwas anderes meinen, als daß es eine aus der Luft gegriffene Lüge sei[30]. Die Auffassung des Evangelisten, wie es um den Wahrheitsgehalt des Spruches bestellt sei, muß natürlich nicht zwangsläufig entscheidend für die Beurteilung der Authentizitätsfrage sein. Die große Verbreitung des Tempelwortes, die seine vielfache Bezeugung belegt (vgl. Mt 26,61; 27,40; Mk 14,58; 15,29; Joh 2,19; EvThom 71; Act 6,14), scheint schon nahezulegen, daß es irgendeine Verbindung zu Jesus haben muß (gegen GUNDRY, s. Anm. 29). Die verbreitetste Forschungsmeinung angesichts dieses Befundes scheint die Annahme zu sein, daß die verschiedenen Fassungen des Tempelwortes einen gemeinsamen Hintergrund in einem Spruch Jesu haben. Darüber, welchen Wortlaut das ursprüngliche Jesuswort gehabt hat, gehen aber die Meinungen weit auseinander. Man kann allerdings im Hinblick auf Mk 14,58 die Tendenz feststellen, daß die besonders auffällige Ausführlichkeit der hier vorliegenden Fassung des Tempelwortes und die Auskunft des Falschzeugnisses in der Weise verbunden werden, daß man auf einen knapperen, unverfälschten Wortlaut zurückschließt[31].

Sehr eng verbunden mit den historischen Überlegungen sind auch die exegetischen. Denn inwiefern das Tempelwort auf den historischen Jesus

---

[29] So z.B. GUNDRY, Mark, 900: „Such a charge [*sc.* der Inhalt von Mk 14,58] fits the attempt of the Sanhedrin to convict Jesus of a capital offense; but if Christians believed that Jesus was destroyer of the temple and builder of another one, none of them would have described as false a testimony that he predicted his destruction of the one and building of the other."

[30] Für eine Übersicht über die wichtigsten Deutungsvorschläge s. BROWN, Death I, 444–448.

[31] Oft wird die Falschheit der Zeugenanklage darin vermutet, daß Jesus dem Wortlaut in Mk 14,58 zufolge gedroht haben soll, er selbst würde den Tempel abbrechen, und alternativ entweder eine passivische, als *passivum divinum* aufzufassende, Formulierung wie in der Tempelzerstörungsweissagung Mk 13,2 (so KRAUS, Tod Jesu, 228) oder eine Formulierung wie in der Parallele Joh 2,19, „brecht diesen Tempel ab" (so z.B. MEYER, Aims, 181 und O. BETZ, Probleme des Prozesses Jesu, 632), vorgeschlagen. Viele verzichten allerdings auf eine detaillierte Rekonstruktion des ursprünglichen Wortlauts.

zurückgeführt werden kann oder nicht, hängt wesentlich von seiner inhaltlichen Aussage ab. Das Johannesevangelium bezeugt eine christologische
Beziehung des Tempelwortes auf die Person Jesu (vgl. Joh 2,19 mit 2,21).
Von daher unterliegen vor allem das auch in Mk und Mt bezeugte
inhaltliche Element der drei Tage als der Zeitfrist, binnen der Jesus den
neuen Tempel errichten wird, sowie der allein in Mk 14,58 vorkommende
Kontrast zwischen dem alten, „mit Händen gemachten" und dem neuen,
„nicht mit Händen gemachten" Tempel dem starken Verdacht, ebenso
nachösterliche Interpretamente zu sein[32].

Insofern ein, um spätere Ergänzungen „bereinigtes" Jesuswort erschlos-
sen wird, stellt sich die Frage seiner Interpretation im Rahmen der
Verkündigung Jesu. Dabei sind zunächst grundsätzlich nichteschatologische und eschatologische Deutungen zu unterscheiden[33]. RICHARD A.
HORSLEY kann als Vertreter einer nichteschatologischen Deutung zitiert
werden:

> „The only forms in which we know of Jesus' sayings against the Temple are
> secondary, either as a charge by others as in Mark and Matthew, or as transformed
> into a supposed threat against Jesus' person in John. *Nothing in the gospel traditions
> themselves would suggest a scheme of eschatological fulfillment,* just as there is little
> or no textual evidence for a rebuilt Temple as part of some supposed Jewish
> apocalyptic scheme into which Jesus' saying might have fit. The point of the saying,
> whatever its original form and wording, and the reason why it was problematic for the
> early church (as is attested in the report about Stephen and in John's major
> transformation and even Mark's ‚clarifying' alterations) was that the existing Temple
> was about to be destroyed. *The saying must have been fairly clearly understood as a
> prophecy of destruction.*"[34]

Obwohl HORSLEY eine eschatologische Ausrichtung bestreitet, sind
eschatologische Interpretationen des Tempelwortes vorherrschend. Die
Forschungsgeschichte bietet ein breites Spektrum verschiedener
Ausprägungen dieses Verständnisses: GERD THEISSEN und ANNETTE MERZ

---

[32] Einen Zusammenhang der drei Tage mit der Auferstehung Jesu am dritten Tag
nehmen u.a. FLUSSER, Jesus, 111 und BORG, Conflict, 180 an; das Attribut „nicht mit
Händen gemacht" hält eine überragende Mehrheit für eine urchristliche Ergänzung,
„designed to make the symbolic nature of the new temple clear" (MEYER, Aims, 301
Anm. 16). Während die joh Rezeption des Tempelwortes christologisch ist, nehmen die
meisten eine ekklesiologische Ausrichtung des um das Interpretament „nicht mit Händen
gemacht" erweiterten Tempelwortes bei Mk an.

[33] Vgl. oben in Anm. 4 zu WRIGHTs Kategorisierung hinsichtlich dieser Unterscheidung.

[34] HORSLEY, Jesus, 293 (kursiv von mir). Nach der Sicht eines anderen Vertreters
einer nichteschatologischen Jesusdeutung, J.D. CROSSAN, kündigte Jesus die Zerstörung
des Tempels an (Der historische Jesus, 470f, 475), weil er ihn in seiner Person und
Wirksamkeit schlicht überholt und überboten hatte: „Gleichgültig also, was Jesus selbst
hinsichtlich des Tempels dachte, sagte und tat, war er dessen funktionaler Gegner, bot
eine Alternative dazu, Ersatz für den Tempel" (470).

schreiben Jesus eine aus dem Frühjudentum wohl bekannte eschatologische Erwartung zu: „Jesus wird erwartet haben, daß Gott ihn [*sc.* den
existierenden Tempel] zerstört und auf wunderbare Weise einen neuen
Tempel an seine Stelle setzt – eine Erwartung, die nicht ohne Analogien ist
(vgl. Jes 60,13; äthHen 90,28f)."[35] Während dieser Deutung zufolge Jesus
lediglich ein „Beobachter" des eschatologischen Handelns Gottes in bezug
auf den Tempel ist, setzt sich z.B. E.P. SANDERS damit auseinander, daß
Jesus sich selbst – jedenfalls nach den meisten Fassungen des Tempelwortes – eine aktive Rolle zuschreibt: Es scheint, „that Jesus either
threatened the destruction of the temple, with himself playing a role, *or*
predicted its destruction in such terms that the prediction could be
construed as a threat ... Even if he said ‚I will destroy', however, he could
only have meant that he would act as God's agent and do so in the context
of the arrival of the eschaton"[36]. Bezüglich des neuen Tempels, der den
alten ersetzen und ablösen soll, rechnen viele anders als THEISSEN und
MERZ damit – unabhängig davon, ob das nur Mk 14,58 vorkommende
Attribut „nicht mit Händen gemacht" erst ein späteres urchristliches
Interpretament ist (s.o. Anm. 32) –, daß Jesus nicht einen neuen
Tempelbau auf dem Zion meinte, sondern auf die Heilsgemeinde des
wiederhergestellten Israels, deren Vorhut seine Jüngergruppe bereits
bildete, abzielte[37].

Zuletzt sind die Meinungen geteilt, inwiefern die Rolle, die sich Jesus
unter Umständen selbst bei der Errichtung des neuen Tempels zuschreibt,
als messianisch zu bezeichnen ist. Obwohl es die vorherrschende
alttestamentlich-frühjüdische Vorstellung war, daß Gott selbst den eschatologischen Tempel errichten werde, gab es auch – ausgehend von der
messianischen Deutung der Nathanweissagung in 2Sam 7 – die Erwartung,
daß der Messias den neuen Tempel bauen werde (vgl. 2Sam 7,13a mit u.a.
Sach 6,12 und TJes 53,5). Im Hinblick auf das Tempelwort spielt es eine
entscheidende Rolle, ob man allgemein geneigt ist, Jesus der Kategorie des
Messianischen zuzuordnen. Forscher, die das nicht tun, greifen meistens
die Frage einer messianischen Deutung des Tempelwortes gar nicht
explizit auf, während umgekehrt die Befürworter des Messiasanspruchs
Jesu im Tempelwort einen Ausdruck dafür sehen[38].

---

[35] THEISSEN/MERZ, Jesus, 381.

[36] SANDERS, Jesus and Judaism, 74 (kursiv von SANDERS). In dem späteren Werk
„Sohn Gottes" äußert er sich allerdings THEISSEN und MERZ ähnlicher: „... als radikaler
Eschatologe des 1. Jahrhunderts war er wahrscheinlich überzeugt davon, daß Gott das
Zerstörungswerk persönlich verrichten werde" (378).

[37] So etwa GASTON, No Stone, 226f, 241; MEYER, Aims, 200f; Christus Faber, 265,
266, 272; O. BETZ, Probleme des Prozesses Jesu, 631.

[38] Das gilt u.a. für die in der vorigen Anm. angeführten Forscher MEYER, Aims, 201
und O. BETZ, ebd. Andere Befürworter einer messianischen Interpretation, die sie nicht

3.3 Interpretation der Tempelaktion Jesu

Für die Tempelaktion Jesu ist in der Forschung – dem Befund des Tempelwortes entsprechend – eine Fülle weit auseinander gehender Deutungen zu verzeichnen. Wiederum scheint eine Unterscheidung nicht-eschatologischer und eschatologischer Interpretationsmuster angemessen zu sein[39].

Der traditionellen Benennung der Aktion Jesu als Tempel*reinigung* liegt meistens ein nichteschatologisches Verständnis zugrunde.

> Die radikalste Variante des *Reinigungs*verständnisses erblickt in dem Marktbetrieb einen prinzipiellen Gegensatz zum Tempel als gottesdienstlichem Heiligtum. Das Eindringen von Geldgeschäften und lautem Markttreiben in den Tempel störe Andacht und Gebet. Der Markt sei Ausdruck einer rein äußerlichen Betriebsamkeit, die zu der verinnerlichten Frömmigkeit, auf die es in wahrer Religionsausübung ankomme, im Widerspruch stehe. Deshalb sei die Austreibung der Verkäufer und Käufer aus dem Tempel als eine aus wahrem Eifer um die von Gott geschenkte Heiligkeit dieses Ortes (vgl. Joh 2,17) getragene *Tempelreinigung* zu bezeichnen. Eine Deutung dieser Art wurde zwar vor allem in der älteren Forschung vertreten[40], findet aber bis in die jüngste Zeit Anhänger: „... den begeisterten Wallfahrer mußte es natürlich abstoßen, wenn er sah, wie innerhalb des heiligen Bezirks allzu profane Geschäfte getätigt wurden, und auf diesem Hintergrund wurde Jesu Eingreifen geschildert."[41]

(nur) mit der Beziehung auf das erneute Gottesvolk oder auf die Kirche verbinden, sondern am Verständnis des neuen Tempels als eines wirklichen Tempelbaus auf dem Zion festhalten, sind SCHWEMER, Irdischer und himmlischer König, 356 und STUHLMACHER, Theologie I, 84.

[39] Zu Recht MATSON, Contribution, 500: „Perhaps the major dividing issue in the various interpretations of Jesus' temple action ... is whether or not Jesus' action was eschatological in focus."

[40] Vgl. z.B. WOHLENBERG, Markus (1910), 301f: „Der Brauch, diesen Vorhof für Opferzwecke und ähnliche mit dem Tempeldienst zusammenhängende Dinge als Handelsmarkt zu benutzen, mochte schon jahrhundertelang, seit der Errichtung des zweiten Tempels nach dem Exil, bestehen. *Jesus sieht darin eine Entweihung des Heiligtums selbst* ... Gegen den universalistischen Charakter des Tempels, der auch den sich bekehrenden Heiden sich öffnen werde, wie der Herr dort [*sc.* in dem von Jesus laut Mk 11,17 par. zitierten Schriftwort] verheißt, sündigen jene Handelsleute aufs gröblichste, und das gerade im ,Vorhof der Heiden!' Dort sollten auch Angehörige der Völkerwelt in Stille und Andacht beten können" (kursiv von mir). Vgl. auch, wie noch LOHMEYER, Markus, 236 in bezug auf Jesu Handeln von „der reinigenden Tat" spricht, denn „was Er tut, stellt die von dem geschäftigen und geschäftlichen Treiben verdunkelte Heiligkeit der Stätte wieder her, wie es manche jüdische Frommen gefordert oder ersehnt zu haben scheinen".

[41] SAFRAI, Wallfahrt, 186. Auch andere jüdische Forscher sehen in der Aktion Jesu eine prinzipielle Ablehnung eines Markts im Tempel und ordnen sie z.T. einer angeblichen, schon von Sach 14,21 vertretenen breiteren Frömmigkeitsbewegung zu; vgl. neben SAFRAI, a.a.O., 185–188; FLUSSER, Prozeß und Tod, 141 („Das Wichtige daran [*sc.* Jesu Vertreibung der Händler aus dem Tempel] ist der Widerspruch Jesu gegen die Sitte, auf dem Tempelgelände Waren zum Verkauf anzubieten"); DERS., Jesus, 109f und MAZAR, Der Berg des Herrn, 117: „Jesus mag, wie andere puritanische Juden, die

Ein weniger radikales Reinigungsverständnis sieht in Jesu Handeln nicht eine Ablehnung jeglichen Tempelmarktbetriebs, sondern eine heftige Reaktion gegen herrschende *Mißstände* auf dem Tempelmarkt in Form von skrupelloser Ausbeutung (durch hohes Aufgeld beim Geldwechseln und Wucherpreise für die Opfermaterie u.ä.) seitens der hohenpriesterlichen Tempelverwaltung, der die Marktgeschäfte im Tempel unterstanden. Nach dieser Deutung ist folglich die Aktion Jesu auf der Linie der Priester- und Kultkritik alttestamentlicher Propheten zu sehen[42].

Einer anderen Deutung der Tempelaktion als prophetischem Auftreten, die weniger auf den Aspekt der Reinigung denn auf einen symbolischen Protest gegen die Rolle des Tempels als Hochburg nationalistischen Fundamentalismus setzt, begegnen wir bei MARCUS J. BORG:

> „Die Tätigkeit dieser ‚geistlichen Händler' manifestierte die scharfe Trennung zwischen heilig und profan, rein und unrein, heiligem und unheiligem Volk, was die Gebote und Taten des öffentlichen Lebens kennzeichnete. Sie waren Diener der geheiligten Ordnung der Abgrenzung ... Da der Tempel zu einer ‚Stätte der Gewalttätigen', zu einer ‚Räuberhöhle' geworden war, drohte ihm jetzt ... die Zerstörung. Die Handlung Jesu war Drohung wie auch Anklage. Weil der Tempel, das Haus Gottes, Gewalt litt, stand ihm das Gericht bevor. Die Tat Jesu provozierte die religiöse Öffentlichkeit und forderte gleichzeitig dazu auf, einen neuen Weg einzuschlagen."[43]

Typisch für Jesus war BORG zufolge eine universalistische Ausrichtung, die die jüdisch-nationalistische Abgrenzung sprengt. Damit verwandt ist eine Deutung der Tempelaktion, die – ausgehend vom Zitat aus Jes 56,7 in Mk 11,17 par. – die Vertreibung der Verkäufer und Geldwechsler darauf zurückführt, daß Jesus den äußeren Vorhof des Tempels, den sogenannten Vorhof der Heiden, für das Gebet der Heiden frei machen wollte[44].

Vorstellung gehabt haben, daß der Geist der Andacht durch das Platzgreifen des Bazarbetriebes ausgehöhlt wurde."

[42] Vgl. z.B. HENGEL, War Jesus Revolutionär?, 15f: „Bei der sogenannten Tempelreinigung handelt es sich vermutlich um eine prophetische Demonstration, man könnte auch sagen: Provokation, bei der es ... um eine demonstrative Verurteilung ihres [*sc.* der Händler und Geldwechsler] Treibens (ging), die sich zugleich gegen die herrschende Tempelaristokratie richtete, die daraus ihren Gewinn zog." S. auch HORSLEY, Jesus, 299f und EVANS, Cleansing or Portent of Destruction?, 257, 269f.

[43] BORG, Jesus. Der neue Mensch, 196f; vgl. DERS., Conflict, 173–177. Das Beharren auf die „politics of holiness" würde in die Katastrophe führen: „Wie die Propheten vor ihm warnte er [*sc.* Jesus], daß Jerusalem und der Tempel im Krieg zerstört würden, wenn das Volk nicht einen radikal anderen Weg einschlüge" (Jesus. Der neue Mensch, 184). Jesu alternativer Weg, zu dem er einlud, war die „politics of compassion" (s. a.a.O., 178–185 [die beiden englischen Ausdrücke sind dem Original, „Jesus. A New Vision", 157 entnommen]).

[44] Vgl. SMITH, Objections, 264–266.

Sowohl das Tempelreinigungsverständnis im allgemeinen als auch die besondere Beziehung der Handlung auf die Heiden, können mit einer eschatologischen Ausrichtung versehen werden[45]:

> „Jesus ist in Jerusalem als der Bote Jahwes, der zur eschatologischen Sammlung Israels gekommen ist, erschienen. Jes 56,7, eine Verheißung (Futur κληθήσεται), wird von Jesus auf die Gegenwart bezogen. Jesus tritt im Vorhof der Heiden für die Heiligkeit des ganzen Tempelbezirks ein, für die Ermöglichung der Anbetung Jahwes auch durch die Heiden, die sich hier aufhalten durften."[46]

Während diese Deutung dem Ort des Geschehens, d.h. dem Vorhof der Heiden, große Bedeutung beimißt, bestreitet E.P. SANDERS als profilierter Vertreter der nächsten zu nennenden Auffassung explizit, daß dem Ort Bedeutung für den Sinn zukommt; es kommt vielmehr auf das *Handeln* Jesu, als eine symbolische Handlung betrachtet, selbst an: „It is reasonable to think that Jesus (and conceivably some of his followers, although none are mentioned) overturned some tables as a demonstrative action ... *the action ... symbolized destruction.* That is one of the most obvious meanings of the action of overturning itself."[47] Die Zerstörung des gegenwärtigen Tempels sei allerdings SANDERS zufolge für Jesus kein Eigenzweck, sondern die notwendige Voraussetzung für eine Erneuerung[48].

Hiermit ist die Brücke zur nächsten Deutungsvariante bereits geschlagen, die ganz und gar das Moment der endzeitlichen Errichtung eines neuen, eschatologischen Tempels – auf Kosten der Zerstörung des alten, gegenwärtigen Tempels – als den inhaltlichen Sinn der Handlung Jesu betont[49]. Die eschatologische Ausrichtung in der Deutung von Jesu Auftreten im Tempel kann sich auch darin Ausdruck verleihen, daß der Zentralbegriff der Verkündigung Jesu, die Gottesherrschaft bzw. das Reich Gottes (ἡ βασιλεία τοῦ θεοῦ), auf Kosten der Institution des Tempels an

---

[45] MATSON, Contribution, 500: „It is possible to hold both the cleansing idea and an eschatological frame of reference. Dodd argues that the expulsion of traders was intended as a sign that the eschaton had arrived." Vgl. dazu DODD, Historical Tradition, 160.

[46] PESCH, Markusevangelium II, 199. Vgl. z.B. HAHN, Verständnis der Mission, 29f; DERS., Hoheitstitel, 171; DAVIES, The Gospel and the Land, 351 Anm. 46: „Jesus acted both to judge the community that had slighted the rights of Gentiles in its supreme sanctuary ... and to point forward to a better, larger community."

[47] SANDERS, Jesus and Judaism, 70 (kursiv von mir).

[48] A.a.O., 71: „On what conceivable grounds could Jesus have undertaken to attack – and symbolize the destruction of – what was ordained by God? The obvious answer is that destruction, in turn, looks towards restoration."

[49] Vgl. BURCHARD, Jesus von Nazareth, 53: „Jesus dachte wohl nicht an eine historische Katastrophe, wie sie sich vierzig Jahre später ereignete, sondern an eine übernatürliche, wenn das Reich Gottes kam, und entsprechend dann an einen wunderhaften Neubau, keine unvorbereitete Erwartung (Jub 1,17; 11QTempelrolle 29,8–18; äthHen 90,28f; Sib 5,422)."

sich in die Mitte gerückt wird: Nach GÜNTHER BORNKAMM ist z.B. die Tempelaktion Jesu „mehr als eine reformatorische Tat, die nur dem Gottesdienst im Tempel seine Reinheit wiedergeben soll ... Jesus ... reinigt das Heiligtum für den Anbruch der Gottesherrschaft"[50]. LYNN ALLAN LOSIE deutet in seiner Dissertation „The Cleansing of the Temple" aus dem Jahr 1984 die Tempelaktion als „an eschatological act"[51] und sucht dabei den Gesichtspunkt BORNKAMMS über die Verbindung zwischen der Reinigung des Tempels und dem Anbruch der Gottesherrschaft zu präzisieren:

> „A symbolic action by Jesus of cleansing the temple would ... have been an appropriate way of emphasizing his proclamation of the imminent advent of the kingdom of God. The call would have been for those participating in the activities of the cultus to depart and purify themselves in readiness for God's imminent reign."[52]

Vermutlich habe Jesus sich dabei in der Rolle des eschatologischen Boten aus Jes 52,7 und 61,1f gesehen, und der Textzusammenhang Jes 52,7–12, der eine kultische Reinigung als Voraussetzung für das Kommen Gottes darstellt, habe ihn zu der Aktion im Tempel veranlaßt[53].

HELMUT MERKLEIN und THOMAS SÖDING haben mit etwas unterschiedlicher Akzentuierung den Aspekt des zur Basileiaverkündigung Jesu dazugehörenden *Umkehr*rufs als den Punkt betont, worauf es ankomme:

> „[D]ie Tempelaktion (ist) ein in Handlung umgesetzter Metanoia- und Glaubensruf, der sich im Kontext der Reich-Gottes-Botschaft versteht. Jesus kritisiert eine auf das Heiligtum fixierte Heilssicherheit, die trügerisch ist, weil sie gerade das übersehen läßt, was Gott seinem in Sünde verstrickten Volk zur Rettung werden lassen will."[54]

Die bereits angesprochene Verbindung der beiden Deutungsansätze der *Reinigung* und des *Eschatologischen* kann sich auch bei der messianischen Interpretation der Tempelaktion geltend machen.

> Einen klassischen Ausdruck hat dieser Ansatz in der Studie von JOACHIM JEREMIAS „Jesus als Weltvollender" aus dem Jahre 1930 gefunden: Da „seit ältester Zeit Inthronisation und Tempelerneuerung Sinnbild der Weltenwende (sind)"[55] und das Alte Testament wiederholt davon berichtet, wie „ein an das Ruder kommender

---

[50] BORNKAMM, Jesus, 140.

[51] Vgl. LOSIE, Cleansing, 257–271.

[52] A.a.O., 264.

[53] Vgl. a.a.O., 264–266

[54] SÖDING, Tempelaktion, 61. Vgl. MERKLEIN, Jesu Botschaft, 138: „In jedem Fall sind Tempelwort und Tempelaktion in erster Linie eine theologische Provokation *Israels*. Seine wahre Situation, die auch durch Tempel und Kult nicht zu beschönigen und zu bewältigen ist, wollte Jesus aufdecken. Israel sollte in harter und schmerzlicher Konfrontation vor die *jetzt* fällige Entscheidung für seine Botschaft von der Gottesherrschaft gestellt werden" (kursiv von MERKLEIN).

[55] JEREMIAS, Weltvollender, 35.

Herrscher eine Kultreform vollzieht"[56], wird Entsprechendes von dem bei der eschatologischen Weltenwende auftretenden Messias erwartet[57]. Bei dem unter dem Vorzeichen von Sach 9,9 stehenden Einzug in Jerusalem erhebt Jesus einen der königlichen Inthronisation korrespondierenden messianischen Anspruch, der in Übereinstimmung mit den traditionsgeschichtlichen Vorbildern auf Erneuerung zielenden Tempelreinigung gefolgt wird: „Entscheidend ... für die Erkenntnis, daß es sich bei dem Einzuge Jesu um eine bewußte messianische Kundgebung handelt, ist die Feststellung, daß die Tempelreinigung als messianische Kundgebung unlöslich zum Einzug gehört: *auf die Inthronisation folgt die Tempelerneuerung* ... In heiligem Zorn über die Heiligtumsschändung treibt Jesus die Wechsler und Verkäufer aus dem Vorhof."[58]

Neben JEREMIAS hat u.a. der jüdische Gelehrte JOSEPH KLAUSNER in seinem Werk „Jesus von Nazareth" eine messianische Deutung des Auftretens Jesu vertreten. Ihm zufolge zog Jesus, nachdem er seine messianische Sendung klar erkannt hatte und sich dem jüdischen Volk als Messias offenbaren wollte, nach Jerusalem, um das Volk angesichts des Kommens des Messias zur Buße und zu guten Werken aufzurufen[59]:

„Um die Menschen aber zur Buße zu bringen und aller Aufmerksamkeit auf den Messias und das mit seiner Offenbarung verbundene Gottesreich zu lenken, mußte Jesus eine große, weithin sichtbare Tat vollbringen, die ihm Ruhm und Ruf verschaffte ... Welche große, öffentliche, religiöse Tat aber konnte die Aufmerksamkeit mehr auf ihn lenken als eine Aktion im Innern des Tempels, dem heiligsten aller heiligen Plätze, der jetzt, wenige Tage vor dem Pessachfeste, von Juden aus allen Teilen des Landes voll war? Also beschließt Jesus, den Tempel zu reinigen."[60]

Für KLAUSNER ist folglich die Aktion im Tempel eine messianische Demonstration, die zwar z.T. durch die dort herrschenden Zustände

---

[56] A.a.O., 37. JEREMIAS nennt die Könige Asa und Hiskia als Beispiele.

[57] A.a.O., 38. Als Beispiel aus vorntl. Zeit nennt JEREMIAS äthHen 90,28ff; ein „besonders eindrückliches Beispiel" für die nach der Tempelzerstörung 70 n.Chr. vollends unlösliche Einheit von Tempelerneuerung und Inthronisation des Messias sei 4Esr 9,38–10,27.

[58] A.a.O., 42f (Hervorhebung von JEREMIAS). In neuerer Zeit hat T.A. MOHR, Markus- und Johannespassion (1982) ein königlich-messianisches Verständnis der Tempelaktion vertreten, das auf traditionsgeschichtlicher Grundlage über Inthronisation und Kultreform hinaus um den Aspekt des Bundesschlusses bereichert ist (s. a.a.O., 96–99).
Auch die zelotische Deutung BRANDONs (s.o. S. 9 mit Anm. 25) sieht im Einzug Jesu eine messianische Proklamation (vgl. Jesus and the Zealots, 349f), aber er begnügt sich mit der Feststellung, daß diese messianische Demonstration (nach dem synopt. Bericht) von der Tempelaktion gefolgt wurde, ohne den messianischen Aspekt weiter zu entfalten. In der Tempelaktion sieht er vielmehr einen revolutionären Angriff auf die mit der römischen Besatzungsmacht kooperierende hohepriesterliche Aristokratie (vgl. a.a.O., 331ff).

[59] KLAUSNER, Jesus von Nazareth, 431f.

[60] A.a.O., 432.

bedingt sei[61], aber in der Hauptsache, die Aufmerksamkeit auf die Person Jesu als den Messias lenken solle. Aus der jüngsten Zeit ist vor allem PETER STUHLMACHER zu nennen als ein Forscher, der nachdrücklich die Tempelaktion Jesu als messianisch bezeichnet und dabei eine Reihe von theologisch gewichtigen Momenten mit einbezieht: Die sogenannte Tempelreinigung sei eine „messianische Demonstration"[62] bzw. eine „messianische Zeichenhandlung"[63], „mit der Jesus die Tempelpriesterschaft aufforderte, sich seinem Umkehrruf zu stellen"[64]. Jesus „griff sogar den Opferbetrieb im Tempel an, solange dieser an seinem messianischen Umkehrruf vorbei praktiziert wurde"[65]. „Was die Bedeutung dieser Zeichenhandlung Jesu anbetrifft", sei es wahrscheinlich, „daß Jesus tatsächlich den Tempel für den neuen messianischen Gottesdienst reinigen wollte"[66].

Zuletzt soll GEORGE WESLEY BUCHANANs Aufsatz „Symbolic Money-Changers in the Temple?" erwähnt werden als Beispiel für die Verbindung einer messianischen Deutung mit der Bestreitung der Historizität der Tempelaktion: Seiner Meinung nach ist der Bericht darüber eine nach Art des jüdischen Midrasch entstandene und gestaltete Erzählung, die von dem nachösterlich-urchristlichen Glauben, Jesus sei der Messias, ausgehend, ihm die Reinigung des Tempels als eine der vom Messias erwarteten und zu vollziehenden Handlungen nachträglich zugeschrieben hat[67].

---

[61] Vgl. a.a.O., 434: Das ganze Markttreiben an heiliger Stätte „wird ... einen wahrhaft religiösen Menschen sehr verstimmen. Das Volk in Jerusalem hatte sich zweifellos schon an diesen Tempelhandel gewöhnt; im allgemeinen macht derartiges ja auf Stadtbewohner keinen allzu starken Eindruck. Aber die Besucher des Tempels aus den kleinen Städten und Dörfern waren darüber sehr ärgerlich. Und vor allem Jesus war tief betroffen."

[62] STUHLMACHER, Theologie I, 83.

[63] A.a.O., 146; vgl. a.a.O., 113.

[64] A.a.O., 146.

[65] A.a.O., 102; vgl. a.a.O., 84: „Ziel der Handlung war, die Jerusalemer Priesterschaft zu zwingen, den üblichen Opferkult nicht mehr länger an Jesu Verkündigung der βασιλεία vorbei zu vollziehen, sondern sich im Tempel auf die Zeit des neuen Gottesdienstes zu rüsten." Vgl. auch DERS., Die Stellung Jesu und des Paulus zu Jerusalem, 143: „Einen Kult, der Israel Sühne- und Sündenvergebung an seinem messianischen Umkehrruf vorbei gewährte, konnte Jesus unmöglich dulden."

[66] STUHLMACHER, Theologie I, 151.

[67] Vgl. BUCHANAN, Money-Changers, 284: „If Jesus never cleansed the temple at all but instead this event had been attributed to him from the necessity of the doctrines and messianic expectations, it is easy to understand why there are differences between the Johannine and the synoptic accounts of this supposed event." In dem Abschnitt „Conclusions" stellt BUCHANAN fest, die Summe der herangezogenen und erwogenen Befunde und Argumente „suggests a midrashic composition" (a.a.O., 290).

3.4 Abschließende Bilanz

Die dargelegten forschungsgeschichtlichen Perspektiven zur Beurteilung der Historizität und der Interpretation der Tempelaktion und des Tempelwortes Jesu können hoffentlich als Diskussionshorizont für die nun folgenden Ausführungen dienen. Eine forschungsgeschichtliche Vollständigkeit oder Repräsentativität der im Laufe des 20. Jahrhunderts gelieferten Beiträge zu den beiden neutestamentlichen Überlieferungen über die Tempelaktion und das Tempelwort wird mit diesem Kapitel jedoch auf keinen Fall beansprucht.

Zwei neue Bücher, die sich mit der Thematik dieser Studie beschäftigen, sind leider so spät im Jahre 1999 erschienen, daß sie hier nicht mitberücksichtigt werden können. Es handelt sich zum einen um den auf ein Symposion in Greifswald im März 1998 zurückgehenden Sammelband „Gemeinde ohne Tempel – Community without Temple. Zur Substituierung und Transformation des Jerusalemer Tempels und seines Kults im Alten Testament, antiken Judentum und frühen Christentum"[68], der mehrere Beiträge zu einzelnen Themen enthält, die von Interesse und Relevanz für viele der in dieser Studie behandelten Fragen enthält. Das zweite Buch ist die Studie KURT PAESLERs über das Tempelwort Jesu[69]. Diese Monographie, die auf eine 1997 von der Theologischen Fakultät an der Universität Erlangen / Nürnberg angenommene Dissertation zurückgeht, ist ohne Kenntnis meiner drei Jahre zuvor angenommenen Dissertation „Jesu Kritik am Tempel", auf der diese Studie aufbaut (s. das Vorwort), geschrieben worden. Obwohl ich es bedaure, daß ich PAESLERs Arbeit nicht mehr habe berücksichtigen können, kann es vielleicht für die weitere Erforschung der Stellung Jesu zum Tempel eine interessante und günstige Konstellation sein, daß im Laufe von wenigen Monaten mehrere voneinander unabhängig entstandene Arbeiten, die sich thematisch überschneiden, erschienen sind.

---

[68] Das von B. EGO / A. LANGE / P. PILHOFER herausgegebene Werk ist als Band 118 in der Reihe „Wissenschaftliche Untersuchungen zum Neuen Testament" im Verlag Mohr Siebeck, Tübingen 1999, erschienen. Mein darin enthaltener Beitrag „Jesus' Symbolic Act in the Temple (Mark 11:15–17): The Replacement of the Sacrificial Cult by his Atoning Death", S. 461–475, kann als Zusammenfassung des hier breit entfalteten Verständnisses der Tempelaktion Jesu aufgefaßt werden.

[69] K. PAESLER, Das Tempelwort Jesu. Die Traditionen von Tempelzerstörung und Tempelerneuerung im Neuen Testament, FRLANT 184, Göttingen 1999.

Teil II

Das Tempelwort Jesu
(Mk 14,58 und Parallelen)

Kapitel 2

Messianische Tempeltraditionen im
Alten Testament und im Frühjudentum

1. Der Tempel auf dem Zion[1]

Seit Jahrhunderten hafteten tiefverwurzelte Traditionen an der Stadt Jerusalem und ganz besonders an dem Tempel in der Stadt, deren Bedeutung für das Judentum zur Zeit des Jesus von Nazareth kaum überbewertet werden kann. Die Anfänge dieser herkömmlich unter der Chiffre *Zions*-tradition(en) bezeichneten Motiv- und Traditionszusammenhänge scheinen in die vorisraelitische bzw. vordavidische Zeit Jerusalems zurückzureichen. Im Alten Testament ist der Name Zion vor allem an den Bergrücken geknüpft, auf dem Salomo den Tempel baute (vgl. Ps 78,68f). In der Fortentwicklung wurde der Terminus auf die ganze Stadt Jerusalem und dann sogar auf das ganze Volk Israel ausgeweitet (vgl. u.a. Thr 2,6–8; Jes 51,16; Sach 2,11; 8,2f)[2]. Das für die Zionstraditionen Charakteristische oder gar Konstitutive hängt jedoch an dem, was Jahwes Beziehung zu und Bindung an den Tempel kennzeichnet und erst mit diesem göttlichen Bezug gegeben ist. Aus diesem Grund ist es berechtigt, auch wenn Stadt

---

[1] Die folgende Darlegung beschränkt sich auf das Notwendigste. Für eine historische und archäologische Orientierung über den salomonischen, den zweiten und den herodianischen Tempel in Jerusalem s. ÅDNA, *Art.* Tempel, 1534–1539, und für eine Übersicht über die Zionstraditionen s. LEVENSON, *Art.* Zion Traditions, sowie das zweite, „Zion in the first and second temple periods" überschriebene Kapitel in TAN, The Zion Traditions and the Aims of Jesus, 23–51. Von beträchtlichem Interesse ist auch die Darlegung über den Tempel in Jerusalem und mit ihm verbundene theologische Motive in MEYER, Christus Faber, 218–251, 272–275.

[2] Für die verschiedenen Bedeutungen von „Zion" s. LEVENSON, a.a.O., 1098f: „Once the name of a ridge in pre-Davidic Jerusalem, it [*sc.* Zion] had now become a designation for the people of Israel themselves, though *without having shed its spatial reference*. Since the fates of the Temple Mount, of Jerusalem, and of the whole house of Israel were inextricably intertwined in the temple theology, it stands to reason that the same term could come to refer to any and all of the three" (das ganze Zitat ist S. 1099 entnommen, kursiv von mir).

und Volk unter den Terminus Zion fallen, die Theologie des Tempels in den Vordergrund zu rücken.

Mit der Überführung der Lade, mit der die gnädige Präsenz Jahwes verbunden war[3], auf den Zion erfolgte Jahwes Erwählung dieses Ortes (vgl. Ps 132; 1Reg 8,1–13.29f; Dtn 12,5–7.11) zu seiner „Wohnstätte" (Ps 132,13f; 1Reg 8,12f) bzw. zur „Wohnstätte" seiner Herrlichkeit (Ps 26,8; 1Reg 8,11) oder seines Namens (1Reg 5,17.19; 9,3). Folgen der Einwohnung Jahwes auf dem Zion waren die absolute Unerschütterlichkeit und Sicherheit des Ortes gegen allerlei Gefahren von außen (vgl. u.a. Ps 9; 20; 46; 48). In politisch und militärisch bedrohlichen Situationen rekurrierte insbesondere der Prophet Jesaja auf diesen Aspekt der Zionstradition, um den jeweils amtierenden König vom Abschließen internationaler Bündnisse abzuhalten (vgl. Jes 7,1–17; 30,1–5; 31,1–3 mit 14,32; 17,12–14; 29,5–8; 31,4f)[4]. Es waren aber gerade die Propheten, die jene Pervertierung der Zionstheologie, die in der Loskoppelung des auf dem Zion gewährten Schutzes des Gottesvolkes von dessen Verpflichtung zum Gehorsam gegenüber dem Willen Gottes bestand, geißelten und Tempel, Stadt und Volk sogar Vernichtung und Untergang weissagten (s.u. Abschnitt 3, S. 35ff)[5].

Weitere Folgen der Einwohnung Jahwes auf dem Zion sind die Erhöhung des Tempelberges über alle anderen Berge der Welt (Ps 48,3) und seine von dort ausgehende königliche Herrschaft über die ganze Welt (vgl. die sogenannten Jahwe-König-Psalmen Ps 47; 93; 96–99). Diese Aspekte der Zionstheologie wurden bereits von vorexilischen Propheten eschatologisch ausgestaltet: Am Ende der Tage wird die bereits gegenwärtig im Gottesdienst besungene und bekannte Erhöhung Zions verwirklicht werden (s. bes. Jes 2,2a; Mi 4,1a); und die Weltherrschaft Jahwes wird in der Weise ersichtlich werden, daß alle Völker zu seinem Tempel auf dem Zion strömen werden und er durch seine Weisung und Rechtsprechung den Frieden auf der ganzen Welt durchsetzen wird (vgl. Jes 2,2b–4; Mi 4,1b–4; Jer 3,17; Sach 8,20–23).

Mit der Vernichtung des Südreiches Juda, der Verwüstung der Stadt Jerusalem und der völligen Zerstörung des Tempels durch den babylonischen König Nebukadnezar 587 v.Chr. (2Reg 25; Jer 52) brach eine tief

---

[3] Vgl. Num 10,33–36; 14,44 und die Rolle der Lade im Landnahmebericht des Jos (s. Kap. 3–4; 6).

[4] VON RAD, Theologie, stellt den größten Teil seiner Darlegung der Theologie Jesajas unter die Überschriften „Der Zion" (II, 162–175) und „Der Gesalbte Jahwes" (II, 175–181). (S. sonst die Register der beiden Bände für weitere Ausführungen VON RADs zur Zionüberlieferung und zum Messias.)

[5] S. MAIER, Konfliktpotential 175–178 über „die Wohntempelvorstellung" und deren Implikationen in bezug auf Zerstörungsdrohungen; sie implizieren, daß Gott den von ihm zur Wohnstätte erwählten Tempel verlasse bzw. verlassen werde.

erschütternde Krise über Israel herein. Allerdings konnte man während der folgenden Exilszeit in der theologischen Verarbeitung der Katastrophe an die Verkündigung der bis zuletzt wirksamen Gerichtspropheten, etwa Jeremia und Ezechiel, anknüpfen, die die verheerende Katastrophe geweissagt hatten, ohne dabei das Vertrauen in die mit dem Zion verbundenen unverbrüchlichen Verheißungen Jahwes preiszugeben. In der Tat gewannen die Zionstraditionen an Bedeutung durch die Krise des Exils und in der nachexilischen Zeit. Der scharfe Kontrast zwischen den mißlichen Zuständen der erfahrenen Gegenwart und den an den Zion und die Gottesstadt geknüpften überschwenglichen Hoffnungen beförderte eine zunehmende *Eschatologisierung* der Zionstraditionen. In der eschatologischen Heilszeit wird Gott den Zion und seinen Tempel verherrlichen, alle Vertriebenen seines Volkes dorthin zurückführen und mit ihnen auch die heidnischen Völker, die alle auf dem Zion ihn als den einzigen wahren Gott anerkennen und anbeten werden (vgl. u.a. Jes 60–62; 66,18ff; Sach 2,10–17; 8,2–8)[6].

Diese Sicht und diese Erwartung wurde in den nachfolgenden Jahrhunderten bis in die neutestamentliche Zeit hinein im Frühjudentum beibehalten: Weil die Erwählung Zions und Jerusalems als Gottes „Wohnstätte" feststeht (Sir 24,11; Bar 4,30; Tob 1,4; TestLev 10,5; TestDan 5,12f), wird Gott gewiß den Tempel auf dem Zion verherrlichen und die Zerstreuten Israels dorthin in Begleitung der Völker zurückführen (Tob 13,5.10–13. 16–18; Bar 4,36f; 5,5f; 2Makk 1,27–29; Sib 3,702–731.772–776; TestBenj 9,2; 1QM XII,12–15; 11QPs[a] [11Q5] XXII; vgl. auch das Gebet in Sir 36, bes. V. 13f [hebräisch (= griechisch V. 18f)])[7].

---

[6] TAN, Zion and Jesus, 29: „Post-exilic prophets prophesied the restoration of Jerusalem to a splendour grander than before. It therefore became a vehicle for eschatological hopes. Many traditional elements of Zion theology reappeared in different guises in the Zion eschatology of the prophets and the concept of an eschatological Zion is found widely distributed over the entire prophetic corpus." In der begleitenden Anm. 33, führt TAN, ebd. insgesamt 78 Belege aus den Prophetenbüchern (einschließlich Dan 9,24–26) an.

[7] Wie noch im einzelnen vorzuführen sein wird, irrt sich TAN, wenn er in den abschließenden „Conclusions" seiner traditionsgeschichtlichen Ausführungen eine allmählich verringerte Bedeutung des Tempels in der eschatologischen Zionstradition meint feststellen zu können: „... the prominence of Zion outstripped the prominence of the temple when it came to eschatology" (a.a.O., 51).

BORG, Conflict, 163–170 zeichnet ein viel zu einseitiges Bild von der Rezeption der Zionstraditionen als einer nationalistischen und sich abgrenzenden Heiligkeitsbewegung. HORSLEY, Jesus, 287–291 veranschlagt die Ablehnung des Tempels im Frühjudentum viel zu hoch. Seine Bemühung, die Verbreitung und Bedeutung der Erwartung eines neuen Tempels als entsprechend gering darzustellen, ist mißlungen. Eine verläßliche Darlegung über die Hoffnung auf einen neuen Tempel im Frühjudentum bietet dagegen SANDERS, Judaism 290–295. M.E. hat SANDERS recht, wenn er in einem anderen Zusammenhang zugespitzt feststellt: „I think that it is almost impossible to make too much of

2. Der Messias[8]

Der Terminus „Messias" geht auf das zweimal im Neuen Testament vorkommende Wort (ὁ) Μεσσίας (Joh 1,41; 4,25) zurück, das seinerseits eine griechische Transliteration des hebräischen Wortes מָשִׁיחַ (הַמָּשִׁיחַ) oder des entsprechenden aramäischen מְשִׁיחָא mit der Bedeutung „Gesalbter" darstellt. Sowohl diese beiden Belege als auch die viel zahlreicheren Beispiele der Benutzung der entsprechenden griechischen Vokabel (ὁ) χριστός im Neuen Testament setzen voraus, daß Messias ein klar definierter Titel einer bestimmten Gestalt ist. Inwiefern dieser neutestamentliche Befund einer bereits im Alten Testament und im Frühjudentum feststehenden Tatsache entspricht, ist in der Forschung umstritten. MARINUS DE JONGE kann als typischer Vertreter einer größeren Gruppe namhafter Forscher zitiert werden, die die Bedeutung des Messias im Alten Testament und Frühjudentum als gering einschätzen:

> „The Christian focus upon the person of Jesus has led to an undue concentration on the *person* of the Messiah in Jewish thought, even in the works of recent scholars. One should realize that in the OT the term ‚anointed' is never used of a future savior/redeemer, and that in later Jewish writings of the period between 200 B.C. and A.D. 100 the term is used only infrequently in connection with agents of divine deliverance expected in the future. The use of the term ‚Messiah' to denote any figure expected to introduce an era of eternal bliss, regardless of the terminology used in the source, leads to confusion."[9]

Zu einem kräftigen Gegenschlag gegen diese minimalistische Position hat nun WILLIAM HORBURY in seinem Buch „Jewish Messianism and the Cult of Christ" aus dem Jahr 1998 ausgeholt. Er stellt ihr seine Gegenthese eines theologisch gewichtigen und einflußreichen „Messianismus" entgegen:

---

the Temple in first-century Jewish Palestine" (Historical Figure, 262 [= Sohn Gottes, 383]).

[8] Aus der schier uferlosen Lit. beschränke ich mich im folgenden weitgehend auf DE JONGE, *Art.* Messiah und HORBURY, Jewish Messianism. Für weitere einschlägige Einführungen s. etwa J.A. MOTYER, *Art.* Messias, A. Im Alten Testament, in: Das Große Bibellexikon, Bd. II, hg. v. H. BURKHARDT u.a., Wuppertal/Gießen 1988, 966–972; O. BETZ, *Art.* Messias, B. Im zwischentestamentlichen Judentum, a.a.O., 972–974; H. STRAUSS, *Art.* Messias/Messianische Bewegungen, I. Altes Testament, TRE XXII, 1992, 617–621; G. STEMBERGER, *Art.* Messias/Messianische Bewegungen, II. Judentum, a.a.O., 622–630. Zu VON RAD s. Anm. 4 oben.

[9] DE JONGE, *Art.* Messiah, 777f (kursiv von DE JONGE). In diesem Lexikonartikel faßt DE JONGE die Ergebnisse seiner über Jahrzehnte dauernden Beschäftigung mit der Messiasfrage zusammen. Eine Reihe anderer Vertreter dieses „minimalistischen" Verständnisses sind aufgeführt bei HORBURY, Jewish Messianism, 171 Anm. 4, 5. Aus der von mir benutzten Lit. können SANDERS, Judaism, 295–298 und BROWN, Death I, 473–475 als Beispiele angeführt werden.

„... a rich but largely consistent messianism grew up in pre-exilic and later Israel. In the Old Testament it forms an important theme, which was given clarity and impetus through the editing and collection of the Old Testament books. It cohered with the theme of the kingdom of God. Messianism was then correspondingly influential in the Judaism of the Greek and Roman periods, and the biblical passages which expressed it were at the heart of a vigorously developing interpretative tradition, with vivid details which formed a ramified but not incoherent messianic myth and expectation. Superhuman and spiritual traits regularly appeared in the messianic portraits."[10]

Obwohl im Alten Testament eine Salbung auch (Hohen-)Priestern und Propheten in Verbindung mit deren Amtseinsetzung zuteil werden kann, ist es die *königliche* Salbung, die vorherrscht. Sie „indicates divine election" und „denotes the exclusive, intimate relationship between the God of Israel and the king whom he has appointed and given the power to reign in his name. The king is God's representative on earth and is thought to participate in God's sovereign rule"[11]. HORBURY zufolge ist es irreführend, die gewaltigen Aussagen an und über den (gesalbten) König im Alten Testament (vgl. u.a. 2Sam 7,12–14; Ps 2,2.7–9; 89,20–30; Jes 9,5f; 11,1–5; Mi 5,1–3) einer Königsideologie zuzuschreiben, die strikt von jeglichem Messianismus abzugrenzen wäre. Denn obwohl etwa die sogenannten Königspsalmen sich zunächst zwar auf den jeweils gegenwärtig herrschenden König beziehen, transzendieren sie nichtsdestoweniger die faktische Wirklichkeit und weisen damit in die Zukunft[12].

„Messianism can ... be regarded as a deep-rooted and long-standing influence in the community at the beginning of the Second-Temple period. The core of its literary tradition consisted of royal psalms of praise and oracles of good hope, reflecting often fragmentarily the myth of a saviour king. This material was strongly marked by ascription to the monarch of superhuman and divine characteristics and titles. The expectations embodied in this myth and its literary reflections had been bound up with Israelite kingship from its inception, and the tradition as it survives is marked by Davidic dynastic loyalty and the exaltation of Zion. Expectations will have been renewed with each king, and probably each year, but they could also be developed in special hopes for a coming deliverer and in connection with particular persons."[13]

---

[10] HORBURY, Jewish Messianism, 2.

[11] DE JONGE, *Art.* Messiah, 778 und 779.

[12] HORBURY, Jewish Messianism, schließt einen längeren forschungsgeschichtlichen Bericht über die Ursprünge des Messianismus, in dem u.a. die Frage, „how are the praises of a present king in the royal psalms related to messianic hope" (13), im Vordergrund gestanden hat, mit der Feststellung ab, daß wir vielleicht sogar behaupten können, „that the praises of the king will always have been messianic in character, irrespective of any hint of non-fulfilment, for in hymns of praise the present king becomes for the moment the godlike figure of the ideal king" (24).

[13] HORBURY, a.a.O., 25.

Der alttestamentliche Messianismus starb mit dem Untergang der davidischen Monarchie in Jerusalem nicht aus; vielmehr kam das ihm innewohnende „Zukunftspotential" durch den Verlust eines gegenwärtigen Königs in der nachexilischen Zeit noch mehr zum Tragen als zuvor[14]. HORBURY meint nachweisen zu können, daß messianische Hoffnungen ihren Stempel sowohl der redaktionellen Gestaltung einzelner alttestamentlicher Schriften als auch der redaktionell-kanonisierenden Sammlung ganzer Gruppen von Schriften, die in der persisch-hellenistischen Zeit erfolgte, aufdrückten[15]. Dieser bereits in der redaktionellen Bearbeitung des hebräischen Alten Testaments feststellbare Zug setzt sich in der griechischen Septuaginta, und zwar schon in dem bereits im 3. Jh. v.Chr. im ptolemäischen Ägypten fertiggestellten Pentateuchteil, fort[16]. Dem LXX-Pentateuch kommt als Dokument aus einer sonst quellenarmen Zeit große Bedeutung zu; HORBURY hebt vor allem zweierlei hervor[17]:

> „First, as a witness to messianism in the third century it attests the tendencies which will have been strong at the end of the Persian period, and it illustrates the situation before the time of Ben Sira and the more frequently discussed Hasmonaean and Herodian evidence for messianism. Secondly, it shows that, not long after Alexander the Great, messianism was sufficiently prominent in communal Jewish understanding of the scriptures to find its place in interpretation of the Pentateuch, the ‚book of Moses' which was central and universally revered in the Jewish community."

In der Zeit der ptolemäischen Fremdherrschaft mit dem Hohenpriester am Jerusalemer Tempel als ranghöchstem Führer des jüdischen Volkes bleibt das Königsgesetz in Dtn 17,14–20 in der Wiedergabe der LXX „an emphatic commandment to set up a ruler who shall be both divinely-

---

[14] Auch DE JONGE, *Art.* Messiah, 787 gibt dies zu: „In the Royal Psalms ... [t]he psalmists make far-reaching assertions, but these are always connected with the reigning king ...but not with a future son of David. Yet these psalms, which continued to be sung long after there were any kings in Jerusalem, will have helped to shape the hope for an ideal Davidic king. So did the prophecies concerning a future king from David's family ..."

[15] S. HORBURY, a.a.O., 25–29. „The collection of the books ... and the editing of the individual books, produces a series of what can be properly called messianic prophecies, envisaging the future – sometimes evidently the immediate future. This occurs within the period of the growth of the Old Testament, and accords with a major Old Testament theme, the eschatological interest of Deuteronomy and parts of the prophetic corpus. It was also momentous for the later development of messianism" (29). Vgl. auch a.a.O., 37: „The Old Testament books were so edited that they emerge collectively as a messianic document."

[16] Für grundlegende Orientierung über die Septuaginta s. S.P. BROCK, *Art.* Septuaginta, TRE VI, 163–168 (Teil des *Art.* Bibelübersetzungen I) und E. TOV, Der Text der Hebräischen Bibel. Handbuch der Textkritik, Stuttgart/Berlin/Köln 1997, 112–119.

[17] „The LXX Pentateuch and royal messianism" verhandelt HORBURY in Jewish Messianism, 46–51. Das folgende Zitat ist S. 47 entnommen.

chosen and Israelite"[18]. Dieser göttliche Befehl wird durch die Rezeption der Weissagungen Jakobs in Gen 49,10, Bileams in Num 23,21; 24,7.17 und des Mose in Dtn 33,4f noch weiter verstärkt:

> „These three oracular passages are made to refer, more clearly than in the Hebrew, to the Israelite succession of rulers, and the use of *archon* in all three binds them more closely than in the Hebrew to the Israelite ruler ordained in Deuteronomy."[19] „The LXX interpretation attests the reading of these oracles as a series, in the manner which, it was urged above, the formation of the biblical canon naturally commended. At the same time these LXX passages point to a consistent set of messianic hopes, constituting an expectation centred on a royal messiah which was sufficiently central and widespread among Jews of the third century to be included in the interpretation of the Pentateuch."[20]

Die messianologische Bearbeitung der LXX wurde in der Übersetzung der Prophetenbücher und der Psalmen weitergeführt, und der Messianismus ist auch in einer Reihe anderer Schriften aus dem 2. und 1. Jh. v.Chr. bezeugt[21]. HORBURY meint, daß diese Tatsachen gebührend berücksichtigt werden müssen, um nicht vorschnelle falsche Folgerungen aus dem weitgehenden Schweigen über den Messias in mehreren der sogenannten alttestamentlichen Apokryphen (u.a. Bar, Tob, Jdt, 1Makk, 2Makk, Weish) zu ziehen. Es können einerseits partiell plausible Gründe genannt werden, warum diese Schriften nichts über den Messias sagen, andererseits lassen sich bei genauerem Hinsehen thematische Kohärenzen mit dem Messianismus beobachten[22].

---

[18] A.a.O., 48.

[19] A.a.O., 48f. Worauf HORBURY Bezug nimmt, ist, daß die LXX in Dtn 17,15 ἄρχων statt der am häufigsten zur Wiedergabe von מֶלֶךְ benutzten Vokabel βασιλεύς anwendet. Für Einzelheiten zu diesen Stellen s. a.a.O., 50f.

[20] A.a.O., 51.

[21] Neben der LXX nennt HORBURY, a.a.O., 53 Jub (s. bes. Kap. 31), TestXII (s. bes. TestJud 24), PsSal (d.h. 17 und 18) und relevante Passagen aus Sib 3 (s. bes. V. 652–656) sowie äthHen (s.u. Anm. 23).

Unter diesen Schriften, auf die sich HORBURY beruft, ist vor allem TestXII umstritten. Der überlieferte Text von TestXII weist nämlich eindeutige christliche Spuren auf; ob sie einer sekundären christlichen Bearbeitung einer ursprünglich jüdischen Schrift entstammen oder ob das ganze Werk ein erst (juden-)christliches Erzeugnis ist, wird in der Forschung heiß diskutiert. Für ein m.E. berechtigtes Plädoyer zugunsten eines jüdischen, vorchristlichen Ursprungs und eine gute Übersicht auch zu der Diskussion über die Ursprungssprache und das Alter von TestXII s. SCHÜRER, History III.1, 767–775.

[22] So etwa bezeugen die Makkabäerbücher die Überschneidung von Königtum und Messianismus; Weish ist implizit messianisch, insofern es in Kap. 6–9 das Vorbild Salomos und die segensreichen Auswirkungen der königlichen Weisheit für das Volk als eine zukünftige Möglichkeit darstellt; und Sir nennt im Lob der Väter (Kap. 44–50) den Bund mit David an kompositorisch auffälliger Stelle (45,25) und läßt den Davidsteil in 47,1–11 mit einer Aussage über das Recht des Königtums (so der hebräische Text: חק ממלכת) bzw. den Königsbund (so der griechische Text: διαθήκη βασιλέων) und den

Bezüglich des apokalyptischen Schrifttums und der Qumranschriften herrscht insgesamt größere Übereinstimmung in der Forschung über die vorhandenen messianischen Komponenten, obwohl die Meinungen darüber auseinandergehen, wie repräsentativ für das Frühjudentum im allgemeinen die in diesen Schriften gehegten Zukunftserwartungen waren. Eine detaillierte Beschreibung einer messianischen Gestalt und deren Wirken finden wir vor allem in den Bilderreden äthHen 37–71[23] und in den beiden vom Ende des 1. Jh.s n.Chr. stammenden Apokalypsen syrBar (vgl. 29–30; 39–40; 70–74) und 4Esr (vgl. 7,26–29; 11,1–12,3; 13,1–56)[24]. Die Qumranschriften kennen den königlichen, davidischen Messias bzw. „den Messias Israels" (1QS IX,11; 1QSa [1Q28a] II,14.20; 4QFlor [4Q174] I,11–13; 4QPB [4Q252] V,3–4), rücken ihm jedoch entsprechend der priesterlichen Ausrichtung der Gemeinde den priesterlichen Gesalbten bzw. „den Messias Aarons" an die Seite bzw. stellen ihm diesen in der führenden Position voran (1QS IX,11; 1QSa [1Q28a] II,11ff; vgl. zur priesterlichen Vorrangstellung auch 1QM XV,4; XVI,13; XVIII,5; XIX,11 und 11QTR [11Q19] LVII,11–15; LVIII,18–21)[25].

WILLIAM HORBURY warnt davor, die Besonderheit und Bedeutung der qumranischen Konzeption zweier Messiasse mit dem priesterlichen in der Vorrangposition überzubewerten. Eine zwischen Priester und König geteilte Führerschaft begegnet im 6. Jh. v.Chr. bei Serubbabel und Josua (s.u. S. 58ff) und hat ein gewisses Vorbild bereits bei Mose und Aaron. Das Zusammenwirken beider ist ferner von TestXII vertreten. Es sei vielmehr auffällig, wie wenig einflußreich das Konzept zweier Messiasse auf die Dauer wurde und wie sogar ein Teil der Qumranschriften das messianische Hauptkonzept des einen königlichen Messias vertrat, während sie in Übereinstimmung mit vielen anderen jüdischen Schriften aus den letzten Jahrhunderten v.Chr. und dem 1. Jh. n.Chr. ihn als Richter und Vernichter seines

---

königlichen Thron ausklingen. Vgl. zu den atl. Apokryphen HORBURY, a.a.O., 52–58 und seine Zusammenfassung auf S. 63: „The silence of many probably second-century books of the Apocrypha on messianic hope, during a period when such hope is being expressed in other writings, should not be interpreted as excluding messianism. The strength of Davidic expectation is impressively attested in Ecclesiasticus [sc. Sir] and I Maccabees."

[23] Vorherrschender Titel dieser Gestalt ist in den Bilderreden der auf Dan 7 zurückgehende „Menschensohn" (46,1–4; 48,2; 62,5.7.9.14; 63,11; 69,26f.29); er wird jedoch ausdrücklich mit dem Messias identifiziert (48,10; 52,4). Die Datierung der Bilderreden ist sehr umstritten; s. zur Diskussion darüber S. UHLIG, Das äthiopische Henochbuch, JSHRZ V/6, 1984, (461–780) 574f.

[24] Vgl. DE JONGE, Art. Messiah, 785f.

[25] Vgl. DE JONGE, a.a.O., 782f und HORBURY, a.a.O., 59f. Zu den messianischen Erwartungen der Qumrangemeinde s. aus der reichhaltigen Lit. z.B. L.H. SCHIFFMAN, Messianic Figures and Ideas in the Qumran Scrolls, in: J.H. CHARLESWORTH (Ed.), The Messiah. Developments in Earliest Judaism and Christianity, Minneapolis 1992, 116–129 und F. GARCÍA MARTÍNEZ, Messianische Erwartungen in den Qumranschriften, JBTh 8, 1993, 171–208.

gottlosen Widersachers schildern. „The development of the technical term messiah would indeed hardly have been possible if two figures had normally been in view."[26]

Wenn trotz gegenteiliger Behauptungen die Erwartung des davidisch-königlichen Messias eine im Alten Testament tief wurzelnde und im Frühjudentum breit bezeugte Tradition darstellt, wie verhalten sich dieser Messianismus und der ebenso frühjüdisch häufig vehement vertretene Glaube an Gottes alleiniges Wirken ohne irgendwelche Helfer oder Mittler zueinander? Unter der Überschrift „Not by the hand of an angel and not by the hand of a legate" – einer Anspielung auf den Kommentar der Passahaggada zu Dtn 26,8 – erörtert HORBURY diese im Blick auf die weiteren Ausführungen dieses Kapitels wichtige Frage[27]. Gerade in bezug auf den Exodus Israels aus Ägypten können viele derartige Aussagen über das ausschließliche Wirken Gottes angeführt werden (vgl. u.a. Ex 12,12 und Jes 63,9); gleichzeitig sprechen die Texte eindeutig von der Mitwirkung etwa Moses, Aarons und des Vernichterengels. Die bekennende Behauptung, Gott habe ganz allein gehandelt, kann vor diesem Hintergrund nicht als eine Leugnung, daß es die Mittler gibt, verstanden werden, sondern vielmehr als „a claim that no less than God himself was the Israelites' true deliverer"[28]. Auch im Hinblick auf zukünftiges Gericht und Heil begegnen wir dem Nebeneinander des ausschließlichen Wirkens Gottes (Dtn 32,35ff; Jes 35,4; 59,16–18; 63,3–5; Ps 94) und des Wirkens von Mittlergestalten (AssMos 9,7–10,7; 11QMelch [11Q13] II,13); dasselbe trifft für mehrere Kriegsschilderungen zu[29]. Die biblisch-frühjüdische Tradition stellt nicht nur das Wirken Gottes und verschiedener Mittler nebeneinander, sondern kann auch ausdrücklich das Wirken eines Mittlers als das *Wirken Gottes* beschreiben (vgl. Ez 34,15.23; Ob 21; 2Chr 13,8; Sib 3,47–49; 4Esr 13,26.29)[30]. Aus alledem ergibt sich:

> „Thus, even when Israel is distinctly said to be saved by God, not by one of his agents, the activity of angelic and messianic emissaries is not ruled out ... Silence [*sc.* über den Messias], then need not always be non-messianic, for a heavy emphasis on God's own action was fully compatible with recognition of the activity of a king or messiah. This point emerges with particular force from the biblical material, in which

---

[26] Für Belege und Erörterung s. HORBURY, a.a.O., 30f, 60–63. Das Zitat ist S. 30 entnommen. Messias als *terminus technicus* erörtert HORBURY ausführlich S. 7–13.

[27] A.a.O., 78–83. Dtn 26,8aαβ bekennt: „Der Herr führte uns aus Ägypten mit starker Hand und hoch erhobenem Arm ..." (וַיּוֹצִאֵנוּ יְהֹוָה מִמִּצְרַיִם בְּיָד חֲזָקָה וּבִזְרֹעַ נְטוּיָה). Der Kommentar dazu in der Passahaggada lautet: לֹא עַל יְדֵי מַלְאָךְ וְלֹא עַל יְדֵי שָׂרָף וְלֹא עַל יְדֵי שָׁלִיחַ (zitiert nach HORBURY, a.a.O., 80).

[28] A.a.O., 80. S. ebd. und 185 Anm. 62 für weitere Belege für diese Doppelheit in der Exodustradition.

[29] S. a.a.O., 80–82; dort weitere Belege.

[30] A.a.O., 82f.

both are held together. In the examples of silence given above [*sc.* 3Esr, ZusEst, ZusDan, Tob, Jdt, 1Makk, 2Makk, Bar, EpJer[31]], there is no need to assume that messianic expectation is absent ... On the contrary, the preeminent importance of the exodus narrative, viewed as it was together with the long series of Pentateuchal and prophetic promises of a coming king, suggests that expectation of future deliverance would normally include expectation of leadership by a divinely appointed king. The Septuagint and Targums of the Pentateuch are among the most important witnesses to the widespread character of this specifically messianic hope."[32]

WILLIAM HORBURY hat in seiner Studie „Jewish Messianism and the Cult of Christ" m.E. überzeugend das kontinuierliche Vorhandensein und die fortdauernde Bedeutung des Messianismus im Alten Testament und im Frühjudentum nachgewiesen. Obwohl er nachhaltig die Gestalt des davidisch-königlichen Messias als die Mitte und den Träger dieses Traditionskontinuums herausstellt, ist er keineswegs vor der Vielschichtigkeit, die die Messiastraditionen aufs ganze aufweisen, blind, aber die vorkommenden Variationen sind nicht solcher Art, daß sie die grundsätzliche Einheitlichkeit des biblisch-frühjüdischen Messianismus sprengen[33]. Wenn HORBURY mit seiner Bewertung des Messianismus als einer andauernd gewichtigen und bedeutsamen Tradition im Alten Testament und Frühjudentum im Recht ist, machen wir uns im folgenden keines methodischen Fehlers schuldig – etwa durch ein neutestamentliches Vorurteil oder Voreingenommenheit über den Stellenwert des Messias

---

[31] S. a.a.O., 53–55.

[32] A.a.O., 81, 83.

[33] Unter der Überschrift „A spiritual messiah", a.a.O., 86–108 erörtert HORBURY die die reine Menschlichkeit übersteigenden Züge des Messiasbildes in Texten wie den Bilderreden (äthHen 37–71) sowie 4Esr und zeigt auf, daß sie entgegen häufig vertretenen Ansichten nicht einer gegenüber der atl.-frühjüd. Hauptströmung isolierten und spekulativen Sondertradition entsprungen sind. Die Präexistenz des Messias ist bereits „suggested by biblical oracles such as Isa. 9. 5 (6) and Micah 5. 1 (2)" (89), ferner sogar von den ausgeprägtesten Vertretern der davidischen Messiaskonzeption PsSal 17–18 in ihren Aussagen darüber, „that the glory and beauty of the Davidic king are known to God, waiting in heaven for the appointed time when the son of David is to be raised up" (s. 17,21.42; 18,5), bezeugt (98f [das Zitat ist S. 99 entnommen]), und „the apocalyptic sources themselves show that the Danielic figure of the Son of man coming with the clouds of heaven had come to be associated closely with the series of messianic oracles in the Pentateuch, Prophets and Psalms" (90). HORBURY gelangt zu folgender Gesamtsicht der Tradition: „It is true that the superhuman and spiritual aspects of the descriptions do not abolish the humanity of the messiah; but it is also true that the messiah is widely, not just exceptionally, depicted with emphasis on his superhuman and spiritual aspect. The mainstream character of this depiction is indicated by its place in both scripture and tradition. This aspect of the messiah presents itself strikingly in the Hebrew Pentateuch, Prophets and Psalms ... and this same superhuman aspect was perpetuated and developed in the interpretative tradition of the Hebrew scriptures, as witnessed above from the LXX, the apocalypses and the Jewish Sibyllines, the Targums and the midrash" (107).

gekennzeichnet –, wenn wir messianischen Tempeltraditionen nachgehen werden. Ehe wir uns aber solchen Texten zuwenden, in denen Tempel und Messias in Beziehung gesetzt werden, müssen wir uns zunächst vergegenwärtigen, wie es im allgemeinen um Tempelkritik und Erwartung einer Tempelerneuerung im Alten Testament und Frühjudentum bestellt ist.

3. Tempelkritik und Erwartung einer Tempelerneuerung

3.1 Allgemeines

Wir haben bereits kurz dargelegt, welche herausragende Bedeutung die Zionstradition dem Tempel in Jerusalem zuerkannte. Aufgrund dieser Heilszusagen und Verheißungen an den Zion herrschten in alttestamentlicher und frühjüdischer Zeit überwiegend Zuversicht und positive Zukunftserwartungen im Hinblick auf den Jerusalemer Tempel vor. Wenn jedoch das ganze Volk oder seine religiösen und politischen Führer gegenüber den ihnen von ihrem Gott gestellten Forderungen zu sehr versagten, ließen sich die am Zion haftenden Heilszusagen von ihnen nicht länger vorbehaltlos beanspruchen. Dies war jedenfalls die Überzeugung einzelner Personen und Kreise, die sowohl die jeweils am Tempel und im Kult als auch sonst im Leben und Tun des Gottesvolkes herrschenden Zustände am geoffenbarten Gotteswillen maßen und dabei Ungehorsam sowie Versagen feststellten. Selten oder nie fiel jedoch ihr Urteil so vernichtend aus, daß es keinen Raum für positive Zukunftserwartungen mehr gab[34]. Vielmehr hielten sie quer durch die Kritik und das vielleicht verheerende Gericht, das über Volk und Tempel hereinzubrechen drohte bzw. hereinbrach, hindurch an der Unverbrüchlichkeit der an den Zion gerichteten Heilszusagen fest. Gott würde sich als treu zeigen und in der Zukunft seine Verheißungen erfüllen.

Hiermit haben wir die Dynamik der alttestamentlichen und frühjüdischen Tempelkritik und -erneuerungserwartung angedeutet. Sie spielte sich ab zwischen einerseits der von Gott seinem Volk auferlegten Verpflichtung, seinem im Gesetz geoffenbarten Willen zu gehorchen, und andererseits den vom selben Gott bedingungslos verkündeten Heilsverheißungen, unter denen die an den Zion gerichteten eine Schlüsselstellung einnahmen. Die Tempelkritik, die daraus resultierenden Forderungen nach Reform sowie Hoffnungen auf bzw. Erwartung einer Erneuerung des Tempels im Alten Testament, im Frühjudentum und im (frühen)

---

[34] Vgl. etwa die Diskussion darüber, ob im deuteronomistischen Geschichtswerk das Gericht das letzte Wort hat oder ob dieses Werk eine Hoffnung für die Zukunft kennt; s. SMEND, Entstehung, 123f.

rabbinischen Judentum sind bereits in einer Reihe von Untersuchungen dargelegt worden[35].

Je nach Art und Grad an Radikalität der Kritik ist zu unterscheiden zwischen Reformforderungen, die eine Änderung der gescholtenen Zustände im Tempel und des Lebenswandels der Kultteilnehmer für grundsätzlich möglich erachten, einerseits und der Gerichtsankündigung über Mißstände, die sich nicht mehr reformieren oder ändern lassen, andererseits. Wo die Zerstörung des gegenwärtig bestehenden Tempels angedroht oder gar geweissagt wird, wird in den meisten Fällen auf der Grundlage der Zionstradition (s.o.) in der Zukunft nach der Vollstreckung des Zerstörungsgerichts mit der Errichtung eines neuen Tempels gerechnet. Die Erwartungen darüber, wie der neue Tempel errichtet werden wird, variieren: Es können die Menschen in Israel sein, die ihn bauen werden, entweder analog zum Bau des früheren Tempels ohne direkt göttliche Mitwirkung oder nun unter der Anleitung und Führung des Messias. Es wird jedoch auch vielfach erwartet, daß ohne menschliches Mittun Gott selbst den neuen Tempel auf dem Zion bauen oder schaffen oder ihn sogar fertig vom Himmel herabkommen lassen werde[36].

In unserem Zusammenhang interessieren am meisten die radikale Tempelkritik und -erneuerungserwartung, die dem gegenwärtig bestehenden Tempel das Vernichtungsgericht ankündigen und die Errichtung des neuen Tempels von Gottes (eschatologischem) Eingreifen erwarten. Ich behandle im folgenden einige wichtige und kennzeichnende traditionsgeschichtliche Beispiele aus verschiedenen Epochen: Aus der Zeit der Zerstörung des salomonischen Tempels die Propheten Jeremia und Ezechi-

---

[35] Zu nennen sind sowohl relativ kurze Übersichten über die wichtigsten Texte in Monographien wie MCKELVEY, New Temple, 1–57 und SANDERS, Jesus and Judaism, 77–90, oder in Aufsätzen wie EVANS, Evidence of Corruption, 321ff und SÖDING, Tempelaktion, 37–39, 58 Anm. 111, wie auch die ausführlichen Darlegungen in den Dissertationen von DOWDA, Cleansing, 3–171; LOSIE, Cleansing, 1–203 und ÅDNA, Jesu Kritik, 145–296. Aus dieser Darlegung in der Diss. übernehme ich hier nur den Abschnitt über den Messias (255–290) ausführlich.

[36] In „Jesu Kritik" bot ich eine systematisierende Darlegung des Stoffes, indem ich einerseits die Texte, in denen dem Messias Aufgaben in bezug auf den Tempel zukommen, von jenen Texten, die in dieser Hinsicht über den Messias schweigen, trennte und andererseits diese „nichtmessianischen" Texte auf sechs Gruppen verteilte, die nacheinander behandelt wurden: 1. Kritik, die Reform und / oder gottgefälligen Lebenswandel der Kultteilnehmer fordert (S. 147–171), 2. Kritik, die Gericht über den gegenwärtig bestehenden Tempel ankündigt (S. 171–201), 3. Spiritualisierendes Kultverständnis, bei dem das Geschick des Jerusalemer Tempels weitgehend belanglos wird (S. 202–216), 4. Erwartung eines neuen, von Menschen gebauten Tempels auf dem Zion (S. 217–226), 5. Erwartung eines neuen, von Gott gebauten bzw. geschaffenen Tempels auf dem Zion (S. 227–250), 6. Erwartung der Herabkunft des himmlischen Tempels auf den Zion (S. 251–255).

el, aus dem 2. Jh. v.Chr. die sogenannten Zehnwochen- und Tiersymbolapokalypsen sowie das Jubiläenbuch, dann die Qumrangemeinde und
zuletzt aus der Zeit nach der Zerstörung des zweiten Tempels im Jahre
70 n.Chr. die Apokalypsen 4Esr und syrBar.

3.2 Jeremia

Kult und Tempel nehmen eine zentrale Stellung in der Gerichtsverkündigung des selbst aus einer Priesterfamilie stammenden Propheten
Jeremia (Jer 1,1) ein, dessen Wirken die letzten bewegten Jahrzehnte Judas
bis hin zu der Katastrophe im Jahre 587 v.Chr. und in die Wirren danach
begleitet[37].

Jeremia greift sowohl den, auf den im Land verstreuten Kulthöhen stattfindenden,
Fruchtbarkeitskult (vgl. u.a. 2,8.23; 3,1ff; 7,31; 11,12f; 17,1f; 19,5; 32,35) als auch
die Ausübung solchen Fremdkultes direkt im Jerusalemer Tempel (vgl. 7,30; 19,4a;
32,34) an[38]. Wenn Jeremia sich kritisch zum Opferkult im Jerusalemer Tempel äußert,
beruht das nicht auf einer Ablehnung der Opfer an sich, sondern darauf, daß seine
Zeitgenossen den Jahwekult mit diesen Fremdkulten vermischen (vgl. 11,15–17).
Hierbei werden über das kultische Versagen im engen Sinne hinaus auch andere Verstöße gegen die vorgeschriebenen „Wege" des gottgefälligen Lebenswandels zur
Begründung der Opferkritik genannt (vgl. 6,16–21; 7,21–28[39]; s. auch 9,1ff; 19,4b).
Obwohl Jer viele Mahnworte zur Umkehr enthält[40] und die Möglichkeit, durch
geänderte Lebensführung positiv (oder negativ) das Handeln Gottes zu beeinflussen,
hervorhebt (vgl. 18,1–10), muß der Prophet in bezug auf den Zustand seiner Zeit-
genossen zuletzt schlicht feststellen, daß ihre Verwurzelung in der Sünde so tief ist,
daß ihnen nicht mehr diese Möglichkeit einer Wende offen steht: Auf die Mahnung
Gottes, vom bösen Weg umzukehren, um das gegen sie bereitete Unheil abzuwenden
(18,11), werden sie sagen: „Vergebliche Mühe! Wir wollen nach unseren eigenen
Gedanken wandeln, und jeder von uns will nach der Verstocktheit seines bösen
Herzens handeln" (18,12; vgl. 13,23; 17,9). Dieses Festhalten des Volkes an der
Sünde entspricht auf der Seite Gottes dem Befehl an Jeremia, keine Fürbitte für das
Volk zu leisten (7,16; 11,14; 14,11), denn Jahwe „hat das Geschlecht, dem er grollt,

---

[37] Auf die vielen in der Forschung umstrittenen Fragen historischer, redaktions-
geschichtlicher und anderer Art kann ich hier nicht eingehen. Zu Orientierung darüber
vgl. S. HERRMANN, Jeremia. Der Prophet und das Buch, EdF 271, Darmstadt 1990.

[38] Vgl. auch die Kritik an den Priestern (u.a. 2,8a; 6,13; 8,10; 32,31f).

[39] Die in 6,20b ausgedrückte Nichtannahme der Brand- und Schlachtopfer hat deutlich
ihren Grund in der Verweigerung des Gottesvolkes (V. 16b.17b.19b), auf dem „Weg zum
Guten" (הַטּוֹב דֶּרֶךְ) zu gehen (V. 16a) bzw. die Worte und die Weisung Jahwes zu
befolgen (V. 19b). 7,21ff weist darauf, daß der mangelnde Gehorsam des Gottesvolkes
(V. 24) gegen das seit dem Exodus aus Ägypten vorrangige Gebot, als Grundlage des
Bundes zwischen Jahwe und seinem Volk auf die Gottesstimme zu hören und in allem
den von ihm befohlenen Weg zu gehen, durch Anhäufung von Opfern nicht wettgemacht
werden kann (V. 21f).

[40] K.A. TÅNGBERG, Die prophetische Mahnrede. Form- und traditionsgeschichtliche
Studien zum prophetischen Umkehrruf, FRLANT 143, Göttingen 1987. Zu den
entsprechenden Texten bei Jer s. S. 81–101.

verworfen und verstoßen" (7,29), und darum steht das durch nichts abzuwendende Gericht fest: „Auch wenn sie fasten, höre ich nicht auf ihr Flehen; wenn sie Brandopfer und Speiseopfer darbringen, habe ich kein Gefallen an ihnen. Durch Schwert, Hunger und Pest mache ich ihnen ein Ende" (14,12; vgl. 15,1–4.5–9). Im Blick auf den Tempel bedeutet das Gericht, daß Jahwe sein Haus verläßt (12,7). Dies hat zur Folge, daß die bei der ersten Strafexpedition Nebukadnezars gegen das abtrünnig gewordene Juda 597 v.Chr. verschleppten Tempelgeräte (vgl. 2Reg 24,13) gegen die Worte der in den Jahren 597 – 587 v.Chr. sehr aktiven Heilspropheten (vgl. Jer 27,16; 28,3) nicht bald zurückgebracht werden und daß die noch in Jerusalem verbliebenen Geräte auch nach Babylon verschleppt werden sollen (Jer 27,16–22a; vgl. 52,17–23; 2Reg 25,13–17), nachdem der Tempel selbst Opfer der Flammen geworden ist (Jer 52,12f; 2Reg 25,9).

Ihren dichtesten Ausdruck hat die Gerichtsverkündigung Jeremias in bezug auf den Tempel in der sogenannten Tempelrede 7,1–15 gefunden. Weil das bei der Tempelaktion Jesu den Synoptikern zufolge gefallene Wort aller Wahrscheinlichkeit nach eine Anspielung auf diese Rede Jeremias enthält, wollen wir aber die Analyse davon in der Exegese von Mk 11,15ff in Kapitel 5 unterbringen (s. S. 267–270).

In der Heilsverkündigung Jeremias nehmen Tempel und Opferkult zwar keine herausragende Stellung ein, aber entgegen der Auffassung von etwa L. GASTON und L.A. LOSIE ist der Tempel keineswegs aus seiner Schau des zukünftigen Heils zu streichen[41]. Denn in der Rede über die von Nebukadnezar nach Babel verschleppten Tempelgeräte in Jer 27,16ff heißt es am Schluß, daß Jahwe sie eines Tages von dort wieder „an diesen Ort" heraufbringen wird (V. 22b), und dann ist es anzunehmen, daß sie wieder Anwendung finden sollen. Ferner dürfte die in eine Mahnrede über Sabbatheiligung (17,19–27) eingebettete Vision von Wallfahrern, die in den Tempel strömen, um allerlei Opfer darzubringen (17,26), in der zukünftigen Heilsexistenz des Gottesvolkes verwirklicht werden (vgl. 33,11), zumal dies der Verheißung an die levitischen Priester in 33,18 entspricht[42]. Vermutlich dürfen wir zuletzt auch *per analogiam* aus den Völkerwallfahrtssprüchen 3,17; 16,19–21 auf die Existenz des Tempels in der Heilszeit schließen (vgl. Jes 2,2–4; Mi 4,1ff).

3.3 Ezechiel

Der Priester Ezechiel wirkte von 593 an als Prophet unter den nach Babylon Verschleppten. Der Tempel nimmt bei ihm eine zentrale Stellung ein, zunächst in seiner Gerichts-, danach in seiner Heilsverkündigung.

In den ersten Jahren seines prophetischen Wirkens steht die Ankündigung des über Jerusalem und Israel wegen ihrer großen Sünde hereinbrechenden Gerichts in der Mitte der Verkündigung Ezechiels. Konkretisiert im Blick auf Tempel und Kult wird die Gerichtsverkündigung in der großen Vision in Kap. 8–11 aus dem Jahr 592. In der Entrückung überfällt ihn die Hand Gottes und führt ihn von seinem Wohnort zum Tempel in Jerusalem, wo er die Ausübung von Bilder- und Fremdgötterkult zu sehen bekommt (vgl. 8,5.10f.14.16), die gegen die ersten Gebote des Dekalogs verstößt (vgl. Ex 20,3–6) und dementsprechend wiederholt als „große" oder „schlimme

---

[41] GASTON, No Stone, 109; LOSIE, Cleansing, 29f.

[42] Jer 17,19–27 ist nicht ein spätes Stück, das historisch erst in den Zusammenhang der Bestrebungen Nehemias gehört (vgl. Neh 13,15–22), sondern geht in seinem Kern auf Jeremia zurück (RUDOLPH, Jeremia, 119–121; WEISER, Jeremia, 149).

Greueltaten" bezeichnet wird (8,6.9.13.15.17). Jahwes Reaktion auf diesen religiösen und sozialen Abfall (vgl. noch 9,9; 11,6) ist ein schonungsloses Gericht (8,18; vgl. 5,11), das vom Tempel ausgeht und von sechs Würgergestalten an allen Einwohnern Jerusalems, die nicht durch ein schonendes Zeichen auf der Stirn geschützt sind, vollzogen wird (9,1ff). Jahwe richtet sein Volk, indem er das Heiligtum, in dem seine Herrlichkeit geweilt hat, verunreinigt. Dies zieht unweigerlich den Abzug der Herrlichkeit Jahwes (כְּבוֹד יְהוָה) aus dem Tempel nach sich, der sich in der Gerichtsvision 8–11 stufenweise, vom Allerheiligsten ausgehend, vollzieht (vgl. 8,4; 9,3; 10,4.18f) und darin gipfelt, daß sie Stadt und Tempel verläßt (11,22f). Mit nicht zu übertreffender Schärfe entlarvt Ezechiel den Zustand seiner nach 597 v.Chr. noch in Jerusalem zurückgebliebenen Zeitgenossen und kündigt das ihnen bevorstehende Gericht an, das in bezug auf den Tempel in ihrer Mitte den Verlust der heilvollen Gottespräsenz und dessen Verunreinigung bedeutet.

Nach der Verwirklichung des Gerichts über Tempel und Stadt bekommt Ezechiel den Auftrag, Trost und Heil zu verkündigen. Stand die Unreinheit im Zentrum der Gerichtsverkündigung, wird die Reinigung Israels von der Sünde zentrales Thema der Heilsverkündigung (36,25ff; 37,23). Die ganze Begrifflichkeit von Rein und Unrein gehört in den Bereich des Kultes, und dementsprechend mißt Ezechiel der Existenz eines neuen Tempels und der Wahrung von dessen Heiligkeit die größte Bedeutung für den zukünftigen Heilszustand zu (37,26–28)[43]. Jahwe selbst will für immer und ewig einen neuen Tempel als seine Wohnung in der Mitte seines Volkes errichten, und gerade daran werden die heidnischen Völker erkennen, wer er ist. In diesem neuen Tempel auf seinem heiligen Berg Zion wird er sein Volk gnädig annehmen, wenn sie ihm Opfer darbringen (vgl. Ez 20,40f). Die letzten Kapitel des Buches, Ez 40–48, schildern detailliert den architektonischen Plan für den neuen Tempel und den Dienst darin. Eben dort zieht die Herrlichkeit Jahwes, die den alten Tempel Richtung Osten verlassen hatte (s.o.), vom Osten her wieder ein (43,1–5). Der Prophet wird dann Zeuge, wie Jahwe verheißt, für immer in diesem Tempel unter den Israeliten zu wohnen, weil es nie wieder zu einem solchen Abfall kommen werde, der in der Vergangenheit das Gericht über sie brachte (43,6–7)[44].

---

[43] 37,26–28: „(26) Und ich schließe mit ihnen einen Bund des Heils. Ein ewiger Bund soll es sein, und ich mehre sie und setze mein Heiligtum für alle Zeiten in ihre Mitte (וְנָתַתִּי אֶת־מִקְדָּשִׁי בְּתוֹכָם לְעוֹלָם), (27) und meine Wohnung wird bei ihnen sein (וְהָיָה מִשְׁכָּנִי עֲלֵיהֶם), und ich werde ihr Gott sein, und sie werden mein Volk sein, (28) und die Völker werden erkennen, daß ich Jahwe bin, der Israel heiligt – wenn mein Heiligtum für alle Zeit in ihrer Mitte sein wird (מִקְדַּשׁ אֶת־יִשְׂרָאֵל בִּהְיוֹת מִקְדָּשִׁי בְּתוֹכָם לְעוֹלָם).“ Übers. nach ZIMMERLI, Ezechiel z.St.

[44] Für weitere Einzelheiten zum „Verfassungsentwurf" Ezechiels in Ez 40–48 s. neben den Kommentaren und den Spezialuntersuchungen u.a. ÅDNA, *Art.* Tempel 1536 sowie DERS., Jesu Kritik, 227–230. Eine gute Übersicht über die Tempeltheologie bei Ez bietet MEYER, Christus Faber, 236.

3.4 Die Zehnwochenapokalypse (äthHen 93,1–10; 91,12–17)[45]

Die Zehnwochenapokalypse schildert den Ablauf der Geschichte in zehn Wochen und setzt bei Henoch ein (vgl. Gen 5,23f), der in der ersten Woche lebt (93,3). Den Bau des salomonischen Tempels, „das Haus der Herrlichkeit und Herrschaft für die Ewigkeit" genannt, verlegt die Apokalypse ans Ende der fünften Woche (93,7). In der darauffolgenden sechsten Woche werden die Menschen verblendet sein, und ihre Herzen werden die Weisheit vergessen; als Folge wird am Ende dieser Woche der Tempel verbrannt und „das ganze Geschlecht der auserwählten Wurzel" zerstreut werden (93,8). In der auf die Tempelzerstörung und das Exil folgenden siebten Woche kommt es zunächst wieder zu einem Abfall (93,9). Die Apokalypse schweigt über den zweiten Tempel; vermutlich ist dies als ein negatives Urteil über ihn zu deuten. Jedenfalls kommt es erst am Ende der siebten Woche zur Verbesserung durch das Erscheinen der „erwählten Gerechten von der ewigen Pflanze der Gerechtigkeit" (93,10). Mit ihnen sind höchstwahrscheinlich die frühen Chasidim der vormakkabäischen Zeit gemeint, und zu ihrem Kreis ist der Verfasser zu rechnen. Die *vaticinia ex eventu* der Apokalypse reichen bis zu diesem Punkt; in der achten Woche wird die Weltgeschichte vom eschatologischen Gericht und der Zeit der Gerechtigkeit abgelöst (91,12):

> 91,13:
> Und an ihrem (der Woche) Ende werden sie [*sc.* „die Kinder der Gerechtigkeit" (93,2) bzw. „die erwählten Gerechten" (93,10)] wegen ihrer Gerechtigkeit Häuser erwerben, und ein Haus wird gebaut werden für den großen König zur Herrlichkeit bis in Ewigkeit.

Das Haus für den großen König, von dem hier die Rede ist, ist als ein neuer Tempel für Israels Gott, den Weltkönig, zu identifizieren. Dies geht zum einen aus der analogen Bezeichnung des salomonischen Tempels in 93,7f und zum anderen aus der Benutzung der eindeutig für Tempel stehenden Vokabel *Hekhal* in dem aramäischen Fragment 4QEn[g] ar (4Q212), das eine Parallele zu äthHen 93,9f; 91,11–17 bietet[46], hervor.

---

[45] Zur Orientierung über äthHen vgl. SCHÜRER, History III.1, 250–268; speziell zum Aufbau s. a.a.O., 252–254 und S. UHLIG, Das äthiopische Henochbuch, JSHRZ V/6, 1984, (461–780) 495–497. Im folgenden sind alle Zitate in deutscher Übers. UHLIG, a.a.O. entnommen. Die Tiersymbolapokalypse (s.u. 3.5) stellt die zweite der beiden Visionsschilderungen im Buch der Traumgesichte (Kap. 83–90) dar, das vermutlich im Jahre 164 v.Chr. oder kurz danach in aramäischer Sprache verfaßt wurde (s. UHLIG, a.a.O., 673f und SCHÜRER, a.a.O., 255). Die genaue Abgrenzung zwischen dem Buch der Traumgesichte, dem vierten Hauptteil des äthHen, und Henochs Epistel (auch „Mahnreden" genannt), dem fünften Hauptteil, zu dem die Zehnwochenapokalypse gehört, ist nicht ganz klar. UHLIG, a.a.O., rechnet aus Kap. 91 noch die Verse 1–10.18–19 zu dem Buch der Traumgesichte, wonach Henochs Epistel erst mit Kap. 92 einsetzt; 91,11–17 sei als versprengtes Textstück nach 93,10 einzuordnen. Daß die Zehnwochenapokalypse, das vermutlich vor 170 v.Chr. zu datierende und somit das älteste Teilstück der Epistel Henochs (vgl. SCHÜRER, a.a.O., 255f), in 93,1 beginnt und nach V. 10 in 91,12 (bzw. UHLIG zufolge in 91,11) ihre Fortsetzung findet, geht aus der Wochenzählung eindeutig hervor.

[46] 4Q212 IV,18: ויתבנא היכל [מ]ל[כ]ות רבא ברבות זוה לכול דרי עלמין. Übers. von

Etwas sonderbar in der eschatologischen Konzeption der Zehnwochenapokalypse ist es, daß das bereits vor dem Bau des Tempels in der achten Woche eingeleitete Gericht nach dem Tempelbau in der neunten und zehnten Woche weitergeht und zu Ende geführt wird (91,14–16), und erst danach fängt die Ewigkeit an, für die der eschatologische Tempel bestimmt ist.

3.5 Die Tiersymbolapokalypse (äthHen 85–90)[47]

Die Tiersymbolapokalypse erzählt unter Anwendung von Tiergestalten als Metaphern die Weltgeschichte von Adam bis zur eschatologischen Vollendung. Nachdem die Verse 89,47–49 die dramatischen Ereignisse von Sauls Verfolgung Davids bis zur Thronnachfolge Salomos geschildert haben, heißt es in

89,50:
Und jenes Haus war groß und weit, und es war für jene Schafe gebaut, in dem ein hoher Turm auf dem Hause war, und der große und hohe Turm auf jenem Haus war für den Herrn der Schafe gebaut. Und jenes Haus war niedrig, aber der Turm ragte auf und war hoch; und der Herr der Schafe stand auf jenem Turm, und man setzte einen vollen Tisch vor ihn.

Aus dem Kontext heraus (vgl. 89,54.56.66f[48]) ist die Deutung der hier benutzten Metaphern eindeutig: Das Haus steht für die Stadt Jerusalem (vgl. auch TestLev 10,5), der hoch herausragende Turm für den Tempel und der Herr der Schafe für Jahwe als Gott und Herr Israels. Der volle Tisch bezieht sich auf den reichlich mit Opfern bedienten Altar (vgl. Mal 1,7b.12b). Besondere Bedeutung kommt den über den Wiederaufbau nach dem Exil berichtenden Versen 89,72–73 zu:

89,73:
Und sie fingen wieder an zu bauen wie zuvor, und sie brachten jenen Turm in die Höhe, und er wurde der hohe Turm genannt, und sie fingen wieder an, einen Tisch vor dem Herrn zu errichten, aber alles Brot auf ihm (war) verunreinigt und nicht rein.

Der hier geschilderte hohe Turm mit dem Tisch voll verunreinigter Speise ist eindeutig der zweite Tempel. Der Verfasser der Tiersymbolapokalypse ist folglich der Ansicht, daß der Opferkult im zweiten Tempel von einem frühen Zeitpunkt an unrein gewesen ist. Denn anders als Dan, 1Makk und 2Makk sieht er nicht erst in der Aufstellung des „Greuels der Verwüstung" durch Antiochus IV. Epiphanes die kultische Verunreinigung des Altars[49], sondern läßt sie schon kurz auf die Wiederherstellung des Tempels und des Altars folgen. Wegen dieses Zustandes können Tempel und Altar, metaphorisch gesprochen Turm und Tisch, keinen Eingang in das eschatologische Reich finden. Es scheint, daß es aus der Sicht der Tiersymbolapokalypse der Makkabäeraufstand ist (vgl. 90,6ff), der die eschatologische Wende einleitet (90,14ff), die über das Gericht hindurch (90,20ff) in das vollendete Reich mündet (90,28ff).

UHLIG, a.a.O., 713 Anm. 13c: „(Und es wird gebaut werden) der Tempel der Herrschaft des Großen in der Herrlichkeit seines Glanzes für alle Generationen auf ewig" (die Worte in Klammern von mir hinzugefügt).

[47] Zur Abgrenzung und Datierung s. Anm. 45.

[48] Die beiden letzten Verse schildern die Zerstörung Jerusalems und des Tempels.

[49] Vgl. Dan 8,11f; 9,27; 11,31; 1Makk 1,41ff (bes. V. 45–47.54.59); 2Makk 6,1–5.

90,28–29:
(28) Und ich stand auf, um zu schauen, bis er [sc. der Herr] jenes alte Haus
entfernte, und man schaffte alle Säulen und alle (Holz)Balken hinaus, und aller
Zierat ... dieses Hauses wurde mit ihm entfernt, und man schaffte es hinaus und
legte es an einem Ort im Süden des Landes nieder. (29) Und ich schaute, bis der
Herr der Schafe ein neues Haus brachte, größer und höher als jenes erste, und er
stellte es an den Ort des ersten, das entfernt worden war. Und alle seine Säulen
(waren) neu und sein Zierat neu und größer als bei jenem ersten alten, das man
hinausgeschafft hatte. Und alle Schafe (waren) darinnen.

In 90,28 wird der Turm nicht einmal mehr explizit genannt, nur das für die
Stadt Jerusalem stehende Haus. Aber es ist ohne weiteres klar, daß der alte,
verunreinigte Tempel vom Gericht nicht verschont bleibt, sondern mit dem
alten Jerusalem entfernt wird, damit Platz für Neues geschaffen werden
kann. Das Neue folgt bereits in V. 29: Weil in diesem Vers lediglich von
einem neuen Haus geredet wird und die bisher in der Tiersymbolapokalypse für den Tempel benutzte Metapher Turm fehlt, stellt sich die
Frage, ob der Verfasser im Eschaton mit einem neuen Zion ohne Tempel
rechnet. Z.B. meint LLOYD GASTON, daß dies der Fall ist und daß der
Wegfall des Tempels aus der eschatologischen Erneuerung mit der
Verurteilung des zweiten Tempels in 89,73 zusammenhängt[50]. Andere
Autoren wie etwa R.E. DOWDA und E.P. SANDERS stellen zwar das Nicht-
vorkommen des Turmes in 90,28f fest, aber meinen, daß sowohl Elemente
der sonstigen Metaphorik in V. 29 wie auch kontextuelle und traditionsgeschichtliche Überlegungen dafür sprechen, daß trotz des Verzichts auf
die Turmmetapher V. 29 nicht nur von einem neuen Jerusalem, sondern
auch von einem neuen Tempel spricht[51]. So lange diese Diskussion jedoch

---

[50] GASTON, No Stone, 114: „It must be emphasized that it is Jerusalem which is being
spoken of (‚all the sheep were within it‘) and not at all the temple, which the author
symbolizes by a tower ... If the service of the second temple was so corrupted [sc. wie es
89,73 darlegt], then we should perhaps see in the removal of the old Jerusalem not just a
necessary preliminary act to bringing the new but quite distinctly a judgment. One could
speak of a cleansing of Jerusalem and its temple by destruction. It is also very significant
that there is no new tower mentioned in the new house." Auch THEISSEN, Tempelweissagung, 143 Anm. 3 und MOHR, Markus- und Johannespassion, 98 Anm. 113 sehen in
dem Haus 90,28f nur die Stadt Jerusalem.

[51] SANDERS, Jesus and Judaism, 81f: „The vision in fact does not distinguish city from
temple, but seems to refer to both. The pillars and ornaments more naturally refer to the
temple than to the city. Further, the earlier mention of pollution of sacrifices (89.73)
indicates that temple concerns are present. This encourages the inference that a new
temple would be included in the new city" (s. auch DERS., Sohn Gottes, 381f). SANDERS
und GASTON ziehen folglich ganz gegensätzliche Schlußfolgerungen aus dem Vergleich
mit 89,73. Vgl. auch die Argumentation bei DOWDA, Cleansing, 75. Ferner führen u.a.
WITHERINGTON, Christology 108f und SEELEY, Temple Act, 264 äthHen 90,29 als Beleg
für einen neuen Tempel durch Gott an. TAN, Zion and Jesus, drückt sich widersprüchlich
aus: Auf S. 36 redet er nur von Jerusalem in Verbindung mit der Textpassage äthHen
90,28–38; a.a.O. 190 Anm. 160 führt er jedoch V. 29 als Beleg für die Errichtung des
neuen Tempels an.

nur die Anwendung der Hausmetapher in der Tiersymbolapokalypse ab
89,50, wo sie zum ersten Mal für Jerusalem steht, im Blick hat, bleibt sie
unentschieden bzw. scheinen die Bestreiter eines neuen Tempels die
kohärenteste Argumentation vorzulegen. Es ist aber von entscheidender
Bedeutung für die richtige Interpretation von 90,29 nicht zu übersehen, daß
die Hausmetapher bereits *vor* der Einführung Jerusalems in 89,50 benutzt
wird, und zwar für das sogenannte Bundeszelt während der Wüstenwande-
rung (vgl. Ex 40):

> 89,36:
> Und ich schaute in dieser Vision, bis dieses Schaf ein Mensch wurde, und er baute
> dem Herrn der Schafe ein Haus und gab allen Schafen Platz in diesem Haus.[52]

Die von Gott am Anfang der eschatologischen Zeit vorgenommene
Ersetzung des alten Hauses durch ein neues ist ein radikaler Einschnitt, der
einen vollständigen Bruch mit der wiederholten Sünde und Verunreinigung
des Heiligtums in Israel mit einschließt. Die Hausmetapher in 90,29 geht
deshalb wahrscheinlich über den ganzen Zeitraum der beiden dem Gericht
verfallenen Tempel (89,50 90,28) hinaus zurück und knüpft an das vorstaatliche Haus an, das damals von dem zu einem „Menschen" verwan-
delten Schaf für Gott gebaut worden war. Es ist das Verdienst von LYNN
A. LOSIE, diesen Zusammenhang herausgestellt zu haben[53]. Der neue
Tempel übertrifft das Bundeszelt insofern, als er nicht von einem
Menschen gebaut, sondern von *Gott selbst* an den Ort „gebracht" wird, wo
früher das alte Jerusalem mit seinem Tempel stand.

> Der Aufstellung des neuen Tempels (und des neuen Jerusalem) folgt die Wallfahrt
> aller Israeliten und Völker (vgl. 90,30ff); interessanterweise tritt der Messias zunächst
> in der Gestalt eines weißen Bullen, dann als großer Stier, erst ganz am Ende der
> Apokalypse auf (90,37f). Ihm fällt folglich im Blick auf die Errichtung des neuen
> Tempels oder überhaupt die Herbeiführung der eschatologischen Wende keine aktive
> Rolle zu[54].

---

[52] Das Schaf, das zu einem Menschen wird, ist Mose (vgl. V. 38). Nicht nur die Hausmetapher, sondern auch die des Turmes findet eine doppelte Anwendung innerhalb der
Tiersymbolapokalypse; in 87,3 steht sie für das Paradies.

[53] LOSIE, Cleansing, 101: „This interpretation [*sc.* die das Haus in 90,29 nur als
Jerusalem deutet] ... does not take into account the polemical nature of the text, which is
asserting a competely [sic] new work of God in judgment on the pollutions which have
been brought into the temple by humankind, and ignores the parallel which the text
implies between the ‚new house' and the ‚house' established by Moses ... The new
heavenly temple is thus being compared with the tabernacle (‚house') divinely
established through Moses, and not with the temples (‚tower') built by Solomon and
Zerubbabel (cf. 1 Enoch 91:13)."

[54] HENGEL, Judentum und Hellenismus, 346f stellt als einen der typischen „Unterschiede zwischen den frühen – chasidischen – Formen der Apokalyptik", zu denen die

3.6 Das Jubiläenbuch[55]

In dem (vom Standpunkt des Mose) in die Zukunft blickenden Textstück Jub 23,9–32 heißt es in

23,21:
… das Allerheiligste werden sie verunreinigen durch die Unreinheit des Verderbens ihrer Befleckung.

Hier ist von einer kultischen Verunreinigung des Allerheiligsten im Jerusalemer Tempel die Rede. Vom Kontext her liegt es nahe, diesen Vorwurf der Entweihung als Kritik an der Errichtung des hasmonäischen Hohenpriestertums 152 v.Chr. (vgl. 1Makk 10,15–21) zu verstehen. In dem apokalyptischen Textstück 23,9–32 wird die immer weiter zunehmende Bosheit ab V. 26 von der die eschatologische Heilszeit einleitenden Umkehr abgelöst, ohne daß etwas über das Geschick des vorher verunreinigten Tempels gesagt wird. Aus der Gesamtperspektive des Jub ist es aber klar, daß der verunreinigte (zweite) Tempel ein Ende finden wird, denn in der eschatologischen Heilszeit wird es einen neuen Tempel geben. Dies geht vor allem aus Kap. 1 hervor, wo Mose geoffenbart wird, wie sich Israel nach einer langen Zeit des Abfalls und der Zerstreuung unter die Völker (1,8–14) „aus der Mitte der Völker mit ihrem ganzen Herzen und mit ihrer ganzen Seele und mit all ihrer Kraft" zu Gott wenden wird (1,15; vgl. V. 22.23a). Gott wird dann seinem Volk einen heiligen Geist schaffen, ihre Herzen beschneiden, sie rein machen, ihr Vater sein (V. 23–25), sie „als Pflanze der Gerechtigkeit" umpflanzen und sie zu einem Segen statt zu einem Fluch machen (V. 16). In dieser durch die Umkehr Israels eingeleiteten Heilszeit wird Gott für immer bei seinem Volk wohnen:

Jub 1,17.27–29:
(17) Und ich werde *erbauen* mein Heiligtum in ihrer Mitte, und ich werde wohnen mit ihnen, und ich werde ihnen Gott sein, und sie werden mir mein Volk sein, welches in Wahrheit und welches in Gerechtigkeit.
(27) Und er [*sc.* Gott] sagte zum Engel des Angesichtes: „Schreibe auf für Mose vom Beginn der Schöpfung bis wann *gebaut* wird mein Heiligtum unter ihnen für die Ewigkeit der Ewigkeiten! (28) Und der Herr wird erscheinen dem Auge eines jeden, und jeder wird erkennen, daß ich der Gott Israels bin und der Vater für alle Kinder Jakobs und der König auf dem Berge Sion in die Ewigkeit der Ewigkeit. Und es werden Sion und Jerusalem heilig sein." (29) Und es nahm der Engel des Angesichtes … die Tafeln der Einteilung der Jahre von der Schöpfung des Gesetzes an … bis zu dem Tag, an dem *geschaffen* werden wird das Heiligtum des Herrn in Jerusalem auf dem Berge Sion … (Hervorhebungen von mir)

Die Mose geoffenbarte Zukunftsschau gipfelt darin, daß Gott selbst sein Heiligtum in der Mitte Israels, auf dem Zion, erbauen wird, um in aller

---

Tiersymbolapokalypse gehört, und „ihrer Ausprägung in späterer Zeit" fest: „Als eschatologische Erlösergestalt spielt der davidische Messias noch kaum eine Rolle (1. Hen. 90,37 ?) …"

[55] Zur Orientierung über Jub s. O.S. WINTERMUTE, Jubilees, OTP II, (35–142) 35–50 und SCHÜRER, History III.1, 308–318. Zeitlich ist Jub zwischen 160 und 140 v.Chr. anzusetzen. Die Zitate in deutscher Übers. folgen K. BERGER, Das Buch der Jubiläen, JSHRZ II/3, 1981, 273–575.

Ewigkeit bei seinen Kindern zu wohnen (vgl. Ez 37,26–28[56]). Daß die Errichtung dieses neuen Tempels ausschließlich eine Gottestat ist, unterstreicht der Verfasser des Jub, indem er sie (parallel zur Rede vom Bauen [V.17.27]) ein *Schöpfungs*werk Gottes nennt (V.29). Hier wird der Gegensatz zu den früheren, von Menschen errichteten und verunreinigten Tempeln in Jerusalem (vgl. 23,21) bis zum Äußersten gesteigert. Ebenso wie es der göttlichen Erschaffung eines neuen Geistes in jedem einzelnen Israeliten bedarf, um sie für die ewige Gemeinschaft mit ihrem Gott tauglich zu machen (vgl. 1,21.23), kann niemand anders als Gott selbst den Tempel für sein ewiges Einwohnen unter seinem Volk heraufführen[57].

3.7 Die Qumrangemeinde

Auf die wahrscheinlich von der zweiten Hälfte des 2. Jh.s. v.Chr. bis 68 n.Chr. bestehende Qumrangemeinde am Toten Meer und die Essenerbewegung, zu der sie gehörte, kann hier nicht ausführlich eingegangen werden. Wie alle anderen historisch und theologisch zentralen Aspekte ist auch die Stellung der Qumrangemeinde zum Tempel in der Forschung eingehend behandelt worden[58]. Für eine gründliche Erörterung verweise ich auf die entsprechende Literatur und beschränke mich hier auf folgendes[59]: Die von Priestern gegründete und geleitete Qumrangemeinde betrachtete offensichtlich die Hohepriesterschaft im Jerusalemer Tempel seit der Übernahme des hohenpriesterlichen Amtes durch die Hasmonäer als illegitim und den im Tempel benutzten Festkalender als falsch. In der ihr aufgezwungenen Exilssituation ohne Zugang zur einzig legitimen Kultstätte Israels entwickelte die Gemeinde als vorübergehende Notlösung eine Umdeutung des Kultes, nach der die Gemeinde selbst einen Ersatz für den

---

[56] Auch Rebekkas Segen an Jakob muß sich auf dieses eschatologische Heiligtum beziehen: „Dein Name soll in alle Ewigkeiten bestehen. Der höchste Gott sei ihnen Gott, und der Gott der Gerechtigkeit möge mit ihnen wohnen. Und unter ihnen soll gebaut werden sein Heiligtum in alle Ewigkeit" (25,21).

[57] GASTON, No Stone, 110 sucht die Bedeutung des neuen Tempels in Jub herunterzuspielen, indem er einen Gegensatz zwischen Tempel und Zion aufstellt: „... the temple does not have nearly as important a function as ‚Mount Zion', which will be sanctified in the new creation for a sanctification of the earth' (4:26)." Dies ist aber ein von außen in den Text eingetragener Gegensatz, der dem Befund nicht gerecht wird. Vielmehr gibt es einen engen Zusammenhang zwischen dem Königsein Gottes auf dem Zion (vgl. 1,28 mit Jes 24,23) und dem Tempel, den er baut bzw. baut. schafft, denn Gottes eschatologische Königsherrschaft manifestiert sich gerade darin, daß er selbst sein Heiligtum baut (vgl. Ex 15,17b.18). Die Anwendung des Schöpfungsbegriffs, um auszusagen, wie das neue Heiligtum zustandekommt, ist ein eindeutiger Ausdruck für die Bedeutung, die Jub diesem Tempel beimißt, und steht dem Urteil GASTONs über die geringe Funktion des Tempels entgegen.

[58] S. z.B. die Bibliographie in MAIER, Die Qumran-Essener III, 378–477.

[59] Für eine ausführlichere Darlegung meinerseits s. ÅDNA, Jesu Kritik, 184–188.

Tempel in Jerusalem bildete und ihre strikte Befolgung der göttlichen
Gebote im Gesetz sowie die Gebete und das Gotteslob als sühnende Opfer
galten (vgl. vor allem 1QS VIII, 1–10; IX, 3–6)[60].

Daß der personal verstandene Tempel der Gemeinde nicht als eine
endgültige und auf Dauer theologisch befriedigende Lösung galt, geht aus
den Texten hervor, die von einem zukünftigen neuen Tempel auf dem Zion
sprechen. Die beiden wichtigsten Belege für den eschatologischen Tempel,
4QFlor (4Q174) I,1–5 und 11QTR (11Q19) XXIX,9f, werden wegen ihrer
Bezugnahme auf Ex 15,17f im nächsten Kapitel ausführlich erörtert
(s. S. 99ff). Darüber hinaus sind noch folgende Texte zu nennen: Die
Verse Ps 37,21–22 werden in dem Pescher 4QpPs37 bzw. 4QpPs^a (4Q171)
III,8–13 als eine Weissagung ausgelegt: die Gemeinde wird „die Berghöhe
Israels (in Besitz nehmen) und am Berg Seines Heiligtums sich
ergötzen"[61]. Ferner ist der in 1QM II,1–6 geschilderte Sühnekult zu
nennen, der im siebten Jahr des insgesamt 40 Jahre dauernden endzeitlichen Kriegs zwischen den Söhnen des Lichtes und den Söhnen der
Finsternis wieder eingesetzt wird. Es mag zwar befremden, daß der Krieg
zu diesem Zeitpunkt noch nicht zu Ende ist, der Sieg der Söhne des Lichtes
steht jedoch bereits fest (vgl. 1QM XI,11-15)[62]. Wahrscheinlich ist das
aramäische Textfragment 2Q24 Frgm. 8 als eine Aussage zu der „Sühne
auf dem Brandopferaltar des eschatologischen Tempels" aufzufassen und
gehört demnach auch in diesen Zusammenhang[63]. Auch die Aussagen über
die kultische Tätigkeit des priesterlichen Messias in CD-A 14,19 und

---

[60] Aus der umfangreichen Lit. zur Umdeutung des Kultes s. z.B. die klassischen
Arbeiten von B. GÄRTNER, The Temple and the Community in Qumran and in the New
Testament. A Comparative Study in the Temple Symbolism of the Qumran Texts and the
New Testament, Cambridge 1965 und G. KLINZING, Die Umdeutung des Kultus in der
Qumrangemeinde und im Neuen Testament, StUNT 7, Göttingen 1971 sowie ferner
MCKELVEY, New Temple, 46–53; JANOWSKI/LICHTENBERGER, Enderwartung, 48–57 und
LOSIE, Cleansing, 174–182. Der Interimscharakter der „spiritualisierenden" Umdeutung
des Kultes wird in der Lit. nicht immer erkannt; LOSIE bringt ihn aber gebührend zum
Ausdruck, indem er seine Darlegung zutreffend überschreibt „The Interim Solution: A
Reinterpretation of the Cult".

[61] Z. 11 zitiert nach MAIER, Die Texte vom Toten Meer II, 96. Vgl. zu 4Q171 LOSIE,
Cleansing, 183.

[62] Vgl. YADIN, The Temple Scroll I, 186; LOSIE, a.a.O., 186f; DOWDA, Cleansing,
122f; MCKELVEY, New Temple, 53.

[63] Für den Text 2QNew Jerusalem (2Q24) s. GARCÍA MARTÍNEZ / TIGCHELAAR, The
Dead Sea Scrolls I, 218–221 und MAIER, Die Texte vom Toten Meer I, 277–279 sowie
Die Tempelrolle vom Toten Meer und das „Neue Jerusalem", 318–320. Das obige Zitat
ist JANOWSKI, Sühne, 262 entnommen. Auch dort ist der aramäische Text wiedergegeben
und ins Deutsche übersetzt.

4QTest (4Q175) 18 sind vielleicht auf den eschatologischen Tempel zu beziehen[64].

3.8 Das vierte Esrabuch[65]

4Esr beklagt die Zerstörung Jerusalems und des Tempels. Allmählich wird der Verfasser als Antwort auf die ihn anfechtende Frage, warum Gott die Vernichtung seiner Wohnstätte durch die Heiden zulassen könnte (vgl. Kap. 10, bes. V. 7.20–23), zu der Erkenntnis geführt, daß sie Folge der Sünde Israels ist:

> 14,31f:
> (31) Dann wurde euch das Land im Gebiet von Zion zum Erbe gegeben. Aber ihr und eure Väter habt gesündigt und die Wege nicht beachtet, die der Höchste euch befohlen hatte. (32) Weil er ein gerechter Richter ist, nahm er euch zu seiner Zeit wieder, was er geschenkt hatte. (Vgl. 9,32.36.)

Erst nach dem Vollzug des Gerichts über den irdischen Tempel durch Menschenhände ist wieder Raum für einen neuen, von Gott geschenkten Anfang: In der Vision 9,26–10,59 sieht Esra eine Frau, die über ihren verstorbenen Sohn klagt (9,38–10,4). Später wird sie zu einer großen und schönen Stadt verwandelt (10,25–27). Auf Esras Bitte hin erklärt ihm der Engel Uriel den Inhalt der Vision (10,28ff): „Diese Frau, die du gesehen hast, ist Zion, das du jetzt als erbaute Stadt schaust" (V. 44). Da die sich anschließende Erklärung über den verstorbenen Sohn diesen als Jerusalem deutet (V. 45–48), kann der Zion, für den nach V. 44 die Mutter steht, nicht einfach der irdische Zion sein, sondern muß als der himmlische Zion verstanden werden, der folglich hier als die „Mutter" des irdischen Zion gedacht ist. Obwohl die eschatologische Herabkunft der himmlischen Stadt auf die Erde in 4Esr nicht explizit ausgesagt wird, scheint die Esra mitgeteilte Verheißung, daß „Zion kommen und sich allen zeigen (wird), hergerichtet und aufgebaut" (13,36; vgl. 7,26), immerhin diese Vorstellung vorauszusetzen[66]. Weil der Tempel im Bild sowohl der alten, zerstörten Stadt (10,46) wie auch der himmlischen (10,55) eingeschlossen ist, folgt, daß nach

---

[64] Für noch weitere Texte, die als Belege für einen künftigen Tempel und Opferkult in Betracht kommen, vgl. MᴄKᴇʟᴠᴇʏ, a.a.O., 51–53; Dᴏᴡᴅᴀ, a.a.O., 124–126; Lᴏsɪᴇ, a.a.O., 187f. Vgl. noch Lᴏsɪᴇs Bilanz auf S. 189: „The ultimate vision of the Qumran sectaries, therefore, was not the expectation of liberation from the ritualistic forms of cultic worship in the temple, but the hope in a return to the Holy City and a new temple, built by the hand of God, where sacrifices would again be offered for the community, pure and undefiled, according to the strict (Essene) requirements of the law. The High Priest in this new cult would be none other than the Messiah of Aaron, a new priestly Teacher who would restore honor to the highest office in the land."

[65] Sᴄʜüʀᴇʀ, History III.1 bietet eine gute Übersicht über den Inhalt von 4Esr (294–297), gefolgt von einer ausführlichen Erörterung der Datierung des Buches, die zu dem Ergebnis einer zeitlichen Einordnung gegen das Ende von Domitians Regierungszeit, die von 81 bis 96 n.Chr. dauerte, gelangt (297–300). J. Sᴄʜʀᴇɪɴᴇʀ, Das 4. Buch Esra, JSHRZ V/4, 1981, (289–412) 301 rechnet dagegen mit einer Abfassung erst kurz nach dem Tod Domitians, d.h. um 100 n.Chr. Die deutschen Zitate aus 4Esr folgen Sᴄʜʀᴇɪɴᴇʀs Übers.

[66] Vgl. MᴄKᴇʟᴠᴇʏ, New Temple, 34; Dᴏᴡᴅᴀ, Cleansing, 95; Lᴏsɪᴇ, Cleansing, 136.

der Schau des 4Esr der von Menschen gebaute und im Gericht über die Sünde zerstörte Tempel durch das von Gott selbst gemachte Heiligtum ersetzt werden soll[67].

3.9 Die syrische Baruch-Apokalypse[68]

syrBar hat höchstwahrscheinlich die Zerstörung Jerusalems im Jahr 70 n.Chr. und die verzweifelte Situation der Juden in Palästina in den Jahren danach im Auge, wenn sie Baruch, den Begleiter Jeremias aus den vergleichbar katastrophalen Jahren um 587 v.Chr. (vgl. Jer 36; 43,3; 45), zum Sprachrohr macht. Die Zerstörung und Verunreinigung des Tempels durch die heidnischen Feinde, die Gott zuläßt, nachdem er sein Haus verlassen hat (5,1; 8,1–4; 67,1; vgl. 1,4), ist das durch die Sünde des Volkes (1,2f) und der Priester (10,18) hervorgerufene Gericht (5,2f).

Erst wenn das Gericht vollstreckt worden ist, kann es zu einem Neubeginn kommen. Kap. 68 beschreibt, wie Israel nach der schweren Zeit der Züchtigung (V. 2f) wieder „großer Freude teilhaftig" wird (V. 4). Vor allem soll der Tempelkult wieder aufgenommen werden:

> 68,5:
> Zu jener Zeit wird Zion wiederaufgebaut nach einer kurzen Weile, die Opfer werden wiederhergestellt, die Priester kehren wiederum zu ihrem Dienst zurück. Und dann werden die Nationen wiederkommen, um es zu ehren.

In 32,4 wird von dem neuen Tempel noch ausgesagt, daß er „in Herrlichkeit ... bis in die Ewigkeit" bestehen wird, also das niemals zugrundegehende Heiligtum der eschatologischen Vollendung ist[69].

---

[67] Obwohl 4Esr in Kap. 13 den Messias vom Zion aus seinen Auftrag, die Feinde Gottes mit Hilfe des Gesetzes zu vernichten (V. 8–11.33f.37f) und die von den Assyrern deportierten zehn Stämme und die übrigen Gerechten zum Zion zurückzurufen (V. 12f. 39–48), ausrichten läßt (vgl. V. 6f.35), bleibt die Rolle des Messias in bezug auf den vom Himmel herabkommenden Tempel zu unklar, um ihn als Beleg für den Messias als Bauherrn des neuen Tempels anzuführen. Vgl. jedoch LOSIE, a.a.O., 136: „... here the heavenly temple is prepared by the heavenly Messiah (not Davidic) rather than by God himself."

[68] syrBar „seems to come from the first or second decade of the second century" (A.F.J. KLIJN, 2 [Syriac Apocalypse of] Baruch, OTP I, [615–652] 617); vgl. auch SCHÜRER, History III.2, 752f. Die deutschen Zitate folgen A.F.J. KLIJN, Die syrische Baruch-Apokalypse, JSHRZ V/2, 1976, 103–191.

[69] syrBar enthält auch eine Schilderung des himmlischen Jerusalems in 4,2–7, auf das die unverbrüchlichen Verheißungen Jahwes an den Zion im Prophetentext Jes 49,14–26 bezogen werden. Es bleibt ungewiß, ob eine Herabkunft des himmlischen Jerusalems und Tempels vorgesehen wird. Wenn das der Fall ist, wie z.B. MCKELVEY, New Temple, 33 meint, bezieht sich 32,4 auf den vom Himmel herabgekommenen Tempel. Wenn jedoch 4,2ff lediglich den angefochtenen Leser in der tiefsten Notlage auf die unerschütterliche himmlische Realität verweisen will, deren Kenntnis ihm verhelfen kann, in der Krise zu bestehen und das von Gott Aufgetragene zu tun (vgl. 4,8), kann es ebenso gut sein, daß eine Herabkunft des himmlischen Heiligtums nie vorgesehen ist.

3.10 Andere Texte

Über die oben kurz vorgestellten Texte hinaus gibt es noch viele weitere alttestamentliche und frühjüdische Texte, die den Tempel kritisieren und/ oder Hoffnungen der Erneuerung Ausdruck verleihen.

Eine scharfe Kritik, die dem gegenwärtig bestehenden Tempel und Kult das Gericht ankündigt bzw. im nachhinein die Tempelzerstörung als Gericht deutet, begegnet uns z.B. in 2Reg 24,2–4.20a; 2Chr 36,14–20; TestLev 14,1.5–7; 15,1[70]; 16,1.4f; 17,10f; PsSal 8,9–15; AssMos 5,3f; 6,2ff; 9,2f; Bell 4,323; Ant 20,165f; LibAnt 19,6f; ApkAbr 27,2–5 sowie in den Targumim und im frühen rabbinischen Schrifttum[71].

Die Hoffnung auf einen neuen Tempel oder die Erwartung desselben bezeugen u.a. Sach 14; TestBenj 9,2; Tob 14,5b[72]; die 14. [palästinische Rez.] bzw. 17. [babylonische Rez.] Benediktion des Achtzehngebets[73] und die Midraschim BemR 15[74] sowie MekhY shirata X (s.u. S. 107f).

---

[70] TestLev 15,1: „Darum wird der Tempel, den der Herr erwählen wird, durch Unreinigkeit öde werden, und ihr [sc. die levitischen Priester] werdet als Gefangene in alle Völker (zerstreut) werden." (Übers. von J. BECKER, Die Testamente der zwölf Patriarchen, JSHRZ III/1, [²]1980, [15–163] 58.)

[71] Für eine genauere Erörterung aller in 3.10 angeführten Belege muß ich auf meine Studie „Jesu Kritik" verweisen (s.o. Anm. 35, 36). Zur targumischen und frührabbinischen Tradition s. bes. EVANS, Evidence of Corruption, 327–337.

[72] Tob 14,5b: „Und danach werden alle aus der Gefangenschaft zurückkehren und Jerusalem in Ehre aufbauen. Und das Haus Gottes wird darin gebaut werden, (ein herrlicher Bau für alle Geschlechter der Ewigkeit,) wie die Propheten Israels über sie geweissagt haben." (Die in Klammern gesetzte Apposition fehlt im Codex Sinaiticus.)

[73] Vgl. zu diesem dreimal von allen Juden zu rezitierenden Gebet SCHÜRER, History II, 455–463, mit Darlegung und engl. Übers. der beiden Rezensionen des Gebets, der palästinischen und der babylonischen. Deutsche Übers. bieten u.a. HOLTZMANN, Berakot, 10–27 und BILL. IV, 211–214.

14. Benediktion der palästinischen Rezension: „Erbarm dich, Herr, unser Gott, mit deinem reichen Erbarmen über Israel, dein Volk, und über Jerusalem, deine Stadt, über Zion, die Wohnung deiner Herrlichkeit, über dein Heiligtum und deine Behausung, über das Reich des Hauses David, deines rechten Gesalbten. Gepriesen seist du, Herr, Gott Davids, der Jerusalem baut."

17. Benediktion der babylonischen Rez.: „Hab' Gefallen, Herr, unser Gott, an deinem Volk Israel und schaue auf ihr Gebet; bring wieder den Dienst ins Allerheiligste deines Hauses; die Opfer Israels, ihr Gebet, ihren Dienst nimm eilends hin in Liebe mit Wohlgefallen; und wohlgefällig sei immerdar der Dienst Israels, deines Volkes. Hab' Gefallen an uns, laß schaun unsere Augen, wie du kehrst in dein Haus auf Zion mit Erbarmen wie ehmals. Gepriesen seist du, Herr, der eilends seine Wohnung aufschlägt in Zion!"

Die beiden Zitate sind HOLTZMANN, a.a.O., 17, 22 entnommen. Geändert sind jeweils die Wiedergabe von יי („Herr" statt „Jeja") und von דְּבִיר („das Allerheiligste" statt „das Heiligtum", vgl. 1Reg 6,16.19–23).

[74] Für eine deutsche Übers. der betreffenden Stelle in BemR 15 s. WÜNSCHE, Der Midrasch Bemidbar Rabba, 400.

4. Der Messias als Bauherr des Tempels

4.1 Die Nathanweissagung (2Sam 7 / 1Chr 17)

Wenn wir dem Erzählzusammenhang des deuteronomistischen Geschichts-
werks (Jos–2Reg) folgen, hören wir in 2Sam 7 überhaupt zum ersten Mal
von dem Vorhaben eines gesalbten Königs – nämlich Davids (vgl. 2Sam
2,4; 5,3), Jahwe bzw. seiner Lade einen Tempel bauen zu wollen (V. 2).
An diesem Bericht ist jedoch auffällig, wie diesem Vorhaben nur höchst
widerstrebend entsprochen wird. Den Propheten Nathan, der zuerst in das
Vorhaben Davids eingewilligt hat (V. 3), erinnert Gott in einer nächtlichen
Audition, die er David mitteilen soll (V. 4.5a), daran, daß er seit dem
Exodus aus Ägypten bis zum heutigen Tag niemals in einem festen
Gebäude gewohnt noch den Bau eines solchen in Auftrag gegeben hat
(V. 6f). Nicht David selbst, sondern erst sein „Same"[75] soll nach Davids
Tod Gott einen Tempel bauen (V. 12a.13a). Gottes vorwurfsvolle
Zurückweisung des Bauvorhabens in V. 5b und sein Hinweis auf sein
Mitwandern und das Zeltheiligtum (V. 6f[76]) sind in der Forschung als eine
tempelkritische Tradition aus den Kreisen des israelitischen Stämme-
verbandes verstanden worden[77]. Ein anderer Versuch, den zwiespältigen
Charakter des Textes zu erklären, ist die z.B. von SIGMUND MOWINCKEL
vertretene These, 2Sam 7 wolle als Gründungsätiologie des Jerusalemer
Tempels erklären, wie es dazu kam, daß der fromme König David, der den
Jahwekult auf dem Zion einführte, nicht auch den Tempel baute[78]. Zur
Erklärung oder gegebenenfalls Überwindung von vermeintlichen oder
echten exegetischen Problemen in 2Sam 7 ist insgesamt eine längst kaum
mehr zu überschauende Menge von literarkritischen, form- und überlieferungsgeschichtlichen Thesen vorgelegt worden, auf die hier nicht eingegangen werden kann[79]. Uns interessiert hauptsächlich die (redaktions-

---

[75] 1Chr 17,11 präzisiert, daß damit einer seiner Söhne gemeint ist: אֲשֶׁר יִהְיֶה מִבָּנֶיךָ.

[76] V. 6b: וָאֶהְיֶה מִתְהַלֵּךְ בְּאֹהֶל וּבְמִשְׁכָּן.

[77] Vgl. u.a. GASTON, No Stone, 129; DOWDA, Cleansing, 18f Anm. 3; LOSIE,
Cleansing, 18f. S. hierzu das Referat und die berechtigte kritische Auseinandersetzung
bei GESE, Davidsbund, 122f. G. AHLSTRÖM, Der Prophet Nathan und der Tempelbau, VT
11, 1961, 113–127 ordnet im Gegensatz zu den Forschern, mit denen sich GESE
auseinandersetzt, zwar Nathan zu Recht der sog. Jerusalempartei zu, aber seine These –
Nathan sei gegen den Tempelbau Davids, weil er die Konkurrenz mit den bereits
bestehenden jebusitisch-vordavidischen Heiligtümern in Jerusalem, deren Vertreter er
sei, fürchte – ist abenteuerlich.

[78] MOWINCKEL, Natanforjettelsen, 220–228. „Fortellingen er en teologisk-etiologisk
legende, som oprinnelig har eksistert som en egen selvstendig enhet, og som vil forklare
hvorfor David ikke bygde noget tempel for Jahve" (228).

[79] Vgl. z.B. die Forschungsübersicht bei METTINGER, King and Messiah, 48–50.
Eindeutige Tendenz in der neueren Forschung ist die Verfechtung weitgehender dtr.

geschichtliche) Endgestalt, denn die bedeutsamen messianischen Wirkungen des Textes sind von ihr ausgegangen. Außerdem stellt sich der Text bei genauer synchroner Lektüre als viel einheitlicher dar, als man es oft wahrhaben will.

Die Weisung Gottes an David, daß zwar nicht er selbst, jedoch sein Sohn ihm einen Tempel bauen darf (V. 13a MT: הוּא יִבְנֶה־בַּיִת לִשְׁמִי[80]), steht nicht im Widerspruch zu der schroff klingenden Ablehnung in V. 5b–7. Das den Text mit Hilfe der Doppeldeutigkeit des Wortes בַּיִת durchziehende Wortspiel zeigt nämlich, daß die verhandelte Hauptfrage die des *Initiators in der Beziehung Jahwe – König* ist. Die durch Nathan vermittelte Antwort Gottes auf das Bauvorhaben Davids ist, daß Jahwe in dieser Beziehung der Initiator sein will: „Jahwe läßt dir ausrichten, daß Jahwe dir ein Haus bauen will" (V. 11b[81]). בַּיִת kann im übertragenen Sinn „Familie" bedeuten (vgl. Gen 7,1; 35,2; Jos 7,14 u.ö.) und nimmt hier die besondere Bedeutung „Nachkommen(schaft)" an (vgl. Ex 2,1). Weil der Angesprochene König ist und das Haus, das ihm Gott bauen will, in V. 16 mit seiner für immer währenden Königsherrschaft gleichgesetzt wird[82],

---

Redaktion, vgl. als typisches Beispiel das Urteil von SMEND, Entstehung, 119: „2Sam 7 mag einen alten Kern enthalten, aber der jetzige Text, der auf die spätere Messianologie so stark eingewirkt hat, ist dtr, und zwar in mehreren, nicht leicht abgrenzbaren Schichten."

[80] V. 13a wird oft zu den dtr. Bestandteilen des Textes gerechnet. GESE, Davidsbund, 125 argumentiert dafür, daß statt לִשְׁמִי mit der Parallelstelle 1Chr 17,12 und die LXX לִי zu lesen ist und folgert daraus: „V. 13a ... ist nicht als späte deuteronomistische Glosse zu entfernen ... Hier liegt nicht das deuteronomistische Theologumenon des Namens Jahwes vor, was nicht zum Kontext passen würde." METTINGER, a.a.O., 53 verweist darauf, daß die LXX in V. 13a nicht einfach לִשְׁמִי durch לִי ersetzt, sondern beide Worte als Lesart voraussetzt (αὐτὸς οἰκοδομήσει μοι οἶκον τῷ ὀνόματί μου), und hält – auch von der sich damit ergebenden engen Entsprechung zur Frage Gottes in V. 5b her – diese Lesart für ursprünglich: „At some stage in the development of the text, reading both *lî* and *lišmî* was felt to be tautological, and so *lî* fell out from Samuel in the MT and *lišmî* from the Chronicles in the MT. The LXX of 2 S 7,13 has preserved both of them correctly." Trotz dieses Plädoyers für eine Lesart mit לִשְׁמִי hält METTINGER V. 13a für vor-dtr. (vgl. a.a.O., 56). Wie dem auch letztlich sei, zu der messianisch wirkungsgeschichtlich wirksamen Gestalt von 2Sam 7 gehört die Zusage Gottes, daß der Same Davids ihm bzw. seinem Namen einen Tempel bauen soll, fest dazu.

[81] V. 11b: וְהִגִּיד לְךָ יְהוָה כִּי־בַיִת יַעֲשֶׂה־לְּךָ יְהוָה.

[82] V. 16: וְנֶאְמַן בֵּיתְךָ וּמַמְלַכְתְּךָ עַד־עוֹלָם לְפָנֶיךָ כִּסְאֲךָ יִהְיֶה נָכוֹן עַד־עוֹלָם. Die Bedeutung „Nachkommenschaft/Dynastie" steht fest, auch wenn mit der LXX 3. statt 2. Person bei den Possessivsuffixen zu lesen ist und damit die Verheißung der ewigen Königsherrschaft um eine Generation auf Salomo verschoben wird (vgl. die Parallelaussage dazu in V. 13b, auch nach der Fassung des MT). Vgl. die Erörterung bei METTINGER, a.a.O., 57–59, der vermutet, daß diese Varianten die Redaktionsgeschichte des Textes widerspiegeln. Ursprünglich sei die salomonische Variante, die später von einer davidisch-dynastischen Redaktion geändert worden sei.

kann בַּיִת in V. 11 und 16 noch präziser mit „Dynastie" übersetzt werden[83].
Der Text will die theologisch in keinerlei Weise beliebige Reihenfolge der
beiden „Hausbauten" deutlich herausstellen: Die Erwählung Davids und
seines Geschlechts zur ewigen Königsherrschaft in Jerusalem darf auf
keinen Fall als eine Belohnung Jahwes für den Tempelbau erscheinen.
Vielmehr geht der Erwählung der Davididen die des Zion voraus: Durch
die Überführung der Lade, mit der die gnädige Präsenz Jahwes verbunden
ist (vgl. Anm. 3), auf den Zion geschieht Jahwes Erwählung dieses Ortes
als Stätte seines Wohnens (vgl. Ps 132,6–8.13f[84]). Auf diese „Besitzergreifung" Zions folgt auch die Erwählung dessen, der in politisch-rechtlicher
Hinsicht Besitzer dieses Landstücks ist, d.i. David (vgl. Ps 132,11f[85] und s.
ferner Ps 89,4f; 2Sam 23,5), die in seiner Adoption zum „Sohn Gottes"
gipfelt (vgl. 2Sam 7,14a[86]; Ps 2,6f; 89,27f). 2Sam 7,5b–7 wollen nicht
besagen, daß Jahwe überhaupt und im Prinzip gegen einen Tempel ist,
sondern daß *er selbst* allein – kein Mensch – die Entscheidung über den
Bau des Tempels zu treffen hat[87]. Zuerst wird Jahwe David ein Haus

---

[83] בַּיִת kommt in der Bedeutung „Dynastie" neben V. 11 und 16 in dem Dankgebet
Davids V. 18–29 weitere sieben Male vor (V. 18.19.25.26.27.29a.29b). Vgl. für die Rede
vom „Haus Davids" in der Bedeutung „die von David ausgehende königliche Dynastie"
u.a. 1Sam 20,16; 1Reg 12,19f; 14,8.

[84] Ps 132,13f: „Fürwahr: Jahwe hat Zion erwählt, hat es zu seinem Wohnsitz
begehrt! – ‚Dies ist meine Ruhstatt für immer, da will ich wohnen, denn ich hab' es
begehrt!'" (Übers. von KRAUS, Psalmen II, 1054f). Vgl. zur Überführung der Lade nach
Jerusalem 2Sam 6 und zu seiner Aufstellung im Allerheiligsten des Tempels, nachdem
ihn Salomo gebaut hatte, 1Reg 8,1–11.

[85] Jerusalem ist als Stadt, die David allein mit Hilfe seiner Söldnertruppe und nicht
des Stammesheerbannes erobert hat (vgl. 2Sam 5,6ff), sein Privateigentum und wird
dementsprechend „die Stadt Davids" (עִיר דָּוִד) genannt (2Sam 5,7b.9aβ). 2Sam 24 hebt
geradezu hervor, daß David die Tenne Araunas, die er durch den Bau eines Altars zum
Kultort macht, nicht kostenlos bekommen, sondern gekauft hat (V. 24f). Obwohl die
Texte es nicht ausdrücklich sagen, ist diese von Arauna abgekaufte Tenne vermutlich mit
dem Aufstellungsort der überführten Lade und des später von Salomo gebauten Tempels
identisch. Ihm als Besitzer dieses von Jahwe erwählten Ortes wird die Zusage einer
ewigen Dynastie zuteil: „Jahwe hat David zugeschworen einen Treuschwur, von dem er
nicht abgeht: ‚Könige aus der Frucht deines Leibes lasse ich sitzen auf deinem Thron!
Wenn deine Söhne meinen Bund halten und mein Zeugnis, das ich sie lehre, sollen auch
ihre Söhne für immer sitzen auf deinem Thron!'" (Ps 132,11f; Übers. von KRAUS, a.a.O.,
1054). Vgl., wie die darauffolgenden Verse 13f, die von der Erwählung Zions handeln
(vgl. vorige Anm.), durch כִּי eingeleitet werden und somit als Begründung der vorausgehenden Aussage aufzufassen sind: Jahwe hat David erwählt, *denn er hat Zion erwählt*
(vgl. GESENIUS / KAUTZSCH, Grammatik, § 158b). Vgl. hierzu GESE, Davidsbund, 118–
121.

[86] V. 14a: ‏אֲנִי אֶהְיֶה־לּוֹ לְאָב וְהוּא יִהְיֶה־לִּי לְבֵן‎.

[87] Vgl. die Ausführungen zu diesen Versen bei GESE, a.a.O., 124: „Hier wird schon
grundsätzlich geredet, aber nicht grundsätzlich gegen einen Tempel, sondern
grundsätzlich gegen die menschliche Initiative beim Bau eines Tempels. Kein Wort

bauen, und erst danach wird sein „Haus" (d.h. Salomo) Jahwe ein Haus bauen[88]. HARTMUT GESE hat gezeigt, wie „das sola gratia der David-verheißung" durch diese Struktur von 2Sam 7 zum Ausdruck gebracht wird: „nicht ist die Dynastiezusage ein Lohn des frommen Davidwerkes, der Zionsgründung, sondern Jahwe spricht aus freiem Entschluß von sich aus die Verheißungen David zu ... Die Initiative zum Tempelbau ergreift Jahwe, indem er David ein Haus baut, d.h. Salomo auf den Thron setzt und ihn den Tempel bauen läßt. So, sola gratia, ohne menschliches Verdienst wird der Tempel gebaut."[89]

Nach dem Untergang der Davidsdynastie 587 v.Chr. wurde 2Sam 7, die sogenannte Nathanweissagung, mit der festen Zusage Jahwes über den ewigen Bestand des Davidshauses zu einer Kernstelle für die Entwicklung der messianischen Erwartung. Aufgrund der nahen Verbindung zwischen der davidischen Königsherrschaft und dem Tempelbau durch den davidi-schen „Samen", die 2Sam 7 vorgibt, mußte sich bei der messianischen Rezeption der Nathanweissagung auch die Erwartung nahelegen, daß der Messias den Tempel baut. Vor allem in Zeiten ohne Tempel (d.h. zwischen 587 und 520/515 v.Chr. und nach 70 n.Chr.) konnte 2Sam 7 diese Erwar-tung an den erhofften Messias erwecken.

4.2 Kyros als „messianischer" Tempelbauherr nach Jes 44,24–45,7

Der deuterojesajanische Text Jes 44,24–45,7 nimmt zwar eine Sonder-stellung ein, indem er nicht einen Davididen, sondern den persischen König Kyros den Messias Jahwes nennt, aber weil Kyros gerade von dieser Qualifizierung her die Aufgabe des Tempelbaus zufällt, ist auch dieser Text von Interesse in unserem Zusammenhang.

Wegen der direkten Nennung des persischen Königs Kyros (vgl. 44,28; 45,1) liefert gerade der uns hier beschäftigende Textabschnitt Jes 44,24–45,7 den sichersten Beleg für die Datierung des Wirkens des anonymen Exilspropheten Deuterojesaja (Dtjes) in

---

findet sich darüber, daß ein Tempel Jahwes Wesen nicht entspreche (Jes 66,1–4 lehrt, wie so etwas formuliert wird), sondern es wird nur betont, daß Jahwe längst sich hätte einen Tempel bauen lassen können, wenn er nur gewollt hätte. *Er befiehlt, ob ein Tempel gebaut wird oder nicht, er ist der Initiator, nicht ein Mensch, nicht David.* Diese Ablehnung der Auffassung des Tempelbaus als Menschenwerk begegnet uns im Alten Testament auch Sach 4,6: Jahwe ist es, der sich seinen Tempel baut bzw. bauen läßt; selbstverständlich geht es in Sach 4 nicht gegen einen Tempel an sich" (kursiv von GESE). Vgl. auch MOWINCKEL, a.a.O., 224.

[88] GESE, a.a.O., 127: „Mit *banā bājit* wird also in der Tat ein Wortspiel gebildet: Jahwe ist es, der David ein Haus baut, d.h. Salomo als Nachfolger auf den Thron bringt, wie es in V. 12 expliziert wird, und *der* wird Jahwe ein Haus bauen. Auf diese Weise läßt sich Jahwe einen Tempel bauen, nicht durch die Initiative Davids, sondern in seiner eigenen Souveränität" (kursiv von GESE).

[89] A.a.O., 127.

das Jahrzehnt vor 539 v.Chr.[90]. Der ganze Abschnitt 44,24–45,7 ist am ehesten als eine Texteinheit zu betrachten[91], in der Jahwe, der alleinige und alles wirkende Gott (44,24b; 45,5a.6.7), ankündigt, daß er durch Kyros einerseits Babylon und seine Weisen zunichte machen (44,25; 45,1–3) und andererseits sein Volk Israel aus dem Exil befreien und Juda und Jerusalem neu bauen will (44,26.28; 45,4).

Es gehört zu der einmaligen Kühnheit der aktuellen und auf seine Gegenwart bezogenen Heilsverkündigung des Dtjes, daß er den gegen Medier, Lydier und Babylonier siegreich aufziehenden Perserkönig Kyros als den Gesalbten Jahwes, seinen „Messias" (מְשִׁיחוֹ), bezeichnet (45,1). Hier kann nicht auf die theologische Reichweite der Benennung eines heidnischen Königs als den Gesalbten Jahwes eingegangen werden, aber es darf wenigstens auf die interessante Korrespondenz mit seiner Bezeichnung als Hirte Jahwes im vorausgehenden Vers (44,28aα: הָאֹמֵר לְכוֹרֶשׁ רֹעִי) hingewiesen werden, denn רֹעֶה hat deutliche messianische Konnotationen (vgl. Ez 34,23f; 37,24; Ps 78,70–72; PsSal 17,40)[92]. Daß der „Weideauftrag" des Kyros darin besteht, den ganzen Plan Jahwes von Zurückführung seiner „Herde" zu ihrem „Weidegebiet" Juda/Jerusalem und Wiedererrichtung von Stadt und Tempel zu verwirklichen (vgl. 44,26.28), bekräftigt die bereits verfochtene enge Verbindung zwischen dem Inhalt von 44,28 und dem Messiastitel in 45,1 noch weiter, denn gerade die Rückführung der Exulanten und der Wiederaufbau (des Landes und) Jerusalems gehören zu traditionell (königlich-)messianischen Aufgaben (vgl. u.a. Jer 33,14–17; Ez 37,15–28; Mi 5,1–5; PsSal 17,26.28; 4Esr 13,12f.39–48; TJes 11,11f; 53,8). Wie die Ausführungen oben zu 2Sam 7 gezeigt haben (vgl. S. 50ff), ist gerade der Tempelbau eine Aufgabe, die dem königlichen Gesalbten zukommt. Deshalb ist es kein beliebiger Zufall, sondern im Gegenteil eine theologisch bewußte und bedeutsame Aussage, wenn an herausragender Stelle am Ende von 44,28 als Klimax des messianischen Hirtenauftrags an Kyros gesagt wird, daß der Tempel wieder gegründet werden soll (וְהֵיכָל תִּוָּסֵד). Nun ist allerdings die ursprüngliche Zugehörigkeit von

---

[90] Für den Erweis, daß Kap. 40–55 einen eigenständigen Komplex innerhalb des Jesajabuches darstellen, vgl. die einschlägigen Einleitungen und Kommentare. Der Perserkönig Kyros trat um 550 v.Chr. seinen Siegeszug an, der in der Einnahme Babylons 539 gipfelte, die Dtjes noch unbekannt ist (vgl. neben Jes 44,24–45,7 auch die deutlichen Bezugnahmen auf Kyros in 41,1–5.21–29; 45,9–13; 46,8–13; 48,14–16).

[91] Bei 44,24–45,7 sind in der Forschung Abgrenzung und Formbestimmung sehr umstritten. Jedoch gibt auch ein Vertreter der Auffassung, daß 44,24–28 und 45,1–7 zwei selbständige Einheiten sind, wie z.B. KARL ELLIGER wenigstens zu, daß „45,1–7 doch wohl absichtlich mit der anderen Einheit 44,24–28 zu *einem Abschnitt zusammengefaßt* (ist)" (Deuterojesaja, 491; kursiv von mir). M.E. führt WESTERMANN, Jesaja 40–66, 125f gute Gründe dafür an, 44,24–28 als eine ausführliche Einleitung zu dem „eigentliche(n) Königsorakel ... in den Versen 1–4 [*sc.* des 45. Kap.]" (a.a.O., 128) aufzufassen (vgl. auch PREUSS, Deuterojesaja, 76f). Wie aus der folgenden Erörterung hervorgeht, sprechen auch die engen inhaltlichen Verbindungen zwischen 44,28 und 45,1 dafür, hier mit einer Texteinheit oder mindestens jedoch mit einer „redaktionelle(n) Komposition" (ELLIGER, a.a.O., 466) zu rechnen.

[92] Vgl. ausführlich zur metaphorischen Anwendung von רֹעֶה im AT ELLIGER, a.a.O., 476f. GRIMM/DITTERT, Deuterojesaja, 245 neigen dazu, den Konsonantentext als רֵעִי (d.h. „mein Freund") zu vokalisieren, aber gerade die messianischen Konnotationen und die parallele Bezeichnung des Kyros als „Messias" im darauffolgenden Vers untermauern die masoretische Vokalisation.

V. 28b zum Text umstritten: Z.B. betrachtet CLAUS WESTERMANN V. 28bα als eine versehentliche Wiederholung von V. 26bα und rückt V. 28bβ zu V. 26b[93], und LLOYD GASTON und KARL ELLIGER halten diesen Halbvers für eine spätere Ergänzung durch jemand, der „die ausdrückliche Nennung des Tempels vermißte und sie unter Benutzung von 26b hinzufügte"[94]. Jegliche Umstellung oder Streichung von V. 28b beruhen jedoch entweder auf einer Überbewertung metrisch-stilistischer Argumente oder auf dem Vorurteil, daß Dtjes nichts von einem neuen Tempelkult sagt bzw. sagen will[95], und sind abzulehnen. Völlig zu Recht kommentiert HORST DIETRICH PREUSS: „Jahwes schöpferisches Wort und sein Handeln in Kyros werden ... auch Jerusalem und dessen Tempel sowie die sonstigen Städte Judas neu erstehen lassen (V. 26b–28; Umstellungen sind unnötig). Da 52,11f.[96] von der Heimkehr der Tempelgeräte sprechen und Jahwes und Israels Heimkehr zum Zion oft wichtiges Thema bei Dtjes ist ..., ist die nur hier bei Dtjes erfolgende Nennung des Tempels nicht ‚verdächtig'."[97] Nebukadnezar hatte 587 v.Chr. die heiligen Geräte aus dem von ihm zerstörten Jerusalemer Tempel nach Babylon entführen lassen (vgl. 2Reg 25,13ff; 2Chr 36,18), und wenn Dtjes in Jes 52,11 ankündigt, daß bei dem kurz bevorstehenden Auszug aus Babylon die Kultgeräte Jahwes (כְּלֵי יְהוָה) mitgeführt werden, dann ist dies darauf zurückzuführen, „daß sie im Zionstempel ihren einzigen legitimen Ort haben"[98].

---

[93] WESTERMANNS „Wiederherstellung" von 44,26 lautet: „der [sc. Jahwe] das Wort ‚seiner Knechte' aufrichtet, den Rat seiner Boten gelingen läßt, der zu Jerusalem sagt: es sei bewohnt! ,und der Tempel sei gegründet!' und zu den Städten Judas: seid gebaut! Zu ihren Trümmern: ich richte sie auf!" (a.a.O., 124).

[94] ELLIGER, a.a.O., 479. Seine Begründung dafür, daß V. 28b nicht authentisch ist, ist zu finden a.a.O., 460, 478f. Vgl. GASTON, No Stone, 106 Anm. 1.

[95] GASTON, a.a.O., 105f: „Not only is there no room in this picture of the glorious future for an Israelite Messiah (the title is given away to Cyrus in 45:1), but it also seems that there is no room for a temple in the new Jerusalem. There are many occasions on which one would expect mention of the restoration of the temple service, so that this silence is indicative. The cult has been of no avail in the past (43:23f), and in the future God will forgive independently of any cultic mediation."

[96] Jes 52,11f: „Heraus, heraus! Ziehet aus von dort! Unreines rührt nicht an! Zieht aus ihrer Mitte, reinigt euch, die ihr die Geräte Jahwes tragt! Ja, nicht in Hast sollt ihr ausziehen und nicht fluchtartig sollt ihr gehen, denn vor euch her geht Jahwe, und es beschließt euren Zug Israels Gott" (Übers. von GRIMM/DITTERT, Trostbuch, 81).

[97] PREUSS, Deuterojesaja, 81. Zum Beleg seiner Behauptung, Jahwes und Israels Heimkehr zum Zion sei ein wichtiges Thema bei Dtjes, verweist er auf seinen Exkurs S. 45f, wo er vor allem die Stellen Jes 40,9–11; 49,14–17; 51,3.11; 52,1.2.7–10 anführt. Vgl. auch den Kommentar von GRIMM/DITTERT, Deuterojesaja, 246: „Herz des in Judas Städten neu pulsierenden Lebens wird der wiederaufgebaute (und keineswegs entbehrliche!) Tempel sein; ohne religiöses Zentrum wäre Jerusalem nicht Jerusalem."

[98] GRIMM/DITTERT, a.a.O., 403. Vgl. auch WESTERMANN, a.a.O., 204. Auch LOSIE, Cleansing, 68 Anm. 163 entgegnet „Gaston's attempt to deny the concept of a new temple" (vgl. Anm. 95 oben) durch einen Hinweis auf den „cultic emphasis" in Jes 52,11f. (LOSIE nennt auch Jes 54,11–13 als einen Text, der möglicherweise die Existenz eines neuen Tempels voraussetzt.) Zur Kritik an GASTON vgl. auch CHESTER, Sibyl, 43f. Obwohl die nachexilische Geschichte anders verlief, als es sich Dtjes vorgestellt hatte, kam es im Blick auf die verschleppten Tempelgeräte in der Tat dazu, daß der Perserkönig Kyros durch seinen Esr 6,3–5 wiedergegebenen Erlaß sie an die

Obwohl die Übertragung des Messiastitels auf den heidnischen König
Kyros durch Dtjes in der alttestamentlich-frühjüdischen Tradition einmalig
ist und im Unterschied zu der von der Nathanweissagung ausgehenden
davidischen Messiastradition ohne weitere Rezeption blieb[99], ist die
Texteinheit Jes 44,24–45,7 in bezug auf die uns besonders beschäftigende
Frage nach dem Zusammenhang zwischen Messias und Tempel trotzdem
aufschlußreich, indem sie im Einklang mit 2Sam 7 belegt, daß es zum
Aufgabenbereich des von Jahwe erwählten Messias gehört, den Tempel
(neu) zu errichten.

4.3 Haggai und Sacharja

Im Herbst des Jahres 520 v.Chr. sind die beiden Propheten Haggai und
Sacharja in Jerusalem aufgetreten und haben gemeinsam den Neuaufbau
des Tempels angespornt und vorangetrieben[100]. Obwohl ihre Verkündigung, so wie sie uns aus den ihren Namen tragenden Prophetenbüchern
bekannt ist[101], jeweils einen eigenen individuellen Stempel trägt, berechtigt
immerhin das entschiedene Eintreten der beiden für den Tempelbau, daß
wir sie hier in *einem* gemeinsamen Abschnitt erörtern, zumal sie in der
späteren Tradition wegen ihres Verdienstes um das neue Heiligtum als ein
gemeinsam aufgetretenes Prophetenpaar in Erinnerung geblieben sind (vgl.
Esr 5,1f; 6,14).

Haggai und Sacharja sehen den Anbruch der eschatologischen Heilszeit
unmittelbar bevorstehend (vgl. u.a. Sach 2,14–17; 8,1–6). Da aber die

---

Juden und ihren neuen Tempel in Jerusalem zurückerstatten ließ (vgl. Esr 1,7–11; 5,14f).

[99] Dies hängt natürlich auch ganz wesentlich von dem weiteren „uneschatologischen"
Verlauf der nachexilischen Geschichte ab, die weit hinter der unmittelbaren Zukunfts-
schilderung des Dtjes zurückfiel. Aber überhaupt die Bezeichnung eines heidnischen
Königs als Jahwes Gesalbten erschien späteren Generationen als höchst problematisch,
wie z.B. die Umdeutung von Jes 45,1 in bMeg 12a bezeugt: „R.Naḥman b.Ḥisda trug vor:
Es heisst: *So spricht der Herr zu seinem Gesalbten, zu Koreš, dessen Rechte ich ergriffen
habe* (Jes 45,1) war denn Koreš Gesalbter [Messias]? – vielmehr, der Heilige, gebenedeit
sei er, sprach zum Messias: Ich klage bei dir den Koreš an: Ich beauftragte ihn meinen
Tempel zu erbauen, und meine Gefangenen heimzuführen, er aber sprach: *Wer irgend
unter euch zu seinem Volk gehört, der ziehe hinauf* (Esr 1,3)" (GOLDSCHMIDT, Der
Babylonische Talmud III, 577).

[100] Die beiden Prophetenbücher sind von genauen Datierungsangaben durchzogen
(vgl. Hag 1,1.15; 2,1.10.20; Sach 1,1.7; 7,1), die sich auf die Regierungszeit des Königs
Darius beziehen. Gemeint ist der Perserkönig Darius I. Hystaspes, der von 522/521 bis
486/485 v.Chr. regierte (vgl. z.B. WOLFF, Haggai, 19f).

[101] Was das Sacharjabuch anbelangt, beziehen wir uns hier nur auf Kap. 1–8. Daß
Sach 9–14 auf den ungefähr 520–518 v.Chr. wirkenden Propheten Sacharja nicht
zurückgehen, sondern einen Anhang von jüngeren Stoffen darstellen, ist eine alte,
allgemeine Einsicht. Vgl. zur Begründung die einschlägigen Einleitungen und
Kommentare.

damit verbundene Rückkehr Jahwes an den Zion und sein Einwohnen dort
(Sach 2,14f; 8,3; vgl. 1,16[102]) von der Existenz eines neuen ihm angehörenden Heiligtums abhängig ist, wird die Forderung des Tempelbaus
geradezu zum zentralen Verkündigungsgegenstand der beiden, wenn sie
sich an ihre Zeitgenossen wenden, deren ganze Aufmerksamkeit den
kargen Lebensverhältnissen im Lande und dem daraus erwachsenden
Existenzkampf gilt und die deshalb der Wiedererrichtung des Tempels
keine hohe Priorität einräumen (vgl. Hag 1,2–4)[103]. Haggai erklärt seinen
Zuhörern, daß die schwierigen Lebensumstände, unter denen sie gegenwärtig zu leiden haben, ihren Grund gerade in der Vernachlässigung des
Tempelbaus haben (vgl. Hag 1,9–11). Wenn sie sich aber anschicken, den
Tempel endlich zu errichten, wird Gott sie reichlich segnen (Hag 2,15–19;
Sach 8,9–15[104]). Ferner sichert Haggai der Gemeinde zu, daß trotz des im
Vergleich zum früheren Tempel trostlos erscheinenden und entmutigenden
kläglichen Anfangszustandes (Hag 2,3) der jetzt zu errichtende neue
Tempel, gemäß seiner Würde und Funktion als Wohnsitz des seine
eschatologische Herrschaft antretenden Jahwe, seinen salomonischen
Vorgängerbau bei weitem übertreffen werde: „Die Herrlichkeit dieses
späteren Hauses wird größer als die des früheren sein, spricht Jahwe der

---

[102] Sach 1,16a: „Darum: so spricht Jahwe: Ich wende mich Jerusalem in Erbarmen zu.
Mein Haus wird dort gebaut werden, Spruch Jahwes der Heerscharen."

[103] M.E. erfaßt VON RAD, Theologie II, 292f den Befund in Hag und Sach (1–8) sehr
genau, wenn er schreibt: „Auch die Prophetie Haggais und Sacharjas gipfelt in der
Verkündigung des nahen Kommens Jahwes und der unmittelbar bevorstehenden Aufrichtung seines Reiches; aber die Botschaft – große Verlegenheit vieler Ausleger! – ist aufs
engste verknüpft mit dem Wiederaufbau des von den Babyloniern zerstörten Tempels in
Jerusalem, dergestalt, daß für diese Propheten der Wiederaufbau des Tempels geradezu
als die notwendige Voraussetzung des Kommens Jahwes und seines Reiches gilt ... Jetzt,
angesichts einer in ,resignierter Sicherheit' dahinlebenden und nur auf ein wirt-
schaftliches Vegetieren bedachten Bevölkerung war die Frage des Tempelbaus zum
status confessionis geworden. Der Tempel war doch der Ort, an dem Jahwe zu Israel
sprach, an dem er ihm seine Sünde vergab und an dem er für Israel gegenwärtig war. In
der Einstellung zum Tempel entschied sich also die Einstellung für oder gegen Jahwe."

[104] Sach 8,9ff: „(9) So hat Jahwe der Heerscharen gesprochen: Fasset Mut, die ihr in
diesen Tagen diese Worte hört aus dem Munde der Propheten, die damals (wirkten), als
die Arbeit am Hause Jahwes der Heerscharen in Angriff genommen wurde zum
Wiederaufbau des Tempels; (10) ,Vor jener Zeit gab es für die Menschen keinen Lohn,
und mit dem Lohn für das Vieh war es nichts; wer aus- und einging, hatte keinen Frieden
wegen des Widersachers, und ich <ließ> alle Leute aufeinander los, (11) aber nunmehr
verhalte ich mich nicht wie in den früheren Tagen zu dem Rest dieses Volkes, Spruch
Jahwes der Heerscharen'. (12) Ja, <seither> gibt es die glückhafte Aussaat, der
Weinstock gibt seine Frucht, und der Erdboden gibt seinen Ertrag, und der Himmel gibt
seinen Tau, und ich gebe das alles dem Rest dieses Volkes zum Besitz" (Übers. von
RUDOLPH, Haggai – Sacharja 1–8 – Sacharja 9–14 – Maleachi, 141).

Heerscharen, und an dieser Stätte werde ich Frieden schenken – Spruch Jahwes der Heerscharen" (Hag 2,9[105]).

Die Verkündigung Haggais und Sacharjas blieb nicht ohne Wirkung. Angeleitet von den Führern und Hauptadressaten der prophetischen Mahnung, dem Statthalter Serubbabel und dem Hohenpriester Josua (vgl. Hag 1,1), ging das Volk wenige Wochen nach dem ersten Auftritt Haggais ans Werk: „So erweckte Jahwe den Geist Serubbabels, des Sohnes Schaltiels, des Hochkommissars für Juda, und Josuas, des Sohnes Jehozadaks, des Hohenpriesters, und des ganzen Restes des Volkes, und sie machten sich an die Arbeit am Hause ihres Gottes Jahwes der Heerscharen" (Hag 1,14[106]; vgl. V. 12f). Die prominente Position Serubbabels und Josuas geht auch aus ihrer Voranstellung in den Listen der kürzlich heimgekehrten Exulanten in Esr 2,1f und Neh 7,6f hervor[107]. Josua ben Jehozadak ist Enkel des letzten vorexilischen „Hauptpriesters" (כֹּהֵן הָרֹאשׁ) Seraja (vgl. 1Chr 5,40f), der nach der Einnahme Jerusalems 587 v.Chr. von den Babyloniern verschleppt und in Ribla hingerichtet wurde (vgl. 2Reg 25,18.21). Es besteht folglich eine Kontinuität und Erbschaft zwischen der priesterlichen Führung vor und nach dem Exil. Josua trägt jedoch als erster den in der Folgezeit zentralen Titel „Hohenpriester" (הַכֹּהֵן הַגָּדוֹל), vgl. Hag 1,1.12.14; 2,2; Sach 3,1.8; 6,11[108]. Auch Serubbabel ist ein herausragender Nachfolger der vorexilischen judäischen Führerschaft, denn sein Großvater war nach 1Chr 3,17–19 kein Geringerer als Jojachin, der vorletzte König auf dem Thron in Jerusalem[109]. Man kann sich vorstellen, daß Serubbabel im babylonischen Exil groß wurde (vgl. seinen babylonischen Namen *Zēr–bābili*) und daß er nach der Begnadigung

---

[105] Hag 2,9aα: גָּדוֹל יִהְיֶה כְּבוֹד הַבַּיִת הַזֶּה הָאַחֲרוֹן מִן־הָרִאשׁוֹן.

[106] Übers. von RUDOLPH, a.a.O., 28f.

[107] Die abweichende, dissimilatorische Schreibweise vom Namen des letzteren in Esr 2,2; 3,2.8; 5,2; Neh 7,7 (יֵשׁוּעַ statt יְהוֹשֻׁעַ) kann nicht an der Identität rütteln: „der Kontext sichert, daß auch dort [*sc.* in Esr und Neh] der Hohepriester des Haggaibuches gemeint ist" (WOLFF, a.a.O., 23).

[108] Die Anwendung des Titels הַכֹּהֵן הַגָּדוֹל in 2Reg 12,11; 22,4.8; 23,4 ist anachronistisch (vgl. WOLFF, ebd.; RUDOLPH, a.a.O., 31 Anm. 11).

[109] Jojachin folgte seinem Vater Jojakim während des ersten Feldzugs Nebukadnezars gegen Juda auf den Thron in Jerusalem (2Reg 24,6) und wurde nach nur drei Monaten (24,8) nach Babylonien in Gefangenschaft verschleppt (24,15), wo er nach 37 Jahren wieder freigesetzt wurde (25,27–30). Der sowohl in Hag 1,1.12.14; 2,2.23 wie auch in Esr 3,2; 5,2; Neh 12,1 erwähnte Vater Serubbabels, Schealtiel (bzw. als Kurzform Schaltiel), wird 1Chr 3,17 als Sohn Jojachins bezeichnet. Allerdings ist nach dem MT von 1Chr 3,18–19 Serubbabel Sohn eines anderen Jojachinsohnes, nämlich Pedaja. (Die LXX gibt jedoch auch in 1Chr 3,19 Schealtiel [Σαλαθιηλ] als Vater des Serubbabel an, aber dies kann eine Anpassung an die Angaben in Hag, Esr und Neh sein.) RUDOLPH, a.a.O., 31, nimmt als Lösung des Problems eine Leviratsehe an (vgl. Dtn 25,5ff). Wie dem auch sei, ein Enkel Jojachins scheint Serubbabel in jedem Fall zu sein.

seines Großvaters (vgl. 2Reg 25,27–30) eine höhere Amtsposition erreichte. Von den Persern ist er dann später nach Juda als Statthalter geschickt worden[110].

Daß Josua und Serubbabel Hauptadressaten der prophetischen Mahnung, den Bau eines neuen Tempels zu verwirklichen, sind, ist kein beliebiger Zufall. Haggai und Sacharja haben nämlich außerordentliche Hoffnungen messianisch-eschatologischer Art an diese beiden Gestalten geknüpft. In bezug auf Serubbabel kommt das im letzten Spruch des Haggaibuches zum Ausdruck (Hag 2,20–23): Jahwe wird alle Königreiche der Welt und deren militärische Macht zerschlagen (V. 22) und dafür Serubbabel, seinen Knecht, einem Siegelring gleich machen aufgrund seiner Erwählung (V. 23[111]). Der Bedeutungsgehalt dieser Rede von Serubbabel als Siegelring (חוֹתָם) ergibt sich erst durch die Kontrastierung mit dem seinerzeit an seinen Großvater Jojachin gerichteten Fluchwort Jer 22,24: „Selbst wenn Konjahu, der Sohn Jojakims und König Judas, ein Siegelring an meiner rechten Hand wäre, ich risse dich weg." Die Überantwortung Jojachins an die Babylonier 597 v.Chr. (vgl. Anm. 109) kam dem Wegwerfen des Siegelrings gleich und bedeutete somit die Verwerfung der Davidsdynastie. Wenn Jahwe nun aber Serubbabel, den Enkel Jojachins zu seinem Siegelring macht, bedeutet dies die Wiedergültigmachung der Verheißung von 2Sam 7,16[112]. Haggai erklärt Serubbabel zum erhofften davidischen Heilskönig, zum Messias: „... er (ist) der Repräsentant und gottgewollte Garant des שָׁלוֹם, der in V. 9b [*sc.* Hag 2,9b] für Jerusalem und den Tempel verheißen wird, und damit wird ihm eine neue Aufgabe gestellt, die er ‚an jenem Tage' (23), d.h. in der 21b.22 geschilderten Endzeit zu erfüllen haben wird, d.h. er ist der

---

[110] Wie die Amtsbezeichnung פֶּחָה in bezug auf Serubbabel (vgl. Hag 1,1.14; 2,2.21) zu verstehen ist, ist umstritten. Z.B. rechnet RUDOLPH, a.a.O., 31, mit so begrenzten Befugnissen für Serubbabel, daß er als deutsche Wiedergabe „Hochkommissar" vorschlägt (s. das Zitat oben von Sach 1,14 nach RUDOLPHs Übers.). Im seinem Kommentar zu Hag tritt jedoch WOLFF, a.a.O., 22 u.a. aufgrund neueren epigraphischen Materials für die traditionelle Wiedergabe von פֶּחָה als „Statthalter" ein, die anscheinend am angemessensten die politischen Kompetenzen Serubbabels auszudrücken vermag.

[111] Hag 2,23: „An jenem Tage ist Jahwes der Heerscharen Spruch: Ich ergreife dich, Serubbabel – Sohn Schealti-els –, meinen Knecht, ist Jahwes Spruch, und mache dich gleich einem Siegelring, denn ich habe dich auserwählt – Spruch Jahwes der Heerscharen" (Übers. von WOLFF, a.a.O., 76).

[112] Es dürfte kein Zufall sein, daß Serubbabel in V. 23 nicht mehr wie in V. 21 mit seinem Amtstitel „Statthalter Judas", sondern mit der seine davidische Abkunft herausstellenden genealogischen Angabe „Sohn Schealtiels" angesprochen wird. Seine Bezeichnung als Knecht Jahwes (עַבְדִּי) und die Zusicherung seiner Erwählung (כִּי־בְךָ בָחַרְתִּי) knüpfen an Davidstraditionen an (vgl. z.B. 2Sam 7,5.8; 1Reg 11,34; Ps 78,70; Ez 34,23f; 37,24f; für weitere Belege s. WOLFF, a.a.O., 83, 85).

Messias, auch wenn der Name nicht ausdrücklich genannt wird."[113] Auch
Sacharja benutzt nirgends den Terminus „Messias" für Serubbabel, aber er
nennt ihn zweimal „Sproß" – צֶמַח (Sach 3,8; 6,12), eine Vokabel mit
deutlichen messianischen Konnotationen (vgl. Jer 23,5; 33,15[114]). Daß
Sacharja Serubbabel als Jahwes Gesalbten (d.h. מְשִׁיחַ יְהוָה) betrachtet, geht
außerdem aus dem (ursprünglich) vierten der insgesamt sieben Nachtgesichte in Sach 1–6 hervor (Sach 4,1–6aα.10b–14)[115]. Besonders auffällig
an diesem Text ist, daß die Salbung auf den Davididen Serubbabel nicht
begrenzt bleibt, sondern auch dem Hohenpriester Josua zuteil wird: Die
Vision zweier Ölbäume (4,3) wird nämlich auf „die beiden Ölsöhne
(שְׁנֵי בְנֵי־הַיִּצְהָר), die vor dem Herrn der ganzen Welt stehen" (4,14[116]; vgl.
noch die Einleitung in V. 11.13), bezogen, und obwohl deren Namen im
vierten Nachtgesicht unerwähnt bleiben, besteht vom Kontext her kein
Zweifel, daß damit Serubbabel und Josua gemeint sind[117]. Während die
Königssalbung bekanntlich bis zu den Anfängen des Königtums in Israel
zurückreicht (vgl. 1Sam 10,1; 2Sam 2,4; 5,3), scheint die Salbung des
Hohenpriesters (vgl. Ex 29,7; Lev 8,12) erst mit Josua ben Jehozadak

---

[113] RUDOLPH, a.a.O., 54; vgl. sonst u.a. ELLIGER, Kleine Propheten II, 97. Zurückhaltend bezüglich der messianischen Deutung ist WOLFF, a.a.O., 84: „Will Haggai Serubbabel sagen, daß Jahwe der verworfenen davidischen Dynastie mit Serubbabel eine neue
Fortsetzung schenken wird? ... Der Kontext bei Haggai erinnert nicht an die
Natanweissagung. Wird man das Wort vom Siegel nicht auf die vorangehenden Auftritte
beziehen müssen? ... Serubbabel als Jahwes Siegel wäre dann der Garant, daß der
Tempelbau vollendet wird."

[114] Vgl. noch Jes 11,1. In Sach 3,8 wird der Sproß von Jahwe auch noch „mein
Knecht" (עַבְדִּי) genannt. Zu Sach 6,12 und der Identifizierung des Sprosses mit Serubbabel s. S. 63f.

[115] Den Kern von Sach 1–8 bilden die sieben Nachtgesichte, die der Prophet in einer
Nacht im Februar 519 v.Chr. empfing (zur Datierung in 1,7 vgl. Anm. 100): I. 1,8–15; II.
2,1–4; III. 2,5–9; IV. 4,1–6aα.10b–14; V. 5,1–4; VI. 5,5–11; VII. 6,1–8; vgl. u.a.
ELLIGER, a.a.O., 102f, und vor allem GESE, Anfang und Ende, 205–219, bes. die schöne
tabellarische Übersicht auf S. 218. Diese Sammlung ist in Kap. 3 um eine weitere Vision
vermehrt, die vom Aufbau her als ursprünglich nicht zum Zyklus der Nachtgesichte
zugehörig erkennbar ist; vgl. ELLIGER, a.a.O., 120; GESE, 207. Was die Abgrenzung des
vierten Nachtgesichts im Kap. 4 betrifft, gibt es einen weitgehenden Konsens, daß
V. 6aβ–10a (bis einschließlich בְּיַד זְרֻבָּבֶל) und V. 12 Einschübe sind (vgl. u.a. ELLIGER,
a.a.O., 110; GESE, a.a.O., 210 Anm. 38, 39; RUDOLPH, a.a.O., 105, 109).

[116] Wörtlich heißt es, daß die beiden *über* (עַל) dem Herrn der ganzen Welt stehen
(vgl. die Anwendung derselben Präposition in den entsprechenden Bildaussagen V. 3 und
11). RUDOLPH, a.a.O., 107 erläutert dazu: „...עמד על־ ,über einem stehen' ist term. tech.
für die Haltung des Untergebenen: Da der Herr sitzt und der Untergebene vor ihm steht,
steht dieser – physikalisch gesehen – über ihm, so daß das Paradox entsteht: Der, der
einem untersteht, steht über ihm ..."

[117] Vgl. ELLIGER, a.a.O., 111; RUDOLPH, a.a.O., 107f.

eingesetzt zu haben[118]. Die Salbung besagt, daß die beiden Führer des Volkes um 520 v.Chr. Jahwes gleichwertige Beauftragte sind, denen er jeweils einen besonderen Aufgabenbereich zuweist, den sie in gegenseitiger Abstimmung und Harmonie wahrnehmen sollen (vgl. Sach 6,13aβb[119]): „... jeder hat seinen speziellen Dienst, und gerade jetzt während des Tempelbaus ist der Wiederaufbau, der ja aufgrund eines persischen Erlasses geschieht, Sache des Vertreters der persischen Regierung (4,9), der Kultus dagegen, soweit er jetzt ohne Tempel möglich ist, und später die Verwaltung des Tempels ist die Domäne des Hohepriesters (3,7)."[120]

WILHELM RUDOLPH ist darin zuzustimmen, daß er gemäß dem Befund bei Sach über Hag 1,1–11.12–14; 2,1–9 hinausgeht und betont, der Tempelbau sei die *besondere Aufgabe und Verantwortung Serubbabels* gewesen. Dagegen ist ihm zu widersprechen, wenn er Serubbabel diesen Auftrag in seiner Eigenschaft als Vertreter der persischen Regierung, d.h. Statthalter Judas (פַּחַת יְהוּדָה), zuschreibt. Denn obwohl der Wiederaufbau des Jerusalemer Tempels natürlich auf der Grundlage des Kyrosediktes durchgeführt wurde (vgl. Esr 5–6), kommt es dem Propheten Sacharja gar nicht auf Serubbabels Amtsposition und seine damit verbundenen politischen Entfaltungsmöglichkeiten an, sondern darauf, daß er der *davidische Messias-Sproß* ist, dessen Aufgabe der Nathanweissagung zufolge gerade der Bau des Hauses Jahwes ist (vgl. 2Sam 7,13a und oben S. 50–53)[121]. Die Tätigkeit Serubbabels als Bauherr des neuen Tempels erläutert Sacharja in den drei Sprüchen Sach 4,6aβ–7; 4,8–10a und 6,9–15. Wir wenden uns zunächst dem zweiten dieser Sprüche zu:

Sach 4,8–10a:
(8) Und das Wort Jahwes erging an mich also: (9) „Die Hände Serubbabels haben dieses Haus gegründet, und seine Hände werden (es auch) vollenden" – und <ihr

---

[118] Die in 1Chr 29,22 erwähnte Salbung Zadoks ist ein chronistischer Anachronismus, vgl. RUDOLPH, a.a.O., 108 mit Anm. 16. Überhaupt ist der Titel „Hoherpriester" erst nachexilisch, vgl. oben S. 58 mit Anm. 108.

[119] Sach 6,13aβb: „Er [*sc.* der Messias-Sproß] wird auf seinem Thron sitzen und herrschen, und (auch) ein Priester wird auf seinem Thron sein, und es wird Friede zwischen beiden sein." (Mit וַעֲצַת שָׁלוֹם – von mir einfach mit „Friede" übersetzt – ist „Übereinstimmung in Plänen" gemeint; vgl. GESENIUS, Handwörterbuch, 610.) Die später etwa in der Qumrangemeinde entwickelte Auffassung von den beiden eschatologischen Gesalbten, dem königlichen und dem priesterlichen Messias (vgl. S. 32 mit Anm. 25), hat ihre Wurzeln in diesen Aussagen Sacharjas über die beiden „Ölsöhne".

[120] RUDOLPH, a.a.O., 108f.

[121] Deshalb wird H. GESE dem Sachverhalt in Sach 4,14 wesentlich gerechter als W. RUDOLPH, wenn er schreibt: „die beiden Gesalbten repräsentieren die neue Kultgemeinde, den Priester und den *davidischen Tempelbauer*, den neuen Kultus, durch den Gott seine Doxa in die Welt ausstrahlt" (Anfang und Ende, 211; kursiv von mir).

werdet> erkennen, daß Jahwe der Heerscharen mich zu euch gesandt hat – (10a) „Ja, wer auch immer den Tag der geringen Dinge verachtet hat, der wird sich freuen, wenn er den Sonderstein in der Hand Serubbabels sehen wird."[122]

Es empfiehlt sich angesichts der Interpretationsschwierigkeiten, die manche Einzelheiten in diesen Sprüchen bieten, bei V. 9a einzusetzen: Denn dort wird eindeutig gesagt, daß Serubbabel von Anfang bis Ende den Bau des Tempels leiten solle und werde[123]. Wenn das Ende des Bauwerks erreicht sein und Serubbabel triumphierend den Schlußstein[124] in seiner Hand halten wird, werden auch die Skeptiker, die dem wenigversprechenden Anfang der Aufbautätigkeit kritisch gegenübergestanden haben (vgl. Hag 2,3), sich über das vollendete Werk freuen, denn „die Herrlichkeit dieses späteren Hauses wird größer als die des früheren sein" (Hag 2,9a).

Sach 4,6aβ–7:
(6) Dies ist das Wort Jahwes an Serubbabel: Nicht durch Macht und nicht durch Gewalt, sondern durch meinen Geist! Jahwe der Heerscharen hat es gesagt. (7) Wer

[122] Mit der großen Mehrheit der Exegeten trenne ich den Text von V. 10 anders als die Masoreten und zähle die beiden letzten Worte von V. 10a, שִׁבְעָה־אֵלֶּה, zur Fortsetzung des vierten Nachtgesichts (4,1–6aα.10b–14). Die Übers. ist RUDOLPH, a.a.O., 110 entnommen. Zur Begründung der Textänderung in V. 9bα, 2. Person plur. statt sing. wie im MT, s. dort S. 111 Anm. 9a.

[123] Es ist methodisch zu unterscheiden zwischen dem *semantisch* eindeutigen Aussagegehalt von Sach 4,9a und der *historischen* Frage, ob Serubbabel wirklich den Grund des nachexilischen Tempels gelegt hat (יסד *Piʿel*). Laut Esr 5,16 ist es ein anderer, namens Scheschbazar, der die Fundamente für den Tempel legte. Dieser Scheschbazar wurde bereits kurz nach der Ausstellung des Kyrosediktes 538 v.Chr. zum persischen Regierungskommissar für Juda (הַנָּשִׂיא לִיהוּדָה) ernannt und beauftragt, die von Nebukadnezar weggeschleppten Tempelgeräte nach Jerusalem zurückzubringen, indem er die erste Rückwanderergruppe von Exulanten nach Jerusalem begleitete (vgl. Esr 1,7–11; 5,14f). Möglicherweise identifiziert der Verfasser des Esr Scheschbazar und Serubbabel miteinander und meint somit einem Widerspruch zu entgehen (vgl. Esr 3,2f.10f). Historisch ist aber damit zu rechnen, daß die beiden zwei verschiedene Personen waren, die nacheinander im persischen Auftrag politische Aufgaben in Jerusalem / Juda wahrzunehmen hatten. Da der erste Bericht über Scheschbazar in Esr 1,7–11 nichts über die Grundlegung des Tempels zu sagen weiß und die Verkündigung Haggais im Jahre 520 voraussetzt, daß der Bau noch nicht begonnen hat (vgl. Hag 1,2–4), legt sich historisch die Vermutung am nächsten, daß – wie Sach 4,9a besagt – erst Serubbabel den Grundstein des Tempels legte.

[124] Im Kontext muß der sich in der Hand Serubbabels befindende הָאֶבֶן הַבְּדִיל etwas mit der Fertigstellung des Tempelbaus zu tun haben. Das dem Stein angefügte Attribut הַבְּדִיל ist kaum als Materialangabe „Zinn" (vgl. Num 31,22; Ez 22,18.20) zu verstehen, sondern eher als eine Ableitung von der Wurzel בדל, „aussondern", und entsprechend als „Sonderstein" zu übersetzen (vgl. RUDOLPH, a.a.O., 111 Anm. 10e). Es lag ein besonders schön angefertigter Stein bereit, um von Serubbabel feierlich am Ende in den errichteten Bau als dessen Schlußstein eingefügt zu werden.

bist du, großer Berg, vor Serubbabel? Zur Ebene (mit dir)! Und er wird den Scheitelstein hervorholen unter den Rufen: „Glückauf, glückauf für ihn!"[125]

Obwohl die Rede vom großen Berg, der sich vor Serubbabel auftürmt, die Gedanken auf den Schutthaufen des zerstörten salomonischen Tempels lenken kann[126], ist sie jedoch ehcr metaphorisch zu verstehen und allgemein auf allerlei Schwierigkeiten zu beziehen, die sich Serubbabel beim Tempelbau in den Weg stellten[127]. Vor diesem Hintergrund ist V. 6 als ein ermutigender Zuspruch Jahwes an Serubbabel zu verstehen: Es kommt nicht auf menschliche Möglichkeiten, etwa durch militärische Gewaltmittel äußere Widerstände gegen den Bau des Tempels abwehren zu können, sondern allein auf Jahwes Geist an (vgl. Jes 7,3–9; 30,15; Ps 127,1). Jahwe sichert seinem erwählten Knecht (vgl. Hag 2,23) zu, daß der Tag kommen wird, an dem er den הָאֶבֶן הָרֹאשָׁה, „den Stein nach oben hin", d.h. den Schlußstein[128], hervorholen und das Bauwerk zum erfolgreichcn Abschluß führen wird[129]. Zuletzt läßt Jahwe Sacharja anläßlich der Krönung des Hohenpriesters Josua (vgl. 6,9–15) ausrichten:

Sach 6,12.13aα:
(12) Und sprich zu ihm [*sc.* dem Hohenpriester Josua]: So spricht Jahwe der Heerscharen: Siehe, da ist ein Mann, Sproß ist sein Name, und unter ihm wird es sprossen, und er wird den Tempel Jahwes bauen (וּבָנָה אֶת־הֵיכַל יְהוָה). (13) Ja, er wird es sein, der den Tempel Jahwes bauen wird (וְהוּא יִבְנֶה אֶת־הֵיכַל יְהוָה).

---

[125] Übers. von RUDOLPH, a.a.O., 110.

[126] So z.B. GALLING, Serubbabel, 139–142 (vgl. 129f).

[127] Vgl. ELLIGER, Kleine Propheten II, 126; RUDOLPH, a.a.O., 112f.

[128] RUDOLPH, a.a.O., 110 Anm. 7e, versteht, anscheinend wie einige der alten Versionen, gegen die masoretische Akzentsetzung das abschließende *ā* in רֹאשָׁה als *He locale* (vgl. GESENIUS/KAUTZSCH, Grammatik, § 90c). Wie dem auch sei, es muß auch hier, wie in V. 10a mit הָאֶבֶן הַבְּדִיל (vgl. Anm. 124), der Schlußstein des Bauwerks gemeint sein (vgl. RUDOLPH, a.a.O., 113).

[129] Vgl. RUDOLPH, a.a.O., 113f: „... wie heute ... bei uns für das Richtfest eines Hauses die Bauhandwerker eine Stelle freilassen, wo der Bauherr selbst den letzten Stein einfügt (oder die letzten Nägel einschlägt), so blieb auch beim Tempel oben am Dach oder über dem Portal ein Platz für den Schlußstein frei, und wenn Serubbabel mit diesem erschien, war dies das Schlußzeichen, das deshalb vom Volk mit Jubel begrüßt wurde."
Die hiermit nun vorgetragene Deutung von an sich nicht immer eindeutigen Details in Sach 4,6aβ–10a stcht m.E. gut in Übereinstimmung mit der klaren Aussage in V. 9a. Schlägt man andere Wege ein, kommt es dagegen lelcht zu weit hergeholten Interpretationen solcher Einzelheiten, wie z.B., wenn GALLING, a.a.O., 141f den רוּחַ Jahwes in V. 6b als den *Sturmwind* Jahwes versteht, der den Schutthaufen des alten Tempels (vgl. Anm. 126 für seine Deutung des Berges vor Serubbabel) wegfegen wird (zur Kritik vgl. RUDOLPH, a.a.O., 112), oder den הָאֶבֶן הַבְּדִיל in V. 10a als die Urim und Tummim deutet, die der Hohepriester angeblich aus der Hand Serubbabels entgegennimmt (GALLING, a.a.O., 144–146; zur Kritik s. RUDOLPH, a.a.O., 114).

Vielfach wird vermutet, daß Sach 6,11 ursprünglich gar nicht von der Krönung Josuas, sondern vielmehr von der Krönung Serubbabels gesprochen hat[130]. Ich unterlasse es hier, dieser Frage weiter nachzugehen, denn unabhängig davon, wem die Krönung zuteil wird, steht die uns interessierende Identität des Bauherrn des Tempels fest: Diese Aufgabe fällt dem Hohenpriester eben nicht zu, sondern einem anderen, der hier der Sproß genannt wird. So ist sowohl aus den Serubbabel geltenden Sprüchen in Sach 4,6aβ–10a wie auch aus seiner Proklamation zum Messias in Hag 2,23 zu schließen, daß der hier gemeinte messianische[131] Tempel-bauherr kein anderer als Serubbabel ist. Dies muß gegen die Interpretation WILHELM RUDOLPHs festgehalten werden, der Sach 6,9ff für „das späteste Stück des Sacharjabuches"[132] hält; es sei erst nach dem Scheitern Serub-babels verfaßt worden und habe die Vollendung des Tempelbaus auf einen seiner Söhne übertragen, „die dem Serubbabel nach der Rückkehr geboren wurden (1 Chr 3,20) und von denen einer in die Fußstapfen des Vaters treten konnte"[133]. Es mag zwar sowohl für den Propheten Sacharja wie auch für das ganze Volk in Jerusalem (und Juda) eine schmerzliche Enttäuschung und Anfechtung gewesen sein, daß Serubbabel die auf ihn gerichteten messianischen Hoffnungen nicht erfüllen konnte[134]; aber es hätte keineswegs geholfen, nach seinem Ausscheiden den Bau des Tempels

---

[130] Vgl. als ein Beispiel für diese Annahme, die bis in den kritischen Apparat von BHS hinein Eingang gefunden hat (vgl. Anm. b–b z.St.), ELLIGER, a.a.O., 127–131, der mit einer Überarbeitung der Texteinheit in mehreren Phasen rechnet, die angeblich bemüht gewesen sein soll, jeweils geänderten Verhältnissen gerecht zu werden: „Der Abschnitt 6,9ff. ist ein gutes Beispiel dafür, wie die Offenbarung Gottes in den Wandel der Geschichte eingebettet ist, zugleich aber auch dafür, wie in allem Wandel der Geschichte die Offenbarung bleibt" (a.a.O., 130).

[131] Vgl. S. 60 Anm. 114.

[132] RUDOLPH, Haggai – Sacharja 1–8 – Sacharja 9–14 – Maleachi, 132.

[133] A.a.O., 130. Zur Verständigung muß hier hinzugefügt werden, daß RUDOLPH וּמִתַּחְתָּיו יִצְמָח in Sach 6,12b nicht wie ich auffaßt (vgl. meine Übers. oben: „und unter ihm wird es sprossen"), sondern übersetzt: „und aus seinem eigenen Boden sprießt er auf" (a.a.O., 127; vgl. 128 Anm. 12b), und hierzu erläutert: „Er [sc. Sacharja] hält sich zunächst an die Weissagung Jeremias vom ,Sproß' ... aus dem Hause Davids. Man hat mit Recht immer wieder festgestellt, daß in den beiden Worten ומתחתיו יצמח eine Anspielung an den Namen Serubbabels ,Sproß Babels' liegt, aber man hat sie in der falschen Richtung gedeutet, als ob hier positiv auf ihn hingewiesen würde. Das Gegenteil ist der Fall: Serubbabel war zwar Davidide, war aber in der Fremde geboren, offenbar wollte Jahwe jedoch einen Nachkommen Davids, der ,an Ort und Stelle aufsproßte', d.h. im Heiligen Land selbst geboren war" (a.a.O., 130).

[134] Über das Schicksal Serubbabels schweigen alle bekannten historischen Quellen. Wir wissen deshalb nicht, ob er noch die Vollendung des Tempelbaus miterlebt hat. (Der Bericht über den Tempelbau in Esr 5–6 erwähnt ihn nur am Anfang der Bauarbeiten in 5,2 und nicht bei der Vollendung in 6,14ff.) Vielleicht ist er vor der Vollendung des Tempelbaus von den Persern abberufen worden oder gestorben.

auf eine andere Gestalt zu übertragen, denn spätestens fünf Jahre nach dem Baubeginn, als der zweite Tempel fertig war (vgl. Esr 6,15), war auch eindeutig klar, daß der neue Tempel weit hinter der prophetischen Vision (vgl. Hag 2,9a) zurückblieb. Statt spekulativ zu unterscheiden zwischen mehreren Stufen in den von Serubbabel und dem Tempelbau handelnden Texten im Sacharjabuch, die angeblich die allmähliche Anpassung an den uneschatologischen Verlauf der Geschichte in den Jahren nach 520 v.Chr. widerspiegeln sollen, ist festzuhalten, daß Sach (und Hag) von Anfang an ein Doppeltes eigen ist: Hier werden ältere Traditionen in einer solchen Weise aufgenommen und weitergeführt, daß diese Prophetentexte quer durch ihre Gegenwartsbezugnahmen (wie z.B. Serubbabel = der messianische Bauherr des eschatologischen Heiligtums) hindurch und über sie hinaus aktuell und gültig bleiben, wie deren Aufnahme in den Kanon und ihre weitere Wirkungsgeschichte zeigen. Speziell im Hinblick auf unser Thema ist festzuhalten, daß Sach 4,9a; 6,12bβ.13aα die deutlichste messianische Aufnahme und Rezeption im Alten Testament von der Aussage in der Nathanweissagung über den Davidssohn als Tempel-bauherrn, 2Sam 7,13a (bzw. 1Chr 17,12a), darstellen[135].

4.4 PsSal 17

PsSal 17, das längste von den 18 Gedichten in der den Namen Psalmen Salomos tragenden Sammlung aus dem 1. Jh. v.Chr.[136], wird vom Bekennt-

---

[135] Das negative Urteil von GASTON, No Stone, 149 Anm. 2 („the prophecy of Zech 6:12f ... has in any case nothing to do with a supposed doctrine that the Messiah will build the temple") muß angesichts des klaren Befundes einer Voreingenommenheit gegen die Vorstellung eines tempelerrichtenden Messias verdächtigt werden. Verläßliche Auskunft über Inhalt und Wirkung von Sach 6,12f ist dagegen zu finden bei DOWDA, Cleansing, 62f: „The king must be a new David, not simply because David was the ideal king, but because he had received God's sanction as the spiritual builder of Jerusalem and its temple. The task of rebuilding the new temple, therefore, was assigned to a particular individual, Zerub-babel, who was a ‚son of David.' This connection of the new David with the new temple prepares the way for the notion of the Messiah as builder of the eschatological temple." 2Sam 7,13a ist auch in 1Reg 5,19; 8,19f (= 2Chr 6,9f); 1Chr 22,10; 28,6 rezipiert worden, aber diese Stellen beziehen die Aussage rückschauend nur auf Salomo (vgl. die Präzisierung des „Davidssamens" in 1Chr 17,11, s. Anm. 75).

[136] Drei der Psalmen (2; 8; 17) enthalten deutliche Anspielungen auf historische Ereignisse im 1. Jh. v.Chr., unter denen der Tod des Pompeius in Ägypten 48 v.Chr. (2,26–29) das jüngste ist. Vgl. zur Datierung SCHÜRER, History III.1, 193f; S. HOLM-NIELSEN, Die Psalmen Salomos, JSHRZ IV/2, 1977 (49–112) 51.58; R.B. WRIGHT, Psalms of Solomon, OTP II, (639–670) 640f (samt deren Erläuterungen zu den jeweiligen Einzelheiten in PsSal 2; 8 und 17). Obwohl HOLM-NIELSEN, a.a.O., 58f recht haben dürfte, daß PsSal eine Sammlung von Gedichten verschiedener Verfasser darstellt, vertreten sie jedoch deutlich eine gemeinsame theologische Tendenz (pharisäischer Prägung?). Im folgenden werden die Texte und die Verszählung von A. RAHLFS, Septuaginta (griech.) und HOLM-NIELSEN, a.a.O. (Übers.) zugrundegelegt. (Die

nis zum Herrn als König Israels für immer und ewig umrahmt (V. 1.46; vgl. 5,19). Das durch Sünder und fremde Herrscher unterdrückte, verführte und leidende Gottesvolk (vgl. V. 11ff) setzt seine Hoffnung allein auf Gott und sein Königtum (vgl. V. 3): „Es beeile sich Gott mit seinem Erbarmen über Israel, er befreie uns von der Unreinheit unheiliger Feinde" (V. 45[137]). Bereits vor langer Zeit erwählte der Herr, gerade in seiner Eigenschaft als wahrer König Israels, David zum König des Volkes und schwor ihm ewigen Bestand seines Königtums (V. 4[138]). Entsprechend dieser traditionsgeschichtlich vorgegebenen Struktur der irdischen Verwirklichung des Königtums Gottes über Israel – durch den von Gott zu seinem Sohn *adoptierten* König aus dem Geschlecht Davids als Vertreter des himmlischen Königs (vgl. Ps 2,6f) – konkretisiert sich die auf Gott gesetzte Hoffnung in PsSal 17 nun auf die Bitte, Gott möge dem geplagten Volk den Davidssohn aufrichten, damit er über Israel herrsche (V. 21). Die Verse 21–43 enthalten die in der ganzen uns bekannten frühjüdischen Literatur umfassendste Schilderung des erhofften und erwarteten Wirkens des verheißenen Davidssohnes, des „Gesalbten des Herrn" (V. 32: χριστὸς κυρίου[139]), d.h. des „Messias Jahwes". Bezeichnend für den Messias ist, daß er seinerseits Gott als *seinen* König anerkennt (V. 34a), von ihm unterwiesen ist (V. 32: διδακτὸς ὑπὸ θεοῦ) und in Gottesfurcht (vgl. V. 40) sein Vertrauen ausschließlich auf ihn setzt (V. 39a, vgl. V. 33). In seinem Wirken ist der Messias ganz und gar von Gott abhängig (V. 37f):

Verszählung in den verschiedenen Ausgaben und in der Sekundärlit. schwankt.)

[137] V. 45b: ῥύσαιτο ἡμᾶς ἀπὸ ἀκαθαρσίας ἐχθρῶν βεβήλων.

[138] V. 4: „Du, Herr, erwähltest David zum König über Israel, und du schworst ihm für seinen Samen in Ewigkeit, daß sein Königtum vor dir nicht aufhöre." Diese Aussage bezieht sich natürlich auf die Nathanweissagung 2Sam 7, vgl. oben S. 50ff.

[139] In PsSal 17 kommt der Terminus *Gesalbter*, χριστός, nur einmal – in V. 32 – vor und steht in allen Hss. zusammen mit κύριος (beide Worte im Nominativ). Diese appositionelle Zuordnung, χριστὸς κύριος, steht unter dem Verdacht, eine spätere christliche Interpolation zu sein. In PsSal 18 kommt χριστός weitere zweimal vor, einmal gefolgt von dem ein Possesivverhältnis ausdrückenden Personalpronomen αὐτοῦ (V. 5: „sein Gesalbter", d.h. Gottes Gesalbter) und einmal von κύριος im Genitiv gefolgt (V. 7: ὑπὸ ῥάβδον παιδείας χριστοῦ κυρίου), und obwohl hier auch χριστός im Genitiv steht, liegt ein appositionelles Verständnis nicht nahe, sondern viel eher ein attributives (Übers.: „unter dem Züchtigungsstab des Gesalbten *des Herrn*"). RAHLFS, Septuaginta II, 488d und HOLM-NIELSEN, a.a.O., 104 mit Anm. 32d ändern die Stelle 17,32 entsprechend: χριστὸς κυρίου, „der Gesalbte *des Herrn*". Vgl. für eine ausführliche Diskussion CHESTER, Messianic Expectations, 27f Anm. 30, der an der Lesart der Hss. in 17,32 festhält und meint, daß dies keine christliche Interpolation sein muß. Auch HORBURY, Jewish Messianism, 145 hält die Lesart der Hss. für wahrscheinlich ursprünglich und sieht in PsSal 17,32 einen Beleg dafür, daß *Kyrios* als königlicher Titel bereits vorchristlich mit dem Messias verbunden war.

(37) Und er wird nicht ermatten in seinen Tagen bei seinem Gott, denn Gott hat ihn stark gemacht mit heiligem Geist und weise in einsichtigem Rat samt Stärke und Gerechtigkeit. (38) Und der Segen des Herrn (wird) mit ihm (sein) in Kraft, und er wird nicht schwach werden.[140]

Es ist die Aufgabe des Messias, die Sünder zu bestrafen (V. 23.24a. 25b.36b). Ferner soll er die heidnischen Feinde des Gottesvolkes vertreiben oder vernichten (V. 22.24b.25a.35a.36b) bzw. über sie herrschen (V. 29[141]) und sie unter seinem Joch ihm Frondienste leisten lassen (V. 30a: Καὶ ἕξει λαοὺς ἐθνῶν δουλεύειν αὐτῷ ὑπὸ τὸν ζυγὸν αὐτοῦ). Entsprechend seiner friedlichen Erscheinung und seinem Wirken in der Kraft Gottes (vgl. V. 33.37–39a) bewirkt er all dies durch „das Wort seines Mundes" (V. 24.35, vgl. V. 43[142]). Das Volk Israel wird er versammeln und nach den Stämmen im Land verteilen (V. 26.28); er wird keine Ungerechtigkeit und keinen bösen Menschen in ihrer Mitte dulden (V. 27). Er wird über Israel herrschen (V. 21.36a.42), aber dies wird keine Gewaltherrschaft sein, sondern

(V. 35b) er wird das Volk des Herrn segnen in Weisheit mit Freude, ... (40) ... indem er die Herde des Herrn weidet in Treue und Gerechtigkeit, und er wird nicht zulassen, daß (einer) unter ihnen ermüde auf ihrer Weide. (41) Ohne Unterschied wird er sie alle führen, und unter ihnen wird sein kein Hochmut, daß Unterdrückung bei ihnen geschehe.

Zweimal ist in PsSal 17 die Rede davon, daß der Messias Jerusalem reinigen wird:

V. 22 (Bitte an Gott):
umgürte ihn mit Stärke, zu zermalmen ungerechte Fürsten,
zu reinigen Jerusalem von Heidenvölkern, die (es) vernichtend zertreten.
(καθαρίσαι[143] Ιερουσαλὴμ ἀπὸ ἐθνῶν καταπατούντων ἐν ἀπωλείᾳ)

---

[140] Hier sind Bezugnahmen auf Jes 11,1ff deutlich. Neben diesem Text und der bereits erwähnten Nathanweissagung 2Sam 7 bilden Ps 2; 110 und andere „messianische" Prophetentexte den traditionsgeschichtlichen Hintergrund von PsSal 17. Vgl. für Einzelheiten die erläuternden Anmerkungen bei HOLM-NIELSEN, a.a.O., 101–107.

[141] V. 29: κρινεῖ λαοὺς καὶ ἔθνη ἐν σοφίᾳ δικαιοσύνης αὐτοῦ.

[142] V. 43 enthält eine wirklich aufsehenerregende Aussage über die Worte des Messias: „Seine Worte sind geläuterter als das allerkostbarste Gold, ... seine Worte sind wie Worte von Heiligen inmitten geheiligter Völker." Nur als der διδακτὸς ὑπὸ θεοῦ (V. 32) vermag er Worte zu sprechen, die wie Worte der Engel sind. Hier bahnt sich die große Bedeutung des Messias als Lehrer (des Gesetzes) im späteren rabbinischen Judentum bereits an; vgl. dazu RIESNER, Jesus, 304–330, bes. 327f.

[143] Für die Änderung des Imperativ καθάρισον in den Hss. zum Infinitiv καθαρίσαι vgl. HOLM-NIELSEN, a.a.O., 102 Anm. 22c. Das in Klammern gesetzte Objekt, „(es)", ist von mir zur Verdeutlichung eingefügt worden.

V. 30b–31:

(30b) und den Herrn wird er verherrlichen vor den Augen der ganzen Welt,

(καὶ τὸν κύριον δοξάσει ἐν ἐπισήμῳ πάσης τῆς γῆς)

(30c) und er wird reinigen Jerusalem durch Heiligung wie von Anfang an,

(καὶ καθαριεῖ Ιερουσαλὴμ ἐν ἁγιασμῷ ὡς καὶ τὸ ἀπ' ἀρχῆς)

(31) so daß Heiden kommen von den Enden der Erde, um seine Herrlichkeit zu sehen, als Gaben darbringend seine ermüdeten Söhne, und zu sehen die Herrlichkeit des Herrn, womit Gott sie verherrlichte.[144]

Da hier nur die Stadt Jerusalem ausdrücklich erwähnt wird, vermuten einige Forscher, daß in PsSal 17 der Tempel kaum im Blick ist. Z.B. umschreibt CRAIG A. EVANS den Inhalt dieser Aussagen mit folgenden Worten: „These texts would surely suggest ... that the Messiah might purge the city of Jerusalem of corrupt officials, which would likely include priests, as part of an act of ‚cleansing‘ Israel for the messianic kingdom.“[145] LLOYD GASTON erwägt dagegen, inwiefern die Reinigung die *Zerstörung* des Jerusalemer Tempels mit einschließt[146]. ROBERT J. MCKELVEY und ROBERT ELLIS DOWDA nehmen dagegen an, daß die Reinigung auch dem Tempel gilt[147]. Die ausführlichste und mit beachtlichen Argumenten durchgeführte Erörterung dieser Frage liefert LYNN ALLAN LOSIE. Obwohl in PsSal 17,21ff schwerlich eine straffe Chronologie des messianischen Wirkens vorliegt, meint er immerhin eine gewisse Entwicklung feststellen zu können: Bereits in V. 22 reinigt der Messias Jerusalem von den Heiden; in V. 26 sammelt er ein heiliges Volk um sich, und in V. 29 richtet er die Völker. Aus dieser Sequenz folgert er: „It would be natural, in light of the general eschatological pattern observed in the literature so far [*sc.* den in LOSIES Studie behandelten atl. und früh-jüd. Texten], to expect a reference at this point to the reign of God in the (new) temple, and, in fact, the emphasis in the rest of the psalm beginning with

---

[144] PsSal 18,5 enthält eine Reinigungsaussage mit Gott als Subjekt und dem Volk als Objekt: „Gott reinige Israel für den Tag der Barmherzigkeit mit Segen, für den Tag der Auswahl durch Herbeiführung seines Gesalbten.“

[145] EVANS, Cleansing or Portent of Destruction, 255. Vgl. CHESTER, Messianic Expectations, 28f: „... the vision of the new Jerusalem says little or nothing of the Temple. That is, Ps 17 probably looks for the overthrow not only of the Romans but also of the corrupt ruling establishment, the Hasmoneans, in both their priestly and royal capacities ...“ (s. allerdings noch Anm. 147).

[146] GASTON, No Stone, 116: „Although the temple is not explicitly mentioned in this Psalm, it is conceivable that the cleansing of Jerusalem might even involve its destruction.“

[147] MCKELVEY, New Temple, 17; DOWDA, Cleansing, 85: der Messias „will, among other things, purify the temple and the city and glorify God there“. In dem Aufsatz „The Sibyl and the Temple“ schließt sich A. CHESTER, ungeachtet seiner Vorbehalte in der in Anm. 145 zitierten Studie, dieser Sicht an: „Ps. Sol. 17.30 hints at the messiah taking purifying action against the present corrupt city of Jerusalem (including, implicitly, the temple)“ (55).

verse 30b (,And he will glorify the Lord'), is on the kingship of God and
the subordination of the Messiah to the rule of God (e.g. PsSol 17:34)."[148]
Dies berechtigt zu der Annahme, daß die Reinigungsaussage in V. 30 keine
bloße Wiederholung von V. 22 ist, sondern darüber hinausgeht. Die Folge
des in V. 30 beschriebenen Vorgangs ist, daß die Völker herbeiströmen,
um Gottes Herrlichkeit (δόξα) zu sehen, und daß sie dabei die verstreuten
Söhne des Gottesvolkes mitbringen (vgl. V. 31)[149]. Diese Völkerwall-
fahrtsschilderung nimmt Bezug auf Texte wie Jes 2,2–4; 49,22f; 60,1–14,
in denen Tempel und Kultteilnahme der Völker explizit eine Rolle spielen.
LOSIE erwägt, ob in V. 30b der Passus ἐν ἐπισήμῳ und in V. 30c der
Passus τὸ ἀπ' ἀρχῆς Bezugnahmen auf den Tempel sein können. Zu der
oben zitierten recht freien Wiedergabe von ἐν ἐπισήμῳ πάσης τῆς γῆς,
„vor den Augen der ganzen Welt", ist S. HOLM-NIELSEN von der Parallele
in 2,6 her gekommen[150]; sein Verständnis von ἐν ἐπισήμῳ entspricht dem
von R. KITTEL[151]. Bei diesem Verständnis läßt sich freilich keine
Verbindung zum Tempel herstellen, aber da es kaum dem semantischen
Bedeutungsgehalt von ἐν ἐπισήμῳ gerecht wird, ist die Überlegung LOSIES
damit noch nicht hinfällig. Wir müssen lexikographisch hier entweder ein
Nomen ἐπίσημον mit der Bedeutung „Kennzeichen"[152] oder ein substantiviertes Adjektiv[153] annehmen. Die Verherrlichung des Herrn in oder durch
(ἐν) ein besonderes Kennzeichen bzw. etwas, was (vor) der ganzen Welt
herausragend („notable", „significant") ist (V. 30b), und die Anspielung
auf zentrale alttestamentliche Völkerwallfahrtstexte in V. 31 legen es nahe,
daß etwa die Szene von Jes 2,2 vor Augen steht: Es ist der eschatologische
Tempel, der aller Welt sichtbar ist und die Völker heranzieht und von dem

---

[148] LOSIE, Cleansing, 124f.

[149] „V. 31 ist syntaktisch unbeholfen" (HOLM-NIELSEN, a.a.O., 103 Anm. 31a), läßt
sich aber im Kontext am ehesten konsekutiv an V. 30 anordnen, wie in der oben von
HOLM-NIELSEN übernommenen Übers.

[150] A.a.O., 103 Anm. 30b. PsSal 2,6: „Die Söhne und Töchter (gerieten) in
unglückliche Gefangenschaft, ihr Hals war in einer Fessel *offen vor den Heiden*" (ἐν
ἐπισήμῳ ἐν τοῖς ἔθνεσιν); s. a.a.O., 63 mit Anm. 6b (kursiv von mir).

[151] Vgl. R. KITTEL, Die Psalmen Salomos, APAT II, (127–148) 131f Anm. g. KITTEL
übersetzt 17,30b: „und den Herrn wird er verherrlichen *offenkundig* vor der ganzen Welt"
(146; kursiv von mir).

[152] Vgl. KITTEL, a.a.O., 132 Anm. g und LIDDELL/SCOTT, Lexicon, 656: „distinguishing mark, device, badge", „ensign".

[153] Als Hauptbedeutungen für das Adjektiv ἐπίσημος/-ον geben LIDDELL/SCOTT, ebd.,
an: I. „serving to distinguish"; II. „having a mark, inscription or device on it", mit den
allgemeineren, abgeleiteten Bedeutungen 3. „notable, remarkable" (sowohl in positiver
wie auch negativer Hinsicht) oder 4. „significant". Alle Vorkommen dieses Wortes in der
LXX und im NT sind diesen Bedeutungsangaben 3 oder 4 (deutsch: „ausgezeichnet,
hervorragend; berüchtigt" [vgl. BAUER, Wörterbuch, 604]) zuzuordnen: Gen 30,42; Est
5,4; 1Makk 11,37; 14,48; 2Makk 15,36; Mt 27,16; Röm 16,7 (s. auch 3Makk 6,1).

aus die *Doxa* des Herrn ausstrahlt[154]. Was den zweiten von L.A. LOSIE erörterten Passus, τὸ ἀπ' ἀρχῆς in V. 30c, anbelangt, gibt er zu, daß er zwar unklarer ist, meint aber, daß das Neutrum auf eine Bezugnahme zum Tempel deuten kann[155]. Dies scheint mir aber recht unsicher oder gar spekulativ zu sein, und es empfiehlt sich, bei der oben zitierten Übersetzung zu bleiben. Trotzdem bleiben m.E. genügend beachtliche Argumente (die kontextuelle Einordnung von V. 30, die Völkerwallfahrt in V. 31 und der durch ἐν ἐπισήμῳ ausgedrückte Ort bzw. das Medium der Verherrlichung des Herrn), um die Vermutung aufzustellen, daß bei der Beschreibung des kultischen Wirkens des Messias in V. 30 auch eine Reinigung des in Jerusalem existierenden Tempels mit eingeschlossen (so R. J. MCKELVEY und R. E. DOWDA, vgl. Anm. 147) oder sogar seine Errichtung eines neuen, eschatologischen Tempels vorausgesetzt wird[156].

4.5 äthHen 53,6 und TestDan 5,9–13

Bevor wir zu Texten übergehen, deren schriftliche Fixierung erst in nachneutesta-mentlicher Zeit geschehen ist, sollen zwei weitere Stellen aus (wahrscheinlich) vor-neutestamentlichen Schriften wenigstens gestreift werden. Gemeint sind äthHen 53,6 aus den Bilderreden äthHen 37–71 (s. Anm. 23) und TestDan 5,9–13 (zu TestXII s. Anm. 21):

äthHen 53,6: „Und danach wird der Gerechte und Erwählte das Haus seiner Gemeindeversammlung erscheinen lassen – von nun an wird sie (= die Gemeinde-versammlung) nicht mehr gehindert werden, im Namen des Herrn der Geister."[157] Das handelnde Subjekt in diesem Satz ist die in den Bilderreden zentrale Gestalt, der messianische Menschensohn (vgl. u.a. 45,3; 48,2.10; 51,3; 55,4; 61,8; 62,5; 69,29). Ist das „Haus seiner Gemeindeversammlung", das der Messias erscheinen lassen wird,

---

[154] Vgl. LOSIE, a.a.O., 125: „The ,ensign' [vgl. Anm. 152 für diese Übers. von ἐπίσημον] could signify the eschatological temple which will be visible to all on Mt. Zion (cf. Isa 2:2)." Vgl. auch die Übers. von V. 30b bei WRIGHT, Psalms of Solomon, OTP II, 667: „and he will glorify the Lord in (a place) prominent (above) the whole earth."

[155] LOSIE, a.a.O., 125: „The phrase translated ,that which was from the beginning' is more enigmatic, but in view of the substantival use of the definite article, it may be a reference to the heavenly temple which serves as the archetype for the earthly one, thus implying that the heavenly temple will be reinstated." In Anm. 163 auf S. 156 führt er zur Anwendung des Artikels τό noch aus: „If the reference were to Jerusalem, one might expect the feminine rather than the neuter."

[156] Vgl. noch die abschließenden Überlegungen von LOSIE, ebd.: „Lack of a more direct reference to the temple may be due to the fact ... that the present temple is viewed in the psalms as polluted and inhabited by ,sinners.' Since the subsequent verse speaks of the pilgrimage to Jerusalem, a temple as a focus of this pilgrimage would not be unexpected. Yet it must be admitted that this line of reasoning is conjectural. If a temple is in view, then the text is a witness to the concept of the Davidic Messiah establishing the (new) temple; if not, at least a messianic role in cleansing Jerusalem is evident." GNILKA, Markus II, 128 faßt PsSal 17,30f als einen Ausdruck der apokalyptischen Hoff-nung auf einen neuen Tempel analog zu äthHen 90,28–30 auf.

[157] Übers. von S. UHLIG, Das äthiopische Henochbuch, JSHRZ V/6, 1984, 597.

der eschatologische Tempel? Mehrere Forscher bejahen dies: Z.B. meint W. HORBURY, daß diese Stelle „indicate(s) that the messiah can be expected to build" den eschatologischen Tempel[158], während R.J. MCKELVEY sogar vermutet, daß der Messias laut dieser Stelle den himmlischen Tempel auf die Erde herunterbringt, fügt jedoch hinzu: „in the absence of other corroborative evidence it seems wisest to leave the question [*sc.* die Frage, ob der gemeinte Tempel der bereits existierende himmlische ist oder ob es erst vom Messias gebaut werden muß] open."[159]

TestDan 5,9–13: „(9) Und wenn ihr so umkehrt zum Herrn, werdet ihr Erbarmen finden, und er wird euch zu seinem Heiligtum bringen und wird euch Frieden geben. (10) Und aus dem Stamm Juda und des Levi wird euch das Heil des Herrn aufgehen ... (12) Und die Heiligen werden in Eden ausruhen, und über das neue Jerusalem werden sich die Gerechten freuen ... (13) Und Jerusalem wird nicht länger Verwüstung erdulden, noch Israel in Gefangenschaft bleiben, denn der Herr wird in ihrer Mitte sein ... und der Heilige Israels wird über ihnen König sein."[160] Es ist erwogen worden, ob sowohl ein neuer Tempel (als Bestandteil des neuen Jerusalem) als auch der Messias (V. 10: „das Heil des Herrn", τὸ σωτήριον κυρίου, das aufgehen wird, ἀνατελεῖ) in dieser eschatologischen Schau mitenthalten sind und ob gegebenenfalls dann auch eine Verbindung zwischen diesem Tempel und der messianischen Gestalt impliziert ist. Aber dies ist alles zu spekulativ, um ins Gewicht zu fallen, zumal der entscheidende Satz in V. 10 unter Verdacht steht, zu den christ-lichen Ergänzungen der TestXII zu gehören[161].

4.6 Das 5. Buch der sibyllinischen Orakel[162]

Das zwischen 80 und 130 n.Chr. in Ägypten verfaßte Sib 5[163] weist in den vier zentralen Orakeln V. 52–110.111–178.179–285.286–433 eine

---

[158] HORBURY, Herod's Temple, 112 Anm. 12.

[159] MCKELVEY, New Temple, 31; vgl. auch LOSIE, Cleansing, 128.

[160] Übers. von J. BECKER, Die Testamente der zwölf Patriarchen, JSHRZ III/1, ²1980, (15–163) 95f. Für den griechischen Text s. M. DE JONGE, The Testaments of the Twelve Patriarchs.

[161] So BECKER, a.a.O., 95 Anm. 10a; zur ganzen Frage nach der eventuellen Verbindung zwischen eschatologischem Tempel und Messias hier s. LOSIE, a.a.O., 131f.

[162] H. MERKEL, Sibyllinen, JSHRZ V/8, 1998, 1043–1140 bietet eine kurze Einführung in das heidnische, jüdische und christliche Antike verbindende Phänomen der „Sibylle" genannten Prophetinnen (1043f), einen Überblick über den Inhalt der 14 erhaltenen sibyllinischen Bücher jüdisch-hellenistischer Provenienz (1046–1059) und eine deutsche Übersetzung des dritten, vierten und fünften Buches einschließlich dreier Fragmente, die über die kurz nach 180 n.Chr. verfaßte Schrift „ad Autolyctum" des antiochenischen Bischofs Theophilus bekannt sind (1081–1140). Alle Zitate aus Sib 5 im folgenden richten sich nach GEFFCKEN, Die Oracula Sibyllina (griechisch) und MERKEL, a.a.O., 1116–1135.

[163] Sib 5 trauert um die Zerstörung des Jerusalemer Tempels im Jahre 70 n.Chr. (V. 150.397ff). V. 46–50 sprechen in so positiven Tönen über Kaiser Hadrian, daß sie vor dem zweiten jüdischen Aufstand in Palästina 132–135 verfaßt sein müssen. (Die Erwähnung von Marcus Aurelius in V. 51 ist höchstwahrscheinlich eine spätere Hinzufügung. Ebenso dürften V. 256–259 [mindestens V. 257] eine spätere, christliche Interpolation darstellen.) Vgl. SCHÜRER, History III.1, 643–645; J.J. COLLINS, Sibylline Oracles, OTP I, (317–472) 390f; MERKEL, Sibyllinen, 1065f.

gemeinsame Struktur auf: a. Gerichtsworte gegen heidnische Völker; b. die Wiederkunft Neros als eschatologischen Widersachers; c. das Erscheinen einer Rettergestalt; d. eine Vernichtung, meistens durch Feuer[164]. Der Text beschreibt die für das jüdische Volk Heil bringende Rettergestalt im 2. Orakel als einen von Gott gegen den Widersacher geschickten König (V. 108f[165]), im 3. Orakel als einen großen hervorleuchtenden Stern (V. 155–161[166]) und im 5. Orakel als einen vom Himmel her kommenden Mann (V. 414ff[167]). Uns interessiert im folgenden vor allem die Schilderung vom Wirken des Retters im 5. Orakel:

> (414) Denn es kam vom Himmel ein seliger Mann
> (ἦλθε γὰρ οὐρανίων νώτων ἀνὴρ μακαρίτης)
> (415) mit einem Zepter in den Händen, das ihm Gott übergeben hatte,
> (416) und er herrschte gut über alles und er gab allen
> (417) Guten den Reichtum zurück, den die früheren Männer (weg)genommen hatten.
> (418) Jede Stadt nahm er von Grund auf ein mit großem Feuer
> (419) und verbrannte die Völker der Sterblichen, die vormals Bösewichte waren,
> (420) und die Stadt, nach der Gott Verlangen trug, die machte er
> (421) glänzender als die Sterne und die Sonne und den Mond,
> (422) und Schmuck legte er (darin) nieder und machte ein heiliges <Haus>,

---

[164] Sib 5 enthält insgesamt sechs Orakel bzw. große Textblöcke: Die vier genannten sind von den beiden in V. 1–51 und V. 434–531 umrahmt. Für einen kurzen Überblick zu dem Inhalt der Orakel vgl. COLLINS, Sibylline Oracles, 73f und MERKEL, a.a.O., 1049f. Für die den vier zentralen Orakeln gemeinsame Struktur s. COLLINS, a.a.O., 74; Sibylline Oracles, OTP I, 390 und MERKEL, a.a.O., 1066. In „The Sibylline Oracles of Egyptian Judaism" erörtert COLLINS ausführlich die Einstellung zu den heidnischen Völkern in Sib 5 (S. 76–80) und die gegen Ende des 1. Jh.s n.Chr. weitverbreitete Legende über Kaiser Neros Wiederkunft zur Einnahme Roms, die in die vier zentralen Orakel in Sib 5 Eingang gefunden hat (vgl. V. 99ff.137ff.214ff.361ff) (S. 80–87).

[165] V. 108f: „Und ein König, von Gott her gegen diesen [sc. den V. 93–107 beschriebenen eschatologischen Widersacher] geschickt (τις θεόθεν βασιλεὺς πεμφθεὶς ἐπὶ τοῦτον), wird alle großen Könige und heldenhaften Männer vernichten."

[166] Der große Stern wird das Meer und Babylon (= Rom, vgl. Apk 18,2; 1Petr 5,13) verbrennen. In jüdischer Tradition nimmt die Vorstellung von einem Stern als Rettergestalt ihren Ausgangspunkt im Bileamorakel Num 24,17–19. Vgl. die Diskussion bei COLLINS, Sibylline Oracles, 89–92.

[167] Auch im 4. Orakel kommt der Erlöser aus dem Himmel, s. V. 256–259. Dieser Abschnitt wird jedoch weitgehend für eine christliche Interpolation gehalten (vgl. Anm. 163). Wenn das zutrifft, dürfen wir aber damit rechnen, daß sie nicht eine Ergänzung zum ansonsten intakten Text darstellt, sondern daß sie eine ursprüngliche Aussage über die Rettergestalt ersetzt: „... the structure of the passage requires a saving figure at this point. The Christian passage presumably replaces a corresponding Jewish one, or simply modifies one" (COLLINS, a.a.O., 88). Die Modifikation mag COLLINS zufolge darin bestehen, daß nur V. 257 hinzugefügt worden ist, denn „the rest of the passage might well have been written by a Jew (i.e., vss 256, 258–259)" (a.a.O., 196 Anm. 104; vgl. für diese Sicht auch JEREMIAS, Theologie, 257f Anm. 61). Zu der an dieser Interpolation erkennbar werdenden Kontinuität in der Messiasvorstellung von Juden und Christen s. HORBURY, Jewish Messianism, 103 und 192 Anm. 139.

(καὶ κόσμον κατέθηχ᾽ ἅγιόν τ᾽ [οἶκον] ἐποίησεν)[168]

(423) ein materielles, schönes, und baute einen überaus schönen,

(424) viele Stadien breiten und unendlich hohen Turm,

(πολλοῖς ἐν σταδίοισι μέγαν καὶ ἀπείρονα πύργον)

(425) der die Wolken selbst berührte und für alle sichtbar war,

(αὐτῶν ἁπτόμενον νεφέων καὶ πᾶσιν ὁρατόν)

(426) so daß alle Gläubigen und alle Gerechten sehen

(ὥστε βλέπειν πάντας πιστοὺς πάντας τε δικαίους)

(427) die Herrlichkeit des ewigen Gottes, die ersehnte Gestalt.

(ἀιδίοιο θεοῦ δόξαν, πεποθημένον εἶδος)

(428) Ost und West priesen den Ruhm Gottes.

(429) Denn nicht mehr gibt es für die armseligen Sterblichen Schrecknisse,

(430) weder Ehebruch noch frevelhafte Knabenliebe,

(431) nicht Mord noch Kriegslärm, sondern gerechter Wettstreit (herrscht) in allem.

(432) Es ist die letzte Zeit der Heiligen, wenn dies vollbringt

(ὕστατος ἔσθ᾽ ἁγίων καιρός, ὅτε ταῦτα περαίνει)

(433) der aus der Höhe donnernde Gott, der Gründer des größten Tempels.

(θεὸς ὑψιβρεμέτης, κτίστης ναοῖο μεγίστου)

Die in diesem Textabschnitt geschilderte Rettergestalt kommt vom Himmel herab (V. 414), und darum legt sich die Vermutung nahe, daß sie „presumably an angelic or semi-divine being"[169] ist. Läßt sich gegebenenfalls der Terminus „Messias", der in allen bisher erörterten Texten von einer menschlichen Person verwendet wurde, sinnvoll auf eine himmlische Gestalt beziehen? Von Relevanz für die Beantwortung dieser Frage ist die Beobachtung, daß „der Mann vom Himmel" im 5. (und 4.) Orakel als Rettergestalt dem von Gott geschickten König (βασιλεύς) im 2. Orakel (V. 108[170]) und dem hervorleuchtenden Stern im 3. Orakel (V. 155[171]) entspricht[172]. Da der erhoffte Messias von Hause aus davidischer König ist,

---

[168] In V. 422 gibt es in den Hss. eine kleine Lücke, die GEFFCKEN, a.a.O., 124 offen läßt, die aber nach allgemeinem Konsens mit dem Wort οἶκον auszufüllen ist, so z.B. KURFESS, Sibyllinische Weissagungen, 142; CHESTER, Sibyl, 48 (auf S. 47f bietet er sowohl den griech. Text als auch eine engl. Übers. von dem ganzen Abschnitt V. 414–433); COLLINS, Sibylline Oracles, OTP I, 403 Anm. z3; MERKLEIN, a.a.O., 1132 Anm. z.St.

[169] COLLINS, Sibylline Oracles, 89.

[170] Vgl. Anm. 165.

[171] Vgl. Anm. 166.

[172] Mit Zustimmung zitiert MERKEL, a.a.O., 1067 M. HENGEL aus dessen Aufsatz: Messianische Hoffnung und politischer „Radikalismus" in der „jüdisch-hellenistischen Diaspora". Zur Frage der Voraussetzungen des jüdischen Aufstandes unter Trajan 115 117 n.Chr., in: Apocalypticism in the Mediterranean World and the Near East, ed. v. D. HELLHOLM, Tübingen ²1989, (655–687) 675: „Man wird diese beiden Aussagen [sc. in V. 106–110 und 414–421] nicht auseinanderreißen dürfen. Der von Gott gesandte ‚König' und der ‚vom Himmelsgewölbe kommende selige Mann' meinen dieselbe Person, den ‚Messias-Menschensohn', bei dem sich der irdisch-königliche und der himmlisch-richterliche Aspekt (man könnte auch sagen Num 24,7.17 und Dan 7,13) verbinden."

läßt sich der Heilskönig des 2. Orakels ohne weiteres der messianischen Tradition zuordnen, und dasselbe trifft in der Tat für den Stern des 3. Orakels zu, denn der Bileamspruch in Num 24,17 vom aufsteigenden Stern aus Jakob[173] wird frühjüdisch einer messianischen Deutung unterzogen[174]. Von der Parallelität aller Rettergestalten in den Orakeln des Sib 5 her ist eine Anwendung des Messiasbegriffs, die nicht auf die spezifischen Termini „Gesalbter" und „König" beschränkt bleibt, sondern auch eine solche „übermenschliche" Gestalt wie die in Sib 5,414ff geschilderte einzufangen vermag, wenn sie von Gott mit einer eschatologischen Heilsfunktion beauftragt ist, sachlich begründet und eindeutig vorzuziehen[175]. Sib 5 ist denn auch nicht die einzige Schrift, die den aus der davidischen Tradition kommenden Messias mit einer himmlischen Gestalt identifiziert bzw. ihn in die himmlische Sphäre versetzt, sondern dies gilt auch für die Bilderreden (äthHen 37–71)[176], für 4Esr[177] und für die Jesusüberlieferung in den synoptischen Evangelien[178].

---

[173] MT Num 24,17bα: דָּרַךְ כּוֹכָב מִיַּעֲקֹב וְקָם שֵׁבֶט מִיִּשְׂרָאֵל (in der LXX lautet die Stelle: ἀνατελεῖ ἄστρον ἐξ Ιακώβ καὶ ἀναστήσεται ἄνθρωπος ἐξ Ισραηλ).

[174] Diese liegt wahrscheinlich bereits in der LXX vor, wenn sie den „Stab" des hebräischen Textes (שֵׁבֶט) durch ἄνθρωπος ersetzt (s. Anm. 173), denn „[t]he messianic value of the title ‚man' appears among other places at Isa. 19. 20 LXX, ‚a man who shall save us' ... where the ‚saviour' of Egyptian Jews is evidently identified with the star-man of Balaam's prophecy" (HORBURY, Jewish Messianism, 50). In Qumran wird Num 24,17–19 in 1QM XI,6f und Num 24,15–17 in 4QTest (4Q175) 9–13 auf den königlichen Messias bezogen; in CD-A VII,18–20 wird Num 24,17b auf die beiden Messiasgestalten, mit denen die Qumrangemeinde rechnete (vgl. S. 32 mit Anm. 25), bezogen, und zwar der Stern auf den priesterlichen und der in der unmittelbaren Fortsetzung des Textes erwähnte Stab aus Israel (וְקָם שֵׁבֶט מִיִּשְׂרָאֵל) auf den königlichen Messias. Auch in TestXII kann „Stern" sowohl auf die königliche (vgl. TestJud 24,1) wie auch auf die priesterliche (vgl. TestLev 18,3) Heilsgestalt bezogen bzw. mit ihr in Verbindung gesetzt werden. Es gibt ferner eine verbreitete Tradition der Verbindung des Sternorakels aus Num 24,17 mit Jes 11,1f, die sowohl in den Targumim als auch frühchristlich in Apk 22,16 und bei Justin bezeugt ist; s. zu diesen und weiteren Texten HORBURY, a.a.O., 92f.

[175] Zur Diskussion über einen eng oder weit gefaßten Messiasbegriff vgl. CHESTER, Sibyl, 48f mit Anm. 26.

[176] Dort wird der Messias mit dem Menschensohn gleichgesetzt (vgl. Anm. 23), der das eschatologische Gericht vollzieht (u.a. äthHen 45,3f; 46,3ff; 61,8f; 62,2ff).

[177] Vgl. die Menschensohngestalt in 4Esr 13, die wie der Messias Gottes Sohn ist (V. 32, vgl. 7,28) und deren Wirken sehr weitgehend mit dem des davidischen Messias nach PsSal 17 (vgl. S. 65–70) übereinstimmt (Sieg über die gottfeindlichen Völker und die Sammlung des wahren Israels).

[178] Vgl. vor allem die Aussagen über die Wiederkunft des Menschensohnes mit bzw. auf den Wolken des Himmels in Mk 14,62 par.; 13,26 par. In der Evangelientradition bezieht Jesus sowohl den Menschensohn- wie auch den Messiastitel auf sich (vgl. u.a. Mk 8,29f.31–33.38 par. und s.u. S. 136–142).

Der auf die Erde vom Himmel herabkommende selige Mann (V. 414[179]), von Gott für sein Wirken autorisiert (V. 415), vollzieht das alle Dinge wieder in den rechten Stand versetzende Gericht (V. 416–419) und führt für die erwählte Stadt Jerusalem und für das Gottesvolk die Heilszeit herauf (V. 420f.429–431). In der Mitte seines Wirkens steht die Errichtung eines neuen herrlichen Tempels (V. 422f) mit einem bis zu den Wolken heraufragenden Turm (V. 424.425a), der überall sichtbar ist und deshalb allen Gläubigen und allen Gerechten die Herrlichkeit des ewigen Gottes zu zeigen vermag (V. 425b–427) und den Ruhm Gottes im Osten wie im Westen erklingen läßt (V. 428). Der Abschnitt gipfelt in der Aussage, daß es Gott selbst – der Begründer des mächtigen Tempels – ist, der dies alles vollendet (V. 432f). Dieser Abschluß hat LLOYD GASTON veranlaßt, überhaupt zu bestreiten, daß neben Gott selbst hier sonst jemand als handelndes Subjekt auftritt[180]. Diese Erwägung ist aber unangemessen, denn in V. 415 wird deutlich unterschieden zwischen dem seligen Mann und Gott, der ihm das Zepter übergeben hat. Dieser Mann ist ferner eindeutig das Subjekt für die Verben in V. 416 (ἐκράτησε), V. 418 (εἷλεν) und V. 419 (ἔφλεξε). Obwohl θεός in dem sich auf die πόλις beziehenden Relativsatz in V. 420 erscheint, ist es vom Kontext her nicht naheliegend, dieses Subjekt des Relativsatzes auch auf den Hauptsatz zu übertragen; viel sinnvoller ist es, für die Verben in V. 420–424 weiterhin mit demselben Subjekt wie für die vorausgehenden Verse 416–419 zu rechnen. Die abschließende Aussage in V. 432f, dies sei alles von Gott selbst erwirkt worden, steht keineswegs im Widerspruch zu dieser Deutung, denn der selige Mann vom Himmel hat ja dies alles nicht in eigener Vollmacht vollbracht, sondern als Gottes Beauftragter (vgl. V. 415)[181]. Sib 5,414ff ist somit ein deutliches Zeugnis für die Erwartung, daß die Errichtung des eschatologischen Tempels zu den zentralen Aufgaben des erhofften messianischen Heilbringers gehört[182].

---

[179] Hiermit ist die Präexistenz dieser Gestalt deutlich impliziert (vgl. HORBURY, Jewish Messianism, 102f). Sib 5,414ff und dem NT (vgl. die vorige Anm.) ist gemeinsam, daß sie über Dan 7,13 hinausgehen und sich nicht auf das Erscheinen des Menschensohnes in den Wolken beschränken, sondern ihn explizit vom Himmel bzw. von den Wolken auf die Erde heruntersteigen lassen.

[180] GASTON, No Stone, 148: „... the ανήρ μακαρίτης (414) who builds Jerusalem and the temple is called ,God who accomplishes these things, God the sender of thunder, the creator of the great temple' (432f)." GASTON rechnet folglich Sib 5,422ff zu denjenigen Texten, die Gott selbst die Errichtung des neuen Tempels zuschreiben (s. dazu Abschn. 3, S. 35ff).

[181] Zur Widerlegung von GASTON vgl. CHESTER, Sibyl, 50. Wir haben es vielmehr hier mit einem weiteren Fall jenes harmonischen Zusammenwirkens zwischen Gott und einer Mittlergestalt bzw. der ausführenden Umsetzung des göttlichen Wirkens durch den Mittler zu tun, das ich oben S. 32f im Anschluß an HORBURYs Darlegung beschrieben habe.

[182] Vgl. DOWDA, Cleansing, 97/98: „The messianic figure – the ,blessed man' (414) –

Nach diesem Textabschnitt steht der Bau des neuen Tempels sogar in der
Mitte des messianischen Wirkens, denn die eschatologische Seligkeit der
Gläubigen und Gerechten, die im Schauen der Herrlichkeit des ewigen
Gottes besteht (vgl. V. 426f), wird erst durch das Vorhandensein des
Tempels mit dem unendlich großen Turm, der allen sichtbar ist (V. 424f),
ermöglicht. Dieser Turm steht dem unseligen Turm von Babel (vgl.
Gen 11,1–9) antithetisch gegenüber und stellt seine eschatologische
Überwindung dar. Der im Turm von Babel verkörperte Götzendienst und
die Auflehnung gegen den einzigen wahren Gott, wie sie sich z.B. in der
Zerstörung des Jerusalemer Tempels 70 n.Chr. ausgewirkt haben (vgl.
V. 397–413), werden eschatologisch ein für allemal überwunden sein[183].

4.7 Targumim[184]

Bei der Untersuchung, was die Targumim über die Beziehung zwischen
dem Messias und dem Tempel zu sagen haben, legt es sich nahe, bei der
targumischen Wiedergabe derjenigen Stellen im Alten Testament, die die
deutlichsten diesbezüglichen Aussagen bieten, einzusetzen, d.h. 2Sam 7
(/1Chr 17) und Sach.

Wie wir gesehen haben, ist der alttestamentliche Text 2Sam 7 von
einem mit Hilfe von בַּיִת gebildeten Wortspiel durchzogen (vgl. S. 51f).
Die in diesem Text wiederholt übertragene Bedeutung von „Haus" im

---

is given the precise function of building a magnificent new temple ... Again, the
messianic reign and the creation of a glorious new temple are presented in close
association, and, on this occasion, the Messiah himself is regarded as the builder." Vgl.
auch LOSIE, Cleansing, 110f.

[183] MCKELVEY, New Temple, 18f deutet die Antithese zum Turm von Babel dahingehend, „that the unity of mankind which was lost at Babel will be recovered at the
temple which the Messiah will build in the new age" (19). CHESTER, a.a.O., 56–59 zeigt
aber, daß dies zu unpräzis ist und daß die Gegenüberstellung der Türme von der in
späteren jüd. Texten bezeugten Tradition vom Turm von Babel „as, more than anything,
an exercise in idolatry" (57) her gedeutet werden muß (für Belege s. 57f). Da Sib 5 sich
einerseits mit ganz wenigen Ausnahmen negativ über die heidnischen Völker äußert und
für sie keine Zukunft – etwa in der Form der Völkerwallfahrt – sieht (vgl. CHESTER,
a.a.O., 46f und den Hinweis auf J.J. COLLINS' Ausführungen in Anm. 164) und andererseits dem jüdischen Volk keine Schuld für die Tempelzerstörung zuweist, muß der
theologische Sinn des eschatologischen Tempelturms folgendermaßen präzisiert werden:
„Thus the new perfect temple of the Jews, set in the new Jerusalem in the visionary
eschatological golden age, will be of cosmic proportions and will reverse Babel and its
effects – not in the sense of reuniting all humans with each other and making them speak
one language, since it is clear that for Sib. 5 the Gentiles are not restored to any common
equality with the Jews, but rather in the sense of overcoming idolatry and human
usurpation of God's glory" (CHESTER, a.a.O., 58f).

[184] Zur Orientierung über die Targumim, die aramäischen Bibelübersetzungen, s.
SCHÜRER, History I, 99–114 und P. SCHÄFER, *Art.* Bibelübersetzungen, II. Targumim,
TRE VI, 1980, 216–228.

Sinne von „Königsdynastie" (vgl. V. 11.16 und die weiteren Belege in Anm. 83) wird in der aramäischen Übersetzung des Textes im Targum Jonathan noch deutlicher expliziert[185]. Zwar wird an mehreren Stellen einfach das Wort „Haus" aus dem Bibeltext übernommen (vgl. V. 18.19. 25.26.29a), aber gerade in den herausragenden Stellen in V. 11 und 27 ist בַּיִת mit מַלְכוּ wiedergegeben[186]. Der königlichen Nachkommenschaft Davids, „deinem Sohn" (V. 12[187]), fällt die Aufgabe zu, für den Namen Gottes das Haus zu bauen (V. 13a הוּא יִבְנֵי בֵּיתָא לִשְׁמִי). Dies ist eine direkte Übernahme des Bibeltextes. Die Frage, ob der Targumist diese Aussage nur historisch versteht und den Bau des Hauses für Gottes Namen auf Salomo als Davids Sohn beschränkt oder ob er sie (auch) auf den noch nicht erschienenen endzeitlichen Davididen, den Messias, bezieht, läßt sich nicht ganz eindeutig beantworten, aber es gibt Anzeichen dafür, daß er die Nathanweissagung, einschließlich der Errichtung des Tempels, messianisch verstanden hat. In der Wiedergabe von V. 14a scheint er nämlich bemüht zu sein, die dort ausgesprochene Nähe des Davidssohnes zu Gott als seines „Sohnes" (vgl. Anm. 86) abzuschwächen bzw. gegen das Mißverständnis, der Davidide sei göttlicher Natur, abzugrenzen: „Ich werde für ihn *wie* ein Vater sein, und er wird *vor mir* ein Sohn sein" (T2Sam 7,14a[188]). Sowohl der unbedingte Charakter des „Davids-bundes"[189] als auch die in 4QFlor (4Q174) bezeugte messianische Deutung von 2Sam 7 (vgl. S. 100) legen es nahe, daß der zu einem Zeitpunkt ohne davidischen König und ohne Tempel schreibende Targumist 2Sam 7 als einen prophetischen Text gelesen hat, dessen Erfüllung noch aussteht. Seine auf theologisch bedeutsame Nuancen abgestimmte Wiedergabe von V. 14a scheint am ehesten ein derartiges messianisches Verständnis

---

[185] Targum Jonathan (TJon), der (offizielle) Targum zu den Vorderen und Hinteren Propheten, entstand in Palästina, wo sowohl Traditionen aus der Zeit vor als auch nach der Tempelzerstörung im Jahre 70 n.Chr. in ihm Aufnahme fanden, und wurde später „in Babylonien einer endgültigen und vereinheitlichenden Redaktion unterzogen" (SCHÄFER, a.a.O., 223). Die babylonische Redaktion setzt er „ca. zwischen dem 3. und 5. Jh. n.Chr." an (ebd.). Speziell zu TJon vgl. noch SCHÜRER, History I, 101f. Für den aramäischen Text s. die kritische Ausgabe von SPERBER, The Bible in Aramaic, Vol. II und III. Der Text von T2Sam 7 ist zu finden in Vol. II, 169–172.

[186] Im MT wird die Gleichstellung vom Haus Davids mit der Davidsdynastie in V. 16a am explizitesten ausgesprochen. Der Targum übersetzt V. 16a wörtlich, aber fügt מַלְכוּתָךְ ein zweites Mal nach dem „Thron" in V. 16b ein. Zuletzt ist auch V. 8 zu nennen, in dem der Targum den Titel für David von נָגִיד zum eindeutigen מַלְכָּא ändert.

[187] MT hat hier „Same". Vgl. für eine sich zwischen MT 2Sam 7,12 und T2Sam 7,12 befindende Aussage, was das Ausmaß an Präzisierung betrifft, MT 1Chr 17,11 (s. Anm. 75).

[188] T2Sam 7,14a: אֲנָא אֱהֱוֵי לֵיהּ כְּאָב וְהוּא יְהֵי קֳדָמַי לְבַר.

[189] Vgl. u.a. 2Sam 23,5 und Ps 89,4f.29ff und E. KUTSCH, Art. בְּרִית *bᵉrît* Verpflich-tung, THAT I, (339–352) 348.

vorauszusetzen: Der kommende Messias, dem die ehrenvolle Aufgabe
anvertraut sein wird, für Gott das eschatologische Heiligtum zu bauen, sei
trotz seiner hohen Würde nur ein Mensch und keine himmlische oder
göttliche Gestalt[190]. Um die targumische Wiedergabe der Parallelstelle aus
1Chr 17 ist es nicht anders bestellt. Dort lautet der Tempelbauauftrag für
den Davidssohn: „Er wird mir das Heiligtum für meinen Namen bauen"
(T1Chr 17,12a[191]); und die Sohneszusage im darauffolgenden Vers grenzt
sich noch deutlicher als die Parallele in T2Sam 7,14a gegen das mögliche
Mißverständnis göttlicher Abkunft des Davididen ab: „Ich werde ihn
lieben wie ein Vater seinen Sohn, und er wird vor mir lieb sein wie ein
Sohn dem Vater (lieb ist)" (T1Chr 17,13a[192]).

Wenn man bei der targumischen Fassung der Nathanweissagung
möglicherweise noch Zweifel am messianischen Charakter des Textes
haben könnte, ist der Befund im Sacharjateil des Targum Jonathan dagegen
absolut eindeutig. Wie unsere Analyse von (Hag und) Sach 1–8 (vgl. oben
S. 56ff) ergeben hat, liegt dort eine im Alten Testament einmalige
Rezeption der Nathanweissagung vor, die sie sowohl auf die Gegenwart als
auch auf eine den Gegenwartshorizont sprengende eschatologische
Zukunft bezieht (vgl. S. 64f). Der Targum wird diesem Doppelcharakter
des Sach gerecht, indem er einige Abschnitte historisch rückblickend auf
Serubbabel bezieht (z.B. 4,9f; vgl. THag 1,1–11.12–15; 2,1ff, wo die
historische Ausrichtung noch deutlicher ist)[193] und andere eschatologisch
deutet. Während der Titel „Gesalbter", מְשִׁיחַ, im biblischen Text von Sach
fehlt[194], kommt er in der Targumfassung des Buches dreimal vor, und zwar
eindeutig als Titel des erhofften davidischen Heilsmittlers. Zweimal – d.i.

---

[190] Vgl. JUEL, Messiah and Temple, 185f.

[191] Vgl. zum Targum zu den Hagiographen P. SCHÄFER, *Art.* Bibelübersetzungen,
II. Targumim, TRE VI, 223–225 (bes. 225 über die Chronikbücher). Die folgenden Zitate
richten sich nach SPERBER, The Bible in Aramaic, Vol. IV A. T1Chr 17,12a: הוא יבנה
לי בית מקדשא לשמי. Der Targumist fügt gegenüber dem MT מקדשא hinzu und nimmt
sowohl das Dativobjekt des Chroniktextes (לי) wie auch das des Samueltextes (לשמי) auf
(vgl. LXX 2Sam 7,13a und die Erörterung in Anm. 80).

[192] T1Chr 17,13a: אנא אחבב יתיה כאבא לבריה והוא יהי חביב קדמי כברא לאבא. Daß
hier eine theologisch sehr reflektierte Wiedergabe vorliegt, wird durch den Umstand, daß
der Bibeltext von 1Chr 17,13a mit 2Sam 7,14a wörtlich übereinstimmt (אֲנִי אֶהְיֶה־לּוֹ לְאָב
וְהוּא יִהְיֶה־לִּי לְבֵן), um so deutlicher. Vgl. JUEL, a.a.O., 186: „Here he [*sc.* der Targumist]
is even more careful [*sc.* als in T2Sam 7,13.14] to demonstrate the purely figurative
character of the father/son imagery. As in the case of Tg II Sam 7:14 the sensitivities
suggest that the text is messianic in the mind of the targumist."

[193] Dies schließt natürlich nicht aus, daß der Targumist diesen Abschnitten eine
typologische Bedeutung beimißt und sie somit für die Leser des Targums *auch*
Gegenwarts- und Zukunftsrelevanz haben.

[194] Am nächsten daran kommt die Bezeichnung Serubbabels und des Hohenpriesters
Josua als „Ölsöhne" in Sach 4,14 (vgl. S. 60).

in 3,8 und 6,12 – gibt der „Messias", מְשִׁיחָא, den „Sproß" (צֶמַח) der biblischen Vorlage wieder und expliziert somit die bereits im Alten Testament implizit vollzogene Gleichsetzung von der Metapher „Sproß" mit dem zukünftigen davidischen Heilskönig (vgl. neben den beiden Sacharjastellen Jer 23,5; 33,15 [und Jes 11,1]). Das dritte Vorkommen des Messias in TSach ist in 4,7 zu finden und ist um so spektakulärer, da hier keine derartig deutliche messianische Vorgabe wie der „Sproß" in den beiden anderen Stellen vorliegt. Die biblische Fassung von Sach 4,7 lautet: „Wer bist du, großer Berg, vor Serubbabel? Zur Ebene (mit dir)! Und er wird den Scheitelstein hervorholen unter den Rufen: ‚Glückauf, glückauf für ihn!'" (vgl. S. 63). Die in diesem Fall ziemlich weitgehende interpretatorische Umschreibung des Textes in TSach 4,7 lautet im Vergleich folgendermaßen:

> TSach 4,7:
> Wofür wirst du, törichtes Königreich, gehalten? Bist du nicht wie eine Ebene vor Serubbabel? Und er wird seinen Messias, über dessen Namen von alters her berichtet wird, offenbaren, und er wird über alle Königreiche herrschen.[195]

Es ist folglich der „Scheitelstein", הָאֶבֶן הָרֹאשָׁה (vgl. S. 63 mit Anm. 128 und 129), der vom Targumisten messianisch gedeutet wird[196]. Während das handelnde Subjekt in Sach 4,7b, das den Stein hervorholt, der in der ersten Vershälfte namentlich genannte Serubbabel ist, muß in TSach 4,7b Gott als Subjekt vorausgesetzt sein, denn einerseits ist im Targum von einem zukünftigen Ereignis die Rede, und Serubbabel gehört für den Targumisten der Vergangenheit an, und andererseits steht es nur Gott zu, den Messias bzw. *seinen* Messias, zu offenbaren. Offensichtlich liegt dem Targumisten viel daran, das Erscheinen des Messias als ein durch Gott bewirktes Offenbarwerden theologisch zu qualifizieren, denn an allen drei Messiasstellen in TSach fügt er dies hinzu: „Denn siehe, ich werde meinen Knecht, den Messias, kommen lassen, und er wird geoffenbart werden" (TSach 3,8b[197]). „Siehe, der Mann, dessen Name der Messias ist, wird geoffenbart

---

[195] TSach 4,7: מָא אַתְּ חֲשִׁיבָא מַלְכוּתָא טַפְּשְׁתָא קֳדָם זְרוּבָּבֶל הֲלָא כְּמֵישְׁרָא וְיגַלֵי יָת מְשִׁחֵיהּ דַאֲמִיר שְׁמֵיהּ מִלְּקַדְמִין וְיִשְׁלוֹט בְּכָל מַלְכְוָתָא. Der Text der Hinteren Propheten und somit auch des TSach ist zu finden bei SPERBER, The Bible in Aramaic, Vol. III. Für Erläuterungen zur targumischen Übertragung von Sach 4,7 vgl. CATHCART/GORDON, The Targum of the Minor Prophets, 194 (a.a.O., xi, zufolge gehen Übers. und Kommentierung des Sacharjateils auf GORDON zurück).

[196] Vgl. die Wiedergabe des Steins in Zion von Jes 28,16 mit König in Zion in TJes 28,16 und die targumische Deutung des verworfenen Steins von Ps 118,22 mit Bezugnahme auf David und die strukturell entsprechende christologische Deutung in 1Petr 2,4–8. Zur Präexistenz des Namens des Messias vgl. TMi 5,1; TPs 72,17; äthHen 48,3. (Für diese Angaben s. CATHCART/GORDON, a.a.O., 194 Anm. 11.)

[197] TSach 3,8b: אֲרֵי הָאֲנָא מַיְתֵי יָת עַבְדִּי מְשִׁיחָא וְיִתְגְּלֵי.

werden" (TSach 6,12bα)[198]. Es steht nicht im menschlichen Belieben, den Messias hervorzuzaubern, sondern es ist allein Gottes Sache zu entscheiden, wann der *Kairos* für sein Erscheinen gekommen ist (vgl. PsSal 17,21).

Im Hinblick auf unsere Thematik ist die zuletzt genannte Stelle TSach 6,12(–13) am interessantesten, und wir wenden uns nun ihr zu:

TSach 6,12–13:
(12) Und du [*sc.* der Prophet Sacharja] sollst zu ihm [*sc.* dem Hohenpriester Josua, vgl. V. 11] sprechen und sagen: „So spricht der Herr der Heerscharen: Siehe, der Mann, dessen Name der Messias ist, wird geoffenbart und aufgerichtet werden, und er wird den Tempel des Herrn bauen. (13) Ja, er wird es sein, der den Tempel des Herrn bauen wird, und er wird im Glanz erhöht werden, und er wird auf seinem Thron sitzen und herrschen. Und es wird ein Hoherpriester auf seinem Thron sein, und es wird Friede zwischen den beiden sein."

V. 12:[199]
וְתֵימַר לֵיהּ לְמֵימַר כִּדְנָן אֲמַר יוי צְבָאוֹת לְמֵימַר הָא גַבְרָא מְשִׁיחָא שְׁמֵיהּ עַתִּיד דְיִתְגְלֵי וְיִתְרַבֵּי וְיִבְנֵי יָת הֵיכְלָא דַיוי:

V. 13:
הוּא יִבְנֵי יָת הֵיכְלָא דַיוי וְהוּא יִטּוֹל זִיו וְיִתֵּיב וְיִשְׁלוֹט עַל כּוּרְסוֹהִי וִיהֵי כָּהֵין רַב עַל כּוּרְסוֹהִי וּמַלְכָּא דִשְׁלָמָא יְהֵי בֵּין תַּרְוֵיהוֹן:

Diese targumische Übertragung bleibt nahe am masoretischen Text. Neu sind nur – wie bereits erläutert – die Wiedergabe von צֶמַח mit מְשִׁיחָא und die damit zusammenhängende Hinzufügung betreffs seines Offenbarwerdens, die Übertragung von יִצְמָח (וּמְתַּחְתֵּיו יִצְמָח, „und unter ihm wird es sprossen", vgl. Anm. 133) durch וְיִתְרַבֵּי[200] und die Präzisierung, daß der neben dem König in friedlichem Einvernehmen[201] mit ihm auf dem Thron sitzende Priester der *Hohe*priester sein wird. Die Kompetenzenunterscheidung zwischen dem (königlichen) Messias und den Priestern bzw. dem Hohenpriester, die hier zum Ausdruck kommt, wird durch andere Stellen im Targum Jonathan bestätigt, nach denen Gott neben dem Messias auch Priester aufrichten wird, die vor ihm ihren Dienst (TJer 33,21f) bzw. nach Gottes Willen den Dienst vor dem Messias Gottes (T1Sam 2,35)

---

[198] Zum Offenbarwerden des Messias vgl. 4Esr 7,28. Eine Stelle wie TMi 4,8 mag den Hintergrund dieser Rede erhellen: „Und du, der Messias Israels, der du wegen der Sünden der Gemeinde Zions verborgen gehalten worden bist, dir wird die Königsherrschaft übertragen werden ..." (Für diese Angaben s. CATHCART/GORDON, a.a.O., 192 Anm. 22.)

[199] Der aramäische Text von TSach 6,12f ist neben der erwähnten Textausgabe von SPERBER (vgl. Anm. 195) auch zu finden bei DALMAN, Aramäische Dialektproben, 12.

[200] Vgl. zum Verständnis von רבא *Ithpeʿel* CATHCART/GORDON, a.a.O., 198 Anm. 12.

[201] Da מַלְכָּא bzw. מֵילַךְ/מְלָכָא die übliche Wiedergabe von עֵצָה der hebräischen Vorlage ist (vgl. z.B. TJes 11,2; 14,26; 19,11.17), folge ich bei der Übers. des letzten Satzes in V. 13 der in Anm. 119 gebotenen Übers. von Sach 6,13bβ.

ausrichten werden. Die in der biblischen Vorlage mit Nachdruck (vgl. Wiederholung!) herausgestellte Hauptaufgabe des „Sprosses" als Tempelbauherr wird ohne Abstriche vom Targumisten aufgenommen, der dementsprechend erwartet, daß der Messias bei seinem Erscheinen den eschatologischen Tempel des Herrn bauen wird[202].

Spektakulärer noch als die bisher behandelten Targumtexte ist die Aussage in TJes 53,5 über den Messias als Bauherrn des Tempels, denn im Unterschied zu T2Sam 7,13; T1Chr 17,12 und TSach 6,12f gibt es in diesem Fall keine Vorgabe im Bibeltext für eine Beziehung zwischen dem Messias und dem eschatologischen Tempel: Aus dem Satz

MT Jes 53,5:
Er aber war durchbohrt von unseren Freveln, zerschlagen von unseren Sünden; Züchtigung zu unserem Frieden lag auf ihm, und durch seine Wunde wurde uns Heilung

wird im Targum folgendes:

TJes 53,5:
Und er [sc. der Messias, vgl. 52,13] wird das Heiligtum bauen, das durch unsere Schulden entweiht (und) durch unsere Sünden preisgegeben worden war; und durch seine Unterweisung wird der Friede groß sein über uns, und wenn wir uns um seine Worte sammeln, werden uns unsere Schulden vergeben werden.

וְהוּא יִבְנֵי בֵּית מַקְדְּשָׁא דְּאִיתַחַל בְּחוֹבָנָא אִתְמְסַר בַּעֲוָיָתָנָא וּבְאַלְפָנֵיה שְׁלָמָא יִסְגֵּי עֲלָנָא וּבְדְנִתְנַהֵי לְפִתְגָמוֹהִי חוֹבָנָא יִשְׁתַּבְקוּן לָנָא:

Die scheinbar völlige Umschreibung, der wir in der targumischen Wiedergabe dieses Verses begegnen, ist nicht auf Jes 53,5 allein beschränkt, sondern ist kennzeichnend für die ganze Texteinheit, Jes 52,13–53,12, das sogenannte vierte Gottesknechtslied, zu der dieser Vers gehört[203]. Der Targumist setzt bereits im ersten Satz des Textes, 52,13a,

---

[202] Sogar LLOYD GASTON, der den Messias so weit entfernt von der Errichtung des eschatologischen Tempels wie nur möglich halten möchte, muß zugeben, daß TSach 6,12f einen klaren Beleg für die Vorstellung vom Messias als Tempelbauherrn bietet. Er versucht trotzdem die Relevanz dieser Stelle durch den Hinweis auf die Nähe zum MT zu verringern: „This differs very little from the MT, which refers to the anointing of Zerubbabel and Joshua only after the temple has been completed, so that it cannot be used with confidence as evidence for the expectation that the Messiah will build the future temple" (No Stone, 149). Es ist mir unbegreiflich, wie die bejahende Aufnahme einer biblischen Tradition sie außer Kraft setzen sollte. Vielmehr müssen wir annehmen, daß der Tradent gerade das, was er aus der Heiligen Schrift aufnimmt und weitertradiert, für eine wahre, von seinen Adressaten / Lesern zu glaubende Botschaft hält!

[203] Der Text von TJes 52,13–53,12 ist neben der kritischen Textausgabe von SPERBER (vgl. Anm. 195) noch zu finden bei DALMAN, Aramäische Dialektproben, 10f; J.F. STENNING, The Targum of Isaiah, Oxford 1949 (=1953) 179, 181; HEGERMANN, Jesaja 53, Anhang. Leicht zugängliche deutsche Übersetzungen von TJes 52,13–53,12 sind zu finden in BILL. I, 482f; JEREMIAS, Art. παῖς θεοῦ, 691–693, und BARRETT/THORNTON

seine deutlichen Akzente, indem er den dort erwähnten Gottesknecht als den Messias identifiziert[204].

Diese Identifizierung ist keineswegs selbstverständlich, denn an den meisten Stellen bei Dtjes, wo die Vokabel עֶבֶד, vorwiegend in der Form עַבְדִּי, „mein Knecht", vorkommt, wird sie wie im Jesajabuch selber auf das Volk Israel bezogen (vgl. 41,8.9; 44,1.2.21; 45,4; 49,3 in Jes und TJes). In der Tat geschieht die Gleichsetzung des Knechts mit dem Messias neben 52,13 sonst nur in 43,10[205]. TJes spricht zum ersten Mal vom Messias in 4,2, wo die geweissagte Erscheinung des צֶמַח יְהוָה, des Sprosses Jahwes, des hebräischen Bibeltextes mit מְשִׁיחָא דַיוי wiedergegeben wird. Die messianische Deutung dieses Jahwe-Sprosses hat, wie wir wiederholt gesehen haben, eine klare Vorgabe im Alten Testament (vgl. Jer 23,5; 33,15; Sach 3,8; 6,12). In Sach 3,8 steht bemerkenswerterweise Sproß als Apposition neben Gottes Knecht: „Siehe, ich will meinen Knecht kommen lassen, den Sproß." Wie zu erwarten, spricht der Targum an dieser Stelle explizit von „meinem Knecht, dem Messias" (vgl. S. 79 mit Anm. 197). Da TJes den Sproß Jahwes als Messias versteht, wie es bereits aus TJes 4,2 hervorgeht, stand dem Targumisten von der Gleichstellung des Messias-Sprosses mit dem Knecht Jahwes in Sach 3,8 die Möglichkeit offen, den ʿEbed auch dort als Messias zu identifizieren, wo im Bibeltext עַבְדִּי allein stand. Wie bereits ausgeführt, erfolgt diese Identifizierung im TJes keineswegs automatisch, sondern im Gegenteil sehr zurückhaltend nur an den beiden Stellen 43,10 und 52,13. Es scheint, daß der Targumist sich hier der in der Tradition vorgegebenen Möglichkeit, den Gottesknecht mit dem Messias gleichzusetzen, bedient, weil er der Überzeugung ist, daß die Aussage von der künftigen strahlenden Erhöhung des Knechts keiner anderen Gestalt als dem Messias gelten kann. Der erfolgreiche, sehr starke und erhabene Knecht ist kein anderer als der Messias![206]

(Hg.), Texte zur Umwelt des Neuen Testaments, 353–355. Unter englischen Übersetzungen können erwähnt werden STENNING, a.a.O., 178, 180, die abgedruckt ist in C.K. BARRETT (Ed.), The New Testament Background. Selected Documents, Revised Edition, London 1987, 314f; CHILTON, The Isaiah Targum, 103–105, und SYRÉN, Targum Isaiah 52:13–53:12, 201f. Selber habe ich eine norwegische Übersetzung geliefert in J. ÅDNA, Herrens tjener i Jesaja 53 skildret som triumferende Messias. Profettargumens gjengivelse og tolkning av Jes 52,13–53,12, TTK 63, 1992, (81–94) 82f. (Gerade in V. 5 liegt in dieser Übers. ein Druckfehler vor: Natürlich soll das Tempus hier wie sonst Futur sein und der Text muß dementsprechend lauten „Og han *vil* bygge helligdommen" [statt „,... han ville bygge ..."].)

Ich habe in meinem Aufsatz „Der Gottesknecht als triumphierender und interzessorischer Messias" TJes 52,13–53,12 einer detaillierten Untersuchung unterzogen. Für eine genauere argumentative Begründung der folgenden Ausführungen und für Erläuterung weiterer Einzelheiten im Text verweise ich auf diesen Aufsatz.

[204] Vgl. MT Jes 52,13a: הִנֵּה יַשְׂכִּיל עַבְדִּי, mit TJes 52,13a: הָא יַצְלַח עַבְדִּי מְשִׁיחָא.

[205] In einigen Hss. wird מְשִׁיחָא auch in TJes 42,1 eingefügt, aber dies ist wahrscheinlich eine textkritisch sekundäre Erweiterung (vgl. STENNING, a.a.O., 140, 141; CHILTON, a.a.O., 80, 81).

[206] Im Einklang mit der vorgegebenen biblisch-frühjüdischen Tradition ist der Targumist überzeugt, daß der Messias eine mächtige und triumphierende Gestalt sein wird (vgl. z.B. PsSal 17,21ff), und deshalb ist er bei der Übertragung der nachfolgenden Verse bemüht, die dort beschriebenen Leiden und Schläge, die nach der biblischen Vorlage den Gottesknecht treffen und in seinem Schandtod gipfeln, von dem Messias-Knecht fernzu-

Wir wenden uns wieder dem oben zitierten Vers 5 zu, in dem der Targum auf den wegen der Sünde des Volkes zerstörten Tempel und seine Wiedererrichtung durch den Messias zu sprechen kommt. Mehrere Forscher halten diese Aussage über den tempelbauenden Messias für eine nicht ursprünglich zu TJes 53 gehörige Glosse, die nachträglich von TSach 6,13 her eingefügt worden ist[207]. DONALD JUEL macht jedoch darauf aufmerksam, daß der Targum Jonathan konsequent הֵיכָל im Bibeltext mit הֵיכְלָא (vgl. z.B. TSach 6,12f) und בֵּית mit בֵּית (מַקְדְּשָׁא) wiedergibt[208], und schließt zu Recht aus diesem Befund: „Unless we are to assume that the insertion is capricious and completely out of character with the rest of the targum, the phrase will have to be viewed as something more than a gloss from Zech. Even a late redactor would not have been so insensitive about such an obvious characteristic of targumic usage."[209] In der Tat läßt sich auch direkt anhand vom hebräischen Text in Jes 53,5 leicht zeigen, wie der Targumist hier eine Aussage über den Tempel vorzufinden meinte. Seine Rede vom Tempel – „dem Haus des Heiligtums" (בֵּית מַקְדְּשָׁא) – beruht nämlich auf dem Verständnis von וְהוּא מְחֹלָל מִפְּשָׁעֵנוּ in der hebräischen Vorlage als „er war (bzw. wurde) wegen unserer Schulden entweiht"[210].

halten und sie auf andere im Text auftretende Personengruppen und Größen zu übertragen. Der Targumist hat in dem auffälligen Personenwechsel von der 3. Person („mein Knecht") in Jes 52,13 zu der 2. Person in V. 14 („viele entsetzten sich über *dich*") die Bestätigung seiner Überzeugung gesehen, daß die Aussagen vom Leiden und Tod 52,14; 53,3–9 anderen als dem Messias gelten müßten. Die Grundüberzeugung, daß der Messias kein Leidender ist, hat den hermeneutischen Schlüssel ergeben, mit dem der Targumist an die Übertragung von Jes 52,13–53,12 ins Aramäische gegangen ist. Die inhaltlichen Verschiebungen gegenüber der hebräischen Vorlage können alle von diesem hermeneutischen Prinzip abgeleitet werden.

[207] Z.B. DALMAN, Aramäische Dialektproben, 10 Anm. 25; HEGERMANN, Jesaja 53, 79; GASTON, No Stone, 149 Anm. 1: „... the words ‚he will build the sanctuary' are a gloss from Zech 6:13."

[208] JUEL, Messiah and Temple, 188 mit ausführlicher Übersicht über die Belege in Anm. 47.

[209] A.a.O., 188.

[210] Nach GESENIUS, Handwörterbuch, 233f haben wir es mit zwei Verbalwurzeln חלל zu tun: Von der ersten herrschen Pi‘el, mit der Bedeutung „entweihen", und Hiph‘il, auch mit dieser Bedeutung belegt (vgl. Ez 39,7), aber mit „anfangen" als Hauptbedeutung, vor; die zweite Wurzel ist viel seltener belegt und bedeutet in Po‘el „durchbohren" (Jes 51,9; Hi 26,13). Im MT liegt die dem entsprechende Passivform Po‘al Partizip vor: „er war durchbohrt". Es ist zwar naheliegend zu vermuten, daß der Targumist מְחֹלָל als מְחֻלָּל, das dem Pi‘el von I חלל entsprechende Pu‘al Partizip, gelesen hat, aber nicht zwingend, da Pu‘al Part. nicht nur von der ersten Verbalwurzel (Ez 36,23), sondern auch von der zweiten (Ez 32,26) belegt ist. Unabhängig davon, mit welcher Verbalwurzel wir hier zu tun haben, gibt das darauffolgende, mit der Präposition מִן eingeleitete Wort den Grund an, vgl. GESENIUS, a.a.O., (433–435) 434, die Bedeutung „wegen" von מִן (Punkt 1.h). Auch die griechische Übersetzung des Aquila hat וְהוּא מְחֹלָל מִפְּשָׁעֵנוּ als eine Aussage

Daß die Sünde Israels das Heiligtum Jahwes in Jerusalem entweiht, ist dem Targumisten eine aus dem Alten Testament bekannte und geläufige Erkenntnis[211]. Der Targumist bringt nicht nur hier in 53,5, sondern auch in anderen Passagen von TJes die Ansicht zum Ausdruck, daß die Sünde Israels den Tempel entweiht hat (vgl. TJes 5,1–4; 28,9–13). Diese Entweihung hat zur Folge, daß Gott seine Schekhina den Tempel verlassen läßt (TJes 5,5)[212]. Dies entspricht natürlich dem Auszug des *kābōd*, der Herrlichkeit Jahwes bei Ezechiel (Ez 10,18f; 11,22f) und zieht wie beim Exilspropheten die Zerstörung des Tempels nach sich (TJes 5,5; 32,14; 63,17f). Aus diesen Ausführungen geht ferner hervor, daß die Rede vom Tempel in V. 5 durch die Aussage über das Emporsteigen der Schekhina in V. 3 vorbereitet ist[213]. Zwar geht es in V. 3 um einen Vergleich zum verächtlichen Zustand der heidnischen Königreiche, aber dieser Vergleich ist nicht als irreal zu verstehen, sondern spricht von einem vorzeitigen Ereignis bzw. von einem vorzeitig eingetretenen und noch andauernden Zustand: Es wird bald den glanzvollen Königreichen so schlecht gehen, wie es im Moment noch dem im eigenen Land unterdrückten und im Exil verschmachtenden Israel geht, das ohne Tempel, d.h. ohne die Schekhinapräsenz, die Gnadengegenwart Gottes, dahinvegetiert (vgl. TJes 57,17;

über Entweihung verstanden: καὶ αὐτὸς βεβηλωμένος ἀπὸ ἀθεσ[μ]ιῶν ἡμῶν (ZIEGLER, Isaias, 321, Apparat zu Jes 53,5 LXX), bezieht sie jedoch auf den Knecht. Zu der Bezugnahme des מְחֻלָּל auf den Tempel im Targum erläutert KOCH, Messias, 135f: „Der von unseren Empörungen Entweihte' läßt sich leichter auf den Tempel als auf einen Menschen beziehen und zeigt, daß der Targumist mit den zeitgenössischen Verhältnissen am Tempel so wenig einverstanden ist, daß er das religiöse Zentrum Israels – wie die Qumrangemeinde – als entweiht und ausgeliefert betrachtet (vgl. 28,1–4)."

[211] Vor allem ist auf den Abschnitt Ez 8–11 zu verweisen, der oben S. 38f besprochen ist. Auch die Rabbinen können die Zerstörung des Tempels auf einzelne Verfehlungen Israels zurückführen, vgl. bYom 9b; bShab 119b.

[212] Die Bindung der Schekhina an das Heiligtum geht u.a. aus der häufig auftretenden Bezeichnung des Tempels als בֵּית שְׁכִינְתָּא hervor (T2Sam 7,23; TJes 17,11; 26,21; 38,11; 48,15; 56,5; vgl. TJer 7,15; 15,1; 52,3, wo אֲרַע בֵּית שְׁכִינְתִּי bzw. שְׁכִינְתֵּיה in der hebräischen Vorlage אֶרַע בֵּית שְׁכִינְתֵּיה bzw. פָּנַי bzw. פָּנָיו [das Suffix bezieht sich auf Gott] entsprechen). Die lokale Bindung der Schekhina an den Zion kommt TJes 8,18 sehr stark zum Ausdruck, wo es heißt: שְׁכִינְתֵּיה בְּטוּרָא דְצִיּוֹן – „seine Schekhina ist auf dem Berg Zion" (vgl. auch TJes 28,10; THab 2,20; TJoel 4,17.21; THag 1,8). Auch die Heilsworte TJes 4,5; 30,20; 52,8; 60,13 mit der Ankündigung der erneuten Schekhinagegenwart im Heiligtum auf dem Zion belegen diese Bindung. Hiermit soll allerdings keineswegs bestritten werden, daß die Schekhina nach TJes den irdischen Tempel auf dem Zion transzendiert (vgl. u.a. 32,15; 37,16; 38,14; 40,22; 45,15). Die Verbindung zwischen der Schekhinapräsenz auf dem Zion und in den „Himmeln der Höhe" kommt TJes 6,1–6 zum Ausdruck.

[213] TJes 53,3b: „Und wie es war, als das Angesicht der Schekhina sich von uns gewendet hatte, (so werden sie [*sc.* die heidnischen Königreiche]) Verachtete und Unbeachtete (sein)." Zu Recht versteht u.a. KOCH, a.a.O., 133 den Auszug der Schekhina in V. 3 sachlich als eine Aussage über die Zerstörung des Tempels.

59,2). Dieser Notzustand wird erst dann sein Ende finden, wenn der Messias das wegen der Sünden Israels entweihte und preisgegebene Heiligtum bauen, d.h. den zerstörten Tempel durch einen neuen ersetzen wird. Für diesen neuen Tempel treffen die Verheißungen der erneuerten und nie wieder aufhörenden Schekhinapräsenz zu: „Und der Herr wird euch den Besitz der Feinde und die Beute der Bedränger geben, und er wird nie wieder seine Schekhina vom Heiligtum weichen lassen; eure Augen werden die Schekhina im Heiligtum sehen" (TJes 30,20; vgl. 4,5; 52,8[214]). Die Aufgabe des davidischen Messias ist allerdings auf die Errichtung des eschatologischen Heiligtums beschränkt; er soll nicht als Hoherpriester in dem neuen Heiligtum amtieren und kultisch tätig sein[215].

Was die Beziehung zwischen dem Messias und dem Tempel anbelangt, gibt es noch einige weitere Stellen aus den Targumim, die erwähnt werden können (wie z.B. TOGen 49,10f[216] und TCant 8,2[217]), aber keine davon

---

[214] Auch bei dieser Beschreibung der Heilszeit haben die Schekhinaaussagen des TJes ihre Entsprechung in den *kābōd*-Aussagen des Ezechielbuches, vgl. Ez 43,1ff.

[215] Die Targumim halten für das Eschaton die bei Sach begründete Kompetenzenverteilung zwischen dem königlichen und dem priesterlichen Gesalbten aufrecht (s.o. S. 80f). Dies muß festgehalten werden gegen KOCH, a.a.O., 144 („Der Messias übernimmt in weitem Maße priesterliche Aufgaben") und *passim*. Obwohl der davidische Messias nicht als Priester wirken wird, kommen ihm laut TJes 53 neben dem Tempelbau andere wichtige „religiöse" Funktionen zu, wie vor allem die des Fürbitters (vgl. V. 4.11.12) und die des Gesetzeslehrers (vgl. V. 5.11.12); s. dazu ÅDNA, Der Gottesknecht, 145f, 151–157. Die Rede vom Unterricht des Messias, אֶלְפָּנֵיה, in V. 5b (vgl. Text und Übers. S. 81) kommt dadurch zustande, daß der Targumist מוּסָר im hebräischen Text statt als „Züchtigung" als „Unterweisung"/„Lehre" aufgefaßt (vgl. zu dieser Bedeutung u.a. Prov 1,8; 4,1; wie nahe beieinander diese beiden Bedeutungen in der erzieherischen und pädagogischen Praxis lagen, zeigt ein Text wie Sir 30,1ff) und חַבְרְתוּ von חֲבוּרָה „Genossenschaft", „Gemeinschaft" [*sc.* im Lehrhaus] abgeleitet hat.

[216] TOGen 49,10f: „(10) Weder wird die Herrschaft vom Haus Judas noch der Schriftgelehrte von seinen Enkeln weichen, bis der Messias kommt, dem die Königsherrschaft zukommt und dem die Völker gehorchen werden. (11) Er wird Israel um seine Stadt herum wohnen lassen; *das Volk wird seinen Tempel bauen* (עַמָּא יִבְנוֹן הֵיכְלֵיה); die Gerechten werden rings um ihn versammelt sein, und die Täter des Gesetzes werden zur Unterweisung bei ihm weilen." Der aramäische Text ist zu finden bei SPERBER, The Bible in Aramaic, Vol. I, 85 und DALMAN, Aramäische Dialektproben, 7. Zum Targum Onkelos s. SCHÄFER, *Art.* Bibelübersetzungen, II. Targumim, TRE VI, 220f.

[217] TCant 8,2: „Ich will dich, König [Messias], leiten und hineinbringen in mein Heiligtum, damit du mich lehrst, (mich) vor dem Herrn zu fürchten und auf seinem Wege zu wandeln." Für den aramäischen Text s. SPERBER, The Bible in Aramaic, Vol. IV A, 139; DALMAN, a.a.O., 13. Obwohl in der Anrede „Messias" nach „König" in den meisten Hss. fehlt, ist es nicht zweifelhaft, daß der Messias gemeint ist, denn im vorausgehenden Vers TCant 8,1 ist מַלְכָּא מְשִׁיחָא fester Bestandteil der Textüberlieferung. Zum Targum zum Hohenlied vgl. SCHÄFER, a.a.O., 224.

schildert den Messias wie TSach 6,12f und TJes 53,5 als Bauherrn des eschatologischen Tempels[218].

4.8 Rabbinisches Schrifttum

Die klarste Aussage im rabbinischen Schrifttum über den Messias als Bauherrn des Tempels neben den eben erörterten Targumbelegen ist eine Ausführung zu den Worten aus Cant 4,16aα עוּרִי צָפוֹן וּבוֹאִי תֵימָן, die sowohl im Midrasch zum Hohenlied wie auch in dem Leviticus-Midrasch Wayiqra Rabba zu finden ist:

> WaR 9:
> Es heisst Cant. 4,16: „Auf! Nord komme Süd" ... (dies) geht auf den König Messias, der im Norden sich befindet, er wird kommen und den Tempel erbauen, der im Süden ist. So heisst es Jes. 41,25: „Ich erweckte ihn von Mitternacht her und er kam, vom Aufgang der Sonne her ruft er meinen Namen."[219]

Welches Gewicht dieser Auslegung zukommt, ist nicht eindeutig zu sagen. Weil sie im Kontext nur eine unter mehreren angeführten Erklärungen der Worte aus Cant 4,16 ist, meint LLOYD GASTON, man könne „hardly put much weight on ... Lev. Rabb IX,6", zumal „it is not clear whether the reference is only to Cyrus or also to a future Messiah"[220]. DONALD JUEL beurteilt diese Tradition dagegen als einen wichtigen Beleg dafür, daß die Vorstellung vom Messias als Tempelbauherrn recht weit verbreitet gewesen ist, denn da die Aussage über den Tempelbau weder aus Cant 4,16 noch aus Jes 41,25 direkt gewonnen, sondern von außen an diese Schriftstellen herangetragen worden ist, zeugt dies davon, daß „the belief that the Messiah will build the temple at the end of days" Bestandteil derjenigen traditionellen messianischen Vorstellungen ist, mit deren Hilfe Cant 4,16aα hier ausgelegt wird[221]. „The possibility of dating the tradition seems somewhat remote, but the text does provide another example of an actualized tradition according to which the Messiah is to be the builder of the temple at the end of days."[222] ROBERT ELLIS DOWDA unterläßt es überraschenderweise, diese Stelle in seiner Übersicht über rabbinische

---

[218] LOSIE muß deshalb widersprochen werden, wenn er nicht nur TCant 8,2 unter „Targumic texts which speak of the Messiah building the temple", sondern auch noch TPsJGen 35,21; TPsJEx 40,9 und TCant 1,17 nennt (Cleansing, 160 Anm. 198). Für eine Übersicht über alle Aussagen über den Messias in den Targumim und jeweils (kurze) Erläuterungen dazu vgl. S.H. LEVEY, The Messiah: An Aramaic Interpretation. The Messianic Exegesis of the Targum, Cincinnati/New York/Los Angeles/Jerusalem 1974.

[219] WÜNSCHE, Der Midrasch Wajikra Rabba, 57. Für eine deutsche Übersetzung der Stelle aus MShir s. WÜNSCHE, Der Midrasch Shir Ha-Schirim, 132 (vgl. auch BILL. I, 1005).

[220] GASTON, No Stone, 148/149.

[221] JUEL, Messiah and Temple, 196f (das Zitat ist von S. 197).

[222] A.a.O., 197.

Belege für „the opinion that the Davidic Messiah will be the builder of the future temple"[223] zu nennen. Statt dessen verweist er u.a. auf

bMeg 18a:
Und sobald Jerušalem erbaut ist, kommt David, denn es heisst: *Darnach werden die Kinder Jisraéls umkehren und den Herrn, ihren Gott, und David, ihren König, suchen* (Hos. 3,5). Und sobald David gekommen ist, kommt das Gebet, denn es heisst: *Ich bringe sie zu meinem heiligen Berg und erfreue sie in meinem Bethaus* (Jes. 56,7). Und sobald das Gebet da ist, kommt der Tempeldienst (עבודה), denn es heisst: *Ihre Brandopfer und ihre Schlachtopfer sollen mir wohlgefällig sein auf meinem Altar* (Jes. 56,7).[224]

Hier wird der Messias zwar nicht als Tempelbauherr geschildert, aber sein Kommen wird jedenfalls mit der Wiederaufnahme des Tempeldienstes unmittelbar zusammengesehen, und dabei wird stillschweigend die Errichtung eines neuen Tempels vorausgesetzt, denn ohne ihn kann keine עֲבוֹדָה im Sinne von Opferkult (vgl. die Belegstelle dazu aus Jes 56,7aβ) stattfinden[225].

5. Zusammenfassung

Einige der in diesem Kapitel vorgeführten Schriften kennen zwar die eschatologische Erlösergestalt des *Messias*, ohne ihm allerdings eine aktive Rolle in Verbindung mit der Errichtung des neuen Tempels zuzuschreiben. Dies gilt sowohl für die beiden um die Zeit der ersten Tempelzerstörung wirkenden Propheten Jeremia (vgl. 23,5f; 33,15f) und Ezechiel (vgl. 34,23f; 37,24[226]) als auch für die erst nach der Zerstörung des zweiten Tempels verfaßten Apokalypsen 4Esr (vgl. Kap. 13) und syrBar (vgl. Kap. 40; 72–74), bei denen die Theologumena des Messias und des neuen Tempels überhaupt nicht miteinander in Verbindung gebracht zu werden scheinen. In der Tiersymbolapokalypse tritt der Messias erst auf, nachdem Gott den alten Tempel durch seinen neuen ersetzt und überhaupt die eschatologische Wende bereits heraufgeführt hat (vgl. äthHen 90,29.37f). Im 4QFlor (4Q174) kommt dagegen dem Messias

---

[223] DOWDA, Cleansing, 142.

[224] GOLDSCHMIDT, Der babylonische Talmud III, 609 (die Kursivsetzung der Schriftzitate von GOLDSCHMIDT).

[225] DOWDA erwähnt noch bPes 5a, wo die Erbauung des Tempels und der Name des Messias Belohnungen an Israel für die Einhaltung der Feste genannt werden (a.a.O., 142 Anm. 1; für den Text s. GOLDSCHMIDT, Der babylonische Talmud II, 352), und zitiert außerdem aus dem späten Text PesR 162a–b (a.a.O., 143), dem zufolge der Tempel die Stätte des Offenbarwerdens des Messias sein wird.

[226] Die kultische Rolle des Messias als des vornehmsten Laienglieds der künftigen Heilsgemeinde wird jedoch genau geregelt: vgl. Ez 45,17.21–25; 46,1–12.

(wie bei Jer, Ez, 4Esr und syrBar) zwar die eschatologische Aufgabe zu, das Volk Israel zu retten (vgl. Frgm.1 I,10–13), aber mit der Errichtung des neuen Tempels „am Ende der Tage" hat er nichts zu tun, da Gott selbst dieses Heiligtum gründen wird (vgl. I,1–5).

Obwohl die meisten alttestamentlichen und (früh)jüdischen Texte, die von Tempelkritik und -erneuerung handeln, vom Messias entweder ganz schweigen oder jedenfalls keine aktive Rolle für ihn in Verbindung mit der Beseitigung der gerügten Zustände und der Erneuerung vorsehen, ist dieses Bild eines abwesenden oder passiven Messias keineswegs alleinherrschend in der alttestamentlich-(früh)jüdischen Tradition. Der vielleicht berühmteste frühjüdische Messiastext, PsSal 17, erwartet vom (davidischen) Messias wenigstens, daß er den Tempel reinigt (vgl. V. 30 und die Ausführungen auf S. 68–70) und knüpft dabei an die Tradition der königlichen Tempelreformen an[227]; vielleicht setzt dieser Text sogar voraus, daß der Messias einen neuen Tempel errichtet (vgl. S.70 mit Anm. 156). Die wegen der göttlichen Zusage eines ewigen Bestandes des Davidshauses und der Erwählung des „Davidssamens" bzw. des Davidssohnes zum Sohn Gottes für die Entwicklung der messianischen Traditionen besonders bedeutsame Nathanweissagung in 2Sam 7 (s. bes. V. 12–16) bzw. 1Chr 17 (s. bes. V. 11–14) enthält auch die Aussage, daß der Davidssohn Gottes Namen bzw. Gott ein Haus bauen soll (2Sam 7,13a; 1Chr 17,12a). Nach dem Untergang der davidischen Dynastie und dem Verlust des von Salomo gebauten Tempels in der Katastrophe des Jahres 587 v.Chr. war es im Rahmen der messianischen Rezeption dieses Textes naheliegend, die zuerst lediglich dem einen Davidssohn Salomo zugesprochene Aufgabe des Tempelbaus auf den messianischen Heilsbringer zu übertragen. Dies geschah zuerst in einer besonders kühnen Weise in der Verkündigung des anonymen Exilspropheten Deuterojesaja (vgl. Jes 44,24–45,7 [4.2, S. 53ff]), der den persischen König Kyros als den Messias Jahwes proklamierte (45,1) und ihm in dieser Eigenschaft auch u.a. den Wiederaufbau Jerusalems und des Tempels zusprach (44,28b). Auch die einige Jahre nach Dtjes auftretenden Propheten Haggai und Sacharja (4.3, S. 56ff) sahen in einem Zeitgenossen, und zwar dem von den Persern zum Statthalter Judas eingesetzten Davididen Serubbabel, den Messias Jahwes (vgl. Hag 2,20–23; Sach 4,1–6aα.10b–14). Ihm fiel in der Eigenschaft als davidisch-königlichem Messias unter Aufnahme von 2Sam 7,13a / 1Chr 17,12a in den Sprüchen Sach 4,8–10a und 6,9–15 die Aufgabe zu, den neuen, eschatologischen Tempel zu bauen (s. bes. 4,9a; 6,12bβ.13aα; seinen messianischen Charakter hebt auch der ihm im letzteren Spruch zuteilwerdende Titel

---

[227] D.h. die Tempelreformen Asas (2Chr 14,1–4; 15), Hiskias (2Reg 18–19; 2Chr 29–31) und Josias (2Reg 22–23; 2Chr 34–35).

„Sproß [Jahwes]", 6,12bα [vgl. auch 3,8] noch deutlich hervor, denn diese Vokabel hat von Jer 23,5; 33,15 her deutliche messianische Konnotationen). Sowohl der Perserkönig Kyros als auch der Statthalter Serubbabel trugen zwar beide dazu bei, daß gegen Ende des 6. Jh.s v.Chr. ein neuer Tempel in Jerusalem gebaut werden konnte, aber keiner von ihnen wurde den durch die prophetische Verkündigung ihrer Messianität ausgelösten hohen Erwartungen gerecht, und der Tempel Serubbabels blieb auch in seiner architektonisch-baulichen Bescheidenheit und dem Ausgeliefertsein an die weiterbestehende unerlöste irdische Wirklichkeit mit ihren Konflikten und Plagen weit hinter den eschatologischen Hoffnungen zurück.

Trotz der Enttäuschungen mit dem zweiten Tempel hielten gewisse Kreise im Frühjudentum und frühen rabbinischen Judentum nicht nur in einem allgemeinen Sinn an der Erwartung fest, daß Gott eines Tages die das sündhafte Weltalter beendende eschatologische Heilswirklichkeit, zu der auch ein neuer Tempel gehören würde, heraufführen würde, sondern sie rechneten weiterhin mit einer besonderen Rolle des Messias, was den eschatologischen Tempel betrifft. Diese messianische Erwartung bringen neben PsSal 17 (s.o.) vor allem die Targumim zum Ausdruck (4.7, S. 76ff). Am deutlichsten ist dies zu sehen in der targumischen Aufnahme der sacharjanischen Kernstelle 6,12b.13a und in der messianischen Rezeption des vierten Gottesknechtlieds des Dtjes aus Jes 52,13–53,12 im Targum Jonathan, bei der der Tempelbau als eine der Aufgaben des Messias dargestellt wird (vgl. TJes 53,5: „Und er [*sc.* der Messias] wird das Heiligtum bauen ..."). Vereinzelt begegnet die Erwartung des Messias als Bauherrn des eschatologischen Tempels auch im (sonstigen) rabbinischen Schrifttum (vgl. vor allem die Deutung von Cant 4,16aα in den Midraschim WaR und MShir, s. 4.8, S. 86f). Sei der Messias des PsSal 17 und der Targumim noch der irdische Davidide, dessen sich Gott als seines Werkzeuges für die Durchsetzung des eschatologischen Heils bedient, kennt das 5. Buch der sibyllinischen Orakel (4.6, S. 71ff) – wie die Bilderreden (äthHen 37–71), 4Esr und die neutestamentlichen Evangelien – einen mit Ausgangspunkt in Dan 7 auch „Menschensohn" genannten Messias, der zur himmlischen Sphäre gehört und von dort aus zu seinem messianischen Auftrag aufbricht, zu dem u.a. die Errichtung eines neuen, herrlichen Tempels gehört (Sib 5,414ff).

Kapitel 3

Überlieferungsgeschichtliche Analyse, Authentizitätsprüfung und Interpretation des Tempelwortes Jesu (Mt 26,61; 27,40; Mk 14,58; 15,29; Joh 2,19; EvThom 71; Act 6,14)

1. Einleitung

Das Tempelwort Jesu enthält in seiner umfassendsten Version eine kontrastierende Gegenüberstellung der Adjektive χειροποίητος – ἀχειροποίητος („mit Händen gemacht" – „nicht mit Händen gemacht"): „Ich werde diesen mit Händen gemachten Tempel abbrechen, und in drei Tagen werde ich einen anderen nicht mit Händen gemachten errichten" (Mk 14,58). In der Diskussion darüber, worauf sich die Qualifizierung der beiden Tempel, jeweils des abzubrechenden und des zu errichtenden, mit Hilfe dieses Kontrastpaares bezieht, spielt eine von Ex 15,17b.18 ausgehende Tradition, derzufolge Gott mit seinen eigenen Händen jenes Heiligtum gründet, von dem aus er als König herrscht, eine erhebliche Rolle. Wir haben uns bei der Darlegung der Traditionen über Tempelkritik und -erneuerung im vorigen Kapitel diesen Aspekt der Tempelerwartungen im Alten Testament und Frühjudentum aufgespart, denn es ist am sinnvollsten ihn hier im Kapitel über das Tempelwort Jesu eingangs zu erörtern, um uns dadurch die erforderlichen traditionsgeschichtlichen Grundlagen für eine Stellungnahme in der Diskussion über den Bezugspunkt der Attribute χειροποίητος – ἀχειροποίητος in Mk 14,58 zu erarbeiten. Der weitere Aufbau des Kapitels (3. Überlieferungsgeschichtliche Analyse mit vorläufiger Authentizitätsprüfung, 4. Interpretation mit endgültigem Urteil über die Authentizität) ergibt sich mehr oder weniger von selbst.

2. Das von Gott für seine Königsherrschaft gegründete Heiligtum nach Ex 15,17b.18

2.1 Ex 15,17b.18 im Rahmen des hebräischen Alten Testaments

Ex 15,17–18 ist geradezu der „*locus classicus* for the eschatological Temple to be built by God himself"[1] als die Stätte, von der aus seine Königsherrschaft sich entfaltet. Dieses Urteil DEVORAH DIMANTs trifft bestimmt für die *Wirkungsgeschichte* dieser Verse zu. Wir müssen uns jedoch zunächst ihrem Ursprungskontext in Ex 15 zuwenden und uns die ihnen darin zukommende Rolle ansehen.

> Ex 15,17b.18:
> (17b) das Heiligtum, Herr, das deine Hände gegründet haben;
> (18) Jahwe herrscht als König für immer und ewig.

(17b)[2] מִקְּדָשׁ אֲדֹנָי כּוֹנְנוּ יָדֶיךָ: (18) יְהוָה יִמְלֹךְ לְעֹלָם וָעֶד:

Diese anderthalb Verse gehören zum sogenannten Schilfmeerlied Ex 15,1b–18 (bzw. V. 1–21), das in hymnischer Form Jahwes Rettung Israels vor den es verfolgenden Ägyptern am Schilfmeer besingt (vgl. Ex 13,17–14,31)[3]. In dem Ausmaß, in dem dieses Lied über die „objektiven hymnischen Aussagen"[4], wie sie in V. 3.6f.11.18 zu finden sind, hinausgeht, bezieht es einerseits das gewaltige Handeln Jahwes dem Kontext entsprechend auf das Schilfmeerwunder (V. 1b.4f.8–10.12)[5], aber

---

[1] D. DIMANT, Qumran Sectarian Literature, in: M.E. STONE (Ed.), Jewish Writings of the Second Temple Period, CRI 2, Vol. II, Assen/Philadelphia 1984, (483–550) 519.

[2] S. GESENIUS/KAUTZSCH, Grammatik, § 155h für den Relativsatz in V. 17b.

[3] CHILDS, Exodus, 248f: Kontextuell stellt das Lied die Entfaltung der Jahwefurcht und des Glaubens an ihn dar, worin das ganze dramatische Schilfmeergeschehen endete (14,31). Zur formgeschichtlichen Bestimmung als Hymnus s. a.a.O., 243f, 249f.
V. 20f stellen eine neue Texteinheit dar, die vom Tanz und Gesang der Frauen unter Leitung der Prophetin Mirjam handelt, die aber inhaltlich mit dem ihr vorausgegangenen Hymnus darin verbunden ist, daß der Liedtext V. 21b mit dessen Anfang in V. 1b übereinstimmt. Viele, u.a. NOTH, Exodus, 96–98, nehmen an, daß V. 20f das älteste Element im ganzen Abschnitt V. 1–21 darstellt und daß das große Schilfmeerlied erst viel später auf der Grundlage des kurzen Hymnus in V. 21b gedichtet worden ist. Im jetzigen Textzusammenhang bildet V. 19 als eine abschließende prosaische Zusammenfassung (vgl. 14,23.28.29) den Übergang zwischen dem mit der Proklamation der Königsherrschaft Jahwes in V. 18 endenden langen Hymnus und der Texteinheit V. 20f mit dem kurzen Hymnus Mirjams. Vgl. zum Ganzen SPIECKERMANN, Heilsgegenwart, 99–102.

[4] NOTH, a.a.O., 98.

[5] Dabei liefert das Lied eine Deutung des Ereignisses am Schilfmeer: „The poem praises God as the sole agent of salvation. Israel did not co-operate or even play a minor role. The figure of Moses is completely omitted. Yahweh alone effected the miracle at the sea" (CHILDS, a.a.O., 249).

andererseits auch auf die Führung des geretteten Volkes in das verheißene Land (V. 13–17). In diesem zweiten Teil schildert der Hymnus die Wirkung dieser mächtigen Gottestat auf die Nachbarvölker in Edom und Moab sowie auf die anderen Völker in Palästina, d.h. die Bewohner des Philisterlandes und Kanaans (V. 14–16). Vielleicht ist es diese weite geographische Perspektive, die einige Exegeten wie z.B. MARTIN NOTH zu der Annahme veranlaßt hat, die Aussagen in V.13b und 17 über das endgültige Ziel der Hinführung bezögen sich auf „das Israel zugedachte Land im ganzen"[6]. Inzwischen hat sich aber, soweit ich sehen kann, die Erkenntnis, daß das Lied hier spezifisch den Tempel auf dem Zion meint, durchgesetzt[7]:

Ex 15,13b.17a:[8]
(13b) Du führtest (es) machtvoll zu deiner heiligen Wohnstatt.

(נָחִיתָ בְעָזְּךָ אֶל־נְוֵה קָדְשֶׁךָ)

(17a) Du brachtest sie hin und pflanztest sie ein auf dem Berg deines Erbbesitzes, der Stätte deines Thrones, die du, Jahwe, gemacht [hast].

(תְּבִאֵמוֹ וְתִטָּעֵמוֹ בְּהַר נַחֲלָתְךָ מָכוֹן לְשִׁבְתְּךָ פָּעַלְתָּ יְהוָה)

Zwar ist in V. 17 ugaritisch-kanaanäische Terminologie zu verzeichnen, aber dies ist kein Indiz für einen frühen, vorstaatlichen Ursprung des Hymnus[9]. Mit der Aufnahme terminologischer Einzelformulierungen geht die Rezeption eines ganzen kanaanäischen Mythos einher. Es dreht sich um den aus Ugarit bekannten Baal-Mythos, nach dem Baal den Meeresgott Jam besiegt, daraufhin einen Tempelpalast erhält und als König proklamiert wird:

---

[6] NOTH, a.a.O., 99. Für die weitere Erörterung und Begründung seiner Sicht s. a.a.O., 99f.

[7] 1987 zog JÖRG JEREMIAS, Königtum Gottes, 104 folgende Bilanz: „... die früher häufig geführte exegetische Diskussion, ob V. 13 und 17 Kanaan oder Zion meine, ist m.E. gegenstandslos: Jahwe wohnt auf dem Zion – und nur von Jahwes Wohnung ist begrifflich die Rede –, Israel wohnt bei ihm: darum allein geht es dem Text."

[8] Übers. von SPIECKERMANN, a.a.O., 98, 99. (In V. 17a ist das in eckigen Klammern gesetzte Wort „hast" von mir hinzugefügt worden).

[9] S. z.B. JÖRG JEREMIAS, a.a.O., 100 für den Nachweis kanaanäischer Terminologie. Zusammen mit der archaischen Sprache ist die Verwandtschaft mit ugaritischem Material von Vertretern der sog. ALBRIGHT-Schule für eine Datierung des Schilfmeerliedes in die vorstaatliche Zeit in Anspruch genommen worden. V. 17 solle demnach angeblich das *himmlische* Heiligtum Jahwes meinen. Für Kritik und Ablehnung dieser Datierung und Interpretation s. CHILDS, a.a.O., 246 und JÖRG JEREMIAS, a.a.O., 93f mit Anm. 3, 103f: „[N]icht nur fehlen jegliche Belege im Alten Orient dafür, daß ein Volk je vom himmlischen Heiligtum gesprochen hätte, ohne daß dessen irdisches Gegenstück existiert hätte ..., sondern vor allem geht es in V. 13 und 17 ja um Israel, das auf Jahwes Berg ‚eingepflanzt' wird, um bei Jahwe zu wohnen. Für diesen *so* bezeichneten Berg kommen auch der Sinai (Freedman) und Gilgal (Cross) nicht in Frage ..." (104, kursiv von JEREMIAS).

Reden will ich zu dir, Herrscher Baal ... Du wirst ergreifen dein ewiges Königtum, deine Herrschaft für alle Zukunft.[10]

Ebenso deutlich wie die traditionsgeschichtliche Abhängigkeit vom Baal-Mythos ist jedoch der zu ihm gewonnene Abstand; der in Ex 15 begegnende „souveräne Umgang ... mit dem kanaanäischen Mythos" war erst zu einer viel späteren Zeit möglich, als „der Mythos für Israel theologisch längst ‚bewältigt' war und von ihm nicht mehr [eine] Gefährdung ausging"[11]. Dieser „souveräne Umgang" kommt in der Deutung zum Vorschein, der der Mythos im Schilfmeerlied unterzogen wird: Jahwe kämpft nicht wie Baal mit einem Konkurrenten um die Weltherrschaft, sondern er bekämpft den Israel tödlich verfolgenden Feind (V. 9), und die Folge seines Sieges ist nicht,

„daß Jahwe ein Heiligtum erhält – er hat sein Heiligtum längst vor diesem Sieg mit eigenen Händen gegründet (V. 17; vgl. V. 11.13) –; das Resultat ist vielmehr, daß Israel, um dessentwillen Jahwe den Kampf ausficht, dorthin gebracht wird, wo es nach Gottes Willen hingehört und wo es für alle Zeiten bewahrt und geschützt sein wird. an das von Gott gegründete Heiligtum als den Weltenmittelpunkt. Nicht der Sieger erhält als Trophäe seinen Tempel, sondern das von Gott gerettete [sic] Volk wird Gott für alle Zeiten zugeführt. Es wohnt künftig dort, wo Gott schon zuvor wohnte".[12]

Das Schilfmeerlied legt folglich in seinem zweiten Teil seinen Schwerpunkt auf die „Einpflanzung" Israels auf dem Gottesberg Zion, d.h. auf seine auf den Tempel in Jerusalem hin ausgerichtete heilvolle Existenz, so daß alle anderen mit der Führung ins Land verbundenen heilsgeschichtlichen Aspekte ganz in den Hintergrund treten[13]. Aber obwohl die

---

[10] Zitiert nach JÖRG JEREMIAS, a.a.O., 100. Zu den Einzelheiten des Baal-Mythos s. a.a.O., 99f und SPIECKERMANN, a.a.O., 108f.

[11] JÖRG JEREMIAS, a.a.O., 105. JEREMIAS datiert den Grundbestand des Hymnus in spätvorexilische Zeit; die Endgestalt (d.h. mit Einschluß der von JEREMIAS für sekundär gehaltenen V. 2.4f.14.15b) setzt er allerdings erst in nachexilische Zeit (a.a.O., 106). SPIECKERMANN scheidet anders zwischen Grundbestand und späteren Ergänzungen; die älteste Form des Hymnus datiert er bereits in nachsalomonisch-vorjesajanische Zeit (a.a.O., 112–114). Der älteste, eindeutig fixierbare Beleg für Jahwe als König ist Jes 6,5 aus der Berufungsvision des Propheten Jesaja (vgl. 6,1).

[12] JÖRG JEREMIAS, a.a.O., 103. Zur stattfindenden Transformation des Mythos s. auch SPIECKERMANN, a.a.O., 110f.

[13] SPIECKERMANN, a.a.O., 108: „Wollte man das Thema des Psalms unter Berücksichtigung des eigenen inhaltlichen Gefälles angeben, lautete es nicht Exodus und Landnahme, sondern Gotteskampf und Königsherrschaft Jahwes inmitten seines Volkes auf dem Tempelberg." SPIECKERMANN geht jedoch zu weit, wenn er, u.a. aufgrund der Ausscheidung von V. 14–16 als sekundär, dem Psalm jegliche Anknüpfung an die Landnahmetradition abspricht und meint, darin die Ersetzung einer Ausrichtung auf die geschichtlichen Heilstaten Jahwes durch eine Inanspruchnahme ewiger Heilspräsenz für das auf dem Zion lebende Israel zu finden (a.a.O., 111f).

Hinführung Israels zum Gottesberg im Hymnus Ex 15,1b–18 mit solchem einseitigem Nachdruck vollzogen wird, daß alle „Zwischenstationen" zwischen dem Schilfmeer und dem Zion mehr oder weniger ausgeblendet werden[14] – was vermutlich, wenigstens zum Teil, mit dem darin verarbeiteten Mythos zusammenhängt –, sollte seine Verbindung zur Exodus-Landnahme-Tradition nicht übersehen werden. Wir haben bereits oben die kontextuelle Einbindung des Hymnus angesprochen (s. vor allem Anm. 3, 5), und traditionsgeschichtlich läßt sich allgemein im Komplex der Exodus- und Landnahmeüberlieferungen eine Ausrichtung auf den Tempelberg als das endgültige und klimaktische Ziel der Hinführung Israels ins Land beobachten.

Bei der Nacherzählung der Befreiung Israels aus Ägypten wird nicht nur die Führung ins verheißene Land im allgemeinen Sinne hinzugefügt (vgl. Jes 63,11–14; Ps 77,15–21), sondern die Auflistung der heilsgeschichtlichen Daten gipfelt manchmal gerade „in the establishment of the divine sanctuary"[15]. Dieses Muster begegnet nicht nur in den Exodus- und Landnahmeüberlieferungen, sondern auch in Gesetzessammlungen im Pentateuch: Z.B. sind in Ex 34,10–26 die Landnahme, die Wallfahrtsfeste und das Haus Jahwes in der Reihe nacheinander aufgeführt; und im Deuteronomium hat die

---

[14] Obwohl das in V. 13 für Jahwes Wohnstatt benutzte Wort נָוֶה in Stellen wie 2Sam 15,25; Jes 27,10; 33,20 eindeutig auf Jerusalem / Zion bezogen ist, kann es nichtsdestoweniger auch für das ganze Land stehen (vgl. Jer 10,25; 23,3; Ps 79,7). Trotzdem dürfte es sich um ein zuverlässiges Ergebnis handeln, wenn JÖRG JEREMIAS, a.a.O., 104 Anm. 24 darauf aufmerksam macht, daß T.C. BUTLER, The Song of the Sea: Ex 15,1–18. A Study in the Exegesis of Hebrew Poetry, Diss. Vanderbilt Univ. (Nashville [Tenn.]) 1971, 62ff „in einer sorgfältigen Überprüfung der atl. Parallelbelege zeigt, daß alle Parallelen zu V. 13 (Jahwes ‚Wohnstatt') auf Jerusalem weisen und für V. 17 Belege, die nicht das himmlische Heiligtum bezeichnen, wiederum nur für Jerusalem existieren".

[15] CHILDS, Exodus, 244, der als Belege dafür, daß „[t]he enumeration of the great acts of redemption which were celebrated in the Song appear to be a prototype of the historical recitals found in the Psalter", auf Ps 78; 105 und 106 verweist. Von diesen in die Geschichte zurückblickenden Psalmen gipfeln Ps 78 eindeutig (s. V. 68–72) und Ps 106 vielleicht (s. V. 47f) in der Sammlung Israels (im Tempel) auf dem Zion. Vgl. auch HORBURY, Land, sanctuary and worship, 208: „Colonization of the *land* can be presented as leading directly to assembly in the *sanctuary*" (kursiv von HORBURY).
Dieses bereits im hebräischen AT vorliegende Muster hat die Übertragung der Bibeltexte in den Versionen weiter beeinflußt. Als Beispiel verweist HORBURY, a.a.O., 209 darauf, wie Ps 77 LXX nicht wie Ps 78 MT bis V. 68f (s.o.) abwartet, ehe er den Zion einführt, sondern der Übersetzer nimmt bereits V. 54, wo der MT davon spricht, daß Gott Israel in sein heiliges Land (גְּבוּל קָדְשׁוֹ), zu dem Berg, den seine rechte Hand erwarb, brachte, zum Anlaß, auf dem Tempelberg als Ziel der Hinführung ins Land zu sprechen zu kommen: καὶ εἰσήγαγεν αὐτοὺς εἰς ὅριον ἁγιάσματος αὐτοῦ ὄρος τοῦτο ὃ ἐκτήσατο ἡ δεξιὰ αὐτοῦ. Die LXX erreicht diese inhaltliche Verschiebung dadurch, daß sie das *Nomen rectum* in der Konstruktusverbindung גְּבוּל קָדְשׁוֹ, קֹדֶשׁ, das hier als *Genitivus appositionis* das *Nomen regens* qualifiziert („heiliges Land" [s. GESENIUS/KAUTZSCH, Grammatik § 128p]), durch das für das „Heiligtum" im Sinne des Tempels stehende ἁγίασμα (vgl. 1Makk 1,21.36ff; 5,1; Sir 36,12; 50,11) wiedergibt.

Besitzergreifung des Landes zur Folge bzw. verpflichtet dazu, daß die Israeliten die heidnischen Kultstätten zerstören (vgl. Dtn 12,1–3) und „die Stätte, die Jahwe, euer / dein Gott, auswählen wird" (אֱלֹהֶיךָ / הַמָּקוֹם אֲשֶׁר־יִבְחַר יְהוָה אֱלֹהֵיכֶם) [u.a. Dtn 12,5.11. 18.21]) aufsuchen sollen[16].

Es sei in diesem Zusammenhang wenigstens am Rande erwähnt, daß es aus späterer Zeit frühjüdische Zeugnisse für das Festhalten an der engen Verbindung zwischen Land, Heiligtum und Kult gibt. Die Tempelrolle, 11QTR (11Q19), führt in dem Ex 34 entsprechenden Zusammenhang (vgl. die vielen Bezugnahmen darauf in Kol. II) als Zweck und Sinn der Landnahme an, sofort für die Errichtung des Tempels in der Heiligen Stadt zu sorgen (Kol. III ff). Nach Philo erfolgte der Bau des Tempels und die Einrichtung des Kultes kurz nach der Landnahme (Hyp 6,6; vgl. VitMos 2,72). Josephus stellt in seiner Zusammenfassung des mosaischen Gesetzes (vgl. Ant 4,196–198) die Gründung der Heiligen Stadt, des Tempels und des Altars als die ersten zu vollziehenden Pflichten nach der Einnahme des Landes heraus (Ant 4,199–201).

Wir kommen zum Lobpreis des Königtums Jahwes, mit dem der Hymnus in Ex 15,18 ausklingt: „Jahwe herrscht als König für immer und ewig." Dieser Vers „sagt, was gilt, wenn Jahwe den Inhalt der zweiten Strophe [sc. V. 13–17] durchgeführt hat"[17]. Wie in bezug auf Baal im kanaanäischen Mythos (s.o.) wird die Königsherrschaft Jahwes nach seinem Sieg proklamiert. Aber im Hinblick darauf, wie die ausgerufene Königsherrschaft zu verstehen ist, wirkt die oben besprochene Verarbeitung des Mythos sich auch hier aus:

„Der Schlußvers ... macht ... deutlich, inwiefern von einem Anfang des göttlichen Königtums im Sinne von Ex 15 geredet werden kann und inwiefern nicht: nicht im absoluten Sinne des kanaanäischen Mythos, insofern Jahwe sein Königtum nicht erringt, sondern erweist, und auch sein Heiligtum keinen benennbaren Anfang hat; wohl aber in dem geschichtlichen Sinne, daß erst nach den Ereignissen, die Ex 15 berichtet, das Königtum Jahwes in seiner alle zukünftige Geschichte prägenden Gestalt existiert: als Königtum vom Zion aus über ein Gottesvolk, das um den Gottesberg Zion herum wohnt."[18]

Der Ausklang des Schilfmeerliedes entspricht dem Befund in dem Hymnus Ps 146 (vgl. auch Ps 29,10):

Ps 146,10:
Jahwe herrscht als König auf ewig, dein Gott, Zion, von Geschlecht zu Geschlecht. Halleluja!

(יִמְלֹךְ יְהוָה לְעוֹלָם אֱלֹהַיִךְ צִיּוֹן לְדֹר וָדֹר הַלְלוּ־יָהּ:)

---

[16] S. hierzu HORBURY, a.a.O., 209. Nach der Vorführung noch weiterer Texte lautet seine Bilanz: „These biblical passages, among which the Pentateuchal texts had particular influence, encouraged the conception of assembly in the holy place as the immediate goal of the exodus and conquest (Exod. 15.17)" (ebd.).

[17] JÖRG JEREMIAS, Königtum Gottes, 98.

[18] A.a.O., 100f. Diese Deutung JEREMIAS' scheint mir angemessener und überzeugender als die SPIECKERMANNs zu sein, der Ex 15,18 zu nahe an den kanaanäischen Baal-Mythos rückt (s. Heilsgegenwart, 109f).

Im Psalter sind zur Thematik der Königsherrschaft Gottes vor allem die sogenannten Jahwe-König-Psalmen zu bedenken (Ps 47; 93; 96–99). Bezogen auf Jahwe bedienen sie sich von der Wurzel מלך sowohl des Nomens מֶלֶךְ, „König" (Ps 47,3.8; 98,6), als auch des Verbs מָלַךְ, „als König herrschen" (Ps 47,9; 93,1; 96,10; 97,1; 99,1). Ohne hier auch nur annähernd auf die Diskussion über das Verständnis dieser Psalmen eingehen zu können[19], stelle ich schlicht fest, daß sie explizit vom Tempel (Ps 93,5; vgl. Ps 68,25) sowie dem Zion sprechen (Ps 99,2)[20]. Vermutlich besingen einige unter ihnen die bereits gegenwärtig bestehende Königsherrschaft Jahwes (vgl. Ps 93,2), während andere von Anfang an eine eschatologische Ausrichtung gehabt haben und auf die erst zu verwirklichende Königsherrschaft Jahwes über alle Völker vorausblicken bzw. sie proklamieren (Ps 96; 98)[21]. Zusammen mit weiteren Psalmen, in denen Jahwe König genannt wird (z.B. Ps 68; 146), gehört der Hymnus Ex 15,1b–18 in diesen Zusammenhang hinein: Jahwes Königsherrschaft wird proklamiert und entfaltet sich (V. 18) von seinem Heiligtum (V. 17b) aus, das seine auf dem Berg seines Erbbesitzes befindliche Wohnung darstellt, wo er thront (V. 17a).

2.2 Ex 15,17–18 in der Septuaginta

Ex 15,17f LXX:
(17) Nachdem du sie hineingeführt hast, pflanze sie ein auf dem Berg deines Erbes, in deine bereitete Wohnung, die du, Herr, errichtet hast, das Heiligtum, Herr, das deine Hände bereiteten. (18) Der Herr herrscht als König ewiglich und von Ewigkeit und für immer.

(17) εἰσαγαγὼν καταφύτευσον αὐτοὺς εἰς ὄρος κληρονομίας σου, εἰς ἕτοιμον κατοικητήριόν σου, ὃ κατειργάσω, κύριε, ἁγίασμα, κύριε, ὃ ἡτοίμασαν αἱ χεῖρές σου. (18) κύριος βασιλεύων τὸν αἰῶνα καὶ ἐπ’ αἰῶνα καὶ ἔτι.

Der griechische Text schreibt die beiden Imperfekta, die V. 17 eröffnen (תְּבִאֵמוֹ וְתִטָּעֵמוֹ), zu einer Verbindung aus einem Imperativ und einem ihm

---

[19] S. neben den bereits oben häufig herangezogenen Studien von JÖRG JEREMIAS, Königtum Gottes und SPIECKERMANN, Heilsgegenwart die Forschungsübersicht zum Königtum Gottes im AT bei CAMPONOVO, Königtum, 74–79 und bes. seine Erörterung des Königtums Jahwes in den Psalmen, a.a.O., 91–102.

[20] Ps 99,2: „Jahwe ist groß auf dem Zion und über alle Völker erhaben" (יְהוָה בְּצִיּוֹן גָּדוֹל וְרָם הוּא עַל־כָּל־הָעַמִּים). Hier haben wir es deutlich mit der lokalen Bedeutung von „Zion", d.i. der Tempelberg in Jerusalem, zu tun. Wenn in den Jahwes Königtum besingenden Psalmen der Zion *angesprochen* wird (Ps 97,8; 146,10 [zitiert oben]), liegt vermutlich eine auf die Einwohner Jerusalems oder auf das ganze Volk Israel ausgeweitete Bedeutung des Terminus vor (s.o. S. 25 mit Anm. 2), aber auch diese erweiterte oder übertragene Anwendung setzt die Zionstradition voraus und ist überhaupt erst daraus hervorgewachsen.

[21] Ps 96 und 98 scheinen viele Nachklänge des Dtjes zu enthalten und gehören in den Umkreis der dtjes Theologie, s. JÖRG JEREMIAS, a.a.O., 121–136.

zugeordneten adverbial gebrauchten Partizip um (εἰσαγαγὼν κατα-
φύτευσον). Dadurch wird die Aussage zu einer Aufforderung an Gott, er
möge nach der Hinführung seines Volkes es nun auf dem Berg seines
Erbes einpflanzen. Aus der historisierten Perspektive des Kontextes von
Ex 15 läßt sich diese Aufforderung ohne weiteres auf den salomonischen
Tempel beziehen. Das Imperfekt in V. 18, יִמְלֹךְ, gibt die LXX mit einem
Partizip Präsens wieder; sie versteht die Proklamation folglich, durchaus
zutreffend[22], als eine durative Aussage über die bereits bestehende und
immer fortwährende Königsherrschaft Gottes. Diesem Verständnis verleiht
die LXX weiteren Nachdruck durch die Einfügung von τὸν αἰῶνα, ohne
Entsprechung in der masoretischen Fassung, die eine Doppelung der
adverbialen Aussagen über die zeitliche Erstreckung des königlichen
Herrschens zur Folge hat[23].

Die *theologisch* ertragreichste Neuerung des LXX-Textes gegenüber
dem hebräischen Text stellt vermutlich die ergänzende Qualifizierung der
Wohnung Gottes in V. 17 als ἕτοιμος dar. Denn die Übersetzung „deine
bereitete Wohnung" „suggests that this verse was already taken to promise
a pre-existent God-given temple in the third century BCE [d.i. die
Entstehungszeit des Pentateuchteils der LXX, s. S. 30 mit Anm. 16];
‚ready' (*hetoimos*) signifies divinely prepared ..."[24]. Die Vorstellung der
göttlichen Vorbereitung bzw. Vorherbestimmung des Tempels begegnet
unter Anwendung des ἕτοιμος auch in dem (um das präpositionale Präfix
πρό erweiterten) Verb προετοιμάζειν in Salomos Gebet um Weisheit in

Weish 9,8:[25]
Du hast geheißen, einen Tempel auf deinem heiligen Berge zu bauen und einen Altar
in der Stadt deines Zeltens, eine Nachbildung des heiligen Zeltes, welches du vorher
bereitet hast seit Uranfang.

εἶπας οἰκοδομῆσαι ναὸν ἐν ὄρει ἁγίῳ σου καὶ ἐν πόλει κατασκηνώσεώς σου θυσιαστήρι-
ον, μίμημα σκηνῆς ἁγίας ἣν προητοίμασας ἀπ' ἀρχῆς.

---

[22] S. zum durativen Aspekt des Imperfekts GESENIUS/KAUTZSCH, Grammatik, § 107.

[23] Obwohl die Konstruktion mit ἐπ' αἰῶνα einmalig ist, kann es nicht zweifelhaft sein,
daß ἐπ' αἰῶνα καὶ ἔτι am Ende des Satzes לְעֹלָם וָעֶד wiedergibt. Ich habe versucht, in
meiner Übers. durch die etwas holprige Formulierung „ewiglich und von Ewigkeit und
für immer" dieser Doppelung des LXX-Textes zu entsprechen. S. weiter zu Ex 15,18
LXX CAMPONOVO, Königtum, 384.

[24] HORBURY, Land, sanctuary and worship, 210.

[25] Weish ist nach 200 v.Chr. anzusetzen. Die genauere zeitliche Einordnung zwischen
200 als *terminus post quem* und Mitte des 1. Jh.s n.Chr. als *terminus ante quem* ist jedoch
schwierig; vgl. SCHÜRER, History III.1, (568–579) 572f. D. GEORGI, Weisheit Salomos,
JSHRZ III/4, 1980, 389–478, von dem die obige Übers. übernommen ist, tritt seinerseits
für eine Datierung in die letzten Jahrzehnte des 2. Jh.s v.Chr. ein (395f).

Obwohl Salomo der Bauherr des Tempels auf dem heiligen Berg Jahwes, dem Zion, war, ist der dort errichtete Tempel im eigentlichen Sinne das Bauwerk Jahwes selbst, denn er hat sein Heiligtum bzw. seine Wohnung in der Weise bereitet (Ex 15,17), daß er dem Bauherrn im voraus das genaue Muster bzw. Modell verpflichtend mitteilte (vgl. Ex 25,9)[26].

WILLIAM HORBURY macht auf weitere mögliche Implikationen der Einführung von ἕτοιμος und dem entsprechenden Verb ἑτοιμάζειν in der LXX aufmerksam. In Dtn 32,35b werde ἕτοιμος, immer noch als Träger der Bedeutung göttlicher Vorbereitung bzw. Vorherbestimmung, in einem eschatologischen Zusammenhang benutzt: „Denn der Tag ihres Verderbens ist nahe, und die für euch bereiteten Dinge (ἕτοιμα) sind vorhanden."[27] Weil die beiden Lieder Moses – das „kleine" in Ex 15 (s. V. 1a) und das „große" in Dtn 32 (s. Dtn 31,30) – in der späteren Rezeption aufeinander bezogen worden sind, komme es zu einer Zusammenschau, die auch die ἕτοιμος-Belege in Ex 15,17 und Dtn 32,35 mit einschließe[28]. Als prominente Schlüsselstelle über die mit dem Tempel auf dem Zion verbundene Wohnung Gottes beeinflußte Ex 15,17 den Wortlaut mancher anderer Stellen in der LXX, wie z.B. in der eschatologischen Verheißung an Jerusalem in Jes 54,11, in der ἑτοιμάζειν ץבר *Hiphʿil* ersetzt. Vor allem findet ἕτοιμος Eingang an den Stellen wie Ps 33,14 (Ps 32,14 LXX), die eine zu Ex 15,17 ähnliche Formulierung über die Stätte des Thronens bzw. Wohnens Gottes enthalten (zu den Stellen aus Salomos Tempelweihgebet s.u. S. 108)[29].

Es kann durchaus sein, daß Ex 15,17 LXX wegen der in Stellen wie Jes 54,11 LXX und Dtn 32,35 LXX ἕτοιμος / ἑτοιμάζειν anhaftenden eschatologischen Konnotationen in der Wirkungsgeschichte die Erwartung eines von Gott präexistent vorbereiteten Heiligtums für die eschatologische Heilszeit erwecken könnte. Ich halte es aber aufgrund des besonders nachdrücklichen durativen Verständnisses des darauffolgenden Verses (s.o.) für ausgeschlossen, daß Ex 15,17f LXX von Hause aus an das eschatologische Heiligtum denkt[30].

---

[26] Wie Weish 9,8 belegt, wurde, wie durchaus zu erwarten, die Offenbarung des Musters des Zeltheiligtums an Mose in Ex 25,9 mit der Aussage in Ex 15,17 über die göttliche Vorbereitung des Tempelheiligtums verbunden.

[27] Der griechische Text lautet: ὅτι ἐγγὺς ἡμέρα ἀπωλείας αὐτῶν καὶ πάρεστιν ἕτοιμα ὑμῖν. Der entsprechende Halbvers im MT-Text lautet: כִּי קָרוֹב יוֹם אֵידָם וְחָשׁ עֲתִדֹת לָמוֹ.

[28] HORBURY, a.a.O., 210 verweist auf Plant 54–59 als Beleg dafür, daß die beiden Moselieder „were considered together in the time of Philo (*Plant.* 54–9, probably moralizing a current eschatological interpretation), and no doubt earlier too". Es ist mir aber nicht ganz klar, ob er aus der Zusammenschau von Ex 15 und Dtn 32 nun „the imminent eschatology of Deut. 32.35 LXX" auf die ἕτοιμος-Stelle über den Tempel in Ex 15,17 LXX übertragen möchte.

[29] S. hierzu HORBURY, a.a.O., 210f.

[30] Weil die LXX selbst die Parallele aus Ps 146,10, יְהוָה יִמְלֹךְ, durch Futur wiedergibt (βασιλεύσει κύριος) und die späteren griechischen Übersetzungen Aquila und Symmachus in Ex 15,17 ebenso Futur aufweisen (vgl. CAMPONOVO, Königtum, 384), stellt sich das Partizip Präsens in Ex 15,18 LXX als um so bewußter und profilierter dar. In der Sache wird die LXX von den „verschiedenen Targumversionen" gefolgt, „die das Verb durch das Abstraktum מלכותא ersetzen und sowohl den gegenwärtigen als auch den zukünftigen Aspekt der Gottesherrschaft hervorheben" (EGO, Gottes Weltherrschaft, 268 Anm. 65). In dieser Anm. zitiert sie in Übers. Ex 15,18 in TN und TPsJ (a.a.O., 268f).

2.3 Die Interpretation von Ex 15,17b.18 in Qumran

Eine eindeutige Beziehung von Ex 15,17f auf das eschatologische Heiligtum begegnet uns in dem sogenannten Florilegium aus Qumran, 4QFlor (4Q174). Im ersten Teil dieses nur fragmentarisch erhaltenen Textes wird ein Ausschnitt aus der sogenannten Nathanweissagung, 2Sam 7,10–14, ausgelegt:

4QFlor (4Q174) Frgm. 1,2 I, 1–13:[31]

(1) ... *und ein]* Feind [wird ihn nicht] mehr [überfallen] und ein Sohn der Verderbtheit [wird ihn nicht] mehr [bedrücken] wie ehedem, seit dem Tag, da (2) [ich Richter bestellt habe] über mein Volk Israel[32]. Dies ist das Haus, das [er] i[hm am En]de der Tage [gründen wird], wie geschrieben steht im Buch (3) [des Mose: *Das Heiligtum, Jahwe, das] deine Hände [ge]gründet haben. Jahwe wird für immer und ewig als König herrschen*[33]. Dies ist das Haus, in das nicht eintreten dürfen (4) [in] Ewigkeit [ein am Herzen und am Fleisch Unbeschnittener,] ein Ammoniter, ein Moabiter, ein Bastard, ein Ausländer und ein Fremdling[34]. Denn dort wird er sich seinen Heiligen (5) of[fenbar]en [und die] ewige [Herrlichkeit] wird ständig über ihm erscheinen[35].

Für eine Übersicht über Ex 15,18 in den Targumim zum Pentateuch (d.h. auch in TO sowie TFrag), mit aramäischem Text und deutscher Übers. s. CAMPONOVO, Königtum, 408– 410.

[31] D. DIMANT hat in ihrem Aufsatz „4QFlorilegium and the Idea of the Community as Temple" aus dem Jahre 1986 eine hervorragende Analyse dieses Textes geliefert. Die folgende, von mir stammende Übers. (vgl. ÅDNA, Jesu Kritik, 236f) legt bis auf zwei Ausnahmen den nach neuer Kollationierung rekonstruierten hebräischen Text DIMANTs zugrunde (a.a.O., 166–170): 1) Während DIMANT in dem Zitat aus Ex 15,17b in Z. 3 noch der mit dem MT übereinstimmenden Rekonstruktion YADINs [כ מקדש אדוני] folgte (s. a.a.O., 168), lassen nun GARCÍA MARTÍNEZ / TIGCHELAAR, The Dead Sea Scrolls I, 352 und MAIER, Die Texte vom Toten Meer II, 104 erkennen, daß nicht erst in der Fortsetzung des Zitats aus Ex 15,18 der Gottesname zu lesen ist, sondern bereits hier: מקדש יהוה כוננו. 2) Die zweite Abweichung von DIMANT ist inhaltlich belanglos: Als vorletztes Wort in Z. 12 ist היאה statt הואה zu lesen. Soweit es Übereinstimmung in der Textgrundlage gibt, orientiert sich meine Übers. weitgehend an der von E. LOHSE, Die Texte aus Qumran, Darmstadt [3]1981, 257. Die auf Rekonstruktion beruhenden Textteile sind in eckigen Klammern gesetzt. Die Schriftzitate sind zur besseren Unterscheidung kursiv gedruckt.

[32] Kombination von Ps 89,23 (vgl. DIMANT, a.a.O., 167f) und 2Sam 7,10b.11aα.

[33] Weil Ex 15,17b.18 hier auf das Haus „am Ende der Tage" bezogen wird, ist es angemessen, das Imperfekt aus V. 18, ימלוך, durch Futur wiederzugeben.

[34] Der erhaltene Text nimmt eindeutig Bezug auf Dtn 23,4 (Ammoniter und Moabiter), Dtn 23,3 (Bastard) und Ez 44,9 (Ausländer). Von daher dürfte es mit DIMANT, a.a.O., 168 berechtigt sein, die Lücke am Anfang der Zeile nach der in Ez 44,9a vorzufindenden genaueren Qualifizierung der „Ausländer" auszufüllen. BROOKE, Exegesis at Qumran, 92; DIMANT, a.a.O., 170; GARCÍA MARTÍNEZ / TIGCHELAAR, a.a.O., 353 und MAIER, Die Texte vom Toten Meer II, 104 übersetzen גר nicht einfach allgemein als „Fremdling", sondern spezifisch als „Proselyt".

[35] Die meisten Übersetzer verbinden die letzten drei Worte von Z. 4 mit dem vorausgehenden Zutrittsverbot für Unbeschnittene, Ammoniter usw.: „.... denn seine Heiligen sind dort (bzw. werden dort sein)", so z.B. BROOKE, a.a.O., 92 und MAIER,

Und nicht werden es wieder Fremde zerstören, wie sie vordem zerstörten (6) das Heilig[tum Is]raels wegen ihrer Sünde. Und er sagte, daß man ihm ein Heiligtum von Menschen bauen solle, in dem sie ihm als Rauchopfer darbringen sollten (7) vor ihm Taten des Gesetzes. Und wie er gesagt hat zu David: *Und ich will dir [Ruhe] verschaffen vor allen deinen Feinden*[36]; das heißt, daß er ihnen Ruhe verschaffen wird vor al[len] (8) Söhnen Belials, die sie zu Fall bringen wollen, um s[ie] zu vernichten [durch ihr]en [Frevel], wie sie kamen mit einem Plan Belials, um zu Fall zu bringen die Sö[hne] (9) des Lich[tes] und um gegen sie frevlerische Ränke zu sinnen, da[mit sie gefa]ngen [werden soll]en von Belial in ihrer frevlerischen Verirrung.
(10) *[Und] Jahwe hat dir [ku]ndgetan, daß er dir ein Haus bauen wird; und ich werde deinen Samen aufrichten nach dir und den Thron seines Königtums befestigen* (11) *[in Ewigke]it. Ich werde ihm Vater sein, und er wird mir Sohn sein*[37]. Das ist der Sproß Davids, der mit dem Erforscher des Gesetzes auftreten wird, der (12) [aufstehen wird[38]] in Zi[on am En]de der Tage, wie geschrieben steht: *Ich will die zerfallene Hütte Davids wieder aufrichten*[39]. Das ist die zerfalle[ne] Hütte (13) Davids, [d]ie stehen wird, um Israel zu retten.

4QFlor (4Q174) I,1–13 besteht aus zwei Teilen, (1) Z. 1–9 und (2) Z. 10–13, wovon der erste wiederum in (1a) Z. 1–7a und (1b) Z. 7b–9 zu untergliedern ist. (1a) legt 2Sam 7,10b.11aα aus und bezieht den Text auf verschiedene Heiligtümer/Tempel[40]; (1b) deutet 2Sam 7,11aβ auf die Zukunft der Qumrangemeinde; (2) bezieht 2Sam 7,11b–14a auf den davidischen Messias[41] (zum Vergleich mit dem Bibeltext 2Sam 7 und dessen Rezeption im TJon s.o. in Kap. 2 S. 50–53, 77f).

---

a.a.O, 104. Meine Übers. folgt SCHWEMER, Gott als König, 75, die zu Recht die Verbindung zum Folgenden in Z. 5 sieht. Sowohl BROOKE (unter Berufung auf W.H. BROWNLEE, s. a.a.O., 103f) als auch DIMANT lesen יגלה als erstes Wort in Z. 5. Es ist am naheliegendsten mit SCHWEMER dieses Verb sowie auch das folgende יראה als *Niph'al*formen aufzufassen.

[36] 2Sam 7,11aβ.

[37] Das Zitat stellt einen Auszug aus 2Sam 7,11b–14a dar: V.11b (יבנה als Prädikat statt יעשה des MT, יהוה am Ende von V.11bβ ist nicht aufgenommen) + V.12aβ + Kombination von V.12b (Prädikat: והכינותי) und V.13b (Objekt und Adverb: את כסא ממלכתו לעולם) + V.14a.

[38] Für die Rekonstruktion יקום, eine Form von derselben Verbalwurzel wie das darauffolgende והקימותי, vgl. DIMANT, a.a.O., 169, die auch die von GARCÍA MARTÍNEZ / TIGCHELAAR, a.a.O., 352 vorgenommene Rekonstruktion יקים für gut möglich hält.

[39] Am 9,11aβ (als Prädikat והקימותי statt אקים des MT).

[40] Durch die Verbindung von 2Sam 7,11aα mit V. 10b (Z. 1–2) statt mit V. 11aβ (Z. 7) weicht 4Q174 vom MT ab, aber stimmt mit der LXX überein.

[41] צמח דויד, der „Sproß Davids", ist bereits im AT eine Bezeichnung des davidischen Messias, s. Jer 23,5; 33,15; Sach 3,8; 6,12 und vgl. noch Jes 11,1. Sie wird von den Targumim übernommen und weitergeführt, s.o. S. 79, 82. In Qumran bezeugt sie noch der früher Patriarchensegen genannte Text, 4Q252 Frgm. 1 V,3f: „Bis daß ankommt der Gesalbte der Gerechtigkeit, der Sproß Davids, denn ihm und seiner Nachkommenschaft ist der Bund des Königtums seines Volkes auf ewige Generationen gegeben" (Übers. von MAIER, Die Texte vom Toten Meer II, 198).

Uns interessiert im folgenden der Abschnitt über die Tempel (1a), insbesondere „das Haus, das er [*sc.* Gott] ... am Ende der Tage gründen wird," auf das Ex 15,17b.18 bezogen wird (Z. 2f). Besonders auffällig an der hier vorliegenden Auslegung der Nathanweissagung ist, daß der Bau des eschatologischen Tempels nicht von dem nächstliegenden Anknüpfungspunkt, den der Bibeltext aufzuweisen hat – d.i. die Weisung Gottes in 2Sam 7,13a, der Davidssohn werde ihm ein Haus bauen (הוּא יִבְנֶה־בַּיִת לִשְׁמִי) –, abgeleitet wird. Obwohl der Text 4Q174, wie es aus dem Zitat oben hervorgeht, die Aussagen in 2Sam 7 über den Sohn Davids eindeutig messianisch deutet, läßt er in dem ausführlichen Zitat aus 2Sam 7,11b–14a, der den Abschnitt (2) über den Messias einleitet, ausgerechnet V. 13a aus (s.o. Anm. 37). Der Qumranausleger scheint vielmehr den Bau des zukünftigen Tempels aus dem Anfang von V. 10a geschlossen zu haben, wo Gott sagt:

2Sam 7,10a:
Ich werde eine Stätte für mein Volk Israel aufrichten und es einpflanzen, und es wird dort wohnen und nicht mehr beunruhigt werden.

(וְשַׂמְתִּי מָקוֹם לְעַמִּי לְיִשְׂרָאֵל וּנְטַעְתִּיו וְשָׁכַן תַּחְתָּיו וְלֹא יִרְגַּז עוֹד)

Der Benutzung der Vokabel „Stätte" (מָקוֹם) für den Tempel sind wir bereits oben in Dtn 12 begegnet (vgl. Dtn 12,5.11.18.21); eine entsprechende Anwendung liegt sonst noch u.a. in Dtn 14,25; 1Reg 8,29; 2Chr 6,20 und Neh 1,9 vor[42]. In diesem Halbvers fand der Ausleger ferner auch den Anhaltspunkt für die Kombination mit Ex 15,17f in dem beiden Texten gemeinsamen Vorkommen der Verbalwurzel נטע, beidemal mit Gott als Subjekt und einem Pronominalsuffix, das sich auf Israel bezieht[43].

Der sich mit den Tempeln beschäftigende Abschnitt (1a), Z. 1–7a, stellt das eschatologische Heiligtum „am Ende der Tage" (Z. 2f) und das „Heiligtum Israels" (Z. 6) einander kontrastierend gegenüber. Das Schicksal des Israel-Tempels, Zerstörung durch Fremde wegen Sünde und Unreinheit, soll dem eschatologischen Tempel nie widerfahren, denn zu ihm dürfen kultisch Unreine keinen Zutritt haben; vielmehr wird sein Status durch Gottes Offenbarung vor den Engeln[44] und seine „immerwährende Erscheinungspräsenz ... als König"[45] bestimmt. Die scheinbar naheliegendste Identifizierung von „Israels Heiligtum", מקדש ישראל,

---

[42] Vgl. DIMANT, 4QFlorilegium, 173 Anm. 17 und BROOKE, Exegesis at Qumran, 174f.

[43] S. BROOKE, a.a.O., 134, 178; DIMANT, a.a.O., 173.

[44] „Seine Heiligen" (Z. 4) meinen die Engel; vgl. BROOKE, a.a.O., 181–183. Das Bewußtsein, mit den Engeln in Gemeinschaft zu stehen, ist für die Qumrangemeinde zentral; s. dazu SCHWEMER, Gott als König.

[45] SCHWEMER, a.a.O., 51.

scheint der salomonische Tempel zu sein, denn z.Z. der Abfassung von 4Q174 war er der einzige Jerusalemer Tempel, der von „Fremden" zerstört worden war (זרים ... השמו)[46]. DAVID FLUSSER hat aber darauf hingewiesen, daß das hier benutzte Verb, שמם, in Dan 9,27; 11,31 und 12,11 für die Bezeichnung des von Antiochus IV. Epiphanes aufgestellten Altars als „Greuel der Verwüstung" benutzt wird und von daher auch die Entweihung des zweiten Tempels ausdrücken kann[47]. Wahrscheinlich hat jedoch DEVORAH DIMANT recht mit ihrer Vermutung, daß es 4Q174 hier gar nicht auf eine Unterscheidung ankommt, sondern daß mit dem „Heiligtum Israels" *beide* historische Tempel in Jerusalem gemeint sind: „... the pesher may be referring here to common characteristics of both the historical Temples of Israel, the First and the Second, namely that both were desolated and profaned by ‚strangers'."[48] Es sollen hier das von Gott selbst, mit seinen eigenen Händen gegründete eschatologische Heiligtum auf der einen Seite und alle von Menschen gebauten und der Sünde anheimgefallenen Tempel auf der anderen Seite einander gegenübergestellt werden.

Direkt im Anschluß an die Aussage über das „Heiligtum Israels" in Z. 5f kommt 4Q174 auf eine Größe zu sprechen, die es מקדש אדם nennt: „Und er sagte, daß man ihm ein *miqdaš ᵓādām* bauen solle, in dem sie ihm als Rauchopfer darbringen sollten vor ihm Taten des Gesetzes" (Z. 6f). Eine Gruppe von Forschern plädiert dafür, *miqdaš ᵓādām* hier als „ein Heiligtum unter Menschen" zu übersetzen[49]. Trotz aller vorgelegten Erklärungsversuche[50] bleibt es dabei, daß dieses Verständnis syntaktisch höchst problematisch ist, denn „the simplest way of expressing the translation ‚among

---

[46] Die Unterscheidung zwischen dem Heiligtum „am Ende der Tage" und dem „Heiligtum Israels" bringen auch die jeweils benutzten Tempora zum Ausdruck: 6mal „Imperfekt" = Futur (GESENIUS/KAUTZSCH, Grammatik, § 107i) in bezug auf das eschatologische Heiligtum (Z. 1: 1mal; Z. 3: 2mal; Z. 5: 3mal) und 1mal „Perfekt" = *tempus historicum* (GESENIUS/KAUTZSCH, Grammatik, § 106d) in bezug auf das Heiligtum Israels (Z. 5).

[47] FLUSSER, Two Notes on the Midrash on 2 Sam. VII, 91 Anm. 9. Vgl. auch BROOKE, a.a.O., 183f, der zu Recht darauf hinweist, daß der aktuelle Konflikt für die Qumrangemeinde dem bestehenden zweiten Tempel, dem längst zur Vergangenheit gehörenden salomonischen Tempel, galt. Vgl. dazu oben S. 45f.

[48] DIMANT, a.a.O., 175, mit Belegen in Anm. 22 dafür, daß dieser Doppelbezug auf beide Tempel „the common practice of post-biblical authors to depict contemporary events in terms of biblical language" folgt.

[49] U.a. FLUSSER, a.a.O., 91; YADIN, The Temple Scroll I, 187f Anm. 13; JUEL, Messiah and Temple, 173; LOSIE, Cleansing, 184f.

[50] Z.B. leitet FLUSSER, a.a.O., 91 Anm. 11 von 2Sam 7,19b (וְזֹאת תּוֹרַת הָאָדָם אֲדֹנָי יְהוִה) ab: „The apparent combination האדם אדוני seems to have enabled the author of our midrash to call the מקדש אדוני of Exod. xv by the cryptic name מקדש אדם." Zu Recht kommentiert DIMANT, a.a.O., 178 Anm. 28: „But this is farfetched." Vgl. auch die Kritik bei BROOKE, a.a.O., 184f.

men' would be by the preposition ‫ב‬ which is indeed missing"[51] (vgl. Ps 78,60 !).
Andere verstehen *miqdaš ᵓādām* als „ein von Menschen errichtetes Heiligtum"[52]. Das
sprachlich nächstliegende und mit der spiritualisierenden Rede von den in diesem
Heiligtum als Rauchopfer darzubringenden „Taten des Gesetzes"[53] im Einklang
stehende Verständnis von *miqdaš ᵓādām* ist jedoch ein „Heiligtum von Menschen"
bzw. ein „aus Menschen bestehendes Heiligtum". Für diese Interpretation treten u.a.
OTTO BETZ, BERTIL GÄRTNER, LLOYD GASTON, ROBERT E. DOWDA, ODO CAMPO-
NOVO und GEORGE J. BROOKE ein[54]. All diesen Forschern gemeinsam ist allerdings
die Identifizierung dieses „Heiligtums von Menschen" mit dem eschatologischen
Tempel, den Gott mit seinen eigenen Händen „am Ende der Tage" gründen wird
(Z. 2f). Daß Bestimmungen aus dem Gemeindegesetz Dtn 23,2ff, das u.a. Bastarden,
Ammonitern und Moabitern den Zutritt zur Gemeinde, zum ‫קהל יהוה‬, verweigert, auf
das eschatologische Heiligtum bezogen werden (Z. 3f), wird als ein gewichtiges
Argument für diese Gleichsetzung erachtet[55]. DEVORAH DIMANT wendet jedoch zu
Recht gegen diese Gleichsetzung des Heiligtums mit der „Gemeinde" ein, daß die
Bestimmungen über den Ausschluß aus der Gemeinde auf den Tempel übertragen
werden können und daß die ebenso in Z. 4 rezipierte Stelle Ez 44,9 aus dem um die
Heiligkeit des eschatologischen Tempels bemühten „Verfassungsentwurf" Ezechiels
ein Beispiel dafür ist[56]. In der Tat ist es dieselbe Gleichsetzung von *miqdaš ᵓādām* und
dem eschatologischen Heiligtum „am Ende der Tage", die Forscher wie FLUSSER und
YADIN zu dem Verständnis „Heiligtum unter Menschen" geführt hat, denn außer im
Neuen Testament gibt es keine traditionsgeschichtliche Parallele zu der Vorstellung

---

[51] BROOKE, a.a.O., 265 Anm. 289.

[52] J.M. ALLEGRO, Qumrân Cave 4, I (4Q158 – 4Q186), DJD V, Oxford 1968, 54;
MCKELVEY, New Temple, 51; SCHWARTZ, Three Temples, 86. Zur Kritik s. DIMANT,
a.a.O., 178 mit Anm. 30.

[53] In unserem Zusammenhang brauchen wir nicht näher darauf einzugehen, inwiefern
hier mit DIMANT, a.a.O., 169 ‫מעשי תורה‬ (vgl. 4Q398 Frgm. 14 II,3 [= 4QMMT C 27])
oder mit BROOKE, 108; GARCÍA MARTÍNEZ / TIGCHELAAR, The Dead Sea Scrolls I, 352
u.a. ‫מעשי תודה‬ zu lesen ist, denn sowohl bei „Taten des Gesetzes" als auch bei „Dank-
Erweise(n)" (Übers. von MAIER, Die Texte vom Toten Meer II, 104) haben wir es mit
einer „spiritualisierenden" Redeweise zu tun.

[54] O. BETZ hat dieses Verständnis mehrfach vertreten, u.a. in (dem gemeinsam mit O.
MICHEL geschriebenen Aufsatz) „Von Gott gezeugt", in: Judentum, Urchristentum,
Kirche. FS für Joachim Jeremias, hg. v. W. ELTESTER, BZNW 26, Berlin ²1964, (3–22)
9; ferner u.a.: The Eschatological Interpretation of the Sinai-Tradition in Qumran and in
the New Testament (1967), in: DERS., Jesus. Der Herr der Kirche. Aufsätze zur biblischen
Theologie II, WUNT 52, Tübingen 1990, (66–87) 77f; Probleme des Prozesses Jesu, 631.
Zu den weiteren erwähnten Autoren s. B. GÄRTNER, The Temple and the Community in
Qumran and the New Testament, Cambridge 1965, 34f ; GASTON, No Stone, 164;
DOWDA, Cleansing, 121; CAMPONOVO, Königtum, 283f; BROOKE, Exegesis at Qumran,
185.

[55] Vgl. GÄRTNER, a.a.O., 32f; BROOKE, a.a.O., 135f. BROOKE vermutet, daß Stellen
wie Lev 16,33 und Num 19,20 die Brücke zwischen ‫קָהָל‬ in Dtn 23,3f und ‫מִקְדָּשׁ‬ in Ex
15,17b schlagen.

[56] DIMANT, a.a.O., 179, 184f.

der Gemeinde als dem eschatologischen Tempel Gottes[57]. Falls מקדש אדם in Z. 6 als identisch mit הבית in Z. 2.3 bzw. mit מקדש in Z. 3 aufzufassen ist, wäre deshalb m.E. trotz der damit verbundenen syntaktischen Schwierigkeiten das Verständnis „Heiligtum unter Menschen" immerhin vorzuziehen.

Nun gibt es aber keinen zwingenden Grund, das Heiligtum „am Ende der Tage" und den *miqdaš ᵓādām* in 4Q174 gleichzusetzen. Im Gegenteil, es gibt gewichtige Gründe, die für eine Unterscheidung der beiden sprechen. Es ist das Verdienst von DEVORAH DIMANT dies überzeugend dargelegt und begründet zu haben. Es werden nicht nur das eschatologische Heiligtum (Z. 1–5) und „Israels Heiligtum" (Z. 5f) durch die angewendeten Tempora (vgl. Anm. 46) und Namensbezeichnungen unterschieden, sondern auch der *miqdaš ᵓādām* (Z. 6f) ist als eine eigenständige, *dritte* Größe in diese bewußt gestalteten Unterscheidungen mit aufgenommen[58]. 4Q174 I,1–7 handelt folglich von *drei verschiedenen Tempeln*, (1) dem wegen Sünde zerstörten/entweihten historischen Tempel in Jerusalem (Z. 5f)[59], (2) dem durch die Qumrangemeinde gebildeten „Heiligtum von Menschen" als *Interimstempel* in der Zeit zwischen dem Auszug der Qumrangemeinde aus dem Jerusalemer Tempel wegen seines Verfalls und dem Eschaton (Z. 6f) und (3) dem noch zukünftigen eschatologischen Tempel, den Gott selbst „am Ende der Tage" (Z. 1–5) gründen wird[60].

---

[57] Vgl. u.a. 2Kor 6,16; Eph 2,20–22; 1Tim 3,15 und s.u. S. 124f. DIMANT, a.a.O., 184: „... there is no textual basis for the assumption that the eschatological temple, namely the Temple of Yahweh, is identical with the Temple of Men, which consists of the sect."

[58] DIMANT, a.a.O., 177f: Eine „distinction in spheres of time is clearly expressed through the different tenses employed: verbs referring to the eschatological Temple are in the future, verbs referring to the Temple of Israel are in the past, while verbs referring to the Temple of Men use infinitives and participle. In this way the three Temples constitute a threefold relationship of past, present and future. Another threefold relationship seems to emerge from the names of the temples: all share the same element – temple – but differ in the defining term, Yahweh, Israel, Men."

[59] Vgl. die Ausführungen oben zu „Israels Heiligtum", die zu dem Ergebnis gelangten, daß wahrscheinlich sowohl der salomonische als auch der zweite Tempel gemeint sind. Man könnte folglich sagen, daß 4Q174 insgesamt von vier Tempeln spricht, aber da es dem Text keineswegs auf eine Unterscheidung der historischen Tempel in Jerusalem ankommt, ist es trotzdem angemessen, von drei Tempeln zu reden.

[60] Daß 4Q174 nicht nur von zwei, sondern von drei Tempeln handelt, haben sonst u.a. auch SCHÜRER, History III.1, 445f; SCHWEMER, Gott als König, 74f und HORBURY, Land, sanctuary and worship, 210 gesehen. Auch TAN, Zion and Jesus, 41f erkennt, daß es sich bei der Substituierung des Tempels durch die Qumrangemeinde nur um „an interim measure" handelt.

Hinter dem in dieser Hinsicht vielversprechenden Titel von SCHWARTZ, Three Temples, verbirgt sich leider eine z.T. aufgrund von willkürlicher Exegese falsche Identifizierung der drei Tempel: „Israels Heiligtum" = (nur) der zweite Tempel; *miqdaš ᵓādām* = der Tempel Salomos (Z. 6f verstanden als Deutung von 2Sam 7,13a [a.a.O., 88f]; da 4Q174 eindeutig am Bibeltext in seiner vorliegenden Gestalt entlanggeht

Entscheidend für die richtige Interpretation ist die Einsicht, daß das „Heiligtum von Menschen" nur in einer Übergangsphase bestehen soll:

> „... God ordered a Temple of Men to be built for him because the Temple of Israel was desolated and the eschatological Temple was yet to be built. In other words, the Temple of Men represents an interim stage between the Temple of Israel of the past (and present?) and the eschatological Temple of the future."[61]

Weil die Qumrangemeinde von dem in ihren Augen entweihten Jerusalemer Tempel und seinem Opferkult abgetrennt war, war sie darauf angewiesen, sich in der Gestalt des „Heiligtums von Menschen" als einen Ersatz für den Tempel zu betrachten und die von den Gemeindegliedern geübten Gesetzeswerke, Gebete und sonstige Frömmigkeitspraxis als Ersatz des Opferkultes anzusehen (s.o. S. 45f).

Es hat einer relativ ausführlichen Erörterung von 4Q174 bedurft, um zu einem sicheren Ergebnis betreffs der darin vorliegenden Interpretation von Ex 15,17b.18 zu gelangen. Der gewonnenen Erkenntnis, *daß das mit dem Heiligtum Gottes aus Ex 15,17 gleichgesetzte Haus „am Ende der Tage" nicht auf den bereits gegenwärtig existierenden personalen Tempel der Qumrangemeinde, sondern auf den noch ausstehenden, eschatologischen Tempel auf dem Zion, der wie die früheren Tempel in Jerusalem ein wirkliches Gebäude sein wird, zu beziehen ist,* kommt im Hinblick auf unsere weiteren Untersuchungen große Bedeutung zu.

Die bisher ausschließlich anhand von 4QFlor (4Q174) erarbeitete Sicht der Qumrangemeinde wird weiter untermauert von einer Passage aus der Tempelrolle:

11QTR (11Q19) XXIX,7–10:[62]
(7) ... sie (werden) für mich zum Volk. Und ich werde auf Weltzeit für sie (da) sein und ich wohne ein (8) bei ihnen auf Weltzeit und immerdar. Und ich werde mein [Hei]ligtum mit meiner Herrlichkeit heiligen, da ich einwohnen lasse (9) über ihn meine Herrlichkeit bis zum Tag der Schöpfung, an dem ich mein Heil[i]gtum (neu) schaffen werde, (10) um es mir (für) allezeit einzurichten entsprechend dem Bund, den ich mit [Jak]ob in Bethel geschlossen habe.

Hier werden zwei Heiligtümer unterschieden. Zuerst ist die Rede von dem Heiligtum, das Gott mit seiner dort einwohnenden Herrlichkeit bis zum Tag der Schöpfung heiligen wird (Z. 8f). Vom Kontext her muß dieser Tempel derjenige sein, in dem die im vorausgehenden Festkalender (Kolumnen XIII–XXIX) vorgeschriebenen Opfer dargebracht werden

---

[auch von SCHWARTZ, a.a.O., 86f zugegeben!] und nicht hin und her springt und Z. 6f noch zu der Erläuterung von 2Sam 7,10b.11aα gehört, ist dies ausgeschlossen). Zu Kritik an SCHWARTZ s. BROOKE, a.a.O., 191–193 und DIMANT, a.a.O., Anm. 23, 27, 29, 30, 36.

[61] DIMANT, a.a.O., 177.

[62] Hebräischer Text bei GARCÍA MARTÍNEZ / TIGCHELAAR, The Dead Sea Scrolls II, 1250; Übers. von MAIER, Die Tempelrolle, 131f (für eine Auswahl an Lit. s. 130f).

sollen und dessen Gestaltung die Kolumnen III–XIII; XXX–XLV detailliert beschreiben. Das zweite Heiligtum wird erst am Tag der Schöpfung (neu) geschaffen werden und soll dann für allezeit das frühere Heiligtum ablösen (Z. 9f).

Weil 11Q19 als eine direkte Gottesrede an Mose auf dem Sinai stilisiert ist (LI,6f), ist der in der Rolle ausführlich geschilderte Tempel, „den du [*sc.* Mose] bauen sollst" (XXX,4), verstanden als derjenige Tempel, den die Israeliten nach ihrer Landnahme *hätten bauen sollen*. Die Aussage über das am „Tag der Schöpfung" *geschaffene* Heiligtum scheint auf Ex 15,17b Bezug zu nehmen[63] und stellt sich damit als Parallele zu 4QFlor (4Q174) I,1–5 heraus[64]. Aus der Gegenüberstellung der beiden Tempel in 11Q19 ergibt sich ohne Zweifel, daß auch der eschatologische Tempel in Entsprechung zu dem ihm zeitlich vorausgehenden als ein reales Bauwerk vorzustellen ist[65]. Damit bestätigt 11Q19 XXIX,9f die oben dargebotene Interpretation von 4QFlor (4Q174), in dem das eschatologische Heiligtum, auf das Ex 15,17b.18 bezogen wird (I,1–5), als ein realer Tempelbau von dem spiritualisierten Interimstempel, dem *miqdaš ʾādām* (I,6f), unterschieden wurde. Andererseits gibt es durch die Anwendung des exklusiv theologisch qualifizierten Schöpfungsverbs ברא[66] eine Verbindung zu Jub 1,29, wo von dem Tag gesprochen wird, „an dem geschaffen werden wird das Heiligtum des Herrn in Jerusalem auf dem Berge Sion" (s. S. 44f)[67].

---

[63] Beidemal wird das Heiligtum als zu Gott gehörig und von ihm selbst gegründet beschrieben; vgl. die gemeinsame Anwendung der Verbalwurzel כון: in Ex 15,17b in *Polel* 3. Person plur. mit Gottes Hände als Subjekt und das Heiligtum als Objekt; in 11Q19 XXIX,9f als durch finites *lᵉ* (vgl. GESENIUS/KAUTZSCH, Grammatik, § 114g) eingeleitetes *Hiphᶜil* Infinitiv mit sich auf das Heiligtum zurückbeziehendem Objektssuffix (אברא את מקדשי להכינו לי). Eine bewußte Rezeption von Ex 15,17b in 11Q19 XXIX,9f nehmen u.a. YADIN, The Temple Scroll I, 185; II, 129; DIMANT, 4QFlorilegium, 168, 173; Qumran Sectarian Literature (s.o. Anm. 1), 519 Anm. 171 und SCHWEMER, Irdischer und himmlischer König, 348f an.

[64] Trotz dieser Verbindung ist es kaum berechtigt, von אברא in 11Q19 XXIX,9 her die Lücke nach אשר in 4Q174 I,2 mit יברא auszufüllen, wie YADIN, The Temple Scroll I, 185 mit Anm. 7 vorschlägt. Naheliegender ist die Rekonstruktion DIMANTs יכין, die sowohl von dem Zitat aus Ex 15,17b in der darauffolgenden Zeile (כוננו) als auch von 11Q19 XXIX,10 (להכינו) abgedeckt ist, vgl. DIMANT, a.a.O., 168 mit Anm. 11.

[65] Vgl. YADIN, The Temple Scroll I, 187: „.... there is not the slightest hint that the character of the Temple will differ in any way ... or that its ritual will be different, namely, that actual sacrifices will not be offered in it. The only difference is that *the Lord Himself will build it*" (kursiv von YADIN).

[66] Vgl. W.H. SCHMIDT, *Art.* ברא bᵉrᵃ, THAT I, (336–339) 337f.

[67] Vgl. für die Verbindung mit Jub 1 YADIN, The Temple Scroll I, 183f. Da Jub die Jakob in Bethel betreffenden Ereignisse (vgl. Gen 28,10–22; 35,1–15) breit entfaltet (vgl. Jub 27,19f; 31–32), bemüht YADIN Jub auch für die Interpretation des Jakobsbundes, von dem 11Q19 XXIX,10 spricht, und sucht zwischen Jub 32,16f und dem eschatologischen

2.4 Die Auslegung von Ex 15,17b.18 in der Mekhilta de Rabbi Yishmael

Ein späteres Beispiel der Auslegung von Ex 15,17f auf den künftigen, von Gott selbst zu bauenden Tempel begegnet in rabbinischer Zeit im Midrasch Mekhilta de Rabbi Yishmael:[68]

MekhY shirata X:[69]

„Das Heiligtum, Herr, das deine Hände bereitet haben" (Ex 15,17) – Geliebt ist das Heiligtum vor dem Heiligen, gepriesen sei er. Als der Heilige, gepriesen sei er, seine Welt erschuf, da erschuf er sie nur mit seiner einen Hand, denn es heißt: „Meine Hand hat die Erde gegründet" (Jes 48,13). Aber wenn er kommt, um das Heiligtum zu erbauen, da [erschafft] er es – wenn man so sagen kann – mit zwei Händen, denn es heißt: „Das Heiligtum, das deine Hände bereitet haben". „Der Herr wird König sein" (Ex 15,18). Wann? Wenn du es mit deinen Händen erbauen wirst.

Ein Gleichnis von Räubern, die in den Palast des Königs eindrangen. Sie plünderten seine Güter, erschlugen die Familie des Königs und zerstörten den Palast des Königs. Nach einer Zeit saß der König über sie zu Gericht. Einige ließ er ergreifen, einige erschlagen, einige kreuzigen und wohnte wieder in seinem Palast. Und dann wurde seine Königsherrschaft in der Welt anerkannt. Deshalb heißt es: „Das Heiligtum, Herr, das deine Hände bereitet haben" (Ex 15,17).

„MekhY hält an der Hoffnung, daß der Jerusalemer Tempel wieder errichtet wird, fest"[70], und begründet dies von Ex 15,17f her. Der

---

Tempel eine Verbindung herzustellen (The Temple Scroll II, 129; DERS., Die Tempelrolle. Die verborgene Thora vom Toten Meer, München/Hamburg 1985, 125f). Aus Jub 32 läßt sich aber keine Verheißung eines künftigen Tempels erschließen; es geht vielmehr um die Einsetzung Levis zum Priester und um die Anordnung der kultischen Abgaben (vgl. MAIER, Tempelrolle, 132 Anm. 356). Im AT ist überhaupt nur einmal die Rede vom Jakobsbund, Lev 26,42, wo alle drei Patriarchen, aber in (chronologisch) umgekehrter Reihenfolge, genannt werden: „Dann werde ich meines Bundes mit Jakob gedenken, meines Bundes mit Isaak und meines Bundes mit Abraham, und ich werde meines Landes gedenken." M.O. WISE, The Covenant of the Temple Scroll XXIX,3–10, RdQ 14, 1989, (49–60) 54–57 setzt sich mit beachtlichen Argumenten für die Annahme ein, daß der nun mit „Jakob in Bethel" abbrechende Text durch Erwähnung der beiden anderen Väter fortgeführt worden ist, und macht einen Rekonstruktionsvorschlag (hebräischer Text a.a.O., 57), der in seiner englischen Übers. lautet: „according to the covenant which I made with Jacob at Bethel and with Isaac at Gerar and with Abraham at Haran." Ebd.: „The covenant of 29:3–10 is not merely a covenant to build a new temple. It is more broadly the covenant of God with the patriarchs which the redactor of the TS [*sc*. Temple Scroll, 11Q19] had in mind. God promised them his presence and the land. In exchange, the patriarchs were to worship and obey him."

[68] G. STEMBERGER, Einleitung in Talmud und Midrasch, München [8]1992, 240 gelangt bei seiner Erörterung der Datierung der MekhY zu folgender Bilanz: „Die Form der Einzeltraditionen, die genannten Rabbinen und die historischen Ereignisse, auf die angespielt wird, legen nahe, die Endredaktion in die 2. Hälfte des 3. Jhs. zu verlegen."

[69] Übers. von EGO, Gottes Weltherrschaft, 267. (Eine deutsche Übers. ist auch zu finden in WINTER/WÜNSCHE, Mechilta, 144; den letzten Teil des zitierten Stückes, das Königsgleichnis, hat auch SCHWEMER, Irdischer und himmlischer König, 348 übersetzt.)

[70] SCHWEMER, a.a.O., 348.

Vergleich zwischen dieser Schriftstelle und Jes 48,13 läuft darauf hinaus, daß der Tempel die Welt an Bedeutung übertrifft. Der Grund ist, daß der Tempel Ort der Gottespräsenz sein wird, von dem aus er als König herrschen wird:

> „Die Errichtung des zukünftigen, eschatologischen Heiligtums, das – wie das bereits in der Gegenwart bestehende himmlische Heiligtum – nicht mit menschlichen Händen gemacht ist, und die endgültige Durchsetzung von Gottes Königsherrschaft entsprechen einander und gehören zusammen; Gottes Heiligtum ist sein Herrschaftspalast, in dem er einst residieren wird."[71]

Wir müssen zuletzt noch kurz auf die in dem eben wiedergegebenen Zitat von BEATE EGO indirekt angesprochenen Bezüge von Ex 15,17f zum himmlischen Heiligtum eingehen.

2.5 Bezugnahme von Ex 15,17b.18 auf das himmlische Heiligtum

Wir haben oben die Einführung des Adjektivs ἕτοιμος in Ex 15,17 LXX als Näherbestimmung des κατοικητήριον, der Wohnung Gottes, und die damit verbundenen inhaltlichen Folgen erörtert: Daß die Wohnung „bereitet" ist, impliziert eine Vorstellung von göttlicher Vorbereitung des Tempels, d.h. von seiner Präexistenz. Nun ist zu beobachten, wie in der Septuaginta ausgehend von Ex 15,17 mit Hilfe von ἕτοιμος nicht nur dem irdischen Tempel göttliche Bestimmung beigemessen wird, sondern die um ἕτοιμος ergänzte Stelle Ex 15,17f dient auch dazu, die Wohnung Gottes im Himmel theologisch zu qualifizieren: Im Tempelweihgebet Salomos in 1Reg 8 bzw. 2Chr 6 wird dreimal der Wohnsitz Gottes im Himmel mit der מָכוֹן לְשִׁבְתְּךָ in Ex 15,17 nahestehenden Formulierung הַשָּׁמַיִם מְכוֹן שִׁבְתֶּךָ bezeichnet (1Reg 8,39.43.49; 2Chr 6,30.33.39). In der LXX wird an allen sechs Stellen daraus „der Himmel, deine bereitete Wohnung" (ὁ οὐρανὸς ἕτοιμον κατοικητήριον σου)[72].

---

[71] EGO, a.a.O., 268. Wie aus der Übers. hervorgeht, „(wird) das Imperfekt in Ex 15,18 ... vom Midrasch temporal verstanden und als Futur interpretiert" (ebd.). Auch die Fortsetzung von MekhY shirata X versteht die Verbform יִמְלוֹךְ in Ex 15,18 als Futur, s. a.a.O., 268–272. Vgl. auch die Ausführungen bei JUEL, Messiah and Temple, 151f.

[72] S. HORBURY, Land, sanctuary and worship, 210f, der die Verbreitung dieser Ausdrucksweise auch auf Aramäisch aus „the appearance of its near equivalent *ᵃtar mᵉzumman* ‚the place prepared' in the *Fragment Targum* and *Targum Neofiti* (and vestigially in *Targum Pseudo-Jonathan*) on this verse [*sc.* Ex 15,17]" erschließt (a.a.O., 211). Was TN z.St. betrifft, vgl. die engl. Übers. von M. MCNAMARA, Targum Neofiti 1: Exodus, 67: „You shall bring them in and give them possession on the mountain of the house of your possession; the place set aside; the house of the Shekinah which you have acquired for yourself, O Lord; your sanctuary, O Lord; your two hands have perfected it."

BEATE EGO hat in einer Studie über das Verhältnis von himmlischer und irdischer Welt im rabbinischen Judentum herausgearbeitet, daß die diesbezüglich am weitesten verbreitete Tradition „das Motiv der lokalen Entsprechung von oberem und unterem Heiligtum" ist[73], und gerade die für die LXX-Rezeption bedeutsame Vokabel מָכוֹן in Ex 15,17 gibt den exegetisch wichtigsten Anhaltspunkt dafür her:

> „Der himmlische Tempel liegt – auf vertikaler Achse gedacht – genau gegenüber dem irdischen; die Lage des irdischen Altars entspricht der Position des himmlischen Altars. Diese Vorstellung kann als konsequente Entfaltung und Ausdifferenzierung des alttestamentlichen Gottesbergmotives verstanden werden, das wiederum in der ugaritisch-kanaanäischen Mythologie wurzelt. Besonderes Gewicht kommt der Auslegung von Ex 15,17 zu, in der der Terminus מכון – ‚Ort' durch einen Al-Tiqre-Midrasch im Sinne von מכוון – ‚gegenüber' gelesen wird. Der Parallelismus membrorum, der das Heiligtum undifferenziert in seiner himmlisch-irdischen Doppeldimension beschreibt, wird in seine einzelnen Glieder zerlegt und analytisch in eindeutiger Weise auf das himmlische und auf das irdische Heiligtum bezogen."[74]

> Als ein Beispiel für das Motiv der lokalen Entsprechung kann BerR 55,7 erwähnt werden: „‚Und gehe nach dem Lande Morija' (Gen 22,2) ... Es sprach R. Simeon ben Jochai: [Gehe] zu dem Ort, der ausersehen ist (ראוי) gegenüber (כנגד) dem Heiligtum oben (בית המקדש של מעלן) zu liegen."[75]

Das himmlische Heiligtum ist eine bereits in der Gegenwart bestehende Größe, und oft begnügen sich die Äußerungen darüber mit Vergleichen bzw. Gegenüberstellungen zur irdischen Wirklichkeit. Es gibt jedoch vielleicht in Texten aus der Zeit nach der Zerstörung Jerusalems und des Tempels im Jahre 70 n.Chr. Beispiele dafür, daß das zukünftig erwartete eschatologische Heiligtum mit dem himmlischen identifiziert wird, das folglich als vom Himmel herabkommend gedacht wird. HORBURY nennt syrBar 4,1–6 (bzw. 4,2–7) und 4Esr 13,36 – „both texts echo Exod. 15.17" – als Beispiele dieser Vorstellung[76]. Ich glaube, daß eine eschato-logische Herabkunft des bereits im Himmel bereiteten und vorhandenen Heiligtums in der Tat 4Esr 13, aber kaum syrBar 4, vorschwebt (s.o. S. 47f und S. 48 Anm. 69).

---

[73] EGO, Im Himmel wie auf Erden, 170.

[74] A.a.O., 170f.
HORBURY, a.a.O., 210 verweist auf TPsJ, der diese Tradition der Gegenüberstellung gerade in seiner Wiedergabe von Ex 15,17 vertritt: „You have established, O Lord, a place that corresponds to the throne of your Glory, made ready opposite the dwelling place of your holy Shekinah. Your Sanctuary, O Lord, your own two hands completed it" (Übers. von M. MAHER, Targum Pseudo-Jonathan: Exodus, 205).

[75] Zitiert nach EGO, a.a.O., 91. Weitere Beispiele: BerR 69,7 (s. a.a.O., 94); bTaan 5a (s. a.a.O., 143). Vgl. auch MCKELVEY, New Temple, 34–36 und DOWDA, Cleansing, 146 (MCKELVEY folgend).

[76] HORBURY, a.a.O., 211.

2.6 Ergebnis

Ex 15,17b.18 ist in der Tat die alttestamentliche Schlüsselstelle schlechthin für Gottes eigene Errichtung des Tempels als Stätte seiner Königsherrschaft. Ursprünglich bezog sie sich allem Anschein nach auf den salomonischen Tempel in Jerusalem, in dem die Königsherrschaft Jahwes in den Jahwe-König-Psalmen besungen und gottesdienstlich gefeiert wurde. Wenn wir mit dieser Inanspruchnahme von Ex 15,17f für den vorexilischen Tempel im Recht sind, impliziert die scharfe Herausstellung der ausschließlichen Tempelgründung durch Gott ursprünglich keinen Gegensatz zu menschlicher Beteiligung. Solange Ex 15,17 auf den von Salomo – und später gegebenenfalls auch den von Serubbabel – gebauten Tempel bezogen wird, ist die Stelle ein Beispiel dafür, wie Gott durch Mittler wirkt bzw. mit ihnen harmonisch zusammenwirkt (s.o. S. 33).

Später wurde Ex 15,17b.18 jedoch zum Kernbeleg für die Erwartung eines eschatologischen, ausschließlich von Gott selbst zu errichtenden Tempels auf dem Zion. Bei der Entwicklung dieser Vorstellung spielten die Enttäuschungen in bezug auf die historischen Tempel in Jerusalem bestimmt eine wichtige Rolle (s.o. S. 35–49). Die leidvolle und ernüchternde Erfahrung hatte gelehrt, daß aller Tempelkultbetrieb, der von Menschen initiiert und in deren Händen liegt, unweigerlich der Sünde verfällt. Ein qualitativer Neuanfang kann darum nur von Gott selbst ausgehen. Ex 15,17b, demzufolge nur Gottes Hände, „Symbol seiner Schöpfungsmacht"[77], dessen eigenes Heiligtum gründen, bot sich geradezu als *locus classicus* für die Erwartung an, daß Gott selbst den eschatologischen Tempel bauen würde. Das Moment der göttlichen Vorbereitung bzw. des Präexistenten, das die LXX-Rezeption der Stelle bezeugt, konnte natürlich dieser traditionsgeschichtlichen Entwicklung nur dienlich sein. Es ist sehr wahrscheinlich, daß Ex 15,17b.18 – rezipiert als Weissagung der göttlichen Alleinerrichtung des eschatologischen Tempels – über diejenigen Stellen hinaus, die diesen Beleg ausdrücklich zitieren (4QFlor [4Q174] I,1–5; MekhY shirata X) oder darauf anspielen (11QTR [11Q19] XXIX,9f; 4Esr 13,36), allgemein all jene Stellen beeinflußt hat, die nur Gott allein die Errichtung des eschatologischen Tempels zuschreiben (z.B. äthHen 90,29; 91,13; Jub 1,17.29; Tob 14,5; MTeh zu Ps 90,17)[78].

---

[77] JÖRG JEREMIAS, Königtum Gottes, 101.

[78] Der Wechsel vom aktiven zum passiven Genus in äthHen 91,13 (s. S. 40) und Tob 14,5b (s. S. 49 Anm. 72) mag dies reflektieren, vgl. HORBURY, a.a.O., 213 zu Tob 14,5: „The reverential passive ‚shall be built' implies the God-given temple of Exod. 15.17." Der Midrasch führt zu Ps 90,17αβ.b (וּמַעֲשֵׂה יָדֵינוּ כּוֹנְנָה עָלֵינוּ וּמַעֲשֵׂה יָדֵינוּ כּוֹנְנֵהוּ) aus: „Der Heilige, gebenedeit sei er, sprach zu ihnen: Weil das Heiligtum von Fleisch und Blut erbaut worden war, darum ist es zerstört und verwüstet worden und ich habe meine Schechina daraus zurückgezogen, aber einst in der Zukunft werde ich es bauen und meine Schechina darin wohnen lassen, und es wird in Ewigkeit nicht zerstört werden"

3. Überlieferungsgeschichtliche Analyse des Tempelwortes Jesu

3.1 Übersicht über den Befund

Stellen wir um der besseren Übersichtlichkeit der überlieferungsgeschichtlichen Auswertung willen eine Synopse der insgesamt fünf Belege des Tempelwortes Jesu aus den kanonischen Evangelien samt dessen doppeltem Nachhall im Thomasevangelium und in der Apostelgeschichte voraus:

Mt 26,61	*Mk 14,58*	*Joh 2,19*
δύναμαι καταλῦσαι	ἐγὼ καταλύσω	λύσατε
τὸν ναὸν τοῦ θεοῦ	τὸν ναὸν τοῦτον	τὸν ναὸν τοῦτον
	τὸν χειροποίητον	
καὶ διὰ τριῶν ἡμερῶν	καὶ διὰ τριῶν ἡμερῶν	καὶ ἐν τρισὶν ἡμέραις
	ἄλλον ἀχειροποίητον	
οἰκοδομῆσαι.	οἰκοδομήσω.	ἐγερῶ αὐτόν.

Mt 27,40	*Mk 15,29*
ὁ καταλύων	ὁ καταλύων
τὸν ναὸν	τὸν ναὸν
καὶ	καὶ
ἐν τρισὶν ἡμέραις	
οἰκοδομῶν	οἰκοδομῶν
	ἐν τρισὶν ἡμέραις

Act 6,14:
Ἰησοῦς ὁ Ναζωραῖος οὗτος καταλύσει τὸν τόπον τοῦτον

- - - - - - - - - - - - -

Übersetzung:

Mt 26,61	*Mk 14,58*	*Joh 2,19*
Ich kann	Ich werde	Brecht
den	diesen	diesen
	mit Händen gemachten	
Tempel Gottes	Tempel	Tempel
abbrechen	abbrechen,	ab,
und in drei Tagen[79]	und in drei Tagen[79]	und in drei Tagen[80]
	werde ich	werde ich
	einen anderen	ihn
	nicht mit Händen gemachten	
errichten.	errichten.	aufrichten.

(Übers. von WÜNSCHE, Midrasch Tehillim II, 66). Vgl. hierzu JUEL, Messiah and Temple, 150f. Zu AssMos s. ÅDNA, Jesu Kritik, 248f.

[79] Vgl. für die Bezeichnung des „Zeitraum(s), innerhalb dessen etwas geschieht", durch διά mit Genitiv BDR § 223,2c mit Anm. 5.

[80] Die temporale Konstruktion mit der Präposition ἐν kann sowohl Zeitpunkt als auch – wie hier – Zeitraum bezeichnen, vgl. BDR § 200 mit Anm. 9.

Mt 27,40 par. Mk 15,29:
Der den Tempel abbricht und in drei Tagen[80] errichtet.

Act 6,14:[81]
Dieser Jesus, der Nazoräer, wird diese Stätte abbrechen.

EvThom 71:
Ich werde [dieses] Haus zerstören, und niemand wird es [wieder] aufbauen.[82]

Diese Übersicht zeigt, daß wir es bei den aufgeführten Stellen trotz beträchtlicher Unterschiede im einzelnen immerhin mit so weitgehenden Übereinstimmungen zu tun haben, daß die Annahme einer gemeinsamen Überlieferung sich von vornherein als sehr plausibel herausstellt. Dabei ist es naheliegend zu vermuten, daß die in allen oder den meisten Fassungen fest vorkommenden Elemente den ihnen gemeinsamen ursprünglichen Kern darstellen: Dazu zählen einerseits die zweigliedrige Struktur (einzige eingliedrige Ausnahme ist Act 6,14[83]) und andererseits, was den Wortschatz anbelangt, in der ersten Hälfte des Logions das Verb (κατα)λύειν und das Objekt ὁ ναός (gegebenenfalls ὁ ναὸς οὗτος) und in der zweiten Hälfte die drei Tage und das Verb οἰκοδομεῖν[84].

---

[81] Es geht hier um eine Stephanus von einigen (Falsch-)Zeugen zugeschriebene Aussage. Trotz des anderslautenden Objekts – „diese Stätte" – bezieht auch sie sich auf den Tempel. מָקוֹם – mit τόπος als griechischer Entsprechung – ist längst zu einem terminus technicus für den Tempel geworden. (In den S. 101 vorgeführten Belegen benutzt die LXX überall τόπος als Wiedergabe von מָקוֹם.) Vgl. noch, wie der vorausgehende Vers Act 6,13 die gemeinte Stätte durch das Attribut ἅγιος qualifiziert und somit die Identität des Objekts sogar noch eindeutiger festlegt.

[82] Deutsche Übersetzung durch ERNST HAENCHEN des in koptischer Sprache erhaltenen EvThom, zitiert nach SQE[13], 526. JOACHIM JEREMIAS, Drei-Tage-Worte, 221 Anm. 2 fügt – übrigens übereinstimmend mit den parallelen lateinischen (durch G. GARITTE) und englischen (durch B.M. METZGER) Übersetzungen des EvThom in SQE[13] – in seiner Wiedergabe durch die Ergänzung mit „können" ganz am Ende dem zweiten Teil des Spruches eine modale Komponente bei: „... niemand wird es [wieder] aufbauen *können.*" So auch CROSSAN, Der historische Jesus, 470 (übernommen aus dem engl. Original, The Historical Jesus, 355).

[83] THEISSEN, Tempelweissagung, 143 sieht jedoch in der Fortführung des Stephanuswortes – „und er wird die Bräuche, die uns Mose überliefert hat, ändern" – eine spiritualisierende Übernahme auch des zweiten Teils des Tempelwortes. So auch DERS., Lokalkolorit, 206 sowie THEISSEN/MERZ, Jesus, 381.

[84] Das in Joh 2,19f benutzte ἐγείρειν kann wie οἰκοδομεῖν das Errichten von Bauwerken bezeichnen (vgl. BAUER, Wörterbuch, 432). Dasselbe Verb wird aber im Passiv auch von der Auferstehung Jesu häufig benutzt (vgl. BAUER, a.a.O., 433) und war von daher für Joh, der den nach drei Tagen aufzurichtenden Tempel auf Jesu Leib deutet (2,21), denkbar geeignet, um der von ihm in Joh 2,19 erzielten Mehrdeutigkeit Ausdruck zu verleihen (vgl. S. 210–212), zumal er es in seinem angehängten Kommentar 2,22 von Jesu Auferstehung benutzt. Es kann also überhaupt keinen Zweifel geben, daß οἰκοδομεῖν ursprünglich ist und von Joh redaktionell durch ἐγείρειν ersetzt wurde.

3.2 Ein Jesus von Falschzeugen verleumderisch untergeschobenes Wort?

Bevor wir den Befund einer genauen überlieferungsgeschichtlichen Analyse unterziehen, müssen wir uns nach Möglichkeit vergewissern, daß es sich trotz der beeindruckenden vielfachen Bezeugung nicht um ein gefälschtes Wort handelt, das Jesus – jedenfalls nach Meinung der neutestamentlichen Autoren – nie gesprochen hat. Diese kritische Anfrage an den Befund bezieht sich erstens darauf, daß Markus und Matthäus jene Zeugen, die beim Verhör Jesu vor dem Hohenpriester auftraten und u.a. das Tempelwort als eine Aussage Jesu zitierten, die sie einmal aus seinem Munde gehört hatten (Mk 14,55–59 par. Mt 26,59–61), als *Falschzeugen* bezeichnen (Mk 14,56.57: ψευδομαρτυρεῖν; Mt 26,60: ψευδόμαρτυρες). Zweitens berücksichtigt diese Anfrage, daß auch Lukas in Act 6,13f die vor dem Synhedrion gegen Stephanus mit der Anklage auftretenden Zeugen, die ihn hätten sagen hören, Jesus werde die Stätte des Tempels zerstören, als *Falschzeugen* charakterisiert (Act 6,13: μάρτυρες ψευδεῖς). Impliziert die Bezeichnung als falsche Zeugen nicht, daß es sich nach der Überzeugung dieser Autoren beim sogenannten Tempelwort um eine infame Lüge und Unterstellung handelt, die nur dazu dienen sollte, Jesus bzw. Stephanus zu verleumden?

Diesen Überlegungen müssen jedoch folgende Beobachtungen gegenübergestellt werden: In der johanneischen Parallele Joh 2,19 wird das Wort nach der Tempelaktion an herausragender Stelle im Gespräch zwischen den „Juden" und Jesus als ein Jesuswort eingeführt. Ebenso kann es keinen Zweifel geben, daß das Logion nach der Meinung des Thomasevangeliums ein Wort Jesu darstellt.

Der synoptische Vergleich der Verhörszene vor dem Hohenpriester in den beiden ersten Evangelien stellt eine Nuance in der mt Darstellung heraus, die in bezug auf die Frage des Falschzeugnisses *möglicherweise* von Belang sein kann. Mt scheint nämlich anders als Mk einen Einschnitt zwischen dem ersten Teil der Zeugenvernehmung, – vor dem Synhedrion wurde, wenn auch vergeblich, versucht, ein falsches Zeugnis gegen Jesus zu finden (ἐζήτουν ψευδομαρτυρίαν κατὰ τοῦ Ἰησοῦ), mit dem ein Todesurteil begründet werden könnte (Mt 26,59.60a) –, und dem darauf folgenden letzten und wichtigsten Zeugnis in V. 60b.61 zu setzen. Dies geschieht in der Weise, daß er das letzte Zeugnis von den früheren durch das temporale Adverb ὕστερον abhebt und die nun auftretenden Zeugen nicht mehr durch die Bezeichnung als ψευδόμαρτυρες disqualifiziert: „Zuletzt kamen zwei (und) sprachen: Dieser hat gesagt: ‚Ich kann den Tempel Gottes abbrechen und in drei Tagen errichten‘." Ob Mt durch diese kleine Abweichung das Tempelwortzeugnis bewußt in ein anderes Licht als Mk rücken wollte, ist schwer zu sagen, aber die Möglichkeit dafür besteht[85].

---

[85] Vgl. HOOKER, Traditions, 12 sowie BROWN, Death I, 435: „The false testimony seems to end in 26:60a ... While these witnesses are surely hostile, there is no indication that what they say is false."

Bei Mk, der anders als Mt nicht nur allgemein von auftretenden
Falschzeugen beim Verhör spricht, sondern auch die zuletzt vernommenen
Zeugen, die das Tempelwort wiedergeben, ausdrücklich als „falsch
aussagend" einführt (Mk 14,57), müssen wir auf die zweite Bezugnahme
auf das Tempelwort achten. Sie kommt in Verbindung mit der Verspottung
des Gekreuzigten vor (15,29–32), wo Mk zwischen den Vorübergehenden
(οἱ παραπορευόμενοι) im allgemeinen, die Jesus durch Anspielung auf das
Tempelwort verhöhnen (V. 29f), und den Hohenpriestern und Schriftgelehrten im besonderen, die seine angebliche Messianität zum Gegenstand
ihres Spottes haben (V. 30.31a), unterscheidet. Nur die letzteren sind beim
Verhör in der Nacht davor anwesend gewesen, als Jesus der Darstellung
des Evangelisten zufolge überhaupt zum ersten Mal seinen Messiasanspruch öffentlich zugab (Mk 14,55.61f). Die breite Masse der anderen
Anwesenden unter dem Kreuz spielt aber auf das Tempelwort an, das sie
aus anderer Quelle als der nächtlichen Zeugenaussage gegen Jesus kennen
müssen: „Der du den Tempel abbrichst und in drei Tagen errichtest, hilf
dir selbst dadurch, daß du vom Kreuz herabsteigst" (V. 29b.30). Dem
Leser des Markusevangeliums drängt sich der Eindruck auf, daß sie sich
tatsächlich auf eine frühere öffentliche Äußerung Jesu beziehen. Denn nur
durch die Anknüpfung an ein authentisch von Jesus gesprochenes Wort, in
dem er sich große Macht angemaßt hatte, konnten die Spötter wirkungsvoll
ihr Ziel erreichen, den Kontrast zwischen dem erbärmlichen Zustand des
nun Gekreuzigten und seinem früheren Machtanspruch, an dem er jämmer-
lich gescheitert ist, herauszustellen[86]. Es kommt ferner noch hinzu, daß Mk
Jesus tatsächlich mehrere dem Tempelwort inhaltlich nahekommende
Worte und Handlungen zuschreibt (vgl. vor allem die die Tempelaktion
umrahmende Zeichenhandlung der Verfluchung des Feigenbaumes in
11,12–14.20–25 und die Weissagung der Zerstörung des Tempels in 13,1f)
und somit Jesus *nicht* jegliche Verbindung zur Thematik des Gerichts über
den Tempel abspricht[87].

Was veranlaßt Mk dazu, das Tempelwortzeugnis als falsch zu bezeichnen? Eines geht m.E. jedenfalls aus seinem angefügten Kommentar, die
Zeugenaussagen seien nicht ἴσος, recht deutlich hervor:

---

[86] THEISSEN, Tempelweissagung, 157f zeigt, wie die unterschiedlichen Themen des
Spottes soziologischen Tatsachen entsprechen: Während die Frage, inwiefern Jesus ein
Messiasprätendent war, die Aristokraten beschäftigte, reagierte die einfache Stadtbevölkerung Jerusalems, die wirtschaftlich vom Tempel abhängig war, auf jegliche Bedrohung
des Tempels.

[87] Vgl. HORSLEY, Jesus, 293 und BROWN, a.a.O., 446f, und für eine redaktionsgeschichtliche Darlegung der Stellung des Evangelisten Markus zum Tempel s. ÅDNA,
Jesu Kritik, 523–532.

Mk 14,57–59:

(57) Und einige standen auf und legten falsches Zeugnis gegen ihn ab: (58) „Wir haben ihn sagen hören: ‚Ich werde diesen mit Händen gemachten Tempel abbrechen, und in drei Tagen werde ich einen anderen nicht mit Händen gemachten errichten.'" (59) Aber auch in diesem Fall war ihr Zeugnis nicht gleich.

Die sich auf das Tempelwort beziehenden Zeugenaussagen waren vermutlich in dem Sinne nicht gleich, daß sie im Wortlaut nicht vollends übereinstimmten. Damit reichten sie für eine juristisch haltbare Verurteilung des Angeklagten auch nicht aus[88]. Erst auf der Grundlage des Messiasbekenntnisses konnte Jesus verurteilt werden (14,60–64). Über dieses eher prozeßtechnische Moment hinaus zielt Mk wahrscheinlich mit seiner Charakterisierung des Zeugnisses ferner darauf ab, daß die Zeugen Jesus eine gewaltsame Maßnahme gegen den Tempel unterstellt haben: Er beabsichtige in revolutionär-aufrührerischer Manier den herodianischen Tempel anzugreifen und abzureißen. Der Wortlaut des Tempelwortes in Mk 14,58 ließ sich – jedenfalls aus dem Kontext herausgerissen, in dem Jesus sich gegebenenfalls so geäußert hatte – tatsächlich auf ein gewaltsames Vorgehen gegen den Tempel auslegen. „Ich werde diesen mit Händen gemachten Tempel abbrechen."[89] Unabhängig davon, ob Jesus das

---

[88] BAUER, Wörterbuch, 772 gibt für das allgemein „gleich" bedeutende ἴσος in bezug auf Zeugenaussagen den spezifischen Sinn „gleichlautend" an. Vgl. zu diesem Verständnis von Mk 14,59 KRAUS, Tod Jesu, 217: „… dieses Wort (konnte) aufgrund der Unstimmigkeiten der Zeugenaussagen nach Mk letztlich nicht zu Jesu Verurteilung führen …" Auch THEISSEN, Lokalkolorit, 206 deutet den Vers dahingehend, daß die Zeugen sich beim Wortlaut widersprochen haben. Unklar ist dagegen JUELS Auffassung von Mk 14,59: Er bestreitet den historischen Quellenwert und scheint dem Vers hauptsächlich die literarische Funktion zuzuschreiben, nach der Anführung der Tempelzerstörungsanklage auch noch das Messiasthema in den Prozeß einführen zu können (Messiah and Tempel, 118–120).

[89] Mehrere Forscher nehmen an, daß die Falschheit in einer Verdrehung des Wortlauts zu einer Absichtserklärung Jesu besteht; s. z.B. THEISSEN, Tempelweissagung 143 Anm. 3: „Der Tempelspruch begegnet oft im Munde von Gegnern … Vermutlich gab man ihm eine Form, die Jesus in Mißkredit bringen konnte. Zu fragen ist, ob die 1. P.Sg. Akt. auf solch eine verleumderische Umformulierung zurückgeht. Denn man konnte Jesus nur anschuldigen, wenn man unterstellte, er wolle die Tempelzerstörung aktiv betreiben (etwa durch Brandstiftung u. ä.), nicht aber, wenn er seine Zerstörung im Rahmen der eschatologischen Wende angekündigt hat" (vgl. auch THEISSEN/MERZ, Jesus, 381). Oft werden Überlegungen dieser Art mit der Beobachtung verbunden, in Joh 2,19, wo der Evangelist Jesus das Tempelwort in den Mund legt, ist es gar nicht Jesus selbst, der das handelnde Subjekt ist, sondern er spricht lediglich von der Eventualität der Zerstörung des Tempels mit Hilfe eines Imperativs in der 2. Person plur. (λύσατε τὸν ναὸν τοῦτον), und es wird daraus der Schluß gezogen, daß in Joh 2,19 der wahre Wortlaut (des ersten Teils) des Tempelwortes vorliegen müsse; so z.B. MEYER, Aims, 181; O. BETZ, Probleme des Prozesses Jesu, 632; WITHERINGTON, Christology, 111; SWEET, A House Not Made with Hands, 371 und CARSON, John, 181. Die joh Fassung ist jedoch eindeutig redaktionsgeschichtlich bearbeitet (s. Anm. 84 und die weiteren Ausführungen), und die Tatsache, daß alle anderen Versionen des Wortes darin übereinstimmen, daß Jesus das

Tempelwort in der in Mk 14,58 vorliegenden Fassung gesprochen hat oder
nicht, darf aufgrund der ganzen Jesusüberlieferung mit allerhöchster
Wahrscheinlichkeit geschlossen werden, daß die Anschuldigung einer
gewaltsamen Attacke gegen den Tempel ungerechtfertigt war und somit
eine falsche Anklage darstellte[90].

Auch in Act 6,13f muß es um die Falschzeugen so bestellt sein, daß ihre Falschheit
nicht darin bestand, Stephanus mit ihrer Anklage, er berufe sich auf Jesus als
Zerstörer des Tempels und als denjenigen, der die von Mose überlieferten Bräuche
ändern will, eine glatte Lüge zu unterschieben. Es geht bereits aus der nachfolgenden
Rede des Stephanus hervor, daß er tatsächlich tempelkritisch eingestellt war (vgl. Act
7,47–50). Weiter auf die Tempel- und Gesetzestheologie des sogenannten Stephanuskreises können wir hier nicht eingehen.

Nach diesen Überlegungen muß es für sehr wahrscheinlich gehalten
werden, daß wir es im Tempelwort mit einer Aussage zu tun haben, die
nicht nur von Falschzeugen böswillig an Jesus herangetragen worden ist,
sondern die durchaus auf Jesus zurückgehen kann. Ausgehend von dem
bereits festgestellten gemeinsamen Kern der verschiedenen Fassungen,
können wir uns nun der überlieferungsgeschichtlichen Analyse im einzelnen zuwenden.

3.3 Die Prädikate (καταλύειν und οἰκοδομεῖν)

Obwohl alle Fassungen, einschließlich Act 6,14, darin übereinstimmen,
daß das Verb (κατα)λύειν das dem Objekt ὁ ναός (bzw. ὁ τόπος)
vorgeordnete Prädikat bzw. einen Teil des Prädikats darstellt, gehen sie
weit auseinander, was die *Form* dieses Verbs betrifft. Den synoptischen
Belegen sowie EvThom 71 und Act 6,14 ist gemeinsam, daß Jesus als
Subjekt des Verbs angeführt wird[91], während Joh 2,19 den auf die
Gesprächspartner Jesu, die „Juden" (vgl. Joh 2,18.20), gerichteten

---

handelnde Subjekt ist, steht dieser Lösung des Problems im Wege. S. hierzu Brown,
Death I, 447f.

[90] Für eine ausführliche Erörterung verschiedener Hypothesen darüber, worin die
Falschheit der Zeugenaussage besteht, s. Brown, a.a.O., 444–448.

[91] Das substantivierte Partizip ὁ καταλύων in der kürzesten Fassung Mk 15,29 par.
Mt 27,40 bezieht sich auf Jesus, wie aus dem Kontext eindeutig hervorgeht. Die Szene ist
die Kreuzigung Jesu (Mk 15,22ff par. Mt 27,33ff), und es sind „die Vorübergehenden"
(οἱ παραπορευόμενοι), die den gekreuzigten Jesus „verhöhnten" (ἐβλασφήμουν)
(Mk 15,29a par. Mt 27,39), indem sie den Kontrast zwischen dem im Tempelwort zum
Ausdruck kommenden Anspruch und dem Scheitern des Gekreuzigten herausstellen
(s.o.). In Act 6,14 ist „dieser Jesus, der Nazoräer" explizit als Subjekt genannt, und in der
Verhörszene Mk 14,55ff par. Mt 26,59ff wird die in 1. Person sing. vorgestellte Aussage
Mk 14,58 par. Mt 26,61 von den redenden Zeugen als ein von dem Angeklagten
geäußerter Spruch vorgestellt („wir haben gehört, daß er gesagt hat" [αὐτοῦ λέγοντος]
bzw. „dieser hat gesagt" [οὗτος ἔφη]).

Imperativ 2. Person plur. λύσατε bietet. Einige Forscher haben in dieser joh Fassung, die der Evangelist ohne Umschweife Jesus in den Mund legt, die ursprüngliche Form des Verbs vermutet und sehen das Falsche der Mk 14,57f wiedergegebenen Zeugenaussage gerade in der Unterstellung, Jesus habe gesagt, daß er *selbst* den Tempel abbrechen werde (ἐγὼ καταλύσω)[92]. Diese Analyse vermag aber nicht zu überzeugen, denn wie bei der joh Abweichung beim Verb in der zweiten Hälfte des Logions (s. dazu Anm. 84) lassen sich redaktionelle Gründe auch für die Zuweisung des Abbrechens an die „Juden" erkennen: Nach Joh ist ὁ ναὸς οὗτος, der abgebrochen und in drei Tagen wieder aufgerichtet wird, der *Leibestempel Jesu* (Joh 2,21), und es sind nach der weiteren Darstellung gerade die Gegner Jesu, die ihn, d.h. seinen Leibestempel, niederreißen bzw. veranlassen, daß er niedergerissen wird (vgl. Joh 11,47–53; 18,30.40; 19,6f.12): „His [*sc.* Jesu] statement then was a warning to ,the Jews' that if they put him to death as they would be inclined to, he would raise himself from the dead in three days."[93]

Die modale Fassung des Mt, „ich *kann* abreißen", ist im Vergleich zu der futurischen Ausdrucksweise bei Mk, „ich *werde* abreißen", am ehesten als eine redaktionelle Abschwächung aufzufassen, wobei „die gegen den Tempel gerichtete polemische Spitze des mk Tempelwortes abgemildert und zu einer Aussage über die Machtfülle Jesu umfunktioniert (wird)"[94].

---

[92] Vgl. die bereits in Anm. 89 genannten Vertreter dieser Auffassung und s. noch MCKELVEY, New Temple, 79 sowie JEREMIAS, Drei-Tage-Worte, 221.

[93] BROWN, Death I, 437f. Vgl. zum redaktionellen Charakter der Imperativform Joh 2,19 KRAUS, a.a.O., 225f und MOHR, Markus- und Johannespassion, 101.
Die Form des Imperativs als 2. Person plur. ist also buchstäblich als eine Bezugnahme auf die Gesprächspartner Jesu zu nehmen, und ist nicht als ein bloßer „Eventualis" (gegen BDR § 387.2) oder als ein „ironische[r] Imperativ des prophetischen Stils" (so BULTMANN, Johannes, 88 mit Verweis auf Am 4,4 und Jes 8,9f in ebd., Anm. 5; vgl. auch BECKER, Johannes I, 124f) zu verstehen.
MEYER, Aims 301 Anm. 19 behauptet, daß der Evangelist nur die zweite Hälfte des Tempelwortes Joh 2,19 – καὶ ἐν τρισὶν ἡμέραις ἐγερῶ αὐτόν – auf die Person Jesu bezieht. Diese Analyse ist mit ein Grund, warum MEYER die joh Fassung des ersten Glieds für ursprünglich hält (s.o. Anm. 89), aber eine solche Aufsplitterung des joh Wortes und die Beziehung der Objekte der beiden Hälften auf nichtidentische Größen sind nicht gerechtfertigt. Das sprachlich einzig Naheliegende ist das pronominale Objekt αὐτόν mit dem nominalen Objekt des Vorsatzes zu identifizieren. S. BORG, Conflict, 180.

[94] KRAUS, a.a.O., 212. Der Grund für diese redaktionelle Änderung dürfte KRAUS, ebd. zufolge „in der positiveren Stellung des Mt zum Tempel" zu finden sein, die u.a. in seiner hinzugefügten Kennzeichnung des Tempels als „*Gottes* Tempel" zum Ausdruck kommt. KRAUS setzt das oben besprochene Abrücken der das Tempelwort enthaltenen Zeugenaussage von den früheren Falschzeugnissen im Prozeß gegen Jesus mit dieser redaktionellen Umfunktionierung des Spruches in Verbindung. S. auch HOOKER, Traditions, 12 und THEISSEN, Tempelweissagung, 143, der das Hauptmotiv für die Einführung des Potentialis bei Mt in der Nichterfüllung der Zerstörungsweissagung vermutet. BROWN, a.a.O., 435 verweist auf den wahrscheinlichen Zusammenhang mit der

Obwohl sich somit die in Mk 14,58 vorliegende Variante ἐγὼ καταλύσω als die ursprünglichste zu erkennen gibt[95], ist in dem dem Tempelwort nahestehenden Jesuswort Mk 13,2 par. eine *Passivform* des Verbs καταλύειν bezeugt, die auch in Frage kommt.

Mk 13,1–2:
(1) Und als er aus dem Tempel ging, spricht einer seiner Jünger zu ihm: „Meister, siehe, was für Steine und was für Bauten!" (2) Und Jesus sprach zu ihm: „Siehst du diese großen Bauten? Es wird hier kein Stein auf dem anderen bleiben, der nicht abgebrochen werden wird."

(2) καὶ ὁ Ἰησοῦς εἶπεν αὐτῷ· Βλέπεις ταύτας τὰς μεγάλας οἰκοδομάς; οὐ μὴ ἀφεθῇ ὧδε λίθος ἐπὶ λίθον ὃς οὐ μὴ καταλυθῇ.[96]

Die passivische Ausdrucksweise in einer die Zerstörung des Tempels ankündigenden *Weissagung* (Mk 13,2) oder in einem den Tempel betreffenden *Drohwort* (Mk 14,58) ist am ehesten als *passivum divinum* aufzufassen, und im Fall dieser Passivkonstruktion würde das Tempelwort weder den Gegnern Jesu (wie Joh 2,19) noch Jesus (wie Mk 14,58), sondern *Gott* selbst die drohende Tempelzerstörung zuschreiben. Die damit enthaltene Gerichtsvorstellung hätte einen breiten traditionsgeschichtlichen Hintergrund im Alten Testament und Frühjudentum (s.o. S. 35ff), und u.a. WOLFGANG KRAUS spricht sich für diese Fassung als ursprünglich aus[97].

„Machtchristologie" des Mt, die sich beim Vergleich mit Mk deutlich abzeichnet: „Some passages in Mark (1:45; 3:20; 6:5; 7:24; 9:22–23) seem to put limitations on what Jesus was able to do; Matt modifies or eliminates all those passages, and so the Matthean reader would have the impression that Jesus' power was limitless. The awesomeness of that power is underlined here by Matt's substitution of ‚the sanctuary of God' for Mark's ‚this sanctuary made with hands.'"

Die Beibehaltung des Vorwurfs, den Tempel abbrechen zu wollen, in der Verspottungsszene Mt 27,40 (vgl. oben Anm. 91), mag ein weiteres Indiz dafür sein, daß Mt die futurische Variante vorgelegen hat und daß die modale Fassung in Mt 26,61 auf seine redaktionelle Tätigkeit zurückzuführen ist. Rein sprachlich läßt sich die modale Wiedergabe allerdings auch als eine Übersetzungsvariante betrachten (vgl. MEYER, Aims, 301 Anm. 21). Wenn die Erwägung, Mt wolle das Tempelwortzeugnis Mt 26,60b. 61 gar nicht als ein Falschzeugnis präsentieren (s.o. S. 113), zutrifft, mag er den gegenüber Mk geänderten Wortlaut einfach als eine Präzisierung dessen, was Jesus wirklich zu sagen bezweckte, betrachtet haben.

[95] Die verhöhnende Charakterisierung von Jesus in Mk 15,29 par. Mt 27,40 als demjenigen, „der den Tempel abbricht", scheint die futurische Fassung Mk 14,58 vorauszusetzen, die die Spötter „als Ausdruck von Anmaßung verstanden haben" (KRAUS, a.a.O., 212). Das präsentische Tempus des Partizips zeigt auf eine sehr nahe Zukunft hin (BROWN, Death I, 439). EvThom 71 scheint auch auf 1. Person sing. Futur (ἐγὼ) καταλύσω zurückzugehen.

[96] Mk konstruiert das letzte Satzgefüge beidemal mit der „die stärkste Verneinung einer Aussage über Zukünftiges" ausdrückenden Konstruktion οὐ μή + Konjunktiv Aorist (HOFFMANN/VON SIEBENTHAL, Grammatik, § 247a).

[97] Vgl. KRAUS, a.a.O., 228.

Trotz der traditionsgeschichtlichen Plausibilität einer mit *passivum divinum* formulierten Gerichtsandrohung gegen den gegenwärtigen Tempel ist aber bei diesem Vorschlag sehr problematisch, daß diese Passivform in keiner der vielen Fassungen des Tempelwortes enthalten ist und daß auch keine überlieferungsgeschichtliche Abhängigkeit des Tempelwortes von der Zerstörungsweissagung in Mk 13,2 festzustellen ist[98]. Es bleibt deshalb dabei, daß die in Mk 14,58 enthaltene Form in der 1. Person sing. Futur, καταλύσω, zumal sie die inhaltlich schwierigste und anstößigste Variante darstellt[99], als ursprünglich anzusehen ist.

Wenden wir uns dem zweiten Glied des Tempelwortes zu, stellt sich uns hier erneut die Frage nach der ursprünglichen Form des dort benutzten Verbs οἰκοδομεῖν. Mt 26,61 hält auch in der zweiten Hälfte an der oben als sekundär erkannten modalen Konstruktion fest (δύναμαι ... οἰκοδομῆσαι). Mk 14,58 bleibt ebenso bei derselben Form wie im ersten Glied, d.h. 1. Person sing. Futur, οἰκοδομήσω, und wird hierbei von Joh 2,19 gefolgt[100], aber angesichts der redaktionsgeschichtlichen Bearbeitung dieser Stelle, die wegen der Identifizierung des aufzurichtenden Tempels mit Jesu Leib futurisches Tempus fordert, ist diese Übereinstimmung wenig aussagekräftig. Dagegen scheint wiederum die substantivierte Ausdrucksweise (ὁ) οἰκοδομῶν in der Kurzform aus der Verspottungsszene Mk 15,29 par. Mt 27,40 am ehesten die von Mk 14,58 vertretene futurische Variante vorauszusetzen (vgl. Anm. 95). Somit dürfte auch für die zweite Hälfte des Tempelwortes die 1. Person sing. Futur als ursprüngliche Form des Prädikats feststehen.

3.4 Die drei Tage

Als nächstem Element wenden wir uns der Zeitangabe zu, es werden drei Tage bis zur Errichtung des (neuen) Tempels vergehen. Trotz der Bezeugung dieser Zeitangabe in allen in den Evangelien vorliegenden fünf

---

[98] Das wird von KRAUS, a.a.O., 219 zu Recht mit Hinweis auf die fehlende Zweigliedrigkeit in Mk 13,2 und auf die enge Verbundenheit dieses Wortes mit dem Kontext in Mk 13 herausgestellt.

[99] Das für die urchristlichen Tradenten Problematische müßte darin liegen, daß Jesus den Anspruch, er würde *selbst* den vorfindlichen, mit Händen gemachten Jerusalemer Tempel zerstören, historisch nicht erfüllte. Die Varianten in Mt 26,61 und Joh 2,19 können u.U. als Versuche angesehen werden, mit diesem Problem fertig zu werden, und bezeugen somit indirekt die Authentizität: „[I]t is hard to think that Christians invented a prediction involving Jesus in the destruction and rebuilding of the sanctuary when he was dead and the Temple was still standing untouched. The different wordings that have been preserved (‚I will destroy ...‘; ‚I am able to destroy ...‘; (You) destroy ...‘) are more likely Christian attempts at reformulating a difficult dominical saying than free creations" (BROWN, Death I, 457).

[100] Zur Begründung, warum Joh statt οἰκοδομεῖν das Verb ἐγείρειν anwendet, s. Anm. 84.

Fassungen des Tempelwortes[101] halten sie viele Forscher für eine sekundäre, nachösterliche Anspielung auf die Auferstehung Jesu nach drei Tagen[102]. Auffällig ist aber, daß die Auferstehungsankündigungen und -bekenntnisse durchgehend nicht mit den im Tempelwort benutzten Präpositionen ἐν oder διά, sondern entweder mit μετά (+ Akkusativ) gebildet sind (vgl. Mk 8,31; 9,31; 10,34; Mt 27,63) oder den Zeitpunkt der Auferstehung mit der Dativkonstruktion τῇ τρίτῃ ἡμέρᾳ bzw. τῇ ἡμέρᾳ τῇ τρίτῃ angeben (vgl. Mt 16,21 par. Lk 9,22; Mt 17,23; Mt 20,19 par. Lk 18,33; Lk 24,7; Act 10,40; 1Kor 15,4). Obwohl der Zeitangabe im Tempelwort nachträglich zweifellos eine christologische Bedeutung beigelegt werden konnte, wie die joh Rezeption in Joh 2,19ff ausdrücklich bestätigt, setzt die Rede von der Tempelerrichtung in drei Tagen nicht von vornherein eine Bezugnahme auf Jesu Auferstehung voraus[103]. Die von den Auferstehungsaussagen abweichende sprachliche Konstruktion mit ἐν bzw. διά bezieht sich nämlich auf eine traditionsgeschichtlich vorgegebene Redeweise. Weil es den semitischen Sprachen Hebräisch und Aramäisch an einem gebräuchlichen Wort für „Zeit" im durativen Sinne sowie einem genauen Äquivalent für unser „mehrere, einige, ein paar" fehlt, nutzte man verschiedene Redeweisen, um einem solchen Sachverhalt Ausdruck zu verleihen, wovon „drei Tage" die häufigste war[104]. „Drei Tage" und die anderen, ähnlichen Wendungen sind alle „relative Angaben, d.h. der Kontext muß jeweils zeigen, ob eine kurze oder eine längere Zeitspanne gemeint ist"[105]. Beispiele für die als lang empfundenen drei Tage sind Jos 2,16; 1Sam 20,5.19; Jon 3,3; 2Chr 20,25 und 2Makk 5,14. Dagegen stehen die drei Tage für eine als kurz empfundene Frist in Jos 1,11; 2Sam 20,4; 2Reg 20,8 und Hos 6,2[106]. Es kann nicht zweifelhaft sein, daß das Tempelwort in die letztgenannte Gruppe einzuordnen ist: „Eine unglaublich kurze Frist will Jesus mit dem Wort vom Tempelbau in drei Tagen

---

[101] Die unterschiedliche Konstruktion, in Mk 14,58 par. Mt 26,61 διὰ τριῶν ἡμερῶν einerseits und in Joh 2,19 und Mk 15,29 par. Mt 27,40 ἐν τρισὶν ἡμέραις andererseits, hat inhaltlich nichts zu bedeuten (vgl. Anm. 79 und 80).

[102] So z.B. FLUSSER, Jesus, 111: „Das Wort ist anscheinend nicht ganz in der ursprünglichen Form überliefert: die drei Tage hängen mit der Anschauung zusammen, daß Jesus am dritten Tag auferstanden ist." Vgl. auch DERS., Prozeß und Tod, 143 sowie BORG, Conflict, 180; FREDRIKSEN, Jesus and the Temple, 298; SEELEY, Temple Act, 274f. Auch JUEL, Messiah and Temple, 118, 143f neigt zu dieser Sicht.

[103] So zu Recht SANDERS, Jesus and Judaism, 73: „The christological use of the prediction that it would be rebuilt after three days is evident, but even so Jesus may have predicted just that, for the application to the resurrection is not always explicit (e.g. Mark 15.29 and par.)."

[104] S. den mit vielen Belegen aus dem AT versehenen Nachweis bei JEREMIAS, Drei-Tage-Worte, 226.

[105] Ebd.

[106] Alle Belege sind BAUER, Drei Tage, 356f entnommen.

aussprechen (Mk 14,58; 15,29; Mt. 26,21 [sic]; 27,40; Joh 2,19f)."[107]

Es besteht folglich kein Grund, die Zeitangabe διὰ τριῶν ἡμερῶν bzw. ἐν τρισὶν ἡμέραις als sekundäres Element aus dem Überlieferungsbestand zu streichen.

3.5 Wiederaufbau oder Neubau des Tempels?

Ist der zu bauende Tempel, von dem das zweite Glied spricht, der *wiedererrichtete*, vorher abgebrochene Tempel, oder stellt er einen völlig neuen Bau dar? Ersteht der neue Tempel auf den Trümmern des alten oder ist er eine neue Größe, die keinerlei Kontinuität mit dem vergangenen Bauwerk aufweist? Es ist nicht leicht, allein aufgrund eines Vergleichs der verschiedenen Fassungen des Tempelwortes zu entscheiden, ob das Objekt in den beiden Hälften ursprünglich identisch gewesen ist oder nicht.

Die der joh Fassung Joh 2,19 zufolge vorliegende Identität der beiden Objekte gibt überlieferungsgeschichtlich gar nichts her, denn da Joh das Geschehen, von dem das Tempelwort spricht, christologisch auf Jesu Tod und Auferstehung bezieht, muß es natürlich zu einer Identität kommen. Ferner weist EvThom 71 eine „negative" Identität der beiden Objekte auf, die sich auch inhaltlich zwangsläufig ergibt. Denn laut diesem Spruch soll es – weder durch Jesu Initiative oder anderswie – zu einem neuen Tempel kommen. Die Endgültigkeit des Gerichts über „dieses Haus" sowie Jesu unüberbietbare Macht kommen gerade dadurch zum Ausdruck, daß niemand das nun von ihm zerstörte Haus wieder aufzubauen imstande sein wird (vgl. zur modalen Übersetzungsvariante Anm. 82). Auch in Mt 26,61 ist der eine und selbe „Tempel Gottes" Objekt des als möglicher Machtdemonstration in Aussicht gestellten Abreißens sowie Errichtens Jesu. Wegen der oben bereits erkannten redaktionsgeschichtlichen Bearbeitung auch dieser Version fällt die Identität der beiden Objekte allerdings überlieferungsgeschichtlich wenig ins Gewicht. Schwerwiegender ist es, daß auch die Kurzform der Verspottung in Mk 15,29 par. Mt 27,40 dadurch, daß sie nur im ersten Glied ein explizites Objekt bietet, vorauszusetzen scheint, daß dieselbe Größe auch im zweiten Glied gemeint

---

[107] Bauer, a.a.O., 357. Vgl. ferner JEREMIAS, Drei-Tage-Worte, 226; Theologie, 271; KRAUS, Tod Jesu, 225 Anm. 136; CROSSAN, Der historische Jesus, 472; BROWN, Death I, 450.

JEREMIAS, Drei-Tage-Worte, 228 hält die vier letzten Worte in Mk 9,31 (μετὰ τρεῖς ἡμέρας ἀναστήσεται) für ein ursprünglich eigenes Kurzlogion, das ein freies Zitat von Hos 6,2 darstellt. Im Targum wird dieses Prophetenwort auf die endzeitliche Totenerweckung gedeutet. Vor diesem Hintergrund nimmt er auch für die Auferstehungsankündigungen einen vorösterlichen Ursprung an: „Die Drei-Tage-Worte der Evangelien ... reden ursprünglich nicht von drei Kalendertagen, sondern von der begrenzten, von Gott bestimmten Frist bis zur Weltvollendung. Das gilt auch für die Ankündigung der Auferstehung ‚nach drei Tagen'." (229).

ist. Nur in Mk 14,58 ist eindeutig ein Wechsel vom ersten zum zweiten Glied festzustellen, und zwar wird dies sogar in doppelter Weise heraus- gestellt, indem der abzureißende ὁ ναὸς οὗτος dem zu errichtenden ἄλλος gegenübergestellt wird und die beiden darüber hinaus durch die attributiv angehängten Adjektive χειροποίητος und ἀχειροποίητος kontrastiert werden. Falls Mk 14,58 auch in diesen Bestandteilen des Logions die ursprüngliche Fassung bietet, läßt sich die Kurzform in Mk 15,29 par. auch damit in Einklang bringen[108].

Erst die Analyse des Kontrastpaares „mit Händen gemacht" – „nicht mit Händen gemacht" wird die Frage nach Identität oder Diskontinuität der Objekte in den beiden Gliedern des Tempelwortes endgültig beantworten können.

3.6 „Mit Händen gemacht" – „nicht mit Händen gemacht"

Die überschießenden Bestandteile bei den Objekten in der Mk 14,58 enthaltenen Fassung des Tempelwortes – d.h. τὸν χειροποίητον im ersten Glied und ἄλλον ἀχειροποίητον im zweiten Glied – fallen in überliefe- rungsgeschichtlicher Hinsicht natürlich unter den Verdacht, sekundär zu sein. Nur wenn es uns gelingt, den den beiden Tempeln beigefügten Attributen im vorzustellenden Ursprungskontext Jesu einen überzeugenden Sinn abzugewinnen und außerdem deren Wegfall in allen anderen Versionen des Tempelwortes plausibel zu machen, können wir ihre Zugehörigkeit zur ursprünglichen Überlieferung vertreten.

Eine ernst zu nehmende Möglichkeit besteht darin, das Kontrastpaar in Mk 14,58 mit der oben vorgeführten Traditionsgeschichte von Ex 15,17f in Verbindung zu setzen. In weiten Kreisen des Frühjudentums wurde die Aussage in Ex 15,17b, daß Gottes eigene Hände das Heiligtum gründen, auf den zukünftigen eschatologischen Tempel bezogen und dahingehend interpretiert, daß dessen Errichtung durch Gott selbst ohne Beteiligung von Menschenhand gerade das Charakteristikum dieses neuen Tempels gegenüber allen früheren Tempeln in Israel ausmachen werde. Hierzu könnte die Kontrastierung in Mk 14,58 zwischen dem gegenwärtigen herodianischen Tempel, der gewiß mit Menschenhand gebaut worden war, und dem ihn nach dessen Zerstörung ersetzenden, „nicht mit Händen gemachten" anderen gut passen.

Bevor wir aber eine traditionsgeschichtliche Verbindung des Tempel- wortes zur Rezeptionsgeschichte von Ex 15,17b.18 bestätigen können, müssen wir uns zuerst noch die Hauptanwendung des griechisch-

---

[108] Der Leser des Markusevangeliums, der Mk 14,58 bereits kennt, wird, wenn er zu 15,29 kommt, im zweiten Glied das Objekt „ein anderer (nicht mit Händen gemachter) Tempel" ohne weiteres stillschweigend voraussetzen (gegen JUEL, Messiah and Temple, 143).

sprachigen Gegensatzpaares χειροποίητος – ἀχειροποίητος in neutestamentlicher Zeit vergegenwärtigen. Vor dem Hintergrund des Sprachgebrauchs
in der Septuaginta, in der „χειροποίητος fast durchweg hbr [*sc.* hebräisch]
אֱלִיל wieder(gibt) u(nd) die Götzen als von Menschenhand gefertigt
(charakterisiert)"[109], „(taucht) in der Zeit des Neuen Testaments der
Begriff in der Götzenpolemik des hellenistischen Judentums auf"[110]. In
bezug auf den Tempel verleiht in diesen Kreisen das Gegensatzpaar
χειροποίητος – ἀχειροποίητος einem spiritualisierenden Kultverständnis
Ausdruck. Z.B. benutzt Philo von Alexandria den Terminus χειροποίητος in
VitMos 2,88 vom Zeltheiligtum (ἡ σκηνή), das „wie ein heiliger Tempel"
(καθάπερ νεὼς ἅγιος) errichtet wurde (2,89), und in SpecLeg 1,66f steht
das ebenso von χείρ abgeleitete und mit χειροποίητος verwandte τὸ
χειρόκμητον kontrastierend dem Weltall als höchstem und wahrhaftem
Heiligtum Gottes gegenüber[111]. Im Neuen Testament gibt es bezogen auf
die Tempelthematik vor allem zwei Belege in der Apostelgeschichte, die
diese Art von spiritualisierendem Verständnis vertreten: Paulus leitet seine
Areopagrede Act 17,22ff damit ein, daß er berichtet, er habe unter allen
Heiligtümern der Athener auch einen dem unbekannten Gott geweihten
Altar gefunden (V. 23); der Apostel läßt darauf folgende Grundsatz-
erklärung folgen: „Gott, der die Welt und alles, was darin ist, gemacht hat,
er, der Herr des Himmels und der Erde, wohnt nicht in mit Händen
gemachten Tempeln (οὐκ ἐν χειροποιήτοις ναοῖς κατοικεῖ)" (Act 17,24). In
der ausführlichen Rede des Stephanus in Act 7 wird dieselbe Sichtweise
sogar polemisch direkt gegen den Jerusalemer Tempel gerichtet: Die
Klimax der Rede stellt nämlich die dem salomonischen Tempelbau (V. 47)
antithetisch gegenübergestellte Erklärung, ἀλλ᾽ οὐχ ὁ ὕψιστος ἐν
χειροποιήτοις κατοικεῖ („aber der Höchste wohnt nicht in Handgemachten
[*sc.* mit Händen gemachten Tempeln]") (Act 7,48), dar, die Stephanus
durch das Prophetenwort Jes 66,1f begründet (V. 49f). Jes 66,1f bzw. Jes
66,1–4 vertritt die radikalste prinzipielle Ablehnung eines an menschliche
Bauten gebundenen Kultes im ganzen Alten Testament[112]. Sowohl dieses
an herausragender Stelle der gegen den Tempel Salomos gerichteten Worte
des Stephanus auftauchende Schriftzitat als auch die der Verhaftung und
der Rede vorausgehende Anklage gegen Stephanus, gegen Tempel und
Gesetz zu reden (Act 6,13f [unter Aufnahme des ersten Gliedes des

---

[109] LOHSE, Art. χειροποίητος, ἀχειροποίητος, ThWNT IX, 1973, (425–426) 426. Vgl.
z.B. Lev 26,1; Jes 10,11.

[110] KRAUS, Tod Jesu, 211.

[111] Für weitere χειροποίητος-Belege aus dem Bereich des hellenistischen Judentums
vgl. LOHSE, a.a.O., 426 und KRAUS, a.a.O., 211 Anm. 55.

[112] Vgl. KOENEN, Ethik, 183–195 und ÅDNA, Jesu Kritik, 202–204.

Tempelwortes, s.o.]), zeigen, welches Gewicht dem Ausspruch von 7,48 zukommt, der Höchste wohne nicht in mit Händen gemachten Tempeln.

Vor diesem Hintergrund muß es als wahrscheinlich gelten, daß Mk 14,58 nachösterlich in Analogie zu diesen Actastellen auch spiritualisierend verstanden worden ist, und zwar so, daß der andere, nicht mit Händen gemachte Tempel, den Jesus diesem Wort zufolge errichten wird, *nicht* ein neuer Tempelbau, sondern eine geistliche Größe sei. Während Joh 2,19.21 den neuen Tempel mit Jesu Leib identifiziert, dürfte bei Markus eine Bezugnahme auf die Kirche als den neuen Tempel vorliegen, ein neutestamentlich weit verbreitetes Theologumenon[113].

Act 7,48 und 17,24 werden flankiert von der Vision eines neuen Jerusalems ohne Tempel in Apk 21,22[114] sowie dem Analogieschluß des Paulus in 1Kor 9,13f, nach dem die apostolische Evangeliumsverkündigung den Tempeldienst abgelöst habe. Das „frei" gewordene Theologumenon vom Tempel bzw. dem Haus Gottes überträgt das Urchristentum auf die *Ekklesia*. Wegen der Einwohnung Gottes in Christus (vgl. 2Kor 5,19) ist Christi Leib, die Kirche (vgl. 1Kor 12,27; Röm 12,5), nun der Tempel Gottes: „Welche Übereinstimmung hat der Tempel Gottes mit den Götzen? Denn wir sind der Tempel des lebendigen Gottes (ἡμεῖς γὰρ ναὸς θεοῦ ἐσμεν ζῶντος), wie Gott gesprochen hat: ‚Ich werde unter ihnen wohnen und wandeln, und ich werde ihr Gott sein, und sie werden mein Volk sein'" (2Kor 6,16 mit einem Mischzitat von Lev 26,11a.12 und Ez 37,27[115]). Dieses Theologumenon begegnet sowohl im weiteren

---

[113] Vgl. SWEET, A House Not Made with Hands, 371–388 für eine Erörterung der Anspielungen auf das Tempelwort und auf das nach Meinung des Autors damit verbundene Felsenwort an Petrus (s.u. Anm. 184) bei Paulus sowie der Anwendung der Begriffe χειροποίητος – ἀχειροποίητος in jeweils 2Kor 5 und in der Stephanusrede. Den Ursprung der beiden Begriffe führt er auf die LXX und das NT zurück: „[I]n the Templesaying the word ‚made-with-hands (χειροποίητος) is septuagintal, with no exact Hebrew or Aramaic equivalent, and ἀχειροποίητος seems to be a New Testament coinage ..." (370f). JUEL, Messiah and Temple, 144–157 erörtert die Bedeutung des Kontrastpaares χειροποίητος – ἀχειροποίητος in Mk 14,58 im Rahmen des Markusevangeliums – die Möglichkeit, daß diese Attribute der beiden Tempel auf Jesus zurückgehen mögen, zieht er überhaupt nicht in Erwägung –, und gelangt zu dem Ergebnis, daß die beiden Begriffe von ihrer Benutzung in Kol 2,11; Eph 2,11 und Hebr 9,11.23–24 zu verstehen sind: „Our study would suggest that the terms, particularly ἀχειροποίητος, reflect a struggle on the part of the interpreter to find language appropriate to describe the Christian community by using temple imagery. The term would suggest that the new ‚temple' is really not a temple; it is a reality of a different order—corresponding to the new character of reality subsequent to Jesus' resurrection. The term χειροποίητος implies a value judgment; it points to something inferior, something transcient with regard to the old temple" (155).

[114] Gott und Christus selbst haben in ihrer personalen Gegenwart und Gemeinschaft mit den Erlösten die Rolle des Tempels übernommen: „der Herr, Gott, der Allmächtige ist ihr [*sc.* der Stadt] Tempel, er und das Lamm" (Apk 21,22b; vgl. 22,3f).

[115] Vgl. J.M. SCOTT, Adoption as Sons of God, WUNT II/48, Tübingen 1992, 195ff zum Mischzitat bzw. der Zitatkombination.

paulinischen Schrifttum (Eph 2,20–22[116]; 1Tim 3,15[117]) als auch außerhalb des Corpus Paulinum (vgl. vor allem 1Petr 2,4–6[118]; 4,17, aber auch Hebr 3,6; Apk 3,12)[119]. Von dieser Übertragung des Tempelbegriffs auf die Kirche sind die Bezeichnung der Christen als Priester (1Petr 2,5.9; Apk 5,10) und die spiritualisierte Rede von ihren Opfern (Röm 12,1; 15,15f; Phil 2,17f; Hebr 13,15f; 1Petr 2,5) abgeleitet.

OTTO BETZ schreibt z.B. bereits Jesus dieses spiritualisierende Verständnis des Gegensatzpaares χειροποίητος – ἀχειροποίητος zu, wobei er sich auf das Selbstverständnis der Qumrangemeinde als Entsprechung beruft[120]. Wie oben dargelegt, stellt die Qumrangemeinde jedoch gar keine Analogie zu dieser Interpretation von Mk 14,58 bereit, denn dort ist der personale, von der Gemeinde vertretene Tempel – der *miqdaš ᵓādām* – nur eine ihr aufgezwungene Interimsordnung, der eines Tages dem eschatologischen Heiligtum, auf das 4QFlor (4Q174) die von Gottes eigenen tempel- gründenden Händen handelnde Stelle Ex 15,17b bezieht (s.o. S. 99ff), weichen soll. Der Befund aus Qumran unterstützt eine spiritualisierende Vorstellung nicht, sondern schiebt im Gegenteil jeglicher übertragenen Deutung von Ex 15,17b auf ein eschatologisches Heiligtum, das nicht mehr ein richtiges Tempelgebäude auf dem Zion darstellt, einen Riegel vor. Die neutestamentliche Vorstellung von der Kirche als *permanenter* Ablösung des Tempels mit dessen Sühnopferkult stellt ein traditionsgeschichtliches Novum dar, das auf ganz bestimmten theologischen Voraussetzungen beruht, auf die wir später in dieser Studie noch zu sprechen kommen werden. Im jetzigen Zusammenhang wollen wir es bei der überlieferungs- geschichtlich relevanten Schlußfolgerung aus unseren Überlegungen belassen: Wenn in Mk 14,58 das Kontrastpaar χειροποίητος – ἀχειροποίητος auf den Gegensatz zwischen steinernen Tempelgebäuden einerseits und

---

[116] Eph 2,21: Der in Christus Jesus zusammengefügte Bau „wächst zu einem heiligen Tempel (ναὸς ἅγιος) im Herrn“.

[117] 1Tim 3,15: „... du sollst wissen, wie man sich in Gottes Haus (οἶκος θεοῦ) verhalten muß, das ist die Kirche des lebendigen Gottes (ἥτις ἐστὶν ἐκκλησία θεοῦ ζῶντος).“

[118] 1Petr 2,5a: „Laßt euch als lebendige Steine zu einem geistlichen Haus (οἶκος πνευματικός) aufbauen ...“

[119] Zu nennen ist noch auf jeden Fall 1Kor 3,16f („wißt ihr nicht, daß ihr Gottes Tempel [ναὸς θεοῦ] seid ...“), obwohl hier im Kontext eine Verschiebung von der Kirche in Richtung des einzelnen Christen als *naos* zu verzeichnen ist. Eine eindeutige Bezugnahme auf das Individuum wird der Tempelmetapher in 1Kor 6,19 zuteil. GUNDRY, Mark, 900f geht zu weit in individualisierender Deutung der Belege.

[120] BETZ, Probleme des Prozesses Jesu, 631: „Meines Erachtens hat Jesus mit dem ‚anderen, nicht mit Händen gemachten Tempel‘ das *neue Gottesvolk* gemeint, das er als Messias zu einem lebendigen Heiligtum gestaltet; es ist die *Kirche*, die nach Matthäus 16,18 auf dem Fundament des Felsenmannes Petrus erbaut und von den aufspringenden Toren der Hölle nicht ‚überwältigt‘, verschlungen, werden soll“ (Hervorhebungen von BETZ).

einem geistlichen, aus „lebendigen Steinen" aufgebauten „Haus Gottes"
(vgl. 1Petr 2,5) andererseits zu deuten ist, muß dieses Inhaltselement dem
Tempelwort in einem fortgeschrittenen Stadium seiner Überlieferung
zugewachsen sein, als es die erforderlichen traditions- und urchristentums-
geschichtlichen Voraussetzungen gab. Wenn das Gegensatzpaar dagegen
von Anfang an ein Bestandteil des Tempelwortes Jesu gewesen ist, ist es
der Rezeptionsgeschichte von Ex 15,17f im Frühjudentum, wie sie anhand
des Befundes in den Qumranschriften und anderswo nachgezeichnet
werden kann (s.o. S. 91ff), zuzuordnen[121]. Ehe wir diese beiden
alternativen überlieferungsgeschichtlichen Einordnungen von χειροποίητος
– ἀχειροποίητος endgültig zu beurteilen vermögen, müssen wir noch
prüfen, inwiefern der Wegfall der Attribute in allen anderen Fassungen des
Tempelwortes plausibel erklärt werden kann; denn wenn das nicht möglich
sein sollte, scheidet die Annahme der Ursprünglichkeit des Kontrastpaares
aus.

Was Mt 26,61 anbelangt, folgt aus der *Identifizierung* des in einer
eventuellen Machtdemonstration Jesu abgerissenen und wieder errichteten
Tempels zwangsläufig ein Wegfall der Kontrastierung[122]. Da die bei der
Verspottungsszene vorliegende Fassung Mk 15,29 par. Mt 27,40 auch in
anderer Hinsicht möglichst knapp formuliert ist (s. die Aufstellung
S. 111f), ist es vorstellbar, daß sie um der erzielten Kürze willen auf die
Näherbestimmungen verzichtet hat. Vor allem aber können hier inhaltliche
Gründe für die Auslassung ausschlaggebend gewesen sein, denn die
Spötter wollen ja den aus dem Tempelwort sprechenden absurden
Größenwahn des nunmehr auf Golgatha vor den Stadtmauern Jerusalems
elend gekreuzigten Jesus herausstellen, und dabei wäre eine Unterschei-
dung zwischen dem jetzigen und einem anderen, ihn künftig ersetzenden
Tempel für die Aussageabsicht nicht nur unnötig, sondern auch ihr
zuwiderlaufend gewesen[123]. Zur joh Fassung ist zu sagen, daß sowohl

---

[121] Auch BROWN, Death I, 440–443 führt diese beiden Deutungen des Kontrastpaares
– samt der oben kurz gestreiften, mit der joh Rezeption des Tempelwortes analogen
Deutung des nicht mit Händen gemachten Tempels auf den am dritten Tage verherr-
lichten Leib Christi – als die Interpretationsalternativen, mit denen wir zu tun haben, an.

[122] Von der Zweiquellenhypothese her – in Kap. 4 werden wir unsere Anlehnung an
diese immer noch vorherrschende Hypothese zur literarkritischen Erklärung des
synoptischen Befundes begründen – ist sowieso damit zu rechnen, daß Matthäus die
Verhörszene Mk 14,55ff, einschließlich des Wortlauts von Mk 14,58, gekannt hat und
aus redaktionellen Gründen, die oben kurz erörtert worden sind, das Logion in die
Mt 26,61 vorliegende Fassung abgeändert hat.

[123] Vgl. oben S. 122 mit Anm. 108 für den Nachweis, daß das fehlende Objekt im
zweiten Glied der Verspottung Mk 15,29 par. am ehesten die Identität des abgerissenen
und des errichteten Tempels andeutet, aber daß eine Unterscheidung der beiden
(sprachlich und sachlich) ebensowenig ausgeschlossen ist. GUNDRY, Mark, 905 sieht
hier, durchaus überzeugend, auch einen Zusammenhang mit dem Wegfall des Demonstra-

wegen der in Joh 2,18ff bewußt erzielten Doppeldeutigkeit bzw. des Mißverständnisses (s.u. S. 211f) als auch aufgrund der eigentlichen Identität zwischen dem von den „Juden" niedergerissenen und von Jesus selbst aufgerichteten Tempel eine Unterscheidung zwischen „mit Händen gemacht" und „nicht mit Händen gemacht" irreführend wäre und somit natürlich gestrichen werden mußte, falls sie in der dem Johannes-evangelium vorgegebenen Überlieferung vorhanden war. Zuletzt gilt für Act 6,14, daß das Gegensatzpaar χειροποίητος – ἀχειροποίητος dort schon wegen der fehlenden Zweigliedrigkeit sowieso unter keinen Umständen zu erwarten wäre. Es scheint also möglich zu sein, den in unseren Quellen vorliegenden Befund auch unter der Annahme der ursprünglichen Zugehörigkeit von χειροποίητος – ἀχειροποίητος zum Tempelwort Jesu für plausibel zu halten.

Hiermit ist die *Vorstellbarkeit* der kontrastierenden Unterscheidung zwischen „mit Händen gemacht" – „nicht mit Händen gemacht" als ein ursprüngliches Element des Tempelwortes nachgewiesen.

3.7 Rückübersetzbarkeit ins Aramäische

Den vorausgehenden Überlegungen ist nun hinzuzufügen, daß nicht nur der übrige Teil der mk Fassung des Tempelwortes in Mk 14,58 sich mühelos ins Aramäische zurückübersetzen läßt[124], sondern daß sich gerade auch für die Kontrastierung χειροποίητος – ἀχειροποίητος eine aramäische sprachliche Vorgabe in Dan 2,45 aufweisen läßt[125]. Die Rückübersetz-

---

tivpronomens οὗτος· „,This' drops out because the indirectness of the quotation in 15:29 makes the pronoun inappropriate away from the temple, whereas ,this' in the direct quotation of 14:58 appropriately implies that the words were spoken in the temple. The dropping of ,this' leads to the dropping of ,handmade,' too ... Supporting the naturalness of this further omission is the character of 15:29 as mockery, which requires only an allusion, whereas a formal accusation requires a full and exact quotation (cf. *m. Sanh.* 7:5)."

[124] Vgl. DALMAN, Orte und Wege Jesu, 324 und JEREMIAS, Theologie, 32. Bei JEREMIAS stelle ich einen Widerspruch bezüglich der Rückübersetzung der Zeitangabe καὶ διὰ τριῶν ἡμέραις bzw. καὶ ἐν τρισὶν ἡμερῶν fest. Während er sich in der „Neutestamentlichen Theologie" DALMANs Rekonstruktion *ubitelatá* anschließt, spricht er sich in „Die Drei-Tage-Worte der Evangelien" für *le* statt *be* als zugrundeliegende Präposition aus (222f), gefolgt von MEYER, Aims, 301 Anm. 22. Im nachfolgenden Rekonstruktionsvorschlag folge ich DALMAN.

[125] Darauf macht BETZ, Probleme des Prozesses Jesu, 631 Anm. 184 aufmerksam. Aus Dan 2,45: אֶתְגְּזֶרֶת אֶבֶן דִּי־לָא בִידַיִן („ein Stein riß sich *ohne* [*Zutun von Menschen-*]*Hände*[n] los") schließt er auf דִּי לָא בִידֵי בְּנֵי אָדָם als aramäische Formulierung für ἀχειροποίητος. Obwohl Dan 2,45 דִּי־לָא בִידַיִן adverbial dem Prädikat אֶתְגְּזֶרֶת und Mk 14,58 die entsprechenden Ausdrücke den Objekten attributiv zugeordnet sind, dürfte diese Ableitung sprachlich und syntaktisch durchaus in Ordnung sein. BROWN, Death I, 439 irrt darum, wenn er meint, die zwar griechisch ausgezeichnete Konstruktion des Kontrastpaares lasse sich so schwer ins Hebräische oder Aramäische zurückübersetzen,

barkeit eines Jesuswortes ist natürlich immer ein Indiz zugunsten der Authentizität, wenn sie mit anderen Beobachtungen einhergeht. Die anzunehmende aramäische Vorlage des nunmehr in Mk 14,58 griechisch überlieferten Logions kann folgendermaßen gelautet haben:

אֲנָא סָתַר הֵיכְלָא הָדֵין דִּי בִּידֵי בְּנֵי אָדָם

וּבִתְלָתָא יוֹמִין נִבְנֵי חוֹרָנָא דִּי לָא בִּידֵי בְּנֵי אָדָם

3.8 Die Vorstellbarkeit der Authentizität von Mk 14,58

Unsere überlieferungsgeschichtliche Analyse läuft somit auf das Ergebnis hinaus, daß die ausführlichste Version des vielfach bezeugten Tempelwortes Jesu, die in Mk 14,58 zu finden ist, mit allen ihr angehörenden Inhaltselementen den überlieferungsgeschichtlichen Anfang dieses Logions gebildet hat: „Ich werde diesen mit Händen gemachten Tempel abbrechen, und in drei Tagen werde ich einen anderen nicht mit Händen gemachten errichten." Damit ist nun auch auf überlieferungsgeschichtlicher Grundlage die *Vorstellbarkeit der Authentizität* des Tempelwortes als eines von dem historischen Jesus gesprochenen Logions nachgewiesen worden. Inwiefern der Vorstellbarkeit auch die tatsächliche Authentizität entspricht, steht allerdings noch nicht fest. Es muß nun noch vor allem — wie oben im Abschnitt 3.6 bereits angesprochen — exegetisch geprüft werden, ob und wie sich Mk 14,58 in die Verkündigung Jesu einfügt und die Unterscheidung eines irdischen mit Menschenhänden gemachten und eines von Gottes Händen gegründeten endzeitlichen Tempels zu Jesu Lehre paßt. Die Antwort auf diese Frage wird sowohl für die endgültige Beurteilung der Authentizität wie überhaupt für die Interpretation des ganzen Tempelwortes entscheidend sein.

Das hier erreichte Ergebnis, die ausführlichste Version des Tempelwortes, Mk 14,58, bilde den überlieferungsgeschichtlichen Anfang, von dem aus alle anderen Fassungen des Logions ableitbar sind, ordnet sich im Blick auf die Forschungsgeschichte deutlich als eine Minderheitsmeinung ein[126]. Die meisten Forscher rechnen zwar

---

daß wir recht sicher sein können, „that any statement made historically be Jesus about the destruction and rebuilding of the sanctuary did not contain these two distinguishing words—they are interpretations that arose among Greek speakers".

[126] Vgl. SCHWEMER, Irdischer und himmlischer König, 356.

Eine sonderbare Position vertritt GUNDRY, Mark: Mk 14,58 sei vollständig — d.h. einschließlich des Kontrastpaares χειροποίητος – ἀχειροποίητος (s. a.a.O., 902) — das authentisch überlieferte Falschzeugnis, so wie es beim nächtlichen Verhör vor dem Hohenpriester exakt gelautet habe (903, 905). GUNDRY sieht das authentische Jesuswort dagegen in Mk 13,2 (885, 900, 901, 903). S. 905f erörtert er, wie das Falschzeugnis Mk 14,58 zustandekam; sein abschließendes Urteil lautet: „Thus, the false testimony seems to have mingle-mangled the predictions of destruction for the temple and of Jesus' resurrection. If so, the false witnesses distorted the predictions by making him arrogate to himself the roles of divine destroyer and divine builder of the temple, by a narrowing of focus to the most sacred of the buildings, and by adding a pejorative ‚handmade' to

damit, daß das vielfach bezeugte Tempelwort auf den historischen Jesus zurückgeht, aber entweder begnügen sie sich angesichts des problematischen überlieferungsgeschichtlichen Befundes mit nur vagen Andeutungen über den ursprünglichen Wortlaut[127] oder sie schlagen eine andere Rekonstruktion des am Anfang des überlieferungsgeschichtlichen Prozesses stehenden Logions vor. Z.B. schließt BEN F. MEYER auf folgende Formulierung zurück: „Brecht diesen Tempel ab, und in drei Tagen werde ich einen anderen errichten."[128] Zusammenhängend mit seiner Hochschätzung des Thomasevangeliums als verläßlicher Quelle über den historischen Jesus legt JOHN DOMINIC CROSSAN EvThom 71 für seinen Rekonstruktionsvorschlag zugrunde: „I will destroy this house utterly beyond repair."[129] Die gegensätzliche

---

describe the present sanctuary and a favorable ‚not handmade' to describe the future sanctuary in a way that reflects badly on the present one" (906).

[127] Ohne einen ursprünglichen Wortlaut zu rekonstruieren, tritt THEISSEN, Tempelweissagung, 142–144 entschieden für die Authentizität des Tempelwortes Jesu ein (vgl. auch DERS., Lokalkolorit, 206 sowie THEISSEN/MERZ, Jesus, 381). HORSLEY, Jesus, 292f urteilt folgendermaßen: „Now, although it is probably futile to attempt to reconstruct the original wording, it is generally accepted that Jesus must have uttered ... the double saying about the building of another Temple as well as the destruction of the old Temple." Vgl sonst u.a. BORG, Conflict, 180; SANDERS, Jesus and Judaism, 71–73; FREDRIKSEN, Jesus and the Temple, 298f; RICHARDSON, Why Turn the Tables?, 523; BROWN, Death I, 455 Anm. 38; H.D. BETZ, Jesus, 466.

[128] Meine Übertragung seiner engl. Rekonstruktion: „Destroy this temple and in three days I will build another" (Aims, 200). Die erste Hälfte hat MEYER der Fassung aus Joh 2,19 entnommen (s.o. Anm. 89 und S. 116f mit Anm. 93 zur Kritik); die zweite ist mit dem um ἀχειροποίητος gekürzten zweiten Glied in Mk 14,58 identisch. (MEYER hält das Kontrastpaar in Mk 14,58 für eine erst urchristliche Hinzufügung zum ursprünglichen Tempelwort, „designed to make the symbolic nature of the new temple clear" [Aims, 301 Anm. 16].) Ohne genauere Begründung ist MEYER in seinem späteren Werk „Christus Faber" von der Unterscheidung der Tempel bzw. Heiligtümer in den beiden Hälften abgerückt: „Destroy this sanctuary and after three days I will build it" (Christus Faber, 217, 265).

[129] CROSSAN, The Historical Jesus, 359 (in der deutschen Übers. umschrieben zu: „Ich werde dieses Haus so gründlich zerstören, daß niemand es wieder aufbauen kann" [Der historische Jesus, 475]). Nach CROSSAN war im Ursprungskontext Jesu mit dem „Haus", das zerstört werden wird, wirklich der Tempel gemeint, und auch das zweite Glied von EvThom 71 gibt im Gegensatz zu all jenen Fassungen des Tempelwortes, die einen Wiederaufbau in Aussicht stellen, die Meinung Jesu korrekt wieder (Der historische Jesus, 471 [= The Historical Jesus, 355f]). Zu CROSSANs Einschätzung des Quellenmaterials, derzufolge EvThom das älteste Evangelium und eine hervorragende Quelle zum historischen Jesus ist, s. Der historische Jesus, 563–584 (= The Historical Jesus, 427–450); für eine Kritik an seiner weitgehend unbegründeten und rein postulierenden Neuordnung des gesamten Quellenmaterials s. WRIGHT, Jesus, 44–65. CROSSANs Plädoyer für die überlieferungsgeschichtliche Priorität von EvThom 71 vermag in keinerlei Weise zu überzeugen. THEISSEN/MERZ, Jesus, 381 dürften vielmehr darin recht haben, daß die Leugnung des positiven Teils der Weissagung sekundär ist: „Er hatte sich nicht erfüllt und war zum Problem geworden" (so auch RICHARDSON, Why Turn the Tables?, 523 Anm. 63). Nach KRAUS, Tod Jesu, 227 Anm. 150 stellt die in EvThom 71 bezeugte Fassung „eine traditionsgeschichtlich späte Stufe dar und gibt zur Rekonstruktion des ursprünglichen Wortlauts keine Anhaltspunkte". GUNDRY, Mark, 907 hält EvThom 71 gar für eine gnostische Revision von Mk 14,58.

Position nimmt etwa LLOYD GASTON ein, der nur den zweiten, positiven Teil des Tempelwortes auf Jesus zurückführt[130].

4. Interpretation des Tempelwortes Jesu (Mk 14,58)

4.1 Vorüberlegung

Wenn das Tempelwort in Mk 14,58 auf Jesus zurückgeht, zeugt es von einem wie auch immer genauer zu erfassenden Interesse für und Bemühen um den Tempel seitens Jesu. Ehe wir das Tempelwort deuten können, müssen wir darum noch kurz Jesu Haltung zu der Stadt Jerusalem / dem Zion, seine Verkündigung von der Gottesherrschaft bzw. des Gottesreiches sowie seine Stellungnahme zur Messiasfrage untersuchen. Alle drei Punkte sprechen große und komplexe Themenbereiche an, über die jeweils eigene umfangreiche Monographien geschrieben werden könnten. Wir müssen uns trotzdem damit begnügen, auf das in unserem Zusammenhang Wesentliche einzugehen. Dabei können wir uns auf die detaillierte Arbeit anderer stützen.

4.2 Jesus und der Zion

Dem Johannesevangelium zufolge besuchte Jesus Jerusalem mehrmals in Verbindung mit den jüdischen Wallfahrtsfesten (Passafest: Joh 2,13; 12,12; Laubhüttenfest: Joh 7,10; vgl. auch das nicht näher spezifizierte Fest Joh 5,1). Die synoptischen Evangelien legen ihrer Darlegung des Wirkens Jesu einen kompositorischen Rahmen zugrunde, der Jesus erst zum Todespassa nach Jerusalem hinaufziehen läßt[131], aber auch sie enthalten Stoffe, die darauf hinweisen, daß Jesus bereits davor die Stadt besucht haben muß (vgl. vor allem Lk 13,34f par. Mt 23,37–39). Hier sind nicht zuletzt die Belege für die Tätigkeit Jesu im Bereich des Tempels zu nennen, die sich über eine längere Zeitspanne zu erstrecken scheint und darum auf mehrere verschiedene Besuche deutet (vgl. Mk 14,49 par.;

---

[130] GASTON, No Stone, 241: „And certainly we must include among the important authentic sayings of Jesus his promise to build a new temple in three days (Mk 14:58)." Die Zerstörungsaussage im ersten Glied führt er dagegen erst auf Stephanus zurück (a.a.O., 162). Einen dankenswerten Überblick über die verstreuten Ausführungen GASTONs zu den verschiedenen Aspekten des Tempelwortes liefert SANDERS, Jesus and Judaism, 364f Anm. 5. HOOKER, Traditions, 16 neigt ebenso dazu, die Bedrohung des Tempels im Tempelwort auf Stephanus bzw. allgemeiner auf die frühe Kirche statt auf Jesus zurückzuführen; ihm sei eher eine Weissagung der Tempelzerstörung (wie in Mk 13,2) zuzutrauen.

[131] Vgl. jedoch aus den lk Kindheitsgeschichten Lk 2,22ff.41ff, aus denen trotz des legendarisch anmutenden Charakters hervorgeht, „daß Jesus in frommer jüdischer Erziehung stand und schon in früher Jugend mit Jerusalem und dem Tempel in Berührung gekommen ist" (STUHLMACHER, Die Stellung Jesu und des Paulus zu Jerusalem, 142).

12,41–44 par. sowie – verteilt auf die verschiedenen Jerusalemaufenthalte in Joh 2,13–3,21; 5,1–47; 7,10–10,39; 12,12ff – Joh 2,14; 5,14; 7,14.28; [8,2]; 8,20; 10,23; 18,20).

KIM HUAT TAN hat kürzlich „the Zion traditions and the aims of Jesus" untersucht[132] und sich dabei um eine Antwort auf die Frage „Did Jesus appropriate the Zion traditions for his ministry?"[133] bemüht. TAN unterzieht aus der Logienüberlieferung neben dem gerade angeführten Q-Wort Lk 13,34f par. noch aus dem Sondergut des Lukas die unmittelbar davor erscheinende Einheit Lk 13,31–33 sowie aus dem matthäischen Sondergut das Wort Mt 5,35b einer ausführlichen Untersuchung[134]. Unter Berücksichtigung der Forschung erörtert TAN gründlich sowohl die Authentizitätsfrage als auch die Interpretation jeder der drei Überlieferungseinheiten und weist m.E. überzeugend nach, daß wir es in allen drei Fällen mit authentischer Jesustradition zu tun haben.

Mt 5,(34a.)35b:
(Ich aber sage euch: Schwört überhaupt nicht ...), auch nicht bei Jerusalem, weil sie die Stadt des großen Königs ist

μήτε εἰς Ἱεροσόλυμα, ὅτι πόλις ἐστὶν τοῦ μεγάλου βασιλέως

Aus diesem Wort spricht eine vollherzige Bejahung der alttestamentlich-frühjüdischen Zionstradition (vgl. Ps 48,3). Weil Jerusalem Jesus als Gottes heilige Stadt gilt, wo Gott als König thront und von wo aus er seine Königsherrschaft ausübt (s.o. Abschnitt 2, S. 91ff), bezieht Jesus sein absolutes Schwurverbot paradigmatisch gerade auf sie[135]. Aus der Klage in Lk 13,34f par. Mt 23,37–39 ertönt ebenso deutlich ein brennender Eifer Jesu um Jerusalem und seine Einwohner:

Mt 23,37–39:
(37) Jerusalem, Jerusalem, du tötest die Propheten und steinigst die Boten, die zu dir gesandt sind. Wie oft wollte ich deine Kinder um mich sammeln, so wie eine Henne ihre Küken unter ihre Flügel nimmt; aber ihr habt nicht gewollt. (38) Darum wird euer

---

[132] So der Titel seiner 1997 erschienenen Studie, die auf seine Ph.D.-Thesis an der University of London 1993 zurückgeht. Fünf Seiten aus dem Aufsatz PETER STUHLMACHERS „Die Stellung Jesu und des Paulus zu Jerusalem" (ZThK 86, 1989, [140–156] 142–146) sind der Hauptanstoß für TANs Untersuchung gewesen, vgl. Zion and Jesus, 15f, 22.

[133] TAN, a.a.O., 6. Die Zionstraditionen definiert TAN folgendermaßen: „By Zion traditions we mean the use of Zion or Jerusalem as a focus and symbol of Jewish national and eschatological thought" (a.a.O., 24). S.o. S. 25–27.

[134] Teil II der Studie, S. 53–131.

[135] TAN behandelt Mt 5,35b samt seinem unmittelbaren Kontext der vierten Antithese (V. 34–37) in a.a.O., 81–99. S. bes. die Zusammenfassung der Ergebnisse S. 97–99: „Matthew 5.35 thus allows us to affirm that the Zion traditions probably had a great impact on Jesus and his conception of his ministry" (99).

Haus (von Gott) verlassen. (39) Und ich sage euch: Von jetzt an werdet ihr mich nicht
mehr sehen, bis ihr ruft: „Gesegnet sei er, der kommt im Namen des Herrn!"[136]

Das Bild von der Henne, die ihre Küken schützen will, zeigt Jesus in der
Haltung der Schekhina bzw. Gottes. Aber Jerusalem – seiner schrecklichen
Gewohnheit, die ihm zugesandten Gottesboten umzubringen, treu – lehnt
ihn ab, und als Folge wird der Tempel verlassen[137]. Trotz des durch den
Unwillen Jerusalems verursachten Scheiterns oder Mißerfolgs spricht aus
diesem Logion deutlich Jesu Absicht, Israel zu „sammeln", d.h. das
zerstreute und verlorene Gottesvolk wiederherzustellen:

„Jesus probably saw the restoration of Jerusalem as the crown of his intentions in his
ministry." Es läßt sich feststellen eine „congruence of Jesus' ministry with the
important aspects of the Zion traditions where the restoration of Zion is the
representation and crown of the restoration of the nation and the fulfilment of
Yahweh's promises"[138].

Wir werden später zu den „negativen" Aspekten dieses Wortes sowie zu
Lk 13,31–33 zurückkommen. Im jetzigen Zusammenhang geht es darum,
inwiefern und in welchem Ausmaß Jesus sich die Zionstraditionen zu eigen
gemacht hat und welche Einwirkung sie gegebenenfalls auf sein Wirken
gehabt haben. Nicht unerwähnt soll dabei die Aufnahme der „Erwartung
des endzeitlichen Dankopfermahles auf dem Zion gemäß Jes 25,6ff" in den
Jesusworten Lk 13,29 par. Mt 8,11 und Mk 14,25 par. bleiben, denn daraus
geht deutlich hervor, daß für Jesus „der Zion ... der künftige Zentralort der
heilvollen Gottesgemeinschaft aller Glaubenden (bleibt)"[139]. Die (synoptische) Jesusüberlieferung gibt folglich gar keinen Anlaß,

„Jerusalem und den Zion als von Gott erwählten Ort des Heils aufzugeben. Vielmehr
stehen Mk 14,25 Par. dafür gut, daß auch nach Jesu Überzeugung Gottes
Heilsverheißung über Jerusalem aus Jes 54,10 [„Auch wenn die Berge von ihrem Platz
weichen und die Hügel zu wanken beginnen – meine Huld wird nie von dir weichen

---

[136] Übers. von STUHLMACHER, Die Stellung Jesu und des Paulus zu Jerusalem, 145.

[137] Worauf sich das „Haus", von dem Mt 23,38 / Lk 13,35a handelt (ἰδοὺ ἀφίεται
ὑμῖν ὁ οἶκος ὑμῶν [ἔρημος]), bezieht, ist umstritten (Vorschläge: die Stadt Jerusalem,
den Tempel, das Volk, die Führer des Volkes). TAN, a.a.O., 113–115 weist überzeugend
nach, daß der Tempel gemeint sein muß. Wenn ἔρημος ein Bestandteil des Logions ist
(vgl. die Schwankungen in den Hss.), liegt der Nachdruck auf der Zerstörung und
Verödung des Tempels; wenn nicht, dann darauf, daß der Tempel von der Gottesherr-
lichkeit bzw. der Schekhina verlassen wird (vgl. Ez 10,18f; 11,22f [s.o. S. 39]), was
allerdings auch die verödende Zerstörung des Tempels nach sich ziehen wird (vgl. TJes
5,5; 32,14; 63,17 [s.o. S. 84]).

[138] TAN, a.a.O., 126.

[139] STUHLMACHER, a.a.O., 146.

und der Bund meines Friedens nicht wanken, spricht der Herr, der Erbarmen hat mit dir'] noch eingelöst werden wird".[140]

Mit der Erwähnung von Mk 14,25 schlagen wir bereits die Brücke zum nächsten Thema, der Herrschaft bzw. dem Reich Gottes, denn diesem Wort zufolge wird das eschatologische Mahl, bei dem Jesus von neuem von der Frucht des Weinstocks trinken wird, ἐν τῇ βασιλείᾳ τοῦ θεοῦ stattfinden.

4.3 Jesu Botschaft von der Gottesherrschaft bzw. dem Reich Gottes

Obwohl die Meinungen über den Inhalt des Ausdrucks ἡ βασιλεία τοῦ θεοῦ und über seine Zuordnung zum Ganzen des Wirkens Jesu in der Forschung weit auseinandergehen, herrscht ein weitgehender Konsens darüber, daß die Botschaft von der Basileia Gottes die Mitte der Verkündigung Jesu darstellt[141].

Nach Auskunft des Wörterbuchs von WALTER BAUER bedeutet βασιλεία entweder „Königsein, Königtum, Königsmacht, Königsherrschaft" oder „Königreich"[142]; das Wort bezeichnet folglich sowohl die Herrschafts-funktion eines Königs (βασιλεύς) als auch das Territorium, über das er als König herrscht. Das mit dem Genitiv von θεός zusammengesetzte Syntagma βασιλεία τοῦ θεοῦ ist nach BAUER spezifisch als „Königsherrschaft

---

[140] Ebd. Die in eckigen Klammern gesetzte Übers. von Jes 54,10 ist a.a.O., 141 entnommen. TAN, a.a.O., 127 schließt sich dem Urteil STUHLMACHERs an: „Stuhlmacher is right: Jesus was convinced that Yahweh's promise of salvation for Jerusalem according to Isaiah 54.10 would ultimately be realised. There is no ultimate rejection of the Zion traditions by Jesus." Positiv urteilt auch MEYER, Christus Faber, 261 über Jesu Stellung zur Zionstradition, aber gleichzeitig schwächt er modifizierend ab, indem er die Erfüllung der am Zion haftenden eschatologischen Erwartungen ganz und gar auf die Jüngergemeinde Jesu überträgt. BORG sieht – vermutlich durch seine verkehrte Darlegung der Zionstraditionen (s.o. S. 27 Anm. 7) sowie sein enteschatologisiertes Jesusbild (s.o. S. 17f) veranlaßt – Jesus als Gegner der Zionstraditionen: „Wie die Propheten vor ihm war er ein Bilderstürmer, der die Grundvorstellungen und Überzeugungen, aus denen seine Zeitgenossen lebten, erschütterte. Sie glaubten, ... Jerusalem sei sicher, weil Gott dort wohne, und er selber werde diese Stadt verteidigen ... er und die Propheten (ließen) sich nicht durch die bestgehütete Glaubenstradition ihrer Zeit einschüchtern ..." (BORG, Jesus. Der neue Mensch, 187).

[141] Aus der Fülle der Lit. s. z.B. JEREMIAS, Theologie, 99–110; MERKLEIN, Jesu Botschaft (bes. 25f: „damit [ist] ... der entscheidende Inhalt der Verkündigung des historischen Jesus festgehalten" [25]); SANDERS, Sohn Gottes, 254–302 (= Historical Figure of Jesus, 169–204); STUHLMACHER, Theologie I, 66–75, 94–96 („Will man das Zentrum der Verkündigung Jesu mit einem einzigen Ausdruck beschreiben, muß man von Gottes Herrschaft [βασιλεία τοῦ θεοῦ] reden" [67]); B. CHILTON, The Kingdom of God in Recent Discussion, in: B. CHILTON / C.A. EVANS (Ed.), Studying the Historical Jesus. Evaluations of the State of Current Research, NTTS 19, Leiden / New York / Köln, 1994, 255–280.

[142] BAUER, Wörterbuch, 270.

Gottes" wiederzugeben[143]; hier kommt folglich die erstere, dynamische Bedeutungsvariante zum Tragen. Dieses Verständnis liegt aufgrund der traditionsgeschichtlichen Vorgabe im Alten Testament und im Frühjudentum sehr nahe. Βασιλεία τοῦ θεοῦ stellt nämlich die griechische Wiedergabe der semitischen Wortbildung מַלְכוּת־אֵל (hebräisch) bzw. מַלְכוּתָא דִּיי (aramäisch) oder diesen ähnlichen Nominalabstraktbildungen von der Wurzel מלך dar, bei denen der dynamische Aspekt, „die aktive Regentschaft Gottes, Gottes Herrschen als König", im Vordergrund steht[144]. Deckt sich aber der synoptische Befund mit dem alttestamentlichfrühjüdischen? Einige Exegeten bestreiten das und meinen eine inhaltliche Verschiebung festzustellen, so etwa HANS CONZELMANN: „Man kann die Faustregel aufstellen: Im Judentum bedeutet der Ausdruck: den Akt des Herrschens Gottes; bei Jesus: Gottes Reich."[145]

CONZELMANN verweist in einer Anmerkung zur eben zitierten „Faustregel" auf den Aufsatz des norwegischen Neutestamentlers SVERRE AALEN „,Reign' and ,House' in the Kingdom of God in the Gospels" (NTS 8, 1961–62, 215–240). Obwohl AALEN sich außerhalb Skandinaviens lediglich in diesem einen Aufsatz zur Frage äußerte, hat er durch sein vehementes Eintreten für ein soteriologisches Verständnis der Basileia Gottes bei Jesus, demzufolge sie gerade nicht das Königsein Gottes, sondern die Gabe, den Ort und die Zeit des Heils bezeichnet, in Norwegen großen Einfluß gehabt. In der von der theologischen Gemeindefakultät in Oslo, wo AALEN Professor war, herausgegebenen Zeitschrift „Tidsskrift for Teologi og Kirke" hat in der letzten Zeit eine interessante Diskussion über AALENs Sicht stattgefunden. Ein dezidiertes Plädoyer zugunsten der Position AALENs, das auch in einer internationalen Sprache nachzulesen ist, hat sein Schüler HANS KVALBEIN geliefert: Der Ausdruck βασιλεία τοῦ θεοῦ „in the gospels does not refer to God's rule or position as a king, but means *the time of salvation, the gift of salvation and the place of salvation*"[146]. M.E. ist es (AALEN und) KVALBEIN gelungen, zu zeigen, daß in vielen Belegen der Inhalt der βασιλεία τοῦ θεοῦ solcher Art ist, daß wir sie mit „Gottes Reich" wiedergeben müssen. Etwa HELMUT MERKLEINs negative Bewertung von „Wendungen, wo die ,basileia' als Gegenstand des ,Sehens' (Mk 9,1), des ,Annehmens' (Mk 10,15a) oder ,Hineingelangens' (Mk 9,47; 10,15b.23.24.25) erscheint" als rein sekundäre Bildungen ist m.E. keine befriedigende Lösung[147]. Allerdings bereitet die Einseitigkeit,

---

[143] A.a.O., 270f.

[144] S. u.a. MERKLEIN, Jesu Botschaft, 37–39 und STUHLMACHER, Theologie I, 67f (Zitat von S. 68).

[145] H. CONZELMANN, Grundriß der Theologie des Neuen Testaments, München 1967, 126. Seit der 4., von A. LINDEMANN bearb. Aufl., 1987, nunmehr in Tübingen erschienen (inzwischen [6]1997) ist dieser Satz aus dem Buch verschwunden.

[146] H. KVALBEIN, The Kingdom of God in the Ethics of Jesus, StTh 51, 1997, (60–84) 70 (kursiv von KVALBEIN). In unserem Zusammenhang ist es der Abschnitt „What is the meaning of βασιλεία τοῦ θεοῦ in the message of Jesus?", S. 64–71, der von Interesse ist. (Vgl. die entsprechende norw. Fassung: DERS., Kan vi tale om en Gudsrike-etikk i de synoptiske evangelier?, TTK 69, 1998, 3–28.)

[147] MERKLEIN, Jesu Botschaft, 19: „In diesen Ausdrücken [*sc.* die aus dem vorausgehenden Text MERKLEINs oben zitierten] bezeichnet die ,basileia' nicht mehr ein

mit der AALEN und KVALBEIN der Mehrheitsmeinung entgegentreten, auch beträchtliche Probleme. In dem jüngsten Beitrag zur norwegischen Diskussion setzt sich ein
anderer AALEN-Schüler, MARTIN SYNNES, ausdrücklich mit der ihm problematisch
erscheinenden Leugnung der theozentrischen Komponente der βασιλεία τοῦ θεοῦ
auseinander[148]. Ich stimme mit SYNNES überein, daß die Entscheidung Jesu, den
Terminus Basileia Gottes statt etwa „des kommenden Äons" zum Zentralbegriff
seiner Verkündigung zu machen, nicht von ungefähr geschehen sein kann, sondern
von der gewichtigen biblisch-frühjüdischen Traditionsgeschichte her *auch* eine
Bejahung des Königseins und der Königsherrschaft Gottes mit einschließen muß[149].

Wir sind m.E. gut beraten, wenn wir uns die den semitischen und griechischen *malkut(a)-* bzw. *basileia*-Wortbildungen innewohnende Doppelheit
von „Herrschaft" und „Reich" ständig vor Augen halten und uns jeglichem
Verlangen widersetzen, nur *einen,* in den Jesusworten überall anzutreffenden Aspekt zu erwarten[150]. Es stimmt zwar, daß „König" keine
vorrangig benutzte Metapher für Gott in der Verkündigung Jesu darstellt,
aber auf dieser Grundlage zu bestreiten, daß βασιλεία τοῦ θεοῦ ein
Subjektsgenitiv ist, ist z.B. angesichts der Ausdrucksweise der Sabbat-
lieder von Qumran nicht mehr möglich[151]. Statt die oben S. 131
besprochene Stelle Mt 5,35b als ein völlig isoliertes Wort zu betrachten, ist
es ratsam, es nach Möglichkeit der Basileiaverkündigung zuzuordnen:

---

dynamisches Geschehen, sondern ist zu einer fast statischen Chiffre für das Heilsgut
beziehungsweise den Heilszustand erstarrt. Es besteht der Verdacht, daß es sich um
traditionsgeschichtlich sekundäre Bildungen handelt, die möglicherweise in Analogie zu
entsprechenden frühjüdischen Redeweisen vom ‚kommenden Äon' entstanden sind." S.
auch a.a.O., 24, 38. Vgl. die berechtigte Kritik bei KVALBEIN, a.a.O., 82 Anm. 40.

[148] M. SYNNES, Teosentrisk eller soteriologisk tolkning av η βασιλεια του θεου? En
revurdering av Sv. Aalens tolkning, TTK 70, 1999, 54–74.

[149] Zur Traditionsgeschichte s. MERKLEIN, a.a.O., 39–44 (Lit. 39 Anm. 14), STUHL-
MACHER, Theologie I, 68–70 und für eine ausführliche Darlegung vor allem CAMPO-
NOVO, Königtum. Vgl. SYNNES, a.a.O., 56, 57, 59. „Jesu proklamasjon av Guds *basileia*
handler i utgangspunktet om den Gud som kommer for å manifestere sin kongemakt til
frelse. Å argumentere mot denne tolkning ved å påpeke at Jesus svært sjelden eller aldri
taler om Gud som konge er forfeilet dersom dette tunge bibelske aspekt ligger i selve
begrepet og i genitivforbindelsen" (59).

[150] Für eine ausgewogene Stellungnahme eines dritten AALEN-Schülers s. den
ursprünglich auf einen Vortrag auf der Herbsttagung der Luther-Akademie in Ratzeburg
im Oktober 1985 zurückgehenden Aufsatz von ERNST BAASLAND, Jesu Verkündigung
vom Reich Gottes, in: Reich Gottes und Kirche. Veröffentlichungen der Luther-
Akademie Ratzeburg, Bd. 12, Erlangen 1988, (15–35) 24, 26, 29.

[151] Zu den Sabbatliedern s. SCHWEMER, Gott als König. Vgl. zur Kritik an AALEN
SYNNES, a.a.O., 71 Anm. 25. KVALBEINs zugespitztes Urteil lautet: „God's kingship has
no part in the message of Jesus" (Kingdom of God, 69). Es ist ferner irreführend, die
Königsmetapher gegen die für Jesus charakteristische „Vater"-Anrede an Gott auszuspielen. S. z.B. MERKLEIN, a.a.O., 84–91 und STUHLMACHER, a.a.O., 66 („Gottes Sohn
und Gottes Herrschaft" als Überschrift von § 5), 74, 84–88 zum organischen Zusammenhang bei Jesus zwischen Königsherrschaft Gottes und Gott als Vater.

„[I]f Jesus' message is that the kingdom of God is near, and if the kingdom of God is understood in the abstract sense as ‚reign‘, surely Matthew 5.35 implies that this reign of God must be established in Jerusalem since it is the city of the great king ... As an important aspect of Jesus' message concerns the kingdom of God, it is perfectly congruent that Jesus should seek to bring to a climax his ministry in Jerusalem."[152]

Zu Recht hebt KVALBEIN hervor, daß Jesus für sich die Rolle des Königs beansprucht (vgl. vor allem im Gleichnis Mt 25,31–46 βασιλεύς in V. 34.40 und sonst Belege über Jesu βασιλεία wie Mt 16,28; Lk 22,29f)[153]. Damit ist die Frage nach seiner spezifischen Rolle in Verbindung mit dem Geschehen der Basileia Gottes angesprochen. MERKLEIN hat herausgearbeitet, wie „die Gottesherrschaft als bereits in Gang gekommenes Geschehen"[154] sich gerade durch das Handeln Jesu in Worten und Taten entfaltet; sein Wirken sei als „Geschehensereignis" der Gottesherrschaft zu bezeichnen[155]. Ihm falle als „dem Proklamator und Repräsentanten der Gottesherrschaft"[156] eine im absoluten Sinne unerläßliche Aufgabe zu:

„Da die Gottesherrschaft, die durch den Satanssturz (vgl. Lk 10,18) im Himmel bereits verwirklicht ist, durch Jesu Verkündigung und Wirken als Geschehen nun auch auf dieser Erde Platz greift, muß er prägnant als der irdische *Repräsentant* des göttlichen Geschehens der Gottesherrschaft bezeichnet werden. Dabei ist diese Repräsentanz nicht im Sinne einer äußeren Repräsentation zu verstehen. Repräsentant und Geschehen der Gottesherrschaft bilden vielmehr insofern eine Einheit, als es ohne die Person Jesu das Geschehen der Gottesherrschaft nicht gäbe. Die Gottesherrschaft bleibt daher unablöslich an die nicht austauschbare Person Jesu gebunden."[157]

Die scheinbare Doppelung in der Königsrolle sowohl für Gott als auch für Jesus in bezug auf die Basileia Gottes ist kein traditionsgeschichtliches Novum, sondern hat in der Übertragung der Herrschaft und des Königtums an den Menschensohn in Dan 7,13f und in deren Rezeption und Weiterentwicklung in äthHen 61–63 eine Vorgabe[158]. Wir müssen uns darum als nächstes Jesu Inanspruchnahme der Menschensohntradition im Rahmen seines königlich-messianischen Anspruchs ansehen.

4.4 Jesu messianischer Anspruch

Klaffen nicht die frühjüdische königlich-davidische Messiasvorstellung, so wie sie vor allem PsSal 17 beeindruckend vor Augen führt, und Jesu

---

[152] TAN, Zion and Jesus, 98f. Vgl. noch a.a.O., 129.

[153] KVALBEIN, a.a.O., 68f.

[154] So die Überschrift des fünften Kapitels in MERKLEIN, Jesu Botschaft, 59–91.

[155] A.a.O., 62ff, 73ff.

[156] A.a.O., 72, vgl. 75. S. die Zustimmung in STUHLMACHER, Theologie I, 71, 110.

[157] A.a.O., 152 (kursiv von MERKLEIN), vgl. noch 153f.

[158] Vgl. MAIER, Konfliktpotential, 193–202 über „den thronenden Gott im Heiligtum und den thronenden Richter" im Frühjudentum.

Person und Wirken dermaßen weit auseinander, daß es geradezu absurd und irreführend erscheint, Jesus das Prädikat des „Messias" unterzuschieben? Vor allem seit dem Erscheinen von WILLIAM WREDEs Buch über das Messiasgeheimnis in den Evangelien im Jahre 1901 (s. S. 3, Anm. 2) haben sehr viele Forscher diese Frage bejaht[159]. Nichtsdestoweniger ist es eine unleugbare Tatsache, daß urchristlich „Messias" bzw. seine griechische Entsprechung „Christus" neben „Kyrios" das verbreitetste und wichtigste christologische Prädikat ist. Wie ist nun die Brücke von der angeblich unmessianischen Erscheinung des Jesus von Nazareth zum nachösterlichen Messiasbekenntnis zu schlagen?

Der Kreuzestod Jesu gehört zu den sichersten, auch von der radikalen Kritik anerkannten historischen Daten über ihn. Wie auch immer es zu dieser durch römische Hand vollstreckten Todesstrafe gekommen sein mag, die Forschung akzeptiert mehrheitlich die historische Glaubwürdigkeit des Kreuzestitulus, Mk 15,26 par., Jesus sei als der König der Juden (ὁ βασιλεὺς τῶν Ἰουδαίων) hingerichtet worden[160]. Mir erscheint der Kreuzestitulus allein aber als eine zu dürftige Grundlage für das urchristliche Bekenntnis zu Jesus als dem Messias[161]. Vielmehr müssen sowohl der Tod Jesu als eines Messiasprätendenten als auch das sofort nach Ostern das Feld einnehmende Messiasbekenntnis eine historisch vorgegebene Veranlassung im irdischen Wirken Jesu gehabt haben. So hält es HELMUT MERKLEIN zwar für nicht ausgeschlossen, „daß messianische Erwartungen bereits an Jesus herangetragen wurden", meint jedoch, daß Jesus sie auf jeden Fall zurückgewiesen habe[162]. Auch WILLIAM HORBURY scheint mit seiner historischen Nachzeichnung, wie es vor dem Hintergrund des frühjüdischen Messianismus zum „Cult of Christ" kam, weitgehend ohne die Einbeziehung des vorösterlichen Wirkens Jesu auszukommen; er verrät jedoch nebenbei – unter den vielen Einzelheiten seiner Darlegung versteckt, daß er die Messiasfrage für eine die Jüngergruppe und Jesus bereits vor der Kreuzigung beschäftigende Herausforderung halte und die Anfänge der Anerkennung Jesu als Messias in der vorösterlichen Zeit annehme[163]. Dagegen beschäftigt sich PETER STUHLMACHER (im Anschluß

---

[159] Vgl. HENGEL, Jesus, the Messiah of Israel, 328–332.

[160] A.a.O., 336–339.

[161] Vgl. hierzu den berühmten Aufsatz von N.A. DAHL, Der gekreuzigte Messias, in: H.R. RISTOW / K.M. MATTHIAE (Hg.), Der historische Jesus und der kerygmatische Christus, Berlin 1960, 149–169.

[162] MERKLEIN, Jesu Botschaft, 148f (das Zitat ist S. 148 entnommen).

[163] HORBURY, Jewish Messianism erörtert im vierten Kapitel die „Messianic Origins of the Cult of Christ" (109–152). Bezüglich der vorösterlichen Situation schreibt er: „[T]he Gospels are probably right in representing it [sc. die Messiasfrage] as an important subject for the disciples and their master before the crucifixion" (126). „Recognition of Christ as messianic king, beginning in the period of the ministry and

an ADOLF SCHLATTER) ausführlich mit der Frage der Messianität des
irdischen Jesus und vermag dabei eine Reihe von Anknüpfungspunkten
ausfindig zu machen, die die urchristliche Anwendung des Messiastitels
auf Jesus verständlich und plausibel erscheinen lassen[164].

Zu den Zügen des Wirkens Jesu, die messianische Erwartungen ins
Leben rufen konnten, gehört z.B. seine Erwählung des Zwölferkreises (Mk
3,13–19 par.)[165]. Die Zahl entspricht nicht von ungefähr den zwölf
Stämmen des Gottesvolkes, von denen neuneinhalb seit der gewaltsamen
Vernichtung und Auflösung des Nordreiches durch die Assyrer als
verschollen galten. Seit der Heilsverkündigung Ezechiels galt es als eine
Aufgabe des davidischen Messias, das Gottesvolk in seiner Fülle wiederherzustellen (vgl. Ez 37,15–28; PsSal 17,26.28.44; 4Esr 13,12f.39–50).
Die Erwählung der Zwölf stellte eine eschatologische Zeichenhandlung
dar, deren Botschaft eindeutig war: Dieser Jesus schickt sich an, das
Gottesvolk zu sammeln bzw. wiederherzustellen. Eine weitere Zeichenhandlung, die messianische Erwartungen zu wecken vermochte, waren
Jesu Tischgemeinschaften mit Sündern (vgl. Mk 2,15–17 par. vor allem
mit Jes 25,6–9 und äthHen 62,14)[166]. Überhaupt mußte Jesu gesamte Wirksamkeit in Galiläa „als *messianischer Evangelist der ,Armen'*, zu denen
der mit Hl. Geist ,Gesalbte' (χριστός) nach Jes 61,1–2 in besonderem
Maße gesandt ist"[167], die Frage aufkommen lassen, ob er der „Kommende"
(ὁ ἐρχόμενος) sei, wie es denn auch die Anfrage Johannes' des Täufers
explizit bestätigt (Mt 11,2f par.). Durch seine auf Texte aus dem Jesajabuch, die die Wende der eschatologischen Heilszeit schildern, anspielende
Antwort nimmt Jesus für sich in Anspruch, in seinem Wirken diese
Heilszeit bereits in Gang gesetzt zu haben:

Mt 11,5f (par. Lk 7,22f):[168]
(5) Blinde sehen wieder [Jes 29,18; 35,5], und Lahme gehen [Jes 35,6]; Aussätzige
werden rein, und Taube hören [Jes 35,5]; Tote stehen auf [Jes 26,19], und den Armen

---

becoming pervasive in the earliest Christian community ..." (150). In dem früheren
Aufsatz „Land, sanctuary and worship" findet sich eine etwas deutlichere Stellungnahme
HORBURYs: „... Jesus was regarded as messiah – during the ministry, in the present
writer's view, and in any case among those who first circulated and edited [the] gospel
traditions" (218).

[164] S. in STUHLMACHER, Theologie I vor allem § 9: „Der messianische Menschensohn
– Jesu Hoheitsanspruch", S. 107–125.

[165] S. STUHLMACHER, a.a.O., 83.

[166] A.a.O., 72f.

[167] A.a.O., 65 (kursiv von STUHLMACHER). Vgl. HENGEL, Jesus, the Messiah of Israel,
334.

[168] Übers., mit Verweisen auf die betreffenden Jes-Stellen in eckigen Klammern, von
STUHLMACHER, a.a.O., 65.

wird das Evangelium verkündet [Jes 61,1]. (6) Selig ist, wer an mir keinen Anstoß nimmt.

Schließlich verdichten sich die messianischen Anzeichen beim letzten Zug Jesu nach Jerusalem: Hier sind sowohl die Heilung des blinden Bartimäus in Jericho, der letzten Station vor Jerusalem,[169] wie auch vor allem der Einzug auf dem Esel vom Ölberg her zu nennen[170]. Zu Recht faßt STUHLMACHER den Befund folgendermaßen zusammen:

> „Die Frage, ob sich messianische Erwartungen mit Jesu Auftreten verbinden konnten, ist zu bejahen: Schon Jesu Heilshandeln für die ‚Armen‘ mit Einschluß der Tischgemeinschaften und Heilungswunder trug von Jes 61,1–2 her messianische Züge. Vor allem aber mußten der Anspruch auf das Zwölfstämmevolk, den er mit der Erschaffung des Zwölferkreises erhob, der demonstrative Einzug in Jerusalem (Mk 11,1–10Par) und die Reinigung des Tempels nicht nur Jesu μαθηταί, sondern auch seinen jüdischen Zeitgenossen als messianische Zeichen erscheinen. Die davidische Abstammung Jesu, sein Wirken als ‚messianischer Lehrer der Weisheit‘ und sein souveräner Umgang mit der Tora vom Sinai kamen hinzu. *Jesus als Messias anzusehen oder ihn messianischer Ansprüche zu verdächtigen, lag geschichtlich sehr nahe.* Der kritisch auf Jesu Königtum anspielende, römisch und nicht christlich formulierte Kreuzestitulus (Mk 15,26Par) und das Eingeständnis der nach der Kreuzigung Jesu nach Emmaus wandernden Jünger, sie hätten gehofft, Jesus werde Israel ‚erlösen‘ (Lk 24,21), dokumentieren, daß es tatsächlich so war.“[171]

Weil Jesus, wie es aus den obigen Ausführungen hervorgeht, alle alternativen Kategorien wie die Johannes’ des Täufers, des wiederkehrenden Elia oder eines anderen Endzeitpropheten (vgl. Mk 8,27f par.) sowie die eines schriftgelehrten Rabbis sprengt, bleibt von den traditionsgeschichtlichen Vorgaben her in der Tat „nur noch die Möglichkeit, seine Sendung *messianisch* zu verstehen“[172]. Wir brauchen uns dabei auf der Grundlage des historisch nachweisbaren singulären Gottesverhältnisses und Sendungsbewußtseins Jesu nicht mit der impliziten Erschließung, nur die Kategorie des Messianischen werde ihm gerecht, zu begnügen, sondern zwei synoptische Überlieferungen belegen explizit, daß es sich so verhält.

---

[169] HENGEL, a.a.O., 340: „[T]his healing falls outside the topics of customary miracle stories. The address, ‚Son of David,‘ marks Jesus as a messianic pretender.“

[170] S. HENGEL, ebd.; MEYER, Aims, 199 und vor allem TAN, Zion and Jesus, der dem Einzug ein ganzes Kapitel widmet: „Jesus in Jerusalem (I): The ‚Triumphal‘ Entry“, S. 137–157. TAN erörtert, mit positivem Ergebnis, die Historizität des Ereignisses (137–148) sowie dessen Sinn: Es sei eine Symbolhandlung (149), bei der Jesus in bezug auf sich selbst einen königlichen (messianischen) Anspruch erhob: „[T]he entry was a ‚kingly‘ claim and was meant to signify the coming of the chosen king into the city“ (152).

[171] STUHLMACHER, a.a.O., 113 (kursiv von STUHLMACHER). Vgl. auch HENGEL, a.a.O., 335.

[172] Vgl. a.a.O., 110f (Zitat von S. 111, kursiv von STUHLMACHER). Vgl. auch HENGEL, a.a.O., 341f.

Die eine ist das Petrusbekenntnis (Mk 8,27–33 par.): „Du bist der Messias" (Σὺ εἶ ὁ Χριστός) (Mk 8,29b). Daß Jesus diese Erkenntnis zunächst auf die Jüngergruppe beschränkt (V. 30), ist kein nachträglich der Überlieferung übergestülptes „Messiasgeheimnis" (so W. WREDE), sondern wegen seiner, sogar die Jünger befremdenden, durch Leidensbereitschaft gekennzeichneten Umprägung der Messiasrolle (V. 31–33) eine historisch durchaus plausible Maßnahme, um nationalistisch-politische Mißverständnisse in der Öffentlichkeit möglichst zu vermeiden[173]. Die andere synoptische Überlieferung, die den Messiasanspruch Jesu ausdrücklich bestätigt, ist seine Antwort auf die Frage des Hohenpriesters (Mk 14,61f par.). Wir kommen gleich in Verbindung mit der Interpretation des – derselben Texteinheit angehörenden – Tempelwortes wieder auf die thematische Verbindung zwischen dem Tempelwort und der Messiasfrage zu sprechen und begnügen uns darum hier zunächst mit der Feststellung der historischen Glaubwürdigkeit dieser Klimax der Verhörszene. Sie zeigt, warum Jesus als Gotteslästerer und Messiasprätendent zum Tode verurteilt worden ist:

> „Im jüdischen Verhör gegen Jesus ist es vor allem um die Messiasfrage gegangen. Jesus hat den Messias-Titel zwar im Jüngerkreis geduldet, aber nicht öffentlich für sich beansprucht. Er hat messianische Zeichenhandlungen bis hin zur Tempelreinigung vollbracht und sich schließlich auf das Drängen des ihn verhörenden Hochpriesters hin in der Nacht vor seiner Hinrichtung *offen zu seiner messianischen Sendung bekannt*. Dieses Bekenntnis erschien als widergöttliche Anmaßung, hat zur Anschuldigung Jesu vor Pilatus gedient und ist die historische Grundlage für den römischen Kreuzestitulus."[174]

Jesus verbindet in seiner Antwort in Mk 14,62 seine Bejahung der messianischen Gottessohnschaft mit der Inanspruchnahme auch des Menschensohntitels. Der für griechische Ohren unverständlich klingende Ausdruck ὁ υἱὸς τοῦ ἀνθρώπου, der im Neuen Testament fast ausschließlich auf Jesusworte in den Evangelien beschränkt ist, ist eine

---

[173] Zum Petrusbekenntnis s. a.a.O., 113–115.

[174] A.a.O., 117 (kursiv von STUHLMACHER), zu Mk 14,61f s. noch a.a.O., 115–117. Vgl. auch HENGEL, a.a.O., 339: „[O]ne thing leads to the next. Jesus was delivered to Pilate with the capital charge, ‚King of the Jews.' But how did the hierarchs arrive at *this* charge, graver than any other? Through the previously narrated interrogation at night before the highest Jewish office, the High Priest and the court over which he presided ... Is it not plausible that Jesus answered this question [*sc.* die Messiasfrage des Hohenpriesters] with a word of judgment which, in its turn, provoked the Sanhedrin, confirmed his God-given authority, and at once referred the hierarchs to the coming Son of Man with whom he was inextricably bound? This would explain their indignant reaction, and the abuse he suffered as a false prophet. The precautions taken at Jesus' arrest, and the speed with which he was delivered to Pilate, show that his influence with the people was feared, making it necessary to avoid public proceedings. It was his messianic claim that finally led to their making short work of him."

wörtliche Übertragung des hebräischen בֶּן־אָדָם und / oder des aramäischen
בַּר אֱנָשׁ bzw. בַּר (אֱ)נָשָׁא. Der Titel geht auf Dan 7,13f zurück:

> Dan 7,13f:
> (13) ... da kam auf den Wolken des Himmels eine Gestalt wie ein Menschensohn
> (כְּבַר אֱנָשׁ); er gelangte bis zu dem Hochbetagten und wurde vor diesen hingeführt.
> (14) Ihm wurde nun Macht und Herrlichkeit und die Königsherrschaft (מַלְכוּ)
> gegeben. Alle Völker, Nationen und Sprachen sollten ihm dienen. Seine Herrschaft
> sollte eine ewige Herrschaft (שָׁלְטָן עָלַם) sein, die nie vergehen wird. Und sein
> Königtum (מַלְכוּתֵהּ) sollte niemals untergehen.

In Dan 7 ist diese Gestalt, die aussieht „wie ein Mensch(ensohn)" (כְּבַר
אֱנָשׁ), der Repräsentant Israels, „des Volks der Heiligen des Höchsten" (V.
27, vgl. V. 18). In den Bilderreden (äthHen 37–71) ist jedoch ein
individueller Hoheitstitel daraus geworden: „Der Menschensohn ist hier
eine (präexistente) *endzeitliche Herrscherfigur*, welche im Namen Gottes
Gericht halten und auf diese Weise Heil und Gerechtigkeit heraufführen
soll (äthHen 45,3ff.; 46,1ff.; 48,2ff.; 49,1ff.; 61,5–62,16; 71,13ff.)."[175]
Höchstwahrscheinlich steht der von Johannes dem Täufer angekündigte
„Stärkere", der nach ihm kommen werde (vgl. Mk 1,7f par.), in derselben
Tradition wie der henochitische Menschensohn[176]. Jesus von Nazareth hat
sich durch die Begegnung mit dem Täufer und dessen Verkündigung und
aufgrund seiner pneumatischen Berufung, die die Berichte in den
Evangelien von seiner Taufe durch Johannes bezeugen (Mk 1,9–11 par.),
mit der angekündigten Gestalt identifiziert[177]; hierin ist dann der
historische Ursprung der Anwendung des Menschensohntitels in den
Evangelien zu finden. In Mk 14,62 par. sowie Mt 25,31–46 (s. bes. V. 31);
Mk 8,38 par.; Mt 10,32f par. Lk 12,8f schreibt Jesus sich selbst die Rolle
und Vollmacht des das eschatologische Gericht sprechenden Menschensohnes zu. Kennzeichnend für Jesu Aufnahme der Menschensohntradition
ist jedoch die umprägende Erweiterung, die er unternimmt: Er benügt sich
nicht mit dem in der Tradition vorgegebenen eschatologischen Richteramt,
sondern spricht in Rätselworten vom bereits gegenwärtig wirkenden
Menschensohn (vgl. z.B. Mk 2,10.28 par.; Mt 8,20 par.; Mt 11,19 par.) und

---

[175] A.a.O., 118 (kursiv von STUHLMACHER). Auch die deutsche Übers. von Dan 7,13f
ist ebd. entnommen.

[176] Vgl. a.a.O., 61f; STUHLMACHER verweist dort auf F. LANG, Erwägungen zur
eschatologischen Verkündigung Johannes des Täufers, in: Jesus Christus in Historie und
Theologie. Ntl. FS für H. Conzelmann zum 60. Geburtstag, hg. v. G. STRECKER,
Tübingen 1975, 459–473, der diese Einordnung des vom Täufer angekündigten eschatologischen Richters herausgestellt hat.

[177] Vgl. STUHLMACHER, a.a.O., 65f.

vom Leiden, auf das hin er als der Menschensohn auf seinem ihm von Gott
gewiesenen Weg gehe (vgl. Mk 8,31 par.; 9,31 par.; 10,45 par.)[178].

Nach dieser Darlegung des messianischen Anspruchs Jesu können wir
nun unsere obigen Feststellungen bezüglich der Jesus zukommenden Rolle
in der Heraufführung der Basileia Gottes präzisieren (s.o. S. 136): Als
messianischer Menschensohn tritt Jesus als Proklamator und Repräsentant
der Gottesherrschaft bzw. des Gottesreiches auf. Seine königlichen Befugnisse übt er als der messianische Menschensohn im Auftrag Gottes aus; das
bedeutet, daß es keinen Gegensatz oder Kompetenzenkonflikt zwischen
der Königsherrschaft Gottes und dem königlichen Wirken Jesu als des von
Gott berufenen Messias Israels gibt.

4.5 Das Tempelwort Mk 14,58

Jesus hat die unmittelbare Nähe der eschatologischen Basileia Gottes
proklamiert (Mk 1,15; vgl. auch den Verkündigungsauftrag an die Jünger
in Lk 10,9 par. Mt 10,7). Die neue Wirklichkeit ist in der Tat so nahe
herangerückt, daß sie in Jesu messianischem Wirken „bereits in Gang
gekommenes Geschehen" geworden ist (vgl. Lk 17,20f; 11,20 par. Mt
12,28; Mk 4,30–32 par.; Mt 13,33 par. Lk 13,20f)[179]. Gemäß der
Zionstradition wird die eschatologische Wende sich auf dem Zion
vollziehen und von dort auf die ganze Welt ausstrahlen und sich auswirken
(s.o. S. 26f). Als der messianische Verkündiger der Basileia Gottes, in
dessen Wirken die Basileia sich bereits ereignete, nach Jerusalem zog,
mußte unter seinen Anhängern und Sympathisanten die ohnehin starke
Erwartung ihres baldigen Anbruchs noch anwachsen und sich zuspitzen
(vgl. Lk 19,11 und TJes 31,4f[180]). Die dem Zion zukommende Rolle als der
Stätte, von der aus Gott im Eschaton seine königliche Herrschaft entfalten
wird (s.o. Abschnitt 2), und Jesu Anlehnung an die Zionstraditionen sowie
seine Proklamation der hereinbrechenden Basileia (vgl. Abschnitte 4.2 und

---

[178] S. a.a.O., 118–124 zur Menschensohnüberlieferung in den synoptischen Evangelien.

[179] Zur „Nähe" der Gottesherrschaft s. MERKLEIN, Jesu Botschaft, 51–58; die in
Anführungszeichen gesetzten Worte sind auch ihm entnommen, s.o. Anm. 154. Zur
Doppelheit der präsentischen und futurischen Aspekte s. STUHLMACHER, Theologie I,
70–72.

[180] TJes 31,4f in der engl. Übers. CHILTONs: „(4) For thus the LORD said to me, As a
lion or a young lion roars over its prey, and, when a band of shepherds are appointed
against it, it is not broken up at their shouting or checked at their tumult, so *the kingdom
of the LORD of hosts will be revealed to settle upon the Mount of Zion and upon its hill*
(תתגלי מלכותא דיוי צבאות למשרי על טורא דציון ועל רמחה). (5) Like the bird soars, so
the might of the LORD of hosts will be revealed over Jerusalem (תתגלי גבורתא דיוי
צבאות על ירושלם); he will protest and deliver, rescue and remove" (The Isaiah Targum,
62 [die Übers. der in Klammern angefügten aramäischen Passagen von mir in kursiv
gesetzt]).

4.3) treffen nun aufeinander in *einem* Kristallisationspunkt, dem Tempelwort Jesu.

Die eschatologische Wirklichkeit der Basileia wächst nicht organisch aus der alten Welt hervor, sondern vollzieht sich im Bruch und in Diskontinuität ihr gegenüber. Das Heiligtum, dessen es für das königliche Herrschen Gottes bedarf (Ex 15,17f), muß darum ein neuer, erst mit dem Eschaton erscheinender Tempel sein. Neben der Erwartung, daß Gott selbst den eschatologischen Tempel errichten werde (s.o. S. 35–49), gab es im Frühjudentum auch die Tradition, daß diese Aufgabe dem königlich-davidischen Messias zufällt (s.o. S. 50–87). Wenn einer, an den – wie im Falle Jesu (s.o. Abschnitt 4.4) – messianische Erwartungen herangetragen werden, mit seiner Botschaft von der hereinbrechenden Basileia Gottes nach Jerusalem zieht und in diesem Zusammenhang auch noch ankündigt, er werde den Tempel abbrechen und durch einen anderen ersetzen, dann muß sich vor den traditionsgeschichtlichen und historischen Hintergründen, die wir oben dargelegt haben, fast zwangsläufig der Eindruck einstellen, hier trete jemand mit dem Anspruch auf, der messianische Bauherr des eschatologischen Tempels auf dem Zion zu sein.

Es ist auffällig, daß die einzige Zeugenaussage gegen Jesus in Verbindung mit dem nächtlichen Verhör vor dem Hohenpriester, die die Evangelisten in Mk 14,53ff par. Mt 26,57ff inhaltlich konkretisieren, das Tempelwort zum Inhalt hat (Mk 14,57f par. Mt 26,60b.61). Dies ist ein Indiz dafür, daß Jesu Stellung zum Tempel historisch eine wesentliche Rolle in dem von den Hohenpriestern gegen ihn geleiteten jüdischen Prozeßverfahren spielte[181]. Als der Hohepriester, nachdem auch die Anführung des Tempelwortes als letzter Zeugenanklage gegen Jesus keine juristisch haltbare Überführung des Angeklagten erbracht hatte (Mk 14,59), Jesus mit der Frage, ob er der Messias, der Sohn des Hochgelobten, sei, direkt herausforderte, stellte dies keinen Bruch in der Verhandlung dar, sondern der Hohepriester brachte damit nur den im Tempelwort möglicherweise implizit enthaltenen Messiasanspruch auf den Punkt[182]. Die nachweisliche inhaltliche Verbindung zwischen der Thematik des Tempel-

---

[181] Zur Jerusalemer Hohenpriesterschaft als Tempelverwaltungsbehörde s. ÅDNA, Jerusalemer Tempel, 91–95.

[182] Vgl. O. BETZ, Probleme des Prozesses Jesu, 633: „Aber der Hohepriester wollte Klarheit haben und ging deshalb vom indirekten Messiaszeugnis des Tempelwortes zur direkten Frage nach dem Messiasanspruch über: ‚Bist du der Messias, der Sohn des Hochgelobten?' (V. 61b). Diese Frage ist keineswegs eine anachronistische Bildung der christlichen Gemeinde, wie vielfach behauptet wird. Jüdischer Sitte entspricht die Vermeidung des Gottesnamens, der ehrfürchtig durch die Bezeichnung ‚der Hochgelobte' umschrieben wird. Und biblisch ist die Tatsache, daß mit dieser Frage gleichsam von 2. Samuel 7,13 zu 2. Samuel 7,12.14 weitergegangen wird. Der Hohepriester will Jesus bedeuten: Wer von sich behauptet, für Gott ein Haus bauen zu wollen, der möchte wohl der Messias aus Davids Haus sein (2. Samuel 7,12f.)."

wortes und der Messiasfrage untermauert die grundlegende historische Glaubwürdigkeit des Berichts über das Verhör vor dem Hohenpriester.

> „In favor of the Markan account is the curious note concerning the alleged Temple saying of Jesus. The erection of the new eschatological sanctuary was a messianic task. Thus there was an inner connection between this alleged saying of Jesus and the provocative question of the High Priest concerning Jesus' messianic dignity."[183]

Im Tempelwort beansprucht Jesus in der Tat für sich als den Messias die Aufgabe, den eschatologischen Tempel Gottes zu bauen. Wie wir oben ausführlich dargelegt haben, weist die Qualifizierung dieses Tempels als ἀχειροποίητος – „nicht mit Händen gemacht" – nicht einfach nur auf eine Übertragung des Theologumenons des endzeitlichen Heiligtums auf eine personale Größe wie etwa die Gemeinschaft der Jünger als die Vorhut des wiederhergestellten Gottesvolkes hin[184]. Vielmehr stellt sich das Tempel-

---

[183] HENGEL, Jesus, the Messiah of Israel, 339 (Der Text unmittelbar davor und danach ist in Anm. 174 zitiert.) Vgl. MATERA, Trial of Jesus, 14f.

Hier können die Einzelheiten des Prozesses gegen Jesus nicht erörtert werden. Für den Nachweis weitgehender historischer Plausibilität und Glaubwürdigkeit der Berichte der Evangelien über den Prozeß Jesu s. O. BETZ, a.a.O. und A. STROBEL, Die Stunde der Wahrheit. Untersuchungen zum Strafverfahren gegen Jesus, WUNT 21, Tübingen 1980.

[184] Vor allem wird die eschatologische Deutung der Nathanweissagung in 4QFlor (4Q174) als eine traditionsgeschichtliche Vorgabe dafür in Anspruch genommen. Ein solches Verständnis des Tempelwortes setzt z.B. O. BETZ bei seinen in Anm. 182 zitierten Ausführungen voraus, s.o. Anm. 54, 120. Obwohl MEYER das Kontrastpaar in Mk 14,58 χειροποίητος – ἀχειροποίητος für eine erst urchristliche Hinzufügung zum ursprünglichen Tempelwort hält (s.o. Anm. 128), rechnet auch er unter Berufung auf 4Q174 damit, daß bereits Jesus den neuen Tempel auf seine *Ekklesia* bezog. (Dabei scheint er zu übersehen, daß nach der hier vorliegenden Auslegung von 2Sam 7 dem Messias auffälligerweise gerade die Aufgabe des Tempelbaus *nicht* zufällt [a.a.O., 179f; in dem späteren Werk „Christus Faber", 243 jedoch zurechtgerückt].) MEYER bezieht sich, BETZ folgend, vor allem auch auf das Felsenwort Mt 16,18 (ausführlich in Aims, 185–197; kurz in Christus Faber, 259f): „If we take Simon's confession and Jesus' response together (as, historically, we should), we find that the role of Messiah specifies thematically the comprehensive aim of his mission. The Messiah was the master-builder who would raise on rock the living temple, his *ekklēsia*. The riddle of the miraculously built temple had its roots here, in Jesus' thematization of his life's work as the bringing of messianic Israel into being" (Aims, 201). SWEET, A House Not Made with Hands, 369f lehnt sich weitgehend an diese Sicht an. BETZ, MEYER und SWEET können zwar zugunsten ihrer Verbindung des Tempelwortes und des Felsenwortes die Anwendung der Metapher vom Bau in beiden Logien, zumal mit demselben Verb beidemal in der 1. Person sing. Futur (vgl. Mt 16,18: σὺ εἶ Πέτρος, καὶ ἐπὶ ταύτῃ τῇ πέτρᾳ οἰκοδομήσω μου τὴν ἐκκλησίαν), anführen, aber aus den Gründen, die oben S. 122–126 vorgeführt worden sind, bleibt es m.E. dabei, daß das Tempelwort erst nachösterlich auf die Ekklesia bezogen werden konnte.

Andere, die zu Unrecht den neuen Tempel im zweiten Glied des Tempelwortes von Anfang an, d.h. also unter Umständen bereits bei Jesus, auf die endzeitliche Heilsgemeinde beziehen, sind u.a. GASTON, No Stone, 226f, 241, 243; JEREMIAS, Drei-Tage-Worte, 221 und HORSLEY, Jesus, 294–296.

wort Jesu gerade durch dieses Attribut in die frühjüdische Tradition der eschatologischen Auslegung von Ex 15,17b, die in diesem Schriftwort den *locus classicus* dafür sieht, daß Gott selbst mit seinen eigenen Händen – d.h., negativ ausgedrückt, ohne Mitwirkung *menschlicher* Hände – den eschatologischen Tempel bauen wird. *So*, auf ein ordentliches Tempelbauwerk, namentlich das Heiligtum „am Ende der Tage" bezogen, wird Ex 15,17b in 4Q174 I,1–5 ausgelegt.

Wenn aber ἀχειροποίητος von der vorgegebenen Tradition her vor allem anderen besagen will, daß es ausschließlich Gott allein ist, der den eschatologischen Tempel baut (s.o. S. 110), was soll dann dieses Wort auf den Lippen Jesu: „*Ich* werde den nicht mit Händen gemachten Tempel errichten"? Die Antwort muß sein, daß Jesus dann in aller Deutlichkeit als der personale Repräsentant der Zionsherrschaft Gottes bzw. als der Sohn erscheint, der im Auftrag des einen Gottes handelt. Wir müssen uns hier davor hüten, falsche Alternativen aufzustellen oder Momente gegeneinander auszuspielen, die nach frühjüdisch-urchristlichem Empfinden zusammengehören (können).

Allgemein gilt, daß Gott nach der biblisch-frühjüdischen Tradition manchmal *sein* Wirken durch Mittler oder in harmonischem Zusammenwirken mit ihnen ausführt (s.o. S. 33). Der Messias nimmt erwartungsgemäß eine prominente Position unter derartigen Mittlern ein, z.B. als Hirte des Gottesvolkes neben Gott selbst (Ez 34,15.23) oder als der eschatologische Retter neben Gott (4Esr 13,26.29). Nun kommt im Hinblick auf Jesus hinzu, daß er in ganz besonders kühner Weise für sich nicht nur traditionell messianische Befugnisse beansprucht, sondern darüber hinaus weit in Gottes alleinigen Kompetenzbereich hinein vorzudringen scheint. Bei den genannten Beispielen von Zuständigkeitsüberschneidung zwischen Gott und dem Messias einsetzend, können wir zunächst darauf hinweisen, wie Jesus die Hirtenmetapher auf sich bezieht (vgl. Lk 15,3–7; Mk 6,34 sowie Mt 9,36 mit Joh 10,11) und sich als den von Gott mit eschatologischer Richtervollmacht ausgestatteten Menschensohn sieht (vgl. Dan 7,13f mit Mk 14,62 und Mt 25,31). In seiner Antwort an den Täufer Mt 11,5f par. Lk 7,22f spielt Jesus u.a. auf die Heilungen von Blinden, Tauben und Lahmen an, von denen Jes 35,5f sprechen, die aber dem vorausgehenden V. 4 zufolge Gottes eigene Heilstaten beim Anbruch des Eschatons sein sollen. Bei seinen, in der Vollmacht des Menschensohnes unternommenen Sündenvergebungen beansprucht Jesus für sich in einer besonders deutlichen und herausfordernden Weise eine göttliche Prärogative (vgl. Mk 2,1–12 par.; Luk 7,36–50)[185]. Seine vollmächtige Lehre (Mk 1,22 par.; Mt 7,28f) und seine Herrschaft über den

---

[185] Vgl. O. HOFIUS, Jesu Zuspruch der Sündenvergebung. Exegetische Erwägungen zu Mk 2,5b, in: JBTh 9, Neukirchen-Vluyn 1994, 125–143.

Sabbat (Mk 2,28 par.) sind hier auch noch zu erwähnen. Als der mit der eschatologischen Sammlung und Wiederherstellung des Gottesvolkes beauftragte messianische König erwählt Jesus die Zwölf. Ihnen sagt er zu: „Wenn der Menschensohn sich auf den Thron der Herrlichkeit setzt, werdet ihr auf zwölf Thronen sitzen und die zwölf Stämme Israels richten" (Mt 19,28b, vgl. Lk 22,28–30). Hier und in Lk 12,32 kündigt Jesus eine Teilnahme seiner Jünger an der endzeitlichen Herrschaft an (vgl. Dan 7,18.27), wobei die übergeordnete Position, die er für sich selbst vorsieht, deutlich erscheint[186].

Nach der Tradition soll die eschatologische Sammlung und Erneuerung Israels durch den Messias sich auf dem Zion vollziehen, wohin auch die heidnischen Völker strömen werden, um am Heil Anteil zu haben. Die sich dort entfaltende Herrschaft des endzeitlichen Israels unter der Führung des Messias befindet sich der biblisch-frühjüdischen Tradition zufolge keineswegs in Spannung zu Gottes eigener, übergeordneter Herrschaft als König[187]. Zur vollständigen Verwirklichung der endzeitlichen Königsherrschaft auf dem Zion gehört der eschatologische Tempel als Wohnstätte Gottes, zu der er sein wiederhergestelltes Volk hinführt und von wo aus er seine Herrschaft ausübt (vgl. die eschatologische Deutung des Schilfmeerliedes Ex 15,1b–18, s. bes. V. 13.17.18). Nachdem wir nun gesehen haben, wie Jesus als messianischer Menschensohn sich anschickt, das endzeitliche Gottesvolk zu sammeln, ferner wie er gemäß der Zionstradition am Zion als Zentralort und Ausstrahlungspunkt des eschatologischen Heils festhält und zuletzt wie er in seinem einmaligen Sendungsbewußtsein nicht einmal vor traditionellen göttlichen Prärogativen halt macht, sondern beansprucht „Gottes Repräsentant unter den Menschen"[188] zu sein, kann es nicht mehr

---

[186] SANDERS, Sohn Gottes, 349: „Matthäus 19,27–29 verdient besondere Beachtung: … im Reich Gottes werden seine Anhänger zu Richtern bestellt. Das macht aus ihm offenbar einen Statthalter Gottes, der an der Spitze der Richter über die Stämme Israels steht und nur Gott untertan ist." Vgl. ferner TAN, Zion and Jesus, 223f.

Hier soll nicht einfach die Authentizität oder Historizität aller einzelnen Überlieferungen, auf die oben hingewiesen oder andeutend angespielt worden ist, behauptet werden. Aber der kumulative Nachweis eines Selbstbewußtseins seitens Jesu, das ein Wirken für Gott und mit göttlicher Vollmacht beansprucht, ist beeindruckend, wie immer es in jedem einzelnen Fall um die Authentizität der Logien bestellt sein mag.

[187] HENGEL, Jesus, the Messiah of Israel, 333 erläutert, mit Verweis auf PsSal 17,3f. 21.36f.43 in ebd. Anm. 26, dazu: *„Psalms of Solomon* 17 already attests that the Messiah will be the Spirit-filled teacher and judge of his people. This refutes the alleged contradiction, emphasized chiefly by Vielhauer, between Messiah and the kingdom of God. God sets up his rule through the king from David's house who, taught by God and armed with the gifts of the Spirit mentioned in Isa 11:2–5, will lead and judge his people in righteousness."

[188] STUHLMACHER, a.a.O., 120. (Die Charakterisierung bezieht sich im Kontext speziell auf den sündenvergebenden und den die Herrschaft über den Sabbat bean-

überraschen, wenn er auch die Erfüllung des letzten noch ausstehenden Elements der eschatologischen Zionserwartung – der Errichtung des Tempels – in göttlicher Vollmacht, an Gottes Statt, vollbringen will. Hier haben wir den Grund, warum Jesus sich mit der messianischen Beauftragung zum eschatologischen Tempelbau nicht „begnügt", etwa in der Form einer Berufung auf Stellen wie 2Sam 7,13 und Sach 6,12, sondern in seinem Tempelwort auf die von Gottes alleiniger Tempelgründung sprechende Stelle Ex 15,17b anspielt. ANNA MARIA SCHWEMER hat dies richtig erkannt:

> „In göttlicher Vollmacht verheißt der Messias als Stellvertreter Gottes das Ende des irdischen und die Errichtung des eschatologischen Tempels auf dem Zion. Streicht man das Gegensatzpaar ,mit Händen gemacht' – ,nicht mit Händen gemacht', wie es gerne geschieht, so versperrt man sich den Blick für die alttestamentliche Prophetie, die hier mit messianischer Vollmacht neu ausgelegt wird: das Schilfmeerlied Ex 15,17f. ... Den irdischen Tempel haben menschliche Hände gebaut, den eschatologischen werden Gottes Hände errichten, und dann wird die Gottesherrschaft anbrechen. Sieht man den inneren Zusammenhang zwischen der Königsherrschaft Gottes und dem eschatologischen Tempel nicht, so hat man außerordentliche Schwierigkeiten, dieses Herrenwort, das alle Kennzeichen der Authentizität trägt, zu verstehen."[189]

Gegen eine messianische Interpretation des Tempelwortes wird manchmal angeführt, daß es im Gegensatz zur lediglich schwach bezeugten Tempelbautätigkeit des Messias überhaupt keinen einzigen Beleg für die Tempel*zerstörung* durch den Messias gibt[190]. Aber nachdem uns im zweiten Glied

---

sprechenden Menschensohn.) Vgl. auch SANDERS, Sohn Gottes, 348: „Er [*sc.* Jesus] sah sich als uneingeschränkt bevollmächtigt, im Namen Gottes zu sprechen und zu handeln."

[189] SCHWEMER, Irdischer und himmlischer König, 356. Der Deutung SCHWEMERs schließt sich STUHLMACHER, Theologie I, 84 an. Ich selbst habe diese Sicht – unter ausdrücklicher Berufung auf SCHWEMER – bereits in meinem Aufsatz Attitude of Jesus, 73 vertreten. Damals war ich noch nicht darauf aufmerksam geworden, daß auch FLUSSER sich in „Two Notes on the Midrash on 2Sam. VII", 91f für die Deutung von Mk 14,58 als Jesu Interpretation von Ex 15,17f ausgesprochen hat. FLUSSER tritt auch in „Die letzten Tage Jesu in Jerusalem", 48 explizit und in „Jesu Prozeß und Tod", 144 implizit für die Authentizität des Gegensatzpaares χειροποίητος – ἀχειροποίητος als Anspielung auf die oben besprochene atl.-frühjüd. Unterscheidung zwischen dem alten von Menschen gebauten und dem neuen von Gott allein errichteten Tempel ein.

[190] So z.B. GUNDRY, Mark, 899; SEELEY, Temple Act, 276–279 und BROWN, Death I, 443. Der einzige mir bekannte Versuch, in frühjüd. Texten einen tempelzerstörenden Messias zu finden, ist die Erwägung bei GASTON, No Stone, 116, die Reinigung Jerusalems durch den Messias in PsSal 17,30 möge die Zerstörung des Tempels mit einschließen. Diese Deutung des Textes ist jedoch unhaltbar, s. S. 68f. Die Kombination von Tempelzerstörung und -erneuerung in einem Wort ist überhaupt selten (vgl. äthHen 90,28f). THEISSEN, Tempelweissagung, 143 weist auf die von Herodes dem Großen angelegte Bauaktion als ein *geschichtliches* Vorbild hin: „Herodes hatte 20/19 v.Chr. den Serubbabelschen Tempel abreißen und einen neuen errichten lassen (Jos Ant 15,380ff)."

des Logions bereits eine sich weit in den göttlichen Kompetenzenbereich hinein bewegende, messianische Vollmacht Jesu begegnet ist, vermag dieser Einwand nicht zu beeindrucken. Jesus traut sich ja zu, an Gottes Stelle den neuen, „nicht mit Händen gemachten" Tempel zu errichten. Es ist nicht nur logisch erforderlich, sondern zur Zeit Jesu eine traditions-geschichtlich längst feststehende Tatsache, daß der gegenwärtige Jerusa-lemer Tempel dem eschatologischen Tempel weichen muß. Es ist nach einheiliger Überzeugung der biblischen und frühjüdischen Zeugen Israels Gott, der das Zerstörungsgericht über den Tempel in Jerusalem spricht und vollzieht, entweder indem er selbst den Tempel abbricht und entfernt (äthHen 90,28) oder – weitaus am häufigsten – indem er einen oder mehrere menschliche Mittler das Gericht über den Tempel in Jerusalem vollziehen läßt (vgl. z.B. Jer 7,14 und 2Reg 24,20a; 25,1ff [bes. im Blick auf den Tempel V. 9.13–17] über die Neubabylonier als Vollstrecker des Gerichts über den salomonischen Tempel und Bell 6,250; 4Esr 14,32 sowie syrBar 5,1–3 über die Römer als Vollstrecker des Gerichts über den zweiten Tempel). Die Ersetzung des gegenwärtigen, herodianischen Tempels durch einen neuen, von Gott selbst errichteten Tempel ist ein zentraler Bestandteil des unmittelbar bevorstehenden eschatologischen Dramas[191]. Wenn Jesus beabsichtigt, an Gottes Statt die Verwirklichung des zweiten Aktes zu vollbringen, kann es nicht sonderlich überraschen, daß er auch beim ersten Akt der Tempelerneuerung, der Entfernung des alten Tempels, die Rolle Gottes einnimmt. Es geht, wie A.M. SCHWEMER es zutreffend formuliert, um ein zusammengehöriges Ganzes: „In gött-licher Vollmacht verheißt der Messias als Stellvertreter Gottes das Ende des irdischen und die Errichtung des eschatologischen Tempels auf dem Zion" (s.o.). E.P. SANDERS stellt seinerseits folgende Überlegungen zur bedrohten und / oder angekündigten Zerstörung des Tempels durch Jesus an:

> „[I]t is … unlikely that the threat form [sc. das Tempelwort] derived from a simple prediction of disaster [sc. Mk 13,2 o.ä.]. It seems far better to suppose that Jesus either threatened the destruction of the temple, with himself playing a role, or predicted its destruction in such terms that the prediction could be construed as a threat, than that he made a general prediction that foreign arms would some day take Jerusalem and destroy the temple … If Jesus did not predict the conquest of the temple by foreign arms, and if he himself was not planning armed insurrection, then it follows that he must have either predicted or threatened the destruction of the temple by God. In this case there would still be the question, though it probably cannot be

---

Seitdem hatte prophetische Phantasie ein Modell, nach dem sie ihre Zukunftsvisionen gestalten konnte." Zum Tempelbau des Herodes s. ÅDNA, Jerusalemer Tempel, 3–71.

[191] Vgl. H.D. BETZ, Jesus, 465 (die Opposition gegen den herodianischen Tempel, zu der Jesus gehörte, „seems to have looked forward to the destruction of Herod's Temple as part of the apocalyptic redemption"), 466; THEISSEN/MERZ, Jesus, 381; MEYER, Aims, 181 und Christus Faber, 261.

resolved, of his own role in the destruction ... Even if he said ‚I will destroy‘, however, he could only have meant that he would act as God's agent and do so in the context of the arrival of the eschaton."[192]

SANDERS muß recht haben, daß Jesus im ersten Glied seines Tempelwortes von seinem Handeln als *Gottes Repräsentant im Kontext der eschatologischen Wende* spricht[193]. Diese Ereignisse stehen nun unmittelbar bevor. Auf den ersten Akt wird in Bälde („in drei Tagen") der zweite mit der Heraufführung der Basileia Gottes und der dazugehörenden Errichtung des neuen Tempels folgen[194]. Hier ist nun allerdings auch zu bedenken, daß das Weichen des alten Tempels vor dem neuen nicht unbedingt als ein gewaltsamer Vorgang der Zerstörung vorgestellt werden *muß*.

Dies ergibt sich z.B. aus einem Vergleich der parallelen Zionsweissagungen in Jes 2,2–4 und Mi 4,1–4. Während die eschatologische Erhöhung des Zions und die

---

[192] SANDERS, Jesus and Judaism, 74 (kursiv von SANDERS). Vgl. DERS., Sohn Gottes 378 (= Historical Figure, 259).

[193] Vgl. noch SANDERS, a.a.O., 73, 75: „If Jesus either threatened or predicted the destruction of the temple and its rebuilding after three days, that is, if the saying in any of its forms is even approximately authentic, his meaning would be luminously clear: he predicted the imminent appearance of the judgment and the new age ... Thus we conclude that Jesus publicly predicted or threatened the destruction of the temple, that the statement was shaped by his expectation of the arrival of the eschaton, that he probably also expected a new temple to be given by God from heaven ..."
Ohne den ursprünglichen Wortlaut des Tempelwortes rekonstruiert zu haben, schließen THEISSEN/MERZ, Jesus, 381 folgenden inhaltlichen Sinn daraus: „Jesus wird erwartet haben, daß Gott ihn [*sc.* den alten Tempel] zerstört und auf wunderbare Weise einen neuen Tempel an seine Stelle setzt – eine Erwartung, die nicht ohne Analogien ist (vgl. Jes 60,13; äthHen 90,28f)." Hier wird aber die aktive Rolle Jesu, von der das Tempelwort deutlich spricht, zu sehr abgeschwächt. Dasselbe gilt für RICHARDSON, Why Turn the Tables?, 523, der vor allem bemüht ist, auch im Hinblick auf die Zerstörung die letztlich positive Perspektive im eschatologischen Kontext hervorzuheben: „I have little doubt that Jesus himself expected a coming destruction, though this should be thought of more as a positive matter than a negative one ... He did not expect the Temple to disappear but, like the Qumran sectarians, expected it to be reconstituted and rebuilt." Auch SWEET, A House Not Made with Hands, 369 unterstreicht, daß der Nachdruck auf dem positiven Aspekt des Ersatzes und neu Hinzukommenden liegt.
MAIER, Konfliktpotential, 191: „Für die Vorstellung vom endzeitlichen Tempel ist freilich Vorbedingung, daß der alte Tempel verschwindet – wie auch immer. Die Tradition der eschatologisch akzentuierten Prophetendeutung hatte mit Jer 7 und anderen Passagen aber expressis verbis eine *Tempelzerstörung* als göttlich verordneter Strafaktion im Repertoire. Wer dergleichen aufgriff und – noch dazu demonstrativ öffentlich – verwendete, riskierte einiges" (kursiv von MAIER).

[194] Für die Anwendung von „drei Tagen" in der Bedeutung einer kurzen Zeitspanne s.o. S. 119–121 und zu ihrer Interpretation im Tempelwort Jesu s. JEREMIAS, Drei-Tage-Worte, 222; MEYER, Aims, 181f sowie Christus Faber, 265; BROWN, Death I, 443f, 450. FREDRIKSEN, Jesus and the Temple, 305: „Jesus of Nazareth had expected to see the Temple destroyed, the Kingdom come, and the New Temple established in c. 30, at or as the climax of his own mission."

Völkerwallfahrt bei Micha auf die vorausgehende Zerstörung Jerusalems und des Tempels folgt (vgl. Mi 3,12), lassen die Heilsworte bei Jesaja über den göttlichen Schutz des Zions (vgl. Jes 14,32; 17,12–14; 29,5–8, 31,4f) zunächst erwarten, daß die Verwirklichung des eschatologischen Heils, von dem Jes 2,2–4 (sowie ebenso 11,1ff) sprechen, ohne eine vorausgehende Vernichtung des existierenden Zions zustande kommen wird. Erst nach der Tempelzerstörung 587 v. Chr., die nach einem neuen Verständnis der angeführten Prophetenworte über den Schutz des Zions verlangte, wurden auch Jes 2,2–4 analog zu Mi 4,1–4 als eine Weissagung von einem künftigen Tempel, der in keinerlei Kontinuität mit dem alten steht, rezipiert (vgl. tMen 13,23)[195].

Die hereinbrechende eschatologische Wirklichkeit ist zwar *qualitativ neu* gegenüber der alten unerlösten Zeit, aber sie muß nicht zwangsläufig alles vernichten; für den Tempel auf dem Zion ist eine Transformation vorstellbar, die ihn zu dem erneuten, von Gott selbst gemachten Heiligtum macht. Inwiefern die Errichtung des eschatologischen Tempels auf dem Zion ein Abbrechen des existierenden Tempels im buchstäblichen Sinne voraussetzte, war wahrscheinlich in den Augen Jesu zu dem Zeitpunkt, als er das Tempelwort sprach, noch offen: „[I]t is highly probable that Jesus himself understood his own dark images (of death, of the ordeal, of the *destruction of* capital and *temple*, and so on) in conditional terms."[196] Die Option einer *transformierenden* oder *transzendierenden Ablösung* des alten Tempels durch den neuen statt durch Zerstörung als eine Möglichkeit, mit der Jesus gerechnet hat, wird uns im Zusammenhang der Tempelaktion noch deutlicher vor Augen treten.

Über Überlegungen dieser Art werden wir im Moment kaum hinauskommen. Unsere Quellen und der Verlauf der weiteren Ereignisse in Jerusalem während des letzten Aufenthaltes Jesu dort vermitteln uns keinen präziseren Einblick in die Intentionen Jesu, wie er das Abbrechen des Tempels konkret vollbringen wollte. Wie dem auch sei, dem ungeheuren Vollmachtsanspruch im Blick auf den Jerusalemer Tempel seitens dessen, der das Tempelwort spricht, wird kein Abbruch getan: Er bewirkt in göttlicher Vollmacht die Ersetzung des alten Tempels durch den neuen in einer solchen Weise, daß er sie zu Recht als *sein eigenes Handeln* bezeichnen kann. Wie wir in Verbindung mit unserer Erörterung des Falschzeugnisses beim nächtlichen Verhör vor dem Hohenpriester gesehen haben, ließ sich Jesu radikaler und kühner Anspruch, den Tempel abbrechen zu wollen, losgerissen aus dem Kontext seiner Lehre als eine aufrührerische Absicht, den Tempel gewaltsam angreifen und etwa durch Brandstiftung zerstören zu wollen, auslegen (s.o. S. 115f). Die Anklage eines solchen Vorhabens ist jedoch, wie wir in den Ausführungen zur Tempelaktion herausstellen werden, Jesu gegenüber ungerechtfertigt und somit zu Recht als ein

---

[195] Vgl. ÅDNA, Jesu Kritik, 147–149, bes. Anm. 8 und 11.

[196] MEYER, Christus Faber, 262 (kursiv von mir).

Falschzeugnis zu bezeichnen. Es gilt also, worum wir uns in diesem Abschnitt bemüht haben, die überlieferungsgeschichtlich ursprünglichste Fassung des Tempelwortes in Mk 14,58 historisch zu interpretieren, ohne im Hinblick auf die Jesusüberlieferung als ganze und den Vergleich mit ihr zu unglaubwürdigen und gar absurden Schlußfolgerungen zu kommen.

4.6 Mk 14,58: Das authentische Tempelwort Jesu

Die überlieferungsgeschichtliche Analyse gelangte zu dem Ergebnis, daß die Authentizität von Mk 14,58 *vorstellbar* ist (s.o. S. 128). Inzwischen ist nun auch deutlich geworden, daß dieses Logion unter gebührender Berücksichtigung des Gesamtrahmens des Wirkens Jesu (s.o. die Abschnitte 4.2 – 4.4), dem es sich einordnen läßt, als zugehörig zur biblisch-frühjüdischen Rezeptionsgeschichte von Ex 15,17b.18 interpretiert werden kann. Bei dieser Konstellation der Befunde steht m.E. der tatsächlichen Authentizität nichts mehr im Wege. Die Plausibilität dieses Ergebnisses wird übrigens, wie noch im einzelnen vorzuführen ist, durch die Erkenntnisse, die wir im nächsten Teil der Studie über die Tempelaktion Jesu herausarbeiten werden, weiter untermauert werden.

Das Tempelwort stellt die (bisherige) *Klimax der messianischen Sendung Jesu dar*; er hat es wahrscheinlich bei seiner Ankunft in Jerusalem oder früh während des letzten Aufenthaltes dort gesprochen.

Leider fehlen uns genaue Angaben darüber, wann, wo und unter welchen Umständen Jesus das Tempelwort öffentlich sprach. Wegen der Brisanz und der verdichteten, fast angespannten eschatologischen Erwartung einer baldigen Verwirklichung, die aus dem Tempelwort sprechen, kommt m.E. nur der letzte Aufenthalt Jesu in Jerusalem als Zeitpunkt in Frage. Bereits der Einzug steht unter dem Vorzeichen der Erfüllung der Verheißungen an den Zion; eine diesbezügliche Äußerung seitens Jesu in Verbindung mit der Ankunft in der Stadt ist darum gut vorstellbar[197]. Noch

---

[197] TAN, Zion and Jesus, mißt dem Einzug große Bedeutung in bezug auf Jesu Anlehnung an die Zionstraditionen bei (s.o. Anm. 170). Was mich am allermeisten an TANs in vielen Hinsichten wertvoller Studie verwundert, ist seine Vernachlässigung oder Mißachtung des Tempelwortes Jesu. Nachdem er nebenbei zugegeben hat, es gebe gute Gründe für die Annahme seiner Authentizität (a.a.O., 182 Anm. 114), legt er endlich in einer Anmerkung Rechenschaft über seinen Umgang mit dieser Überlieferung ab: „The prediction of the destruction of the temple [*sc.* Mk 13,2] was given after the whole incident [*sc.* die Tempelaktion], but was used against Jesus in the form of a threat saying, either through misunderstanding or out of a malicious intent" (a.a.O., 185 Anm. 134). Durch dieses überlieferungsgeschichtliche Fehlurteil betreffs des Zusammenhangs zwischen Mk 13,2 und 14,58 sowie das ebenso folgenschwere Fehlurteil betreffs einer angeblich allmählich verringerten Bedeutung des Tempels in der Entwicklung der eschatologischen Zionstradition (a.a.O., 51, s.o. S. 27 Anm. 7) verleitet, nimmt TAN das zweite Glied des Tempelwortes anscheinend überhaupt nicht wahr, sondern macht sich nur Gedanken über das erste Glied. Damit verkennt er gänzlich den positiven, zionstheologischen Schwerpunkt des Tempelwortes Jesu, der m.E. geradezu die Klimax der Rezeption der Zionstraditionen durch Jesus darstellt.

naheliegender ist die Unterbringung des Tempelwortes im Tempel, entweder in
Verbindung mit der kurz nach der Ankunft durchgeführten Tempelaktion Jesu[198] oder
auch im Zusammenhang mit seiner Lehrtätigkeit im Tempel in den Tagen vor der
Verhaftung (vgl. Mk 14,49 par.)[199]. Ich halte es auf jeden Fall für wahrscheinlich, daß
Jesus das Tempelwort *vor* der Tempelzerstörungsweissagung in Mk 13,2 par. sprach,
weil diese die Zerstörung des alten Tempels allein im Blick hat und ein weiterent-
wickeltes Stadium im Konflikt zwischen Jesus und der jüdischen Führung voraussetzt
(s.u. S. 440ff).

Jesus ist als der messianische Proklamator und Repräsentant der Basileia
Gottes nach Jerusalem gezogen, wo gemäß den Zionstraditionen ihr naher,
vielleicht sogar unmittelbar bevorstehender, eschatologischer Durchbruch
erwartet wird. Vor diesem Hintergrund und in dieser Situation wagt Jesus
zu sagen: „*Ich* werde diesen mit Händen gemachten Tempel abbrechen,
und in drei Tagen werde *ich* einen anderen nicht mit Händen gemachten
errichten." Für die eschatologische Königsherrschaft Gottes muß ein neuer
Tempel errichtet werden, dessen Zugehörigkeit zu der neuen Wirklichkeit
vor allem dadurch zum Ausdruck kommt, daß ihn Gott selbst, mit „seinen
Händen" gründet (vgl. Ex 15,17b.18). Als messianischer Bauherr des
eschatologischen Tempels bezieht sich Jesus im Tempelwort auf diese
Schriftstelle (statt auf die „traditionellen" messianischen Tempelbaustellen
2Sam 7,13 und Sach 6,12) und steigert dadurch seinen kühnen, alles in den
frühjüdischen Messiastraditionen Vorgegebene übertreffenden, messianischen Sendungsanspruch zu einer absoluten Klimax. Er behauptet nämlich
von sich, in dem Konflikt zwischen der alten Zeit mit deren „von

---

[198] Diese Verbindung legt sich aus thematischen Gründen nahe. Joh bringt das
Tempelwort im Gespräch zwischen den „Juden" und Jesus unter, das sofort nach der
Tempelaktion erfolgte (2,13ff), aber – wie im nächsten Kapitel erwiesen werden soll – ist
das joh Gespräch, ausgehend von der *Zeichenforderung* (Joh 2,18ff), sekundär gegenüber
der synoptisch bezeugten *Vollmachtsfrage* im Anschluß an die Tempelaktion Jesu (vgl.
Mk 11,27–33 par.). Einige Forscher haben sogar die johanneische Frühdatierung der
Tempelaktion und des Tempelwortes im Rahmen des ersten Passaaufenthaltes Jesu in
Jerusalem (2,13–3,21) zwei oder drei Jahre vor der Passion mit der Auskunft des Mk, die
Zeugenaussagen des Tempelwortes wurden nicht für gleich oder übereinstimmend
gefunden (vgl. Mk 14,59), verbunden und daraus geschlossen, daß die Unterbringung des
Tempelwortes durch Joh historisch zutreffend sein muß; s. z.B. TAYLOR, Mark, 461
sowie BLAKEWAY, Cleansing, 282: „... this discrepancy [*sc.* in der Wiedergabe des
Jesuswortes durch die Zeugen] which resulted in failure to convict the Prisoner must be
accounted for, and can be accounted for only on the grounds that the saying itself had
been delivered some three years previously. If it had been said only a few days back, the
witnesses would have remembered it exactly." Diese Argumentation vermag nicht zu
überzeugen. S.u. S. 309–312 betreffs der Datierung der Tempelaktion Jesu im Johannesevangelium.

[199] Die Benutzung des Demonstrativpronomens im ersten Glied des Tempelwortes –
„ich werde *diesen* mit Händen gemachten Tempel abbrechen" – deutet jedenfalls darauf,
daß das Wort im Tempelbezirk selbst gesprochen wurde (s.o. in Anm. 123 die Überlegung GUNDRYs).

Menschenhand" gebauten Tempel und dem Eschaton auf der Seite Gottes zu stehen und aufs engste mit ihm zusammenzugehören. Darum wird er auch das göttliche Werk der Errichtung des eschatologischen Tempels an Gottes Statt vollbringen und dadurch die wichtigste Voraussetzung für die Aufrichtung der eschatologischen Königsherrschaft Gottes nach Ex 15,17f erfüllen.

Das Tempelwort stellt einen herausragenden Ausdruck der messianischen Sendung Jesu dar. Die historische und theologische Bedeutung des Tempelwortes im Rahmen des Wirkens Jesu sowie dessen nachträgliche urchristliche Rezeption wurden wesentlich von dem weiteren dramatischen Verlauf des Aufenthaltes Jesu in Jerusalem beeinflußt. Darauf werden wir am Ende dieser Studie zu sprechen kommen, nachdem wir auch die Tempelaktion Jesu einer gründlichen historischen und theologischen Untersuchung unterzogen und dadurch die erforderlichen Einsichten für eine abrundende Gesamtschau gewonnen haben.

Teil III

Die Tempelaktion Jesu
(Mk 11,15–17 und Parallelen)

Kapitel 4

Literarkritische und überlieferungsgeschichtliche Analyse der Perikopen Mt 21,12–17; Mk 11,15–19; Lk 19,45–48; Joh 2,13–22

1. Einleitung

Der Bericht von der Tempelaktion gehört zu den wenigen Jesustraditionen, die in allen vier Evangelien überliefert sind: Mt 21,12–17; Mk 11,15–19; Lk 19,45–48; Joh 2,13–22[1]. Schon ein oberflächlicher Vergleich dieser Perikopen und deren jeweiliger kompositioneller Unterbringung stellt deutlich heraus, daß die drei synoptischen Fassungen miteinander eng verbunden sind und im Kern übereinstimmen[2], während die johanneische

---

[1] Zu den Stoffen, die das Johannesevangelium mit den synoptischen Evangelien gemeinsam hat, vgl. u.a. KÜMMEL, Einleitung, 166f.

[2] Als ursprünglich(st)er lk Text hat eindeutig die kurze Fassung zu gelten, die u.a. von den Codizes Sinaiticus (ℵ 01), Vaticanus (B 03) und Regius (L 019), von der Lake-Gruppe (f^1) und von der koptischen Version überliefert wird. Denn die von der großen Mehrzahl der griech. Hss. und von der syrischen Überlieferung gebotene Fortsetzung nach καὶ εἰσελθὼν εἰς τὸ ἱερὸν ἤρξατο ἐκβάλλειν τοὺς πωλοῦντας in Lk 19,45, nämlich ἐν αὐτῷ καὶ ἀγοράζοντας, ist deutlich als eine Auffüllung des kargen Kurztextes mit weiterem Stoff aus den synopt. Parallelen Mt 21,12 und Mk 11,15 zu erkennen, zumal diese Tendenz der Bereicherung des als unvollständig empfundenen lk Textes um inhaltliche Momente aus den Parallelen vom Codex Bezae Cantabrigiensis (D 05) und der altlateinischen Überlieferung noch weitergeführt wird, indem sie nach ἀγοράζοντας noch folgendes hinzufügen: καὶ τὰς τραπέζας τῶν κολλυβιστῶν ἐξέχεεν καὶ τὰς καθέδρας τῶν πωλούντων τὰς περιστεράς. Bei diesem Befund trifft ohne jeglichen Zweifel die Gültigkeit der textkritischen Regel *lectio brevior potior* zu, da die ausführlicheren Lesarten sich unschwer als durch Parallelbeeinflussung entstanden erklären lassen und da es umgekehrt völlig unerklärlich wäre, wie es gerade in den ältesten vorhandenen Zeugen, ℵ und B aus dem 4. Jh., zu einer Auslassung der Notiz über die ἀγοράζοντες gekommen sein sollte.

Fassung trotz erkennbarer Parallelität eine ebenso deutliche Eigenständigkeit aufweist[3]. Dieser Befund berechtigt dazu, zuerst eine literarkritische
Analyse der synoptischen Perikopen mit Ausnahme der joh Parallele
durchzuführen (Abschnitt 2). Obwohl überzeugte Anhänger der Zweiquellenhypothese der Meinung sind, daß sich eine derartige Analyse
erübrigt, weil die Markuspriorität als eine gesicherte Tatsache zu gelten
hat[4], soll trotzdem nicht darauf verzichtet werden. Denn trotz des Sieges-
zuges der Zweiquellenhypothese zum Ausgang des 19. Jh.s und des
seitdem andauernden breiten Konsensus über ihre Korrektheit verdient die
Ablehnung der Mk-Priorität seitens einiger Forscher immerhin so ernst
genommen zu werden, daß man sie nicht schweigend übergehen kann[5].
Beispielhaft und als vermutlich besonders interessant in bezug auf die
Perikopen über die Tempelaktion nenne ich aus der Fülle der Literatur zum
einen den Markuskommentar von 1986 aus der Reihe „Anchor Bible",
geschrieben von CHRISTOPHER STEPHEN MANN, der sich der sogenannten
Griesbachschen Hypothese, d.h. der Auffassung von Mk als Epitomator
der beiden synoptischen Großevangelien, anschließt[6]. Zum zweiten wähle
ich das Plädoyer der sogenannten Jerusalemer Schule für die Benutzungshypothese mit der Reihenfolge Lk – Mk – Mt[7]. Auf der Grundlage der

---

[3] Vgl. im einzelnen die Erörterung im Abschn. 3, S. 179ff.

[4] Vgl. für eine Darlegung der Zweiquellenhypothese die einschlägigen Einleitungen,
etwa KÜMMEL, a.a.O., 13–53. M.E. ist trotz der zugegebenermaßen hohen Plausibilität
der Mk-Priorität etwa folgende Formulierung EDUARD LOHSES zu gewagt: „Daß das Mk.-
Ev. das älteste der drei synoptischen Evangelien sein muß, läßt sich ... zwingend
beweisen" (Entstehung des Neuen Testaments, ThW 4, Stuttgart u.a. [5]1991, 79).

[5] Vgl. für Kritik und Zweifel an der Zweiquellenhypothese als Lösung der synopt.
Frage exemplarisch RIESNER, Jesus, 2–4, 512–514. Dort weitere Lit.

[6] Die Annahme der Benutzungsreihenfolge Mt – Lk – Mk wurde begründet durch J.J.
GRIESBACH, Commentatio qua Marci evangelium totum e Matthaei et Lucae
commentariis decerptum esse monstratur, 1789 (s. KÜMMEL, a.a.O., 21f). MANN, Mark,
ix, ordnet seine Position folgendermaßen ein: „This commentary ... urges that Mark is –
as the Griesbach hypothesis holds it to be – a digest, or conflation, of Matthew and Luke
with a strong bias in favor of Matthew's order and Matthew's material." MANN hält zwar
auch lk Abhängigkeit von Mt für wahrscheinlich, aber macht diesbezüglich gewisse
Vorbehalte. Vgl. zu dieser ganzen Problematik aus der „Introduction" zu seinem Markuskommentar den Abschnitt „Synoptic Relationships and the Supposed Priority of Mark"
auf S. 47–66.

[7] Unter den Mitgliedern der „Jerusalem School of Synoptic Research", zu denen u.a.
die prominenten jüdischen Forscher DAVID FLUSSER und SHMUEL SAFRAI zählen (vgl.
Mishkan 17–18, 2/1992–1/1993, 81), gibt es unterschiedliche Auffassungen von etlichen
Detailfragen, aber betreffs der Hauptprämisse, daß unter den uns vorliegenden synopt.
Evangelien Lk am ältesten ist und von Mk als Quelle benutzt worden ist, herrscht Einigkeit.
Vgl. vor allem die Arbeiten von R.L. LINDSEY, A Modified Two-Document Theory of
the Synoptic Dependence and Interdependence, NT 6, 1963, 239–263; A Hebrew
Translation of the Gospel of Mark, Jerusalem 1969, 9–84, und neuerdings A New

literarkritischen Analyse der synopt. Parallelen und der dadurch erreichten Ergebnisse soll anschließend ein Vergleich mit der joh Fassung unternommen werden, der auf Klärung der Art der Beziehung zwischen der joh und den synopt. Perikopen (literarische oder andersartige Verbindung?) und auf überlieferungsgeschichtliche Rekonstruktion des Überlieferungsvorgangs, der der/den ältesten schriftlichen Fassung(en) vorausgegangen ist, abzielt (Abschnitte 3 und 4).

2. Literarkritische Analyse der parallelen Perikopen bei den Synoptikern

2.1 Synopse von Mt 21,12f.17; Mk 11,15–19; Lk 19,45–48 und vorläufige Herausstellung des Befundes

Um der besseren Übersichtlichkeit willen stellen wir der literarkritischen Erörterung eine Synopse der zu vergleichenden Texte (sowohl auf Griechisch als auch in deutscher Übersetzung) voran:

Approach to the Synoptic Gospels, Mishkan 17–18, 2/1992–1/1993, 87–106. Während LINDSEY in seinen Arbeiten aus den 60er Jahren die beiden von ihm vermuteten schriftlichen Quellen des Lk Q (an diesem Punkt übereinstimmend mit der Zweiquellenhypothese) und „Proto-Narrative" (PN) nannte, nennt er sie in seinem neuen Beitrag „Anthology" und „First Reconstruction". Es scheint mir, daß nicht nur die Namen der vermuteten vorlk Quellen ausgetauscht worden sind, sondern daß auch die Bestimmung ihres Charakters sich geändert hat: Während LINDSEY früher damit rechnete, daß auch Mk und Mt PN benutzt hatten – letzterer diese Quelle sogar in einer früheren Rezension als der, die Lk vorgelegen hatte – und daß PN dementsprechend präzisierend als „protomatthäisch" zu nennen wäre (vgl. M. LOWE / D. FLUSSER, Evidence Corroborating A Modified Proto-Matthean Synoptic Theory, NTS 29, 1983, 25–47; D. FLUSSER, Die literarischen Beziehungen zwischen den synoptischen Evangelien, in: DERS., Entdeckungen im Neuen Testament. Band 1: Jesusworte und ihre Überlieferung, Neukirchen-Vluyn ²1992, [40–67] 41 Anm. 3), läßt er in seinem neuesten Beitrag die (PN entsprechende?) „First Reconstruction" eine chronologisierende und straffende Rekonstruktion der früheren „Anthology" sein und vermutet, daß nur Lk diese Rekonstruktion gekannt hat. (Die „Anthology" haben jedoch sowohl Mk als auch Mt gekannt.) Für einen guten Überblick über LINDSEYs Sicht der Evangelienüberlieferung Anfang der 1990er Jahre vgl. die seinem Aufsatz in Mishkan 17–18 beigefügte Übersicht auf S. 102. Typisch für Mk soll eine midraschartige Methode sein (vgl. a.a.O., 105), bei der „he copied from Luke but constantly changed the wording of Luke's text by the insertion of certain expressions, some of which ... he picked up from Acts and the Pauline epistles" (94).

Ich sehe es im Rahmen dieser Arbeit als nicht möglich an, auf andere protolukanische Hypothesen einzugehen.

Mt 21,12–13.17	Mk 11,15–19	Lk 19,45–48
	(15) Καὶ ἔρχονται εἰς Ἱεροσόλυμα.	
(12) Καὶ εἰσῆλθεν Ἰησοῦς εἰς τὸ ἱερὸν καὶ ἐξέβαλεν πάντας τοὺς πωλοῦντας καὶ ἀγοράζοντας ἐν τῷ ἱερῷ, καὶ τὰς τραπέζας τῶν κολλυβιστῶν κατέστρεψεν καὶ τὰς καθέδρας τῶν πωλούντων τὰς περιστεράς,	Καὶ εἰσελθὼν εἰς τὸ ἱερὸν ἤρξατο ἐκβάλλειν τοὺς πωλοῦντας καὶ τοὺς ἀγοράζοντας ἐν τῷ ἱερῷ, καὶ τὰς τραπέζας τῶν κολλυβιστῶν καὶ τὰς καθέδρας τῶν πωλούντων τὰς περιστερὰς κατέστρεψεν, (16) καὶ οὐκ ἤφιεν ἵνα τις διενέγκῃ σκεῦος διὰ τοῦ ἱεροῦ.	(45) Καὶ εἰσελθὼν εἰς τὸ ἱερὸν ἤρξατο ἐκβάλλειν τοὺς πωλοῦντας
(13) καὶ λέγει αὐτοῖς· γέγραπται·	(17) καὶ ἐδίδασκεν καὶ ἔλεγεν αὐτοῖς· οὐ γέγραπται ὅτι	(46) λέγων αὐτοῖς· γέγραπται· καὶ ἔσται
ὁ οἶκός μου οἶκος προσευχῆς κληθήσεται,	ὁ οἶκός μου οἶκος προσευχῆς κληθήσεται πᾶσιν τοῖς ἔθνεσιν;	ὁ οἶκός μου οἶκος προσευχῆς,
ὑμεῖς δὲ αὐτὸν ποιεῖτε σπήλαιον λῃστῶν.	ὑμεῖς δὲ πεποιήκατε αὐτὸν σπήλαιον λῃστῶν.	ὑμεῖς δὲ αὐτὸν ἐποιήσατε σπήλαιον λῃστῶν. (47) Καὶ ἦν διδάσκων τὸ καθ' ἡμέραν ἐν τῷ ἱερῷ.
(Das mt Sondergut V. 14–16 wird hier ausgelassen.)	(18) Καὶ ἤκουσαν οἱ ἀρχιερεῖς καὶ οἱ γραμματεῖς καὶ ἐζήτουν πῶς αὐτὸν ἀπολέσωσιν·	οἱ δὲ ἀρχιερεῖς καὶ οἱ γραμματεῖς ἐζήτουν αὐτὸν ἀπολέσαι καὶ οἱ πρῶτοι τοῦ λαοῦ, (48) καὶ οὐχ εὕρισκον τὸ τί ποιήσωσιν,
	ἐφοβοῦντο γὰρ αὐτόν, πᾶς γὰρ ὁ ὄχλος ἐξεπλήσσετο ἐπὶ τῇ διδαχῇ αὐτοῦ.	ὁ λαὸς γὰρ ἅπας ἐξεκρέματο αὐτοῦ ἀκούων.
(17) Καὶ καταλιπὼν αὐτοὺς[8]	(19) Καὶ ὅταν ὀψὲ ἐγένετο,	

---

[8] Das Objekt αὐτούς weist zurück auf die in den hier ausgelassenen Versen Mt 21,14–16 an Jesus herantretenden ἀρχιερεῖς und γραμματεῖς, die Jesus nunmehr im Tempel hinterläßt, nachdem er ihrer Kritik mit einem sein Auftreten legitimierenden Schriftwort entgegnet hat.

ἐξῆλθεν   ἐξεπορεύοντο[9]
ἔξω τῆς πόλεως   ἔξω τῆς πόλεως.
εἰς Βηθανίαν
καὶ ηὐλίσθη ἐκεῖ.

- - - - - - - - - - - - - -

Übersetzung:

Mt 21,12-13.17	Mk 11,15-19	Lk 19,45-48
	(15) Und sie kommen[10] nach Jerusalem.	
(12) Und Jesus ging in den Tempel hinein	Und nachdem er in den Tempel hineingegangen war,	(45) Und nachdem er in den Tempel hineingegangen war,
und (er) trieb alle Verkäufer	fing er an, die Verkäufer	fing er an, die Verkäufer
und Käufer im Tempel hinaus,	und die Käufer im Tempel hinauszutreiben,	hinauszutreiben,
und die Tische der Geldwechsler stieß er um	und die Tische der Geldwechsler	
und die Sitze der Taubenverkäufer;	und die Sitze der Taubenverkäufer stieß er um, (16) und er ließ nicht zu,	

---

[9] Statt ἐξεπορεύοντο (plur.) ist die Lesart ἐξεπορεύετο (sing.) zu finden in der großen Mehrzahl von griech. Hss., darunter bei bedeutsamen Zeugen wie den Majuskeln ℵ 01, C 04, D 05, Θ 038, den Minuskelgruppen *f* [1] und *f* [13] und weiteren wertvollen Minuskeln wie 33 und 892. Eine Singularform des Verbs wird ferner von der gesamten koptischen, überwiegend auch von der lat. und von einem Teil der syr. Überlieferung bezeugt. Die Pluralform, die u.a. von B 03 und A 02 vertreten ist, findet allerdings auch eine beachtliche Streuung, indem sie nicht nur von einer Reihe griech. Hss., sondern auch von mindestens vier altlat. Zeugen (aur, c, d und r¹) und im syr. Raum von der Peschitta (einschließlich der Marginallesart der Harclensis, die vermutlich auf dem Harclensisübersetzer bekannte griech. Hss. zurückgeht, „die von seinen griechischen Vorlagehandschriften abwichen" [NA²⁷, 26*]) bezeugt wird. M.E. ist die Singularform als eine sekundäre Lenkung aller Aufmerksamkeit weiterhin auf das in Mk 11,15b–17 allein auftretende Subjekt, Jesus (namentlich zum letzten Mal in 11,7 erwähnt), zu werten. Die Jesu Jünger mit einschließende Pluralform ἐξεπορεύοντο korrespondiert mit der Pluralform in dem die Szene einleitenden Satz in V. 15a (s. Anm. 10) und gibt an, was wir von der kompositionellen Struktur des Kontextes Mk 11,11–33 zu erwarten haben (vgl. dazu unten S. 172ff).

[10] Die folgende Übersetzung ist bemüht, sich möglichst eng am griech. Text zu orientieren. Die präsentische Wiedergabe des Präsens historicum ἔρχονται (vgl. BDR, § 321) ist in etwa als exemplarisch dafür anzusehen, wie weit ich dabei zu gehen bereit bin, denn die Übersetzung möchte trotz aller Nähe zum griech. Text auch die syntaktischen und idiomatischen Gegebenheiten der Zielsprache respektieren.

Aus dem Kontext geht hervor, daß das implizite Subjekt vom Prädikat ἔρχονται Jesus und seine zwölf Jünger sind (vgl. Mk 11,11b.12.14b).

	daß jemand ein Gefäß[11] durch den Tempel trug. (17) Und er lehrte	
		(46) während er zu ihnen sprach:
(13) und er spricht zu ihnen: „Es ist geschrieben: ‚Mein Haus wird ein Haus des Gebetes	und sprach zu ihnen: „Ist nicht geschrieben: ‚Mein Haus wird ein Haus des Gebetes für alle Völker[12]	„Es ist geschrieben: ‚Und mein Haus wird ein Haus des Gebetes
genannt werden', ihr aber macht es zu einer Räuberhöhle."	genannt werden'? Ihr aber habt es zu einer Räuberhöhle gemacht." [13]	sein', ihr aber habt es zu einer Räuberhöhle gemacht."[13] (47) Und er lehrte täglich im Tempel.
(Das mt Sondergut V. 14–16 wird hier ausgelassen.)	(18) Und die Hohenpriester und die Schriftgelehrten hörten (davon),	Aber die Hohenpriester und die Schriftgelehrten
		und (ebenso) die Ersten des Volkes
	und sie machten sich Gedanken darüber[14], wie sie ihn umbringen könnten;	machten sich Gedanken darüber[14], ihn umzubringen; (48) und sie fanden nicht (heraus), wie sie es machen sollten,
	denn sie fürchteten ihn, weil[15] alles Volk	denn das ganze Volk

---

[11] Für die Übersetzung des semantisch ein weites Feld abdeckenden Wortes σκεῦος vgl. S. 256ff.

[12] Die Dativkonstruktion πᾶσιν τοῖς ἔθνεσιν am Ende des Zitats aus Jes 56,7b gibt in der Übersetzung der LXX (mit der die in Mk 11,17 vorliegende Fassung wörtlich übereinstimmt) die durch die Präposition לְ eingeführte Konstruktion לְכָל־הָעַמִּים des MT wieder und drückt entsprechend der Funktion von לְ im hebräischen Text (vgl. GESENIUS, Grammatik, § 119s) den dativus commodi aus, „d.h. in wessen Interesse" (HOFFMANN/VON SIEBENTHAL, Grammatik, § 176 [Zitat aus S. 250]) das Berichtete geschieht.

[13] Beim Räuberhöhlenvorwurf benutzen die Evangelisten unterschiedliche Tempora. Während das Präsens des Mt, ποιεῖτε, sich im Deutschen gut durch Präsens wiedergeben läßt, fällt es schwer, das Perfekt des Mk, πεποιήκατε, vom Aorist des Lk, ἐποιήσατε, zu unterscheiden, ohne daß es zu einer sowohl holprigen wie auch sachlich mißverständlichen deutschen Wiedergabe kommt (etwa „ihr machtet" für den Aorist ἐποιήσατε). Ich habe mich deshalb entschieden, beide perfektisch zu übersetzen.

[14] Für diese Wiedergabe von ζητεῖν s. BAUER, Wörterbuch, 685.

[15] Der griech. Text von Mk 11,18b benutzt zweimal direkt nacheinander die koordinierende kausale Konjunktion γάρ. Während der erste der beiden Kausalsätze, ἐφοβοῦντο γὰρ αὐτόν, den vorausgehenden Satz in V. 18a über die Tötungsabsicht begründet, gibt der zweite den Grund für das Fürchten, von dem der erste handelt, an: πᾶς γὰρ ὁ ὄχλος ἐξεπλήσσετο ἐπὶ τῇ διδαχῇ αὐτοῦ, und ist ihm somit sachlich untergeordnet. GUNDRY,

| | wegen seiner Lehre
außer sich war. | hing ihm an,
indem es zuhörte. |
| (17) Und nachdem er sie
zurückgelassen hatte,[16]
ging er
aus der Stadt
nach Bethanien
hinaus
und (er) übernachtete dort. | (19) Und als
es Abend wurde,
gingen sie
aus der Stadt
hinaus.[17] | |

Aus der obigen Synopse wird sofort ersichtlich, daß die Fassungen der einzelnen Evangelisten vom Kern der Erzählung, d.h. deren Bericht von der Tat und der Rede Jesu, unterschiedlich lang sind (Mt 21,12f; Mk 11,15–17; Lk 19,45f). Am knappsten berichtet Lk: Nach der Ankunft im Tempel begann Jesus die Verkäufer hinauszutreiben, und dieses Handeln erläuterte oder rechtfertigte er mit dem Schriftwort aus Jes 56,7b über den Tempel als ein Haus des Gebetes, zu dem das Auftreten der Adressaten von Jesu Handeln seiner Meinung nach in grellem und unvereinbarem Kontrast stand, weil sie dadurch den Tempel zu einer Räuberhöhle[18] gemacht hatten. In dieser Fassung der Tempelaktion in Lk 19,45f gibt es überhaupt keine inhaltlichen Elemente ohne Parallelen bei Mt und Mk. Die beiden haben dafür Beträchtliches über den lk Bericht hinaus mitzuteilen: Jesu Austreibungsaktion galt nicht nur den Verkäufern, sondern auch den sich im Tempel aufhaltenden Käufern, und außerdem stieß er die Tische der Geldwechsler und die Sitze der Taubenverkäufer um. Dieses wesentlich dramatischere Handeln wird durch denselben Räuberhöhlenvorwurf und dasselbe Schriftwort aus Jes 56,7b[19] wie bei Lk

---

Mark, 645f erwägt, inwiefern auch der zweite Kausalsatz sich auf die Tötungsabsicht in V. 18a zurückbezieht, aber scheint immerhin letztlich der von uns vertretenen Strukturanalyse den Vorzug zu geben, die eine subordinierende deutsche Wiedergabe des zweiten Kausalsatzes trotz der parataktischen Konstruktion in der griech. Vorlage berechtigt.

[16] S. Anm. 8.

[17] Die sprachliche Formulierung von Mk 11,19 ist an sich *iterativ*, indem der temporale Nebensatz mit ὅταν + Aorist Indikativ (vgl. BDR, § 367 mit Anm. 4, und § 382,4a; BAUER, Wörterbuch, 1190 [Art. ὅταν, Punkt 2d]) und der Hauptsatz mit Imperfekt (vgl. BDR, § 325) konstruiert sind, und wäre von daher folgendermaßen zu übersetzen: „Und wenn es Abend wurde, gingen sie (jeweils) aus der Stadt hinaus." Da aber V. 19 im Kontext sachlich von dem Verlassen Jerusalems an dem *einen* Tag, als Jesus seine Tempelaktion durchgeführt hatte, spricht und in ein Zeitschema von drei Tagen, das Mk 11 durchzieht, eingebunden ist und darin den zweiten Abend markiert (s.u. S. 176f), habe ich oben in der Synopse eine Übers. gewählt, die diesen Sinn vermittelt.

[18] Der Ausdruck σπήλαιον λῃστῶν, „Räuberhöhle", stimmt genau mit der LXX-Wiedergabe von מְעָרַת פָּרִצִים in Jer 7,11 überein. Ob bei Jesu Vorwurf in der Tat eine Bezugnahme auf diesen Jeremiatext vorliegt, wird in Kapitel 5 erörtert.

[19] Für den unterschiedlichen Umfang des zitierten Prophetenwortes s. weiter unten.

erläutert oder gerechtfertigt. So weit verlaufen die Fassungen des Mt und des Mk inhaltlich parallel. Mk hat aber auch darüber hinaus noch etwas mehr zu berichten[20]: Jesus begnügte sich nicht mit der Austreibung von Verkäufern und Käufern und dem Umstoßen von Tischen und Sitzen, sondern gestattete auch nicht, daß Gefäße durch den Tempel getragen wurden. Außerdem beschränkt Mk das Schriftzitat aus Jes 56,7b nicht wie Lk und Mt nur auf die rechtmäßige Bestimmung des Tempels als eines Hauses des Gebetes, sondern er nimmt auch noch die letzten Worte dieses Prophetenspruches, πᾶσιν τοῖς ἔθνεσιν, auf: Die Bestimmung des Tempels als Bethauses ist kein Selbstzweck, sondern sie geschieht zugunsten aller Völker[21]. Es ließen sich noch weitere Einzelheiten anführen, vor allem die ausführlichere Einführung der Rede Jesu in Mk 11,17 (nicht wie Lk und Mt mit lediglich irgendeiner Form von λέγειν, sondern mit einem doppelten Imperfekt: καὶ ἐδίδασκεν καὶ ἔλεγεν αὐτοῖς)[22], anhand derer ersichtlich wird, daß Mk den ausführlichsten und detailliertesten Bericht über die Tempelaktion bietet.

2.2 Vergleich zwischen Lk 19,45–48 und Mk 11,15–18

Eine rein mechanische Anwendung der sich bei der Unterscheidung ursprünglicher von sekundären Lesarten in den Bibelhandschriften bewährten (textkritischen) Regel *lectio brevior potior*[23] würde die Vermutung nahelegen, daß wir im Falle der Tempelaktion die älteste Fassung im Kurzbericht des Lk zu sehen haben und daß Mt und Mk sukzessive Erweiterungen davon darstellen. Eine solche literarkritische Einschätzung des Befundes hat in der Tat Befürworter gefunden, wie z.B. SIEGFRIED MENDNER[24] und – nicht allzu überraschend – einen Vertreter aus der soge-

---

[20] Am ausführlichsten über das, was sich bei dieser Gelegenheit im Tempel zutrug, berichtet Mt, insofern er im Anschluß an die Austreibung, die Auseinandersetzung mit den Geldwechslern und den Taubenverkäufern, das Schriftzitat und den Räuberhöhlenvorwurf (Mt 21,12f) von weiteren Geschehnissen erzählt (V. 14–16). Aber in bezug auf den „Kern" der Tempelaktion Jesu ist seine Darstellung weniger ausführlich als die des Mk.

[21] Vgl. zum Verständnis von πᾶσιν τοῖς ἔθνεσιν Anm. 12.

[22] Die Itinerarnotiz V. 15a, die die Perikope einleitet, ist dagegen kaum zu diesen überschießenden Inhaltselementen des Mk zu zählen, da sie kontextuell bedingt und insofern für den Vergleich mit den beiden anderen Synopt. nicht auswertbar ist. S.u. S. 213.

[23] Vgl. das Beispiel in Anm. 2.

[24] MENDNER, Tempelreinigung, 95: „Markus bietet hier offenbar nicht das Ursprüngliche, sondern scheint durch Zudichtung aus Matthäus gewonnen zu sein. Und genau so eigenmächtig hat dieser den synoptischen Urbericht verändert. Er fügte die Käufer, Wechsler, Taubenhändler und vor den Verkäufern ein Universalpronomen hinzu und gab dem Schlußsatz präsentischen Sinn. *Den Kern bietet Lukas, der damit in gewissem Sinne seine Originalität erweist*" (kursiv von mir).

nannten Jerusalemer Schule (s.o. S. 158f mit Anm. 7), namentlich DAVID FLUSSER: „Die früheste Form dieser Perikope hat sich bei Lukas erhalten (Lk 19,45–46)."[25] Isoliert betrachtet könnte der Vergleich des Tatberichts in Lk 19,45 mit Mk 11,15–16 zu diesem Urteil führen, denn dieser eine Vers des Lk ist ohne irgendwelche Abweichungen in Mk 11,15 wiederzufinden. Sobald man aber noch den Wortbericht in Lk 19,46 und Mk 11,17 mit einbezieht, läßt sich der Befund nicht mehr so leicht mit der Jerusalemer Benutzungshypothese in Einklang bringen: Zwar könnte noch der griechisch schlechtere Stil des Schriftzitates bei Mk (κληθήσεται statt ἔσται) als eine nachträgliche Anpassung an den Wortlaut der LXX angesehen werden, zumal Mk auch noch über Lk hinaus die letzten Worte aus Jes 56,7b, πᾶσιν τοῖς ἔθνεσιν, aufgenommen hat, aber weniger einsichtig wären die aus der angenommenen Lk-Priorität zu erschließende Ersetzung der positiven Aussage „es ist geschrieben" durch die Frage „ist es nicht geschrieben?"[26] und vor allem der Tempuswechsel beim Räuberhöhlenvorwurf (Perfekt πεποιήκατε statt Aorist ἐποιήσατε)[27].

Völlig unplausibel wird aber die Annahme, daß Lk Mk als Quelle gedient habe, wenn wir uns der jeweiligen Schilderung der auf die Tat und Rede Jesu folgenden Ereignisse zuwenden (Lk 19,47f; Mk 11,18). Gemeinsam ist den beiden Evangelisten die Mitteilung darüber, daß die Hohenpriester und die Schriftgelehrten nun die Absicht hegten, Jesus unschädlich zu machen, und daß es eine Verbindung zwischen dieser Tötungsabsicht und der Popularität, die Jesus beim Volk genoß, gab.

---

[25] FLUSSER, Prozeß und Tod, 141. Vgl. auch DERS., Die letzten Tage Jesu, 46f, wo u.a. von der „ursprüngliche(n) Fassung, wie sie bei Lukas zu lesen ist," (47) die Rede ist.

[26] Obwohl der rhetorische Charakter dieser Frage als leicht erkennbar bezeichnet werden muß und also keineswegs von einer (eindeutig als *lectio difficilior* einzustufenden) Hinterfragung des Schriftwortes die Rede sein kann, kann die Frageform jedoch als eine Abschwächung der positiven, sich auf die Schrift berufenden Aussage verstanden werden.

[27] Der textkritische Befund an dieser Stelle zeigt eindeutig, daß in der Überlieferung die Tendenz vorherrscht, den hier sehr passenden Aoristaspekt einzuführen. Die perfektische Form πεποιήκατε in Mk 11,17 ist nur in einer kleinen Anzahl griech. Hss. – angeführt von B 03, L 019 und 892 – vertreten, während die große Mehrzahl – darunter ℵ 01, C 04, D 05 und 33 – die Aoristform ἐποιήσατε bezeugen. Ähnlich ist die Sachlage in Mt 21,13, wo eine kleine Gruppe von griech. Hss. – wiederum u.a. B 03, L 019 und 892 und jetzt noch unterstützt von ℵ 01 und der bohairischen Überlieferung – die Präsensform ποιεῖτε bezeugen gegenüber der Aoristform ἐποιήσατε in der großen Mehrzahl der Hss. – wiederum u.a. C 04, D 05 und 33. Bezeichnenderweise ist die Aoristform in Lk 19,46 dagegen textgeschichtlich unumstritten. Es läßt sich vor diesem Hintergrund viel plausibler erklären, wie aus der Perfektform πεποιήκατε die Aoristform ἐποιήσατε entstehen konnte als umgekehrt, und zwar nicht nur erst in der handschriftlichen Überlieferung des abgeschlossenen NT-Textes, sondern bereits in der noch textproduktiven literarischen Phase.

Lk 19,47 nennt als drittes Subjekt neben den Hohenpriestern und den Schriftgelehrten für das Tötungsbestreben „die Ersten des Volkes", und zwar im Gegensatz zu den beiden ersten Subjekten erst nach dem Prädikat in die Satzkonstruktion V. 47b eingeordnet. Sowohl die Erwähnung eines dritten Subjekts über die beiden auch Mk 11,18 auftretenden Gruppen hinaus an sich wie auch die auffällige, erst nach dem Prädikat *angehängte* Position dieses Subjekts sind starke Indizien für eine nachträgliche Ergänzung[28]. Neben der Einfügung dieser dritten Gegnergruppe fällt beim Vergleich mit Mk 11,18 vor allem noch der unmittelbar auf Jesu Räuberhöhlenvorwurf folgende Satz in Lk 19,47 auf: „Und er lehrte täglich im Tempel." Während nach der mk Fassung das „Hören" von Jesu Auftritt im Tempel die Überlegung bei den Hohenpriestern und Schriftgelehrten nach einem Ausweg, ihn unschädlich zu machen, auslöst (Mk 11,18a), wird die Tötungsabsicht nach der Darstellung von Lk 19,47b merklich von dem einmaligen Vorfall, über den V. 45f berichten, gelöst und statt dessen auf Jesu tägliches Lehren, von dem V. 47a spricht, bezogen. Warum sollte Mk diesen Hinweis auf die Lehrtätigkeit Jesu gestrichen haben, wenn ihm wirklich Lk 19,45–48 vorgelegen hat? Seine Einfügung von καὶ ἐδίδασκεν (durativer Aspekt!) in Mk 11,17 zeigt, daß er nichts gegen diesen Zug des dauerhaften bzw. iterativen Lehrens haben würde. Es kommt jedoch noch hinzu, daß das Lehren Jesu im Tempel einen ausgeprägten Schwerpunkt in der weiteren lk Schilderung von Jesu Aufenthalt in Jerusalem darstellt (vgl. Lk 20,1; 21,37; 22,53 [nur die letzte Stelle mit synopt. Par.: Mt 26,55 par. Mk 14,49]). Von hierher läßt sich der bestehende Unterschied zwischen Mk und Lk im Bericht darüber, was sich unmittelbar an Jesu Tempelaktion anschloß, ohne weiteres plausibel durch die Annahme erklären, daß Lk bereits in 19,47a das herausstellen möchte, worauf es ihm bei der Beziehung Jesu zum Tempel vor allem ankommt. Hiermit sind wir auch einem durchaus nachvollziehbaren Motiv auf die Spur gekommen, warum Lk gegebenenfalls die ihm vorliegende Quelle gekürzt und den Bericht neben der Beibehaltung des Schriftwortes vom Bethaus und des Räuberhöhlenvorwurfes auf die Notiz des angefangenen Hinaustreibens von Verkäufern entdramatisiert hat: Die Tempelaktion soll Jesu tägliches Lehren im Tempel ermöglichen.

---

[28] Vermutlich will die Stelle neben den Hohenpriestern und Schriftgelehrten die *dritte* Gruppierung des Sanhedrins, des Hohen Rates, einführen, die sonst vor allem als die „Ältesten", οἱ πρεσβύτεροι, bezeichnet wird (vgl. Mk 14,43.53; 15,1; Mt 27,41), die Mk erst in der sog. Vollmachtsperikope auf den Plan treten läßt (Mk 11,27); hier folgt ihm Lk (vgl. 20,1). Für dieses Verständnis von οἱ πρῶτοι τοῦ λαοῦ in Lk 19,47 vgl. JEREMIAS, Jerusalem, 253f. Zum Sanhedrin vgl. S. 291 Anm. 158. Von den πρῶτοι im Sinne der Vornehmsten einer Gruppierung spricht Lukas auch in Act 13,50; 17,4; 25,2; 28,17. Eine entsprechende Anwendung ist bei den beiden anderen Synopt. nur in Mk 6,21 zu finden.

Die Verharmlosung der Tempelaktion Jesu zu einem kaum wahrgenommenen Zwischenfall und die Hervorhebung des Lehrens[29] als der Tätigkeit Jesu, auf die sich der Anstoß der Führer des Volkes in der Zeit zwischen dem Einzug (19,28–40) und den Passionsereignissen (22,1ff) bezieht, müssen mit der Sicht des Lukas vom Tempel zusammenhängen. Die Wirkung der verkürzenden Änderungen, einschließlich der Streichung der Feigenbaumerzählung (vgl. Mk 11,12–14.20–25; Mt 21,18–22, s.u. Abschn. 2.4) ist „to remove the strong note of judgment that is characteristic of the Markan account"[30]. Die hiermit korrespondierende positive Sicht des Tempels begegnet bereits in den lk Kindheitsgeschichten in Kap. 1–2, denen zufolge Jesus als Gottes Sohn in den Tempel als das Haus seines Vaters gehört (2,49). Jesu Rückkehr zum Tempel in Jerusalem als Erwachsener geschieht allerdings in großer Betrübtheit (19,41ff), denn er sieht die verwüstende Zerstörungskatastrophe auf die Heilige Stadt zukommen, „weil du die Zeit deiner Gnade(nheimsuchung) nicht erkannt hast" (19,44). Von Lukas' Anwendung des ἐπισκοπή entsprechenden Verbs ἐπισκέπτεσθαι in 1,68.78; 7,16 (samt in Act 15,14) her ist die „Heimsuchung" ein Gnadenakt[31], und aus dem Kontext in Kap. 19 geht hervor, daß der Einzug Jesu, des *Kyrios* (V. 31.34) und Königs (V. 38), in den Tempel (V. 45), die von Stadt und Volk verkannte Gnadenheimsuchung darstellt, von der die weinende Klage Jesu in den Versen zwischen der Einzugsgeschichte und der Tempelaktion redet (V. 41–44)[32].

Die oben angeführten kleineren Unterschiede zwischen Lk 19,46 und Mk 11,17, bei denen eine Abhängigkeit des Mk von Lk nicht auszuschließen war (Aussage *contra* rhetorische Frage, ἔσται *contra* κληθήσεται als Prädikat des Schriftzitates), lassen sich ebenso gut, wenn nicht besser, als lk Änderungen auffassen[33]. Auf jeden Fall kann in den Parallelen

---

[29] TRAUTMANN, Zeichenhafte Handlungen Jesu, 101: Die lk Tempelreinigung „hat wie bei Mt funktionale Bedeutung. Sie ermöglicht die tägliche Lehre Jesu im Tempel". Vgl. auch SÖDING, Tempelaktion, 43f: „Die Tempelaktion symbolisiert ... nicht ... Gericht. Lukas sieht die Austreibung der Händler vielmehr als Voraussetzung dafür, daß Jesus den Tempel zur Stätte seines messianischen Lehrens machen ... kann. Bei Lukas ist die Aktion Jesu eine gewaltfreie Besetzung des Tempels."

[30] LOSIE, Cleansing, 300.

[31] Dem lk Sprachgebrauch gemäß gibt die Einheitsübersetzung ἐπισκοπή in Lk 19,44 mit „Gnade" wieder; BAUER, Wörterbuch, 605 rechnet diese Stelle zu den Belegen für göttliche Heimsuchung im guten Sinne und schlägt als Übersetzung „Gnadenheimsuchung" vor.

[32] Vgl., wie LOSIE, a.a.O., 299–307 seine Darlegung der lk Interpretation der Tempelaktion mit „Jesus as the Lord Who Brings a Visitation from God" überschreibt. „Jesus' entry into the temple ... is characterized as a divine visitation ... Luke's presentation of Jesus' entry into the temple where he engages in an act of cleansing, therefore, is a presentation of the Lord (or King), in a gracious act of divine blessing (visitation), laying claim to his rightful sphere of authority (teaching)" (301). Vgl. auch SÖDING, a.a.O., 44: Die Tempelaktion „dient Jesus dazu, seinen Anspruch auf das Haus seines Vaters zu erheben und vom Heiligtum Besitz zu ergreifen. Damit ereignet sich, was bereits die Erzählung von der staunenerregenden Weisheitslehre des zwölfjährigen Jesus im Tempel ... hat anklingen lassen ..."

[33] Zur Aussageform als eindeutiger und autoritativer als die rhetorische Frage vgl. Anm. 26. Während κληθήσεται in Jes 56,7b LXX eine direkte Übertragung der hebrä-

Lk 19,45–48 / Mk 11,15–18 keine einzige Beobachtung gemacht werden, die eine literarische Abhängigkeit des Lk von Mk ausschließt. Wie eben ausgeführt, gibt es aber im Gegenteil mehrere deutliche Indizien gegen eine mk Abhängigkeit von der lk Fassung, und wenn wir weiter unten noch den engeren Kontext der Tempelaktionsperikopen mit in den Blick nehmen werden, werden wir noch mehr Anzeichen für die von der Zweiquellen-hypothese angenommene Benutzungsreihenfolge Mk – Lk feststellen. Wer trotz der hier angeführten Momente immer noch für lk Priorität plädieren möchte, muß letztlich auch plausibel erklären können, wie Mk und Mt zu den über Lk hinausgehenden Inhaltselementen gekommen sind, und da erscheinen jedenfalls die mir (bisher) bekannten Erklärungsversuche seitens der Jerusalemer Schule gänzlich unbefriedigend[34]. Es trägt übrigens zur Untergrabung und Widerlegung der verfochtenen Lk-Priorität bei, daß DAVID FLUSSER bei der historischen Rekonstruktion und Deutung der Tempelaktion sich auf den Kurzbericht des Lk nicht zu beschränken vermag, sondern noch auf zusätzliche Inhaltsmomente bei Mk und Mt Bezug nehmen muß[35].

2.3 Vergleich zwischen Mt 21,12–17 und Mk 11,15–19

Nach diesen Ausführungen können wir den Kurzbericht in Lk 19,45f als literarischen Ursprung für die uns vorliegenden Fassungen der Tempel-aktion ausschließen. Wie stellt sich nun aber die Beziehung zwischen der mt Version Mt 21,12f und der mk Version Mk 11,15–17 dar? Hier ist das unterschiedliche Ausmaß an Stoffumfang viel weniger spektakulär als im

---

ischen Vorlage יִקְרָא des MT darstellt, ist die lk Formulierung mit ἔσται eine inhaltlich zwar voll übereinstimmende, aber im Griechischen sprachlich bessere Variante, die als solche ohne weiteres Lk zuzumuten ist. Vgl. z.B. KÜMMEL, Einleitung, 107f.

[34] Allgemein schreibt R.L. LINDSEY Stoffe bei Mk, die über die in den lk Paral-lelperikopen enthaltenen hinausgehen, seiner redaktionellen Tätigkeit zu: „Even redactic additions of Mark must be largely traced to literary rather than to oral influences" (A Hebrew Translation of the Gospel of Mark, Jerusalem 1969, 13; vgl. auch 65). Direkt auf unsere Perikopen bezogen lautet das Urteil: „Markus erweiterte seine Quelle und verän-derte das dort Erzählte zu einer wirklich dramatischen Geschichte" (FLUSSER, Prozeß und Tod, 141; vgl. auch DERS., Jesus, 140 Anm. 194; Die letzten Tage Jesu, 47).

[35] Vgl. den Nachweis dieses in sich widersprüchlichen Verfahrens seitens FLUSSERs in meinem Aufsatz ÅDNA, Attitude of Jesus, bes. 69 mit Anm. 21–23 auf S. 76f.

Der hier vorgelegten Sicht der lk Fassung als Kürzung der mk Vorlage schließen sich u.a. an HAENCHEN, Johanneische Probleme, 41f; TAYLOR, Mark, 463; TROCMÉ, Expulsion, 6; HAHN, Gottesdienst, 29 Anm. 51 („Lukas hat in 19,45f sehr stark gekürzt"); ROLOFF, Kerygma, 101; SCHNIDER/STENGER, Johannes und die Synoptiker, 26; LINDARS, John, 138 („Luke abbreviates drastically"); ELLIS, Luke, 229; BARRETT, House of Prayer, 13; MARSHALL, Luke, 719 („The story is related with the utmost brevity and is an abbreviation of Mk.11:15–17"); SÖDING, Tempelaktion, 43 mit Anm. 31; H.D. BETZ, Jesus 457.

Fall des Vergleichs mit Lk, und die mk Überschüsse gegenüber Mt übersteigern in der Tat nicht das Maß des als redaktioneller Bearbeitung Vorstellbaren. Dies betrifft vor allem die mk Vervollständigung des Zitats aus Jes 56,7b um die Worte πᾶσιν τοῖς ἔθνεσιν und seine um διδάσκειν ergänzte Einführung der Rede Jesu in V. 17. In der Beziehung Mk – Mt stellt, im Gegenteil zu deren jeweiliger Beziehung zu Lk, das Tempus des Verbs ποιεῖν im Räuberhöhlenvorwurf kein eindeutiges Indiz für eine bestimmte Abhängigkeit dar, denn bloß mit einer Ausnahme, die zu bescheiden ist, um literarkritisch auswertbar zu sein[36], gibt es in der sonst von dem unaufhaltsamen Vordringen der (lk) Aoristform zeugenden Textüberlieferung (vgl. Anm. 27) keine Anhaltspunkte dafür, ob Präsens (so Mt) oder Perfekt (so Mk) ursprüngliches Tempus gewesen ist.

Vor ganz besondere Probleme stellt der singuläre Vers Mk 11,16 mit der Auskunft, daß Jesus im Anschluß an die Austreibung von Menschen und das Umstoßen von Tischen und Sitzen (Mk 11,15 = Mt 21,12) noch das Tragen von σκεύη durch den Tempel verwehrte. Das Urteil darüber, ob dieses Inhaltselement von Anfang an zur Überlieferung gehört hat oder ob es erst später (von Mk) hinzugefügt worden ist, hängt weitgehend damit zusammen, wie es überhaupt zu verstehen ist. Theoretisch ist m.E. sowohl ein redaktioneller Zuwachs als auch eine redaktionelle Kürzung vorstellbar. Was hier für wahrscheinlicher zu gelten hat, muß von anderen Beobachtungen und deren Auswertung abhängig gemacht werden.

Der Vergleich von dem bei Mk vorausgehenden V. 15 mit dessen Parallele in Mt 21,12 stellt insgesamt sechs kleinere Unterschiede fest, von denen zwar drei oder vier unerheblich, dafür aber die beiden übrigen um so auffälliger sind[37]: Gemeint ist die zweifache Steigerung der mt gegenüber der mk Fassung, insofern Mt sich nicht wie Mk begnügt, zu berichten, daß Jesus nach der Ankunft im Tempel *anfing, die Verkäufer hinauszutreiben* (ἤρξατο ἐκβάλλειν τοὺς πωλοῦντας), sondern schreibt: „*Er trieb alle Verkäufer hinaus*" (ἐξέβαλεν πάντας τοὺς πωλοῦντας). Es ist viel wahr-

---

[36] Die Lake-Gruppe (*f*[1]) liest in Mt 21,13 die sonst nur für den Mk-Text bezeugte Perfektform πεποιήκατε. In der Mk-Par. hat *f*[1] aber *nicht* die dort textkritisch als ursprünglich erkennbare Perfektform, sondern die Aoristform ἐποιήσατε! *f*[1] vermittelt hier folglich einen verläßlichen Eindruck stabiler Textüberlieferung.

[37] Literarkritisch unerheblich sind der wahrscheinlich als kontextbedingt zu wertende Unterschied bei den Formen des Verbs εἰσέρχεσθαι am Anfang der Perikope (Mt: die finite Verbform εἰσῆλθεν, Mk das Participium coniunctum εἰσελθών), der nur bei Mk vorkommende Artikel τούς vor ἀγοράζοντας und die unterschiedliche Unterbringung des letzten Prädikats κατέστρεψεν (Mt: zwischen den beiden Objekten Geldwechslertische und Taubenverkäufersitze; Mk: hinter beiden Objekten), vermutlich auch die explizite Nennung von Ἰησοῦς am Anfang der mt Perikope (auch im vorausgehenden Vers Mt 21,11, während bei Mk der Name Jesus zum letzten Mal acht Verse vor der Tempelaktionsperikope, d.h. in Mk 11,7, erwähnt ist).

scheinlicher, daß Mt durch die Ersetzung des im Blick auf den Ausgang der Aktion unentschieden klingenden Ausdrucks ἤρξατο ἐκβάλλειν[38] durch die eindeutige effektiv aufzufassende Aoristform ἐξέβαλεν[39] und die Einfügung von πάντας vor τοὺς πωλοῦντας alle Zweifel über den restlosen Erfolg des Eingreifens Jesu im Tempel aus dem Weg räumen wollte, als daß Mk das Bild von der Souveränität Jesu durch die Einführung von ἄρχεσθαι und die Streichung von πάντες abgeschwächt haben sollte.

Hier muß allerdings hinzugefügt werden, daß die Konstruktion bestehend aus ἄρχεσθαι im Aorist Indikativ 3. Person (sing. oder plur.) und Infinitiv von Mk bevorzugt wird (26mal) und daß dabei manchmal überhaupt kein Nachdruck auf dem *Beginnen* einer Tätigkeit zu liegen und Mt somit durchaus im Recht zu sein scheint, wenn er die ἄρχεσθαι-Konstruktion durch einen einfachen Aorist Indikativ des bei Mk in Infinitiv erscheinenden Verbs ersetzt (so z.B. Mk 5,17 par. Mt 8,34; Mk 6,55 par. Mt 14,35; Mk 10,28 par. Mt 19,27; Mk 10,32 par. Mt 20,17). Manchmal behält jedoch Mt die ἄρχεσθαι-Konstruktion bei (vgl. Mk 2,23 par. Mt 12,1; Mk 8,31f par. Mt 16,21f; Mk 14,19.33.71 par. Mt 26,22.37.74) und bietet sie auch in einigen Texten ohne mk Par. (Mt 11,7.20; 14,30; 24,49). Darüber, ob Mk 11,15 par. Mt 21,12 zu den Fällen zu zählen ist, bei denen die ἄρχεσθαι-Konstruktion kontextuell und semantisch gleich gut wie der einfache Aorist ist (wie m.E. in Mk 10,41.47 par. Mt 20,24.30; Mk 14,65 par. Mt 26,67) und seine Ersetzung deshalb eine inhaltlich nuancierende Verschiebung bedeutet, oder ob Mt 21,12 zu den oben aufgeführten Fällen gehört, bei denen der Evangelist vermutlich ohne besondere Hintergedanken den Text einfach sprachlich verbessern wollte, kann man unterschiedlicher Meinung sein. Z.B. ist HAENCHEN letzterer Ansicht: „Während Mk mit ἤρξατο beschreibt, wie der Sturm losbricht, hat Mt 21,12 ἤρξατο ἐκβάλλειν als bloße Umschreibung des verbum finitum verstanden."[40] Mir scheint dies jedoch angesichts der Beibehaltung der ἄρχεσθαι-Konstruktion bei dem sonst noch konsequenter sie entfernenden Lk (neben 19,45 übernimmt er sie nur in 20,9), – dem es, wie oben S. 166f dargelegt, gerade auf die Entdramatisierung ankam und der anscheinend hier die ἄρχεσθαι-Konstruktion für diesen Zweck dienlich betrachtete –, und angesichts des ergänzenden πάντας bei Mt eine Unterinterpretation zu sein[41].

---

[38] Vgl., was z.B. FLUSSER, Jesus, 112 aus dem (auch bei Lk vorkommenden) Satz ἤρξατο ἐκβάλλειν τοὺς πωλοῦντας meint herauslesen zu können: „Der alte Bericht sagt nur, daß Jesus begonnen hat, die Händler aus dem Tempel zu entfernen. Anscheinend hat er sein Vorhaben nicht durchführen können ..." Vgl. auch DERS., Prozeß und Tod, 141f.

[39] Vgl. HOFFMANN/VON SIEBENTHAL, Grammatik, § 194j.

[40] HAENCHEN, Johanneische Probleme, 36 Anm. 1.

[41] Vielleicht ist es charakteristisch für HAENCHENs Vernachlässigung der Unterschiede zwischen der mt und der mk Fassung, daß er a.a.O., 37 den Text des Mk paraphrasiert, als ob auch er πάντας enthalten würde! Wie ich faßt auch TROCMÉ, Expulsion, 7 ἐξέβαλεν und πάντας als Ausdruck einer Steigerung seitens Mt auf. TRAUT-MANN, Zeichenhafte Handlungen Jesu, 96 differenziert, indem sie zwar in πάντας „eine typisch mt Steigerung" sieht (vgl. a.a.O., 430 Anm. 48 für weitere Belege), aber ἐξέβαλεν nur für eine stilistische Besserung hält (fälschlicherweise von ihr als Imperfekt bezeichnet).

Als ein erhebliches Argument für die Ursprünglichkeit der mk Fassung gegenüber der mt kommt an diesem Punkt noch hinzu, daß Lk 19,45 bis ins kleinste Detail mit Mk übereinstimmt[42].

Die Annahme, daß wir es hier mit einer von Mt bewußt vorgenommenen Steigerung[43] zu tun haben, erhärtet sich weiter durch die Beobachtung, daß die absolute Kontrolle über den Tempel, die sich aus der Hervorhebung der erfolgreich *abgeschlossenen Austreibung aller* bisher den Raum im Tempel in Anspruch nehmenden Verkäufer herauslesen läßt, die Voraussetzung für den darauf im Sondergut Mt 21,14 folgenden Vorgang darstellt: „Und es kamen Blinde und Lahme zu ihm im Tempel, und er heilte sie." Überhaupt sind das Schweigen des Mk über die Mt 21,14–16 erzählten Ereignisse und seine bescheidenere Schilderung der Austreibungsaktion Jesu die stärksten literarkritisch verwertbaren Momente, die sich beim Vergleich zwischen Mt 21,12–17 und Mk 11,15–19 ergeben. Denn es fällt viel schwerer zu erklären, warum Mk den Abschnitt Mt 21,14–16 hätte auslassen sollen, als daß Mt bei seiner Auswertung der mk Vorlage auf die Verwehrung des σκεύη-Tragens in Mk 11,16 verzichtet hat. Wenn erst der den Übergang von dem punktuellen Geschehen zu einem länger andauernden Zustand markierende Vers Mk 11,16[44] ausgelassen wird, fällt es ferner leicht plausibel zu machen, daß auch das diesen Zustand weiterführende und in die Rede Jesu überleitende καὶ ἐδίδασκεν[45] gestrichen wird. Auch die Auslassung von πᾶσιν τοῖς ἔθνεσιν am Ende des Schriftzitats in Mt 21,13 stellt kein Hindernis für die Schlußfolgerung aus all diesen Beobachtungen dar, daß *nicht* Mk von Mt abhängig, sondern umgekehrt Mt von Mk als schriftlicher Vorlage abhängig ist[46].

---

[42] Interessanterweise haben die mt Steigerungselemente ἐξέβαλεν πάντας eine Entsprechung in Joh 2,15. Vgl. dazu S. 184f mit Anm. 78.

[43] CHILTON, Temple of Jesus, 115 meint allerdings, daß es Mk ist, der – wegen Mk 11,16 – die Steigerung am weitesten treibt. Bei dieser Einschätzung übersieht er jedoch die oben gemachten Detailbeobachtungen.

[44] Vgl. den Wechsel von Aoristformen in V. 15, ἤρξατο (ἐκβάλλειν) und κατέστρεψεν, zum Imperfekt in V. 16, (οὐκ) ἤφιεν.

[45] Auch ἐδίδασκεν ist Imperfekt.

[46] Die Auslassung der eine universale Ausrichtung vertretenden Worte πᾶσιν τοῖς ἔθνεσιν im Zitat aus Jes 56,7b entspricht der heilsgeschichtlichen mt Perspektive, daß die Sendung Jesu während seines irdischen Wirkens sich auf Israel beschränkt (vgl. 10,5f; 15,24) und sich erst nach Ostern auf die heidnische Völkerwelt ausweitet (28,18–20). Vgl. LOSIE, Cleansing, 334 Anm. 99. Möglicherweise können auch die Tempelzerstörung 70 n.Chr. und die daraus erfolgende Irrelevanz oder Unerfüllbarkeit dieser Worte zu ihrer Auslassung beigetragen haben. S. zur Auslassung noch BORG, Conflict, 349 Anm. 67; MEYER, Christus Faber, 264; GUNDRY, Mark, 644; H.D. BETZ, Jesus, 458 Anm. 13; TAN, Zion and Jesus, 188.

Es ist m.E. für den Charakter des synopt. Befundes aufschlußreich, daß
der Verfechter der Mt-Priorität C.S. MANN in seinem Markuskommentar
(vgl. S. 158 mit Anm. 6) die vermeintliche Auslassung von Mt 21,14–16
überhaupt nicht kommentiert und sich bei den auffälligen Unterschieden
zwischen Mt 21,12 und Mk 11,15 (par. Lk 19,45) mit folgender, nichts
beweisender, sondern von seinem literarkritischen Vorurteil der Mt-
Priorität ausgehender Bemerkung begnügt: „Mark's Greek follows
Matthew closely, but he omits Matthew's ‚all' before *those who bought
and sold.* Luke's version goes directly from ‚those who sold' to ‚saying to
them, it is written ...' (Luke 19:45).“[47]

2.4 Der Kontext der Tempelaktion in den synoptischen Evangelien (Vergleich Mt 21,1–27; Mk 11,1–33; Lk 19,28–20,8)

Nicht nur bezüglich des Wortlauts und des Inhalts der Perikopen über die
Tempelaktion, sondern auch hinsichtlich deren kontextueller Einbindung

---

[47] MANN, Mark, 448 (kursiv von MANN; er vertauscht die Reihenfolge von Verkäufern und Käufern in Mt 21,12 [so auch in der Übers. von Mk 11,15 auf S. 443]). Über die
abschließenden Verse Mk 11,18f und deren Beziehung zu Mt und Lk schreibt er
folgendes: „Matthew has no parallel to v. 19, but Mark found his own v. 18b in
Matt 22:33. Luke's version [*sc.* Lk 19,47–48] is somewhat more complicated, and Mark
made no use of it“ (a.a.O., 450). Zur Widerlegung der im zweiten Satz vorausgesetzten
Prämisse (der Grieschbach-Hypothese), daß Mk (auch) Lk vorgelegen habe, s.o. S. 164ff.
MANN meint, daß ὁ ὄχλος ἐξεπλήσσετο ἐπὶ τῇ διδαχῇ αὐτοῦ von der Parallelaussage
Mt 22,33, οἱ ὄχλοι ἐξεπλήσσοντο ἐπὶ τῇ διδαχῇ αὐτοῦ („die Volksmengen waren außer
sich über seine Lehre"), übernommen worden ist. In Mt 22,33 bezieht sich diese Aussage
auf die Reaktion des Volkes auf Jesu Streitgespräch mit den Sadduzäern über die
Auferstehung der Toten (Mt 22,23–32). Obwohl Mt in der Tempelaktionsperikope keine
direkte Aussage über die Wirkung von Jesu Lehren auf das Volk macht und Mk beim
Streitgespräch über die Auferstehung ebenso darauf verzichtet (vgl. Mk 12,18–27) und
man sich bei der weitgehenden Wortübereinstimmung von Mt 22,33 und Mk 11,18b
vorstellen könnte, daß einer von beiden die Formulierung vom anderen übernommen und
in den neuen Kontext eingeordnet hätte, hat die Formulierung jedoch bereits in Mk 1,22
eine Vorgabe, so daß sie ohne weiteres auch innermk erklärbar ist. Nur wenn man von
der von uns oben mit schwerwiegenden Argumenten zurückgewiesenen Prämisse der Mt-
Priorität für die *ganzen* Perikopen Mt 21,12–17 / Mk 11,15–19 ausgeht, kann man m.E.
überhaupt auf den Gedanken kommen, Mk 11,18b von Mt 22,33 (vgl. noch Mt 7,28!)
abzuleiten. Zuletzt ist anzuführen, daß MANNs Behauptung, Mk 11,19 habe keine
Parallele bei Mt, schlicht unverständlich erscheint. Wie oben aus der Synopse S. 160ff
und unten aus der Kontextanalyse S. 172ff hervorgeht, ist trotz relativ geringer Wortübereinstimmung Mt 21,17 Parallele zu Mk 11,19.
   Neben MANN plädiert u.a. auch BRAUN, Expulsion, 183 dafür, daß Mk in der Tempelaktionsperikope von Mt abhängig ist. Seine Begründung erschöpft sich jedoch in dem
Hinweis auf die „deux particularités" des Mk-Textes, die in der Unterbindung des σκεύη-
Tragens und dem Zusatz πᾶσιν τοῖς ἔθνεσιν bestehen, die aber, wie die obige Erörterung
gezeigt hat, angesichts des Gesamtbefundes keineswegs BRAUNs Schlußfolgerung auf mt
Priorität zu tragen vermögen.

zeigen die synoptischen Evangelien weitgehende Übereinstimmung. Ihnen ist gemeinsam, daß die Tempelaktion Jesu sich zügig an seine triumphale Ankunft in Jerusalem anschließt und daß eine Reihe von (Gleichnissen und) Streitgesprächen danach folgt:

		Mt	*Mk*	*Lk*
I.	Der Einzug in Jerusalem	21,1–9	11,1–10	19,28–40
II.	Die Tempelaktion	21,12–17	11,15–19	19,45–48
III.	Die Frage nach Jesu Vollmacht	21,23–27	11,27–33	20,1–8
IV.	Das Gleichnis von den Weingärtnern	21,33–46	12,1–12	20,9–19
V.	Das Streitgespräch über Kaisertribut	22,15–22	12,13–17	20,20–26
VI.	Das Streitgespräch über die Auferstehung	22,23–33	12,18–27	20,27–40

Diese Übersicht genügt, um die grundlegende Übereinstimmung in der Anordnung der auf die Tempelaktion folgenden Perikopen zu belegen, und im weiteren beschränke ich deshalb den Vergleich bis einschließlich zu der Perikope, in der die Vollmachtsfrage verhandelt wird (Nr. III). Während bei Lk Nr. III sich lückenlos an Nr. II anschließt, zeigen bereits die Versangaben, daß über das aus diesen drei Perikopen bestehende gemeinsame Gerüst hinaus bei allen Synoptikern noch zusätzliches Material in dem die Tempelaktion umgebenden Kontext untergebracht ist:

		Mt	*Mk*	*Lk*
I.	Der Einzug in Jerusalem	21,1–9	11,1–10	19,28–40
1.	Jesu Weinen über Jerusalem			19,41–44
2.	Jesu Ankunft in Jerusalem	21,10–11	11,11	
3a.	Die Verfluchung des Feigenbaumes		11,12–14	
II.	Die Tempelaktion	21,12–17	11,15–19	19,45–48
3b.	Die Verfluchung und das Verdorren des Feigenbaumes	21,18–19		
4.	Der verdorrte Feigenbaum und der Glaube	21,20–22	11,20–25[48]	
III.	Die Frage nach Jesu Vollmacht	21,23–27	11,27–33	20,1–8

Bereits aus dieser Übersicht geht hervor, daß wie in der Tempelaktionsperikope auch im Kontext die Übereinstimmungen zwischen Mt und Mk größer sind als die entsprechenden Ausführungen der lk Aussagen. Lk bietet schon am Ende der allen Evangelisten gemeinsamen Einzugsgeschichte (vgl. noch Joh 12,12–19) eine Sondertradition: 19,39f berich-

---

[48] Der in der großen Mehrzahl der Hss. vorkommende Vers Mk 11,26 fehlt u.a. in ℵ 01, B 03, L 019 und weiteren bedeutsamen griech. Hss., außerdem auch in den altlat. Hss. k und l, im Syrus Sinaiticus (so der Apparat z.St. in NA²⁶ und NA²⁷; SQE¹³ führt an entsprechender Stelle den Syrus Curetonianus an) und in Teilen der koptischen Überlieferung und ist eindeutig als eine sekundäre (unter Einfluß von Mt 6,15 unternommene) Erweiterung des Textes zu werten. Einige Hss. fügen nach V. 26 noch eine weitere, mit Mt 7,7f identische (und von dort entnommene) Glosse ein. Vgl. zum Ganzen TELFORD, Barren Temple, 50.

ten, wie Jesus die Kritik einiger Pharisäer an dem Huldigungsruf seiner
Jünger zurückweist[49]. Darauf folgt als weiteres Sondergut Jesu Weinen
über die bald der totalen Zerstörung anheimfallende Stadt Jerusalem in
19,41–44 (Nr. 1). Weist Lk einerseits im Vergleich zu Mt und Mk diesen
Überschuß auf (19,39f.41–44), fehlt ihm andererseits die Geschichte von
der Verfluchung des Feigenbaumes mit dem anschließenden Gespräch über
den Glauben (Nr. 3 und 4). Obwohl dieser Befund ohne weitere Detail-
untersuchungen wenig aussagekräftig ist, ist es m.E. leichter vorstellbar,
daß Lk die Verfluchungsgeschichte ausgelassen[50] und die Stoffe 19,39–44
eingefügt hat, als daß umgekehrt Mk (und Mt) das jetzt nur bei Lk
erscheinende Material gestrichen und den dort vorgefundenen Kontext um
das Verfluchungswunder ergänzt hätten. Lk 19,39–40 entsprechen ohnehin
einer innerhalb des gemeinsamen Textbestandes aller Evangelisten in der
Einzugsgeschichte belegbaren lk Tendenz (vgl. Anm. 49), und der Jünger-
ruf 19,38 sowie der Bericht über das Weinen Jesu zeigen eine gemeinsame
Verbindung zu einer anderen Perikope ohne mk Parallele, der Wehklage
Jesu über Jerusalem (13,34f), auf[51]. Zuletzt ist zu bemerken, daß Lk zwar
für die Ereignisse nach Jesu Einzug in Jerusalem mit demselben
geographischen Wechsel wie Mt und Mk zwischen dem Aufenthalt in der
Stadt tagsüber und der Übernachtung außerhalb operiert (vgl. Lk 21,37[52]),

---

[49] Nach Lk 19,37 ist es die „Menge der Jünger" (ἅπαν τὸ πλῆθος τῶν μαθητῶν), die
den von allen Evangelisten identisch überlieferten Huldigungsruf εὐλογημένος ὁ
ἐρχόμενος ἐν ὀνόματι κυρίου (Mt 21,9; Mk 11,9; Lk 19,38; Joh 12,13) anstimmen,
während die drei anderen Evangelisten die Jesus huldigende Menschengruppe weiter
fassen.

[50] Hat Lk sein Feigenbaumgleichnis in 13,6–9 (Sondergut) als Parallele erachtet?

[51] Lk 13,34f (mit fast wortwörtlicher Par. in Mt 23,37–39) ist eine Klage über die
Blutstadt Jerusalem, die die Propheten tötet und sich dem einladenden Umkehrruf Jesu
entzieht; s.o. S. 131f.
Falls bei Jesu Antwort an die Pharisäer in Lk 19,40 („wenn diese schweigen, werden
die Steine schreien") eine Anspielung auf Hab 2,11a („der Stein in der Mauer wird
schreien") vorliegt, mag der Textzusammenhang Hab 2,11–12 dem Evangelisten als
Vorbild für die Aneinanderreihung von Lk 19,39–40 und 19,41–44 gedient haben, denn
auf den Schrei des Mauersteines in Hab 2,11 folgt ein Wehruf gegen eine Blutstadt:
„Weh dem, der eine Stadt mit Blut erbaut und eine Festung auf Unrecht gründet"
(Hab 2,12). TRAUTMANN, Zeichenhafte Handlungen Jesu, 431 Anm. 62 führt noch wortstatistische Argumente für die Beurteilung von Lk 19,41–44 als lk Eintragung an.

[52] Lk 21,37: „Am Tage lehrte er im Tempel; in der Nacht ging er hinaus zu dem Berg,
den man den Ölberg nennt, und übernachtete." Mk und Mt sprechen genauer von dem
Dorf Bethanien auf dem Ostabhang des Ölbergs (vgl. zu seiner Lage Mk 11,1; Lk 19,29
und R. RIESNER, *Art*. Betanien I., in: Das Große Bibellexikon, Bd. I, hg. v. H. BURK-
HARDT u.a., Wuppertal/Gießen 1987, 193) als dem Übernachtungsquartier Jesu (vgl.
Mk 11,11; Mt 21,17). Nach CONZELMANN, Mitte, 68 müßte die Formulierung betreffs des
geographischen Wechsels zwischen der Stadt am Tag und dem Ölberg in der Nacht
dahingehend präzisiert werden, daß Jesus sich in der Zeit, um die es hier noch geht, über-

aber daß er das bei Mt und Mk vorhandene feste chronologische Tagesschema durch eine unspezifizierte Zeitspanne des täglichen Lehrens im
Tempel (vgl. Lk 19,47) ersetzt[53]. Auch dieser Zug scheint durch die so
zustandekommende länger andauernde „Epoche des Lehrens Jesu im
Tempel" demselben lk Schwerpunkt wie die oben erörterte Verschiebung
des Konflikts zwischen Jesus und den religiösen Führern Israels in
Lk 19,47f (vgl. S. 165f) zu dienen[54].

Im parallelen Kontext Mt 21,1–27 / Mk 11,1–33 sind nur zwei richtige
Unterschiede zu verzeichnen: *1)* Laut Mt findet sofort nach Jesu Ankunft
in Jerusalem (Nr. 2: Mt 21,10f) noch am selben Tag seine Tempelaktion
statt (Nr. II: Mt 21,12ff). Nach Mk dagegen begnügt sich Jesus bei seiner
Ankunft in der Stadt (Nr. 2: Mk 11,11) mit einer Inspektion im Tempel:

> Mk 11,11:
> Und er ging nach Jerusalem in den Tempel hinein, und nachdem er sich alles
> ringsherum angesehen hatte (περιβλεψάμενος πάντα), ging er, als es schon spät
> geworden war, mit den Zwölfen nach Bethanien hinaus.[55]

Am nächsten Tag gehen sie wieder von Bethanien fort (Mk 11,12) und
kommen in Jerusalem an (Mk 11,15a). Erst jetzt folgt die Tempelaktion
Jesu: „Und nachdem er in den Tempel hineingegangen war, fing er an, die
Verkäufer und die Käufer im Tempel hinauszutreiben ..." (Mk 11,15b; für
die Fortsetzung des Textes s. die Synopse S. 160ff). Also gehen Mt und
Mk einerseits bei der zeitlichen Bestimmung der Tempelaktion auseinander: Nach Mt findet sie an demselben Tag wie der triumphale Einzug Jesu
in Jerusalem statt, nach Mk erst am nächsten Tag. *2)* Die zweite Differenz
betrifft die Einordnung der Geschichte über die Verfluchung des Feigen-

---

haupt *nicht* in die Stadt selbst, sondern nur täglich in den Tempel begibt. Für das
Begangnis des Passamahls, Lk 22,7ff, betritt er erstmals die Stadt.

[53] Vgl. auch Lk 20,1, wonach die Auseinandersetzung um Jesu Vollmacht nicht an
dem fixierten Zeitpunkt des nächsten Tages nach der Tempelaktion stattfindet wie bei
Mk und Mt (s. weiter unten), sondern an irgendeinem derjenigen Tage, an denen Jesus im
Tempel lehrte: καὶ ἐγένετο ἐν μιᾷ τῶν ἡμερῶν διδάσκοντος αὐτοῦ τὸν λαὸν ἐν τῷ ἱερῷ...
(Lk 20,1).

[54] Vgl. CONZELMANN, Mitte, 70: „Durch die Auflösung des Marcinischen Tage-
schemas schafft Lukas die Vorstellung einer *längeren* Wirksamkeit, einer ... Epoche des
Auftretens, die wiederum durch ihren besonderen Charakter klar abgehoben ist, z.B.
durch das Fehlen von Wundern, positiv durch eine besondere Art der Lehrtätigkeit"
(kursiv von CONZELMANN).

[55] Ich habe die Umstandsangabe, die der Genitivus absolutus ὀψίας ἤδη οὔσης τῆς
ὥρας zu dem Prädikat des übergeordneten Satzes ἐξῆλθεν macht, durch den temporalen
Nebensatz („als es schon spät geworden war") in der Übersetzung möglichst offen und
neutral wiedergeben wollen. Denn ob der Text die *kausale* Aussage machen will, daß
Jesus am Tag seiner Ankunft in Jerusalem den Tempel verlassen mußte und es somit an
diesem Tag nicht zu einer Aktion dort kommen konnte, *weil* es bereits spät geworden
war, läßt sich sprachlich-syntaktisch nicht entscheiden.

baumes (Nr. 3): In beiden Fällen ist sie mit der frühmorgendlichen Wanderung zurück nach Jerusalem nach der ersten Übernachtung in Bethanien verbunden und wird durch die Bemerkung, daß Jesus hungrig war (ἐπείνασεν), eingeleitet (Mt 21,18; Mk 11,12). Obwohl die chronologische Einordnung in dieser Weise übereinstimmend ist, folgt freilich aus der soeben kommentierten unterschiedlichen Datierung der Tempelaktion, daß die Verfluchung nach Mt erst *danach* und nach Mk noch *davor* erfolgt (vgl. Nr. 3a und 3b in der obigen Übersicht). Der auffälligste kontextuelle Unterschied zwischen den beiden Fassungen besteht jedoch darin, daß die Einlösung der Verfluchung des Baumes in der Form seines Verdorrens bei Mt sofort eintritt (Mt 21,19), während bei Mk die Jünger zunächst lediglich die Worte Jesu zur Kenntnis nehmen (Mk 11,14) und das Verdorren des Feigenbaumes erst am nächsten Morgen bei der Wanderung in die Stadt festgestellt wird (Mk 11,20). Also verschachtelt sich bei Mk die Feigenbaumerzählung mit der Tempelaktion, indem Verfluchung und Verdorren des Baumes zeitlich auseinanderfallen (Nr. 3a + Nr. II + Nr. 4: Mk 11,12–14.15–19.20–25), während diese beiden Vorgänge bei Mt nahtlos aufeinander folgen, und zwar erst nach der Tempelaktion (Nr. II + Nr. 3b + Nr. 4: Mt 21,12–17.18–19.20–22).

Übereinstimmung und Differenz zwischen Mt 21,1–27 und Mk 11,1–33 können durch Einordnung der einzelnen Episoden, von denen sie beide berichten, in das ihnen gemeinsame chronologisch-geographische Schema anschaulich gemacht werden:

	Mt 21,1–27	*Mk 11,1–33*
1. Tag		
Geschehnisse tagsüber:	(1–9.)10–11: Ankunft in Jerusalem ([I]2)	(1–10.)11a: Ankunft in Jerusalem ([I]2)
		11a: Besichtigung im Tempel (2)
	12–16: Tempelaktion (II)	
Abends:	17: Wanderung nach Bethanien[56]	11b: Wanderung nach Bethanien[56]
2. Tag		
Morgens:	18: Wanderung von Bethanien (+ Jesu Hunger)	12: Wanderung von Bethanien[56] (+ Jesu Hunger)
Geschehnisse tagsüber:	19: Verfluchung und Verdorren des Feigenbaumes (3b)	13–14: Verfluchung des Feigenbaumes (3a)
	20–22: Der verdorrte Feigenbaum und der Glaube (4)	
		15–18: Tempelaktion (II)

---

[56] Explizite Nennung Bethaniens.

23–27: Jesu Vollmacht (III)
(Es folgen weitere Perikopen
Abends: [s. IV, V, VI auf S. 173]) 19: Wanderung nach Bethanien

3. Tag:
Morgens: 20: Wanderung von Bethanien
Geschehnisse tagsüber: 20–25: Der verdorrte Feigenbaum und der Glaube (4)
27–33: Jesu Vollmacht (III)
(Es folgen weitere Perikopen
[s. IV, V, VI auf S. 173])

Obwohl im weiteren Verlauf der Erzählung ein Tagesschema nicht so deutlich zum Vorschein kommt[57], geht jedoch aus der Erzählung über die Salbung Jesu im Haus Simons des Aussätzigen in Bethanien (Mt 26,6–13/ Mk 14,3–9) hervor, daß beide Evangelisten für die ganze Zeit bis hin zum Todespassa mit diesem (täglichen) Wechsel zwischen Jerusalem als Wirkungsstätte und Bethanien als Privatquartier Jesu rechnen.

Welche literarkritischen Schlüsse können aus den kontextuellen Variationen der Evangelisten Mt und Mk gezogen werden? C.S. MANN hält gerade die Verlagerung der Tempelaktion um einen Tag bei Mk im Vergleich zu den beiden (!) anderen Synoptikern für ein starkes Indiz, daß Mk sekundär ist[58]. Wenn man aber der Auflösung des ganzen Tages-schemas bei Lk (s.o. S. 174f) gebührend Aufmerksamkeit schenkt, verliert die übereinstimmende Einordnung der Tempelaktion am Tag des Einzugs Jesu jegliche literarkritische Relevanz, denn wenn Jesus nach Lk überhaupt zu diesem Zeitpunkt nach Jerusalem hinaufzieht (vgl. Lk 19,28), um eine längere Epoche des Lehrens im Tempel anzutreten (s.o. S. 175), dann hat er keinen Grund, nach dem Eintreffen Jesu seine für die Verwirklichung dieses Vorhabens nötige Aktion zu verzögern. Dementsprechend läßt der Evangelist sofort auf die nur mit einem ganz kurzen Bericht bedachte Tempelaktion Jesu (Lk 19,45f) die Feststellung des täglichen Lehrens, auf das es ihm ankommt, folgen (Lk 19,47a). Wenn die Einordnung der Tempelaktion bei Mt und Lk folglich nicht als ein Doppelzeugnis gegen die des Mk zu werten ist, stellt sich nun die Frage folgendermaßen: Ist am

---

[57] Vgl. jedoch Mt 22,23.46; 26,2.17; Mk 14,1.12. Erst die Angaben in Mt 26 / Mk 14 enthalten Anhaltspunkte für eine *absolute* Chronologie, indem sie die Ereignisse, um die es im jeweiligen Zusammenhang geht, in Beziehung zum Passa und dem Fest der ungesäuerten Brote setzen (s.u. S. 315).

[58] MANN, Mark, 51f: „Matthew and Luke ... put the cleansing of the temple on the same day as Jesus' entry into Jerusalem, where Mark has it on the day following. If Mark was the prior document, known to both Matthew and Luke and used by both, then why did the other two writers feel compelled to change his record? Assuming that neither knew the account of the other, as the argument usually does, this would be remarkable, to say the least." Vgl. auch MENDNER, Tempelreinigung, 94f mit Anm. 4.

ehesten die mk Datierung als eine sekundäre Änderung der des Mt anzusehen, oder ist umgekehrt die mt Datierung durch eine Änderung der in
seiner Vorlage vorgefundenen Einordung dieses Ereignisses entstanden?
Obgleich die zugegebenermaßen bei Mk redaktionsgeschichtlich bedeutsame Verschachtelung der Erzählung über die Verfluchung des Feigenbaumes mit der Tempelaktion[59] erst durch die Verlagerung auf den zweiten
Tag überhaupt zustandekommt, scheint mir die Vereinfachung, die Mt
durch die chronologische Aufeinanderfolge von Einzug und Tempelaktion
(Mt 21,1–9.[10f.]12–17) und durch die Überlieferung der ganzen Feigenbaumgeschichte in einem Zug (Mt 21,18–22) erreicht, trotzdem eher dafür
zu sprechen, daß Mt sekundär ist. Diese literarkritische Einschätzung wird
von der Beobachtung, daß es theologisch gewichtige Korrespondenzen
zwischen der Einzugsgeschichte und dem mt Sondergut innerhalb der
Tempelaktion gibt (vgl. Mt 21,9 mit 21,15), weiter unterstützt.

Das nun lediglich aufgrund einer Analyse der jeweiligen kompositionel-
len Einordnung der einzelnen Perikopen in den Kontext der Tempelaktion
erreichte Ergebnis der mk Priorität ließe sich m.E. durch eine detaillierte
Analyse der Perikopen über den Einzug (Nr. I), die Verfluchung und das
Verdorren des Feigenbaumes (Nr. 3 + 4) und das Streitgespräch über Jesu
Vollmacht (Nr. III) erhärten. Darauf kann und muß aber verzichtet werden.
Das bereits ausreichend begründete Ergebnis der literarischen Priorität der
mk Fassung der Tempelaktion Jesu   ist in unserem Zusammenhang
weniger bedeutsam als literarkritisches (im Einklang mit der Zweiquellenhypothese stehendes) Ergebnis denn vielmehr als Feststellung, daß wir für
die weiteren überlieferungsgeschichtlichen und historischen Überlegungen
von der *umfassendsten synoptischen Version* der Tempelaktion Jesu, wie
sie *in Mk 11,15–17 überliefert* ist, auszugehen haben[60].

---

[59] Die die Tempelaktion umrahmende Geschichte von der Verfluchung des Feigen-
baumes soll das Ereignis im Tempel offensichtlich deuten bzw. sollen sich die beiden
Texteinheiten gegenseitig interpretieren; vgl. TELFORD, Barren Temple, 49; TRAUT-
MANN, Zeichenhafte Handlungen Jesu, 82, 90; MOHR, Markus- und Johannes-passion, 72
und 74 Anm. 18: „Die Rahmung bedeutet Interpretation. Die Verfluchung des
Feigenbaums hat für Mk so eindeutig symbolischen Charakter." Für weitere
Ausführungen s. ÅDNA, Jesu Kritik, 524–529 und vor allem TELFORD, a.a.O.

[60] Wie aus den obigen Ausführungen hinlänglich deutlich geworden ist, fordern weder
die übereinstimmende zeitliche Einordnung der Tempelaktion bei Mt und Lk gegen Mk
noch ihre kleineren Übereinstimmungen gegen ihn in der Tempelaktionsperikope selbst
(s.o. S. 163f) und in der Perikope über die Vollmachtsfrage (s.u. S. 231 Anm. 274) die
Annahme eines Ur-Markus als gemeinsame Quelle und älteste schriftliche Fassung. Dies
ist festzuhalten gegen BUSE, Cleansing, 23f. Mit unserem Ergebnis stimmen überein u.a.
BLAKEWAY, Cleansing, 280; LOSIE, Cleansing, 206f und SÖDING, Tempelaktion, 45:
„Matthäus und Lukas haben für ihre Gestaltung der Tempelperikope keine andere als die
markinische Vorlage. Der Weg zurück in die synoptische Tradition kann also nur bei Mk
11,15–19 beginnen."

3. Literarkritische und überlieferungsgeschichtliche Auswertung des Vergleichs zwischen den synoptischen Fassungen der Tempelaktion Jesu Mk 11,15–17 par. und der johanneischen Fassung Joh 2,13–22

3.1 Besteht eine literarische Beziehung zwischen den synoptischen Fassungen der Tempelaktion Jesu Mk 11,15–17 par. und der johanneischen Fassung Joh 2,13–22?

3.1.1 Der Text Joh 2,13–22

Die in Joh 2,13–22 dargebotene Version der Tempelaktion Jesu besteht aus einem Hauptstück, das sich wiederum in zwei ungefähr gleich große Teile gliedert (V. 14–17 und V. 18–21). Diesem Hauptstück folgt ein Kommentar über die nachösterliche Rezeption der Jesusjünger von dem, was sich bei dieser Gelegenheit im Tempel zugetragen hatte (V. 22). Dem ganzen geht eine chronologisch-geographische Notiz über Jesu Wanderung nach Jerusalem, als das Passafest der Juden sich näherte (V. 13), voraus, die als Einleitung nicht nur für die Erzählung über die Tempelaktion, sondern für den ganzen bis einschließlich Joh 3,21 andauernden ersten Jerusalemaufenthalt[61] Jesu dient.

Joh 2,13–22:
(13) Und nahe war das Passa der Juden, und Jesus ging hinauf nach Jerusalem.
(14) Und er fand im Tempel die Verkäufer von Rindern und Schafen und Tauben und die Geldwechsler, wie sie da saßen[62]; (15) und nachdem er eine Geißel aus Stricken gemacht hatte, trieb er alle aus dem Tempel hinaus, die Schafe und die Rinder[63], und

---

[61] Im Gegensatz zu den synopt. Evangelien läßt Joh Jesus nicht erst zum Todespassa nach Jerusalem ziehen, sondern handelt von mehreren Aufenthalten in der Stadt (Joh 2,13–3,21; 5,1–47; 7,10–10,39; 12,12ff). Da nicht nur der letzte dieser Aufenthalte mit einem Passafest in Verbindung gesetzt wird (vgl. 11,55; 12,1; 13,1), sondern auch der erste (vgl. 2,13), und da ferner dazwischen die Speisung der Fünftausend am See von Tiberias (6,1–15) auch zeitlich kurz vor einem Passafest angesetzt wird (vgl. 6,4), umfaßt die Wirksamkeit Jesu nach Joh mehr als zwei Jahre. Falls mit dem 5,1 erwähnten „Fest der Juden" auch ein Passa gemeint ist, haben wir mit einem mehr als drei Jahre dauernden Wirken zu tun. Laut Joh ereignet sich die 2,14ff geschilderte Tempelaktion Jesu folglich mindestens zwei, möglicherweise sogar drei Jahre vor dem Todespassa.

[62] Durch den Umstandssatz „wie sie da saßen" sucht die Übers. der prädikativen Beziehung zwischen dem determinierten Objekt τοὺς κερματιστάς und dem ihm zugeordneten undeterminierten Partizip καθημένους (accusativus cum participio; vgl. HOFFMANN/VON SIEBENTHAL, Grammatik, § 233a) Ausdruck zu verleihen.

[63] In dem Hauptsatz πάντας ἐξέβαλεν ἐκ τοῦ ἱεροῦ τά τε πρόβατα καὶ τοὺς βόας muß die Konstruktion τά τε πρόβατα καὶ τοὺς βόας trotz der nachklappenden Stellung und der Genusdifferenz syntaktisch als Apposition zu πάντας aufgefaßt werden. Die beiden Argumente, die SCHNACKENBURG, Johannesevangelium I, 362 Anm. 1 gegen dieses Verständnis hervorgebracht hat, trügen, denn erstens ist die Genusdifferenz zwischen dem maskulinen πάντας und dem neutrischen τά πρόβατα kein absolutes Hindernis (vgl. HAENCHEN, Johannesevangelium, 200: „Wenn sich das Wort ‚alle' auf ein Neutrum plur.

er schüttete das Geld[64] der Geldwechsler aus, und die Tische stieß er um. (16) Und zu den Taubenverkäufern sprach er: „Tragt das von hier weg! Macht nicht das Haus meines Vaters zu einem Kaufhaus!" (17) Seine Jünger erinnerten sich, daß geschrieben ist: „Der Eifer für dein Haus wird mich verzehren."

(18) Da ergriffen die Juden das Wort[65] und sprachen zu ihm: „Welches Zeichen zeigst du uns, daß du dies tun darfst?"[66] (19) Jesus antwortete und sprach zu ihnen: „Brecht diesen Tempel ab, und in drei Tagen werde ich ihn (wieder) aufrichten." (20) Da sprachen die Juden: „Sechsundvierzig Jahre lang ist an diesem Tempel gebaut worden[67], und du wirst ihn in drei Tagen (wieder) aufrichten?"

---

und ein Masculinum plur. bezieht, bestimmt das männliche Genus [hier: τοὺς βόας] die Form von πᾶς, woraus sich πάντας ergab"), und zweitens ist die Anwendung von τε hier nicht identisch mit der in den beiden übrigen joh Belegen in Joh 4,42 und 6,18, denn dort steht die Konjunktion τε *allein* ohne καί und verbindet *Sätze* (vgl. BDR § 443,2 mit Anm. 4), während sie in 2,15 in Korrelation mit καί auftritt, d.h. in jener kopulativen Konjunktionsverbindung, die „enger als das einfache καί (verknüpft)" und daher „im NT nur Begriffe, Zusammenhänge und Ereignisse, nicht ganze Sätze (verbindet)" (BDR § 444,2). (In ÅDNA, Jerusalemer Tempel, 124f Anm. 21 schrieb ich irrtümlich SCHNACKENBURG gerade jenes Verständnis zu, gegen das seine beiden Argumente gerichtet sind. Ich bedaure den Fehler.)

Trotz der syntaktischen Bestimmung von τά τε πρόβατα καὶ τοὺς βόας als appositioneller Präzisierung dessen, worauf sich das Objekt πάντας bezieht, bleibt der Satz immer noch problematisch, denn „the difficulty of πάντας is not only its gender, but its position. Once the personnel, τοὺς πωλοῦντας βόας καὶ πρόβατα καὶ περιστερὰς καὶ τοὺς κερματιστὰς καθημένους, are mentioned in v. 14, πάντας is naturally taken of them ..." (CHILTON, φραγέλλιον, 333). Viele Kommentatoren, nicht nur SCHNACKENBURG (s.o.), und Bibelübersetzungen sehen deshalb in πάντας sowohl die Verkäufer von Rindern und Schafen als auch die Tiere enthalten (so z.B. BROWN, John I, 114; LINDARS, John, 138; BECKER, Johannes I, 121; BARRETT, Johannes, 220; die rev. Lutherbibel, die Einheitsübersetzung und die norw. Bibelübers.). Wahrscheinlich ist die Schwierigkeit überlieferungs- bzw. redaktionsgeschichtlich aufzulösen, indem sich die Apposition τά τε πρόβατα καὶ τοὺς βόας als sekundäre Hinzufügung erkenntlich macht, die die Bezugsgröße des πάντας gegenüber der vorgegebenen Überlieferung (= Verkäufer + Tiere) auf die Tiere allein einschränkt. Vgl. weiteres S. 194–196 mit Anm. 102–105 und 110–114.

[64] S. zu dieser Wiedergabe von κέρμα ÅDNA, Jerusalemer Tempel, 96 Anm. 2.

[65] Für diese Wiedergabe von ἀπεκρίθησαν οὖν οἱ Ἰουδαῖοι vgl. BAUER, Wörterbuch, 187 (Art. ἀποκρίνομαι, Punkt 2). S. auch SCHNACKENBURG, Johannesevangelium I, 363 Anm. 3.

[66] Im Griechischen lautet die Frage der Juden: τί σημεῖον δεικνύεις ἡμῖν ὅτι ταῦτα ποιεῖς. Die modale Wiedergabe in der dt. Übers. von dem einfachen Indikativ Präsens ποιεῖς durch „tun darfst" ist vom Kontext her semantisch gerechtfertigt, denn es geht bei der Anforderung eines Zeichens um die *Legitimation* für Jesu Handeln in V. 15–16 (ταῦτα ποιεῖς bezieht sich eindeutig auf das in den vorausgehenden Versen geschilderte Tun Jesu): Wodurch kann Jesus zeigen, daß er die Vollmacht hat, in dieser Weise im Tempel auftreten zu dürfen? Vgl. BULTMANN, Johannes, 88 Anm. 1 und DODD, Historical Tradition, 161: „We might paraphrase, ‚In view of the drastic action you have taken, show us your credentials'."

[67] Von der Parallele 2Esr 5,16b LXX (= Esr 5,16b MT) her (καὶ ἀπὸ τότε ἕως τοῦ νῦν ᾠκοδομήθη καὶ οὐκ ἐτελέσθη), wo die passive Aoristform ᾠκοδομήθη das aramäische

(21) Jener aber redete von dem Tempel seines Leibes.
(22) Als er von den Toten auferweckt worden war, erinnerten sich seine Jünger, daß er dies gesagt hatte, und sie glaubten der Schrift und dem Wort, das Jesus gesprochen hatte.

Im zweiten Teil des Hauptstücks hat überhaupt nur das Jesuswort in V. 19 – das Tempelwort – eine Parallele bei den anderen Evangelisten, allerdings in einem anderen Kontext als deren Berichten über die Tempelaktion (s.o. Kapitel 3). Der erste Teil des Hauptstücks, Joh 2,14–17, zeigt dagegen sowohl hinsichtlich der ganzen Struktur wie auch einzelner Inhaltselemente eine Parallelität zu den synoptischen Fassungen der Tempelaktion. Bevor wir diesen Momenten von einer literarkritischen Fragestellung her genauer nachgehen, stellen wir wiederum der Erörterung zur besseren Übersicht eine Synopse der relevantesten Verse voran:

3.1.2 Synopse von Mt 21,12–13; Mk 11,15b–17 und Joh 2,14–16

Mt 21,12–13	Mk 11,15b–17	Joh 2,14–16
(12) Καὶ εἰσῆλθεν Ἰησοῦς	(15b) καὶ εἰσελθὼν	(14) καὶ εὗρεν
εἰς τὸ ἱερὸν	εἰς τὸ ἱερὸν	ἐν τῷ ἱερῷ
καὶ ἐξέβαλεν	ἤρξατο ἐκβάλλειν	
πάντας τοὺς πωλοῦντας	τοὺς πωλοῦντας	τοὺς πωλοῦντας βόας καὶ πρόβατα καὶ περιστερὰς
καὶ ἀγοράζοντας	καὶ τοὺς ἀγοράζοντας	καὶ τοὺς κερματιστὰς καθημένους,
ἐν τῷ ἱερῷ,	ἐν τῷ ἱερῷ,	(15) καὶ ποιήσας φραγέλλιον ἐκ σχοινίων πάντας ἐξέβαλεν ἐκ τοῦ ἱεροῦ τά τε πρόβατα καὶ τοὺς βόας,
καὶ τὰς τραπέζας	καὶ τὰς τραπέζας	καὶ τῶν κολλυβιστῶν
τῶν κολλυβιστῶν	τῶν κολλυβιστῶν	ἐξέχεεν τὸ κέρμα καὶ τὰς τραπέζας
κατέστρεψεν		ἀνέτρεψεν[68],

Partizip *Hitpeʿel* מִתְבְּנָא wiedergibt und es im Kontext explizit ausgesagt ist, daß der (Tempel-)Bau noch nicht abgeschlossen ist (οὐκ ἐτελέσθη), ist es berechtigt, οἰκοδομήθη (für das fehlende Augment vgl. BDR § 67,1b mit Anm. 1) als *komplexiven* Aorist aufzufassen (vgl. HOFFMANN/VON SIEBENTHAL, Grammatik, § 199c).

[68] Diese Lesart wird nur von einer kleinen Anzahl Hss. vertreten, darunter allerdings bedeutsame Zeugen wie der Papyrus p66 (ca. 200), das Pergamentfragment 0162 (3./4.Jh.) und Codex Vaticanus B 03 (4.Jh.). Das Verb ἀνατρέπειν wird im NT überhaupt nur hier in seinem eigentlichen Sinn „umstoßen" benutzt, sonst zweimal (2Tim 2,18; Tit 1,11) in übertragenem Sinn „zu Fall bringen / zerstören". Die Variante κατέστρεψεν, ebenso mit der konkreten Bedeutung „umstoßen", in Codex Sinaiticus ℵ 01 und die sog. Ferrar-Gruppe *f*[13] unter den Minuskeln ist eindeutig eine Anpassung an Mt 21,12 und Mk 11,15. Die Lesart in der Mehrheit der Hss., angeführt vom Papyrus p75, ἀνέστρεψεν, unterscheidet sich von der erstgenannten zwar nur durch den einen Buchstaben *Sigma*,

καὶ τὰς καθέδρας	καὶ τὰς καθέδρας	
τῶν πωλούντων	τῶν πωλούντων	(16) καὶ τοῖς
τὰς περιστεράς,	τὰς περιστεράς	τὰς περιστερὰς
		πωλοῦσιν
	κατέστρεψεν,	
	(16) καὶ οὐκ ἤφιεν ἵνα τις	
	διενέγκῃ σκεῦος διὰ τοῦ ἱεροῦ.	
	(17) καὶ ἐδίδασκεν	
(13) καὶ λέγει αὐτοῖς·	καὶ ἔλεγεν αὐτοῖς·	εἶπεν,
γέγραπται·	οὐ γέγραπται ὅτι	
ὁ οἶκός μου	ὁ οἶκός μου	
οἶκος προσευχῆς	οἶκος προσευχῆς	
κληθήσεται,	κληθήσεται	
	πᾶσιν τοῖς ἔθνεσιν;	
		ἄρατε ταῦτα ἐντεῦθεν,
ὑμεῖς δὲ	ὑμεῖς δὲ	
αὐτὸν ποιεῖτε	πεποιήκατε αὐτὸν	μὴ ποιεῖτε
		τὸν οἶκον τοῦ πατρός μου
σπήλαιον λῃστῶν.	σπήλαιον λῃστῶν.	οἶκον ἐμπορίου.

3.1.3 Übereinstimmungen zwischen Joh und den synoptischen Parallelen[69]

Daß der Abschnitt Joh 2,14–16 ganz wenige Wörter enthält, die in allen drei synoptischen Evangelien Entsprechungen haben, ist bei der Kürze der lk Fassung, die in die obige Synopse nicht aufgenommen worden ist (vgl. dazu S. 160ff), nicht weiter verwunderlich. Die in allen vier Evangelien enthaltenen gemeinsamen Elemente beschränken sich auf folgende fünf (gegebenenfalls sieben):

1) Ort des Geschehens ist *der Tempel*, τὸ ἱερόν (in Jerusalem).

2) Jesus findet dort *die Verkäufer*, οἱ πωλοῦντες, vor. Während die Synopt. zunächst (Lk ausschließlich) allgemein von den Verkäufern ohne nähere Angabe über die

---

gibt sich aber gerade dadurch vermutlich als Ausdruck derselben Anpassungstendenz an die synopt. Parallele wie κατέστρεψεν in א und *f*[13] zu erkennen, denn das mit der Präposition ἀνά als Präfix zu στρέφειν gebildete Verbalkompositum ἀναστρέφειν hat transitiv gebraucht dieselbe Bedeutung „umstoßen / umwerfen" wie das mit Hilfe der Präposition κατά gebildete Kompositum. Da die beiden Varianten ἀνέστρεψεν und κατέστρεψεν sich unschwer als aus ἀνέτρεψεν entstanden erklären lassen, aber eine umgekehrte Entwicklung, zumal bei den frühen Zeugen p66, 0162 und B 03, unverständlich wäre, ist mit der Ursprünglichkeit von ἀνέτρεψεν hier in Joh 2,15 zu rechnen.

[69] Eine Aufstellung von Übereinstimmungen zwischen Joh 2,13–22 und den synopt. Parallelen mit anschließender Auswertung im Hinblick auf die Frage, ob literarische Abhängigkeit vorliegt, ist zu finden bei BORGEN, John and the Synoptics, 149–155. MATSON, Contribution, 495–499 bietet sowohl eine Übersicht der Übereinstimmungen und Differenzen (s.u. Abschn. 3.1.4) als auch eine Erörterung des Befundes in bezug auf literarische Abhängigkeit oder Nichtabhängigkeit.

von ihnen verkaufte Ware sprechen, qualifiziert Joh sie als Verkäufer von Rindern (βόες[70]), Schafen (πρόβατα) und Tauben (περιστεραί).

3) Zur Bezeichnung einer der einzelnen Handlungen Jesu verwenden alle Evangelisten das Verb ἐκβάλλειν („hinaustreiben"), einerseits Mt und Joh im Aorist Indikativ (ἐξέβαλεν) und andererseits Mk und Lk die präsentische Infinitivform zusammen mit Aorist Indikativ von ἄρχεσθαι (ἤρξατο ἐκβάλλειν). Die Objekte dieser Austreibung bzw. der angefangenen Austreibung weichen ab: bei Lk nur Verkäufer, bei Mk und Mt sowohl Verkäufer als auch Käufer, bei Joh Schafe und Rinder (in der vorjoh Überlieferung wahrscheinlich auch deren Verkäufer, vgl. Anm. 63).

4) Jesus verwendet nach allen Evangelisten das Verb ποιεῖν in der Anrede an seine Adressaten (2. Person Plural). Bei den Synopt. geht es dabei um den Vorwurf, wozu sie den Tempel *machen* bzw. *gemacht haben* (vgl. Anm. 13); bei Joh handelt es sich um eine Mahnung bzw. ein Verbot in der Form eines verneinten Imperativs (μὴ ποιεῖτε).

5) Das Objekt des in Punkt 4 besprochenen Verbs ποιεῖν ist bei allen Evangelisten das *Haus*, ὁ οἶκος, *Gottes*. Bei den Synopt. ist ὁ οἶκος allerdings nur in dem vorausgehenden Satz, der ein Zitat aus Jes 56,7b darstellt, explizit genannt, aber es gibt überhaupt keinen Zweifel, daß das dem Prädikat zugeordnete Objekt in der Form des Pronomens αὐτόν sich auf das zuvor genannte Haus zurückbezieht. In der joh Fassung kennzeichnet Jesus das Haus genauer als „das Haus meines Vaters" (ὁ οἶκος τοῦ πατρός μου) und meint damit (wie bereits oben vorweggenommen) selbstverständlich „das Haus Gottes"[71]. Auch das von den Synopt. zitierte Prophetenwort aus Jes 56,7b benutzt das als Possessivpronomen fungierende Personalpronomen (in Genitiv) μου zur genauen Identifizierung des Hauses, auf das sich das pronominale Objekt des nachfolgenden Satzes bezieht: ὁ οἶκός μου („mein Haus"). Das in der 1. Person redende Subjekt dieses Prophetenspruches ist Gott, der Herr, selbst[72].

Es können gegebenenfalls noch zwei Punkte hinzugerechnet werden:

6) Die Frage nach der Vollmacht Jesu, so zu handeln, wie er es bei der Tempelaktion tut, kann als eine sechste Gemeinsamkeit angesehen werden, falls die bei den Synopt. von den Hohenpriestern, den Schriftgelehrten und den Ältesten gleichlautende Frage an Jesus ἐν ποίᾳ ἐξουσίᾳ ταῦτα ποιεῖς in der Perikope Mk 11,27

---

[70] Einige griech. samt dem subachminischen Zweig der koptischen Überlieferung, allen voran der frühe Papyrus p75 (3. Jh.), fügen in Joh 2,14 vor βόας den Femininartikel τάς hinzu und scheinen damit das verkaufte Großvieh auf Kühe zu beschränken. Bei der zweiten Nennung der βόες, in V. 15, ist das Wort jedoch durchgehend mit dem Maskulinartikel überliefert (τοὺς βόας), so daß es in p75 und den damit in V. 14 übereinstimmenden Hss. zu einem Widerspruch kommt. Die von der äußeren Bezeugung gut abgedeckte artikellose Lesart in V. 14 vermeidet den Widerspruch und legt es zusammen mit V. 15 nahe, daß sowohl Stiere als auch Kühe gemeint sind. Das ist jedenfalls, was wir von den atl. Opferbestimmungen her zu erwarten haben, wonach männliches wie weibliches Großvieh als Opfermaterie benutzt werden konnte (vgl. z.B. Lev 1,2f; 3,1).

[71] Vgl. für Gott als den Vater Jesu im Johannesevangelium u.a. Joh 5,17.43; 6,32.40; 8,19.49; 10,25.29f.37f.

[72] Vgl. die Einführungsformel in Jes 56,4 LXX, τάδε λέγει κύριος, übereinstimmend mit der Vorlage des MT, כִּי־כֹה אָמַר יְהוָה.

33 par.[73] sich ebenso wie die Frage in Joh 2,18 (auch dort ταῦτα ποιεῖς, s. Anm. 66) auf seine Tempelaktion bezieht[74]. Für eine genauere Erörterung dieser Frage s.u. S. 231ff.

7) Alle Evangelien siedeln die Tempelaktion zeitlich kurz vor einem Passafest an[75]. Allerdings meint die joh Fassung ein um zwei oder vielleicht sogar drei Jahre früheres Passa als die Synoptiker (s. Anm. 61), aber dies kann ja eventuell eine sekundäre Einordnung einer ursprünglich unabhängigen vorjoh Überlieferung in das chronologische Gerüst des Evangeliums sein (s.u.).

Mit den beiden umfassenderen synoptischen Versionen des Mt und des Mk hat Joh 2,14–16 noch folgende Gemeinsamkeiten:

8) Adressat von Jesu Handeln sind nicht nur Verkäufer, die sich im Tempel aufhalten, sondern auch vorhandene *Geldwechsler*, von Mt, Mk und Joh gemeinsam κολλυβισταί genannt, deren *Tische*, τράπεζαι, Jesus umstößt[76].

9) Gegen die Gruppe der *Taubenverkäufer*, οἱ πωλοῦντες τὰς περιστεράς (Mt 21,12 / Mk 11,15) bzw. οἱ τὰς περιστερὰς πωλοῦντες (Joh 2,16) richtet sich eine besondere, nur sie betreffende Tat Jesu: bei Mt / Mk das Umstoßen ihrer Sitze, bei Joh der Befehl „Tragt das von hier weg!"[77].

Zur Vervollständigung des Vergleichs zwischen Joh und den Synoptikern könnte noch der eine oben nur nebenbei gestreifte Fall von ausdrücklicher Übereinstimmung des Joh mit Mt allein gegen Mk und Lk hervorgehoben werden: ἐξέβαλεν πάντας (Mt 21,12) bzw. πάντας ἐξέβαλεν (Joh 2,15) (vgl.

---

[73] Allerdings sind es nur Mk und Lk, die hier alle drei Gruppierungen des Sanhedrins als Fragende nennen; Mt 21,23 läßt die Schriftgelehrten aus.

[74] Nur bei Lk erfolgt die Perikope mit der Vollmachtsfrage direkt nach der Tempelaktion (Lk 19,45–48; 20,1–8), aber ist um eine nicht genauer spezifizierte Zeitspanne, wahrscheinlich mehrere Tage, davon getrennt (vgl. Anm. 53). Bei Mt und Mk ist die Perikope mit der Vollmachtsfrage zwar durch die Einschaltung (des zweiten Teils) der Feigenbaumerzählung von der Tempelaktion getrennt (vgl. die Übersicht auf S. 173), spielt aber bereits am nächsten Tag (vgl. die Übersicht über das Tagesschema auf S. 176f).

[75] Bei Lk ist dies nicht eindeutig der Fall. Er scheint vielmehr die Ankunft Jesu in Jerusalem und die Tempelaktion zeitlich von der Passion während des Passas durch den Einschub einer länger andauernden „Epoche des Lehrens Jesu im Tempel" zu distanzieren (s.o. S. 174f mit Anm. 54).

[76] Joh benutzt noch die Bezeichnung κερματισταί für diese Gruppe von Geldwechslern. Für diese beiden Berufsbezeichnungen sowie die Tische der Wechsler s. ÅDNA, Jerusalemer Tempel, 96f. Zu den jeweils für das „Umstoßen" benutzten Verben vgl. Anm. 68.

[77] BUSE, Cleansing, 22 vermerkt, daß „καθημένους seems to look back to something like Mark's καθέδρας". Dies ist aber sehr unwahrscheinlich, zumal in Joh 2,14 sich καθημένοι vermutlich nur auf die Geldwechsler (οἱ κερματισταί) bezieht, während die von Mk und Mt erwähnten κάθεδραι den Taubenverkäufern angehören. Noch spekulativer ist die Behauptung bei MENDNER, Tempelreinigung, 98, in εὗρεν ἐν τῷ ἱερῷ und καθημένους in Joh 2,14 Anklänge an Lk 2,46 (εὗρον αὐτὸν ἐν τῷ ἱερῷ καθεζόμενον ἐν μέσῳ τῶν διδασκάλων) zu finden.

Punkt 3)[78]. Die einerseits mit Mt 21,12 übereinstimmende explizite Nennung von Jesus (ὁ Ἰησοῦς) und andererseits die mit der einleitenden Itinerarnotiz in Mk 11,15a übereinstimmende Nennung Jerusalems ([ἀνέβη] εἰς Ἱεροσόλυμα) in der Einleitung Joh 2,13 sind ohne literarkritische Relevanz. Dasselbe gilt (gegen die Sicht B. CHILTONs, vgl. Anm. 88) für die mit Lk 19,45 gemeinsam fehlende Nennung von Käufern, ἀγοράζοντες, als Objekt des Hinaustreibens (neben den Verkäufern), weil die Nichterwähnung der ἀγοράζοντες in Lk 19,45 oben S. 164ff als nachträgliche Auslassung erkannt worden ist.

Das Maß an Übereinstimmung zwischen Joh 2,13–22 und den synoptischen Parallelen beschränkt sich nicht auf die eben aufgelisteten Einzelmomente, sondern schließt auch noch die *Struktur* der Erzählung mit ein:

– Eintreffen Jesu im Tempel;
– Vorfinden von Opfertierverkäufern und Geldwechslern;
– Tat Jesu in der Form eines gewaltsamen Eingriffs gegen die Tätigkeit dieser Verkäufer und Wechsler;
– die Tat wird von der Rede Jesu gefolgt, die eine Kritik gegen den vorgefundenen Zustand enthält.

Diese gemeinsame Erzählstruktur und die einzelnen aufgelisteten Übereinstimmungen mögen zwar auf den ersten Blick beeindrucken und als Belege für eine *literarische* Verbindung zwischen Joh und den Synoptikern (gegebenenfalls vermittelt über „nur" einen oder zwei von ihnen) empfunden werden; bei genauerem Hinsehen stellt sich der Befund jedoch anders dar. Denn auch wenn keine literarische Abhängigkeit vorliegt, sondern eine Verbindung eventuell nur im mündlichen, vorliterarischen Überlieferungsbereich vorhanden gewesen ist, dürfen wir damit rechnen, daß ein gewisses Maß an gemeinsamer Erzählstruktur und gemeinsamen Inhaltselementen festzustellen sein muß, falls es sich wirklich um zwei literarisch getrennte Überlieferungsstränge handelt, die in der vorliterarischen Überlieferungsphase einen gemeinsamen Ursprung gehabt haben. In der Tat gehen die oben aufgelisteten Übereinstimmungen nicht über solche hinaus, mit denen man auch im Falle „nur" vorliterarischer Verbindung von dem gemeinsamen Thema her[79] ohne weiteres rechnen kann[80], denn sie

---

[78] Allerdings sind die mit πάντας als Objekt des *effektiven* (vgl. S. 170 mit Anm. 39) Hinaustreibens Jesu Bezeichneten nicht identisch: Nach Mt trieb Jesus alle Verkäufer und Käufer hinaus, nach Joh die Rinder und Schafe (in der vorjoh Überlieferung jedoch auch wahrscheinlich deren Verkäufer, vgl. Anm. 63).

[79] Hier könnte man, ohne sich vorwegnehmender Manipulation schuldig zu machen, als gemeinsames Thema etwa formulieren: „Auseinandersetzung Jesu mit Bediensteten des Tempelmarkts".

[80] So auch das Urteil bei MATSON, Contribution, 496 und BORGEN, John and the Synoptics, 153. BORGEN vergleicht den Grad der Übereinstimmungen zwischen Joh

gehören fast sämtlich entweder zu dem semantischen Feld „Tempelmarkt" (Nr. 1: der Tempel; Nr. 2: Verkäufer; Nr. 5: das Haus [Gottes]; Nr. 8: Geldwechsler, Wechslertische; Nr. 9: Taubenverkäufer) oder sind Ausdruck des Einschreitens gegen nicht zu duldende Mißstände und der Legitimierung dieses Eingriffs (Nr. 3: Hinaustreiben; Nr. 4: wozu das Haus Gottes gemacht wird bzw. gemacht worden ist). Erst im Vergleich mit den inhaltlichen Differenzen, die zwischen der johanneischen und den synoptischen Fassungen der Tempelaktion gewiß auch zu verzeichnen sind, können die Gemeinsamkeiten im Blick auf die Art der diachronen Verbindung endgültig ausgewertet werden. Als nächstes müssen wir uns deshalb die Abweichungen in Joh 2,13–22 gegenüber den synoptischen Parallelperikopen vergegenwärtigen.

3.1.4 Differenzen zwischen Joh und den synoptischen Parallelen

Es sind folgende Differenzen zu verzeichnen:

a) Die kompositionelle Einordung der Tempelaktion ist bei Joh eine völlig andere: Während die synoptischen Evangelien sie nach dem Bericht über den triumphalen Einzug Jesu in Jerusalem einordnen (vgl. die erste Übersicht S. 173), dessen Parallele Joh in 12,12–19 bietet, und noch vor die den die Passionsereignisse im engeren Sinne einleitenden Bericht über das letzte Mahl Jesu (vgl. Mt 26,17ff / Mk 14,12ff / Lk 22,7ff), dessen Entsprechung bei Joh in Kap. 13 zu finden ist, ordnet Joh die Tempelaktion bereits in Kapitel 2 ein.

b) Aus der in Punkt a besprochenen unterschiedlichen kompositionellen Unterbringung folgt auch eine differenzierende chronologische Einordnung: Während die Synopt. die Tempelaktion bei demjenigen Jerusalemaufenthalt Jesu ansetzen, während dessen er dort getötet wurde, rückt sie Joh zeitlich mindestens zwei, möglicherweise sogar drei Jahre von dem in Jesu Tod endenden Jerusalemaufenthalt ab (vgl. Anm. 61).

c) Die Ausmaße und die Dramatik der Tempelaktion Jesu sind in Joh 2,14–16 gegenüber Mk 11,15–17, der umfassendsten Schilderung bei den Synopt., wesentlich gesteigert:
1) Unter den Verkäufern von Opfermaterie werden nicht nur die Taubenverkäufer spezifiziert, sondern auch die Verkäufer von Rindern und Schafen. Für die neben den Verkäufern genannten Geldwechsler wird eine bei Mk und Mt nicht vorkommende Bezeichnung, κερματισταί, benutzt (Joh 2,14).

2,13–22 und den Synopt. einerseits und zwischen 1Kor 11,23–26 und Mk 14,22–25 andererseits (s. a.a.O., 125–131) und erreicht folgendes Ergebnis, das die Annahme keiner literarischen Abhängigkeit des Joh von den Synopt. unterstützt: „With regard to the verbal agreements between John 2:13–22 and one or more of the Synoptic Gospels, it must be said that they are not stronger than between the Pauline version of the institution of the Lord's Supper, 1 Cor 11:23b–26 and Mark 14:22–25." Die Berechtigung, den liturgisch geprägten Text 1Kor 11,23–25 für den Vergleich hier heranzuziehen, wird von F. NEIRYNCK in einer Replik an BORGEN bestritten (F. NEIRYNCK, Response to P. Borgen, in: P. BORGEN, Early Christianity and Hellenistic Judaism, [159–173] 162, 170) und von BORGEN in einer Antwort auf die Replik verteidigt (P. BORGEN, Reply from P. Borgen, in: a.a.O., [174–182] 174–177).

2) Jesus macht sich eine Geißel (Joh 2,15a).

3) Mit Hilfe dieser Geißel treibt er die Schafe und die Rinder und deren Verkäufer aus dem Tempel hinaus (Joh 2,15b).

4) Gegenüber den Geldwechslern „begnügt" sich Jesus nicht damit, ihre Tische umzustoßen, sondern schüttet auch ihr Geld aus. Für „umstoßen" gebraucht Joh ein anderes Verb als Mk und Mt, ἀνατρέπειν (vgl. Anm. 68) (Joh 2,15c).[81]

d) An die von der Austreibungsaktion verschont gebliebenen Taubenverkäufer richtet Jesus den Befehl: „Tragt das von hier weg!" (Joh 2,16a).

e) An den im Punkt *d* besprochenen Befehl schließt sich noch ein Wort Jesu an: „Macht nicht das Haus meines Vaters zu einem Kaufhaus!" (Joh 2,16b). Das bei den Synopt. an entsprechender Stelle erscheinende Jesuswort besteht aus einem Zitat des Prophetenwortes Jes 56,7b und einem Vorwurf an die Adressaten, den Tempel zu einer Räuberhöhle zu machen bzw. gemacht zu haben, und lautet folglich ganz anders.

f) Die Tempelaktion Jesu löst bei seinen Jüngern die Erinnerung an das Schriftwort Ps 69,10a aus (Joh 2,17)[82].

g) Unmittelbar an die aus Tat (Joh 2,15) und Wort (Joh 2,16) bestehende Tempelaktion Jesu schließt sich ein Gespräch zwischen den „Juden"[83] und ihm an (Joh 2,18–21):

1) Das im Verlauf dieses Gespräches einzig von Jesus geäußerte Wort in V. 19 („brecht diesen Tempel ab, und in drei Tagen werde ich ihn [wieder] aufrichten") hat zwar eine Parallele bei Mt und Mk, aber in einem anderen Kontext als der Tempelaktion (s.o. Kapitel 3).

2) Veranlaßt durch das Jesuswort in V. 19 kommen die Juden in V. 20 auf die bereits 46 Jahre andauernde Bauzeit des Jerusalemer Tempels zu sprechen.

3) Der Evangelist klärt in V. 21 den Leser über den wahren, von den Juden nicht verstandenen Sinn des Jesuswortes in V. 19 auf: Der in drei Tagen (wieder) aufzurichtende Tempel sei Jesu Leib (ὁ ναὸς τοῦ σώματος αὐτοῦ).

h) Der Evangelist schließt seinen Bericht über das sich im Tempel bei dieser Gelegenheit Zugetragene durch einen Kommentar über dessen nachösterliche Rezeption durch die Jesusjünger und die Folge daraus in der Form ihres Glaubens an die Wahrheit der Schrift und des Wortes Jesu ab (Joh 2,22).

Übersteigern diese Differenzen in der johanneischen Fassung der Tempelaktion Jesu das bei literarischer Abhängigkeit vorauszusetzende Ausmaß?

---

[81] Hier ist auch zu erwähnen, daß einige Elemente des mk / mt Berichts in Joh 2,14f nicht aufgenommen worden sind (vgl. die Synopse S. 181f): die ἀγοράζοντες („die Käufer") und das Umstoßen auch der *Sitze* (καθέδραι) der Taubenverkäufer (Mk 11,15 / Mt 21,12) bleiben unerwähnt, ebenso das Verbot des σκεύη-Tragens (Mk 11,16).

[82] Das Zitat in Joh 2,17 stimmt bis auf das von Aorist zu Futur (d.h.: καταφάγεται) geänderte Tempus wörtlich mit Ps 68,10a LXX überein: ὅτι ὁ ζῆλος τοῦ οἴκου σου κατέφαγέν με. (RAHLFS, Septuaginta, Apparat z.St., ist darin zuzustimmen, daß das Futur in den Codizes Sinaiticus und Vaticanus eine Anpassung an Joh 2,17 darstellt.) Die LXX stellt ihrerseits eine wörtliche Übers. von Ps 69,10a MT dar: כִּי־קִנְאַת בֵּיתְךָ אֲכָלָתְנִי („denn der Eifer für dein Haus hat mich verzehrt").

[83] Im Johannesevangelium werden die Gegner Jesu stereotyp „die Juden", οἱ Ἰουδαῖοι, genannt (vgl. u.a. Joh 5,16.18; 8,48.52; 9,18.22; 10,31–33).

Bei der Beantwortung dieser Frage spielt bestimmt das auf Grundlage des ganzen Johannesevangeliums gewonnene Bild von seiner Beziehung zu den synoptischen Evangelien eine erhebliche Rolle[84].

Unabhängig von der Frage, welche und wie viele schriftliche Quellen Joh vorgelegen haben mögen, läßt sich sagen, daß ihm auf alle Fälle eine pointiert redaktionelle Gestaltung der übernommenen Traditionen zuzutrauen ist. In der Tempelaktionsperikope lassen sich seine redaktionsgeschichtlichen Akzente nicht zuletzt anhand von seinen ausdrücklichen Kommentaren in den beiden letzten Versen 2,21f (s. oben die Punkte *g*.3 und *h*) erkennen: Danach stehen für ihn das Jesuswort in V. 19, dem die Jünger nach Ostern glaubten (V. 22), und dessen wahre Bedeutung (V. 21) im Zentrum. Folglich scheint sich die redaktionelle Gestaltung vor allem auf das den zweiten Hauptteil der Perikope bildende Gespräch Joh 2,18ff zu beziehen, das nach Ausweis der obigen Ausführungen sowieso ohne Entsprechung in den synoptischen Fassungen der Tempelaktion ist[85]. Im ersten Hauptteil der Perikope 2,14–17 läßt sich die Erinnerung der Jünger an das Schriftwort Ps 69,10a an seinem Ende (s. oben Punkt *f*) ebenso gut als eine redaktionelle Einfügung vorstellen. Dagegen sind m.E. die in den Versen 14–16 zu verzeichnenden Steigerungen und Abweichungen gegenüber den synoptischen Parallelen (s. oben die Punkte *c*, *d* und *e*) wesentlich schwerer begreiflich als einfach eine redaktionelle Umgestaltung dieser Parallelen. Denn warum sollte Joh etwa das Jesuswort Mk 11,17 par. durch den Befehl an die Taubenverkäufer, die Körbe oder Käfige, in denen sie ihre Tauben aufbewahrten, zu entfernen[86], und die Mahnung bzw. den Befehl, das Haus seines Vaters nicht zu einem Kaufhaus zu machen, ersetzen, wenn es ihm anscheinend gar nicht auf das ankommt, was diese beiden nun in Joh 2,16 enthaltenen Worte im Unterschied zu Mk 11,17 par. aussagen (s.u. Anm. 122), sondern vielmehr auf

---

[84] Aus der Fülle der Lit. vgl. zur Orientierung die zu unterschiedlichen Ergebnissen gelangenden Erörterungen von BARRETT, Johannes, 59–71, bes. 59–63 (wahrscheinlich Kenntnis von Mk und Lk, wenigstens von ihren Quellen/Traditionen); KÜMMEL, Einleitung, 167–170 (Kenntnis von Mk und Lk, die Joh, „soweit es ihm sachdienlich erscheint, aus dem Gedächtnis" [170] zitiert); BROWN, John I, XLIV–XLVII (keine Abhängigkeit von den Synopt. oder deren Quellen; „John drew on an independent source of tradition about Jesus, similar to the sources that underlie the Synoptics" [XLVII]); SCHNACKENBURG, Johannesevangelium I, 15–32 (eine direkte Abhängigkeit unwahrscheinlich).

[85] Zu der in der Auflistung von Gemeinsamkeiten auf S. 183f als Punkt 6 erwähnten Zeichenforderung bzw. Vollmachtsfrage s.u. S. 208–210 und 231ff, und zu der in einem anderen Kontext erscheinenden synopt. Par. zum Jesuswort in Joh 2,19 s.o. Kapitel 3.

[86] Das Demonstrativpronomen ταῦτα in dem an die Taubenverkäufer gerichteten Satz ἄρατε ταῦτα ἐντεῦθεν dürfte sich darauf beziehen (vgl. HAENCHEN, Johanneische Probleme, 43; DERS., Johannesevangelium, 200; MORRIS, John, 194; SANDERS, Judaism, 88, 113; WILCKENS, Johannes, 61).

das im anschließenden Gespräch mit den Juden fallende Jesuswort in
V. 19? Ferner ist es m.E. viel wahrscheinlicher, daß Joh die in 2,14f
gegenüber Mk 11,15f wesentlich gesteigerte Dramatik der Episode in
seiner Vorlage, sei sie literarisch gefaßt oder nicht, vollständig oder
wenigstens ansatzweise vorgefunden hat, als daß er selbst ohne andere
Vorgabe als die synoptischen Darstellungen auf schriftstellerischer Basis
diese Steigerung eingebracht hat[87].

3.1.5 Ergebnis

Aufgrund des literarischen Vergleiches und der im Anschluß daran
durchgeführten Erörterung gelangen wir zu dem Ergebnis, daß weder
Mk 11,15–17 noch die ihm gegenüber sekundären Parallelen Mt 21,12f und
Lk 19,45f als literarische Quelle der johanneischen Version der Tempelaktion
Jesu in Joh 2,13–22 gedient haben[88]. Allerdings berechtigen die Differenzen

---

[87] Zu einer entsprechenden Einschätzung des Befundes gelangt MATSON, Contribution, 496–499.

[88] Dies ist gegen BARRETT, Johannes, 217f festzuhalten. BARRETT meint, daß die
„beträchtliche Übereinstimmung im Wortlaut" (217) in V. 14–16 und die Verbindung
von V. 18 zu Mk 8,11; 11,28 es wahrscheinlich macht, „daß Joh Mk kannte" (217) bzw.
„daß Joh mk Stoff verwendete" (218). (Vgl. auch DERS., House of Prayer, 13.) M.E. wird
BARRETT zu diesem Urteil verleitet, weil er einseitig nur auf die Übereinstimmungen und
nicht gleichzeitig auf die Unterschiede zwischen Joh 2,13–22 und der mk Parallelfassung
achtet. Auch TROCMÉ, Expulsion, 8f; DERRETT, Zeal, 89–91 und STEGEMANN, Tempelreinigung, 507 Anm. 18 nehmen für die Tempelaktionsperikope des Joh literarische
Abhängigkeit von der synopt. Tradition bzw. den synopt. Evangelien an.
Eine originale literarkritische Sicht vertritt CHILTON, φραγέλλιον, 334: Joh 2,13–16
sei das Ergebnis der schriftstellerischen verschränkenden Kombination zweier Quellen,
einerseits „the commonly Synoptic material", von dem her „the sellers, the money-
changers with their tables, and the pigeon-vendors" herzuleiten seien, und andererseits
„another version of the story", deren Inhalt CHILTON folgendermaßen rekonstruiert: „It
would include reference only to sellers, not buyers, of sacrificial animals, specified as
oxen and sheep, not only pigeons. It would also refer to a group called κερματισταὶ
καθήμενοι, and to the incident of the φραγέλλιον ἐκ σχοινίων." Auch die von Jesus in
Joh 2,16b.19 gesprochenen Worte entstammen dieser zweiten Quelle (a.a.O., 335, 341
Anm. 38). A.a.O., 334 Anm. 12 stellt CHILTON noch folgende Überlegungen über das
gemeinsame Schweigen betreffs ἀγοράζοντες, *Käufer*, in Joh und Lk an: „... it *might* be
notable that, just as in Jn 2.14, Lk. 19.45 refers only to sellers, not to buyers. That may
be an indication of the circulation of the material incorporated in John at the time Luke
was composed" (kursiv von CHILTON).
Nicht überzeugend und unannehmbar ist die These von MENDNER, Tempelreinigung,
die joh Fassung 2,13–22 erscheine „in ihrem ganzen Umfang als literarische Umbildung
der synoptischen Tradition" (102; die dieses Urteil begründende Beweisführung
[96–101] ist durch und durch von einer arrogant klingenden Verkennung der Eigenart des
Johannes durchzogen), die noch mit den Versen 2,23–25 zusammen „nicht zum
ursprünglichen Bestande des vierten Evangeliums (gehört), ... sondern später von fremder
Hand redaktionell eingesprengt worden sein (muß)" (108; auch die zur Begründung
dieses Gesichtspunkts gebotene Beweisführung [105–112] ist mißlungen).

auch nicht zu der Annahme, daß die synoptischen Fassungen einerseits und die joh Fassung andererseits auf *zwei verschiedene Geschehnisse* zurückgehen bzw. zwei gegenseitig unabhängigen *Überlieferungsursprüngen* entstammen[89]. Wir müssen vielmehr eine Verbindung zwischen dem in den synoptischen Evangelien in Erscheinung tretenden Überlieferungsstrang und dem der joh Version in dem *vormarkinischen* und *vorjohanneischen* Überlieferungsstadium, sei es in mündlicher oder (bereits) schriftlicher Gestalt, suchen[90].

---

[89] Eine un- bzw. vorkritische „addierende" Lektüre der Evangelien legt natürlich die Schlußfolgerung nahe, daß Jesus zweimal im Tempel agiert hat und daß (zufällig?) Joh nur von der ersten Episode und die Synopt. nur von der letzten berichten. Die Annahme zweier Tempelreinigungen ist nicht nur bei den Kirchenvätern verbreitet gewesen, sondern wird bis in unsere Zeit verschiedentlich verfochten (vgl. die von MENDNER, Tempelreinigung, 94 Anm. 2 genannten Autoren; die jüngsten mir bekannten Beispiele sind MORRIS, John, 190f und CARSON, John, 177f).

MENDNER, ebd. und TROCMÉ, Expulsion, 8 verweisen auf BRAUN, Expulsion, für einen Erweis der Haltlosigkeit der These zweier Tempelreinigungen. Obwohl BRAUNs Studie manche Besonderheiten aufweist, die nicht zu überzeugen vermögen (vgl. neben Anm. 47 oben vor allem seine Einordnung des Mk 11,15–17 par. berichteten Ereignisses in den chronologischen Rahmen von Joh 2,14–17, gefolgt von dem Streitgespräch mit den Juden Joh 2,18ff, einerseits und andererseits seine Beibehaltung der Auseinandersetzung um Jesu Vollmacht Mk 11,27–33par. im chronologischen Rahmen der Synopt. [a.a.O., 187–199]), verdienen seine diesbezüglichen Ausführungen zur Kenntnis genommen zu werden (s. vor allem a.a.O., 185–187).

Die Tendenz, auch bei konservativen Auslegern, scheint angesichts des Quellenbefundes heute eindeutig das Eingeständnis zu sein, daß wir nur mit einer sog. Tempelreinigung Jesu rechnen können. Exemplarisch nenne ich CAMPBELL, Historicity, 114 (in Anm. 40 auf dieser Seite nennt er zehn Befürworter von zwei Tempelreinigungen), 117 sowie MAIER, Johannes-Evangelium I, 93f, der zwar die Möglichkeit zweier Tempelaktionen nicht ausschließen will, aber es jedoch für am wahrscheinlichsten hält, daß „Johannes überhaupt nicht zeitlich (hat) ordnen wollen", sondern „die Tempelreinigung vielmehr an die Spitze (setzt) um symbolisch etwas auszudrücken" (a.a.O., 93).

[90] MATSON schließt seine ausführliche Erörterung der Beziehung zwischen den mk und joh Tempelaktionsperikopen mit folgendem Urteil ab: „We are left, then, with too many unexplained differences to fit into a model of literary relationship ... it is best to conclude that John contains an independent version of the same episode" (Contribution, 499). Vgl. auch ROLOFF, Kerygma, 103: „Wir beschränken uns auf die Feststellung, daß [*sc.* in Joh 2,13–22] eine literarische Abhängigkeit von Markus nicht in Frage kommt, weil eine völlige Differenz in Darstellungsweise und Wortschatz besteht." Gegen literarische Abhängigkeit von (einem oder mehreren von) den Synopt. sprechen sich auch u.a. aus BLAKEWAY, Cleansing, 280; BULTMANN, Johannes, 85f; DODD, Historical Tradition, 160, 162; BROWN, John I, 118–120; SCHNACKENBURG, Johannesevangelium I, 368; HAENCHEN, Der Weg Jesu, 389; BJERKELUND, Tempelrenselsen, 208; SCHNIDER/STENGER, Johannes und die Synoptiker, 37; BECKER, Johannes I, 122; TRAUTMANN, Zeichenhafte Handlungen Jesu, 103; MOHR, Markus- und Johannespassion, 88f; LOSIE, Cleansing, 222; BORG, Conflict, 172; BAUCKHAM, Demonstration, 74; KRAUS, Tod Jesu, 224; SÖDING, Tempelaktion, 49 und TAN, Zion and Jesus, 163. Unter diesen sprechen

3.2 Überlieferungsgeschichtliche Analyse von Joh 2,13–22

Auf der Grundlage der bereits gewonnenen Erkenntnisse, daß im zweiten Hauptteil und im abschließenden Kommentar der johanneischen Tempelaktionsperikope (2,18–21.22) redaktionelle Bearbeitung viel eher als im ersten Hauptteil (2,14–17) feststellbar ist (s.o. S. 188f) und daß gerade der erste Hauptteil eine mit den synoptischen Parallelen gemeinsame Erzählstruktur aufweist (s.o. S. 185), liegt es nahe, in der überlieferungsgeschichtlichen Analyse bei Joh 2,14–17 anzusetzen.

3.2.1 Dramatisierende Züge in Joh 2,14–16

Zwar ist auch in V.14–17 mit redaktionellen Eingriffen zu rechnen, aber m.E. besteht kein Grund, sich lediglich mit einer generellen Charakterisierung dieses joh Textes zu begnügen und vor der Unterscheidung zwischen vorjoh Überlieferung und joh Bearbeitung zu kapitulieren bzw. zu resignieren, wie es z.B. JÜRGEN ROLOFF tut:

> „Der johanneische Bericht ist in der Ausmalung des Vorgehens Jesu ungleich detailfreudiger [sc. als der mk] und trägt in manchem die Merkmale volkstümlicher Erzählweise an sich."[91]

Worin die „Ausmalung des Vorgehens" in der joh Fassung besteht, haben wir bereits oben in der Übersicht der Differenzen herausgestellt (vgl. Punkt c auf S. 186f). Wenn Joh über Mk hinaus u.a. berichtet, daß Jesus die Münzen der Geldwechsler ausschüttet, und zwar nicht erst als Folgeerscheinung des Umstoßens ihrer Tische, sondern daß er sie noch davor von den Tischen fegt (Punkt c.4), läßt sich hier gut sowohl eine gemeinsame Basis des mk und des joh Berichtes (Umstoßen der Wechslertische) als auch eine dramatisierende Steigerung seitens der joh Variante (Ausschütten des Geldes) erkennen. Ferner scheint eine gemeinsame Überlieferungsgrundlage darin ersichtlich zu werden, daß Jesus beiden Evangelisten zufolge sich den Taubenverkäufern zuwendet, nachdem er die Tische der Geldwechsler umgestoßen hat. Dies fällt umso mehr auf, weil einerseits die Nennung der Taubenverkäufer die einzige Spezifizierung von Opfertierhändlern überhaupt im mk Bericht darstellt und andererseits Joh in 2,16 – an der der mk Erwähnung entsprechenden Stelle nach dem Umstoßen der Wechslertische – von den 2,14 eingangs

---

sich z.B. R. BULTMANN für eine *schriftliche* Quelle und R. SCHNACKENBURG und TH. SÖDING für eine *mündliche* Überlieferung als Vorlage des vierten Evangelisten aus.

[91] ROLOFF, Kerygma, 103. In ebd. Anm. 181 bestreitet er die Möglichkeit, Tradition und Redaktion in Joh 2,13–22 zu scheiden. Nur die Zusammengehörigkeit von Tempelaktion Jesu und Vollmachtsfrage („aus der ... hier eine Zeichenforderung geworden [ist]" [103]) schreibt ROLOFF explizit „der vom Evangelisten benutzten Tradition" (ebd.) zu. Vgl. auch SÖDING, Tempelaktion, 49 Anm. 57.

genannten drei Verkäufergruppen ausschließlich die dritte, namentlich die
Taubenverkäufer, wiederholt[92]. Daß die an dieser Stelle jeweils
geschilderte Aktion Jesu den Taubenverkäufern gegenüber abweicht (Mk:
Umstoßen ihrer Sitze[93]; Joh: Aufforderung bzw. Befehl, die Taubenkäfige
oder -körbe zu entfernen), kann an der Annahme, daß die Taubenverkäufer
neben den Geldwechslern zum gemeinsamen Kern der vormk und vorjoh
Überlieferung gehören, nicht rütteln. Denn historisch ist es ohne weiteres
vorstellbar, daß sowohl rügende Worte als auch eine gewaltsame
Handgreiflichkeit – derjenigen entsprechend, die beiden Überlieferungssträngen zufolge (!) den Geldwechslern zuteil wurde – Bestandteile des
Vorfalls bzw. des Berichtes von Anfang an waren[94].

Die Einführung von Verkäufern von Rindern und Schafen, Jesu
Flechten einer Geißel und die damit erfolgende Austreibung des Klein-
und Großviehs (vgl. Punkt *c*.1–3) scheinen der bei dem oben bereits
besprochenen Ausschütten der Wechslermünzen (Punkt *c*.4) zutagetretenden Dramatisierungstendenz gut zu entsprechen und sind somit m.E.
als sekundäre Elemente der Überlieferung zu beurteilen. Diese Einschätzung wird von einer Reihe von Forschern, u.a. SIEGFRIED SCHULZ, geteilt:

„Diese Tradition weist Merkmale späterer Überarbeitung auf. Bei Johannes ist sie
farbiger ausgeführt als die skizzenhafte Szene in den Synoptikern. Auch in den
Nebenzügen können wir ein erzählerisches Interesse erblicken. Hier wird erzählt, wie
Jesus bei seiner Austreibung zu Werk geht: er flicht aus Stricken eine Geißel. Es wird
auch gesagt, was im Tempel von Jerusalem gehandelt wird: Ochsen und Schafe sind
neben Tauben genannt. Wenn die Schafe und die Ochsen in 2,15 kein späterer Zusatz
sind[95], dann jagt Jesus hier mit der Geißel nicht nur die Krämer, sondern auch das

---

[92] Vgl. LOSIE, Cleansing, 244 Anm. 72.

[93] In Mk 11,15 ist dasselbe und *eine* Prädikat κατέστρεψεν für die Tische der
Geldwechsler und die Sitze der Taubenverkäufer benutzt. Folglich werden die beiden
Aktivitäten des Tische- und Sitzeumstoßens parallel nebeneinander gestellt.

[94] Allerdings gibt es Grund zu der Annahme, daß das Wort an die Taubenverkäufer in
Joh 2,16a redaktionelle Spuren trägt (s.u. S. 194f mit Anm. 106) und sich somit gegen-
über dem Umstoßen der Sitze als sekundär erweist. In den uns vorliegenden literarischen
Endfassungen richtet Jesus bei Joh noch ein weiteres Wort an die Taubenverkäufer
(Joh 2,16b), und bei Mk gehören sie auch (zusammen mit den Geldwechslern) zu den
Adressaten der Worte Jesu (Mk 11,17). Zur überlieferungsgeschichtlichen Einordnung
von Joh 2,16b und Mk 11,17 s. weiter unten.

[95] Hinter diesem Vorbehalt dürfte etwa die Erwägung bei BULTMANN, Johannes, 86f
Anm. 10 stehen, daß τά τε πρόβατα καὶ τοὺς βόας als „schlechte Apposition" in Joh 2,15
ein nicht einmal redaktioneller, sondern vielleicht sogar ein „erst ganz sekundärer ...
Zusatz" ist und die sich daraus ergebende Folgerung, daß „auch der ganze Rest von V. 15
sekundäre Auffüllung nach Mk 11,15 bzw. Mt 21,12 ist". M.E. schließt bereits der
textkritische Befund die Annahme aus, daß nach (redaktioneller) Fertigstellung des
Johannesevangeliums Glossen noch ihren Weg in den überlieferten Text der Texteinheit
Joh 2,13–22 hinein gefunden haben. (Vgl. die Warnung in der ersten der zwölf von KURT
und BARBARA ALAND formulierten Grundregeln für die textkritische Arbeit: „Die Lösung

Vieh aus dem Heiligtum. Auch die Münzen der Wechsler werden ausgeschüttet. All das erhärtet die These, daß diese vorjohanneische Erzählung der Tempelreinigung ein späteres literarisches Stadium repräsentiert."[96]

Der Unterscheidung zwischen Geldwechslern und Taubenverkäufern einerseits als zugehörig zu der ältesten rekonstruierbaren Überlieferungsphase und Rinder- und Schafsverkäufern andererseits als sekundärem Zuwachs entspricht der historische Umstand, daß auf dem Markt im Tempelbezirk Schafe und Rinder gar nicht verkauft wurden[97]. Allerdings können historisch unzutreffende Inhaltsmomente auch bereits am Anfang eines Überlieferungsvorgangs stehen, aber nichtsdestoweniger findet die von uns auf der Grundlage innerer Beobachtungen in den joh und mk Tempelaktionsperikopen gemachte überlieferungsgeschichtliche Unterscheidung in dieser historischen Tatsache eine weitere Stütze[98].

---

von Schwierigkeiten im Text durch eine Konjektur oder die Annahme von Glossen, Interpolationen usw. an Stellen, wo die Textüberlieferung keine Brüche aufweist, *sollte nicht gestattet sein*, sie bedeutet eine Kapitulation vor den Problemen bzw. eine Vergewaltigung des Textes" [K. ALAND / B. ALAND, Der Text des Neuen Testaments. Einführung in die wissenschaftlichen Ausgaben sowie in Theorie und Praxis der modernen Textkritik, Stuttgart [2]1989, 284; anstelle der von mir in Kursive gesetzten Worte war in der 1. Aufl., 1982, 282, die noch entschiedenere Formulierung zu lesen: „ist nicht gestattet"!].)

[96] SCHULZ, Johannes, 48f. Vgl. noch HAENCHEN, Johanneische Probleme, 43 („Er [*sc.* Joh] hat ... diese Geschichte ... in der von ihm benutzten Überlieferung vorgefunden. Diese ist farbiger und mehr ausgeführt als die flüchtige Skizze, welche die Synoptiker bieten. Bei Johannes wird erzählt, wie Jesus – natürlich ist er auch hier der einzig Handelnde – bei seiner Austreibung zu Werk geht; er flicht aus Stricken eine Geißel. Darin zeigt sich die Vorliebe späterer Überlieferung für die Ausmalung von Nebenzügen"); DODD, Historical Tradition, 157 („John, in fact, makes more of the drama of the scene, with the animals rushing through the crowded court, and the floor littered with small change [κέρματα] from the overturned tables"); HENGEL, War Jesus Revolutionär?, 15 mit Anm. 52 auf S. 33; SAFRAI, Wallfahrt, 185; HARVEY, Jesus, 133; LOSIE, Cleansing, 222 („John's account emphasizes the merchants and is more vividly portrayed [*sc.* als die mk Fassung], with the motif of Jesus' discovery [εὑρίσκω] of a whole menagerie of animals [βόες and πρόβατα] which he drives out with a whip ..."); GNILKA, Jesus, 277 („Joh 2,14f hat die Szene außerordentlich dramatisiert"); SÖDING, Tempelaktion, 49f („Im Vergleich mit der synoptischen ist die johanneische Fassung ausgeschmückt und dramatisiert. Das spricht für ein späteres Überlieferungsstadium"); BROWN, Death I, 457 Anm. 45; H.D. BETZ, Jesus, 458 (In Joh „[t]he episode has been made more dramatic").
Die Überlegung bei LINDARS, John, 138, Mk möge bei seiner anfänglich unspezifizierten Nennung der πωλοῦντες, die Jesus hinauszutreiben beginnt, gerade Rinder- und Schafsverkäufer implizieren, woraus zu schließen wäre, daß deren ausdrückliche Erwähnung in der joh Parallele dann ursprünglich sein könnte, ist mit u.a. HAENCHEN, a.a.O., 36 Anm. 2 zurückzuweisen, der m.E. dem Befund bei Mk gerechter wird, wenn er folgende Vermutung anstellt: „Daß nur Sitze der Taubenverkäufer erwähnt werden, könnte darauf schließen lassen, daß Markus nicht an den Verkauf von Schafen denkt."
[97] S.u. S. 254 und ausführlich ÅDNA, Jerusalemer Tempel, 120–126.
[98] Deren Berechtigung wird in Kapitel 6 noch deutlicher herausgestellt werden.

Die oben als Ausdruck einer steigernden Dramatisierung bezeichneten sekundären Erzählzüge in der joh Fassung können freilich in gewisser Hinsicht auch als *mildernde, entschärfende* Inhaltsmomente aufgefaßt werden. Z.B. fragt ÉTIENNE TROCMÉ lakonisch: „Quoi de plus paisible et inoffensif qu'un fouet lorsqu'on a à faire avec du gros bétail?"[99], und ebenso meint EKKEHARD W. STEGEMANN feststellen zu können, daß „das auffällige Detail des Herstellens einer Geißel durchaus mehr als einen novellistischen Sinn" habe, denn es diene „nämlich paradoxerweise dazu, die Harmlosigkeit der Aktion Jesu herauszustellen"[100].

Der Frage, ob die Abweichungen der joh Fassung gegenüber den synopt. Parallelen in dieser Weise angemessen als eine Entdramatisierung charakterisiert werden können, ist vor allem TILL AREND MOHR in seiner ausführlichen überlieferungs- und redaktionsgeschichtlichen Studie über die Markus- und Johannespassion aus dem Jahre 1982 nachgegangen. Darin meint er nachweisen zu können, daß die Unterschiede der joh Fassung gegenüber den Synopt. sämtlich auf einen einzigen Nenner gebracht werden können, denn ihnen allen eigne ein gemeinsamer Zug: „Es fehlen alle Einzelheiten, die direkt gegen Personen gerichtet sind. Alle zusätzlichen Motive lassen Jesu Aktion nur gegen Tiere und Gegenstände gewendet erscheinen."[101] Durch diese Bearbeitungstendenz lasse sich sogar die den Übersetzern und Kommentatoren so viel Kopfzerbrechen bereitende Konstruktion τά τε πρόβατα καὶ τοὺς βόας in Joh 2,15 erklären: Denn diese „schlechte Apposition"[102] zeige als „epexegetische(r) Zusatz"[103], wie Joh „πάντας verstanden haben will"[104], d.h. als lediglich die Tiere und *nicht* die Verkäufer einschließendes Objekt des Prädikats ἐξέβαλεν[105]. MOHR sieht in der Fortsetzung des joh Berichtes dieselbe Tendenz sich auswirken, wenn Jesus zwar das Geld der Geldwechsler verschütte und sogar deren Tische umstoße, „aber die Sitze der Taubenverkäufer werden nicht umgestossen und damit auch nicht die Personen auf ihnen ... Gegen die Menschen selbst lässt Jesus sein Wort wirken, das stärker ist als das den Tieren gemässe φραγέλλιον"[106]. Von dieser joh Darstellung

---

[99] TROCMÉ, Expulsion, 9. TROCMÉ, der für die joh Tempelaktionsperikope mit literarischer Abhängigkeit von den synopt. Par. rechnet (s.o. Anm. 88), sieht in der durch die Geißel erreichten Lenkung des Handelns Jesu von den Menschen weg auf die Tiere hin das apologetische Motiv seitens des Evangelisten, dem Mißverständnis von Jesus als einem zelotischen Aufrührer entgegenzuwirken. Er nennt, ebd., weitere Stellen (u.a. Joh 6,15; 18,36) und Züge in Joh, die demselben Anliegen Ausdruck verleihen, und somit lasse sich die Entdramatisierung in der Tempelaktionsperikope als eine mit dem Evangelium sonst in Übereinstimmung stehende, kohärente Tendenz einordnen.

[100] STEGEMANN, Tempelreinigung, 510. Auch nach STEGEMANN soll diese Änderung, die auch er dem Evangelisten zuschreibt (s.o. Anm. 88), „unterstreichen, daß Jesu Tempelreinigung ... nicht als Zeichenhandlung eines politischen Revolutionärs oder messianischen Thronprätendenten zu deuten ist" (510f).

[101] MOHR, Markus- und Johannespassion, 89f.

[102] So BULTMANN, Johannes, 86 Anm. 10.

[103] MOHR, a.a.O., 90.

[104] Ebd.

[105] Ebd. Anm. 72 führt MOHR aus, warum die Partikel τε s.M.n. hier anders als in Joh 4,42; 6,18 keine weiterführende Funktion, sondern epexegetischen Sinn hat, dem folgende Übersetzung entspreche: „... alle ..., und zwar sowohl die Schafe als auch die Ochsen."

[106] A.a.O., 90. Daß das Wort an die Taubenverkäufer, ἄρατε ταῦτα ἐντεῦθεν, vom Evangelisten formuliert ist und das Umstoßen der Sitze ersetzt hat, versucht MOHR, ebd.

setze sich die mk deutlich ab, indem ihr zufolge „Verkäufer, Käufer und Geldwechsler zum Tempel hinausgetrieben werden und Jesus anschliessend verhindert, dass jemand Kultgegenstände durch den Tempel trägt"[107]; ihr eigne somit im Gegensatz zur joh Darstellung „etwas Schroffes, Rücksichtsloses, Definitives: Ein Zeichen des Gerichtes!"[108]. Bei dem Vergleich der beiden Darstellungen stelle sich leicht heraus, welche den ursprünglichen Charakter grundsätzlich besser bewahrt habe: „Die joh. Darstellung lässt eine planmässige Überarbeitung des Evangelisten erkennen", die darum bemüht sei, „den gewaltsamen Charakter der Tempelreinigung in bestimmter Hinsicht zu mildern bzw. umzuinterpretieren"[109].

Uns interessiert zuletzt noch vor allem die von MOHR auf der Grundlage dieser Herausstellung redaktioneller Bearbeitungsmerkmale vorgenommene Rekonstruktion der dem Evangelisten vorgegebenen Überlieferung:

> „Zu ihr gehört in V.13 wahrscheinlich die Passadatierung, sodann V.14 und in V.15 das Austreiben aller[110] mit der Geissel und das Umstossen der Tische der Geldwechsler sowie V.16 die Erwähnung der Taubenverkäufer und das Wort Jesu μὴ ποιεῖτε τὸν οἶκον τοῦ πατρός μου οἶκον ἐμπορίου. Dazu werden noch einzelne Züge gehören, die Joh aus apologetischem Interesse heraus unterdrückt hat, wie das Umstossen der Sitze der Taubenverkäufer (vgl. Mk 11,15) wie auch die ausdrückliche Erwähnung der Käufer, dh der Festpilger."[111]

Können wir trotz der Analyse TILL AREND MOHRs das überlieferungsgeschichtliche Urteil aufrechterhalten, in Joh 2,14–16a haben wir mit vorjoh Überlieferung zu tun, aus der sich wiederum nur das Eingreifen

---

Anm. 74 auch vom wortstatistischen Befund her zu begründen, aus dem hervorgeht, daß ganze sechs der insgesamt zehn ntl. Belege für ἐντεῦθεν auf Joh entfallen. Bei einem so dürftigen Befund ist jedoch Vorsicht bei redaktionsgeschichtlichen Schlußfolgerungen geboten.

[107] A.a.O., 90f.

[108] A.a.O., 91.

[109] Ebd. MOHR beruft sich, ebd. mit Anm. 78 ausdrücklich auf die oben in Anm. 99 erwähnte Studie von É. TROCMÉ und gibt als Motiv dieser joh Bearbeitung an, „das politische Missverständnis der Messianität Jesu" abwehren zu wollen. In Anm. 78 fügt er hinzu: „Joh hat also nicht einen bereits überarbeiteten und erweiterten Bericht tradiert, wie SCHULZ, Joh. 48f. annimmt, sondern er hat ihn selbst umgeformt" (Der Verweis auf SCHULZ bezieht sich auf den oben S. 192f zitierten Abschnitt aus seinem Johanneskommentar.)

[110] Bereits in den oben angesprochenen Ausführungen zu πάντας ἐξέβαλεν ἐκ τοῦ ἱεροῦ τά τε πρόβατα καὶ τοὺς βόας stellt MOHR, a.a.O., 90 heraus, daß „mit diesem πάντας in der joh. Trad. sicher auch oder vor allem – wie das Genus anzeigt – Personen gemeint (waren)".

[111] A.a.O., 92. Ob die Passadatierung in V. 13 ein Bestandteil der vorjoh Überlieferung ist (wie neben MOHR u.a. BARRETT, Johannes, 219 annimmt), können wir hier auf sich beruhen lassen. In Kapitel 6 wird dieser Frage der Datierung der Tempelaktion im Johannesevangelium nachgegangen werden (s. S. 309ff). Von der in Anm. 61 gemachten Feststellung her, V. 13 leite den ganzen Abschnitt 2,13–3,21 ein, neige ich dazu, den ganzen Vers für redaktionell anzusehen. Für V. 13 als redaktionell sprechen sich aus u.a. BULTMANN, Johannes, 86 mit Anm. 2; SCHULZ, Johannes, 48 und BECKER, Johannes I, 122.

Jesu gegen Geldwechsler und Taubenverkäufer als ihr noch älterer
Überlieferungskern herausschälen läßt? Oder zwingt seine Analyse zu
einer anderen Sicht?

MOHR scheint zwar einen durchgehenden Zug der joh Fassung in der
Lenkung der gewaltsamen Tätigkeit Jesu auf Tiere und Gegenstände
richtig erkannt zu haben, aber trotzdem fällt seine Gegenüberstellung der
joh und mk Darstellung zu wenig differenziert aus. Einerseits wird er
nämlich der für die Frage des Ausmaßes und Art der Tempelaktion Jesu
wichtigen Nuance der *mk* (und lk) *Formulierung*, Jesus ἤρξατο ἐκβάλλειν,
im Gegensatz zur mt und joh ἐξέβαλεν πάντας bzw. πάντας ἐξέβαλεν (vgl.
S. 184f mit Anm. 78) nicht gerecht, wenn er die mk Darstellung
folgendermaßen charakterisiert: „Bei Mk setzt die Tempelreinigung in
schroffer Form ein, indem ausdrücklich gesagt wird, dass Jesus die
Verkäufer und Käufer aus dem Tempel *treibt*, von Tieren ist nicht die
Rede.“[112] Andererseits führt er die Verlagerung der Gewalt auf Tiere nicht
konsequent auf den Evangelisten Joh zurück, denn nach seiner
Rekonstruktion der vorjoh Tradition gehörte dazu bereits der ganze Vers
Joh 2,14. Da er gleichzeitig aus V. 15 u.a. die Geißel und deren
Anwendung für die (im Gegensatz zu Mk!) *vollständig vollzogene
Austreibung aller* auch der vorjoh Tradition zuschreibt[113], ergibt sich für
die hiermit angenommene vorjoh Überlieferungsphase eine Darstellung der
Tempelaktion Jesu, die die Einfügung von Rindern und Schafen mit einer
Dramatik der Gewaltanwendung gegenüber Personen (Austreibung aller
mit Hilfe der Geißel) verbindet, die die mk Fassung weit übertrifft[114]. Von
hierher scheint es – unter Zugrundelegung der MOHRschen überlieferungsgeschichtlichen Analyse – so zu sein, daß der Evangelist Johannes sich
(aus apologetisch-theologischen Motiven?) von einer auf ihn gekommenen
Fassung der Tempelaktion Jesu abzugrenzen sucht, die ihrerseits
*unabhängig von der auf Markus gekommenen Überlieferung bereits
beträchtliche Steigerungsmomente* wie die Einführung von Rindern,
Schafen und einer Geißel *enthält*.

Diese vermeintlich Joh 2,13(z.T.).14.15(z.T.).16a(z.T.).b umfassende
vorjoh Überlieferung läßt sich aber nicht einfach in der von MOHR

---

[112] A.a.O., 90 (kursiv von MOHR). Vgl. oben S. 170 zu ἤρξατο ἐκβάλλειν bei Mk als
einer nicht einfach semantisch gleichgestellten Variante zu ἐξέβαλεν, sondern als einer
einen bescheideneren Vorgang aussagenden Formulierung.

[113] Vgl. das Zitat in Anm. 110.

[114] Die Geißel als dasjenige Instrument, mit dessen Hilfe das Austreiben durchgeführt
wird, läßt darauf schließen, daß die vermutete Überlieferung, die direkt davor von der
Anwesenheit von Rindern und Schafen im Tempel gesprochen hat, auch sie zusammen
mit deren Verkäufern in dem πάντας mit eingeschlossen betrachtet. Dann haben wir nicht
mehr das von TROCMÉ und STEGEMANN geschilderte friedliche und harmlose Bild vor
uns (s.o. S. 194), sondern in der Tat eine hochdramatische Szene.

vertretenen Weise mit der angeblich in Mk 11,15b.16 erkennbaren vormk Überlieferung addieren, sondern wir müssen bei der gegenseitigen überlieferungsgeschichtlichen Zuordnung der beiden (vormk und vorjoh) Überlieferungsstränge behutsamer verfahren und kommen im Moment immer noch nicht über die Feststellung eines gemeinsamen Überlieferungskerns in Jesu Eingreifen gegenüber Geldwechslern und Taubenverkäufern, die sich auf dem im Tempelbezirk befindlichen Markt aufhielten, hinaus[115]. Ob T.A. MOHRs Scheidung zwischen Überlieferung und Redaktion in Joh 2,14–16 zutrifft oder ob diese Verse vollständig der vorjoh Überlieferung zuzuschreiben sind[116], können wir in unserem Zusammenhang letztlich auf sich beruhen lassen, solange wir zu eruieren imstande sind, welche Elemente dieser Verse dem mit dem vorsynopt. Überlieferungsstrang gemeinsamen Überlieferungsursprung angehören und damit für die historische Rekonstruktion und Deutung der Tempelaktion Jesu (vgl. Kapitel 6 und 7) zu berücksichtigen sind.

---

[115] Vgl. MOHR, a.a.O., 92. Auch HAHN, Gottesdienst, 29 Anm. 52 hält zu Unrecht die Schafe und Rinder für Bestandteil der ältesten Überlieferung. Dagegen urteilt SÖDING, Tempelaktion, 50 ganz zutreffend: „Genau betrachtet, beschränken sich die Gemeinsamkeiten mit der synoptischen Tradition auf die Nachricht, daß Jesus im Tempelbezirk gegen die Taubenverkäufer und die Geldwechsler vorgegangen ist. Deshalb scheint eine synoptisch-johanneische Doppelüberlieferung vorzuliegen, die mit diesen beiden Notizen älteste Jesus-Tradition repräsentiert." S. auch TAN, Zion and Jesus, 163.

[116] BULTMANN, Johannes, 86, der wie SCHULZ (vgl. das Zitat S. 192f) mit einer schriftlichen Quelle rechnet, die sich durch semitische Färbung zu erkennen gibt (dazu sind ebd., Anm. 1 zufolge der Satzanfang V. 14 und die Kenntnis der zeitgenössischen Verhältnisse offenbarenden Details bezüglich des typischen Sitzens der Händler und der Anwendung einer aus Stricken gemachten Geißel statt eines Stocks zu rechnen), sieht in Joh 2,14–16 Tradition, insofern er die überschießenden Inhaltsmomente in Joh 2,15.16a nicht für spätere Glossen hält (s.o. Anm. 95).

Ferner schreiben SCHNIDER/STENGER, Johannes und die Synoptiker, 40 V. 14–16 gänzlich der vorjoh Überlieferung zu; so auch LOSIE, Cleansing, 224: „Although the mention of oxen and sheep in the narrative may betray a secondary filling out of the original tradition (contrast Mark), to attribute it to the work of the evangelist would require saying that he has completely rewritten the tradition, which seems unlikely."

Einen der MOHRschen Analyse im Ergebnis ein Stückweit ähnelnden Versuch, vorjoh Überlieferung von der Bearbeitung des Evangelisten zu unterscheiden, liefert BECKER, Johannes I, 123. Er sieht „V. 14.15a(+ und sprach).16b" als älteste Stufe der vorjoh Überlieferung. Zu Unrecht grenzt er dabei gerade die von uns als älteste Bestandteile erkannten V. 15c.16a mit den Begründungen aus, daß „das Wort Jesu V 16 an alle Ausgetriebenen, nicht nur an die Taubenverkäufer gerichtet (ist)", ferner daß es nicht verständlich sei, „warum die Taubenhändler eine andere Behandlung erhalten als die Tierverkäufer V 15" und letztlich daß „V 15c ... Mk 11,15c allzu direkt wieder(gibt)". Nach BECKER lassen sich alle diese „Beanstandungen ... als gemeinsame Auffüllung begreifen ..., die vor E [*sc.* dem Evangelisten] oder später durch die KR [*sc.* die (von BECKER postulierte) kirchliche Redaktion] erfolgte".

3.2.2 Das zur Tempelaktion gehörende Wort (Joh 2,16b)

Der mk und der joh Bericht über die Tempelaktion Jesu stimmen darin überein, daß seine auf die Geldwechsler und Taubenverkäufer gezielt bezogene Konfrontation von einem Logion gefolgt wird, aber der Inhalt des den beiden Berichten zufolge bei dieser Gelegenheit gesprochenen Wortes ist völlig verschieden (Mk 11,17 und Joh 2,16b; vgl. in der Übersicht über die Differenzen S. 186f den Punkt *e*).

Während das Jesuswort in der mk Darstellung durch die Unterbindung des σκεύη-Tragens (Mk 11,16) und die feierliche Einleitung καὶ ἐδίδασκεν καὶ ἔλεγεν αὐτοῖς ziemlich weit von den zuletzt in V. 15 genannten Geldwechslern und Taubenverkäufern abgetrennt ist, schließt sich das Jesuswort in der joh Darstellung lückenlos an: „Macht nicht das Haus meines Vaters zu einem Kaufhaus!" Diesem kompositionellen Unterschied entspricht die inhaltliche Beobachtung, daß das Jesuswort bei Mk ein Prophetenwort wörtlich zitiert (Jes 56,7b), auf ein anderes anzuspielen scheint (Jer 7,11) und somit keine unmittelbare und auch bei flüchtiger Lektüre sofort erkennbare Verbindung zu der vorausgehenden Szene darstellt, während in Joh 2,16b dagegen „ein ganz aus der Situation erwachsenes Wort"[117] vorliegt. Zwar ist RUDOLF BULTMANN grundsätzlich zuzustimmen, wenn er vor voreiligen Schlüssen daraus warnt[118], aber es ist angesichts dieses Befundes nicht besonders überraschend, daß Joh 2,16b nicht nur allgemein der vorjoh Überlieferung zugeschrieben wird[119], sondern darüber hinaus von vielen als zugehörig zu dem Überlieferungskern angesehen wird, auf den auch der vorsynoptische Überlieferungsstrang zurückgeht. In der „Geschichte der synoptischen Tradition" stellt BULTMANN selbst die Vermutung auf, „daß V. 17 [*sc.* Mk 11,17] ein älteres Wort Jesu verdrängt hat, das Joh 2,16 erhalten ist"[120].

Auch zu diesem Punkt hat TILL AREND MOHR eine Analyse geliefert, die besondere Aufmerksamkeit verdient. Danach zeige sich der vollständig vorjoh Charakter des Befehls Jesu μὴ ποιεῖτε τὸν οἶκον τοῦ πατρός μου

---

[117] BULTMANN, Johannes, 87.

[118] Ebd. Anm. 2: „Daraus, daß das Wort Jesu bei Joh der Szene besser entspricht, kann natürlich nur auf das Geschick des Erzählers, nicht auf die größere geschichtliche Treue des Berichts geschlossen werden."

[119] Vgl. u.a. HAENCHEN, Johanneische Probleme, 43f; SCHNIDER/STENGER, Johannes und die Synoptiker, 40; LINDARS, John, 139f; BECKER, Johannes I, 123; MOHR, Markus- und Johannespassion, 89, 92 (vgl. Zitat S. 195); LOSIE, Cleansing, 223.

[120] BULTMANN, Geschichte, 36. Er fügt allerdings sofort den Vorbehalt hinzu: „doch kann dies auch eine analoge nachträgliche Deutung der Szene sein wie Mk 11,17." Vgl. WITHERINGTON, Christology, 114: „[T]he Johannine saying more likely captures the sense of how Jesus originally interpreted the event."

οἶκον ἐμπορίου sowohl am Sprachgebrauch[121] als auch inhaltlich durch „die für Joh untypische Hochachtung der Heiligkeit des Tempels"[122]. Das Wort richte sich nämlich „nicht gegen den Tempel, sondern nur gegen den Missbrauch des Tempels, und tritt darum für die Heiligkeit des Tempels als des Hauses Gottes ein, in welchem Jesus als der Sohn Gottes Hausherr ist und als solcher auftritt. V. 16b ist ... völlig organisch mit der von Joh überlieferten Trad. verbunden, die in diesem Wort ihre Spitze hat"[123]. Da es im Urchristentum sowohl aus christologischen wie auch aus ekklesiologischen Gründen sehr früh zur Distanz und in manchen Kreisen gar zum Bruch mit dem Jerusalemer Heiligtum kam, müsse die „ungebrochene Verbundenheit mit dem Tempel", die sich im Logion Joh 2,16b Ausdruck verschaffe, sehr früh anzusetzen sein[124]. Nach diesem Wort richte sich die Aktion Jesu gegen den Marktbetrieb im Tempel, weil er im Widerspruch zu seiner Heiligkeit stehe: „Der vorjoh. Trad. war also ... an der Heiligung des Tempels gelegen."[125] MOHR ist zuversichtlich, daß das Joh 2,16b überlieferte Logion über die Jerusalemer Urgemeinde bis in vorösterliche Zeit zurückverfolgt werden könne und authentisch den ursprünglichen Sinn der Tempelaktion Jesu vermittle[126]. „Jesus schreitet ein, weil der Tempel als das Haus seines himmlischen Vaters zu einem Kaufhaus zweckentfremdet wurde! Dabei entspricht die Vollmacht seines Handelns dem

---

[121] MOHR, Markus- und Johannespassion, 89 Anm. 68.

[122] A.a.O., 89. Die Einstellung des Evangelisten zum (Jerusalemer) Tempel komme etwa in Joh 4,21–24 zum Ausdruck (vgl. ebd. Anm. 69) und lasse sich wesentlich besser mit dem von Mk 11,17 gebotenen Wort als mit Joh 2,16b in Einklang bringen, was übrigens ein erhebliches Argument gegen jegliche Annahme literarischer Abhängigkeit von den Synopt. sei: „... angesichts von Stellen wie Joh 4,21–24; 8,44 besteht kein Grund zur Annahme, dass Joh das mkn. Wort nicht oder nur in gemilderter Form hätte übernehmen können. Abhängigkeit des 4. Evangelisten von Mk wird vor allem dadurch ausgeschlossen, dass Joh 2,16b bereits vorjoh. ist ..." (a.a.O., 89).

[123] Ebd. Vgl. noch a.a.O., 92: „Die vorjoh. Tempelreinigungsgeschichte schloss organisch und auch in formaler Hinsicht gut mit dem deutenden Wort 16b ab. In dem Begriff οἶκος ἐμπορίου fängt sich wie in einem Hohlspiegel das ganze berichtete Geschehen dieses biographischen Apophthegmas mit all seinen Details. Das hohe Alter dieses Logions ergibt sich ... aus der Hochschätzung der Heiligkeit des Tempels."

[124] Vgl. a.a.O., 92. Das Mk 11,17 gebotene Wort reflektiere dagegen die urchristliche Distanzierung vom Tempel und gebe sich auch dadurch als jünger denn Joh 2,16b zu erkennen. Explizit erachtet MOHR seine Analyse als Erweis, daß BULTMANNs vorsichtige Vermutung, Mk 11,17 habe ein älteres, sich in Joh 2,16b erhaltenes Jesuswort verdrängt (vgl. das Zitat oben und Anm. 120 dazu), korrekt sei (vgl. ebd.). Im Gegengewicht sei erwähnt, daß TROCMÉ, Expulsion, 11f es angesichts der nachweislich beträchtlichen redaktionellen Tätigkeit in der Perikope Joh 2,13–22 für wenig wahrscheinlich hält, daß sich hier ein ursprüngliches, bei Mk von dem Wort Mk 11,17 verdrängtes Jesuswort gehalten habe.

[125] MOHR, a.a.O., 93.

[126] Vgl. a.a.O., 93–95.

ungeheuren Anspruch, den er hier erhebt! Man beachte, daß Jesu Tat *keine* symbolische prophetische Zeichenhandlung darstellt, die als schöpferische Präfiguration das Kommende abbildend ansagt. Jesus meint nicht etwas Anderes, Zukünftiges, sondern das Gegenwärtige, genau den Misstand, den er beseitigt um der Heiligkeit des Hauses Gottes willen!"[127] In der Annahme, daß Joh 2,16b ganz am Anfang des Überlieferungsprozesses steht und dem ursprünglichen Sinn der Tempelaktion Ausdruck verleiht, wird MOHR von BRUCE CHILTON gefolgt: „... the uniquely Johannine, ‚Do not make my father's house a house of trade' (2.16b), is precisely to the point."[128]

Wenn die Behauptung MOHRs zutrifft, daß Joh 2,16b sprachlich keine Spuren nachträglicher Bearbeitung aufweist und inhaltlich eine andere Einstellung zum Jerusalemer Tempel verkörpert als die sonst im Johannesevangelium anzutreffende und allgemein im Urchristentum vorherrschende Haltung, ist die damit erwiesene Unähnlichkeit dieses Logions in der Tat ein beachtliches Argument für seine überlieferungsgeschichtliche Priorität. MOHRs Analyse vermag allerdings nicht alle Stolpersteine aus dem Weg zu räumen und ruft darum Bedenken hervor, die jetzt zur Sprache gebracht werden müssen.

Erstens legt sich die Annahme einer redaktionellen sprachlichen Beeinflussung auf Joh 2,16b trotz MOHRs Bestreitung und Versuch, das Gegenteil zu beweisen[129], nahe. Sein Verweis auf den wortstatistischen Befund, daß hier οἶκος für den Tempel steht, während Joh sonst dafür die Vokabeln τὸ ἱερόν (10mal; Joh 8,2 ist textgeschichtlich sekundär) und ὁ ναός (3mal; alle im zweiten Hauptteil der Tempelaktionsperikope) verwendet, ist wenig aussagekräftig angesichts des Vorkommens von οἶκος für den Tempel in dem direkt auf V. 16b folgenden Schriftzitat aus Ps 68,10 LXX (vgl. Anm. 82). Da die Psalmstelle als durch die Tat und Rede Jesu hervorgerufene Schrifterinnerung seiner Jünger eingeführt und somit sogar direkt auf das Jesuswort bezogen wird, kann *a priori* nicht ausgeschlossen werden, daß οἶκος erst über den redaktionellen Vers 2,17

---

[127] A.a.O., 95 (kursiv von MOHR).

[128] CHILTON, φραγέλλιον, 338. Im jetzigen Zusammenhang kommt es nur auf die Feststellung an, daß CHILTON wie MOHR Joh 2,16b für „precisely to the point" hält; die teilweise durch seine literarkritische Analyse (vgl. Anm. 88) und durch seine Identifizierung der κερματισταί in Joh 2,14 mit einer von den Geldwechslern (= οἱ κολλυβισταί, Joh 2,15) zu unterscheidenden Gruppe von „cashiers of the animal-vendors" (a.a.O., 340) bedingte, von MOHR etwas abweichende Bestimmung dessen, wogegen sich dieses Logion richtet, steht auf einem anderen Blatt. CHILTON rekonstruiert den Konflikt, auf den sich Joh 2,16b „precisely to the point" bezieht, folgendermaßen: „The scandal of the arrangement was not the animals, but the money being paid for them in the precincts of the Temple" (338).

[129] Vgl. MOHR, a.a.O., 89 Anm. 68.

(s.o. S. 188 und unten S. 206f) den Weg in das Jesuswort gefunden hat. Obwohl ich die Authentizität der Bezeichnung Gottes als seines Vaters im Munde Jesu keineswegs bestreiten möchte[130], klingt ferner ὁ πατήρ μου hier verdächtig gut joh (vgl. Anm. 71), und eine Anpassung an bzw. eine Ableitung aus dieser (redaktionellen) Redeweise scheint jedenfalls naheliegender zu sein als die von MOHR vertretene Herleitung aus dem profanen Bereich[131].

Nun sollten wir uns allerdings hüten, bei der überlieferungs-geschichtlichen Beurteilung von Joh 2,16b von dem einen Extrem absoluter jesuanischer Authentizität ins entgegengesetzte Extrem einer vollständig redaktionellen Bildung, dem etwa S. SCHULZ (s. das Zitat in Anm. 131) nahezukommen scheint, überzuwechseln. Dafür bleibt der Hinweis MOHRs auf die Spannung zwischen der aus Joh 2,16b sprechenden Hochachtung für den Jerusalemer Tempel und der Transzendierung dieses steinernen Tempelbaus im Johannesevangelium ein viel zu gewichtiges Hindernis. Aber wahrscheinlich sind die obigen sprachlichen Beobach-tungen Indizien dafür, daß V. 16b – wie manche Bestandteile der bereits analysierten Verse 14–16a – entweder eine Mischung aus Ursprünglichem und Bearbeitung (sei sie bereits der vorjoh Überlieferungsphase oder erst dem Evangelisten zuzuschreiben) bildet oder daß dieses Logion gänzlich in die vorjoh Überlieferung – irgendwo zwischen dem mit dem mk Überlieferungsstrang gemeinsamen Überlieferungsursprung und dem Evangelisten Johannes – einzuordnen ist[132].

MOHRs Zuweisung von Joh 2,16b an Jesus scheint mir zweitens auch inhaltlich bedenklich zu sein. Er versucht zwar dem Eindruck, der dieses Wort erwecken mag, von einer „bescheidenen" *Tempelreform*, etwa nach Vorbild eines Hiskia oder Josia (vgl. 2Reg 18–19; 22–23; 2Chr 29–31; 34–35) entgegenzuwirken, indem er durch eine paraphrasierende Eintra-

---

[130] S. hierzu z.B. JEREMIAS, Abba, in: DERS., Abba. Studien zur neutestamentlichen Theologie und Zeitgeschichte, Göttingen 1966, 15–67; DERS., Theologie, 67–73.

[131] Er verweist, a.a.O., 89 Anm. 68 darauf, daß in der LXX ὁ οἶκος τοῦ πατρός μου das im profanen Sinne gebrauchte בֵּית אָבִי wiedergibt (vgl. Gen 20,13; 24,7.38.40 u.ö.). SCHNACKENBURG, Johannesevangelium I, 362 Anm. 2 möchte zwar beim „Haus meines Vaters" die Möglichkeit einer vorjoh Tradition nicht ausschließen, findet den Ausdruck jedoch so ausgezeichnet der Konzeption des Evangelisten angepaßt, daß er sich zu folgender Erwägung veranlaßt sieht: „Die von den Syn(opt.) abweichende Überlieferung kann aber auch auf ihn selbst zurückgehen." SCHULZ, Johannes, 49 ist sich seiner Sache sicherer: „Typisch johanneisch wird in V. 16b die Vollmacht beschrieben, aus der heraus Jesus sein Vorgehen rechtfertigt: Es ist der Gottessohn, der das Haus seines Vaters verteidigt." Vgl. auch LOSIE, Cleansing, 245 Anm. 78.

[132] So z.B. HAENCHEN, Johanneische Probleme, 44, der zu den eben besprochenen Elementen des Jesuswortes, ὁ οἶκος τοῦ πατρός μου, bemerkt: „Ihr [*sc.* die Aussage Jesu in Joh 2,16b] Stil – ‚das Haus meines Vaters' bezeugt den christlichen Erzähler. Und zwar treffen wir hier jene Tradition, welche der Evangelist verwertet hat."

gung von Lk 11,20 die Ausrichtung Jesu auf die βασιλεία τοῦ θεοῦ mit einbezieht:

> „... es geht um die Herrschaft und Heiligkeit Gottes in der ‚Stadt des grossen Königs‘ (Mt 5,35) und so gerade auch im Tempel, die Jesus durch seine Tat präsent werden lässt, als wenn er sagen wollte: ‚Wenn ich mit dem Finger Gottes die Händler und Geldwechsler aus dem Tempel treibe, ist die Herrschaft Gottes ja zu euch gelangt!‘"[133]

MOHR hat darin nicht Unrecht, daß die eschatologische Brisanz der Tempelaktion Jesu vor allem auf seinen messianischen Anspruch zurückzuführen ist, aber es läßt sich kaum eine so direkte Brücke von dem Logion Joh 2,16b zu „messianischen" Tempeltexten wie 2Sam 7,12–16 und PsSal 17,30 (vgl. S. 50–53 und S. 65–70) schlagen, wie er uns glauben machen will[134].

Wenn sich für Joh 2,16b ein traditionsgeschichtlicher Hintergrundtext ausfindig machen läßt, muß das viel eher Sach 14,21b sein:

Sach 14,21b:
Und es wird an jenem Tag nicht mehr einen einzigen Händler im Haus Jahwes der Heerscharen geben.

(וְלֹא־יִהְיֶה כְנַעֲנִי עוֹד בְּבֵית־יְהוָה צְבָאוֹת בַּיּוֹם הַהוּא)

Sach 14 spricht von der ausgedehnten Heiligkeit in der Heiligen Stadt als Folge der eschatologischen Verwirklichung der Königsherrschaft (s. V. 9.20f). Die Personengruppe, die „an jenem Tag" im Tempel nicht mehr anwesend sein wird, wird im masoretischen Text כְּנַעֲנִי genannt. Dieses Wort kann als *nomen gentile* benutzt werden und „Kanaanäer" bedeuten, entweder als eine allgemeine Bezeichnung für die heidnische Bevölkerung des Landes „Kanaan" oder spezifisch für eine der verschiedenen Einwohnergruppen des Landes (vgl. Jos 3,10; 7,9; Jdc 1,1.17 u.ö.). Daneben ergibt sich eine Sonderbedeutung der Bezeichnung der phönizischen Handelsstädte als כְּנַעַן (vgl. Jes 23, bes. V. 11) her: אֶרֶץ כְּנַעַן kann die spezifische Bedeutung „Händlerland" haben (vgl. Ez 16,29; 17,4); עַם כְּנַעַן kann „Händlervolk" bedeuten (vgl. Zeph 1,11), und zuletzt kann כְּנַעֲנִי für den „Händler" stehen (vgl. Jes 23,8; Prov 31,24; Hi 40,30)[135]. Obwohl zwar die LXX in Sach 14,21 כְּנַעֲנִי einfach als Χαναναῖος wiedergibt, ist das Wort hier in der Bedeutung von „Händler" benutzt[136].

---

[133] MOHR, a.a.O., 95.

[134] Vgl. a.a.O., 96–98. Bei der Erörterung in Kapitel 7, ob und inwiefern Jesu Tempelaktion als messianisch und als Verwirklichung der Herrschaft Gottes zu verstehen ist, werden wir MOHRs Ausführungen in a.a.O., 95ff wieder aufgreifen (vgl. S. 378ff).

[135] Vgl. B. MAISLER (MAZAR), Canaan and the Canaanites, BASOR 102, 1946, 7–12.

[136] Vgl. RUDOLPH, Haggai – Sacharja 1–8 – Sacharja 9–14 – Maleachi, 239f mit Anm. 33 sowie meine ausführliche Erörterung von Sach 14,21b im Rahmen des ganzen Kapitels Sach 14 in ÅDNA, Jesu Kritik, 219–224.

Durch die Übersetzung des Aquila und den Targum Jonathan ist dieses Verständnis von Sach 14,21b auch für die spätere Zeit belegt[137].

Der eventuelle Verbindungspunkt zwischen diesem Prophetenwort und dem Logion in Joh 2,16b besteht in der Konvergenz zwischen dem Entfernen aller Händler und der Ablehnung des „Kaufhauses", des οἶκος ἐμπορίου. Zugegebenermaßen mag dies als eine recht karge inhaltliche Überschneidung der beiden Texte erscheinen, und im Gefolge BULTMANNS[138] streitet etwa MOHR jegliche traditionsgeschichtliche Bezugnahme auf Sach 14,21 in Joh 2,16b ab[139], während andere Forscher wie z.B. CHARLES KINGSLEY BARRETT, ERNST HAENCHEN und ULRICH WILCKENS ihre Zweifel betreffs der traditionsgeschichtlichen Verbindung offen benennen[140].

LYNN ALLAN LOSIE hat zwar das oben benannte Problem des uneschatologischen Charakters von Joh 2,16b, das bei Bestreitung einer traditionsgeschichtlichen Verbindung zu der zur großen eschatologischen Völkerwallfahrtsvision in Sach 14 gehörenden Aussage Sach 14,21b sich besonders akut stellt, erkannt, aber sein Lösungsversuch ist ganz unbefriedigend. Er bewertet οἶκος ἐμπορίου als Anspielung auf Sach 14,21[141], stellt jedoch fest, daß die Einwirkung des eschatologischen Kontextes sehr gering ausgefallen ist[142], und schließt daraus, daß Joh 2,16b in eine Zeit gehören müsse, als die aus Sach 14 (und anderen alttestamentlichen

---

[137] Die griech. Übers. des Aquila gibt in Sach 14,21 כְּנַעֲנִי durch μετάβολος (vgl. LIDDELL/SCOTT, Lexicon, 1110: „huckster, retail dealer", vgl. Jes 23,2f LXX) wieder (vgl. ZIEGLER, Duodecim prophetae, 327 Apparat z.St.). Die targumische Wiedergabe lautet: עָבֵיד תְּנִרָא (vgl. SPERBER, The Bible in Aramaic, Vol. III, 499 für den Text und zur Bedeutung LEVY, Chaldäisches Wörterbuch über die Targumim II, 528: „einer, der ein Geschäft betreibt"). Vgl. zum Verständnis des כְּנַעֲנִי als „Händler" auch bPes 50a.

[138] BULTMANN, Johannes, 87 Anm. 2: „Man pflegt zu Joh 2,16 zu vergleichen Zach 14,21: καὶ οὐκ ἔσται Χαναναῖος (= Krämer) ἔτι ἐν τῷ οἴκῳ κυρίου παντοκράτορος ἐν τῇ ἡμέρᾳ ἐκείνῃ. Allein der Text legt nicht nahe, eine solche Anspielung vorzunehmen ..."

[139] Vgl. MOHR, a.a.O., 94 Anm. 89. Er gibt allerdings zu, daß Joh 2,16b eventuell sekundär „von der Gemeinde auf diese Stelle bezogen worden" sei (a.a.O., 95 Anm. 93). Auch TAN, Zion and Jesus, 184 bestreitet die Ableitung von Sach 14,21.

[140] BARRETT, Johannes, 220: „Es *könnte* hier ein Hinweis auf Sach 14,21 vorliegen." HAENCHEN, Johannesevangelium, 205: „Nur der Endvers [*sc.* Joh 2,16] *könnte* von einer atl. Stelle beeinflußt sein, nämlich von Sach 14,21 ..." (in beiden Zitaten kursiv von mir). WILCKENS, Johannes: „Ob auf diese Stelle angespielt wird, muß ungewiß bleiben ..." Vgl. auch STEGEMANN, Tempelreinigung, 510 und GUNDRY, Mark, 643.

[141] LOSIE, Cleansing, 223, 229.

[142] A.a.O., 229: „In spite of the reference to the eschatological passage in Zechariah, the pre-Johannine account seems to present a picture of a more mundane prophetic reform of the current temple procedures, since the only interest in the Old Testament citation is in the phrase ‚house of trade' and apparently not in the context of the Old Testament passage which speaks of the day of the Lord."

Texten?) herauswachsenden eschatologischen Hoffnungen verblaßt waren
oder sich gar eingestellt hatten[143]. Wo aber will LOSIE eine frühchristliche
Gruppierung ausfindig machen, die – etwa durch enttäuschende
Erfahrungen bedingt – die eschatologische Dimension, die ursprünglich
der Tempelaktion anhaftete und in der vormk Fassung angeblich noch
reflektiert wurde[144], aufgegeben und durch eine lediglich am Stichwort des
Händlers bzw. des Kaufhauses aus Sach 14,21 festhaltende tempel-
reformatorische Reinigung ersetzt haben soll? Wenn urchristentumsgeschichtlich eine eschatologische Hoffnung nicht länger an den
Jerusalemer Tempel geknüpft wird, wirkt sich dies nach Ausweis der
neutestamentlichen Texte ganz anders aus!

Wenn Joh 2,16b in etwas versteckter, aber von Anfang an bewußter
Weise auf Sach 14,21b Bezug nimmt, dann muß dies nicht *trotz*, sondern
im Gegenteil gerade *wegen* des eschatologischen Kontextes in Sach 14
erfolgt sein, wie FRANZ SCHNIDER und WERNER STENGER in ihrer Studie
„Johannes und die Synoptiker" ausführen[145]:

> „Zwar mildert es [*sc.* das Logion Joh 2,16b] das Anstößige dieser Handlung, indem es
> Jesus als Eiferer für die Reinheit des Tempels versteht, doch hat es den eschatolo-
> gischen Charakter der Handlung Jesu nicht verdrängt. Es spielt nämlich auf ein Wort
> des Propheten Sacharja an ... [es] läßt sich dem Kontext entnehmen, daß Sach 14,21
> an eine eschatologische Abschaffung des bisherigen Opfergottesdienstes denkt und
> ihn durch einen Opfergottesdienst ersetzt sieht, in dem auch die profane Wirklichkeit
> heilig ist, und es keiner besonderen Opfergeräte braucht, um Gott zu dienen ... Der
> eschatologische Charakter der Handlung Jesu im Tempel wird darum durch das Wort
> Jesu an die Taubenhändler nicht verdrängt. Auch für die *Vorlage des Johannes* gilt,
> daß sie Jesu Handlung vor dem Horizont der in Jesus wirksamen, hereinbrechenden
> Gottesherrschaft versteht ... sie (sieht) die *Tempelreinigung als ein seine Botschaft
> von der kommenden Gottesherrschaft begleitendes Zeichen.*"[146]

Wegen der großen Bedeutung, die vermutlich dem Sacharjabuch als einer
Quelle für *Testimonia* im Urchristentum zukam[147], ist es gut vorstellbar,

---

[143] A.a.O., 234f: „... the eschatological overtones of the allusion to Zechariah do not
seem to have influenced the pre-Johannine account, and this may be evidence of an
interpretation after such hopes regarding the temple had ceased."

[144] A.a.O., 235: Die vormk Überlieferung „exhibits an eschatological perspective, as
is seen in its emphasis on the clearing of all people from the temple precincts and in its
raising of the question of authority. This in itself is a major argument in favor of the
priority of the pre-Markan over the pre-Johannine tradition".

[145] SCHNIDER/STENGER, Johannes und die Synoptiker, 42 ordnen genau wie etwa
LOSIE, HAENCHEN (vgl. Anm. 132) und LINDARS, John, 139f das Logion Joh 2,16b
überlieferungsgeschichtlich *nach* Jesus, aber *vor* Joh ein.

[146] SCHNIDER/STENGER, a.a.O., 42f (kursiv von SCHNIDER/STENGER).

[147] Vgl. F.F. BRUCE, The Book of Zechariah and the Passion Narrative, BJRL 43,
1961, 336–353. Die urchristliche Reflexion über die Passion Jesu im Lichte des
Sacharjabuches hat eine Vorgabe in Jesu eigenem Umgang mit diesem Prophetenbuch,

daß nicht nur der Einzug Jesu in Jerusalem (vgl. Sach 9,9 mit Mt 21,4f und Joh 12,14f), sondern auch seine darauffolgende Tempelaktion[148] von diesem Prophetenbuch her erläutert und gedeutet werden könnte[149]. Es ist sogar vorgeschlagen worden, und zwar unabhängig von Joh 2,16b, die Tempelaktion Jesu im ganzen von der eschatologischen Szene in Sach 14 her zu verstehen[150]. Obwohl dies reichlich übertrieben ist, wird dadurch deutlich, daß sich Sach 14,21 als ein potentielles nachträgliches Interpretament dem urchristlichen Nachsinnen über die Bedeutung und Reichweite des von Jesus durch sein Eingreifen gegen die Taubenverkäufer[151] gesetzten Zeichens anbot.

Unsere überlieferungsgeschichtlichen Überlegungen zum Logion Joh 2,16b laufen auf das Ergebnis hinaus, daß es sich am leichtesten als eine nachösterlich vorjoh, durch Sach 14,21b und den eschatologischen Kontext dieses Prophetenwortes inspirierte Reflexion einordnen läßt. Sie will besagen, daß Jesu Austreibung der (Tauben-)Verkäufer aus dem Tempel die in der Vision Sach 14 geweissagte eschatologische Wirklichkeit des בֵּית־יְהוָה, d.h. des Hauses seines Vaters, als die Mitte einer ausgedehnten Heiligkeit im heiligen Land inauguriert, bei der sich die Händlertätigkeit

---

vgl. S. KIM, Jesus – The Son of God, the Stone, the Son of Man, and the Servant: The Role of Zechariah in the Self-Identification of Jesus, in: Tradition and Interpretation in the New Testament. Essays in Honor of E. Earle Ellis, ed. by G.F.HAWTHORNE with O.BETZ, Grand Rapids [Michigan] / Tübingen 1987, 134–148. S. jetzt auch C.A. EVANS, Jesus and Zechariah's Messianic Hope, in: B. CHILTON / C.A. EVANS (Ed.), Authenticating the Activities of Jesus, NTTS 28.2, Leiden/Boston/Köln 1999, 373–388.

[148] Da die Einordnung der Tempelaktion in Joh 2,13–22 auf der Redaktion beruht (s.u. S. 312 mit Anm. 37), ist damit zu rechnen, daß sie in der vorjoh Tradition entweder isoliert überliefert wurde oder, wie bei den Synopt., auf den Einzug in Jerusalem folgte.

[149] Den engen Zusammenhang, sowohl historisch als auch thematisch, zwischen Einzug und Tempelaktion betonen vor allem MEYER, Aims, 168–170 und TAN, Zion and Jesus, 192–196. S. sonst u.a. BRUCE, a.a.O., 351; DODD, Historical Tradition, 159f; BROWN, John I, 119, 121; HAHN, Gottesdienst, 30 mit Anm. 58 und MAIER, Johannes-Evangelium I, 98.

[150] Vgl. ROTH, Cleansing, 174–181.

[151] In Joh 2,16 schließt sich das Logion „Macht nicht das Haus meines Vaters zu einem Kaufhaus!" lückenlos an die Aufforderung „Tragt das von hier weg!" als ein Wort nur an die Taubenverkäufer. Ob die Aufforderung an die Taubenverkäufer von Anfang an zur Überlieferung gehört oder ob sie nur eine sekundäre Ersetzung des Umstoßens ihrer Sitze ist, habe ich oben offen gelassen (vgl. S. 192 mit Anm. 94 und S. 194f mit Anm. 106). Im letzteren Fall könnte es sein, daß das Logion in V. 16b in der vorjoh Überlieferung einen weiteren Adressatenkreis als nur die Taubenverkäufer gehabt hat, aber man darf nicht wie etwa BECKER, Johannes I, 123 den zu Recht oder zu Unrecht gewonnenen Eindruck, sinngemäß sei „das Wort Jesu V 16 an alle Ausgetriebenen, nicht nur an die Taubenverkäufer gerichtet", zu einem literarkritischen Argument hochstilisieren und hieraus schließen, daß die Nennung (der Geldwechsler in V. 15b und) der Taubenverkäufer in V. 16a sekundär sein müsse und als ursprüngliche Einheit postulieren: V. 14.15a(+ und sprach).16b (s.o. Anm. 116).

im Tempel erübrigt bzw. der der Charakter eines οἶκος ἐμπορίου nicht
(mehr) angemessen ist[152].

3.2.3 Joh 2,17

Vielleicht hat T.A. Mohr die Spannung zwischen der tempelfreundlichen
Haltung in Joh 2,16b und der tempelkritischen Einstellung des Johannes-
evangeliums übertrieben. Jedenfalls nimmt das Logion in der Endfassung
der joh Tempelaktionsperikope gut die Funktion wahr, die Aufmerksam-
keit der Leser auf die Worte in V. 17 und 19 zu lenken, auf die es dem
Evangelisten vor allem ankommt[153]. V. 17 führt die bisher in der
Texteinheit unerwähnten μαθηταὶ αὐτοῦ[154] ein, die somit nachträglich als
Zeugen von Jesu Tempelaktion ausgewiesen werden, die sich durch das
Geschehene an das Schriftwort aus Ps 69,10a erinnert wissen: „Der Eifer
für dein Haus wird mich verzehren" (vgl. Anm. 82). Anknüpfend an Jesu

---

[152] Mit Anspielung oder Bezugnahme auf Sach 14,21b in Joh 2,16b rechnen u.a.
Harvey, Jesus, 133; Witherington, Christology, 111; Carson, John, 179; Matson,
Contribution, 501f. Trocmé, Expulsion, 9 meint interessanterweise aus Joh 2,16b einen
mit Lk gemeinsamen redaktionellen Akzent herauslesen zu können: „En ii. 16b, la version
johannique du *logion* de Marc xi. 17 et par. conserve la substance de la parole
synoptique, surtout si on la comprend comme une condamnation du commerce dans le
Temple, à la façon de Luc."
Warum der von T.A. Mohr rekonstruierte Überlieferungsweg, der zugegebenermaßen
in manchen Hinsichten verlockend und plausibel erscheinen mag, indem er Joh 2,16b als
bei Jesus anzusetzenden, um die Heiligung des Tempels bemühten Anfang des
Überlieferungsprozesses einstuft und darauf immer tempel- und kultkritischere
Stellungnahmen wie in der Mk- und Joh-Redaktion folgen läßt, nicht akzeptiert werden
kann, wird durch die noch folgenden Kapitel klar werden.

[153] Vgl. Trocmé, Expulsion, 12: „Loin de conserver la forme primitive des paroles du
Maître en ii. 16b, Jean y a substitué une phrase sans beaucoup de relief et adressée à une
partie seulement des personnes présentes, dans le but d'attirer l'attention de ses lecteurs
sur la citation du Ps. lxix. 10 et sur la parole relative à la reconstruction du Temple, plus
aptes à ses yeux à fournir l'explication de l'acte de Jésus que la citation d'Es. lvi. 7."
M.E. bleibt Trocmés Feststellung bezüglich des Hinweischarakters des Logions
Joh 2,16b auf 2,17.19 gültig auch ohne seine unzutreffende Annahme, daß der Evangelist
mit diesem Logion das Schriftzitat in Mk 11,17 par. hat ersetzen lassen.
Auch Bauckham, Demonstration, 81f und Tan, Zion and Jesus, 184 sehen in
Joh 2,16 eine redaktionelle Ersetzung von Mk 11,17 (Tan spricht genauer von „a
redactional paraphrase"), aber da sie im Gegensatz zu Trocmé nicht mit literarischer
Abhängigkeit des Joh von Mk (oder überhaupt einem synopt. Evangelium) rechnen (vgl.
Anm. 88 und 90), folgt, daß das Jesuswort in Mk 11,17 ihrer Meinung nach bereits zu der
Joh und Mk gemeinsam vorgegebenen Überlieferung gehört hat und daß Joh im Gegen-
satz zu Mk es verdrängt und durch ein anderes Wort (= Joh 2,16) ersetzt hat. Vgl. auch
Söding, Tempelaktion, 47.

[154] Zuletzt wurden Jesu Jünger in 2,12 in Verbindung mit dem „nicht viele Tage"
dauernden Zwischenaufenthalt in Kapernaum erwähnt. Sogar in dem den ganzen ersten
Jerusalemaufenthalt Jesu einleitenden Vers 2,13 (vgl. S. 179), der von Jesu Wanderung
nach Jerusalem anläßlich des Passa berichtet, blieben sie ungenannt. Also erfährt der
Leser überhaupt erst in 2,17, daß die Jünger nach Jerusalem mitgekommen sind.

Wort in V. 16b[155] öffnet das Psalmwort die Augen der Leser für den wahren Inhalt und die Reichweite des von Jesus in V. 15f vollzogenen Aktes: Es ist sein unbeugsamer Eifer für das Haus Gottes, der sich in seinem vollmächtigen und unwiderstehlichen Handeln und Reden Ausdruck verliehen hat, und dieser Eifer wird ihn letztlich aufzehren, d.h. ihn das Leben kosten. Joh 2,17 hat im Gegensatz zu den Inhaltsmomenten in den vorausgehenden Versen 14–16 keine Entsprechung in den synoptischen Tempelaktionsperikopen[156], und auch sein Charakter als angehängter Kommentar zu V. 14–16 in kompositioneller Analogie zu V. 21 in dessen Funktion gegenüber V. 18–20 (s.u. S. 211f), der den Bezug zur Passion Jesu in historischer und theologischer Hinsicht herstellt, offenbart seinen erst redaktionellen Ursprung[157].

3.2.4 Joh 2,18–19

Daß Jesu Vorgehen im Tempel provozierend wirken und eine Reaktion derer hervorrufen mußte, die für die Marktfunktionen zuständig waren bzw. davon profitierten oder ihnen gegenüber positiv standen, ist nicht weiter verwunderlich. Von daher scheint V. 18, zumal mit seinem semitisch gefärbten Satzanfang[158], sehr gut als Fortsetzung von V. 16 zu passen: „Da ergriffen die Juden das Wort und sprachen zu ihm: ‚Welches

---

[155] Kompositionell knüpft V. 17 an V. 16b an; überlieferungsgeschichtlich mag dagegen V. 16b von V. 17 beeinflußt worden sein (vgl. S. 200f).

[156] STEGEMANN, Tempelreinigung, 508 notiert, daß V. 17 zwar stofflich keine synopt. Parallele hat, meint jedoch diesen Vers als strukturelle Entsprechung zu Mk 11,18 betrachten zu können.

[157] Das Klage- und Danklied Ps 69 ist neben Ps 22 im Urchristentum als „der älteste Bericht vom Tode Jesu" gelesen worden (vgl. H. GESE, Psalm 22 und das Neue Testament. Der älteste Bericht vom Tode Jesu und die Entstehung des Herrenmahles, in DERS., Vom Sinai zum Zion, 180–201) S. die Aufnahmen von bzw. Bezugnahmen auf Ps 69 in Joh 15,25 (V. 5a); Röm 15,3 (V. 10b); Mt 27,34 (V. 22a); Mt 27,48 par. Mk 15,36 par. Lk 23,36 par. Joh 19,28–30 (V. 22b).
Als eine Bildung des Evangelisten verstehen Joh 2,17 u.a. SCHNACKENBURG, Johannesevangelium I, 362f; LINDARS, John, 140f; SCHULZ, Johannes, 48, 49f; SCHNIDER/STENGER, Johannes und die Synoptiker, 38f; MOHR, Markus- und Johannespassion, 87f; LOSIE, Cleansing, 223. BULTMANN schreibt in seinem Kommentar V. 17 dem Evangelisten zu (Johannes, 86 und 87 mit Anm. 3); im späteren Ergänzungsheft, S. 21, stellt er es offen, ob V. 17 auf den Evangelisten oder die von ihm vermutete spätere kirchliche Redaktion zurückgeht. Für eine nachträgliche redaktionelle Glosse sprechen sich ebenso aus HAENCHEN, Johanneische Probleme, 44 (später, in Johannesevangelium, 201, mit Vorbehalt: „Dieser Zusatz, der V. 16 und V. 18 voneinander trennt, braucht nicht erst später erfolgt zu sein, sondern kann schon in der Vorlage des Evangelisten gestanden haben") und BECKER, Johannes I, 124. Nicht erst textgeschichtliche Überlegungen (vgl. oben Anm. 95), sondern schlicht der kompositorische Aufbau von Joh 2,13–22 schließt aus, daß Joh 2,17 eine erst nach dem Evangelisten zu verortende Glosse ist.

[158] Zu ἀπεκρίθησαν … καὶ εἶπαν vgl. Anm. 65 und BULTMANN, Johannes, 86 Anm.1.

Zeichen zeigst du uns, daß du dies tun darfst?'"[159]. Nicht nur die erzählerisch lückenlose Weiterführung und die semitischen Züge in V. 18 veranlassen die meisten Forscher zu der Annahme, daß wir in V. 18 wieder auf die zuletzt in V. 16b vorgelegene vorjoh Überlieferung stoßen, sondern auch der Umstand, daß Jesus in der synopt. Überlieferung in Entsprechung zu dieser Frage nach seiner Vollmacht gefragt wird (s.o. Punkt 6 auf S. 183f)[160]. Auf die Frage nach der überlieferungsgeschichtlichen Verbindung zwischen der Tempelaktion und der Vollmachtsfrage (vgl. Mk 11,27–33 par.) in der vormk Überlieferung müssen wir unten im Abschnitt 4.2 (S. 231ff) eigens eingehen, und einer inhaltlich-exegetischen Analyse soll die Vollmachtsperikope in Kapitel 5 (S. 290ff) unterzogen werden. Im Moment begnügen wir uns mit der Feststellung, daß wie bei den vorausgegangenen Versen keine literarische Abhängigkeit zwischen Joh 2,18(ff) und den synoptischen Vollmachtsperikopen vorliegt[161], und mit einer kurzen Erörterung, wo in der vorjoh Überlieferung die Zeichenforderung (V. 18) und Jesu Antwort darauf (V. 19) einzuordnen sind.

Die Zweifel an der Ursprünglichkeit von Joh 2,18 setzen nicht erst bei den typisch joh unspezifizierten οἱ Ἰουδαῖοι als Gegnern Jesu ein (vgl. Anm. 83)[162], sondern bei deren Einwand in der Form einer theologisch qualifizierten *Zeichenforderung*. Zwar stimmt es, daß σημεῖον hier in einer anderen Weise als der ausgeprägt johanneischen verwendet wird[163] und

---

[159] In bezug darauf, was wir als die beiden Hauptteile der joh Tempelaktionsperikope genannt haben (V. 14–17* und V. 18–21*), bemerkt z.B. SCHNACKENBURG, Johannesevangelium I, 360: „Tempelreinigung und ‚Tempelwort', Aktion Jesu und Reaktion der Juden bilden eine vorzügliche Einheit."

[160] So z.B. SCHNIDER/STENGER, Johannes und die Synoptiker, 30, 40; LINDARS, John, 141; LOSIE, Cleansing, 224; BECKER, Johannes I, 121f: „Die Tempelreinigung (Mk 11, 15–19 parr.) ist bei den Synoptikern den letzten Tagen Jesu zugeordnet. Die Vollmachtsfrage, die wenig abgerückt in Mk 11,27ff. parr. steht, zeigt nicht nur sachliche Parallelität zur Zeichenforderung, sondern gehört wohl auch ursprünglich in einen engeren Zusammenhang zur Tempelreinigung ..., so daß Joh in der engen Verbindung ein altes Stadium repräsentiert."

[161] Vgl. MOHR, Markus- und Johannespassion, 100: „Die ... [sc. MOHR zufolge] vormkn. Verbindung von Tempelreinigung und Vollmachtsfrage hat in dem joh. Zushg. von Tempelreinigung und Zeichenforderung (Joh 2,13–22) eine deutliche Parallele. Auf Grund der grossen und offenbaren Unterschiede kann eine gegenseitige Abhängigkeit von Vollmachtsfrage und Zeichenforderung ausgeschlossen werden." S. auch BULTMANN, Johannes, 88 Anm. 2.

[162] Vgl. im Kontrast dazu Mk 11,18.27. Auch ein Anhänger der Priorität von Joh 2,18f wie MOHR (vgl. a.a.O., 100–106) gibt zu, daß „‚die Juden' (V. 20) als undifferenzierte Gruppe der Gegner Jesu wohl auch in V. 18 von Joh (stammen)" (100). SCHNIDER/ STENGER, a.a.O., 39 mit Anm. 12 schwanken bei der Urheberschaft von „den Juden" als Subjekt der Frage zwischen dem Evangelisten und seiner Quelle.

[163] Vgl. BARRETT, Johannes, 221. Beispiele der typisch joh Verwendung des σημεῖον-Begriffs sind etwa Joh 2,11; 3,2; 4,54; 7,31; 9,16; 11,47; 12,37; 20,30 zu finden. Vgl. für

daß die Forderung von Zeichen nach 1Kor 1,22 eine typisch jüdische Verhaltensweise sein soll, aber die Frage V. 18 ist so gut auf das von Joh bearbeitete und vermutlich erst von ihm hier eingefügte Logion V. 19[164] abgestimmt bzw. führt so ungezwungen dazu hinüber, daß der Verdacht aufkommen muß, die Frage in V. 18 sei erst gleichzeitig mit V. 19 in die Texteinheit gelangt und habe vielleicht eine anderslautende Frage ersetzt. Die Frage nach einem Zeichen in Joh 2,18 (und 6,30) ist mit der Zeichenforderung in den synoptischen Texten Mk 8,11 par. Mt 16,1; Mt 12,38; Lk 11,16 (vgl. noch Lk 23,8) verwandt, in denen Skeptiker und Gegner von Jesus ein Zeichen verlangen, durch das Gott ihn unwiderlegbar legitimieren soll[165]. Während Jesus in diesen synopt. Texten das erforderte Zeichen verweigert (vgl. Mk 8,12 par. Mt 16,4a; Lk 23,9) oder es mit dem Hinweis auf das rätselhafte „Zeichen des Jona" beläßt (vgl. Mt 12,39 par. Lk 11,29; Mt 16,4b), geht er in Joh 2,19 – zwar in verschlüsselter Weise, aber immerhin – auf die Zeichenforderung ein[166] und weist auf ein in der Zukunft liegendes Ereignis als das Zeichen seiner Legitimierung hin: „Brecht diesen Tempel ab, und in drei Tagen werde ich ihn (wieder)

---

eine Orientierung z.B. BARRETT, a.a.O., 91–94; K.H. RENGSTORF, *Art.* σημεῖον, ThWNT VII, 1964, (199–261) 241–257; O. BETZ, *Art.* σημεῖον, EWNT III, ²1992, (569–575) 572f.

[164] Wie wir bereits auf S. 151f erläutert haben, gehört das Tempelwort in den Tempel und paßt thematisch in den Zusammenhang der Tempelaktion hinein. MEYER, Aims, 184, 201f und Christus Faber, 278 Anm. 73 hält das joh Szenarium mit der Zeichenforderung nach Jesu Aktion, worauf er mit dem Rätselwort über den Tempel antwortet, für historisch und überlieferungsgeschichtlich zutreffend. Auch CROSSAN, Der historische Jesus, 475 ist der Auffassung, daß Tempelaktion und -wort von Anfang an zusammengehörten. MATSON, Contribution, 501 sieht die Verbindung zwischen Tempelaktion und -wort in der vorjoh Überlieferung verankert und hält es für sehr wahrscheinlich, daß diese Verbindung historischer Realität entspricht: „A strong result of our study is that the temple action was integrally related with prediction of the destruction of the temple. The Fourth Gospel provides the explicit connection between the two issues, a connection which was only implicit in the Synoptics" (a.a.O., 505). WITHERINGTON, Christology, 111 zufolge ist jedoch in Joh 2,19 das Tempelwort erst sekundär aus einem anderen Kontext eingefügt worden. M.E. müssen die historischen und theologischen Fragen über die Verbindung zwischen der Tempelaktion und dem Tempelwort einerseits und der überlieferungsgeschichtlichen Beurteilung von Joh 2,19 im Rahmen der Texteinheit Joh 2,13–22 andererseits auseinandergehalten werden.

[165] Vgl. RENGSTORF, Art. σημεῖον, 233: „Faßt man ... zusammen, so ergibt sich als Sinn der ‚Zeichen'-Forderung an Jesus: Er soll dafür sorgen, daß Gott, in dessen Namen er wirkt, ihn eindeutig als von ihm autorisiert ausweise. Die so geforderte Legitimierung erfolgt demgemäß so, daß Gott im Blick auf Jesus etwas tut oder geschehen läßt, was jeden Zweifel an seiner göttlichen Vollmacht ins Unrecht setzt."

[166] MOHR, Markus- und Johannespassion, 100 läßt dies, m.E. zu Unrecht, als ein Argument für die überlieferungsgeschichtliche Priorität der Zeichenforderung vor der Vollmachtsfrage als Inhalt der Reaktion seitens der Gegner nach Jesu Tempelaktion gelten.

aufrichten." M.E. spricht diese Verbindung von Joh 2,18 zu entsprechenden Zeichenforderungstexten bei den Synoptikern, denen jegliche überlieferungsgeschichtliche Zugehörigkeit zum Kontext der Tempelaktion
fehlt, dafür, daß die Reaktion gegen Jesus erst nachträglich die Form der
Zeichenforderung angenommen hat. Die Frage nach der *Vollmacht*,
ἐξουσία, so im Tempel zu handeln, schließt sich *inhaltlich* direkter und
unmittelbarer als die Forderung eines Zeichens an die Tempelaktion Jesu
an[167]. Viele Forscher, unter denen auch einige eine gewisse joh
Bearbeitung des Logions in V. 19 eingestehen, nehmen an, daß V. 18f
bereits in der vorjoh Überlieferung eine Einheit bildeten[168]. Dies ist m.E.
vor allem aus folgenden zwei Gründen unwahrscheinlich: 1) Die breite
Streuung des Tempelwortes in der urchristlichen Überlieferung deutet
nicht auf eine frühe, feste Verbindung zur Zeichenforderung hin, so wie sie
in Joh 2,18 formuliert ist. 2) Das Ausmaß an joh Bearbeitung des
Tempelwortes in Joh 2,19 um seiner Anpassung an die folgenden Verse
willen wird bei der Annahme einer vorjoh Verbindung zwischen V. 18 und
19 unterschätzt[169].

Aus all diesen Überlegungen müssen wir schließen, daß die Verse
Joh 2,18–19 in der vorliegenden Gestalt zu einem beträchtlichen Teil von
der redaktionellen Arbeit des Evangelisten geprägt sind[170]. Die vorjoh

---

[167] Der volle Erweis hierfür wird erst S. 290ff geliefert. Für die überlieferungs-
geschichtliche Priorität der Vollmachtsfrage vor der Zeichenforderung treten u.a. ein
HAENCHEN, Johanneische Probleme, 45; SCHNACKENBURG, Johannesevangelium I, 363;
ROLOFF, Kerygma, 103f; TRAUTMANN, Zeichenhafte Handlungen Jesu, 110.

[168] So u.a. BULTMANN, Johannes, 88, 89 (in Anm. 1 auf S. 86 verweist er noch auf den
semitischen Satzanfang in V. 19 [wie in ihm zufolge ebenso zur vorjoh Quelle
gehörenden V. 14 und 18]); SCHNIDER/STENGER, Johannes und die Synoptiker, 40f, 45–
47; SCHULZ, Johannes, 50; BECKER, Johannes I, 125; MOHR, Markus- und Johannespassion, 102. A.a.O., 101 räumt MOHR „Spuren joh. Überarbeitung" in der in Joh 2,19
vorliegenden Fassung des Tempelwortes ein.

[169] Vgl. Mk 14,58 par. Mt 26,61; Mk 15,29 par. Mt 27,40; Act 6,14; EvThom 71 und
die Ausführungen über die historischen und überlieferungsgeschichtlichen Folgerungen,
die aus dieser Streuung zu ziehen sind, in Kapitel 3. Zur redaktionellen Bearbeitung des
Tempelwortes in Joh 2,19 s. insbesondere S. 112 Anm. 84 und S. 116f mit Anm. 93.

[170] TROCMÉ, Expulsion, 9 geht noch weiter, was die Ermessung des redaktionellen
Bestandteils anbelangt, indem er es für wahrscheinlich hält, daß die Verse Joh 2,17–22
im ganzen erst auf den Evangelisten zurückgehen oder daß er sie wenigstens gründlich
umgeprägt hat. Jedenfalls scheidet s.M.n. die (vor)synopt. Vollmachtsfrageperikope
Mk 11,27–33 par. als möglichen Hintergrund bzw. Parallele zur Ausfragung Jesu im
Anschluß an die Tempelaktion aus, denn überlieferungsgeschichtlich habe die
Vollmachtsfrageperikope niemals mit der Tempelaktionsperikope zusammengehört,
sondern sie gehöre überlieferungsgeschichtlich zu der Sammlung von Streitgesprächen
Mk 12,13–37 par., von der sie jetzt durch die redaktionelle Einfügung des Gleichnisses
über die bösen Weingärtner (Mk 12,1–12 par.) abgetrennt sei (a.a.O., 10f). Für eine
Auseinandersetzung mit dieser Analyse s.u. S. 231ff und 290ff.

Überlieferung berichtete wahrscheinlich von einer Reaktion seitens der Tempelbehörde auf Jesu Tempelaktion in der Form einer Frage an ihn nach der Legitimation seines Auftretens[171] und von Jesu Gegenreaktion bzw. Antwort auf diese Frage[172], „for which the evangelist has substituted the temple logion"[173]. Die sich angesichts dieses Ergebnisses sofort ergebenden Fragen, inwiefern die aus Mk 11,18(f).27–33 zu eruierende vormk Überlieferung uns an den hinter den beiden Überlieferungssträngen liegenden gemeinsamen Ursprung näher heranführt als die nach der redaktionellen Bearbeitung leider nur ungenau zu erkennende vorjoh Überlieferung und wie es um die zeitliche Folge der nach seiner Autorität fragenden Reaktion steht, müssen unten im Abschnitt 4 erörtert werden.

3.2.5 Joh 2,20–22

Um den tieferen Sinn eines Wortes oder einer Begebenheit zu vermitteln, bedient sich das Johannesevangelium gerne des Stilmittels des *Mißverständnisses*. Im Gespräch 2,18ff vertritt V. 20 dieses Moment des Mißverständnisses, indem er die Juden Jesu Wort von Abriß und Wiedererrichtung des Tempels auf den konkreten herodianischen Tempel beziehen läßt und somit dem Evangelisten die Gelegenheit bietet, den wahren Sinn des Tempelwortes klarzustellen: „Jener aber redete von dem Tempel seines Leibes" (V. 21)[174]. V. 21 als an den Leser gerichteter klarstellender Kommentar zum Gespräch V. 18–20 und V. 22 als ein weiterer Kommentar bezüglich der nachösterlichen Erkenntnis seitens der Jünger (die inhaltlich mit der Deutung in V. 21 identisch ist) werden zu Recht fast allgemein für redaktionelle Bildungen des Evangelisten gehalten[175]. Da V. 20 das „mißverstehende" Zwischenglied zwischen dem

---

[171] Vgl., daß wenigstens die beiden Worte ταῦτα ποιεῖς einen gemeinsamen Bestandteil der in den Evangelien vorliegenden Fragen nach einem Zeichen (Joh 2,18) bzw. nach der Vollmacht (Mk 11,28 par.) ausmachen (vgl. Punkt 6 auf S. 183f).

[172] Die Konstruktion der die direkte Rede einführenden Sätze in V. 18 und 19 durch ἀποκρίνεσθαι + εἰπεῖν in Aorist Indikativ kann sehr wohl aus der vorjoh Überlieferung übernommen worden sein (vgl. BULTMANN, Johannes, 86 Anm. 1).

[173] LOSIE, Cleansing, 229. A.a.O., 225f gibt er Gründe an, warum das Tempelwort in Joh 2,19b als Ersetzung eines anderslautenden Ausspruchs Jesu einzuschätzen ist. Vgl. auch HAHN, Gottesdienst, 28.

[174] Vgl. für das Stilmittel des Mißverständnisses bei Joh z.B. 3,3f; 4,14f.32f; 6,33f; 7,34f. Das Mißverständnis ist eines von mehreren Elementen, deren sich die für die joh Rhetorik typische *Ironie* bedient, vgl. STEGEMANN, Tempelreinigung, 505f.

[175] S. z.B. BULTMANN, Johannes, 86 (DERS., Johannes. Ergänzungsheft, 21: alternativ die nachträgliche kirchliche Redaktion); DODD, Historical Tradition, 161; SCHNACKENBURG, Johannesevangelium I, 366f; SCHNIDER/STENGER, Johannes und die Synoptiker, 37f; BECKER, Johannes I, 125; MOHR, Markus- und Johannespassion, 100. HAENCHEN, Johanneische Probleme, 46 scheint zu meinen, daß V. 21f mit Ausnahme der drei Worte τῇ γραφῇ καὶ in V. 22, die s.M.n. auf das Schriftwort in V. 17 zu beziehen und erst mit diesem als Glosse erkennbaren Vers eingefügt worden sind (vgl. a.a.O., 44 und DERS.,

Rätselspruch in V. 19 und der klärenden Deutung des Evangelisten in
V. 21 bildet und somit voll der durch V. 21f erreichten Endfassung der joh
Tempelaktionsperikope integriert ist, wird auch er allgemein zu V. 21f
gezogen und mit diesen beiden Versen zur Redaktion gerechnet[176]. Freilich
mögen FRANZ SCHNIDER und WERNER STENGER darin recht haben, daß das
Mißverständnis die (historisch und) überlieferungsgeschichtlich dahinter-
liegende Ratlosigkeit der Gegner Jesu gut widerspiegelt[177]. Für die
Rückfrage nach dem Ursprung und Kern der Tempelaktionsüberlieferung
ist zuletzt auch die Frage, was die 46 Jahre dauernde Bautätigkeit des
Tempels, von der Joh 2,20 spricht, historisch auf sich hat, recht belanglos,
und wir brauchen deshalb nicht näher darauf einzugehen[178].

PEDER BORGENs Erkenntnis, „John 2:17–22 is an expository commentary on the
temple incident in vv. 13–16"[179], untermauert unser Ergebnis, daß vorjoh
Überlieferung hauptsächlich in V. 14–16 zu finden ist und daß in V. 17–22 joh
Redaktion vorwiegt.

4. Überlieferungsgeschichtliche Analyse von Mk 11,15–19
sowie von der vormarkinischen Verbindung Mk 11,15–19*.27–33*

4.1 Überlieferungsgeschichtliche Analyse von Mk 11,15–19

Die überlieferungsgeschichtliche Untersuchung von Joh 2,13–22 hat
ergeben, daß die in den Versen Joh 2,14.15(z.T.).16.18f(z.T.) feststellbare
vorjoh Tradition nur in denjenigen Bestandteilen, die sie mit Mk 11,15
gemeinsam hat, älteste Überlieferungselemente enthält, d.h. in der
Schilderung von Jesu Umstoßen der Geldwechslertische und in der
Erwähnung seiner Auseinandersetzung mit den Taubenverkäufern (vgl.

Johannesevangelium, 203 und oben Anm. 150), nicht erst dem Evangelisten, sondern
bereits der vorjoh Überlieferung zuzuschreiben sind.

[176] Vgl. z.B. BULTMANN; DODD; BECKER; MOHR (s. für alle die vorige Anm.);
SCHNIDER/STENGER, a.a.O., 38.

[177] SCHNIDER/STENGER, a.a.O., 39f.

[178] Am naheliegendsten ist zweifelsohne der Bezug auf den Beginn des herodianischen Tempelbaus im Jahre 20 v.Chr. (s. ÅDNA, Jerusalemer Tempel, 3 mit Anm. 2). Viel
weniger wahrscheinlich sind die in Kombination mit Joh 8,57 vollzogene Beziehung der
46 Jahre auf das Lebensalter Jesu oder die bereits von Augustin vertretene mit Hilfe vom
gematrischen Zahlenwert 46 des griech. Wortes 'AΔAM symbolische Deutung. Vgl.
SCHNACKENBURG, Johannesevangelium I, 366; BROWN, John I, 115f; CAMPBELL,
Historicity, 109f.

[179] BORGEN, John and the Synoptics, 154. Es geht um „a unit from the expository
activity of the Johannine community, a unit corresponding to Paul's expository interpretation of the institution of the Lord's Supper in 1 Cor 11:23–34 and the exposition of
the healing story in John 5:1–18" (155).

S. 191–197). Als nächstes müssen wir nun untersuchen, ob die mk Fassung der Tempelaktion, Mk 11,15–19, weitere Einzelheiten enthält, die auf den gemeinsamen Überlieferungsursprung der vorjohanneischen und vormarkinischen Überlieferungsstränge zurückgehen und die somit für die Rekonstruktion und Deutung der Tempelaktion Jesu in den Kapiteln 6 und 7 von großem Belang sein werden.

4.1.1 Der Rahmen Mk 11,15a.19

Die mk Tempelaktionsperikope ist in V. 15a (d.h. im ersten Satz: καὶ ἔρχονται εἰς Ἱεροσόλυμα) und in V. 19 von Itinerar- und Chronologieangaben umrahmt (vgl. die Gliederung S. 240f), die die Episode in das Tagesschema einordnen, das das ganze Kapitel 11 durchzieht (vgl. die Übersicht S. 176f). V. 15a und 19 gehören darum höchstwahrscheinlich zu derselben überlieferungsgeschichtlichen Ebene wie das ganze chronologisch-geographische Schema in Mk 11. Die Erzählung von dem Vorfall im Tempel ist jedenfalls auch ohne die umrahmenden Angaben eine voll verständliche und abgerundete Texteinheit, und es kann keineswegs überraschen, daß die große Mehrheit der Forscher sowohl V. 15a für redaktionell hält[180] als auch V. 19[181].

P. MAURICE CASEY liefert in seinem Aufsatz „Culture and Historicity: The Cleansing of the Temple" aus dem Jahre 1997 eine Rückübersetzung von Mk 11,15–18a ins Aramäische. U.a. weil diese Übersetzung sich glatt und problemlos durchführen läßt[182], schließt er auf eine aramäische Quelle als Grundlage hinter dem mk Text. Während die chronologischen Daten in Mk 11–14 nach CASEY nicht auf fester

---

[180] Für redaktionell halten V. 15a u.a. BULTMANN, Geschichte, 36; SUHL, Funktion, 142; SCHNIDER/STENGER, Johannes und die Synoptiker, 26, 29; GNILKA, Markus II, 127; ERNST, Markus, 328; MOHR, Markus- und Johannespassion, 65f; LOSIE, Cleansing, 207f und LÜHRMANN, Markusevangelium, 191.
SCHENK, Passionsbericht, 153 und TRAUTMANN, Zeichenhafte Handlungen Jesu, 83f differenzieren zwischen der wegen der Zugehörigkeit zum chronologisch-geographischen Schema redaktionellen *Plazierung* einerseits und dem überlieferungsgeschichtlichen *Ursprung* von V. 15a andererseits; i.M.n. befand er sich ursprünglich dort, wo jetzt der erst redaktionell gebildete V. 11(a) steht, und gehöre somit „ursprünglich zur Einzugsgeschichte" (SCHENK) bzw. habe bereits vormk die Tempelaktionsperikope eingeleitet (TRAUTMANN).

[181] Über den redaktionellen Charakter von V. 19 reicht der Konsens noch weiter als zu V. 15a; als redaktionell betrachten ihn u.a. BULTMANN, ebd.; SUHL, ebd.; TAYLOR, Mark, 464; NINEHAM, Mark, 303; ROLOFF, Kerygma, 92; SCHENK, a.a.O., 151f; GNILKA, ebd.; TRAUTMANN, a.a.O., 85; ERNST, ebd.; LOSIE, a.a.O., 213; LUHRMANN, ebd., BUCHANAN, Money-Changers, 281 und SÖDING, Tempelaktion, 45 Anm. 40. Für eine zwar redaktionelle, aber vormk Bemerkung hält V. 19 MOHR, a.a.O., 69–71.

[182] CASEY, Culture and Historicity, 307: „It is significant, moreover, that one can produce a piece of idiomatic Aramaic which can be translated so straightforwardly to produce Mark's Greek text. This contrasts strongly with, for example, some of the predictions of the passion."

Tradition beruhen und darum in ihrem historischen Aussagewert unsicher sind, hält er die Auskunft über das Wohnquartier Jesu und seiner Jünger in Bethanien während ihres Passaaufenthaltes in Jerusalem für historisch glaubwürdig, und von daher gehöre auch V. 15a bereits zu der zugrundeliegenden Quelle. CASEY rekonstruiert als aramäische Textgrundlage von V. 15a: ואתין על ירושלם.[183] Obwohl mir das Postulat einer aramäischsprachigen schriftlichen Quelle unsicher erscheint und einer Prüfung bedarf, die weit über das hinausgeht, was hier möglich ist[184], ist der Nachweis der ungezwungenen Rückübersetzbarkeit nichtsdestoweniger ein Indiz dafür, daß wir es in Mk 11,15ff mit alter Überlieferung zu tun haben. Wir werden im folgenden CASEYs Übersetzungsvorschläge und seine Ausführungen dazu im einzelnen berücksichtigen.

4.1.2 Mk 11,15b

Auch darüber, daß wir in V. 15b (d.h. dem Rest des Verses) mit vormk Tradition zu tun haben, sind die meisten Forscher einig. Zwar meinen manche in V. 15bα redaktionelle Eingriffe des Mk feststellen zu können[185], aber der inhaltlichen Substanz nach wird V. 15b allgemein für vormk gehalten[186].

CASEY schließt auf folgenden aramäischen Text hinter V. 15b: ועל להיכלא ושרי למתרד מזבניא וזבניא בהיכלא וכפא ית פתוריא די פתוראיא וכורסיהון דמזבנין יוניא. Es lassen sich alle Elemente des griechischen Textes, einschließlich der umstrittenen Konstruktion ἤρξατο ἐκβάλλειν[187], gut ins Aramäische übertragen. Inwiefern diese Beobachtung die Argumentation auf S. 170, in Mk 11,15 liege ein inhaltlich bewußter Nachdruck auf der ἄρχεσθαι-Konstruktion („er *fing an* hinauszutreiben" statt „er trieb hinaus"), zu erschüttern vermag, ist mir nicht ganz klar, obwohl CASEY die Anwendung von ἤρξατο in Mk 11,15 als redundant betrachtet und die entsprechende aramäische Konstruktion mit שרי einfach als ein typisches Kennzeichen aramäischen

---

[183] Für die Rekonstruktion des aramäischen Textes zu Mk 11,15–18a samt einer englischen Übers. s. a.a.O., 308. Zu CASEYs Ausführungen über die Itinerar- und Chronologieangaben s. a.a.O., 308f.

[184] S. nun MAURICE CASEY, Aramaic Sources of Mark's Gospel, MSSNTS 102, Cambridge 1998. Hier versucht er aramäische Quellen auch für die Abschnitte Mk 2,23–3,6; 9,11–13; 10,35–45 und 14,12–26 zu belegen.

[185] Z.B. halten SCHENK, Passionsbericht, 153; MOHR, Markus- und Johannespassion, 66 und LOSIE, Cleansing, 208 εἰς τὸ ἱερόν für eine Dublette zu dem folgenden ἐν τῷ ἱερῷ, „in der Art der Wiederholungen, wie Markus sie liebt" (SCHENK).

[186] Als gehörend zur vormk Überlieferung beurteilen V. 15b u.a. BULTMANN, Geschichte, 36; ROLOFF, Kerygma, 91, 93 (den ganzen V. 15!); SCHNIDER/STENGER, Johannes und die Synoptiker, 26f, 40; SCHENK, a.a.O., 153 (aber vgl. Anm. 185); GNILKA, Markus II, 127; TRAUTMANN, Zeichenhafte Handlungen Jesu, 108; MOHR, a.a.O., 92 (mit Ausnahme der Anfangsworte εἰσελθὼν εἰς τὸ ἱερόν, vgl. Anm. 185); LOSIE, a.a.O., 208 (vgl. Anm. 185).

[187] SCHENK, a.a.O., 153 und LOSIE, a.a.O., 208 schreiben die Konstruktion mit ἄρχεσθαι und Infinitiv der mk Redaktion zu, dagegen erhebt z.B. MOHR Einspruch, einerseits mit dem Erweis, daß „ἄρχεσθαι + Inf. aber auch nicht selten in der Trad. (begegnet), etwa in 2,23; 5,17; 10,47; 14,19.33; 15,18" (a.a.O., 66 Anm. 14), andererseits mit dem Hinweis, daß „ἐκβάλλειν aber für die folgende Geschichte sachlich notwendig ist" (a.a.O., 66), woraus er schließt: „So wird die Formulierung eher trad. sein" (ebd.).

Erzählstils ohne besonderen Nachdruck auf dem *Beginnen* der betreffenden Tätigkeit des nachfolgenden Verbs im Infinitiv bezeichnet[188].

Wie bereits auf S. 191f ausgeführt, weist sich die Schilderung der Aktion Jesu gegen die Geldwechsler und Taubenverkäufer in V. 15bβ (Umstoßen derer Tische und Sitze) anhand des Vergleichs mit der vorjoh Überlieferung in Joh 2,15b.16a als zum ältesten Überlieferungskern zugehörig aus. Ferner korrespondiert die vorjoh Überlieferung in Joh 2,15a mit Mk 11,15bα darin, daß sie vom Austreiben (ἐξέβαλεν) von Verkäufern (πωλοῦντες) redet[189], und vermutlich gehört auch dieses Element zu dem hinter den beiden Überlieferungssträngen liegenden gemeinsamen Ursprung.

4.1.3 Mk 11,16

Mk 11,16, der von Jesu Unterbindung des σκεῦη-Tragens berichtet, ist mk Sondergut und wird als solches von einigen Forschern für eine erst sekundäre, mk (oder sogar nachmk?) Einfügung gehalten[190].

Eine interessante Position nimmt MARIA TRAUTMANN ein, indem sie zwar V. 16 als vormk erkennt, ihn aber aufgrund „einer gewissen formalen und inhaltlichen Spannung"[191] gegenüber V. 15 nicht derselben Überlieferungsstufe zuschreibt. Ihre Rede von einer formalen Spannung bezieht sich auf den Tempuswechsel von Aorist in V. 15 zu Imperfekt in V. 16. Dieser Wechsel hat jedoch überhaupt nichts Spannungsvolles an sich, sondern ist ganz und gar semantisch begründet. Während das finite Verb in V. 15bα, ἄρχεσθαι, bereits in seiner Grundbedeutung („beginnen/anfangen") ein *ingressives* Moment enthält, das nach Aorist verlangt, und V. 15bβ das typisch *punktuelle* Geschehen des Umstoßens beschreibt, dem ebenso die Aoristform entspricht (daher κατέστρεψεν), geht V. 16 dazu über, einen länger andauernden Zustand zu beschreiben, der natürlich durch den *durativen* Aspekt des Präsensstammes, also hier durch die Imperfektform (οὐκ) ἤφιεν, auszudrücken ist[192]. Nicht nur bezüglich dieses formalen

---

[188] S. seine Ausführungen zu sprachlichen Einzelheiten in V. 15b in CASEY, Culture and Historicity, 309.

[189] Die in Joh 2,15 πάντας ἐξέβαλεν bestimmende und qualifizierende Apposition τά τε πρόβατα καὶ τοὺς βόας, die zu dem Verständnis führt, daß nur Tiere und keine Menschen von Jesus mit Hilfe der Geißel hinausgetrieben wurden (vgl. die Übers. S. 179 und Anm. 63), ist eine erst redaktionelle Hinzufügung, um gerade diese Umdeutung der Aussage zu erzielen (vgl. S. 194f). Die vorjoh Überlieferung schloß in die πάντες die vorher genannten Verkäufer von Rindern und Schafen mit ein (vgl. Anm. 110).

[190] Vgl. SANDERS, Jesus und Judaism, 364 Anm. 1 („probably a later addition"); BUCHANAN, Brigands, 176; DERS., Money-Changers, 281; ROTH, Cleansing, 177f.

[191] TRAUTMANN, Zeichenhafte Handlungen Jesu, 108.

[192] Vgl. zu den Aspekten HOFFMANN/VON SIEBENTHAL, Grammatik, § 194a.e.i. Denkbar, aber weniger wahrscheinlich ist auch ein konatives Imperfekt, vgl. S. 332 Anm. 113.

Gesichtspunktes, sondern auch bezüglich der vermeintlich inhaltlichen Spannung irrt sich TRAUTMANN. Sie sieht nämlich in V. 16 im Gegensatz zu V. 15 ein Bemühen um den Tempelkult und seine Reinheit und deutet die beiden Verse in einer solchen Weise, daß sie bestenfalls in Spannung, wenn nicht gar in Widerspruch zueinander zu stehen kommen[193]. Damit hat sie sich, wie die Ausführungen in den Kapiteln 5 und 7 aufzeigen werden, vorschnell auf ein zwar häufig vertretenes, aber aus *dem* Grund nicht notwendigerweise korrektes Verständnis von V. 16 festgelegt. Wie bereits mitgeteilt, ordnet TRAUTMANN V. 16 als „sekundäre, vormk Ergänzung zu V. 15"[194] ein; genauer schreibt sie diese angenommene Ergänzung der Jerusalemer Urgemeinde zu: „Es sollte nicht mehr das kult- und tempelkritische Moment der Tempelreinigung (V. 15) betont sein, sondern eine judenchristliche Gemeinde, die ja bis zur Zerstörung des Tempels diesen noch besuchte (vgl. Act 2,46; 3,1; 5,21.42), legte den Akzent auf die Beseitigung von Mißständen, auf eine Reform des Tempelbetriebs."[195] Erst Kapitel 5 wird den Nachweis dafür liefern, daß – trotz der Bestreitung TRAUTMANNS – V. 15b und V. 16 inhaltlich völlig kohärent sind und somit derselben frühen Überlieferungsstufe angehören[196].

> Die Zugehörigkeit von V. 16 zur alten Überlieferung wird nochmals von P.M. CASEYs Nachweis der Rückübersetzbarkeit untermauert: ולא שבק לאנש דיעבר מאן על היכלא.[197]

4.1.4 Mk 11,17

Wie in der joh Fassung hat auch hier in der mk Version das im Anschluß an die Tat eingeführte *Wort* Jesu überlieferungsgeschichtlich besonders großes Kopfzerbrechen bereitet (zu Joh 2,16b s.o. S. 198–206):

---

[193] TRAUTMANN, a.a.O., 108: „Das Verhalten Jesu nach V. 16 stellt ... verglichen mit dem nach V. 15 eine andersartige, weniger provokative Aktion dar. Während nach V. 15 durch Jesu Tun der Kultbetrieb behindert, ja unterbunden wird, will das Verhalten Jesu nach V. 16 gerade den Kult in seiner Reinheit garantieren und reformieren."

[194] Ebd.

[195] A.a.O., 108f. Auch HENGEL, War Jesus Revolutionär?, 34 Anm. 54 schreibt V. 16 einer sekundären, „vermutlich in der palästinischen Gemeinde" zu verortenden Überlieferungsstufe zu; ähnlich auch BJERKELUND, Tempelrenselsen, 208f, 210 und HAHN, Gottesdienst, 30.

[196] Für einen vormk Bestandteil der Überlieferung auf der gleichen Stufe wie V. 15(b) halten V. 16 u.a. BULTMANN, Geschichte, 36; ROLOFF, Kerygma, 91, 93; SCHNIDER/STENGER, Johannes und die Synoptiker, 26f, 40; GNILKA, Markus II, 127; SCHENK, Passionsbericht, 153; MOHR, Markus- und Johannespassion, 92; LOSIE, Cleansing, 208f und RICHARDSON, Why Turn the Tables?, 521. In Auseinandersetzung mit TRAUTMANN schreibt LOSIE: „Also to be rejected are attempts to pare the account down to the bare minimum of 11:15 ..." (a.a.O., 221, vgl. auch a.a.O., 243 Anm. 67).

[197] S. die sprachlichen Ausführungen in CASEY, Culture and Historicity, 310.

Und er lehrte und sprach zu ihnen: „Ist nicht geschrieben: ‚Mein Haus wird ein Haus des Gebetes für alle Völker genannt werden'? Ihr aber habt es zu einer Räuberhöhle gemacht."

Freilich scheinen die meisten Forscher, die sich mit dem Text beschäftigen, gar nicht so lange über den überlieferungsgeschichtlichen Ort von V. 17 nachzudenken, sondern erreichen schnell das Urteil, daß er erst vom Evangelisten in den Text eingefügt worden ist. Zur Begründung wird allgemein auf den mk Charakter der Einführung der Aussage (καὶ ἐδίδασκεν καὶ ἔλεγεν αὐτοῖς) und die sich durch den unklaren Bezug des pronominalen Dativobjekts αὐτοῖς ergebende lockere Verbindung zum Kontext hingewiesen[198]. Καὶ ἔλεγεν αὐτοῖς ist in der Tat eine bei Mk mit Jesus als Subjekt häufig vorkommende Anreihungsformel (vgl. u.a. Mk 2,27; 4,2.11.21.24; 6,4.10; 7,9)[199], und „mit der Aussage, daß Jesus lehrte, καὶ ἐδίδασκεν bzw. ἤρξατο διδάσκειν, beginnt oder beendet Mk häufig eine Perikope (vgl. Mk 1,21.(22); 2,13; 4,1.2; 6,6.30.34; 8,31; 9,31; 10,1; 12,35)"[200]. Verbunden werden das Lehren und das Sprechen Jesu auch in Mk 4,2; 9,31; 12,35.38. Aus diesen Beobachtungen legt sich ein erst markinisch-redaktioneller Ursprung der überleitenden Einführung zur Aussage Jesu in V. 17 nahe.

RUDOLF BULTMANN zufolge erweckt die Einführung „den Eindruck, als ob Handlung und Wort nicht ursprünglich zusammengehörten"; vermutlich „dürfte V. 17 eine nachträgliche Deutung – wenn man will, ein ‚Predigtspruch'[201] – der altüberlieferten Szene V. 15f. sein, wie Joh 2,17 eine weitere solche Deutung hinzugekommen ist"[202]. Wie oben ausgeführt,

---

[198] So z.B. NINEHAM, Mark, 304; ROLOFF, a.a.O., 91; SCHNIDER/STENGER, a.a.O., 31 mit Anm. 6; SCHENK, a.a.O., 152, 153 und LOSIE, a.a.O., 209. Vgl. auch SUHL, Funktion, 142; SANDERS, Jesus and Judaism, 66; BUCHANAN, Money-Changers, 281; SCHNACKENBURG, Johannes-Evangelium I, 362 (Mk 11,17 sei „eine nachträgliche Belehrung und Rechtfertigung nach der Schrift"); LINDARS, John, 139 (wie Joh 2,16b sei Mk 11,17 „the fruit of subsequent reflection on the event, seeking to estimate its significance in the light of scriptural prophecy"). Für mehrere Forscher mit dieser Einschätzung s. SMITH, Objections, 256 Anm. 3.

[199] Vgl. J. JEREMIAS, Die Gleichnisse Jesu, Göttingen [10]1984, 10; TRAUTMANN, a.a.O., 87; MOHR, a.a.O., 82.

[200] TRAUTMANN, ebd. Vgl. auch MOHR, ebd. und BULTMANN, a.a.O., 367.

[201] Hier spielt BULTMANN auf die formgeschichtliche Analyse und Terminologie von MARTIN DIBELIUS an, der die Tempelaktion zu der als Predigtbeispielen fungierenden Gattung der *Paradigmen* rechnet (vgl. DIBELIUS, Formgeschichte, 24, 40) und gerade in Mk 11,17 einen von der Beispielerzählung zum weiteren Verlauf der Predigt auszeichnend überleitenden *Predigtspruch* sieht: „Daß Jesus bei der Tempelreinigung nicht ein Drohwort in die Menge schleuderte, sondern sie ‚lehrte und sprach' Mk 11,17, widerspricht ebensosehr den Forderungen realistischer Erzählungskunst wie es dem Bedürfnis der Predigt Genüge tut" (Formgeschichte, 53).

[202] BULTMANN, a.a.O., 36.

ist seine vorsichtige Andeutung, daß Mk 11,17 „ein älteres Wort Jesu verdrängt hat, das Joh 2,16 erhalten ist"[203], von TILL AREND MOHR aufgenommen und durch eine ausführliche Erörterung zu einer wesentlich wohlbegründeteren These ausgebaut worden[204]. Nichtsdestoweniger sind wir nach eingehender überlieferungsgeschichtlicher Analyse von Joh 2,16b (vgl. S. 198–206) zu dem Ergebnis gekommen, daß das dort überlieferte Logion zwar vorjoh, aber nicht authentisch-jesuanisch ist. Wenn nun dasselbe für das Jesuswort in Mk 11,17 gilt, bleibt uns dann kein anderer Ausweg, als entweder nüchtern feststellen zu müssen, daß wir aufgrund des Quellenbefundes nicht mehr imstande sind, das von Jesus Gesagte bzw. das ihm am Anfang des Überlieferungsweges in den Mund gelegte Wort zu rekonstruieren[205], oder zu schließen, daß die Aktion Jesu im Tempel am Anfang von keinem erklärenden oder begründenden Wort begleitet war[206]?

---

[203] Ebd. Vgl. seinen sofort hinzugefügten Vorbehalt, bereits oben in Anm. 120 zitiert. Vielleicht ist eine überlieferungsgeschichtlich nicht eindeutig einzuordnende Äußerung BULTMANNS über Mk 11,17 im Rahmen einer ausführlichen Besprechung von RUDOLF OTTOs Buch „Reich Gottes und Menschensohn. Ein religionsgeschichtlicher Versuch" (München 1934) einige Jahre nach der 1931 erfolgten Neubearbeitung seiner „Geschichte der synoptischen Tradition" charakteristisch für die Schwankungen in seiner Einschätzung von Mk 11,17: „... ich sehe nicht, daß in alten Jesusworten zweifellose Bezugnahme auf den leidenden Gottesknecht vorliegt. Daß Jesus überhaupt Worte des Deut-Jes zitiert (*die betreffenden Worte als alt vorausgesetzt*) wie Mt 11,5 par; Mk 11,17 par, ist natürlich (sic) kein Beweis, da er in der Art seiner Zeit zitiert, die ein einzelnes Textwort anführen kann, ohne damit den ursprünglichen Zusammenhang mit zu übernehmen" (R. BULTMANN, Reich Gottes und Menschensohn, ThR NF 9, 1937, [1–35] 27; kursiv von mir). Hier scheint er wenigstens die Möglichkeit, daß Jesus selbst und nicht erst „eine nachträgliche Deutung" (Geschichte, 36) Jes 56,7 zitiert hat, in Erwägung zu ziehen.

[204] Vgl. MOHR, Markus- und Johannespassion, 89, 92, 93–95 und das Referat oben S. 198–200. MOHR schätzt das Ergebnis seiner Analyse selbst folgendermaßen ein: „Bultmanns Vermutung, dass Mk 11,17 ein älteres Wort Jesu verdrängt habe, das Joh 2,16 erhalten ist, hat sich somit als wohlbegründet erwiesen" (a.a.O., 92).

[205] Vgl. jedoch LOSIE, Cleansing, 211f, 235, der damit rechnet, daß Jesus in Verbindung mit der Tempelaktion ein anderes (dt)jes Wort, Jes 52,11f, zitiert (oder wenigstens in Gedanken gehabt) hat. Zu dieser kühnen These vgl. S. 374–376.

[206] So z.B. SCHNIDER/STENGER, Johannes und die Synoptiker, 43: „Auch fehlte wahrscheinlich (wenn auch mit traditionsgeschichtlichen Mitteln nicht zweifelsfrei nachweisbar) die Deutung der Handlung durch Jesus." Sie sehen hierin eine Entsprechung zur Gleichnislehre Jesu, denn auch „die Gleichnisse wurden von Jesus nicht erklärt und gedeutet" (a.a.O., 44); sie „bedürfen auch keiner eigenen Deutung; denn Jesus selber ist der Schlüssel zu ihrem Verständnis" (ebd.). Gerade die fehlende Deutung der Tempelaktion lenke wie bei den Gleichnissen die Aufmerksamkeit auf die *Person Jesu* und zwinge die Konfrontierten zu einer Stellungnahme zu ihm: „... seine Handlung (fordert) eine Stellungnahme heraus, die nicht nur gegenüber der durch die Handlung vertretenen Sache erfolgen konnte, sondern ein Ja oder Nein gegenüber seiner Person und allem, was er vertrat, verlangte" (45). Für eine Kritik an dieser Heranziehung der

Bei der bisherigen Erörterung des überlieferungsgeschichtlichen Ortes von Mk 11,17 haben wir stillschweigend eine Prämisse zugrundegelegt, wie sie etwa folgende Schlußfolgerung MARIA TRAUTMANNs aus ihrer Analyse der Einführung zu Jesu Aussage expliziert: „Aufgrund des redaktionellen Charakters der Überleitung kann man ... *sicher* auf mk Einfügung des folgenden Satzes schließen."[207] Aber eben eine derartige Konsequenz erfolgt nicht automatisch oder zwingend für die Aussage in V. 17[208], denn es ist auch vorstellbar, daß Mk das auf die Tat folgende Wort hervorheben und deutlich herausstellen wollte und aus diesem Grund der Aussage diese „auffallende Einführung"[209] vorschaltete[210]. Auch die verkürzte und vereinfachte Überleitung von der Tat zum Wort in den synoptischen Parallelen in Mt 21,13 (καὶ λέγει αὐτοῖς) und Lk 19,46 (λέγων αὐτοῖς) zeigt, daß das von den synoptischen Evangelien gemeinsam überlieferte Logion nicht auf die umständliche mk Einführung angewiesen ist, um überhaupt in den Zusammenhang eingefügt zu werden, und diese Tatsache ist eine Warnung vor der vorschnellen Behauptung, daß Einführung und Wort in V. 17 aus dem einen und selben Guß stammen *müssen*.

Es kommt noch hinzu, daß in jüngster Zeit beeindruckende Versuche unternommen worden sind, die Zugehörigkeit auch von V. 17a zur vormk Überlieferung zu belegen. Einerseits beobachtet P.M. CASEY, „Mark does not use the precise expression καὶ ἐδίδασκεν καὶ ἔλεγεν anywhere else"[211],

---

Gleichnisse als vermeintlicher Analogie vgl. TRAUTMANN, Zeichenhafte Handlungen Jesu, 448 Anm. 173.

Wenn sowohl Mk 11,17 als auch Joh 2,16b als ursprüngliche Worte anläßlich der Tempelaktion ausscheiden, gibt es natürlich noch weitere Alternativen zu einer wortlosen Tat als die höchst gewagte Postulierung von anderen, nirgends überlieferten Zitaten oder Logien (vgl dafür Anm. 205), wie z.B. das Tempelwort oder ein von der Aktion provoziertes Gespräch über die Vollmacht Jesu, Mk 11,27 33*.

[207] TRAUTMANN, a.a.O., 88 (kursiv von mir). Etwas vorsichtiger äußert sich GNILKA, Markus II, 127: die „typisch markinische Anreihungsformel ... läßt vermuten, daß das gesamte Schriftargument des Verses 17 markinisch ist". A.a.O., 129, 131 tritt er vorbehaltlos für V. 17 als mk Schriftreflexion ein.

[208] So auch SCHWEIZER, Markus, 127; SMITH, Objections, 259f; TAN, Zion and Jesus, 182 und SÖDING, Tempelaktion, 45 Anm. 42: „Die Einleitungswendung καὶ ἐδίδασκεν καὶ ἔλεγεν αὐτοῖς ist typisch markinisch. Daraus folgt indes noch nicht, daß das Zitat als solches redaktionell ist ..."

[209] BULTMANN, Geschichte, 36.

[210] So zu Recht BAUCKHAM, Demonstration, 81. Um M. TRAUTMANN Gerechtigkeit widerfahren zu lassen, muß hinzugefügt werden, daß sie nicht automatisch und ohne weitere Prüfung der von ihr postulierten sicheren mk Einfügung der Aussage auf mk *Ursprung* dieses Satzes schließt. Sie erwägt sowohl die Möglichkeit einer im ganzen wie auch z.T. vormk Überlieferung, kommt jedoch am Ende zu dem Ergebnis, daß das ganze Jesuswort auf Mk zurückgeht (vgl. a.a.O., 88).

[211] CASEY, Culture and Historicity, 316.

und verbindet dies mit der weiteren Feststellung der Rückübersetzbarkeit
ins Aramäische: „[I]t corresponds very precisely to a literal translation of
the natural and straightforward Aramaic ואלך הוה ואמר ...“[212] Andererseits
weist BARRY D. SMITH in seinem Aufsatz „Objections to the Authenticity
of Mark 11:17 Reconsidered" nach, daß wir über keine absolut zuverläs-
sige Methode zur Unterscheidung von traditionellen und redaktionellen
Überleitungsformulierungen wie καὶ ἔλεγεν αὐτοῖς verfügen[213] und daß die
Unterscheidung zwischen redaktionellen und traditionellen διδάσκειν-
Belegen in Mk ebenso schwer fällt[214]. Was die Zusammenstellung von
διδάσκειν und ἔλεγεν αὐτοῖς in den Überleitungen Mk 4,2; 9,31 und 11,17
betrifft, stellt sich der Sachverhalt SMITH zufolge nicht anders dar[215]; der
Wechsel von Narrativem zu direkter Rede, sei er traditionell oder erst
redaktionell, fordere ganz einfach gewisse überleitende Formulierungen:

> „In any literary work that combines narrative and direct speech transitional formulas
> are needed to allow for the move from the one to the other. But the fact that these
> occur does not in itself tell us anything about the redaction history of the work in
> question. In the case of the Gospel of Mark, we find many examples of literary
> transitions from narrative to direct speech by Jesus. Mark 11:17a is only one such
> example. But there is no sure way of distinguishing those transitions that are
> redactional from those that are not."[216]

Das Argument betreffend das Dativobjekt in V. 17a, αὐτοῖς, es habe einen so unklaren
Bezug zum Kontext, daß es erst nachträglich eingefügt sein kann (s.o. S. 217), trügt.
Das Pronomen weist auf die Personen, mit denen Jesus in V. 15 konfrontiert ist, vor
allem die Geldwechsler und die Taubenverkäufer (s.u. S. 265–267), zurück.

---

[212] A.a.O., 316f. Zum Tempus von ἐδίδασκεν, Imperfekt, erläutert er, a.a.O., 311: „...
καὶ ἐδίδασκεν is a statement of real substance which the translator put there because he
read ואלך הוה or something very much like it. The source, the translator, and Mark alike
would have known Jesus' comments recorded at Mark 14:48–49 and would have
expected us to realize that Jesus' teaching was a central and repeated action."

[213] SMITH, Objections, 256f. „It is ... conceivable that the clause καὶ ἔλεγεν αὐτοῖς is
both traditional and redactional, in which case it would be impossible ever to
differentiate the instances of καὶ ἔλεγεν αὐτοῖς that are redactional from those that are
not without having access to the pre-Marcan tradition" (257).

[214] A.a.O., 257–259. SMITH setzt sich mit der Argumentation in TRAUTMANN,
Zeichenhafte Handlungen Jesu, 87f (s.o. Anm. 199, 200, 207) auseinander. Obwohl nicht
alle Kritikpunkte, die er darbietet, gerechtfertigt und korrekt sind (s. vor allem a.a..O.,
258f Anm. 11), vermögen seine Ausführungen in ihrer Gesamtheit die Glaubwürdigkeit
der Zuweisung der meisten διδάσκειν-Belege an die mk Redaktion zu erschüttern.

[215] A.a.O., 259: „We have already shown that neither the clause καὶ ἔλεγεν αὐτοῖς
nor the verb διδάσκειν is redactional. It follows that their use in conjunction is not either:
ex nihilo nihil fit ... The clause καὶ ἐδίδασκεν ... καὶ ἔλεγεν αὐτοῖς is pleonastic and in
each case functions as a transitional clause between narrative and direct discourse by
Jesus. But this is all that we can conclude."

[216] Ebd.

Allerdings begnügen sich nicht alle Verfechter eines redaktionellen Ursprungs von Mk 11,17 mit der Herausstellung der angeblich mk Züge in der Überleitung zum Logion, sondern sind bemüht, auch den redaktionellen Charakter des Wortes zu belegen. Über die rhetorische Frage, die hier die direkte Rede in V. 17b einleitet, οὐ γέγραπται („ist nicht geschrieben?"), urteilt z.B. W. SCHENK: „Die schlichte und rein hinweisende Zitateinführung mit *gegraptai* ist Markus selbst zuzuweisen."[217] CASEY weist jedoch einwandfrei nach, daß in hebräischen und aramäischen frühjüdischen Schriften eine Reihe dieser Formulierung – bzw. ihrer zu erschließenden aramäischen Vorlage – nahestehender Schriftzitatseinführungen belegbar sind: „The widespread use of such expressions reflects the fact that ד כתיב לא is a natural introduction for an Aramaic speaker to use."[218]

Was nun das Schriftzitat aus Jes 56,7b selbst anbelangt, trägt der Hinweis darauf, daß es mit der LXX-Fassung wörtlich übereinstimmt[219], in diesem Fall kaum etwas zum Beweis für den erst sekundären Charakter des Schriftzitats bei[220]. Jes 56,7b LXX gibt nämlich den hebräischen Text wortwörtlich wieder[221], und darum ist es auch im Falle eines ursprünglich in hebräischer Sprache erfolgten Zitats seitens Jesu nicht weiter verwunderlich, daß die Wiedergabe dieses Logions in der sehr früh einsetzenden griechischsprachigen Jesusüberlieferung von Anfang an mit dem LXX-Wortlaut übereingestimmt hat[222].

---

[217] SCHENK, Passionsbericht, 152. Weitere Vertreter dieser Auffassung sind aufgeführt in CASEY, Culture and Historicity, 317 Anm. 24.

[218] CASEY, a.a.O., 317. Vgl. auch die Widerlegung von SCHENK in SMITH, Objections, 260.

[219] Allerdings unter Wegfall der kontextbedingten kausalen koordinierenden Konjunktion γάρ: ὁ γὰρ οἶκός μου οἶκος προσευχῆς κληθήσεται πᾶσιν τοῖς ἔθνεσιν. Jes 56,7b *begründet* die vorausgehende Heilszusage an die Heiden in V. 7a (vgl. S. 277).

[220] So zu Unrecht LOHMEYER, Markus, 236; HENGEL, War Jesus Revolutionär?, 16 mit Anm. 54 auf S. 34; WOLFF, Jeremia, 156; HARVEY, Jesus, 132; SÖDING, Tempelaktion, 45.

[221] Jes 56,7b lautet im MT: כִּי בֵיתִי בֵּית־תְּפִלָּה יִקָּרֵא לְכָל־הָעַמִּים (vgl. zum Sinn dieses Wortes im ursprünglichen Kontext S. 276–280).

[222] So völlig zu Recht und überzeugend BAUCKHAM, Demonstration, 82; HOOKER, Traditions, 18 und TAN, Zion and Jesus, 182f.
In Jerusalem lebte eine beträchtliche Anzahl von griechischsprachigen Juden, und sehr bald bildeten Juden, die aus diesen Kreisen stammten, eine eigene Gruppierung innerhalb der frühen christlichen Gemeinschaft in Jerusalem (vgl. die Ἑλληνισταί als eine den Ἑβραῖοι gegenübergestellte Gruppierung in Act 6,1). Es ergibt sich von selbst, daß bereits diese Gemeinde in Jerusalem und ihre an die sonstigen griechischsprachigen Juden in der Stadt gerichtete Mission (in deren Synagogen?, vgl. Act 6,9ff) der ins Griechische übersetzten Jesusüberlieferung bedurfte. Vgl. hierzu und allgemeiner zur Ausbreitung der griechischen Sprache in Jerusalem im 1. Jh. n.Chr. M. HENGEL, Between Jesus and Paul, in: DERS., Between Jesus and Paul. Studies in the Earliest History of

Mit einer eventuellen aramäischen Wiedergabe des Schriftwortes ist es nicht anders
bestellt, wie P.M. CASEY nachgewiesen hat: „[A] perfectly plausible Aramaic version
could have been produced or used by Jesus and could have stood in Mark's source:
ביתי בית צלו יתקרא לכל עממיא. If Mark's source had this Aramaic version, or the
Hebrew text, Mark had good reason to consult the LXX for his Greek readers. In
either case, he might have arrived at the same translation independently, so literal and
accurate it is."[223]

Etwas anders stellt es sich freilich mit der vermutlich als Anspielung auf
Jer 7,11 zu wertenden Wendung σπήλαιον λῃστῶν, denn tatsächlich
übersetzt die LXX nur an dieser einen Stelle das hebräische Wort פָּרִיץ
durch λῃστής. Da aber פָּרִיץ nur insgesamt sechsmal im Alten Testament
vorkommt und die LXX jedes Mal – durch den Kontext mitbedingt – eine
andere Wiedergabe bietet[224], ist auch dieser wortstatistische Befund wenig
aussagekräftig, zumal drei von den insgesamt sechs Vorkommen von
λῃστής in der LXX das den פָּרִצִים von Jer 7,11 entsprechende גְּדוּד
(„Räuberbande") wiedergeben (Jer 18,22; Hos 7,1; Sir 36,26[225])[226]. Unter
diesen Umständen reicht der mit Jer 7,11 LXX identische Ausdruck
σπήλαιον λῃστῶν keineswegs als Beweis dafür aus, daß die Mk 11,17

Christianity, London 1983, 1–30, 133–156, bes. 4–9, 14–18 sowie DERS., ‚Hellenization'
of Judaea, 7ff.

[223] CASEY, Culture and Historicity, 318.

[224] In Ez 18,10 gibt die LXX und in Dan 11,14 Theodotion בְּנֵי פָּרִיצִים/בֶּן־פָּרִיץ mit υἱὸς
λοιμός (buchstäblich „von der Pest befallen / verseucht", im übertragenen Sinn „verderblich",
vgl. Act 24,5) bzw. mit οἱ υἱοὶ τῶν λοιμῶν wieder. Die „Pfade des Räubers", von denen
Ps 17,4 spricht, übersetzt Ps 16,4 LXX mit ὁδοὶ σκληραί („harte / rauhe Wege"). In Jes 35,9
qualifiziert פָּרִיץ Tiere (חַיּוֹת) als „Raubtiere", was die LXX durch τὰ θηρία τὰ πονηρά
wiedergibt (vgl. dieselbe Wendung in Gen 37,20 und Lev 26,6, wo auch der MT den
entsprechenden Ausdruck חַיָּה רָעָה anwendet). Das letzte Vorkommen von פָּרִיץ im AT,
Ez 7,22 (וּבָאוּ־בָהּ פָּרִיצִים) wird von der LXX durch eine adverbiale Wendung umschrieben:
καὶ εἰσελεύσονται εἰς αὐτὰ ἀφυλάκτως. In Jer 7,11 käme höchstens das Ez 18,10 benutzte
λοιμός als Alternative zu λῃστής in Frage.

[225] Nach der Verszählung in ZIEGLER, Sapientia Iesu Filii Sirach Sir 36,31.

[226] In Ob 5 gibt λῃστής שׁוֹדֵד (substantiviertes Partizip Qal von der Wurzel שׁדד, deren
Bedeutung in Qal „gewalttätig sein" oder „verheeren / verwüsten" ist). In Ez 22,9 steht
ἄνδρες λῃσταί für אַנְשֵׁי רָכִיל („Verleumder"). (Σπήλαιον λῃστῶν in Jer 12,9 im Codex
Alexandrinus statt σπήλαιον ὑαίνης in den anderen Hauptzeugen habe ich als vermutliche
Anpassung an Jer 7,11 nicht mitgezählt. Der Text des MT z.St. ist schwierig; vgl.
RUDOLPH, Jeremia, 84 und R.P. CARROLL, Jeremiah. A Commentary, OTL, London
1986, 289.) Da EpJer aller Wahrscheinlichkeit nach zwar auf eine hebräische Vorlage
zurückgeht, aber nur in griechischer Sprache überliefert ist (vgl. A.H.J. GUNNEWEG, Der
Brief Jeremias, JSHRZ III.2, ²1980, [183–192] 185f; SCHÜRER, History III.2, 743–745),
läßt sich aus den drei Belegen von λῃστής in dieser Schrift, EpJer 13.17.57 (Zählung nach
RAHLFS, Septuaginta und GUNNEWEG, a.a.O.), nicht auswerten, welchen hebräischen
Äquivalenten λῃστής in der LXX entsprechen.

zitierte Aussage sich von Anfang an auf die LXX bezogen hat und dementsprechend erst in griechischer Sprache formuliert worden ist[227].

MARIA TRAUTMANN meint allerdings eine so deutliche inhaltliche Korrespondenz zwischen dem Jesuswort und den redaktionellen Akzenten im Kontext sowohl hinsichtlich des negativen wie auch des positiven Aspekts feststellen zu können (Räuberhöhlenvorwurf entspreche der Verfluchung und Verdorrung des Feigenbaums, „Haus des Gebetes" weise auf die Gebetsdidache in V. 22b–25 hin)[228], daß sie nicht nur aufgrund des sprachlichen Charakters der Überleitung V. 17a, sondern auch aufgrund solcher inhaltlicher Überlegungen zu dem Ergebnis kommt, daß „... wohl der ganze V. 17 als mk Erklärung der Tempelreinigung betrachtet werden (darf)"[229]. TILL AREND MOHR erwägt seinerseits, inwiefern die scheinbar „tempelfreundliche Haltung"[230] des Zitats aus Jes 56,7 der tempelkritischen Haltung des Mk, die durch „die Rahmung durch die Feigenbaumgeschichte und etwa 13,2"[231] zum Ausdruck komme, zuwiderlaufe und sich somit als nichtredaktionell zu erkennen gebe. Aber anders als bei Joh 2,16b (vgl. S. 199f) trüge der tempelfreundliche Eindruck[232]; vielmehr sei die Aussage in V. 17 inhaltlich vollständig auf der Linie des Mk[233]. Ausschlaggebend für die überlieferungsgeschichtliche Bestimmung sei letztlich „die schriftgelehrte Form des Wortes V. 17"[234]. Gemäß dieser Form „erwartet (es) in seinem ersten Teil als Frage und mit einem

---

[227] CASEY, Culture and Historicity, 313 erörtert, durch welches aramäische Wort Jesus פְּרִיצִים wiedergegeben hat.
Wenn SCHENK, Passionsbericht, 152 zum letzten Teil des Jesuswortes, d.h. dem Räuberhöhlenvorwurf, bemerkt, daß „... das von der Zitatvorlage nicht gedeckte *de* auf redaktionelle Formulierung (weist)", verzeichnet er den Befund in dem Bestreben, ihn als redaktionell zu stempeln. Aus der vermeintlichen „Zitatvorlage" ist lediglich die *Anspielung* σπήλαιον λῃστῶν aufgenommen, und das Vorkommen der adversativen Konjunktion δέ erklärt sich voll befriedigend aus der antithetischen Struktur der Aussage heraus ohne jegliche Annahme einer (nachträglichen) redaktionellen Hand!

[228] TRAUTMANN, Zeichenhafte Handlungen Jesu, 88f.

[229] A.a.O., 89f. Noch weiter geht z.B. HAMILTON, Cleansing, 372, der in V. 17 sowohl „hellenistic bias" als auch schlichte Unkenntnis der tatsächlichen Verhältnisse zu finden meint.

[230] MOHR, Markus- und Johannespassion, 83.

[231] Ebd.

[232] Ebd.: „Doch darf man dieses Zitat nicht von seinem at. Kontext her interpretieren, sondern aus dem jetzigen innerhalb der Tempelreinigungsgeschichte. Gegenüber der positiven, im Gewand der Verheissung einhergehenden Wertung des Opferkultos bei Tritojesaja verunmöglicht Jesu Handeln, (sic) in Mk 11,15f nach Mk auch diesen Opferkult; und wenn Jesus im Anschluss daran sagt, dass der Tempel ‚ein Bethaus' heissen soll für alle Völker', dann muss V. 17 auf dieser kultkritischen Linie interpretiert werden."

[233] Ebd.

[234] A.a.O., 82.

gleichzeitigen Verweis auf die Schrift (οὐ γέγραπται ὅτι κτλ.) eine bejahende, schriftkundige Antwort"[235]. Da aber die Tempelaktion nach MOHRs Überzeugung vormk mit der Vollmachtsfrage verbunden war und diese über V. 17 hinweg sich direkt auf Jesu Tat bezieht, ergibt sich: „Vers 17 stellt ... eine kerygmatische Neuinterpretation der Tempelreinigung durch den Evangelisten dar."[236]

M.E. weisen die überlieferungsgeschichtlichen Analysen TRAUTMANNS und MOHRs lediglich auf etliche Momente hin, die für einen redaktionellen Ursprung von Mk 11,17 sprechen mögen, aber erreichen längst nicht den Grad an Gewißheit, den sie beanspruchen. Folgerichtig, aber aus dem Grund nicht weniger irrig, gewinnt TRAUTMANN ihrer Untersuchung folgende Schlußfolgerung ab: „Damit entfällt aber dann auch die Möglichkeit und die Zulässigkeit, *Jesu* Vorgehen im Tempel von den profetischen Texten Jes 56,7 und Jer 7,11 her zu interpretieren."[237] Die Berechtigung dieser methodisch-exegetischen Folgerung und Forderung hat TRAUTMANNS überlieferungsgeschichtliche Analyse keineswegs einwandfrei zu erweisen vermocht. Bei derartig folgenschweren Postulaten muß man jedoch eine sehr überzeugende Beweisführung, die ohne spekulative Annahmen auskommt, verlangen dürfen. M.E. ist es leichtsinnig von vornherein die Eventualität auszuschließen, daß die Aussage Jesu in V. 17 von Anfang an zur Überlieferung über die Tempelaktion gehört haben *könnte*[238].

Die oben vorgestellten Plädoyers aus den letzten Jahren sogar zugunsten des vormk Ursprungs der Überleitung in V. 17a sowie der Nachweis eines möglichen frühjüdisch-semitischen Wortlauts hinter dem ganzen Logion V. 17b untermauern die Berechtigung eines sehr zurückhaltenden Urteils.

Oben sind zwar bereits Bruchstücke von P.M. CASEYs Rückübersetzung von V. 17 ins Aramäische präsentiert worden, aber es fehlt noch die zusammenhängende Vorstellung des ganzen Verses: ואלף הוה ואמר: לא כתיב דביתי בית צלו יתקרא לכל עממיא, ואנתון עבדתון יתו מערה דאנסין.[239]

---

[235] A.a.O., 83.

[236] Ebd.

[237] TRAUTMANN, Zeichenhafte Handlungen Jesu, 90 (Hervorhebung von TRAUTMANN). Vgl. auch das Urteil des den mk Anteil von V. 17 auf die Einführung der Aussage beschränkenden TH. SÖDING (s.o. Anm. 208): „die Deutung in Mk 11,17 ist zwar alt, aber sicher sekundär und bestimmt nicht jesuanisch" (Tempelaktion, 51f). Wie SÖDING urteilt auch SCHWEIZER, Markus, 127. Vgl. auch SCHMITHALS, Markus II, 494.

[238] Vgl. die Warnung des C.K. BARRETT, der zwar die Verbindung von V. 15f und 17 auf die redaktionelle Arbeit des Mk zurückführt (House of Prayer, 18), aber hinzufügt: „It would however be unwise to draw the conclusion that verse 17, and the meaning assigned to it here, cannot go back to Jesus" (19). S. auch HOOKER, Traditions, 17f.

[239] CASEY, a.a.O., 308.

Allgemein scheint in letzter Zeit die Annahme der Authentizität von V. 17(b) oder wenigstens eine Offenheit dafür, daß dies der Fall sein kann, gewachsen zu sein. Z.B. schließt KIM HUAT TAN seine ausführliche Diskussion dieser Frage mit der Schlußfolgerung ab: „As there are no strong objections to its authenticity, it is here proposed that Mark 11.17 is authentic and serves the very important function of explaining the motivation behind Jesus' action."[240] Obwohl der Beweis eines vormk oder sogar jesuanischen Ursprungs des Wortes in Mk 11,17 kaum auf überlieferungsgeschichtlicher Basis allein erfolgen kann, möchte ich mich diesen Voten zugunsten der Authentizität anschließen. Die Tragfähigkeit dieser Annahme muß sich allerdings noch exegetisch durch den Erweis bewähren, daß eine Deutung der Tempelaktion Jesu unter Einbeziehung vom Jesuswort V. 17 erfolgen kann, ohne daß es dabei zur Zurechtrückung bzw. Manipulation des Aussagegehaltes von V. 15b.16 kommt bzw. kommen muß. Erst wenn es gegebenenfalls feststehen sollte, daß die Aussage in V. 17 ganz oder teilweise in Widerspruch oder Spannung zum ursprünglichen Sinn des in V. 15f erkennbaren Überlieferungsursprungs steht, ist es erlaubt und geboten, von ihr bei der Deutung der Tempelaktion im ursprünglichen (und vorsynoptischen) Kontext abzusehen. Denn methodisch gesehen, ist eine Interpretation von Mk 11,15b.16 überlegen und vorzuziehen, die *nicht* darauf angewiesen ist, V. 17 auszublenden, weil sie mit diesem Vers im Widerspruch steht, sondern die sich mit V. 17 verträgt.

4.1.5 Mk 11,18

Zwischen Mk 11,17 und dem darauffolgenden Vers 18 ist ein deutlicher Einschnitt zu verzeichnen (vgl. die Gliederung S. 240f). Der Aspekt wechselt von dem durativen Imperfekt der Unterbindung des σκεύη-Tragens (V. 16) und des Lehrens (V. 17) zu punktuellem Aorist: „Und die Hohenpriester und die Schriftgelehrten *bekamen zu hören* (ἤκουσαν)." Es fehlt in diesem Satz in V. 18aα ein Objekt, aber nach dem Kontext kann nicht zweifelhaft sein, daß das in V. 15–17 geschilderte Auftreten Jesu im

---

[240] TAN, Zion and Jesus, 185 (vgl. 181ff). Neben CASEY, a.a.O. und SMITH, Objections, als vehemente Befürworter der Authentizität von V. 17 sind sonst aus den letzten Jahren u.a. zu nennen GUNDRY, Mark 643f; CROSSAN, Der historische Jesus, 473 (vermutlich authentisch); BOCKMUEHL, This Jesus, 73 sowie H.D. BETZ, Jesus, 458, 467 (V 17 gibt Jesu Motivation bei der Tempelaktion zutreffend wieder). Unter anderen Forschern, die V. 17b für ein authentisches Jesuswort halten, können noch genannt werden BURKITT, Cleansing, 386f; JEREMIAS, Jesu Verheißung, 56; DERS., Theologie, 198 Anm. 9, 199 Anm. 14, 236; TAYLOR, Mark, 461, 463; TROCMÉ, Expulsion, 15 (jedoch erst sekundär mit V. 15f verbunden, vgl. a.a.O., 12, 14f); PESCH, Markus-evangelium II, 191, 199. ERNST, Markus, äußert sich widersprüchlich zu V. 17: Seinen Ausführungen auf S. 328 zufolge soll etwas von diesem Vers zur vormk Überlieferung gehört haben, aber ansonsten betrachtet er S. 328, 329 den ganzen Vers als mk.

Tempel als Objekt des Hörens, des In-Erfahrung-Bringens, gemeint ist[241].
V. 18aβ erzählt von dem Vorhaben, das die den Hohenpriestern und
Schriftgelehrten vermittelte Kunde vom Geschehen im Tempel auslöst:
„Und sie machten sich Gedanken darüber, wie sie ihn umbringen könnten."
Dem durativen Charakter dieses Vorhabens entsprechend wechselt der
Aspekt nochmals zu Imperfekt (ἐζήτουν[242]).

Die zweite Hälfte von V. 18 liefert noch eine weitergehende Motivation
für diese Tötungsabsicht nach, und zwar mit sprachlichen Wendungen, die
auch anderswo bei Mk vorkommen: „Denn sie fürchteten ihn, weil alles
Volk wegen seiner Lehre außer sich war" (V. 18b[243]). Dieser sprachliche
und inhaltliche Befund (vgl. vor allem bereits Mk 1,22; 3,6 und sonst u.a.
7,37; 12,12; 14,1) wird in der Forschung durchgehend als Ausdruck mk
Redaktion beurteilt[244].

Die meisten Forscher weiten das Urteil der Redaktion auf den ganzen
V. 18 aus[245]; es gibt aber einige, die V. 18a für vormk halten.

> P.M. CASEY schließt noch V. 18a in die von ihm angenommene und rekonstruierte
> aramäische Quellenvorlage zu Mk 11,15–18a mit ein, allerdings – im Gegensatz zu
> den vorausgehenden Versen – ohne ihn genauer zu erläutern: ושמעו כהניא דברביא
> וספריא ובעין היך יאבדונה.[246]

Zu denen, die V. 18a als vormk beurteilen, gehören u.a. WOLFGANG
SCHENK, JÜRGEN ROLOFF und THOMAS SÖDING.

---

[241] Es ist eine Mißachtung der Textstruktur, die Hohenpriester und Schriftgelehrten
von V. 18aα zu anwesenden Zuhörern des Lehrens Jesu, von dem V. 17 spricht, zu
machen und in ihnen den Bezugspunkt des Dativobjekts αὐτοῖς in V. 17a zu sehen (so
z.B. MOHR, Markus- und Johannespassion, 82). Αὐτοῖς muß sich (jedenfalls auf der
synchronen Textebene) auf etwas Vorausgehendes beziehen – andere Bezugspunkte hat
der Leser bei fortlaufender Lektüre nicht; und gemeint sind bestimmt die Geldwechsler
und Taubenverkäufer. Das Argument derer, die in αὐτοῖς die Hohenpriester und Schriftgelehrten von V. 18 erblicken, daß zum Zeitpunkt des Lehrens die Bediensteten des
Tempelmarkts bereits ausgetrieben waren und folglich nicht mehr anwesend sein
konnten, beruht auf ungenauer Lektüre von V. 15. Vgl. die weiteren Ausführungen auf
S. 265–267. PESCH, Markusevangelium II, 210 trifft den Sachverhalt, wenn er unter
Verweis auf Mk 11,18 schreibt, daß die Tempelaktion den Hohenpriestern und
Schriftgelehrten „zu Ohren gekommen ist".

[242] Für die Übersetzung von ζητεῖν s. Anm. 14.

[243] Für die Übersetzung vgl. Anm. 15.

[244] Vgl. z.B. ROLOFF, Kerygma, 92f; SCHENK, Passionsbericht, 152; TRAUTMANN,
Zeichenhafte Handlungen Jesu, 86; MOHR, Markus- und Johannespassion, 78; SÖDING,
Tempelaktion, 45 Anm. 40.

[245] Vgl. BULTMANN, Geschichte, 36; BUCHANAN, Brigands, 176; NINEHAM, Mark,
302f; TAYLOR, Mark, 464; SUHL, Funktion, 142; TELFORD, Barren Temple, 48;
TRAUTMANN, a.a.O., 86f; ERNST, Markus, 328; MOHR, a.a.O., 78–81; LÜHRMANN,
Markusevangelium, 191.

[246] CASEY, Culture and Historicity, 308.

Angesichts des Befundes überrascht hier vor allem SCHENK[247], der sonst wortstatistischen Befunden überlieferungs- und redaktionsgeschichtlich sehr hohe Kompetenz zuschreibt, denn bereits in V. 18a häufen sich seinen sonst angewandten Kriterien zufolge geradezu mk Besonderheiten[248]. Er beschränkt aber den mk Eingriff in den Text auf die Einführung der γραμματεῖς[249]. Der entscheidende Grund für seine Einstufung von V. 18a als vormk ist jedoch darin zu finden, daß er aufgrund der sprachlichen und inhaltlichen Verwandtschaft zwischen Mk 11,18 und 14,1 und des s.M.n. redaktionellen Charakters der letzteren Stelle auf den vormk Ursprung von Mk 11,18a schließt bzw. seiner zugrundegelegten Logik nach schließen *muß*[250]. Seine Rekonstruktion eines vormk Traditionsbestands in „11,15b.c.16.18a.b[251]; 14,2.10.11b abzüglich einzelner kleinerer Erweiterungen"[252] beruht auf vielen hypothetischen Faktoren und erklärt den ganzen Textkomplex Mk 11,18b–14,1 als mk Einfügung, wogegen erhebliche Bedenken anzumelden sind. Dazu gehört u.a. die Annahme, daß die Vollmachtsperikope, Mk 11,27–33, bereits vormk mit der Tempelaktionsperikope verbunden war[253].

Hiermit sind wir bei der Begründung JÜRGEN ROLOFFs für seine Bestimmung von Mk 11,18a als vormk angelangt. Er meint eine gewisse Spannung feststellen zu können sowohl zwischen dem unmittelbar auf die Tempelaktion zurückweisenden V. 18a und dem sich an „der *allgemeinen* Wirkung des Handelns Jesu auf das Volk"[254] orientierenden V. 18b als

---

[247] Zur Vermeidung jeglicher Mißverstandnisse muß hier erwähnt werden, daß SCHENK V. 18 anders untergliedert als ich: V. 18aα = V. 18a bei SCHENK, V.18aβ = V.18b bei SCHENK, V. 18b = V. 18c bei SCHENK. Hier ist auch GNILKA, Markus II, 127, zu nennen. Er läßt V. 18 bis einschließlich des ersten Kausalsatzes reichen (= V.18a.bα bei mir), hält bis auf καὶ οἱ γραμματεῖς diesen Teil des Verses für vormk und beschränkt sonst die Redaktion auf den Rest, V. 18b (= V.18bβ bei mir).

[248] Vgl. die Ausführungen des methodisch ähnlich arbeitenden MOHR, a.a.O., 78: „Die Verbindung der ἀρχιερεῖς und der γραμματεῖς zu der in Jerusalem entscheidenden Gegnerfront entspricht genau der mkn. Auffassung. ζητεῖν gehört zum typisch mkn. Vokabular. Die Wendung καὶ ἐζήτουν αὐτόν ist bei Mk stets red. Dem πῶς αὐτὸν ἀπολέσωσιν im Sinne der gegen Jesus gerichteten Haltung der Gegner entspricht bei Mk nur die gewichtige red. Parallele in 3,6 (ὅπως αὐτὸν ἀπολέσωσιν)." (MOHR bemüht sich, die im Zitat enthaltenen Behauptungen in den Anmerkungen 4–7 auf derselben Seite zu belegen und zu begründen.)

[249] SCHENK, a.a.O., 152.

[250] Vgl. die Ausführungen bei SCHENK, a.a.O., 146–148, die zu folgendem Ergebnis führen: „Als eine redaktionell gestaltete Dublette zu 11,18" diene Mk 14,1 „Markus dazu, seinen 11,18 offenbar verlassenen Traditionsfaden wieder aufzunehmen" (148).

[251] D.h. nach meiner Gliederung V. 18a (vgl. Anm. 247).

[252] SCHENK, a.a.O., 153.

[253] Zur Kritik von SCHENK s. MOHR, a.a.O., 81 Anm. 21.

[254] ROLOFF, Kerygma, 92 (kursiv von ROLOFF).

auch zwischen dem V. 18a schon formulierten Tötungsbeschluß und den
mit V. 18b verwandten Zwischenbemerkungen 12,12 und 14,1f, denen
zufolge „die Gegner ... zunächst nur die Gefangennahme Jesu planen [*sc.*
in 12,12] und erst in 14,1f. Gefangennahme und Tötung verbunden
werden"[255]. Somit sei V. 18a als „mit V. 18b nicht recht kongruent"[256],
stehe es ganz anders um seine Verbindung zu 11,28, an den sich „ein
nahtloser Anschluß" herstellen lasse und durch ihn „eine völlig in sich
abgerundete Streitgespräch-Szene" entstehe[257]. Auf dieser Grundlage hält
ROLOFF es für wahrscheinlich, „daß eine älteste Form des Berichtes
rekonstruiert werden kann, die etwa Mk. 11,15f.18a.28–33 umfaßt haben
dürfte"[258].

Exkurs: Überlieferungsgeschichtliche Inkompetenz der Formgeschichte

An der eben dargelegten überlieferungsgeschichtlichen Rekonstruktion JÜRGEN
ROLOFFs muß m.E. nun vor allem ihre Ausblendung von V. 17 auf *formgeschichtlicher* Basis hinterfragt werden. Der Spruch Jesu in V. 17 würde in den für ein
Streitgespräch vorauszusetzenden Aufbau schlecht hineinpassen und fällt aus diesem
Grund unter den Verdacht, eine spätere Ergänzung zu sein[259]. Wie ROLOFF ausführt,
hat die Tempelaktionsperikope immer der formgeschichtlichen Klassifizierung
beträchtliche Schwierigkeiten bereitet[260].

Nach MARTIN DIBELIUS etwa ist es gerade nicht V. 17, sondern V. 18, der
formgeschichtlich Probleme bietet, denn seinetwegen wird die Perikope Mk 11,15ff,
die als ein Paradigma zu klassifizieren sei[261], dem der für diese Gattung konstitutiven
Isolierung entsprechenden wesentlichsten Kennzeichen der *äußeren Rundung* nicht
gerecht: V. 18 binde die Tempelaktion in den Zusammenhang des weiteren Verlaufs

---

[255] A.a.O., 93.

[256] A.a.O., 92.

[257] A.a.O., 93. Vgl. ebd.: „die Tempelreinigung hätte in diesem Zusammenhang ihre
Funktion als Ausgangspunkt für die folgende Auseinandersetzung." Bei der Verbindung
zwischen Tempelaktions- und Vollmachtsfrageperikope sei es berechtigt, bei Mk 11,28
einzusetzen, weil V. 27 redaktionell sei (vgl. ebd. Anm. 137).

[258] A.a.O., 93. Oben ist auch SÖDING als Verfechter vormk Ursprungs von V. 18a erwähnt worden. Er hält diesen Halbvers für Bestandteil eines vormk (Passions-)Berichtes,
aber nicht zur ursprünglichen Perikope zugehörig, die s.M.n. V. 15–17 umfaßt habe und
nicht mit Mk 11,27–33 verbunden gewesen sei (Tempelaktion, 45 mit Anm. 40, 41).

[259] Hierbei soll nicht unterschlagen werden, daß ROLOFF weitere Gründe als die
formgeschichtliche Bestimmung von Mk 11,15f.18a.28–33 als Streitgespräch für die
Zuordnung von V. 17 zur Redaktion nennt; vgl. a.a.O., 91 (bereits oben in Anm. 198
angeführt). Auch SCHNIDER/STENGER, Johannes und die Synoptiker, 30f argumentieren
von der Prämisse der Zusammengehörigkeit von Tempelaktion und Vollmachtsfrage her
formgeschichtlich gegen die Zugehörigkeit von V. 17 zur vormk Überlieferung.

[260] A.a.O., 90.

[261] Vgl. Anm. 201 oben für DIBELIUS' Definition von Paradigma und für seinen
Erweis, daß V. 17 gerade als ein formgerechter Bestandteil des Paradigmas zur Perikope
gehört.

von Jesu Jerusalemaufenthalt ein, verstoße somit gegen die „reine" Form des Paradigmas und offenbare sich dadurch als „der ursprünglichen Perikope fremd"[262].

Streitgespräch – jene Formbestimmung, zu der ROLOFF in seiner Analyse kam – gehört auch zu RUDOLF BULTMANNS Gattungskategorien, und zwar als eine von insgesamt drei Untergruppen der *Apophthegmata*[263]. Auch BULTMANN zufolge ist die Tempelaktionsperikope ein Apophthegma, aber nicht zur Untergruppe der Streitgespräche gehörig, sondern statt dessen als ein *biographisches Apophthegma*[264]. Während nach DIBELIUS' Bestimmung der Perikope als Paradigma V. 17 den Erfordernissen der Form gerecht wird, stellt BULTMANN von seiner formgeschichtlichen Einordnung der Perikope her jedoch fest, daß „stilgemäß das Schwergewicht im Apophthegma auf dem Ausspruch liegen (müßte), hier ruht es auf der Handlung, der gegenüber das Wort eine Erläuterung ist"[265]. Seine Vermutung, daß vormk diesem Apophthegma eine „reinere" Form eignete und daß es damals stilgemäß in ein Wort (Joh 2,16b?) mündete, auf dem das Schwergewicht lag, ist bereits oben referiert worden (vgl. S. 217f). Eine weitere überlieferungsgeschichtlich folgenschwere Implikation der formgeschichtlichen Klassifizierung von Texten als Apophthegmata ist BULTMANNS Überzeugung, daß diese Gruppe überwiegend *ideale Szenen* bietet: „Als ideale Szene ist eine solche zu bezeichnen, die ihren Ursprung nicht in einer geschichtlichen Begebenheit, sondern in einer Idee hat, die sie bildhaft veranschaulichen soll."[266] Während nach BULTMANN die Streitgespräche *sämtlich* und auch fast alle Schulgespräche solche idealen Szenen bilden[267], stellt sich s.E. der Tatbestand bei den biographischen Apophthegmata folgendermaßen dar: „Der ideale Charakter fast aller ... biographischen Apophthegmata liegt deutlich zutage. Davon auszunehmen sind nur Lk 13,31–33 und Mk 14,3–9, deren Sinn wirklich in der einzigartigen Situation beschränkt liegt, und die deshalb im eigentlichen Sinn biographischen Charakter haben."[268] In bezug auf die Tempelaktionsperikope stellt

---

[262] DIBELIUS, Formgeschichte, 42. Wegen dieses Verstoßes gegen die „reine" Form des Paradigmas zählt DIBELIUS die Tempelaktion zu den insgesamt zehn Paradigmen „minder reinen Typs" (a.a.O., 40).

[263] Vgl. BULTMANN, Geschichte, 8–73. Als Apophthegmata sind zu rechnen „solche Stücke, deren Pointe ein in einen kurzen Rahmen gefaßtes Jesuswort bildet" (a.a.O., 8).

[264] Vgl. a.a.O., 26–38.58–64.

[265] A.a.O., 36.

[266] A.a.O., 48 Anm. 3. Es folgt, daß die Apophthegmata überlieferungsgeschichtlich nur zu ihrem Sitz im Leben in der nachösterlichen Gemeinde zurückverfolgt werden können, und überwiegend sind sie nach BULTMANNS Einschätzung auch erst hier entstanden. Auch DIBELIUS' Paradigmen lassen sich als illustrierende Predigtbeispiele nur zu ihrer Anwendung in der nachösterlichen Gemeinde zurückverfolgen. Was sein positives überlieferungsgeschichtliches Urteil über Mk 11,17 als nicht redaktionell anbelangt, ist in diesem Zusammenhang zu vermerken, daß es gerade unter Distanzierung von dem historisch zu Erwartenden erreicht wird: „Daß Jesus bei der Tempelreinigung nicht ein Drohwort in die Menge schleuderte, sondern sie ‚lehrte und sprach' Mk 11,17, widerspricht ebensosehr den Forderungen realistischer Erzählungskunst wie es dem Bedürfnis der Predigt Genüge tut" (Formgeschichte, 53). Laut DIBELIUS offenbart sich der erst nachträgliche Ursprung dieses Bestandteils des Paradigmas folglich gerade an seiner erkennbaren Ausrichtung auf die Zwecke der Predigt.

[267] A.a.O., 40, 57.

[268] A.a.O., 59. Allerdings heißt dies für BULTMANN nicht – wie es klingen mag, daß diese Apophthegmata tatsächliche Episoden aus dem Leben Jesu biographisch tradieren,

BULTMANN aufgrund der dort vorliegenden Verlagerung des Schwergewichts vom Wort auf die Handlung fest, daß „V. 15f. als eine aus V. 17 herausgesponnene ideale Szene (nicht) angesehen werden (kann), zumal als solche höchstens V. 15, kaum aber V. 16 zu begreifen wäre"[269]. Aus diesem Grund darf Mk 11,15ff als eines jener wenigen biographischen Apophthegmata eingestuft werden, deren „erzählte Handlung ... ein wahrscheinlich geschichtlicher Vorgang" sei, doch werde „er durch das angefügte Wort zur idealen Szene erhoben"[270].

Diese kurze Darlegung der formgeschichtlichen Klassifizierung der Tempel-aktionsperikope bei DIBELIUS, BULTMANN und ROLOFF reicht aus, um die daran haftenden Schwierigkeiten und die aus diesen Schwierigkeiten heraus resultierenden Differenzen in den Ergebnissen zu belegen. Worauf es mir im Moment vor allem ankommt, ist, vor dem verhängnisvollen Unterfangen *überlieferungsgeschichtlicher Rückschlüsse* aus dieser Art formgeschichtlicher Analyse zu warnen. Es werden Inhaltsmomente, die tatsächlich oder vermeintlich gegen die „reine" Form der vorliegenden Gattung verstoßen, als überlieferungsgeschichtlich sekundär gestempelt. Das Ausmaß an Übereinstimmung mit der theoretischen Idealform einer Gattung ist aber völlig ungeeignet als überlieferungsgeschichtliches Kriterium. Denn das formgeschichtliche Dogma der „reinen" Form als Ursprung und der Glaube an feststellbare Gesetzmäßigkeiten für mündliche Überlieferungsvorgänge der Evange-lienstoffe sind trügerisch und unhaltbar[271]. Methodisch sind darum Formgeschichte und Überlieferungsgeschichte zu unterscheiden[272], und überlieferungsgeschichtliche Urteile müssen auf einem viel breiteren und solideren Fundament als bloß form-geschichtlichen Bestimmungen von Perikopen (und deren einzelnen Bestandteilen) aufgebaut werden.

---

denn für die Salbungsgeschichte Mk 14,3–9 nimmt er einen erst hellenistischen Ursprung an (vgl. a.a.O., 64). Das Zitat auf S. 59 fährt folgendermaßen fort: „Ferner Mk 13,1–2; Lk 19,41–44; 23,27–31; bei denen dies zwar nicht der Fall ist, die aber auch nicht symbolischen oder idealen Charakter haben, sondern die einen Moment des Lebens Jesu nur als geeigneten Platz für die Unterbringung einer Weissagung benutzen."

[269] A.a.O., 36.

[270] A.a.O., 59. Vgl. a.a.O., 36: Die Deutung in V. 17 „erhebt nun freilich ... das Ganze zum Rang einer idealen Szene, da das ὑμεῖς δὲ πεποιήκατε κτλ. sich schwerlich nur an die Adresse der Krämer, sondern vielmehr an die Juden überhaupt richtet".

[271] Vgl. K. HAACKER, Leistung und Grenzen der Formkritik, ThBeitr 12, 1981, 53–71 (= § 5 in: DERS., Neutestamentliche Wissenschaft. Eine Einführung in Fragestellungen und Methoden, Wuppertal [2]1985, 48–63); RIESNER, Jesus, 6–18, und E.P. SANDERS, The Tendencies of the Synoptic Tradition, MSSNTS 9, Cambridge 1969, der aufgrund eines reichen Vergleichsmaterials aus ntl. Textgeschichte, Kirchenväterzitaten und apokryphen Evangelien zu dem Ergebnis kommt, daß gegen die Postulierung der klassischen Formgeschichte von der Entwicklung von der „reinen" zur atypischen Form oder zur Mischform keine Gesetze für die Abwandlungen des Jesusstoffes formulierbar sind, die Anspruch auf Allgemeingültigkeit erheben können (s. vor allem S. 272–275). Vgl. auch B. GERHARDSSON, Der Weg der Evangelientradition, in: Das Evangelium und die Evangelien. Vorträge vom Tübinger Symposium 1982, WUNT 28, hg. v. P. STUHL-MACHER, Tübingen 1983, 79–102.

[272] Vgl. K. BERGER, Einführung in die Formgeschichte, UTB 1444, Tübingen 1987, 19–27, 174ff.

Im Hinblick auf Mk 11,18a – um zum Ausgangspunkt der Überlegungen über die überlieferungsgeschichtliche Inkompetenz der Formgeschichte zurückzukehren – müssen deshalb m.E. andere Gesichtspunkte als etwa der „nahtlose Anschluß", den er zwischen V. 15f und V. 28–33 herstellt (vgl. ROLOFF), oder sein Verstoß gegen die konstitutiven Stilmerkmale des Paradigmas (vgl. DIBELIUS) für seine überlieferungsgeschichtliche Einordnung letztlich ausschlaggebend sein. Zwar nehme ich mit der Mehrheit der Exegeten an, daß auch diese erste Hälfte von V. 18 der mk Redaktion zuzuschreiben ist (vgl. Anm. 245), aber stelle gleichzeitig fest, daß sein Inhalt in der Sache historisch durch und durch zutreffend (s.u. S. 326) und das überlieferungsgeschichtliche Urteil betreffs seines Ursprungs für die Interpretation der Tempelaktion in ihrem ursprünglichen Kontext (vgl. Kapitel 7) völlig belanglos sind.

4.2 Bestand eine Verbindung zwischen Mk 11,15–19* und Mk 11,27–33* in der vormarkinischen Überlieferung?[273]

Oben ist JÜRGEN ROLOFF bereits als ein Verfechter einer vormk Verbindung zwischen der Tempelaktion (Mk 11,15–19*) und der Vollmachtsfrage (Mk 11,27–33*) erwähnt worden (s. S. 227f). Eines seiner gewichtigsten Argumente ist die Frage nach dem Bezugspunkt des in der Vollmachtsfrage Mk 11,28 als Objekt benutzten Demonstrativpronomens ταῦτα: „In welcher Vollmacht tust du *dieses*?" (ἐν ποίᾳ ἐξουσίᾳ ταῦτα ποιεῖς;)[274]. ROLOFF stellt nämlich im Falle eines nahtlosen Anschlus-

---

[273] Für eine deutsche Übersetzung von Mk 11,27–33 s. S. 290.

[274] Wie bereits festgestellt, überliefern auch Mt und Lk die Vollmachtsfrageperikope im Kontext der Tempelaktion: Lk in direktem Anschluß daran (Lk 20,1–8); Mt wie Mk durch einige Verse davon getrennt (Mt 21,23–27) (s. Übersicht S. 173). Nach allen drei Fassungen leiten die Gegner Jesu das Gespräch durch eine Doppelfrage ein, deren erste Hälfte völlig identisch formuliert und oben zitiert ist (Mk 11,28bα par. Mt 21,23bα; Lk 20,2α [hier durch die Vorschaltung von εἰπὸν ἡμῖν von Frage zu Aufforderung umgestaltet]). Auch in der zweiten Hälfte der Doppelfrage stimmen die Fassungen im wesentlichen überein, aber nur Mk wiederholt das Demonstrativpronomen ταῦτα als Objekt zu ποιεῖν: „Oder wer hat dir diese Vollmacht gegeben, daß du *dieses* tust?" (Mk 11,28bβ). Das Demonstrativpronomen ταῦτα erscheint auch im Munde Jesu, weiterhin als Objekt zu ποιεῖν (ταῦτα ποιῶ), in Mk 11,29 par. Mt 21,24 und Mk 11,33 par. Mt 21,27; Lk 20,8.
In der folgenden überlieferungsgeschichtlichen Analyse beschränke ich mich auf die mk Version dieser Perikope und verweise für eine literarkritische Begründung dieses Verfahrens auf den Abschnitt 2, S. 159ff, bes. den letzten Teil 2.4, S. 172–178. Es soll nur explizit bemerkt werden, daß angesichts der eben festgestellten übereinstimmenden Formulierung der Vollmachtsfrage bei allen Synopt. auch bei Zugrundelegung einer anderen literarkritischen Theorie als der der Markus-Priorität bei dem hier überlieferungsgeschichtlich und exegetisch entscheidenden Ausgangspunkt der Perikope ohnehin von derselben Basis auszugehen wäre.

ses zwischen der Tempelaktionsperikope und Mk 11,28 fest, daß „die Vollmachtsfrage dann nicht mehr beziehungslos in der Luft (hinge), sondern als die Aktion der Gegner verständlich (würde)"[275]. In der vorliegenden, mk Endgestalt des Textes scheint sich ταῦτα auf das im vorausgehenden Vers geschilderte Umhergehen Jesu im Tempel zu beziehen[276], was z.B. FRANZ SCHNIDER und WERNER STENGER für so absurd erachten, daß sie eine andere Motivation für die Vollmachtsfrage für unbedingt erforderlich halten und sie nach Entfernung der redaktionellen Rahmenverse und der redaktionell eingefügten Feigenbaumperikope aus dem engen Kontext ebenso gerade in der Tempelaktion zu finden meinen: „... man (ist) berechtigt, in der Tempelreinigung Jesu den eigentlichen Anlaß zur Frage nach Jesu Vollmacht durch die zuständigen Autoritäten zu sehen."[277]

Aber nicht alle lassen sich von dieser Argumentation überzeugen. Was die Aussage von Mk 11,27 und die, wegen des Bezuges der Vollmachtsfrage, angebliche Absurdität dieser Frage betrifft, machen es sich SCHNIDER / STENGER zu leicht[278]. Einerseits läßt sich mit Jesu Umhergehen

---

[275] ROLOFF, Kerygma, 93. Den die Vollmachtsperikope einleitenden Vers Mk 11,27 hält ROLOFF für redaktionell (vgl. ebd. Anm. 137).

[276] Mk 11,27: „Und sie kommen wieder nach Jerusalem. Und während er im Tempel umhergeht (ἐν τῷ ἱερῷ περιπατοῦντος αὐτοῦ), kommen die Hohenpriester und die Schriftgelehrten und die Ältesten zu ihm."

[277] SCHNIDER/STENGER, Johannes und die Synoptiker, 30. Sie vermuten sogar – wie ROLOFF (s.o.) –, daß in der Vorlage des Mk „Tempelreinigung und Vollmachtsfrage eine zusammengehörige Einheit bildeten" (ebd.). SCHNIDER/STENGER meinen, daß bereits die Seitenreferenten Mk und Lk das Absurde am Bezug der Vollmachtsfrage an das Umhergehen Jesu im Tempel empfunden und darum in ihren Parallelen Mt 21,23 und Lk 20,1 περιπατεῖν durch διδάσκειν ersetzt haben (vgl. a.a.O., 29 Anm. 5). Aber hier geht es kaum darum, daß eine „Ungereimtheit ... von den beiden anderen Synoptikern schon bemerkt und beseitigt wurde" (a.a.O., 29), sondern eher entweder um Explikation dessen, was sich die Seitenreferenten unter dem περιπατεῖν des Mk vorgestellt haben (vgl. GRUNDMANN, Markus, 317: „dieses Umhergehen ist wahrscheinlich als ein lehrendes Umhergehen zu denken, wie ja Matthäus und Lukas ausdrücklich von einem Lehren sprechen"), oder um bewußte redaktionelle Akzente (zu Jesu Unterricht im Tempel bei Lk s.o. S. 166). Zuletzt ist als wichtiges Argument für SCHNIDERs/STENGERs Begründung der Zusammengehörigkeit von Tempelaktion und Vollmachtsfrage die analoge Verbindung in Joh 2,14–18 zu nennen (s. a.a.O., 30). Dazu weiteres unten.

[278] Es ist ohne weiteres anzunehmen, daß SCHNIDER/STENGER Mk nicht gerecht werden, wenn sie den Sinn der Vollmachtsfrage, den er durch seine redaktionell ungeschickten Änderungen angeblich hervorgerufen haben soll, mit folgenden Worten wiedergeben: „Dem Zusammenhang nach bezieht sich ihre Frage auf das von Vers 27 erwähnte Umhergehen Jesu im Tempel. Doch bedurfte es dazu keiner besonderen Vollmacht ... Die Vollmachtsfrage bei Markus ist also in ihrem heutigen Zusammenhang nur schwach, ja eigentlich gar nicht motiviert" (a.a.O., 29f). Wie ganz anders der vorliegende Mk-Text gelesen und aufgenommen werden kann, illustriert etwa die Analyse von PESCH, Markusevangelium II, 208f, der das ganze Kap. 11 mit Ausnahme nur von

im Tempel eine Lehrtätigkeit, auf die sich die Frage von V. 28 beziehen könnte, leicht assoziieren, und sie ist vielleicht sogar vom Evangelisten intendiert (vgl. Mk 14,49 und Anm. 277). Andererseits greift die Frage auf der synchronen Ebene des Mk weit über V. 27 und die Tempelaktionsperikope 11,15ff hinaus an den Anfang des ganzen Evangeliums und des Wirkens Jesu zurück (vgl. Mk 1,22.27; 2,10)[279]. Dadurch erscheint sie dem Leser des Evangeliums auch nicht als unmotiviert. Ferner meinen manche Forscher eine von der Tempelaktionsperikope unabhängige überlieferungsgeschichtliche Vorgeschichte der Vollmachtsperikope, bei der auch dem Objekt ταῦτα ein sinnvoller Bezug zukommt, wahrscheinlich machen zu können. Im Anschluß an Rudolf Bultmann vermutet z.B. Joachim Gnilka in V. 28–30 den ersten und einzig übriggebliebenen Teil eines Schul- oder Streitgespräches, dessen ursprünglicher Schluß verlorengegangen und durch V. 31–33 ersetzt worden sei[280]. Aufgrund von Jesu Hinweis auf die Taufe des Johannes in V. 30 erwägen sie beide die Möglichkeit, ob der ursprüngliche Bezugspunkt von ταῦτα in V. 28 die von Jesus geübte Taufpraxis gewesen ist[281]. Vor allem Gnilka tritt deutlich für eine Verschiebung und Versetzung der sich in Mk 11,28–30 widerspiegelnden Auseinandersetzung in nachösterliche Zeit ein und vermutet, „daß die Anfrage (ταῦτα) sich auf die inzwischen in der christlichen Gemeinde geübte eigene Taufe richtete", an der „die Täufergemeinde dann ... begreiflicherweise Anstoß genommen (hätte)"[282]. Während nach (Bultmann und) Gnilka ursprünglich Täuferschüler die Fragesteller in V. 28 gewesen seien, sei durch die bereits vormk erfolgte Hinzufügung von V. 27b.31–33 der Konflikt umgewandelt worden zu einer „Auseinandersetzung mit solchen, die die Taufe des Johannes innerlich ablehnen"[283]. Auf dieser „zweiten vormk Traditionsstufe ist ein evtl. Bezug auf die Tauftätigkeit auf jeden Fall aufgegeben und die Ausrichtung auf

---

V. 24f(–26 [textkritisch sekundär, s.o. Anm. 48]) für vormk hält (vgl. a.a.O., 11): „Die Verzahnung mit dem vorangehenden Kontext ist nicht nur durch die gleiche Lokalisierung (V 27), sondern insbesondere dadurch gegeben, daß sich die Frage der Jerusalemer Obrigkeit (V 28) auf Jesu prophetische Aktion im Tempel (VV 15–17) und die darauf erfolgte erste Reaktion (V 18) bezieht" (a.a.O., 209). Pesch meint folglich gerade das aus dem Text herauslesen zu können, was Schnider/Stenger erst nach Ausblendung von V. 27 (und noch V. 18 [s. dazu Johannes und die Synoptiker, 29]) für möglich erachten.

[279] Vgl. hierzu Grundmann, *Markus,* 316; Gnilka, *Markus II,* 138 und Pesch, *Markusevangelium II,* 212. Natürlich knüpft auch der durch Jesu Gegenfrage eingeführte Hinweis auf die Taufe des Johannes (Mk 11,30) an den Anfang an (vgl. Mk 1,2–11).

[280] Gnilka, *Markus II,* 136f; vgl. Bultmann, *Geschichte,* 18f.

[281] Bultmann, a.a.O., 18 Anm. 2; Gnilka, a.a.O., 137 Anm. 4.

[282] Gnilka, a.a.O., 140.

[283] A.a.O., 137.

die gesamte Tätigkeit Jesu das Wahrscheinliche"[284]. Vor dem Hintergrund dieser Analyse lautet das Urteil Gnilkas über die Verbindung zwischen der Tempelaktion und der Vollmachtsfrage: „Es ist *selbstverständlich*, daß das unbestimmte ταῦτα in der Anfrage auf der alten Traditionsstufe nichts mit dem Tempelprotest Jesu zu tun hatte."[285] Erst Mk habe durch die Einfügung von V. 27a „den Anschluß an die Tempelszene" erreicht[286].

Gegen diese überlieferungsgeschichtlich begründete Bestreitung eines ursprünglichen Zusammenhangs zwischen der Tempelaktion und der Frage nach Jesu Vollmacht, „dieses" zu tun (ταῦτα ποιεῖν), muß eingewandt werden, daß sie einerseits mit schwerlich beweisbaren Hypothesen arbeitet (ursprünglich seien V. 28–30 mit Täuferschülern als Fragesteller) und daß die dabei postulierten Bezugspunkte vom Objekt des Tuns Jesu in der Gestalt des Demonstrativpronomens ταῦτα gerade nicht weniger willkürlich erscheinen als die Tempelaktion Jesu. Auf jeden Fall ist es Ausdruck eines übertriebenen Glaubens an die Vortrefflichkeit der eigenen Hypothesenbildungen, als „selbstverständlich" zu deklarieren, daß eine ursprüngliche Verbindung von Vollmachtsfrage (Mk 11,28) und Tempelaktion nicht in Frage kommt[287]. Vielmehr muß nüchtern festgehalten werden, daß ein

---

[284] A.a.O., 137 Anm. 4. Diesen Bezug der Frage, „zumal in der Präsensform, generell auf alles, was Jesus tut", nimmt auch Lührmann, Markusevangelium, 198 an, der sogar noch wegen der zentralen Bedeutung der Vollmacht Jesu im ganzen Evangelium entweder mit einer sehr weitgehenden Umarbeitung einer von Mk aufgenommenen Überlieferung oder wahrscheinlicher noch damit rechnet, „daß die Szene von Mk selbst geschaffen ist", und zwar zusammen mit dem Gleichnis 12,1–12 von Anfang an als eine längere Szene angelegt worden ist (a.a.O., 197).

[285] Ebd. (kursiv von mir). Weniger entschieden, aber in der Sache ähnlich wie Gnilka, urteilt Ernst, Markus, 335f.

[286] A.a.O., 137. Vgl. Dowda, Cleansing, 251–253 für eine weitgehend identische Analyse. Interessanterweise erblicken Gnilka und Dowda, etwa wie Pesch (s. Anm. 278), im Gegensatz zu Schnider/Stenger gerade in der (mk hergestellten) Endgestalt der Perikope eine Verbindung zur Tempelaktion, die sie erst nach Entfernung der redaktionellen Hinzufügungen gegeben sehen (vgl. S. 232f mit Anm. 277, 278). Auch Bultmann hält einen sekundären Zusammenhang zwischen Tempelaktions- und Vollmachtsperikope für wahrscheinlich, und zwar bereits in einem vormk Stadium (vgl. a.a.O., 18, 232f).

[287] So Gnilka, vgl. das Zitat weiter oben auf S. 234. Söding, Tempelaktion, 45 Anm. 41 stellt sich nicht einmal dem Problem des Bezugspunktes von ταῦτα, wenn er von der angeblichen „Pointe der Vollmachtsperikope" her argumentiert, „die im Verweis auf Johannes den Täufer liegt" und „mit der Tempelthematik direkt nichts zu tun" habe. Ein anders geartetes und m.E. angesichts des Befundes fundierteres Argument gegen die Verbindung zwischen Tempelaktion und Vollmachtsfrage liefert Trocmé, Expulsion, 11, der das Gleichnis Mk 12,1–12 für eine mk Einfügung in die vormk Streitgesprächsammlung Mk 11,27–33; 12,13–37 hält, die s.M.n. mit der Sammlung Mk 2,1–3,6 zu vergleichen sei und hier Jesu Überlegenheit über die verschiedenen leitenden Gruppen im Judentum darlegen wolle: „Marc xi. 27–33 devait, dans cet ensemble, décrire le triomphe remporté sur les Sanhédrites (‚Grands-prêtres, scribes et anciens')." Trocmé hält es für

Demonstrativpronomen einen Bezugspunkt fordert, um sinnvoll und verständlich zu sein. Da sowohl auf der synchronen Ebene des Markus-evangeliums wie auch vor allem auf der (mit einem viel höheren Grad an Wahrscheinlichkeit als die überlieferungsgeschichtliche Hypothese von [BULTMANN und] GNILKA zur Vollmachtsperikope) rekonstruierbaren vormk Stufe vom Kapitel 11 des Mk eine Verbindung zwischen Tempel-aktions- und Vollmachtsperikope gegeben ist, *muß der Bezug der Frage in V. 28 auf Jesu Tempelaktion als wahrscheinlich und als die plausibelste Lösung gelten*[288].

So sehen es denn nicht nur die bereits oben erwähnten Forscher J. ROLOFF und F. SCHNIDER / W. STENGER, sondern auch[289] u.a. ERNST LOHMEYER[290], WALTER GRUNDMANN, CHARLES H. DODD, MARIA TRAUTMANN, WILLIAM R. TELFORD, A.E. HARVEY, LYNN A. LOSIE, ROBERT H. GUNDRY und P.M. CASEY[291]. Nur darüber, wieviel von der

---

unwahrscheinlich, daß die Vollmachtsperikope in diesem vormk Zusammenhang verbunden gewesen sei mit einem „récit totalement dissemblable comme celui de l'expulsion des marchands", aber was er hierbei übersieht oder unterschätzt, ist das Problem des bereits wiederholt besprochenen fehlenden Bezugspunkts von ταῦτα in der Frage Mk 11,28. Zwar hat TROCMÉ darin recht, daß das Gespräch auf den Erweis der triumphierenden Überlegenheit Jesu über die Mitglieder des Sanhedrins hinausläuft, aber dies kann nichts daran ändern, daß ihm etwas fehlt, solange die das Gespräch auslösende Frage beziehungslos in der Luft hängen bleibt.

[288] Für die (mögliche) Verbindung *auch* auf der synchronen Ebene des Mk vgl. nochmals PESCH (s. Anm. 278) und GNILKA (s. Anm. 286). Die Verschachtelung der Tempelaktion (Mk 11,15–19) mit der Feigenbaumerzählung (Mk 11,12–14.20–25) und damit die Einfügung von einigen wenigen Versen zwischen der Tempelaktions- und der Vollmachtsperikope geht aller Wahrscheinlichkeit nach auf Mk zurück.

[289] Sowohl für ROLOFF, a.a.O., 103 und SCHNIDER/STENGER, a.a.O., 30 als auch für die meisten der gleich zu nennenden anderen Forscher, die eine ursprüngliche Verbindung zwischen der Tempelaktion und der Vollmachtsfrage vermuten, gilt der direkte Zusammenhang zwischen Jesu Tempelaktion und der durch sie provozierten kritischen Frage der „Juden" nach einem Legitimationszeichen in der Parallele in Joh 2,14ff als ein weiteres gewichtiges Argument. Joh 2,14–16.18f* reflektiert zwar vermutlich einen bereits vorjoh festen Zusammenhang zwischen Tempelaktion und Reaktion darauf in der Form einer kritischen Frage an Jesus, aber das Ausmaß an joh Bearbeitung in Joh 2,18f ist so hoch anzuschlagen, daß nur mit höchster Vorsicht von hierher zu argumentieren ist. Vgl. die Ausführungen oben S. 207–211.

[290] LOHMEYER, Markus, 240, 243. Er sieht zwar historische und exegetische Probleme an der Vollmachtsperikope und deren Verbindung zur Tempelaktionsperikope und erwägt alternativ die Möglichkeiten, daß sich ταῦτα auf Jesu Wunder („Seine heilenden Werke" [243]) oder auf seine ganze Wirksamkeit bezieht, hält jedoch letztlich die Verbindung zur Tempelaktion für am wahrscheinlichsten.

[291] GRUNDMANN, Markus, 316, 317; DODD, Historical Tradition, 160f; TRAUTMANN, Zeichenhafte Handlungen Jesu, 87, 109f; TELFORD, Barren Temple, 47f; HARVEY, 131, 134; LOSIE, Cleansing, 214f, 224; GUNDRY, Mark, 640 und CASEY, Culture and Historicity, 320f. Vgl. auch noch MANSON, Cleansing, 275; BUSE, Cleansing, 23; SUHL, Funktion, 142; HAHN, Hoheitstitel, 171 mit Anm. 3; DERS., Gottesdienst, 28; LINDARS,

Perikope Mk 11,27–33 zum vormk Stadium gehört, gehen die Meinungen der eben angeführten Forscher etwas auseinander. M.E. haben wahrscheinlich auch die Verse 31–32, die die Erwägung der Fragesteller schildern, von Anfang an zur Überlieferung gehört, denn „so gewiß der urchristliche Erzähler sie anstellt", ist sie „doch nicht seine Erfindung ..., sondern ein notwendiger Bestandteil des Gespräches"[292]. Deshalb sind die direkt redaktionellen Eingriffe auf die Einführung der Perikope in V. 27 zu beschränken, wahrscheinlich auf die zur Ebene des Tagesschemas gehörenden und darum der Einführung zur Tempelaktionsszene in Mk 11,15a entsprechenden Bestandteile Mk 11,27a samt der Umstandsangabe „während er im Tempel umherging" in V. 27b[293].

Auch TILL AREND MOHR tritt mit Entschiedenheit für einen vormk Zusammenhang von Tempelaktion und Vollmachtsfrage ein[294], aber er hält die Art der Entgegnung in der Gestalt einer Frage nach Jesu *Vollmacht* (ἐξουσία) für überlieferungsgeschichtlich sekundär gegenüber der in Joh 2,18 vorliegenden Form einer *Zeichenforderung*[295]. Seine Argumente dafür, „dass Markus in Mk 11,27–33, sei es durch eine Neuformulierung des ganzen Abschnittes, wofür manches zu sprechen scheint, sei es durch Rückgriff auf anderweitige Ueberl. eine Tradition verdrängte, die der von Joh 2,18f entsprach"[296], die seinen eigenen Worten zufolge die überlieferungsgeschichtliche Priorität der Zeichenforderung und des (vorjoh) Tempelwortes vor der (mk) Vollmachtsfrage nicht nur „untermauern", sondern „zur Gewissheit erheben"[297], vermögen keineswegs zu überzeugen. Von den vier Gründen, die er seiner Erörterung dieser Frage voranstellt und die angeblich „für das höhere Alter der joh. Ueberlieferung sprechen"[298], habe ich bereits in Anm. 166 oben den letztgenannten – die nach Joh 2,19 (äußerlich) nicht verweigerte Antwort Jesu auf die Zeichenforderung – erwähnt und zurückgewiesen, und um die drei vorausgehenden „Gründe" ist es nicht besser bestellt[299]. Den Hauptteil der „Beweisführung" MOHRs bildet der Versuch, zu

---

John, 141; CAMPBELL, Historicity, 118; PESCH, Markusevangelium II, 209, 210 und WILCKENS, Johannes, 60.

[292] LOHMEYER, Markus, 242.

[293] Wahrscheinlich ist nicht nur der bis auf die Ergänzung um πάλιν mit Mk 11,15a identische V. 27a, sondern sind auch die am ehesten erst durch die Verlagerung auf den nächsten Tag begründete erneute Nennung des Ortes ἐν τῷ ἱερῷ und der Genitivus absolutus περιπατοῦντος αὐτοῦ in V. 27b redaktionellen Ursprungs. Ich vermute, daß der Rest von V. 27b zur vormk Überlieferung gehört: „und es kommen die Hohenpriester und die Schriftgelehrten und die Ältesten zu ihm." Vgl. hierzu, einschließlich der Widerlegung der These ROLOFFs, der ganze V. 27 sei redaktionell und V. 18a leite stattdessen von der Tempelaktionsszene zur Vollmachtsfrage über (s.o. S. 227f), TRAUTMANN, a.a.O., 85f.

[294] MOHR, Markus- und Johannespassion, 80f samt Anm. 21.

[295] Vgl. a.a.O., 100–106.

[296] A.a.O., 102.

[297] Ebd.

[298] A.a.O., 100.

[299] Vgl. ebd.: 1) Argument MOHRs: Die bei Joh im Gegensatz zu Mk noch vorliegende direkte Verbindung der Frage mit der Tempelaktion. Kritik: Weil die Einfügung vom

zeigen, daß Mk aufgrund theologischer Überlegungen das ihm bekannte Tempelwort aus dem Zusammenhang der Tempelaktion gelöst und es stattdessen in den Kontext des Prozesses und der Verspottung Jesu versetzt hat (vgl. Mk 14,58; 15,29)[300]. Auch diese Ausführungen MOHRs geben uns keinen Anlaß, vom oben erreichten Ergebnis bezüglich des wahrscheinlich ursprünglichen Zusammenhangs zwischen der Tempelaktion Jesu und der dadurch provozierten kritischen Reaktion seitens der jüdischen Autoritäten abzurücken. Es ist weiterhin damit zu rechnen, daß diese Reaktion von Anfang an die Form einer Frage nach der *Vollmacht* Jesu annahm[301] und daß sie erst von Joh durch die Zeichenforderung (in Joh 2,18) ersetzt wurde (vgl. zum letzteren S. 207–211)[302].

Da freilich letzte Gewißheit darüber, ob das Demonstrativpronomen ταῦτα in der Vollmachtsfrage Mk 11,28 sich auf die Tempelaktion Jesu bezieht, nicht erreicht werden kann, soll jedoch zuletzt auch hier jener methodisch-exegetische Gesichtspunkt geltend gemacht werden, der bereits auf S. 225 auf Mk 11,17 bezogen wurde. Es wird im folgenden eine Deutung der Tempelaktion Jesu angestrebt, die sowohl unter der Voraussetzung eines ursprünglichen Zusammenhangs von Tempelaktion und Vollmachtsfrage als auch ohne eine solche Verbindung Bestand haben wird. Die Ausführungen in den folgenden Kapiteln werden zeigen, daß die korrekte Interpretation der Tempelaktion Jesu nicht auf die zwar überlieferungs-geschichtlich und historisch sehr wahrscheinliche Verbindung zu der Vollmachtsfrage angewiesen ist, aber daß sie mit dem Inhalt der

---

zweiten Teil der Feigenbaumerzählung samt der ihr angehängten Gebetsdidache Mk 11,20–25 auf die redaktionelle Tätigkeit des Mk zurückzuführen ist, sagt dieses Argument für die vormk Überlieferungsphase überhaupt nichts aus. 2) Argument MOHRs: Die joh Darstellung soll trotz der sonst viel schärferen Polemik des vierten Evangelisten (Joh 8,44 als Beispiel erwähnt) angeblich „neutraler gehalten" sein als die mk Kritik: Worin das „Neutralere" der joh Zeichenforderung gegenüber der mk Vollmachtsfrage genau bestehen soll, führt MOHR nicht aus, und dieses Argument ist deshalb viel zu unscharf bzw. beruht viel zu sehr auf einem subjektiven Empfinden MOHRs, um objektiv auswertbar zu sein. 3) Argument MOHRs: Durch die inhaltliche Beziehung der Antwort Jesu in Joh 2,19 auf den Tempel sei die (vor)joh Fassung konkreter gefaßt als die mk Vollmachtsfrage. Kritik: Diese deutlichere inhaltliche Bezugnahme auf den Tempel in Jesu Antwort ist am ehesten auf die redaktionelle christologische Deutung des Tempelwortes auf Jesu getöteten und zu neuem Leben auferweckten Leib (vgl. Joh 2,21) zurückzuführen, zumal eine – wie auch MOHR zugibt (a.a.O., 101) – um dieses Theologumenons willen deutliche joh Bearbeitung des Tempelwortes in Joh 2,19 feststellbar ist (s.o. S. 209f mit Anm. 169 [dort weitere Verweise]).

[300] A.a.O., 102–106.

[301] Vgl. PESCH, Markusevangelium II, 212: Mk 11,27–33 „dürfte historisch zutreffend eine Station der Jerusalemer Auseinandersetzungen Jesu spiegeln, hier die erste Reaktion der jüdischen Führung auf seine Tempelaktion ..."

[302] Auch die Ausführungen MEYERs (s.o. Anm. 164) vermögen dieses Urteil zugunsten der Priorität der Vollmachtsfrage vor der Zeichenforderung nicht zu erschüttern.

Vollmachtsperikope voll kohärent ist und darum ebenso gut unter
Voraussetzung eines Zusammenhangs sich als richtig erweist.

4.3 Ergebnis

Als Ergebnis der überlieferungsgeschichtlichen Analyse von Mk 11,15–19
sowie von der vormk Verbindung zwischen dieser Perikope und der Vollmachtsperikope in Mk 11,27–33 ergibt sich, daß wir mit dem folgenden
ursprünglichen Überlieferungsbestand zu rechnen haben: Mk 11,15b.16.
17(*?) + V. 27b*.28–33[303].

---

[303] Aus V. 17 ist möglicherweise die Einführung der Aussage (καὶ ἐδίδασκεν καὶ
ἔλεγεν αὐτοῖς), die eine einfachere Überleitung verdrängt haben kann, zu streichen. In
V. 27b ist die mit Hilfe des Genitivus absolutus gemachte Umstandsangabe ἐν τῷ ἱερῷ
περιπατοῦντος αὐτοῦ vermutlich erst gleichzeitig mit V. 27a redaktionell eingefügt
worden und darum zu streichen.

Kapitel 5

Exegese
der markinischen Perikopen
über die Tempelaktion Jesu und
über die Frage nach Jesu Vollmacht
(Mk 11,15–19.27–33)

1. Die Tempelaktion Jesu (Mk 11,15–19)

Mk 11,15–19:[1]
(15a) Und sie kommen nach Jerusalem.
(15b) Und nachdem er in den Tempel hineingegangen war, fing er an, die Verkäufer und die Käufer im Tempel hinauszutreiben, und die Tische der Geldwechsler und die Sitze der Taubenverkäufer stieß er um, (16) und er ließ nicht zu, daß jemand ein Gefäß durch den Tempel trug. (17) Und er lehrte und sprach zu ihnen: „Ist nicht geschrieben: ,Mein Haus wird ein Haus des Gebetes für alle Völker genannt werden'? Ihr aber habt es zu einer Räuberhöhle gemacht."
(18) Und die Hohenpriester und die Schriftgelehrten hörten (davon), und sie machten sich Gedanken darüber, wie sie ihn umbringen könnten; denn sie fürchteten ihn, weil alles Volk wegen seiner Lehre außer sich war.
(19) Und als es Abend wurde, gingen sie aus der Stadt hinaus.

Die literarkritische und überlieferungsgeschichtliche Analyse im vorigen Kapitel hat ergeben, daß wir in Mk 11,15–19 nicht nur den ältesten synoptischen Bericht über die Tempelaktion Jesu vor uns haben, von dem die Parallelen in Mt 21,12–17 und Lk 19,45–48 abhängig sind, sondern auch, daß hinter der vorliegenden mk Fassung sich eine alte Überlieferung ausfindig machen läßt, die in allen wesentlichen Bestandteilen älter als die ebenfalls rekonstruierbare vorjoh, hinter der Fassung in Joh 2,13–22 sich befindende Überlieferung ist und mit guten Gründen Anspruch erheben kann, den Ursprung der Überlieferung von der Tempelaktion in der

---

[1] Für Erläuterungen zur Textgrundlage der folgenden Übers. (völlig identisch mit dem in NA[27] abgedruckten Text) und zur Übers. s. Anm. 9–17 auf S. 161–163.

Hauptsache bewahrt zu haben. Bevor wir aber den ursprünglichen Überlieferungsbestand in Mk 11,15b–17 historisch und exegetisch voll auswerten können (vgl. Kapitel 6 und 7), müssen wir zuerst die ganze Texteinheit Mk 11,15–19, wie sie im Markusevangelium vorliegt, genau untersuchen.

1.1 Textstruktur und Formbestimmung

Am besten setzen wir mit einer Darlegung der Struktur der Texteinheit Mk 11,15–19 (auf synchroner Ebene) ein. Mir erscheint für die Erfassung der Textstruktur eine Gliederung folgender Art geeignet und hilfreich:

<u>Gliederung von Mk 11,15–19</u>:

(Die kursiv geschriebenen Zahlen beziehen sich auf die Sätze bzw. die Satzgefüge, aus denen der Text besteht.)

1. Jesus und die Jünger kommen in Jerusalem an (*1*; V. 15a)
2. Jesus im Tempel (*2–7*; V. 15b–17)
    2.1 Jesus traf im Tempel ein (*2a*; V. 15b bis einschließlich ἱερόν)
    2.2 Jesu Handeln und Lehren (*2b–7*; V. 15b ab ἤρξατο –17)
        2.2.1 Jesu Handeln (*2b–4*; V. 15b ab ἤρξατο –16)
            2.2.1.1 Jesus fing an, die Verkäufer und die Käufer hinauszutreiben (*2b*; V. 15bα ab ἤρξατο)
            2.2.1.2 Die Tische der Geldwechsler und die Sitze der Taubenverkäufer stieß er um (*3*; V. 15bβ)
            2.2.1.3 Er ließ nicht zu, daß jemand ein Gefäß durch den Tempel trug (*4*; V. 16)
        2.2.2 Jesu Lehren (*5–7*; V. 17)
            2.2.2.1 Jesus lehrte und sprach zu ihnen (*5*[2]; V. 17a)
            Direkte Rede (V. 17b):
                2.2.2.1.1 Schriftzitat (Jes 56,7b) durch (rhetorische) Frage eingeleitet (*6*[3]; V. 17bα)

---

[2] Syntaktisch kann V. 17a natürlich als zwei, mit Hilfe der koordinierenden Konjunktion καί verbundene Hauptsätze aufgefaßt werden: 1) καί ἐδίδασκεν + 2) καί ἔλεγεν αὐτοῖς. Viel naheliegender ist es jedoch von der *Funktion* von V. 17a her als *einer* Überleitung vom Tatbericht zum Redebericht, den ganzen Passus als nur *einen* Satz mit zwei Prädikaten zu verstehen.

[3] Auch wenn die subordinierende Konjunktion ὅτι als ὅτι *recitativum* auftritt und direkte Rede einleitet (vgl. HOFFMANN/VON SIEBENTHAL, Grammatik, § 274b) – oder analog, wie hier, innerhalb direkter Rede ein Zitat einführt –, ist der durch ὅτι eingeleitete Satz syntaktisch als ein Nebensatz aufzufassen, der zusammen mit dem Hauptsatz, dem er zugeordnet ist (hier οὐ γέγραπται), nur *ein* Satzgefüge bildet. (Insofern das ὅτι *recitativum* „ein Nichtdurchführen der begonnenen Satzkonstruktion ... durch Uebergang in eine andere Konstruktion" vertritt [nämlich in direkte Rede statt bei der durch ὅτι anscheinend signalisierten indirekten Rede zu bleiben], gehört die Konstruktion Hauptsatz + ὅτι *recitativum* zur Figur des *Anakoluth* [vgl. HOFFMANN/VON SIEBENTHAL, a.a.O., § 292e (das in Anführungszeichen gesetzte Zitat von hier)].)

2.2.2.1.2 Vorwurf: Ihr habt den Tempel zu einer Räuberhöhle
gemacht (*7*; V. 17bβ)
3. Die Reaktion der Hohenpriester und der Schriftgelehrten (*8–11*; V. 18)
  3.1 Sie hörten von dem Geschehenen (*8*; V. 18aα)
  3.2 Die von ihnen wegen des Geschehenen gefaßte Absicht (*9–11*; V. 18aβb)
    3.2.1 Sie überlegten, wie sie Jesus umbringen könnten (*9*; V. 18aβ)
      3.2.1.1 Begründung: Sie fürchteten ihn (*10*; V. 18bα)
        3.2.1.1.1 Begründung: Alles Volk war außer sich wegen seiner
Lehre (*11*; V. 18bβ)
4. Jesus und die Jünger verließen abends wieder die Stadt (*12*; V. 19)

Deutlicher als alles andere markieren die rahmenden Itinerarangaben in
Mk 11,15a und 11,19 (1 und 4) die Abgrenzung dieser Texteinheit[4].
Dazwischen befinden sich die beiden Hauptteile der Perikope, die jeweils
von Jesu Auftreten im Tempel (2 = V. 15b–17) und der Reaktion der
Hohenpriester und Schriftgelehrten (3 = V. 18) berichten. Am ausführlichsten ist der erste Hauptteil, der sich wiederum in zwei Teile, Jesu Handeln
(2.2.1 = V. 15b–16) und Jesu Lehren (2.2.2 = V. 17), untergliedern läßt.
Ein auffälliger Unterschied zwischen den beiden Hauptteilen besteht darin,
daß der erste (V. 15b–17) in sich voll verständlich ist und insofern vom
zweiten (V. 18) unabhängig sein kann, während der zweite Hauptteil –
trotz des fehlenden Objekts in V. 18aα[5] – sich auf den ersten bezieht und
isoliert davon recht sinnlos erscheint. Trotzdem geht aus der durch V. 15a
und 19 gebildeten Rahmung eindeutig hervor, daß der erste Hauptteil in
V. 15b–17 allein nicht als eine eigene Texteinheit anzusprechen ist,
sondern daß V. 18 dazu gehört.

Obwohl dies auf der synchronen Textebene der Fall ist, mögen freilich
nichtsdestoweniger die hiermit gemachten Beobachtungen betreffend die
Textstruktur Indizien über die Vorgeschichte der nun in Mk 11,15–19
vorliegenden Texteinheit liefern. In der Tat entsprechen sich diese
(synchron festgestellten) Strukturmerkmale und die bereits im Kapitel 4
erreichten (diachronen) Ergebnisse gegenseitig: V. 15a und V. 19 (1 und 4)
lassen sich als Rahmung von den Versen dazwischen abheben und gehören
zu jener überlieferungsgeschichtlichen Schicht, die das ganze Kapitel 11
mit einem Tagesschema durchzieht (vgl. S. 213). Der erste Hauptteil,

---

[4] Weitere Abgrenzungsmerkmale sind u.a. die Personen und die zu ihnen gehörenden
Gegenstände, die nur in V. 15–19 und nicht im unmittelbaren Kontext vorkommen
(Verkäufer, Käufer, Geldwechsler mit Tischen, Taubenverkäufer mit Sitzen usw.).
Weiter ist auffällig, daß manche Züge, die einerseits vom Kontext abgrenzen, andererseits auch in den Kontext einbinden (z.B. die Verschachtelung mit der Feigenbaumerzählung in V. 12–14.20–25 und der ständige Wechsel zwischen Jerusalem und Bethanien
im ganzen Kap. 11). Dies ist auf die redaktionelle Gliederung von Mk 11 zurückzuführen
(s.o. S. 172ff).
[5] Vgl. S. 225f mit Anm. 241.

V. 15b–17 (2), erscheint auch ohne den zweiten, V. 18 (3), inhaltlich sinnvoll, aber umgekehrt ist das nicht der Fall; folglich hat V. 18 vermutlich nie isoliert vom vorausgehenden Bericht über Jesu Auftreten im Tempel existiert[6]. Hieraus ergibt sich, daß V. 18 (bzw. sein Kern, falls er uneinheitlich ist) entweder gleich alt wie (der Kern von) V. 15b–17 oder jünger als (der Kern von) V. 15b–17 ist; die überlieferungsgeschichtliche Analyse ist aufgrund von sprachlich-wortstatistischen Befunden bereits zu dem Ergebnis gekommen, daß V. 18 in der Tat eine spätere mk redaktionelle Ergänzung darstellt (s.o. S. 226, 231). Somit läßt sich eine Korrespondenz feststellen zwischen einerseits dem überlieferungs-geschichtlich aufgrund einer Reihe von Beobachtungen unterschiedlicher Art erreichten Ergebnis, in Mk 11,15b–17 liege die älteste Überlieferung vor, und andererseits der diachronen Schlußfolgerung, die sich aus der Gliederung der Texteinheit Mk 11,15–19 (auf synchroner Ebene) ziehen läßt, der früheste Teil der Perikope sei in V. 15b–17 (2) zu finden, um den herum sich ein zweiter Hauptteil in V. 18 (3) und rahmende Itinerar-angaben in V. 15a und 19 (1 und 4) lagern bzw. gelagert haben.

Bereits oben S. 227–231 sind wir auf die Frage der formgeschichtlichen Bestimmung von Mk 11,15–19 eingegangen, wobei ich prinzipielle Bedenken gegen überlieferungsgeschichtliche Schlüsse auf der Grundlage formgeschichtlicher Beobachtungen äußerte. Ob es trotz der Ablehnung einer überlieferungsgeschichtlichen Auswertung der Formbestimmung nützlich sein mag, etwa an RUDOLF BULTMANNS Klassifizierung der Perikope als eines biographischen Apophthegmas[7] oder (unter Voraus-setzung der Zusammengehörigkeit von Tempelaktions- und Vollmachts-perikope) an JÜRGEN ROLOFFs Zuordnung zu den Streitgesprächen[8] festzuhalten, ist m.E. weitgehend eine Frage der Zweckmäßigkeit. BULTMANN sieht bei einigen wenigen biographischen Apophthegmata deren Sinn wirklich allein auf die einzigartige Situation, von der sie berichten, beschränkt und erkennt darum in diesen Fällen einen „im eigentlichen Sinn biographischen Charakter"[9]. Damit ist er bei der Gruppe

---

[6] Natürlich kann es *a priori* nicht absolut ausgeschlossen werden, daß der Vers Mk 11,18 einmal in einen anderen Kontext eingebunden gewesen ist, in dem das Hören der Hohenpriester und Schriftgelehrten und ihre dadurch angeregte Tötungsabsicht einen anderen Bezugspunkt gehabt haben, der den Vers gleich sinnvoll wie im jetzigen Kontext erscheinen ließ. Aber diese Möglichkeit ist rein theoretisch und kann uns nicht davon abhalten, die Abhängigkeit des Verses 18 von V. 15b–17 mit großer Gewißheit zu postulieren.

[7] An die Bestimmung als biographisches Apophthegma haben sich angeschlossen u.a. TROCMÉ, Expulsion, 11; MOHR, Markus- und Johannespassion, 79, 92 (sowohl für Mk 11,15ff als auch für Joh 2,14–16) und BECKER, Johannes I, 123 (für Joh 2,14–16).

[8] Vgl. S. 228.

[9] BULTMANN, Geschichte, 59.

der biographischen Apophthegmata (anders als bei Streit- und Schulgesprächen!) prinzipiell dafür offen, den Blick von dem wiederholt auftretenden Sitz im Leben in der Gemeinde zurück zu *einmaligen,* im engen Sinne *biographischen* Episoden im Leben des irdischen Jesus zu lenken[10]. Darum mag gerade der Terminus biographisches Apophthegma auch bei Ablehnung der automatischen Koppelung von Formbestimmung und überlieferungsgeschichtlicher Rekonstruktion immer noch geeignet erscheinen. Wie dem auch sei, auf jeden Fall muß vermieden werden, daß die Formbestimmung den Blick für die folgendermaßen von JÜRGEN ROLOFF ausgedrückte Erkenntnis versperrt: „Die Überlieferungsintention dieses Stückes [*sc.* des von ihm in Mk 11,15f.18a.28–33 rekonstruierten Streitgespräches] dürfte ... allein in der geschichtlichen Begründung des Weges Jesu zum Kreuz gelegen haben."[11] Nur eine Formbestimmung, die dem Charakter dieser Perikope als einem Bericht über ein (dem Anspruch der Perikope nach) historisches Ereignis im Leben Jesu gerecht wird, ist akzeptabel.

Wir müssen uns nun Einzelheiten im Text Mk 11,15–19 zuwenden.

1.2 Der Tempel (τὸ ἱερόν)

V. 15 erzählt, daß Jesus sich sofort nach seiner (und der Jünger) Ankunft in Jerusalem in das ἱερόν begibt. Wie genau läßt sich dieses insgesamt dreimal in der Perikope vorkommende Wort[12] bestimmen?

Während das damit verwandte Adjektiv ἱερός nur zweimal im Neuen Testament erscheint (1Kor 9,13; 2Tim 3,15), kommt das Nomen τὸ ἱερόν

---

[10] Natürlich äußert sich BULTMANN auch über den Sitz im Leben der biographischen Apophthegmata; ihm zufolge haben sie die Funktion, illustrierende Predigtbeispiele zu sein: „die biographischen Apophthegmata sind in der Tat am besten als erbauliche Paradigmen der Predigt begreiflich; sie dienen der lebendigen Vergegenwärtigung des Meisters, sie dienen zu Trost und Mahnung der hoffenden Gemeinde" (Geschichte, 64). MARTIN DIBELIUS schreibt jener Gruppe von Texten, die *er* Paradigmen nennt und die sich weitgehend mit BULTMANNs Apophthegmata überschneiden, genau dieselbe Funktion zu (vgl. DIBELIUS, Formgeschichte, 24).

[11] ROLOFF, Kerygma, 98. (Für seine nicht in allen Hinsichten überzeugende überlieferungsgeschichtliche Analyse s. a.a.O., 90–93 und oben S. 227f.) ROLOFF meint feststellen zu können, daß diese Ausrichtung auf „die geschichtliche Begründung des Weges Jesu zum Kreuz anhand der Darstellung seines Konfliktes mit dem Judentum und seinen heiligen Einrichtungen" (109) sich quer durch alle vier Evangelien hindurch erhält, und zieht aus diesem Befund folgende m.E. korrekte Schlußfolgerung: „Wir haben daher Grund zu der Vermutung, daß das Urchristentum diese Perikope, trotz aller Varianten im einzelnen, konstant der Frage nach den geschichtlichen Hintergründen des Ausgangs Jesu zugeordnet und sie als eine unter den Antworten auf diese Frage tradiert hat" (110).

[12] Jedesmal in einer anderen Konstruktion: 1) der gerade erwähnte V. 15bα¹: hineingehen εἰς τὸ ἱερόν; 2) V. 15bα²: die Verkäufer und Käufer (befanden sich) ἐν τῷ ἱερῷ; 3) V. 16: Jesus ließ nicht zu, daß jemand ein Gefäß διὰ τοῦ ἱεροῦ trug.

ganze 70mal vor, wovon alle Belege mit nur einer Ausnahme (1 Kor 9,13) in den Evangelien und der Apostelgeschichte zu finden sind[13]. Vor und neben dem Neuen Testament wird das Nomen nicht nur im griechisch-hellenistischen, sondern auch im jüdischen Raum einfach allgemein für (heidnische) Tempel benutzt (z.B. Ez 27,6; 28,18 [LXX]; 1 Makk 10,84; 11,4; Bell 2,81; 4,661; Ant 13,364; 14,36[14]), und auch im Neuen Testament selbst ist diese Anwendung ein einziges Mal vertreten (vgl. Act 19,27), aber sonst steht es immer – wie in Mk 11,15 durch die Angabe über das Eintreffen in Jerusalem sogar explizit ausgesagt – für den jüdischen Tempel in Jerusalem.

Aus einer Stelle wie Mk 13,3 – wo es heißt, daß Jesus auf dem Ölberg κατέναντι τοῦ ἱεροῦ saß – geht hervor, daß das ἱερόν für den ganzen herodianischen Tempelkomplex stehen kann, da es dieser ist, dem man auf dem Ölberg *gegenüber*sitzt. Die den Jüngern beim vorausgehenden Verlassen des ἱερόν auffallenden Bausteine können keine anderen als die Quader der herodianischen Umfassungsmauern sein (vgl. Mk 13,1f)[15]. Daß dieser Bezug des ἱερόν auf die Gesamtanlage des Jerusalemer Tempels im 1. Jh. n.Chr. in Mk 13,1–3 kein zufälliger Einzelfall ist, zeigt besonders schön der differenzierte Sprachgebrauch des Josephus. Er spricht nämlich wiederholt einerseits vom ἔξω(θεν) ἱερόν, dem äußeren *hieron* (vgl. Bell 6,244.277.283.324), und andererseits vom ἔνδον ἱερόν, dem inneren

---

[13] Hierbei ist die textgeschichtlich sekundäre Stelle Joh 8,2 nicht mitgezählt. Ἱερός wird im Griechischen häufig als ein religiöser Terminus benutzt und zeigt dort SCHRENK, *Art.* ἱερός, 222 Z. 45f zufolge „die Doppelseitigkeit: a. erfüllt von der übernatürlichen Macht der Gottheit, b. geweiht an die Gottheit". SCHRENK, a.a.O., 226 Z. 8ff, 229 Z. 13ff; *Art.* τὸ ἱερόν, 232 Z. 33–35 mag darin recht haben, daß die Zurückhaltung des NTs in der Anwendung von ἱερός und die entsprechende Zurückhaltung bereits in der LXX sowohl beim Adjektiv wie auch beim Nomen als Abgrenzung gegenüber dem heidnisch-kultischen Hintergrund zu werten ist. Er ufert jedoch ins Spekulative aus, wenn er a.a.O., 234 Z. 17ff aus dem im Kontrast zu der sonstigen Zurückhaltung stehenden häufigen Vorkommen vom ἱερόν im NT schließen will, daß diese unbekümmerte Aufnahme des früher ängstlich gemiedenen Begriffes ein Zeugnis für die Überwindung der früheren kultischen Gebundenheit sei; z.Z. der Abfassung des NTs sei es sogar „ganz folgerichtig, daß man dem vergangenen Kultort [*sc.* dem Jerusalemer Tempel], ohne ihn von der ganzen übrigen religiösen Welt abzuheben, einfach die allgemeine Bezeichnung ἱερόν beläßt" (Zitat aus ebd. Z. 25–27). Da τὸ ἱερόν etwa in den Makkabäerbüchern und bei Josephus die allgemein gebräuchliche Bezeichnung für den Jerusalemer Tempel ist, sind derartige Schlußfolgerungen aus der ntl. Wortstatistik schlicht unangebracht und spekulativ. (Diese Kritik trifft auch DAVIES, The Gospel and the Land, 350 Anm. 46.) Zur Tempelterminologie s. neben den Ausführungen SCHRENKs im ThWNT noch DOWDA, Cleansing, 177–183 (weitgehend von SCHRENK abhängig).

[14] Weitere Belege bei SCHRENK, *Art.* τὸ ἱερόν, 232 Z. 21ff.

[15] Für den herodianischen Tempelbau im allgemeinen s. ÅDNA, Jerusalemer Tempel, 3–71 und für die herodianischen Quader im besonderen a.a.O., 4 mit Anm. 6, 7. Ich verweise auch auf die kurze Beschreibung in ÅDNA, *Art.* Tempel, 1538f.

hieron (vgl. Bell 2,411; 5,565; 6,248.299) bzw. vom δεύτερον ἱερόν, dem zweiten *hieron* (vgl. Bell 5,193f). Die Grenze zwischen dem äußeren und dem inneren (bzw. „zweiten") *hieron* markiert die steinerne Schranke mit den Warntafeln, die Nichtjuden unter Androhung von Todesstrafe den Zutritt zum Bezirk innerhalb der Schranke verweigern[16]. Folglich kann τὸ ἱερόν bei Josephus den äußeren Teil der Tempelanlage mit dem sogenannten Vorhof der Heiden und den Säulenhallen entlang der Umfassungsmauern mit einschließen bzw. ohne besondere Unterscheidung den ganzen herodianischen Tempelkomplex bezeichnen[17].

Was die Unterscheidung zwischen dem Ganzen der Tempelanlage und dem eigentlichen Tempelgebäude in ihrem Inneren betrifft, ist die deutliche Tendenz zu verzeichnen, den bereits im griechischen Bereich mit einem engeren Sinn gebrauchten Terminus ναός[18] für das Tempelgebäude zu verwenden (vgl. Bell 5,184.207[19].209.211.215.226; Ant 15,391.394. 419.421). Dasselbe scheint weitgehend für den Sprachgebrauch des Neuen Testaments zu gelten (vgl. z.B. Mt 27,51 par. Mk 15,38 par. Lk 23,45; Lk 1,9.21f)[20]. Von mehr als einer Tendenz können wir allerdings nicht

---

[16] S. dazu ÅDNA, Jerusalemer Tempel, 30 mit Anm. 104. Von diesen Warntafeln wurde 1871 ein unversehrtes und 1935 ein fragmentarisches Exemplar mit übereinstimmendem griech. Text gefunden. Er lautet in der Übers. bei BARRETT / THORNTON, Texte zur Umwelt des Neuen Testaments, 60: „Niemand aus einem anderen Stamm darf (den Raum) innerhalb der Schranke und der Umzäunung rings um den Tempel betreten. Wer dabei angetroffen [wird], wird an sich selbst schuldig sein, weil darauf die Todesstrafe steht" (in eckigen Klammern meine Änderung des Textes von „wurde" zu „wird"). In Bell 5,194 begründet Josephus das Zutrittsverbot für Heiden damit, daß das zweite *hieron* heilig genannt wurde (τὸ γὰρ δεύτερον ἱερὸν ἅγιον ἐκαλεῖτο).

[17] Die Anwendung des Terminus ἱερόν in den beiden Abschnitten, die den herodianischen Tempel beschreiben, Bell 5,184–227 und Ant 15,380–425, bestätigen dies (vgl. Bell 5,184.186; Ant 15,402.409.410). Vgl. insgesamt zum Sprachgebrauch des Josephus SCHRENK, *Art.* τὸ ἱερόν, 233 Z. 26ff. Auch 3Esr (bzw. Εσδρας α') (LXX) und die Makkabäerbücher gebrauchen τὸ ἱερόν in einer entsprechenden Weise (vgl. SCHRENK, a.a.O., 232 Z. 48ff), aber da sie nicht vom herodianischen Tempel des 1. Jh.s n.Chr. handeln, gehe ich hier nicht weiter auf sie ein.

[18] Vgl. MICHEL, *Art.* ναός, 884f, vgl. vor allem die folgenden zusammenfassenden Sätze: „ναός (νηός) gilt also im eigentlichen Sinn als Wohnstätte und Behausung der Gottheit, ist auch enger verstanden als etwa ἱερόν, οἴκημα ἱερόν, τέμενος ... νηός ist das Heiligtum im strengen Sinn (aedes) gegenüber dem weiteren τέμενος oder auch ἱερόν" (885, Z. 24–26 und Z. 32f).

[19] Bell 5,207: „Zum Tempelgebäude selbst (αὐτός ὁ ναός), dem heiligsten Teil der Gesamtanlage (τὸ ἅγιον ἱερόν), der sich in deren Mitte befand, stieg man auf 12 Stufen hinauf."

[20] Die Dominanz der Vokabel ναός in der ntl. Briefliteratur gegenüber ἱερόν (8mal gegen 1mal) ist darauf zurückzuführen, daß der deutlicher den Tempel als Wohnstätte und Behausung Gottes ausdrückende Begriff ναός dem Aspekt des Tempels entspricht, auf den es in diesen Stellen ankommt (vgl. 1Kor 3,16f; 6,19; Eph 2,21; s.o. S. 124f).

sprechen, denn sowohl Josephus als auch das Neue Testament verwenden vereinzelt ναός in einem weiteren Sinn, der auch Bestandteile der Anlage um das Tempelgebäude herum mit einschließt (vgl. Bell 6,293; Ap 2,119; Mt 27,5[21]). Obwohl GUSTAV DALMANs Beurteilung des Sprachgebrauchs seinerzeit zu vorbehaltlos ausfiel, als er schrieb: „Das Heiligtum Jerusalems wird in den Evangelien stets als τὸ ἱερόν von dem in seiner Mitte ragenden Tempelhause, das ὁ ναός genannt wird, unterschieden"[22], geht OTTO MICHEL zu weit in die entgegengesetzte Richtung, wenn er seinerseits mit folgenden Worten Bilanz zieht:

> „Ursprünglich sind ἱερόν, ναός und τέμενος voneinander unterschieden, doch scheint ein anderer Sprachgebrauch diese ursprünglichen Unterschiede verwischt zu haben ... Im Neuen Testament finden wir neben ἱερόν, ἅγιον (bzw τὰ ἅγια) – τέμενος fehlt – auch ναός (ναὸς τοῦ θεοῦ), ohne daß diese Begriffe dem Sinn oder dem Umfang nach voneinander abgesetzt wären."[23]

Der Unterscheidung zwischen τὸ ἱερόν für die ganze Tempelanlage und ὁ ναός für das Tempelgebäude entspricht in den rabbinischen Texten die Gegenüberstellung von בֵּית הַמִּקְדָּשׁ und (הַ)הֵיכָל (vgl. mMid 1,1; 3,8; 4,1[24]). Auch spezifisch für den äußeren Teil der Tempelanlage, den Josephus präzisierend τὸ ἔξω(θεν) ἱερόν nennt (s.o.), steht den hebräischen Quellen ein gesonderter Terminus zur Verfügung: הַר הַבַּיִת, *der Tempel-berg* (vgl. u.a. mMid 1,1; mKel 1,8; mBik 3,4; mSan 11,2; mHag 1,1; mBer 9,5; mSheq 7,2; bBer 62b; bTam 27a). Vor allem die beiden erstgenannten Belege sichern die Bedeutung „äußerer Teil des Tempel-komplexes" für הַר הַבַּיִת durch ihre jeweiligen Unterscheidungen zwischen

---

Mehrheitlich stehen die insgesamt 16 Vorkommen von ναός in der Apk für den himmlischen Tempel (u.a. 7,15; 11,19; 15,8; vgl. MICHEL, *Art.* ναός, 892–894).

[21] Vgl. MICHEL, a.a.O., 889 Z. 4–9 und Anm. 19 sowie CHILTON, Temple of Jesus, 106 Anm. 47 und CARSON, John, 181. In Joh 2,20 muß sich die 46jährige Bauzeit natürlich auf die gesamte Tempelanlage beziehen. Freilich ist der Terminus ναός hier vom Tempelwort im vorausgehenden Vers übernommen (vgl. dagegen ἱερόν in 2,14.15 in der ersten Hälfte der joh Tempelaktionsperikope), aber nichtsdestoweniger muß seine Anwendung für das Ganze des herodianischen Tempelkomplexes wenigstens vorstellbar sein, damit die Aussage in Joh 2,20 überhaupt sinnvoll sein kann.

[22] DALMAN, Orte und Wege Jesu, 301.

[23] MICHEL, a.a.O., 886 Z. 22 – 887 Z. 1. Vgl. jedoch die differenziertere Aussage a.a.O., 889 Anm. 19: „Allerdings scheint es so, als ob sich an manchen Stellen eine Unterscheidung von ναός und ἱερόν noch ermöglichen lasse." JUEL, Messiah and Temple, 127f zeigt, daß in Mk die Unterscheidung der beiden *termini* konsequent sachlich durch-geführt wird und sich überlieferungs- oder redaktionsgeschichtlich nicht ausschlachten läßt.

[24] In den aramäischen Texten werden die entsprechenden Termini בֵּית הַמִּקְדָּשׁ und הֵיכָל mit derselben Differenzierung benutzt; vgl. für Belege DALMAN, a.a.O., 301 Anm. 2, 3 und SCHRENK, *Art.* τὸ ἱερόν, 234 Z. 31–34.

den am äußersten gelegenen Toren des Tempelberges und den weiter drinnen gelegenen Toren des „Vorhofs" (הָעֲזָרָה) (mMid 1,1; vgl. bTam 27a) und den konzentrisch abgestuften, nach innen zunehmenden Graden an Heiligkeit (mKel 1,8[25]). Wir können nun an die Stelle Mk 13,3 wieder anknüpfen und feststellen, daß τὸ ἱερόν neben einer allgemeinen Anwendung für den Jerusalemer Tempel, bei der es gar nicht auf eine genauere Lokalisationsangabe ankommt (vgl. z.B. Mt 12,6; Act 25,8), spezifisch „den Berg des Hauses, הַר הַבַּיִת, den äußersten Vorhof, zu dem auch die Heiden Zutritt hatten"[26], bezeichnen kann. Die den Satz in Mk 11,15bα beginnende *Participium coniunctum*-Aussage εἰσελθὼν εἰς τὸ ἱερόν schildert also die Fortbewegung vom Stadtgebiet Jerusalems (vgl. V. 15a) durch eines der Tore in den Umfassungsmauern des herodianischen Tempels (vgl. mMid 1,3; Ant 15,410f; Bell 2,537) in den von diesen Mauern umschlossenen Bezirk hinein.

1.3 Der Tempelmarkt

Aus der Fortsetzung des Satzes V. 15bα erfahren wir, daß sich Verkäufer und Käufer irgendwo in diesem riesigen Bereich – ἐν τῷ ἱερῷ – aufhielten, die Jesus nun hinauszutreiben begann.

KIM HUAT TAN sieht in diesen Personengruppen weder die Verkäufer, die im Auftrag der Tempelverwaltung Waren anboten, die für kultische Zwecke gebraucht wurden, noch die Käufer solcher Erzeugnisse. Statt dessen identifiziert er die Verkäufer mit Leuten, die etwas an die Tempelverwaltung verkauften, und die Käufer als „merchants who were buying valuable items which the people had donated to the temple (*m.Shek.* 5.6)"[27]. Es stimmt zwar, daß der Jerusalemer Tempel ein Großabnehmer einer Reihe von Erzeugnissen (verschiedenen Opfertierarten, Wein, Öl, Getreide, Weihrauch, Kleidung usw.), die im täglichen Kultbetrieb gebraucht wurden, war, aber diese Geschäfte wurden nicht auf einem Markt im Tempelbezirk – ἐν τῷ ἱερῷ – getätigt. Vielmehr pflegte die Tempel-

---

[25] mKel 1,6–9 führt zehn Grade der Heiligkeit (עֶשֶׂר קְדֻשּׁוֹת) bzw. elf auf (zum Widerspruch zwischen der Zahl in der Überschrift und der faktischen Anzahl an Heiligkeitsgraden vgl. BUNTE, Kelim [Gefäße], 76 Anm. 16a), die beim Land Israel (אֶרֶץ יִשְׂרָאֵל) anfangen und sich konzentrisch auf den Raum des Allerheiligsten (בֵּית קוֹדֶשׁ הַקֳּדָשִׁים) als den heiligsten Ort zubewegen. In dieser Aufreihung steht הַר הַבַּיִת an vierter Stelle und wird gefolgt von dem *Ḥēl* (der erhöhten Terrasse innerhalb der steinernen Schranke, die die Grenze des äußeren Vorhofs [der Heiden] markiert), dem Frauenvorhof, dem Israelitenvorhof, dem Priestervorhof, dem Raum zwischen dem Brandopferaltar und der Vorhalle des Tempelgebäudes, dem Tempelgebäude selbst und letztlich dem Allerheiligsten. Aus dieser Aufreihung wird deutlich, daß הַבַּיִת הַר trotz der Beschränkung in der Angabe mMid 2,1 auf die 500 x 500 Ellen des vorherodianischen heiligen Quadrats (vgl. ÅDNA, Jerusalemer Tempel, 28) *realiter* als Bezeichnung für den ganzen äußeren Teil des herodianischen Tempels angewandt worden ist. Zu mKel 1,6–9 s. noch die Ausführungen von DUNN, Partings of the Ways, 38–40.

[26] SCHRENK, *Art.* τὸ ἱερόν, 234 Z. 50 – 235 Z. 1.

[27] TAN, Zion and Jesus, 178f (Zitat von 179).

verwaltung direkte Handelsbeziehungen zu den Lieferanten dieser Waren. Auf dem Markt im Tempel durften selbstverständlich nur die von der Tempelverwaltung beauftragten Verkäufer wirken[28].

Was die genauere Lokalisation der Ortsangabe, die Verkäufer und Käufer waren ἐν τῷ ἱερῷ, betrifft, ist die Auskunft der Sekundärliteratur zu Recht einhellig, daß der äußere Teil der Tempelanlage im Unterschied zu dem inneren Teil (mit den Frauen-, Israeliten- und Priestervorhöfen) gemeint sein muß[29]. Der gemeinte Ort läßt sich jedoch darüber hinaus noch beträchtlich präzisieren und eingrenzen. Durch eine archäologisch-architektonische Analyse des herodianischen Tempels unter Einbeziehung der zeitgenössischen schriftlichen Quellen läßt sich nämlich die Lokalisierung des Tempelmarkts innerhalb des Tempelbezirks genau erkennen[30].

Als Herodes der Große (37–4 v.Chr.) seinen Plan für den gewaltigen Ausbau des Jerusalemer Tempels in die Tat umsetzen wollte, war er um Einverständnis mit dem jüdischen Volk und der Priesterschaft bemüht. Dementsprechend entschied er sich für ein Bauverfahren, das die Heiligkeit des längst bestehenden quadratischen Temenos des zweiten Tempels respektierte. Das alte Tempelgebäude wurde erst dann abgerissen, als alle zur Vollendung des neuen Gebäudes erforderlichen Mittel schon bereitlagen, und ferner ließ Herodes genügend Priester in der Steinmetzkunst und dem Zimmerhandwerk unterrichten, so daß ihnen die Bauarbeiten in den nach den Heiligkeitsvorschriften nur Priestern zugänglichen innersten Teilen des Tempelkomplexes überlassen werden konnten (vgl. Ant 15,381–390). Solange das alte Quadrat unversehrt blieb, mischten die Priesterschaft und das übrige Volk sich in die Gestaltung der äußeren und neu hinzukommenden Teile der Tempelanlage nicht ein. Hier konnte Herodes gemäß seines Selbstverständnisses als hellenistischer Herrscher seine Bautätigkeit, die ihm Ruhm und Ehre verschaffen würde, unverhindert entfalten. Der Ausbau des Tempels in Jerusalem stellte in der Tat den spektakulären Höhepunkt einer langen Reihe großer Bauunternehmen des Herodes dar.

Als architektonisches Vorbild für dieses Projekt bot sich das sogenannte Kaisareion an, das seit der Errichtung der ersten Bauwerke dieser Art in Alexandria in Ägypten und in Antiochia am Orontes 48 und 47 v.Chr., von Julius Caesar initiiert, den Typos für monumentale Kult- und Kulturzentren im hellenistischen Raum schlechthin darstellte. Die Gestaltung des Kaisareions in Alexandria, das nach Caesars Tod höchstwahrscheinlich als das Hauptzentrum des Kaiserkults in der ägyptischen Hauptstadt diente, kennen wir aus Philos Schilderung in LegGai 150–151: Es war ein Temenos, umgeben von Säulenhallen an allen vier Seiten, in dessen Mitte sich ein Tempelgebäude befand. Einen noch präziseren und anschaulicheren Eindruck gewinnen wir durch das im nordafrikanischen Kyrene ausgegrabene Kaisareion. Sein rechtwinkliger Bezirk (95,70 x 84,50 Meter) besteht aus drei

---

[28] ÅDNA, Jerusalemer Tempel, 119f.

[29] Vgl. z.B. die Fortsetzung des obigen Zitats von SCHRENK: „Hier [*sc.* im Vorhof der Heiden] ist die Szene zu denken, wo er [*sc.* Jesus] nach ... Mk 11,15 ... die Käufer vertreibt" (a.a.O., 235 Z. 2–4). S. sonst oben S. 9 Anm. 16.

[30] Die folgende Darlegung beruht auf ÅDNA, Jerusalemer Tempel, 142–145. Für eine detaillierte, mit Belegen und ausführlicher Diskussion mit der Sekundärliteratur versehene Darbietung s. a.a.O., 32–89.

architektonisch unterschiedlichen Elementen: einer von dorischen Portiken umgebenen Quadriporticus, einer dreischiffigen Basilika und einem kleinen Tempel. Weil die die Identifizierung dieses Komplexes als Kaisareion sichernde Inschrift vor 18 n.Chr. zu datieren ist und eine Restaurierung erwähnt und weil ferner das Mauerwerk seiner Plattform und Umfassungsmauern in augustäische Zeit gehören, scheint der Bau des Kaisareions noch im ausgehenden 1. Jh. v.Chr. anzusetzen zu sein. Sowohl die Basilika als auch der kleine Tempel sind sekundäre Bestandteile der Anlage. Die Basilika, die im 1. Jh. n.Chr. gebaut wurde, ersetzte eine Portikus, deren hintere Abgrenzung nicht wie bei den drei anderen Säulenhallen eine feste Mauer darstellte, sondern eine Säulenreihe, die sich zu weiteren Gebäudeteilen öffnete. Der kleine Tempel ist noch jünger als die Basilika und vermutlich in die erste Hälfte des 2. Jh.s n.Chr. zu datieren. Die architektonische Herkunft des in Alexandria erstmals gebauten Kaisareions ist im ptolemäischen Ägypten zu suchen. In Hermopolis (Magna), dem heutigen Eschmunein in Mittelägypten, ist ein Ptolemaios III. Euergetes I. (246–222 v.Chr.) und seiner Frau Berenike II. von der dortigen griechischen Garnison gewidmetes Heiligtum gefunden worden. Charakteristisch für diese Anlage, die sich bestimmt nach bereits bestehenden Vorbildern in der ptolemäischen Hauptstadt richtete, ist eine Verschmelzung griechischer und ägyptisch-pharaonischer Architekturformen. Das Ziel war ein den Bedürfnissen des Herrscherkults gerecht werdendes Heiligtum. Der für diese Funktionen in Alexandria im 3. Jh. v.Chr. entwickelte Grundtypus stand offensichtlich Pate, als in der Mitte des 1. Jh.s v.Chr. das Konzept des Kaisareions geschaffen und in die Tat umgesetzt wurde.

Auch die Tempelanlage Herodes' des Großen in Jerusalem stellte einen von hohen Umfassungsmauern und Säulenhallen umgebenen Temenos mit einem zentralen Tempelgebäude in der Mitte dar. Drei der vier Säulenhallen waren doppelreihig; die vierte – entlang der Südmauer – trug die Gestalt einer dreischiffigen Halle, vergleichbar mit der Basilika im kyrenischen Kaisareion. Für die Säulenhallen des herodianischen Tempels sind entsprechend den Säulenhallen anderer Kaisareia Funktionen wie die Ausstellung von Weihgaben und erbeuteten Rüstungen und Aktivitäten wie Unterricht und Diskussion belegt. Die doppelreihigen Säulenhallen waren ungefähr 15 Meter breit und 12,50 Meter hoch. Besonders herausragend war jedoch die breitere und höhere dreischiffige südliche Halle (vgl. Ant 15,411–416[31]), die den Namen „königliche Säulenhalle" (στοὰ βασίλειος) trug (Ant 15,393.411). Trotz Josephus' Benutzung des Terminus στοά geht aus seiner Beschreibung hervor, daß diese Halle nicht von der für den griechisch-hellenistischen östlichen Mittelmeerraum typischen Architekturform der Stoa, sondern vielmehr von der römisch-westlichen Basilika abzuleiten ist. In der Tat haben wir es mit derselben Verschmelzung von östlichen und westlichen architektonischen Stilarten zu tun, die in dem nachträglichen Bau der Basilika im Kaisareion in Kyrene im 1. Jh. n.Chr. begegnet. Eine derartige Einbeziehung der westlichen Basilika in Baukomplexe, die sonst aus typisch östlichen Architekturelementen (wie u.a. Stoen) bestehen, kommt in der nachfolgenden Zeit immer häufiger vor und

---

[31] Zitiert in deutscher Übers. in ÅDNA, a.a.O., 56f.

setzt sich im 2. Jh. n.Chr. als ein regelrechter Trend durch. Anscheinend vertritt die Errichtung der königlichen Säulenhalle im herodianischen Tempel das früheste Beispiel solcher Verschmelzung. Von dem, was wir über die allgemeine Offenheit des Herodes für architektonische Einflüsse aus dem Westen und über seine Bemühungen, seinen römischen Oberherren zu gefallen, wissen, ist es nicht besonders überraschend, wenn eine architektonische Synthese dieser Art erstmals in seinem spektakulärsten Bauprojekt auftritt.

Der sogenannte hippodamische Stadtplan – gekennzeichnet durch parallele, sich rechtwinklig schneidende Straßen mit einem zentralen Markt (Agora) als Mitte der Stadt – fand seinen Eingang in Jerusalem erst durch den Aufbau der römischen Colonia Aelia Capitolina nach 135 n.Chr. Sowohl literarische als auch archäologische Befunde belegen dagegen, daß die Märkte in Jerusalem vor der Zerstörung im Jahre 70 n.Chr. in unterschiedlichen Teilen der Stadt untergebracht waren. Den auf dem Südwesthügel befindlichen Stadtteil nennt Josephus abwechselnd die Oberstadt oder den oberen Markt; und von den hier zahlreichen Läden und Werkstätten sind eine Glasbläserei sowie eine Werkstatt, die Erzeugnisse für den Tempel wie Gewürze oder Weihrauch herstellte, entdeckt worden. Im Zentraltal befanden sich Wolle- und Kleidermärkte sowie Schmiedewerkstätten und eine große Anzahl von Läden und Kleinwerkstätten.

Der Ansatz eines Bogens („Robinson-Bogen"), ungefähr 12 Meter nördlich der Südwestecke des heutigen „Tempelgeländes" in Jerusalem – al-Ḥaram aš-Šarīf („das edle Heiligtum") – ist der Rest einer monumentalen Treppenanlage, deren Stufen von der Marktstraße im Zentraltal zu dem südlichsten der insgesamt vier Tore in der westlichen Umfassungsmauer der herodianischen Tempelanlage geführt haben. Wer durch dieses Tor hineinging, kam direkt in den kleinen Vorhof vor der königlichen Säulenhalle und in die Halle selbst. Folglich war die königliche Säulenhalle über die vom Robinson-Bogen getragene Treppe direkt mit dem Marktviertel im Zentraltal verbunden.

In der südlichen Umfassungsmauer gab es zwei Eingänge („Hulda-Tore"). Sowohl diese Tore, ein Doppeltor und ein dreifaches Tor, als auch die ungefähr 60 Meter langen, schräg aufwärtsführenden Tunnel, die von den Hulda-Toren zum äußeren Vorhof des Tempels führten, sind bis heute – in z.T. renovierter Form – erhalten. Nach dem Zeugnis von mMid 2,2 benutzten diejenigen, die den Tempel aufsuchten, um dort Opfer darzubringen oder zu beten, vornehmlich eines der Hulda-Tore (das westliche Doppeltor) oder gegebenenfalls beide als Ein- und Ausgang. Dies hatte zur Folge, daß diese Tempelbesucher mit dem, was sich in der königlichen Säulenhalle entfaltete, überhaupt nicht in Berührung kamen, denn sie konnten nach Verlassen der unterirdischen Zugänge die inneren Vorhöfe betreten.

Der architektonischen Trennung zwischen den südlichen Eingängen und der königlichen Säulenhalle entspricht eine funktionale Unterscheidung. Weil das Jerusalem des 1. Jh.s n.Chr. das Resultat eines allmählichen Wachstums darstellte und nicht nach dem hippodamischen Muster angelegt worden war, fehlte ihm ein zentraler Markt. Es war darum der nach dem Vorbild des Kaisareions erweiterte äußere Tempelbezirk, der die Funktion der Agora wahrnahm, und der königlichen Säulenhalle fiel in ihrer Eigenschaft als Basilika dabei die besondere Rolle des Marktplatzes zu.

Diese Halle war in der Tat über die den Robinson-Bogen tragende Treppe räumlich sowie funktional ebenso eng mit dem Markt im Zentraltal an der Südwestecke des Tempelgeländes wie mit den inneren Teilen des Tempelkomplexes verbunden. Viele Gegenstände – wie Münzen, Steinwaagen und Gefäße aller Art, die bei den Ausgrabungen entlang der Südmauer des *Ḥaram aš-Šarīf* gefunden worden sind und offensichtlich bei der Zerstörung des Tempels von der königlichen Säulenhalle heruntergestürzt sein müssen, lassen sich mit der Marktfunktion dieser Halle gut vereinbaren.

Wir können somit das zweite Vorkommen der Vokabel ἱερόν in Mk 11,15 – im *hieron* waren Verkäufer und Käufer, die Jesus hinauszutreiben begann – räumlich dahingehend präzisieren, daß *die königliche Säulenhalle die genaue Lokalität der Aktion Jesu im Tempel darstellte.*[32]

1.4 Die Geldwechsler[33]

Nach der Erwähnung von Verkäufern (πωλοῦντες) im allgemeinen in V. 15bα fährt der Bericht in V. 15bβ damit fort, Jesu Auseinandersetzung mit zwei Gruppen von Bediensteten auf dem Tempelmarkt im besonderen zu schildern. Es geht um die Taubenverkäufer, deren Sitze er umstieß, und um die Geldwechsler (οἱ κολλυβισταί), deren Tische er ebenso umstieß.

Die häufigste Bezeichnung für Geldwechsler war im 1. Jh. n.Chr. τραπεζῖται bzw. שֻׁלְחָנִים, „Tischleute", nach dem für sie charakteristischen Tisch, auf dem sie ihre Münzen ausbreiteten, genannt. Die *trapezitai* waren vor allem in größeren Städten anwesend, wo sie nicht nur Geld aus einer Währung in eine andere wechselten, sondern überhaupt die typischen

---

[32] Über die in ÅDNA, a.a.O., 89 genannten Autoren, die mit dieser Lokalisierung der Tempelaktion Jesu rechnen, hinaus kann jetzt noch CASEY, Culture and Historicity, 309 genannt werden: „… Herod's massive rebuilding of the temple … drastically increased the size of the court of the Gentiles. This rebuilding included the royal portico, *the obvious place to put this trading* because it was a covered area" (kursiv von mir).
Hiermit ist allerdings nicht gesagt, daß Markus (und nach ihm Matthäus in Mt 21,12) die Angabe ἐν τῷ ἱερῷ nur auf die königliche Säulenhalle begrenzt hat. Vielmehr hat er wahrscheinlich – wie es nachweislich Johannes getan hat – auch hier τὸ ἱερόν vom ganzen äußeren Bereich der Tempelanlage verstanden und das Hinaustreiben als eine Austreibung aus dem Tempelkomplex hinaus (vgl. Joh 2,15: ἐξέβαλεν ἐκ τοῦ ἱεροῦ) dorthin, wo sich Jesus vor seinem Eintritt in das *hieron* (vgl. Mk 11,15bα¹) befunden hatte, aufgefaßt.
[33] Die folgende Darlegung beruht auf ÅDNA, Jerusalemer Tempel, 146–148. Für eine detaillierte, mit Belegen und ausführlicher Diskussion der Sekundärliteratur versehene Darbietung s. a.a.O., 96–118. Eine sehr gute Darlegung über die Geldwechsler im Jerusalemer Tempel und die Tempelsteuer bietet auch RICHARDSON, Why Turn the Tables?, 512–518.

Bankfunktionen ausübten, die Geschäftsleute benötigten und zu denen u.a. Kreditvergabe und Zinsnehmen gehörten.

Nach Ausweis von u.a. mSheq 1,3; Mt 21,12; Mk 11,15 und Joh 2,14f waren Geldwechsler auf dem Markt im Tempel, also in der königlichen Säulenhalle, anwesend. Die Evangelien benutzen zwei andere Bezeichnungen als τραπεζῖται, in Joh 2,14 κερματισταί (von κέρμα, „Geldstück, Münze, Scheidemünze", abgeleitet) und an den anderen Stellen κολλυβισταί (von κόλλυβος, „Aufgeld", abgeleitet); aber obwohl *kollybistēs* eine ebenso allgemeine Bedeutung von „Bankier" wie *trapezitēs* annehmen kann, haben wir es hier mit einer ganz spezifischen Gruppe von Geldwechslern zu tun, die im Auftrag der Tempelverwaltung tätig war und besondere, auf die Interessen und Bedürfnisse des Tempels bezogene Aufgaben auszuführen hatte.

Die Vielfalt der benutzten Münzsorten macht es ohne weiteres verständlich, daß Geldwechsler zu dem Verwaltungsapparat des Tempels gehörten. Über diesen allgemeinen Bedarf hinaus kam jedoch hinzu, daß die wegen ihrer einmaligen Wertbeständigkeit in Palästina sowie im Jerusalemer Tempel bevorzugten silbernen tyrischen Tetra- und Didrachmen im Hinblick auf die Tempelsteuer eine Monopolstellung erlangt hatten (vgl. tKet 12,6)[34]. Nach einer vorübergehenden, jährlich zu bezahlenden Tempelsteuer unter Nehemia von einem Drittelschekel (Neh 10,33f) war später auf der Grundlage von Ex 30,13 eine auf einen halben Schekel erhöhte, jährlich zu entrichtende Tempelsteuer eingeführt worden, die im 1. Jh. n.Chr. mit wenigen Ausnahmen von allen Juden sowohl in Palästina als auch in der Diaspora regelmäßig gezahlt wurde (vgl. SpecLeg 1,77f; Ant 14,110). Umgerechnet entsprach einem halben Schekel eine tyrische Didrachme (Ant 3,194f; 18,312). Damit die Erhebung der Tempelsteuer in der vorgeschriebenen tyrischen Währung erfolgen konnte, war man also auf die Vermittlung der Geldwechsler angewiesen. Einen Monat vor dem Passafest stellten diese zur Entgegennahme der Tempelsteuer ihre Tische in den „Provinzen" – d.h. in ausgewählten Orten in Palästina, möglicherweise aber auch in einigen Städten der nahen Diaspora – auf, um denen, die im betreffenden Jahr nicht nach Jerusalem wallfahrten würden, die Entrichtung der Tempelsteuer zu ermöglichen (mSheq 1,3). Zehn Tage später verlagerten die Geldwechsler ihre Tätigkeit nach Jerusalem, wo sie in der

---

[34] Immer wieder taucht in der Sekundärliteratur das Phantasiegebilde der „heiligen", „reinen", bildlosen Tempelmünzen auf, in die die Geldwechsler angeblich die profanen Münzen der Tempelbesucher wechselten. S. über die bereits in ÅDNA, a.a.O., 99 Anm. 16 erwähnten Beispiele noch BORG, Jesus. Der neue Mensch, 195, 196 (= Jesus. A New Vision, 174, 175). Die für die Tempelsteuer verlangte Münze tyrischen Standards trug vielmehr auf der einen Seite ein Bild von Melkart, dem Stadtgott von Tyros, meistens in Gestalt des Zeus-Sohnes Heracles, und auf der anderen Seite den ptolemäischen Adler, der ebenfalls als „Vogel des Zeus" galt.

königlichen Säulenhalle von den Wallfahrern und der Stadtbevölkerung die Tempelsteuer einnahmen. Die entfernt von Jerusalem lebenden Diaspora-gemeinden besorgten nach Absprache mit der Tempelverwaltung selbst das Einsammeln der Tempelsteuer und ihren Transport nach Jerusalem.

Die Beteiligung und Nichtbeteiligung an der Tempelsteuer war genau geregelt. Verpflichtet zur jährlichen Entrichtung waren grundsätzlich alle volljährigen männlichen Juden (vgl. Ex 30,14). Minderjährige, Frauen und Sklaven waren von dieser Pflicht zwar freigestellt, konnten aber auf freiwilliger Basis ihren Beitrag leisten (mSheq 1,3). Heiden und Samari-taner durften dagegen auf keinen Fall an der Tempelsteuer beteiligt werden (mSheq 1,5). Diese Regelung entsprang dem Hauptverwendungszweck der Steuer, den kollektiven Opferkult Israels bzw. der jüdischen Gemeinde im Jerusalemer Tempel zu finanzieren (mSheq 4,1). Die täglichen Tamidopfer stellten den Kern dieses Opferkultes dar (vgl. Ex 29,38–42; Num 28,3–8; mTam 3,2–5; 4,1–12; 7,3); am Sabbat und während der Feste wurden über die Tamidlämmer hinaus weitere kollektive Brandopfer dargebracht (Num 28 29). Durch die Beteiligung an der Tempelsteuer hatte somit jeder Jude, wo immer er sich aufhielt, Anteil am Opferkult. Wie der Opferkult im Jerusalemer Tempel im allgemeinen der Sühne diente, galt dies ausdrücklich ebenso für die Tamidopfer (vgl. Jub 6,14; 50,11; tSheq 1,6). Damit die durch den mit Hilfe der Tempelsteuer finanzierten Opferkult bewirkte Sühne auf die, denen sie zukam, beschränkt blieb, war es allen Heiden und Samaritanern untersagt, sich an der Entrichtung der Tempelsteuer zu beteiligen (s.u. den Exkurs: Der Sühnopferkult im Jerusalemer Tempel, S. 387ff). Neben dem Aspekt der Anteilhabe an den sühnenden Opfern trat als weiteres Motiv für die Entrichtung der Tempelsteuer ihre Funktion als Lösegeld (Ex 30,12f; SpecLeg 1,77; Her 186; bBB 9a [s.u. S. 424–426]). Als Eintreiber bzw. Empfänger der Tempelsteuer nahmen die Geldwechsler eine tatsächlich unerläßliche Funktion in dem System wahr, das der Sühne und dem Fortbestand des jüdischen Volkes vor Gott diente.

Während die Einzahlung der Tempelsteuer, von der die meisten Belege unserer Quellen über die Tätigkeit der Geldwechsler des Jerusalemer Tempels handeln, zeitlich auf die Wochen vor dem Passafest beschränkt war, waren die Geldwechsler jedoch das ganze Jahr hindurch auf dem Tempelmarkt in der königlichen Säulenhalle im Einsatz, um die ständig benötigten Wechseldienste in Verbindung mit Geldtransaktionen unterschiedlicher Art im Tempel wahrzunehmen, wie z.B. Handel mit Lieferanten verschiedener Erzeugnisse und Verkauf von Opfermaterie an Tempelbesucher.

1.5 Die Taubenverkäufer[35]

Die zweite Gruppe, gegen die sich Jesus V. 15bβ zufolge wandte, sind die Taubenverkäufer (οἱ πωλοῦντες τὰς περιστεράς), deren Sitze er umstieß.

In Jerusalem gab es eine Reihe von Märkten, auf denen Produkte ganz unterschiedlicher Art der Stadtbevölkerung und den Besuchern, unter denen die jüdischen Wallfahrer aus der Diaspora dominierten, angeboten wurden. Was die besonderen kultischen Bedürfnisse einzelner betrifft, wurden sie natürlich vom Markt in der königlichen Säulenhalle, aber ebenso von anderen Läden und Märkten in der Stadt oder in ihrer unmittelbaren Umgebung (wie z.B. auf dem Ölberg) wahrgenommen. Trotz der Auskunft in Joh 2,14f, daß Jesus bei seiner Tempelaktion auf Verkäufer von Rindern und Schafen traf und sie samt ihren Tieren aus dem Tempel hinaustrieb, fand in Wirklichkeit der Verkauf von Groß- und Kleinvieh auf eigens dafür eingerichteten Märkten statt, die sich vermutlich im Norden der Stadt oder vielleicht sogar vor einem der Stadttore befanden (vgl. mSheq 7,2; Neh 3,1.32; 12,39; Joh 5,2)[36]. Die Nennung der Rinder- und Schafshändler neben den Taubenverkäufern in Joh 2,14f ist ein dramatisierender, überlieferungsgeschichtlich sekundärer Zug des vorjoh Berichts über die Tempelaktion (s.o. S. 192f).

Unterhalb der südöstlichen Ecke vom Plateau des *Ḥaram aš-Šarīf* befindet sich eine bis ungefähr 80 Meter breite, 60 Meter tiefe und 9–10 Meter hohe Gewölbesubstruktion, die traditionell die „Ställe Salomos" genannt wird. Obwohl die Konstruktion dieser Pfeilerhalle bei der herodianischen Erweiterung des Tempels in südlicher Richtung vornehmlich bautechnische Gründe hatte, ließ sie sich natürlich auch praktischen Zwecken dienstbar machen und wurde allem Anschein nach als Lagerkammer benutzt. Weil die „Ställe Salomos" sich direkt unterhalb der königlichen Säulenhalle befanden, legt sich eine Anwendung als Lagerkammer für den in der Halle untergebrachten Markt nahe, denn diese Halle eignete sich nicht nur für die Aufbewahrung von Geräten und Gefäßen unterschiedlicher Art, sondern ebenso von vegetabilen Erzeugnissen wie Wein, Öl und Mehl. Solcher Produkte bedurften die Tempelbesucher für ihre Trank- und Speiseopfer, die sie entweder in Begleitung der Tieropfer (vgl. Num 15,1–10) oder als selbständige vegetabile Opfer darbrachten (vgl. Lev 2; 5,11–13).

Nach der Auskunft von mSheq 5,4f herrschte in der letzten Zeit vor der Zerstörung des Tempels bei der Aushändigung von Trankopferwein an einzelne Opfernde eine aufwendige Praxis vor, bei der der Wein nur mit einem Siegel, das sich der Opfernde bei einem Siegelverwalter besorgen mußte, erhältlich war. Der geschilderte Vorgang scheint exemplarisch zu

---

[35] Die folgende Darlegung beruht auf ADNA, Jerusalemer Tempel, 148–150. Für eine detaillierte Erörterung der Märkte in Jerusalem sowie der Verkäufer von Opfermaterie s. a.a.O., 119–139; über den Verkauf von Tauben auf dem Markt in der königlichen Säulenhalle im besonderen s. S. 130–135.

[36] Aus mSheq 7,2 geht hervor, daß die Verkäufer von Rindern sich nicht im Tempelbereich befanden: „Wenn Münzen vor den Viehhändlern gefunden werden, so gelten sie stets als Zehntgeld, auf dem Tempelberg aber als profan" (Übers. von SAFRAI, Wallfahrt, 185; mit dem „Tempelberg" ist der äußere Tempelbezirk gemeint, s. S. 246f). Die Namen „Schaftor" und „Schafteich" in den Neh-Belegen und Joh 5,2 deuten darauf hin, daß der Kleinviehmarkt in der Gegend nördlich des Tempels untergebracht war.

sein, so daß wir mit einem entsprechenden Verfahren auch für den Handel mit den anderen Sorten lebloser Opfermaterie rechnen müssen. Aus Mk 11,15 und Joh 2,14.16 geht jedoch hervor, daß z.Z. der Tempelaktion Jesu um 30 n.chr. Tauben offensichtlich ohne Siegel direkt von Händlern in der königlichen Säulenhalle gekauft werden konnten. Da eine einheitliche Praxis am wahrscheinlichsten ist, wurde zu diesem Zeitpunkt vermutlich auch die leblose Opfermaterie direkt bei entsprechenden Händlern in der Halle gekauft. Das System mit Siegelmarken, das bestimmt eine bessere Kontrolle ermöglichte, wurde folglich allem Anschein nach erst irgendwann in den Jahrzehnten 30–70 n.Chr. eingeführt.

Die Vermutung einer geänderten Praxis auf dem Tempelmarkt in der königlichen Säulenhalle wird ferner von mSheq 6,5 und tSheq 3,2f untermauert, denn diesen rabbinischen Belegen zufolge gab es unter den insgesamt dreizehn Geldbehältern bzw. Büchsen, die im Frauenvorhof aufgestellt waren, zwei, in die das Geld für individuelle Vogelopfer gelegt werden sollte. Die Priester haben dann im Namen der Opfernden die betreffenden Opfer entsprechend dem Wert des in die Behälter eingeworfenen Geldes dargebracht. Offensichtlich hat man irgendwann in der Zeit nach Jesu Tempelaktion aus Gründen, über die uns leider keine Quellen Auskunft geben, die Tauben vom Markt in der königlichen Säulenhalle entfernt. Vielleicht haben die Sorge um die im Hinblick auf kultische Tauglichkeit für Tauben besonders strengen Unversehrtheitsbestimmungen und die Unbequemlichkeiten mit Taubenkot und ähnlichem diese Änderung verursacht.

Die Berichte der Evangelien über die Tempelaktion Jesu und die rabbinischen Belege stimmen trotz der unterschiedlichen Organisation des Taubenopferverkaufs, die sie bezeugen, darin überein, daß Tauben eine große Anwendung im Tempelkult im 1. Jh. n.Chr. gefunden haben müssen. Weil Tauben eine im Vergleich zu teureren Opfertiersorten den Armen erlaubte Ersatzopfermaterie für Sünd- und Brandopfer repräsentierten (vgl. Lev 5,7–10; 12,8; 14,21–23.30f), wirft die weitverbreitete Benutzung dieser Möglichkeit ein interessantes Streiflicht auf die soziologischen Verhältnisse, unter denen viele der im Tempel individuelle Sünd- und Brandopfer Darbringenden lebten (vgl. Lk 2,24; mKer 1,7).

Diese Vogelopfer – z.T. für konkrete Anlässe wie Geburt, Aussatz sowie Ausfluß vom Gesetz zur (kultischen) Reinigung vorgeschrieben – erwirken ebenso wie die kollektiven Opfer (s.o. S. 253) Sühne für den Betroffenen (vgl. Lev 5,10; 12,8; 14,31; 15,15.30). Die fortwährende Gültigkeit der biblischen Vorschriften für den Tempelkult noch im 1. Jh. n.Chr. wird von den rabbinischen Belegen bekräftigt (s. mQin 1,1).

Sonst sind die in der Mischna und der Tosefta festgehaltenen Traditionen, die den Vogelopfern gelten, vor allem um genaue Definitionen und Kategorisierungen bemüht. Diese betreffen einerseits die in den Gesetzesvorschriften genannten Taubengattungen („Turteltauben" und „junge Tauben") sowie deren Tauglichkeit und andererseits die Opfersorten (Sünd- und / oder Brandopfer, obligatorische oder freiwillige Opfer) sowie die Opfernden (z.B. unter Umständen besondere Regelungen für Proselyten).

1.6 Jesu Unterbindung des Gefäßtragens (V. 16)

Ein drittes Mal kommt ἱερόν in Mk 11,16 vor, aber in diesem Vers ist es ein anderes Wort, das ebenso aufgrund seines semantisch weiten Bedeutungsfeldes die größten Schwierigkeiten bereitet. Gemeint ist das Wort σκεῦος, von dem es lapidar heißt: Jesus „ließ nicht zu, daß jemand ein *skeuos* durch den Tempel (διὰ τοῦ ἱεροῦ) trug." Weil σκεῦος für „Gerätschaften aller Art"[37] stehen kann[38], kommt von der benutzten Vokabel selbst her folglich eine Vielzahl von Möglichkeiten, was nun genauer gemeint ist, in Frage. Inwiefern der Ort, durch den die gemeinten σκεύη getragen werden, also das *hieron*, zu deren genaueren Bestimmung verhelfen kann, hängt ganz davon ab, wie man den Vorgang in Mk 11,16 deutet. Erläßt Jesus das „Durchtrageverbot", gerade weil die σκεύη, um die es geht, nicht zum Tempel gehören und darum nichts dort zu suchen haben, ja vielleicht sogar als profane Gegenstände die Heiligkeit des Tempels gefährden? Oder sind die σκεύη im Gegenteil durch die Situationsangabe als Tempelgeräte irgendeiner Art zu erkennen[39], und steht dann auch ein anderes Motiv als die Sorge um die Heiligkeit des Tempels hinter Jesu „Durchtrageverbot"? Die Formulierung in Mk 11,16 ist offen für mehrere Deutungen, und wir müssen weitere Überlegungen anstellen, bevor wir ein Ergebnis erreichen können.

---

[37] PLÜMACHER, *Art.* σκεῦος, 597.

[38] Sowohl in der Profangräzität als auch in der LXX (dort überwiegend als griech. Wiedergabe von כְּלִי [hebräisch] und מָאן [aramäisch]) „bedeutet die Vokabel ein Gerät aus irgendeinem Material, das irgendwelchen Zwecken dient" (MAURER, *Art.* σκεῦος, 359 Z. 4f). Das Zitierte bezieht sich zwar bei MAURER direkt auf die profangriech. Anwendung der Vokabel, aber es geht aus seinen weiteren Ausführungen auf derselben Seite, Z. 27ff, hervor, daß σκεῦος auch in der LXX einen gleich breiten Verwendungsbereich aufzeigt: Die Vokabel wird benutzt für Geräte im Haushalt und der Landwirtschaft, für Kriegs- und Schiffsgeräte usw. „Gegenüber der profanen Gräzität (seit klass. Zeit, häufig in Pap.) sowie der LXX ... ist im ntl. Sprachgebrauch weder ein Bedeutungswandel noch eine Spezifizierung des Ausdrucks feststellbar" (PLÜMACHER, a.a.O., 597; vgl. MAURER, a.a.O., 362 Z. 32ff und MASSYNGBERDE FORD, Money „bags", 249f). Neben diesem Gebrauch für konkrete Utensilien findet σκεῦος wie seine hebräische Entsprechung כְּלִי noch sowohl im AT und Frühjudentum als auch im NT im übertragenen Sinn vielfach Verwendung; vgl. MAURER, a.a.O., 360 Z. 5ff, 360 Z. 44 – 362 Z. 30, 363 Z. 4 – 368 Z. 13; PLÜMACHER, a.a.O., 598f.

[39] Laut MAURERs Zählung „(handelt) ein gutes Drittel aller St(ellen) [*sc.* in der LXX] von den heiligen Gerätschaften der Stiftshütte, des Tempels u(nd) dessen Altar" (a.a.O., 360 Z. 1f), d.h. um die 100 Belege. Auch Philo und Josephus benutzen σκεῦος für Tempelgeräte (a.a.O., 360 Z. 39ff).

Mk 11,16 wird in der Sekundärliteratur sehr oft mit einer Aussage in mBer 9,5 in Verbindung gebracht:

mBer 9,5:[40]
Niemand darf den Tempelplatz betreten mit Stock und Schuh und Geldbeutel sowie mit staubigen Füßen, und niemand darf ihn benutzen, um (sich den Weg) abzukürzen und auszuspeien.

לֹא יִכָּנֵס לְהַר הַבַּיִת בְּמַקְלוֹ וּבְמִנְעָלוֹ וּבְפוּנְדָתוֹ וּבְאָבָק שֶׁעַל רַגְלָיו וְלֹא יַעֲשֶׂנּוּ קַפֶּנְדַרְיָא וּרְקִיקָה

(Vgl. auch bYev 6b und Sifra zu Lev 19,30[41].)

Hier werden anscheinend den Tempelbesuchern recht rigorose Restriktionen bezüglich dessen auferlegt, was sie beim Aufsuchen des Tempels bei sich haben dürfen.

Etwa CHRISTIAN MAURER, der Verfasser des Artikels über σκεῦος im ThWNT, scheint eine entsprechend strenge Regelung in Mk 11,16 zu sehen, indem er σκεῦος hier als „irgend ein tragbares Gerät" versteht bzw. die Vokabel „im abgegriffenen Sinne = etwas" auffaßt[42]. Was soll aber der Zweck eines solchen Rigorismus sein? Leider gibt MAURER darüber keine Auskunft, aber vielleicht stellt er sich die Unterbindung jeglichen Tragens von irgendwelchen Gegenständen durch das *hieron* als konsequente Weiterführung des im vorausgehenden Vers beschriebenen Auftretens Jesu vor, die implizit dann als eine Bemühung um die Entfernung des Tempelmarktes aus dem *hieron* zu verstehen wäre (vgl. die Parallele zum verbotenen Geldbeutel in mBer 9,5). Plädiert folglich Mk 11,15f für ein „dingloses" *hieron*, in das die Besucher überhaupt keine tragbaren Gegenstände mitführen dürfen? Als Motiv eines derartigen Rigorismus – so müßte man weiterspekulieren – käme am ehesten eine Art geistlicher Zweckbestimmung des Tempels in Frage (etwa als „Haus des Gebetes"?, vgl. Mk 11,17), der das Vorhandensein von (profanen) σκεύη unterschiedlichster Art widerspräche. Abgesehen von der Fraglichkeit des hierbei konstruierten Widerspruchs zwischen der Geistlichkeit des heiligen Tempels und dem allzu profanen Charakter der σκεύη (dazu mehr weiter unten) führt diese absolutistische Deutung von mBer 9,5

---

[40] Die deutsche Übers. des Zitats folgt bis einschließlich „Füßen" JEREMIAS, Widerspruch, 179. Der hebräische Text ist entnommen HOLTZMANN, Berakot (Gebete), 94. Vgl. JEREMIAS, ebd. auch für eine Übers. der etwas ausführlicheren Parallele aus tBer 7,19.

[41] D.h. Sifra, Parascha Qedoschim, Perek 7; die Stelle ist u.a. zu finden in der deutschen Übers. von WINTER, Sifra. Halachischer Midrasch zu Leviticus, 515f. Für eine Interpretation von Mk 11,16 als einer diesen Stellen analogen Bemühung um die Wahrung der Heiligkeit des Tempels vgl. u.a. KLAUSNER, Jesus von Nazareth, 434; CRANFIELD, Mark, 358; JOHNSON, Mark, 190; NINEHAM, Mark, 301, 304; TAYLOR, Mark, 463; HAHN, Gottesdienst, 30 mit Anm. 59; LANE, Mark, 406; MEYER, Aims, 170; HAENCHEN, Johannesevangelium, 207 (V. 16 sei „gut pharisäisch gedacht") und BUCHANAN, Money-Changers, 281 mit Anm. 4.

[42] MAURER, a.a.O., 362 Z. 33 und 34f. Zur Kritik an dieser „Verlegenheitsauskunft" vgl. SCHENK, Passionsbericht, 156 und MASSYNGBERDE FORD, Money „bags", 249, die darauf verweist, daß „the normal translation for ‚anything' ... would be τις, τι or τά found e.g., in Mk 11,13; 13,15; Mt 24,17; Lk 19,8; 22,35; Jn 7,4; 14,14 and fourteen similar references in the New Testament".

und Mk 11,16 in eine absurde, vergeistigte Unanschaulichkeit, denn wie sollen wir uns einen zwar von Menschen besuchten, aber um alle (tragbaren) σκεύη „gereinigten" Tempel überhaupt vorstellen? Zum Glück dispensiert uns das hier wie sonst immer gebotene Beharren auf den zeitgeschichtlichen Fakten von der Pflicht, eine Antwort auf diese Frage zu finden, und holt uns auf den nüchternen Boden der geschichtlichen Realität zurück.

Bereits das gut bezeugte Vorhandensein von Geldwechslern in der königlichen Säulenhalle und von Geldbehältern im Vorhof der Frauen (vgl. mSheq 6,5; tSheq 3,1 und Mk 12,41–44 par.) widerlegt ein absolutistisches Verständnis von mBer 9,5. JOACHIM JEREMIAS hat dies deutlich erkannt und in einer Miszelle überzeugend gezeigt, daß das in dieser Mischna ausgesprochene Verbot „nicht den normalen Tempelplatzbesucher im Auge" hat, „sondern den in Jerusalem eintreffenden Wallfahrer ... Von einem generellen Verbot, Geld zum Tempelplatz mitzunehmen, kann keine Rede sein"[43].

Scheidet der erste Teil von mBer 9,5 als mögliche Parallele zu Mk 11,16 aus, bleibt noch der zweite mit dem Verbot, den הַר הַבַּיִת zu קְפֶּנְדַּרְיָא, d.h. *compendiaria* (*via*), zu machen[44]. Laut mBer 9,5 kann ebensowenig wie ein den Tempel entehrendes und verunreinigendes Ausspeien (vgl. Lev 15,8; Num 12,14; Dtn 25,9) die Praxis, den Tempelplatz als Abkürzungsweg zu benutzen, geduldet werden. Die Unsitte, aus Bequemlichkeit den Tempelplatz zur Abkürzung der zurückzulegenden

---

[43] JEREMIAS, Widerspruch, 179. Stock und Schuhe (statt Sandalen [נַעַל]) sind Wanderausrüstung; die staubigen Füße passen dazu: Dem Wallfahrer „wird untersagt, sich in Wanderausrüstung und ohne sich vorher gesäubert und zurechtgemacht zu haben, mit dem ganzen für den Aufenthalt und Verzehr in Jerusalem bestimmten Geld vom Zweiten Zehnt auch nur in den Heidenvorhof zu begeben" (ebd.). Als ein von den Priestern erlassenes allgemeines Verbot, „mit irgendeiner noch so kleinen Last den Tempelbezirk" zu betreten, faßt LOHMEYER, Markus, 235 zu Unrecht mBer 9,5 auf.

[44] Das dem Verb יַעֲשֶׂה angehängte Objektsuffix נּוּ- bezieht sich auf den im vorausgehenden Satz explizit genannten הַר הַבַּיִת. קפנדריא ist Aufnahme des lateinischen Fremdwortes *compendiaria* [sc. *via*], das für den kurzen bzw. abgekürzten Weg steht (vgl. S. KRAUSS, Griechische und lateinische Lehnwörter im Talmud, Midrasch und Targum, Teil I, Berlin 1898, 110, 127 und LEVY, Wörterbuch über die Talmudim und Midraschim IV, 355).
In bBer 62b wird die Bedeutung dieses Verbots verhandelt: „Was heisst Copendaria [Durchgang]? Raba sagte: Abgekürzter Weg, wie der Name besagt. R.Ḥana b. Ada sagte im Namen des R.Sama b. R. Mari: Das ist, wie wenn jemand sagt: Anstatt über Strassen einen Umweg zu machen, gehe ich hier durch. R.Naḥman sagte im Namen des Rabba b.Abahu: Wer in das Bethaus (בית הכנסת) tritt, nicht in der Absicht, es als Durchgang zu benutzen, darf es als Durchgang benutzen. R.Abahu sagte: War dort ein Weg von jeher, so ist es erlaubt. R.Ḥelbo sagte im Namen R.Honas: Wer in das Bethaus eintritt, um dort zu beten, darf es als Durchgang benutzen" (GOLDSCHMIDT, Der babylonische Talmud I, 233f). Für weitere rabbinische Stellen, die das Verbot des Abkürzungsweges bzw. Richtweges vom Tempel auf die Synagogen übertragen s. BILL. II, 27.

Strecke zu überqueren, widerspricht der Würde des Tempels und kann auch noch seine Reinheit gefährden, falls der Betreffende etwas Unreines dabei hat.

Viele Forscher setzen das „Durchtrageverbot" in Mk 11,16 mit diesem Aspekt der Verbote in mBer 9,5 in Verbindung und nehmen folglich an, daß Mk 11,16 sich dagegen wendet, irgendwelche profanen Lasten zum Zwecke der Abkürzung durch den äußeren Vorhof zu tragen. Z.B. erläutert MARIA TRAUTMANN den Text folgendermaßen: „In V. 16 ... kritisiert Jesus eine offensichtlich gängig gewordene Praxis der Wegabkürzung, die den reibungslosen Ablauf des Kults stören konnte und der Reinheit des Tempels abträglich war (Tragen unreiner Gegenstände) und die auch in jüdischen Texten beanstandet wird."[45] Während die meisten Verfechter dieser These es wie TRAUTMANN bei der recht allgemeinen Auskunft belassen, daß irgendwelche, den Tempelplatz überquerende Abkürzungswege von Trägern irgendwelcher Lasten benutzt wurden[46], gehört JOACHIM JEREMIAS zu den wenigen, die sich um präzisere Angaben bemühen:

> „... Jesus (duldet) nicht, daß der Weg über den Tempelplatz (von Wasserträgern) als Abkürzungsweg zwischen dem Ophel und der nördlichen Vorstadt benutzt wird (das ist mit dem ‚Durchtragen von Gefäßen' V. 16 gemeint)."[47]

Während die meisten unbekümmert und anscheinend ohne genaueres Prüfen vom Tempelplatz als Abkürzung sprechen, ist es das Verdienst JEREMIAS', darüber Rechenschaft abgelegt zu haben, welche Wegstrecke(n) dabei vorausgesetzt wird (bzw. werden). Von der Topographie Jerusalems her würde in der Tat nur die von ihm angegebene Verbindung

---

[45] TRAUTMANN, Zeichenhafte Handlungen Jesu, 108. Bei den jüdischen Texten denkt sie an die, die oben bereits erwähnt sind. Jesus nennt sie nur im literarischen Sinne als Urheber der Kritik in Mk 11,16, denn diesen Vers hält TRAUTMANN für eine Zufügung der frühen judenchristlichen Gemeinde, die den im vorausgehenden Vers authentisch geschilderten Tempelprotest Jesu zu einer Tempelreform umdeutete (vgl. a.a.O., 108f; s.o. S. 215f).

[46] Vgl. u.a. BURKITT, Cleansing, 388 („a short cut for business purposes"); SCHMID, Markus, 212 (Wegabkürzung beim Tragen von dem profanen Gebrauch dienenden Geräten); HAENCHEN, Johanneische Probleme, 37–39; BJERKELUND, Tempelrenselsen, 209; MCKELVEY, New Temple, 64–66; ROLOFF, Kerygma, 96 (σκεύη = Gefäße häuslichen Bedarfs); MORRIS, John, 189; HARVEY, Jesus, 129; PESCH, Markusevangelium II, 198 („gewerbsmäßige Lastträger"); SMITH, Objections, 267 Anm. 30; GUNDRY, Mark, 643; H.D. BETZ, Jesus, 457 („a shortcut for getting from one side of the town to the other") mit Anm. 10, 462.

[47] JEREMIAS, Theologie, 145 Anm. 15. Auch HAENCHEN hat seine allgemeine Auskunft von 1959, daß es um irgendwelche Lasten gehe (vgl. Anm. 46), später präzisiert: Jesus erlaube nicht, daß man den Tempelvorhof „als einen abkürzenden Richtweg benutzt – wir können dabei an Wasserträger denken" (Der Weg Jesu, 384; vgl. Johannesevangelium, 204).

zwischen dem Ophel südlich des Tempels und der nördlichen Vorstadt[48] in Frage kommen. Allerdings muß für diejenigen, die schwer zu tragen hatten, die gleichmäßiger ansteigende Hauptstraße durch das Zentraltal westlich des Tempels geeigneter für den Transport von der Unterstadt zur Nordstadt gewesen sein, vor allem falls sie – wie wohl bei JEREMIAS' Wasserträgern vorauszusetzen ist – vom Siloateich kamen[49]. Was die *compendiaria via* in mBer 9,5 letztlich auch auf sich haben mag, sie scheidet jedenfalls als Parallele zu Mk 11,16 aus, denn im Jerusalem des 1. Jh.s n.Chr. war der am Ostrand der Stadt befindliche und im Vergleich zur unmittelbaren Umgebung hoch gelegene Tempelplatz als Abkürzungsweg nicht geeignet. Bereits aus topographisch-zeitgeschichtlichen Gründen muß darum die Deutung von Mk 11,16, nach der Jesus verbieten wollte, daß profane Gegenstände durch den äußeren Vorhof des Tempels getragen wurden, um eine Abkürzung des Weges zu erreichen, abgelehnt werden[50].

Es kommt noch hinzu, daß die bei dieser Deutung vorausgesetze Prämisse, die Heiligkeit des Tempels wäre durch diese Praxis angetastet und gefährdet, trügt. Denn Herodes der Große hatte den Jerusalemer Tempel gerade unter Wahrung der am traditionellen 500 x 500 Ellen großen Quadrat haftenden Heiligkeit ausgebaut, so daß Josephus durchaus im Recht ist, wenn er in Bell 5,194 den Unterschied zwischen dem äußeren und inneren Teil des herodianischen Tempels gerade darin sieht, daß der innere Teil „heilig genannt wurde" (s.o. Anm. 16)[51].

---

[48] In der 1. Aufl. seiner „Neutestamentlichen Theologie" (1971) sprach JEREMIAS in der entsprechenden Anm. von einer abkürzenden Verbindung zwischen Ophel und der *östlichen* Vorstadt, aber dies muß – wie die 4. Aufl. zeigt (2. und 3. Aufl. habe ich nicht einsehen können) – ein versehentlicher Druckfehler gewesen sein. (GUNDRY, Mark, 642f beruft sich bei seinem Verständnis auf die engl. Übersetzung von JEREMIAS' Theologie und ist auf die vorgenommene Korrektur nicht aufmerksam geworden.) Im Osten gab es überhaupt keine Vorstadt, sondern den durch das Kidrontal von der Stadt abgetrennten Ölberg, und außerdem käme der Tempelplatz sowieso nicht in Frage als Abkürzungsweg zwischen dem Ophel und diesem östlich gelegenen Gelände. Verwirrend sind die Äußerungen bei GRUNDMANN, Markus, 311, die auf mangelhafter Kenntnis der topographischen Gegebenheiten beruhen müssen. Mit einem Abkürzungsweg über den Tempelplatz „vom östlichen zum westlichen Stadttor oder umgekehrt" rechnen SWETE, Mark, 256; LOHMEYER, Markus, 235f (Zitat von hier) und PESCH, Markusevangelium II, 198, aber u.a. weil wir nichts Genaues über das mMid 1,3 erwähnte Osttor wissen (vgl. ÅDNA, Jerusalemer Tempel, 19f Anm. 63), bleibt dies eine rein hypothetische Annahme.

[49] Vgl. den Stadtplan RIESNER, *Art.* Jerusalem, 665 und speziell zur Hauptstraße durch das Zentraltal (und damit auch an der Westseite des Tempels entlang) ÅDNA, a.a.O., 76 mit Anm. 20.

[50] SANDERS, Jesus and Judaism, 364 Anm. 1 und Judaism, 503 Anm. 9 erkennt zu Recht, daß die Position der Tempeltore den Tempelplatz als Abkürzungsweg ungeeignet macht. Aber statt von dieser Erkenntnis her das traditionelle Verständnis von V. 16 als eben einem Abkürzungsverbot zu hinterfragen, zieht er die fatale Schlußfolgerung, er könne sich aus diesem Grund erlauben, bei der Interpretation der Tempelaktion Jesu von V. 16 abzusehen. S. die berechtigte Kritik bei CASEY, Culture and Historicity, 321.

[51] S. den Nachweis in ÅDNA, Jerusalemer Tempel, 3–31. An dieser Sicht dürfen einer-

M.E. darf eine Interpretation von Mk 11,16, die den Inhalt dieses Verses möglichst nahtlos mit dem des vorausgehenden Verses zu verknüpfen vermag, die größte Plausibilität für sich in Anspruch nehmen. In V. 15 geht es um eine – wie auch immer genauer zu bestimmende – Auseinandersetzung mit zentralen Bediensteten des Tempelmarkts in der königlichen Säulenhalle[52]. Manche Forscher heben auf die häufige Anwendung der Vokabel σκεῦος in der Septuaginta für Kult- bzw. Tempelgeräte (vgl. Anm. 39) ab und nehmen wegen der Verbindung zwischen dem laut V. 15 sich im *hieron* befindenden Markt und dem sich immer noch im *hieron* austragenden bzw. darauf ausgerichteten V. 16 (vgl. διὰ

---

seits die Tatsache, daß das traditionelle vorherodianische Quadrat von 500 x 500 Ellen sich um einige Meter in den äußeren Vorhof der herodianischen Tempelanlage erstreckte und folglich nicht in seiner Ganzheit von der die Grenze zwischen äußerem und innerem Teil des Tempels markierenden Schranke „geschützt" war (vgl. ÅDNA, a.a.O., 30f), und andererseits die in mKel 1,6–9 bezeugte konzentrische Heiligkeitsvorstellung, derzufolge auch der הַר הַבַּיִת an der Heiligkeit partizipiert (s.o. Anm. 25), kaum rütteln. LOHMEYER, Markus, 235 trifft den Sachverhalt wahrscheinlich gut, wenn er vom Vorhof der Heiden schreibt: „er ist noch heiliger Raum in strengerem Sinne, aber auch nicht mehr profan." Problematischer ist seine Äußerung in DERS., Reinigung, 259: „... der sogenannte Vorhof der Heiden ... hat praktisch keine heilige Bedeutung, höchstens die eines umfriedeten Kirchplatzes, den man durchschreitet, um in das Gotteshaus zu gelangen." Vgl. auch MERKLEIN, Botschaft, 135: „... der Vorhof der Heiden (!) (zählte) nicht zum eigentlich heiligen Bezirk ..." Von der grundlegenden Unterscheidung zwischen dem äußeren, auch *Heiden* zugänglichen Vorhof und dem nur für *Juden* zugelassenen inneren Teil der Tempelanlage her darf die Bell 5,194 bezeugte Auffassung allgemein gegolten haben.

[52] Wenn man Mk 11,16 im oben beschriebenen Sinne als ein Verbot versteht, profane Gegenstände über den Tempelplatz zum Zweck der Wegabkürzung zu tragen, müßte man, um dem Kriterium der Kohärenz zwischen V. 15 und 16 gerecht zu werden, die Auseinandersetzung Jesu mit den Bediensteten des Tempelmarkts dahingehend verstehen, daß er aus Sorge um den Charakter des Tempels nicht nur das Durchtragen von profanen σκεύη unterbinden, sondern auch die ganzen Gerätschaften auf dem Tempelmarkt entfernen wollte. Dieses Verständnis wäre aber nichts anderes als eine Wiederholung der oben S. 257f wegen ihrer Absurdität und vergeistigten Unanschaulichkeit bereits abgelehnten absolutistischen Deutung von V. 16 – jetzt sogar noch um V. 15 ergänzt und gesteigert. MOHR, Markus- und Johannespassion, 93 scheint in der Tat ein derartiges Verständnis als den *ursprünglichen* Sinn von V. 16 anzunehmen: „Die Aktion Jesu richtet sich ... gegen den Marktbetrieb im Tempel. V. 16 besagt dann, dass derselbe in jeder Hinsicht, und ohne dass sich jemand der Gewalt Jesu entziehen konnte, radikal unterbunden wurde." Diese Deutung von Mk 11,16 meint MOHR von dem von ihm für ursprünglich gehaltenen Logion Joh 2,16b (vgl. S. 198–200) bestätigt zu finden (vgl. ebd.). Wenn man wirklich am Verständnis von V. 16 als einem Verbot gegen das Tragen von profanen Gegenständen über den Tempelplatz meint festhalten zu müssen, kommt man trotz MOHRs Bemühungen jedoch kaum an der Lösung TRAUTMANNs vorbei, zwei, mit einander in Spannung stehende Überlieferungsschichten in Mk 11,15 und 16 in Kauf zu nehmen und V. 16 als die sekundäre der beiden Jesus abzusprechen und statt dessen der Jerusalemer Urgemeinde zuzusprechen (vgl. Anm. 45).

τοῦ ἱεροῦ) eine Zugehörigkeit der gemeinten σκεύη eben zum Tempel an. Als typischer Vertreter dieser Sicht kann WOLFGANG SCHENK gelten, der methodisch dafür eintritt, den absoluten Gebrauch von σκεῦος ohne weitere, den gemeinten Gegenstand qualifizierende Angaben, vom Kontext her zu klären: „Bei Markus wird *skeuos* nur noch 3,27 gebraucht, steht dort ebenfalls absolut und ist durch den Kontext als ‚Hausrat' zu bestimmen. Analog dazu legt sich auch hier die Bestimmung vom Kontext und dem darin genau benannten zugehörigen Ort her nahe – also ‚Tempelgerät'."[53] Bei dieser Bestimmung der σκεύη wird das von Jesus erlassene Verbot, sie durch den Tempel zu tragen, als eine radikale kultkritische Maßnahme verstanden; es geht ihm danach nicht um die Wahrung der angeblich gefährdeten Reinheit des Heiligtums, sondern im Gegenteil um die gezielte Störung des normalen Tempelbetriebs durch Unterbindung des unerläßlichen Transports von Tempelgeräten unterschiedlicher Art zwischen verschiedenen Orten innerhalb des Tempelgeländes.

Auch wenn σκεῦος in Mk 11,16 als Tempel- oder Kultgerät aufgefaßt wird, bleibt das Verständnis freilich recht unscharf und allgemein; immer noch können allerlei Geräte gemeint sein. Natürlich mag diese Ungenauigkeit einfach auf der Vokabel σκεῦος selbst beruhen, aber man fragt sich doch unwillkürlich, von welchen konkreten Tempelgeräten wohl die Rede sein mag und wie schwerwiegend oder gegebenenfalls wie harmlos die Unterbindung von deren Transport im *hieron* letztlich gewesen ist. JOSEPHINE MASSYNGBERDE FORD hat in ihrem kleinen Aufsatz „Money ‚bags' in the Temple (Mk 11,16)" interessante Überlegungen angestellt, die zu einer präzisierenden Erfassung der σκεύη, mit denen wir es hier zu tun haben, verhelfen können. Sie weist darauf hin, daß Mk 11,16 durch den vorausgehenden V. 15 in einen Kontext „concerning money and commerce" hineinversetzt ist und daß der σκεῦος entsprechende hebräische Terminus כְּלִי im Mischnatraktat Kelim neben vielen anderen Bedeutungen auch für „money receptacles" stehen kann[54]. MASSYNGBERDE FORD faßt zwar σκεῦος / כְּלִי im Sinne von „money receptacles" sehr weit und ordnet darunter u.a. „money belts, sticks or bags used by those travelling to

---

[53] SCHENK, Passionsbericht, 156. S. noch MOHR, a.a.O., 91 (vgl. vorige Anm.). Die Ausführungen von GNILKA, Markus II, 129 sind verwirrend, indem er die Annahme, daß σκεῦος hier Kultgerät meint, mit dem Umstand verbindet, „daß man den Tempelbezirk als Abkürzungsweg vom Ölberg zur Weststadt benutzte". Die Beteuerung GNILKAs, „wir haben hinlänglich Zeugnisse" für diesen Abkürzungsweg, macht diese falsche Behauptung nicht korrekter (vgl. dazu Anm. 48). In DERS., Jesus, 277 Anm. 21 differenziert GNILKA besser, aber unterläßt es, zur Deutung dieses „rätselhafte(n) Vers(es)" Stellung zu beziehen.

[54] MASSYNGBERDE FORD, Money „bags", 250. Aus mKel führt sie folgende Stellen an: 12,5; 17,15 (*bis* [nach der von mir benutzten Textausgabe von BUNTE: verteilen sie sich auf 17,15 und 17,16]); 18,2; 19,8; 20,1; 26,1.2; 27,6; 29,1.

Jerusalem who wished to exchange money, buy goods or make safe deposits in the Temple" ein[55] und nimmt diese Bestimmung des σκεῦος zum Anlaß für weitreichende Spekulationen[56]. Trotzdem bleibt ihr Vorschlag richtungsweisend, insofern sie die präzisierende Identifizierung des σκεῦος von V. 15 her unternimmt und entsprechend vermutet, daß es *auch* (zusätzlich zu den Geldbeuteln der Wallfahrer) für „a receptacle for money, a bag, chest or box used by the moneychangers and vendors"[57] stehen kann. Hierbei kommt es zu einer direkten Verbindung zwischen V. 16 und V. 15.

Da die Aufbewahrungsräume für Geld bzw. die Schatzkammern sich im inneren Teil der Tempelanlage befanden (vgl. Bell 5,200; 6,282; mSheq 3,1f; 5,6; s. noch mMid 5,3f[58]), mußte das von den Verkäufern von Opfermaterie und den Geldwechslern in der königlichen Säulenhalle eingenommene Geld von hier am äußersten Südrand des Tempelkomplexes zu den Kammern im inneren Bezirk gebracht werden. Die für diesen Geldtransport benutzten Behälter oder Gefäße können nach Ausweis der von MASSYNGBERDE FORD angeführten Belege (vgl. Anm. 54) gerade כֵּלִים bzw. σκεύη genannt werden. Wenn wir das σκεῦος in Mk 11,16 mit derartigen Geldtransportbehältern oder -gefäßen identifizieren, ist zweierlei gewährleistet: Erstens schließt sich V. 16 dann inhaltlich lücken- und nahtlos an den vorausgehenden V. 15 an und hat auch unmittelbar mit den Vorgängen auf dem Tempelmarkt zu tun[59]. Zweitens stimmt die in V. 16 beschriebene Richtung der Bewegung διὰ τοῦ ἱεροῦ, d.h. *durch den Tempel hindurch*, vollkommen mit der Wegstrecke überein, die Bedienste-

---

[55] A.a.O., 250f.

[56] Zu Unrecht nimmt sie a.a.O., 251 eine Analogie zum Verbot in mBer 9,5, den Geldbeutel zum Tempelplatz mitzubringen, an (vgl. zum richtigen Verständnis von mBer 9,5 S. 258f mit Anm. 43). Ferner will sie (a.a.O., 251f) in Mk 11,16 einerseits einen Eingriff gegen die Funktion des Tempels als Bank und andererseits gegen den Ausschluß der Nichtjuden von der Tempelsteuer (s.o. S. 253) sehen. Zwar habe Mk die mBer 9,5 und bBer 62b(–63a) überlieferte Tradition nicht gekannt, aber das haben im Gegenteil Mt und Lk, die die feierliche Aussendung der Jünger durch Jesus danach umgestaltet haben (a.a.O., 252f).

[57] A.a.O., 250.

[58] MICHEL/BAUERNFEIND, De bello Judaico II.1, 252 Anm. 68 schreiben erläuternd zu den γαζοφυλάκια, die sich nach der Beschreibung in Bell 5,200 auf der Innenseite der Mauer um den inneren Vorhof befanden und von daher mit den mMid 5,3f genannten לִשָׁכוֹת identisch sein müssen (vgl. den Plan bei ADNA, *Art.* Tempel, 1538): „Bei den Schatzkammern handelt es sich um die in der Innenseite der Mauer angelegten Vorratsräume für Wein, Holz und Öl; in einigen von ihnen befand sich nach 6,282 auch viel Geld."

[59] Der Tempuswechsel von V. 15b (Aorist) zu V. 16 (Imperfekt) ist semantisch folgerichtig und spricht keineswegs gegen die unmittelbare Verbindung der beiden Verse (vgl. S. 215).

te des Tempelmarkts in der südlichen Säulenhalle des äußeren Vorhofs zu den Kammern im inneren Teil der Tempelanlage zurücklegen mußten[60].

Natürlich mußte auch die in der königlichen Säulenhalle gekaufte leblose Opfermaterie, d.h. Wein, Mehl und Öl (vgl. Num 15,1–10; Lev 2; 5,11–13), in steinernen oder tönernen Gefäßen dieser Art[61] zum Altar im Priestervorhof transportiert werden, damit sie dort dargebracht werden konnte, und, soweit ich sehen kann, steht der Vermutung nichts im Wege, daß Mk 11,16 auch noch solche der Fracht vegetabiler Opfermaterie dienenden Gefäße meinen bzw. mit einschließen kann[62].

Die in Mk 11,16 geschilderte Maßnahme Jesu läßt sich also ohne weiteres als eine organische, konsequente und historisch vorstellbare Weiterführung der in V. 15 eingesetzten Störung der Aktivitäten des in der königlichen Säulenhalle lokalisierten Tempelmarkts verstehen. Denn nach V. 16 weitet Jesus seine Aktion nun dazu aus, auch den Transport zwischen dem Tempelmarkt und den inneren Teilen der Tempelanlage

---

[60] Vgl. BARRETT, House of Prayer, 14: „The prohibited vessel may have been a trading vessel, and thus have come under the same ban as buying and selling and the exchanging of currencies."

[61] Zu den Steingefäßen s. R. DEINES, Jüdische Steingefäße und pharisäische Frömmigkeit. Ein archäologisch-historischer Beitrag zum Verständnis von Joh 2,6 und der jüdischen Reinheitshalacha zur Zeit Jesu, WUNT II/52, Tübingen 1993. Trotz erheblicher Unsicherheitsfaktoren in der statistischen Auswertung der Häufigkeit von Steingefäßen in verschiedenen Grabungsstätten und Regionen (vgl. DEINES, a.a.O., 161f) scheint die Konzentration in Jerusalem besonders hoch zu sein (71–111), was damit zusammenhängen muß, daß einige Reinheitsforderungen speziell „an den Tempel und an Jerusalem als Zentrum der Heiligkeit und Reinheit gebunden (waren)" (163). Im Gegensatz zu Tongefäßen waren Steingefäße nicht empfänglich für Unreinheit (bShab 58a; 96a; bMen 69b); vgl. zu dieser halachischen Regel und zu der von ihr begünstigten Anwendung von Steingefäßen im Tempelkult a.a.O., 192–200, 205–221. S. auch N. AVIGAD, Discovering Jerusalem, Nashville / Camden / New York 1983, 174–176/183 und Y. MAGEN, Jerusalem as a Center of Stone Vessel Industry during the Second Temple Period, in: H. GEVA (Ed.), Ancient Jerusalem Revealed, Jerusalem 1994, 244–256.

[62] Vgl. BAUCKHAM, Demonstration, 78: „A possible explanation is that *skeuos* refers to a vessel or receptacle used to deliver to the temple supplies of the materials used in offerings: flour, oil and wine. The vessels were not being carried from one outer gate of the temple to another, but through the temple from the outer court to the store-chambers in the court of women (*m.Middot* 2:5)." BAUCKHAM sowie auch TAN, Zion and Jesus, 180f nehmen zwar an, daß es leblose Opfermaterie ist, die in jenen Gefäßen, auf die Jesu Verbot Mk 11,16 zu beziehen ist, transportiert wird, aber daß diese Erzeugnisse gerade vom Tempel gekauft sind und nun in die Lagerkammern weitergebracht werden. Diese Annahme ist unhaltbar, zu ihrer Zurückweisung s.o. S. 247f die Kritik gegen TANs entsprechende Annahme betreffs der in der V. 15 erwähnten Verkäufer und Käufer.

Der Vorschlag von CHILTON, φραγέλλιον, 342 Anm. 42, „the vessels ... might indeed have been used to carry the blood of slaughtered animals", scheint mir schon wegen der damit vorausgesetzten umgekehrten Wegrichtung (vom Altar im Priestervorhof her) und der fehlenden Verbindung zum Tempelmarkt auszuscheiden.

empfindlich zu stören und greift somit eine Tätigkeit an, die den Tempelmarkt in den ganzen Tempelbetrieb einbindet[63].

1.7 Das begleitende Wort Jesu (V. 17)

Ein Auftreten wie das in Mk 11,15f geschilderte bedarf einer rechtfertigenden Erklärung, und in V. 17 geht der Bericht mit dem Lehren Jesu dazu
über. Die Rede Jesu besteht aus einem sich explizit als Schriftzitat zu
erkennen gebenden Zitat aus Jes 56,7b, das eine positive Zweckbestimmung des Tempels angibt, und einem sich dazu antithetisch verhaltenden
Vorwurf, der besagt, wozu der Tempel entgegen seiner wahren Bestimmung gemacht worden ist: „Ihr aber habt es [sc. das Haus Gottes] zu einer
Räuberhöhle gemacht."

1.7.1 Die Adressaten

Manchmal wird behauptet, daß der Bezug der Adressaten dieses Vorwurfs
(ὑμεῖς) zum Kontext unklar ist[64], aber davon kann bei einer genauen
Lektüre des Textes und bei Beachtung seiner Struktur keineswegs die Rede
sein.

In den angesprochenen Adressaten die erst in V. 18 von Mk einge-
führten Hohenpriester und Schriftgelehrten zu sehen[65], verstößt gegen die
Textstruktur, die gerade zwischen V. 15b–17 und V. 18 einen tiefen Einschnitt aufweist (vgl. die Gliederung S. 240f und die anschließenden
Ausführungen auf S. 241f). Durch den Tempuswechsel von Imperfekt in

---

[63] Eine Unterscheidung zwischen den Gefäßen und deren Inhalt, wobei Jesu Aktion
sich nur gegen die „Verpackung" richtete, wie sie CASEY, Culture and Historicity, 310f
vorschlägt, ist völlig unglaubwürdig: „It [sc. Jesu Verbot] presumably prevented people
from carrying birds, bought for sacrifice, in any kind of cage or container across the court
of the Gentiles and through the court of the women and the court of the Israelites for
sacrifices to be performed. Consequently, poor people would not have had to buy baskets
or bowls when they bought pigeons or doves for sacrifices. This would not impede the
sacrifices in any way, and it would make it easier for poor people to fulfill the
requirements of the Torah."

[64] Die von Jesus mit dem Personalpronomen in der 2. Person plur. angesprochene
Menschengruppe in V. 17bβ ist identisch mit dem Dativobjekt αὐτοῖς in der Einführung
der direkten Rede in V. 17a. Oft bezieht sich die Behauptung des angeblich unklaren
Bezugs zum Kontext auf dieses αὐτοῖς, so z.B. H.D. BETZ, Jesus, 457 Anm. 11: „It is not
clear who the ‚they' are to whom the lesson is addresssed. Are they the merchants and
bankers of v. 17 [sic!], the chief priests and scribes of v. 18, or the disciples?" S. ferner
S. 217 mit Anm. 198. Wegen der unzweifelhaften Identität der mit αὐτοῖς gemeinten
Personengruppe und den durch ὑμεῖς Angesprochenen gilt jede Äußerung über αὐτοῖς in
V. 17a indirekt auch den ὑμεῖς von V. 17bβ.

[65] So z.B. MOHR, Markus- und Johannespassion, 82. BULTMANN, Geschichte, 36
erweitert den Adressatenkreis von V. 17bβ auf alle „Juden überhaupt", aber dies ist eine
von seiner zu hinterfragenden formgeschichtlichen Analyse der Perikope (vgl. S. 229f
und das Zitat in Anm. 270) abhängige und abzulehnende Sicht.

V. 17(a) zum Aorist in V. 18 (ἤκουσαν) will Mk gerade zeigen, daß die Hohenpriester und Schriftgelehrten *nicht* während des Redens Jesu anwesend gewesen sind, sondern daß die Kunde von seinem Auftritt im Tempel ihnen erst später zu Ohren kommt. Für das länger andauernde Hören einer Rede benutzt Mk das den durativen Aspekt ausdrückende Imperfekt (vgl. im unmittelbaren Kontext Mk 11,14 und sonst 6,20; 12,37; s. auch Lk 10,39). Wenn er in V. 18 seinen Lesern im nachhinein hätte mitteilen wollen, daß die Hohenpriester und Schriftgelehrten während des Lehrens Jesu als Zuhörer anwesend gewesen sind, hätte er dies durch die Imperfektform ἤκουον ausgedrückt (vgl. für eine Analogie Lk 16,14). Da V. 18 wie z.B. Mk 6,14 par. von einem punktuell eintretenden Hören im Sinne des In-Erfahrung-Bringens erzählt, müssen die Adressaten von Jesu Vorwurf in V. 17bβ andere sein als die erst später auftauchenden Hohenpriester und Schriftgelehrten.

Abgesehen davon, daß gerade die Hohenpriester und Schriftgelehrten oft Zielscheibe der Kritik sind, die Jesus bei seinem Reden und Lehren vorträgt (vgl. Mk 12,12[66]), beruht die Überlegung, sie zu Adressaten von Mk 11,17 zu machen, vor allem auf der Voraussetzung, daß zum Zeitpunkt des Redens die Verkäufer und Geldwechsler bereits aus dem Tempel hinausgetrieben sind und darum nicht Adressaten sein können[67]. Diese Voraussetzung ist jedoch falsch, denn eine chronologisch stufenweise Abfolge der einzelnen Taten – erstens Hinaustreiben, zweitens Umstoßen, drittens Unterbindung des Gefäßtragens, viertens lehrende Rede – ist weder eine realistisch-anschauliche Annahme des Geschehenen noch sprachlich von den benutzten Tempora geboten[68]. Ferner, „it is possible that Jesus did not succeed in driving out all of the money changers and merchants … Thus Jesus could be addressing in 11:17 those who had not left, but who should follow the example of those who had"[69].

---

[66] Das (implizite) Subjekt von Mk 12,12, das erkennt (ἔγνωσαν), daß Jesus mit den bösen Weingärtnern im vorausgehenden Gleichnis (12,1b–11) sie gemeint hat, ist mit dem Dativobjekt αὐτοῖς von 12,1a identisch, das wiederum auf die Hohenpriester, Schriftgelehrten und Ältesten von 11,27 zurückverweist. Vgl. noch die übereinstimmende Wortwahl in 11,18 und 12,12 (ζητεῖν und φοβεῖσθαι).

[67] So z.B. ROTH, Cleansing, 176, der allerdings nur mittelbar die Hohenpriester und Schriftgelehrten zu Hörern macht und statt dessen die Nachfolger bzw. Anhänger Jesu zu Adressaten von V. 17 macht.

[68] GUNDRY, Mark, 640: „The use of the imperfect tense in οὐκ ἤφιεν … ἐδίδασκεν … ἔλεγεν after the aorist in ἤρξαντο [sic!] ἐκβάλλειν … κατέστρεψεν means that Jesus was not allowing anyone to carry vessels through the temple and was teaching and speaking simultaneously with his beginning to throw out the sellers and buyers and with his overturning the tables of the dovesellers [sic: der Text spricht nur von Tischen der Geldwechsler!]." Vgl. auch SMITH, Objections, 261.

[69] SMITH, ebd. Vgl. hierzu die Überlegungen auf S. 170 über das Verständnis der mk Formulierung, Jesus ἤρξατο ἐκβάλλειν, nicht nur als eine stilistische Variante zu der mt

Es gibt folglich keine inhaltlichen Gründe, bei der Identifizierung der Adressaten der Rede Jesu in V. 17 von jener allgemeinen Kohärenzregel aller Kommunikation abzuweichen, die besagt, daß der Bezugspunkt sogenannter „Fürwörter" wie das Dativobjekt αὐτοῖς in V. 17a jeweils im vorausgehenden Kontext zu suchen ist: Die Adressaten von Jesu Lehre, die er mit Hilfe des Personalpronomens ὑμεῖς in V. 17bβ sogar direkt anspricht, sind keine anderen als jene Geldwechsler und Taubenverkäufer, deren Tische und Sitze er kurz davor umgestoßen hat. *Sie* haben den Tempel zu einer Räuberhöhle gemacht.

1.7.2 Der Räuberhöhlenvorwurf

Als nächstes müssen wir erörtern, ob das σπήλαιον λῃστῶν im Vorwurf V.17bβ eine Anspielung auf die Prophetenstelle Jer 7,11[70] darstellt und was diese Gleichung des Tempels mit einer Räuberhöhle in dem an die Geldwechsler und Taubenverkäufer gerichteten Vorwurf besagen will. In der Septuaginta kommt die Wortverbindung σπήλαιον λῃστῶν in der Tat nur in Jer 7,11 als Wiedergabe von מְעָרַת פָּרִצִים vor[71], aber da sie auch dort im Kontext kompromißlosester Tempelkritik verwendet wird und das positive Pendant zum Vorwurf in der Antithese Mk 11,17b bereits die Form eines Schriftzitats angenommen hat (V. 17bα), legt sich auch für das antithetische Gegenüber (V. 17bβ) ein Schriftbezug, zumal zu einem der schärfsten tempelkritischen Texte im ganzen Alten Testament, nahe[72].

1.7.2.1 Jer 7,11

Beim Propheten Jeremia gehört die Räuberhöhlenaussage in Jer 7,11 zu der sogenannten Tempelrede (7,1–15), worin seine Verkündigung in bezug auf den Tempel ihren dichtesten Ausdruck gefunden hat (zu seiner Tempeltheologie im allgemeinen s.o. S. 37f)[73]. Die Rede wird durch den

---

Parallele ἐξέβαλεν, sondern als eine inhaltlich bewußte Aussage über ein begonnenes und möglicherweise nicht zu Ende geführtes Hinaustreiben der Verkäufer und Käufer zu verstehen.

[70] Jer 7,11: „Ist denn in euren Augen dieses Haus, über dem mein Name ausgerufen ist, eine Räuberhöhle (מְעָרַת פָּרִצִים) geworden? Gut, dann betrachte auch ich es so – Spruch des Herrn" (Übers. der Einheitsübersetzung).

[71] Die Wiederholung im Codex Alexandrinus in Jer 12,9 ist dort eine sekundäre Lesart. Vgl. S. 222f mit Anm. 224–226.

[72] Vgl. z.B. RENGSTORF, *Art.* λῃστής, 266 Z. 2f; SUHL, Funktion, 143; BARRETT, House of Prayer, 15. „The words recall, and must be borrowed from, Jer 7:11, where the context sets beyond doubt the intention to predict the fall of the Temple." Es ist jedoch in V. 17 streng zu unterscheiden zwischen dem *Zitat* von Jes 56,7b und der *Anspielung* auf Jer 7,11 (so zu Recht z.B. PESCH, Markusevangelium II, 198); es liegt folglich kein Mischzitat vor (gegen z.B. HAENCHEN, Der Weg Jesu, 384; SCHNIDER/STENGER, Johannes und die Synoptiker, 27, 34; TRAUTMANN, Zeichenhafte Handlungen Jesu, 88).

[73] WEISER, Jeremia, 60f rechnet für Jer 7,1–15 mit einer gewissen Bearbeitung, meint

erzählenden Bericht in Jer 26 ergänzt, der sie am Anfang der Regierung Jojakims, d.h. ca. 609 v.Chr., datiert (26,1). Jahwe befiehlt Jeremia, sich an das Tempeltor zu stellen (7,1.2aα)[74] und dort das ihm übermittelte Wort an alle Judäer auszurufen, die in den Tempel strömen, um Jahwe anzubeten (7,2aβγb)[75].

Der Form nach ist die Tempelrede zwar eine Mahnrede zur Umkehr (s. V. 3f.5–7; die Mahnung als Motivation des Auftritts im Tempel ist in 26,3f noch deutlicher), aber „in ihrem Schluß (läßt sie doch) eigentlich nur eine Perspektive offen: die der Verwerfung"[76]. Der in V. 5f beschriebene Wandel[77], der zu einer von Jahwe geschenkten dauerhaften Heilsexistenz im Land führen würde (V. 7), ist bereits eine verspielte Möglichkeit. Denn Wirklichkeit ist der in V. 9 beschriebene Zustand der Verstöße gegen die im Dekalog zusammengefaßten Grundgebote (vgl. Hos 4,2; Ex 20,3ff; Dtn 5,7ff). Dabei vertrauen die Angeredeten auf trügerische Worte, die zu

---

aber, „daß sich die Jetztgestalt nicht allzuweit von der jeremianischen Vorlage entfernt" hat (a.a.O., 61). RUDOLPH, Jeremia, 53 meint, daß „sich besonders die Sprache und teilweise auch der Inhalt mit dem Deuteronomium berührt" und somit uns „Jer-Worte in deuteronomischer Bearbeitung" vorliegen. Obwohl die Rede folglich nicht authentische Worte Jeremias überliefert, ist RUDOLPH trotzdem zuversichtlich, daß „der Inhalt dem Sinn nach auf Jer zurückgeht". Für eine detaillierte redaktionsgeschichtliche Untersuchung vgl. W. THIEL, Die deuteronomistische Redaktion von Jeremia 1–25, WMANT 41, Neukirchen-Vluyn 1973, 105–119. Ich hege zwar den Verdacht, daß die Kriterien für die Scheidung zwischen jeremianischem Gut und redaktioneller Bearbeitung (vor allem Poesie contra Prosa, Benutzung von dtn. / dtr. Sprache) dem historischen Jeremia nicht ganz gerecht werden, aber lasse hier die überlieferungs- und redaktionsgeschichtlichen Fragen getrost auf sich beruhen, denn traditionsgeschichtlich wirksam ist sowieso der „kanonische" Jeremia geworden, der allerdings in zwei ausnahmsweise sehr unterschiedliche Rezensionen im MT und in der LXX vorliegt (vgl. S. HERRMANN, Jeremia. Der Prophet und das Buch, EdF 271, Darmstadt 1990, 182–186).

[74] Nach Jer 26,2 sollte er sich in den Tempelvorhof stellen. Die beiden Aussagen sind wahrscheinlich miteinander in Einklang zu bringen, indem man als Ort das Tor „zwischen dem äußeren und inneren Vorhof" annimmt (so WEISER, a.a.O., 62). Daß der erste Tempel von zwei Vorhöfen umgeben war, geht aus 2Reg 23,12a (vgl. 1Reg 7,12) hervor. Nicht nur bei der Gelegenheit, von der Jer 7 und 26 berichten, sondern wiederholt waren der Tempel bzw. näher lokalisierte Bestandteile des Tempelareals Vortragsstätte für Jeremias Gerichtsverkündigung (vgl. 19,14b; 35,2.4; 36,5f.8.10; s. auch 24,1; 38,14), was auch ein Ausdruck dafür ist, welche zentrale Stellung dem Tempel bei ihm zukommt.

[75] Für die Annahme, daß die durch die politisch unruhige Situation geschürte Unsicherheit gerade zu diesem Zeitpunkt viele Menschen aus ganz Juda zum Aufsuchen des Tempels bewegte, vgl. RUDOLPH, a.a.O., 53 und WEISER, a.a.O., 61f.

[76] VON RAD, Theologie II, 205. Zu den folgenden Ausführungen vgl. noch QUALLS, Prophetic Challenge, 398–400.

[77] „Es sind die alten prophetischen Forderungen der Rechtlichkeit im Verkehr, der anständigen Behandlung der wirtschaftlich Schwachen und der Treue zu Jahwe" (RUDOLPH, a.a.O., 53), die hier laut werden.

helfen nicht imstande sind (V. 8). Sowohl die Aufnahme der Vokabel בטח
Qal aus V. 4 als auch die kontextuelle Verbindung zu V. 10a, wonach sie
sich im Tempel aufstellen und sich vergewissern, „gerettet sind wir"
(נִצַּלְנוּ), zeigen, daß die in V. 8 gemeinten „trügerischen Worte" (דִּבְרֵי
הַשֶּׁקֶר) mit denen in V. 4 identisch sind, d.h. mit dem dreimaligen magisch
anmutenden Ausruf „Tempel Jahwes" (הֵיכַל יְהוָה). Die Angeredeten sind
so sehr dem Trug verfallen, daß sie meinen, dank der ihnen durch die
Heilspräsenz Jahwes im Tempel zuteilgewordenen Sicherheit (V. 10aγ) die
Verstöße gegen den Gotteswillen ungefährdet weiterpraktizieren zu
können (V. 10b).

Dieses schizophrene und äußerst provozierende Auftreten seines Volkes
kann Jahwe nur mit dem Verhalten von Räubern vergleichen: „Ist denn in
euren Augen dieses Haus, über dem mein Name ausgerufen ist, eine
Räuberhöhle (מְעָרַת פָּרִצִים) geworden?" (V. 11a). So wie Räuber zwischen
ihren verbrecherischen Expeditionen Zuflucht in einer Höhle suchen, um
nicht ertappt zu werden, suchen die sich in schlimmster Weise gegen den
Gotteswillen vergehenden Judäer (V. 9) Schutz im Tempel Jahwes
(V. 10a), bevor sie zu neuen Greueltaten aufbrechen (V. 10b). Also
„(nennt) Jer die Judäer nicht Räuber, sondern vergleicht sie mit
Räubern"[78]. Jahwes Reaktion auf diese *de facto* Schändung seines Hauses
ist, daß nun auch er sich diese Sichtweise des Tempels aneignet (V. 11b)[79],
aber die Konsequenz, die er daraus zieht, steht ganz im Gegensatz zu der
der Angeredeten. Als Räuberhöhle kann der Tempel nicht als Asyl für
Verbrecher dienen, sondern fällt dem Gericht anheim (V. 12–14). Den
Jerusalemer Tempel wird dasselbe Schicksal treffen wie das Heiligtum in
Silo, das in vorstaatlicher Zeit als Standort der Lade eine hervorragende
Position unter den israelitischen Stämmen eingenommen hatte (vgl.
Jdc 18,31; 1Sam 3,3; 4,4). Nirgends im Alten Testament wird über die
Zerstörung des Siloer Tempels, auf die Jeremia hier anspielt, berichtet,
aber die Reaktion der Zuhörer auf die Androhung desselben Schicksals für
den Tempel in Jerusalem (vgl. Jer 26,8f[80]) zeigt, daß das dort Geschehene

---

[78] RUDOLPH, a.a.O., 53f. Die Bezeichnung als Räuberhöhle „will besagen: der
Tempel, der sie nach ihrer Meinung auch nach vollbrachter Schandtat schützt, wird da-
durch dasselbe, was für den Räuber die Höhle ist, in die er sich in Sicherheit bringt" (53).
Vgl. QUALLS, Prophetic Challenge, 400.

[79] Dies ist mit dem an sich rein sprachlich für verschiedene Übersetzungen offenen
Satz V. 11b, גַּם אָנֹכִי הִנֵּה רָאִיתִי נְאֻם־יְהוָה, gemeint. S. die oben in Anm. 70 zitierte
Wiedergabe der Einheitsübersetzung; WEISER, a.a.O., 59 übersetzt entsprechend: „Wahr-
lich, auch ich sehe es so an – ist Jahwes Spruch."

[80] Die Vertreter des Tempels – Priester und Propheten – wollen Jeremia umbringen
(V. 8.11), und es ist wohl nur dem Eingriff königlicher Beamter (V. 10.16) und Ältester
der Landbevölkerung (V. 17) zu verdanken, daß er nicht ein Opfer von Lynchjustiz
wurde.

als eine schreckliche Katastrophe allgemein bekannt war (vgl. Ps 78,60). Es ist naheliegend anzunehmen, daß die Zerstörung Silos während der Philisterkriege passierte, in deren Zusammenhang in 1Sam 4 von dem Verlust der in Silo aufbewahrten Lade berichtet wird[81]. Das Gericht Jahwes traf das Heiligtum in Silo wegen der Bosheit Israels (7,12bβ), und ebenso hat die bevorstehende Vernichtung des Jerusalemer Tempels ihren Grund in den Sünden und dem Ungehorsam seines Volkes (V. 13), das wie früher die Nordstämme nicht nur den Tempel Jahwes verlieren wird, sondern darüber hinaus auch von seinem Angesicht in die Vertreibung verstoßen werden wird (V. 15).

Jeremia entlarvt das „räuberische" Verhalten seiner Zeitgenossen, die meinen, sich neben dem Jahwekult im Jerusalemer Tempel auch noch Fremdkulte und massive Übertretungen seines Rechtswillens leisten zu können, ohne in Gefahr zu geraten. Jahwes Antwort auf die Untreue und den Ungehorsam seines Volkes ist das nicht mehr aufzuhaltende Gericht. Er verläßt sein Haus (12,7), läßt die Tempelgeräte ins heidnische Ausland entführen (27,16ff) und gibt den Tempel demselben Vernichtungsschicksal preis wie früher das Heiligtum in Silo (7,12.14).

1.7.2.2 Die Bedeutung von λῃστής

Bevor eine endgültige Entscheidung über die Bezugnahme des Vorwurfs Jesu, die Händler und Geldwechsler hätten das Haus Gottes zu einer Räuberhöhle gemacht, auf Jer 7,11 getroffen werden kann und die sich gegebenenfalls daraus für die Interpretation ergebenden Folgen dargelegt werden können, muß die Bedeutung der Vokabel λῃστής z.Z. des Neuen Testaments erörtert werden.

Wie MARTIN HENGEL in seiner großen Monographie über die Zeloten im einzelnen nachgewiesen hat[82], werden λῃστής (wie ebenso seine lateinische Entsprechung *latro*) und das korrespondierende Verb λῃστεύειν „von den antiken Schriftstellern in der Regel gebraucht, wenn sie auf das verbreitete Räuberunwesen eingehen wollten"[83]. Der jüdische Geschichtsschreiber Flavius Josephus kann sich diesem Sprachgebrauch anschließen (vgl. Ant 15,346; 16,271ff), aber überwiegend handelt es sich bei den vielen Vorkommen von λῃσταί bei ihm um „Aufständische aus politischen und vielleicht noch mehr aus religiösen Motiven"[84]; d.h., die Vokabel wird von Josephus als Bezeichnung für die jüdischen Aufständischen benutzt,

---

[81] Inwiefern eine Zerstörung Silos durch die Philister im 11. Jh. v.Chr. durch den archäologischen Befund am Ort bestätigt wird, ist umstritten. Vgl. K. GALLING, *Art.* Silo, BRL, [2]1977, 307f; J.B. TAYLOR, *Art.* Silo, in: Das Große Bibellexikon, Bd. III, hg. v. H. BURKHARDT u.a., Wuppertal/Gießen 1989, 1443f.

[82] Vgl. zum folgenden HENGEL, Zeloten, 25–47, 76.

[83] A.a.O., 26.

[84] A.a.O., 43.

die gegen die römische Oberherrschaft in Palästina im 1. Jh. n.Chr. kämpften[85]. Vereinzelt wird die Vokabel ληστής auch im Neuen Testament in diesem Sinn verwendet (vgl. Mk 14,48 par.; 15,27 par.; Joh 18,40)[86], und etwa GEORGE WESLEY BUCHANAN und CHARLES KINGSLEY BARRETT wollen diese Bedeutung auch in Mk 11,17 vorfinden:

> „A ληστής is certainly not a shopkeeper who charges too much nor simply an armed robber, bandit, highwayman, or pirate, but a guerilla, a nationalist rebel. Since Mark uses the word in this sense elsewhere there is an *a priori* probability that he does so here too."[87]

Wenn der Vorwurf, der Tempel sei zu einer Räuberhöhle gemacht worden, jedoch dahingehend zu verstehen ist, daß er entgegen seiner Bestimmung als Bethaus für alle Völker (vgl. Mk 11,17bα) zu einem „nationalist" bzw. „zealot stronghold" entartet ist[88], stellt sich zwangsläufig die Frage, ob diese Situation bereits z.Z. Jesu gegeben war. BARRETT zögert mit der Antwort auf diese historische Frage[89], aber hier gibt es m.E. keinen

---

[85] A.a.O., 45: „Wahrscheinlich hob Josephus bewußt diejenigen Züge hervor, die seine λησταί mit dem Raubgesindel in aller Welt gemeinsam hatten ... Natürlich kannte er den Unterschied zwischen einer Räuberbande und einem regulären Heer, aber er übernahm hier völlig die römische staatsrechtliche Anschauung, nach der jeder Rebell gegen die römische Herrschaft als ein rechtloser Verbrecher erschien, gleichviel, ob es sich um einen einzelnen Räuber oder ein Heer von Aufrührern handelte." Vgl. auch RENGSTORF, *Art.* ληστής, 263f und BUCHANAN, Brigands, 171–173. BUCHANAN grenzt die Bedeutung von ληστής deutlich von der der Vokabel κλέπτης ab (a.a.O., 169–171) und stellt bei Strabo dieselbe spezifische Anwendung von λησταί wie bei Josephus für (jüdische) Freiheitskämpfer bzw. „guerrilla warriors" fest (173).

[86] Vgl. RENGSTORF, a.a.O., 267; BUCHANAN, a.a.O., 174f; BARRETT, House of Prayer, 15f.

[87] BARRETT, a.a.O., 16. Vgl. BUCHANAN, a.a.O., 175f.

[88] Vgl. BUCHANAN, a.a.O., 176: „Josephus uses the word σπήλαιον to mean the caves in which zealots hid during the First Revolt. If σπήλαιον ληστῶν were given the same force in Mark, the accusation that God's house had become a σπήλαιον ληστῶν in the first century A.D. would mean that it had become a zealot stronghold." BARRETT, a.a.O., 16 verwendet den entsprechenden Ausdruck „nationalist stronghold". Vgl. auch ROTH, Cleansing, 176f.
Bei dieser Interpretation meldet sich wieder das oben verhandelte Problem des Bezugspunktes vom Personalpronomen ὑμεῖς in V. 17. Da es die direkt Angesprochenen sind, die laut Jesu Anklage den Tempel zum σπήλαιον ληστῶν gemacht haben, setzt diese Deutung voraus, daß die ὑμεῖς zelotische Aufrührer sind. Für diese Identifikation fehlen jedoch jegliche Anhaltspunkte im Kontext; sie steht insofern sogar noch schwächer als die in Anm. 65 abgelehnten Bestimmungen der von ὑμεῖς gemeinten Personengruppe (vgl. MOHR, Markus- und Johannespassion, 84). Bereits dieses Moment stellt ein gewichtiges Argument gegen das von BARRETT und BUCHANAN vorgelegte Verständnis von σπήλαιον ληστῶν dar.

[89] BARRETT, ebd.: „It does not seem possible to prove that the Temple was occupied by λησταί in the time of Jesus as it was during the war of A.D. 66–70; it may however

berechtigten Grund für Zweifel, denn es ist ausreichend bezeugt, daß der Jerusalemer Tempel *nicht* z.Z. Jesu, sondern erst im Laufe des jüdischen Krieges (66 – 70 n.Chr.) in die Hände derer fiel, die Josephus λῃσταί nennt[90]. Wenn man sich auf die Deutung vom σπήλαιον λῃστῶν als Zelotenfeste eingelassen hat, gibt es folglich trotz BARRETTs offensichtlichen Unbehagens[91] keinen Weg an der von BUCHANAN gezogenen Schlußfolgerung vorbei:

> „... the First Revolt of the Jews in 68–70 A.D. ... is the earliest date at which the temple was unquestionably a zealot stronghold. By considering 68–70 A.D. as the *Sitz im Leben* for Mark 11.17 we are suggesting that these are not the *ipsissima verba Jesu* but an existential interpretation of Jer. 7.11 and Isa. 56.7 by the early Christian church after the fall of Jerusalem."[92]

Es ist das Verdienst BARRETTs und BUCHANANs gezeigt zu haben, daß die Vokabel λῃστής *nicht* geeignet ist, „graft, greed, fraudulent, or unfair commercial practices"[93] zu beschreiben. Daraus folgt, daß σπήλαιον λῃστῶν bezogen auf den Jerusalemer Tempel *nicht* – wie es manchmal ohne weitere Prüfung offensichtlich für selbstverständlich gehalten wird – kapitalistische Ausbeutungszustände auf dem von der gewinnsüchtigen und rücksichtslosen hohenpriesterlichen Aristokratie kontrollierten

---

have been the scene of a good deal of violence." BUCHANAN, a.a.O., 176, nennt Mk 15,7; Lk 13,1f als Beispiele solcher Gewalt, aber muß auch feststellen: „... we have no direct evidence that the zealots controlled the temple at this time."

BORG, Conflict, 174f sieht in der Räuberanklage eine zutreffende Charakterisierung der vorherrschenden, nationalistischen Heiligkeitsideologie im Tempel, gegen die Jesus sich entschieden wandte. In diesem Sinne gab es BORG zufolge λῃσταί im Tempel bereits z.Z. Jesu, vgl. DERS., Jesus. Der neue Mensch, 197.

[90] Vgl. SCHÜRER, History I, 485–508 und HENGEL, Zeloten, 361–383. Die Einstellung des täglichen Opfers für den Kaiser im Frühsommer 66 n.Chr. (vgl. Bell 2,409f) markierte die offene Lossagung von Rom. Vielleicht läßt sich der Tempel bereits von diesem Zeitpunkt an als „zealot stronghold" bezeichnen; in jedem Fall tritt dieser Zustand spätestens mit dem Eindringen des Johannes von Gischala und seinen Leuten in Jerusalem im November 67 ein (vgl. Bell 4,121ff).

[91] Vgl. seine Erwägung der Authentizität von Mk 11,17 (s. S. 224 Anm. 238) und den allerletzten Satz seines Aufsatzes (a.a.O., 20), in dem er diesen Vers als „a composite quotation" bezeichnet, „which may have been constructed for the purpose," d.h. erst von Markus zusammengestellt worden ist, oder „may, as was suggested above, have already existed in another setting", d.h. als ein ursprünglich von Mk 11,15f unabhängiges authentisches Jesuswort (s. a.a.O., 19).

[92] BUCHANAN, a.a.O., 176. Auch HARVEY, Jesus, 132f; LOSIE, Cleansing, 291f und LÜHRMANN, Markusevangelium, 193 vertreten die Deutung λῃσταί = Zeloten und ziehen die Schlußfolgerung, daß Mk 11,17 frühestens z.Z. des jüdischen Krieges gebildet worden ist.

[93] BUCHANAN, a.a.O., 175. Vgl. das Zitat oben S. 271 aus BARRETT, a.a.O., 16 sowie WITHERINGTON, Christology, 114 und SEELEY, Temple Act, 267, 269.

Tempelmarkt in ihrem „räuberischen" Charakter brandmarkt und ent-
larvt[94]. Allerdings bereitet die von den beiden vertretene Deutung der
Vokabel λῃστής in Mk 11,17bβ vom Sprachgebrauch des Josephus her als
Bezeichnung zelotischer Aufrührer selbst so erhebliche Probleme[95], daß sie
keine überzeugende Alternative zu dem von ihnen zu Recht abgelehnten
Verständnis der „Räuberhöhle" zu bieten vermag.

1.7.2.3 Der Sinn des Räuberhöhlenvorwurfs im Munde Jesu

M.E. müssen wir, um zu inhaltlicher Klärung des Vorwurfs in V. 17bβ zu
gelangen, dessen Charakter als Anspielung auf das Prophetenwort Jer 7,11
radikal ernst nehmen. Ungeachtet aller am Terminus λῃστής haftender
Assoziationen im 1. Jh. n.Chr. ist dabei von folgendem Umstand
auszugehen: Die Vokabel λῃστής erscheint in Mk 11,17 einfach aus dem
simplen Grund, daß die Septuaginta durch σπήλαιον λῃστῶν den jeremianischen Ausdruck פָּרִצִים מְעָרַת wiedergibt, auf den Jesus in seinem
Vorwurf anspielt[96]. Es ist anachronistisch und methodisch falsch, die erst
spätere, durch die historische Entwicklung im 1. Jh. n.Chr. und Josephus'
Berichterstattung darüber verursachte Ausrichtung des Sinngehaltes dieser
Vokabel in den Septuagintatext von Jer 7,11 hineinzutragen. Vielmehr
beruht das Vorkommen von λῃστής in Mk 11,17 insofern auf einem für die

---

[94] Hiermit soll keineswegs bestritten werden, daß die Hohepriesterschaft ihre Macht-
position im Tempel zu eigenem Vorteil auszunutzen wußte und daß es manchmal zu
Unerträglichkeiten kam, die keineswegs zu verschönern sind (s. ÅDNA, Jerusalemer
Tempel, 91–95). Aber auf diese historischen Tatsachen bezieht sich der Vorwurf Jesu,
der Tempel sei eine Räuberhöhle geworden, entgegen der Meinung einer Reihe von
Forschern *nicht*. Als Vertreter der abzulehnenden Auffassung können genannt werden
u.a. RENGSTORF, *Art.* λῃστής, 265 Z. 31 – 266 Z. 2; SUHL, Funktion, 143; WOLFF,
Jeremia, 157 und CASEY, Culture and Historicity, 313f, 318f: „Like the original Hebrew,
the whole expression מערה דאנוסין [CASEYs erschlossenes aramäisches Original, s.u.
Anm. 96] is a highly picturesque application of Scripture to the royal portico. It means a
cave used by brigands ... It is sufficient that the traders and money changers were
making a profit, that the most vigorous prophet of the day could accuse them in scriptural
terms of combining trading in the temple with inadequate religious lives in which they
were making lots of money from the observant poor, that the chief priests and scribes
were stinking rich, and that the results of collecting excessive amounts of money were
visible in the gold flashing all around" (313, 319).
[95] Vgl. die zwangsläufig erfolgende Spätdatierung in die Zeit 66–70 n.Chr. und die
völlige Bezuglosigkeit der hiermit in V. 17 angesprochenen zelotischen Aufrührer im
Text Mk 11,15–19 (s. Anm. 88).
[96] Nach P.M. CASEYs eingehender Analyse des hinter Mk 11,15–18a vermuteten
aramäischen Textes (s.o. S. 213f) ist es ungewiß, welches Wort Jesus benutzte, um „the
biblical פריצים" wiederzugeben. Zwar wurde λῃστής als Lehnwort ins jüdische
Aramäisch und ins Syrische aufgenommen, aber dies geschah erst später, „so it is not
probable that Jesus said לסטין. The term אנוסין is perfectly possible, and no significant
difference is made if he really said גזלין" (Culture and Historicity, 313).

Interpretation letztlich unbedeutsamen Zufall, als daß dieses Wort allein dank der Entscheidung der Übersetzer des dahinterliegenden semitisch-sprachigen Jesuswortes, in der griechischen Wiedergabe von מְעָרַת פָּרִצִים der Septuaginta zu folgen, in den Text hineingekommen ist. Richtungsweisend für die Interpretation von Mk 11,17bβ müssen deshalb allein die zugrundegelegte Textstelle aus dem Jeremiabuch und nicht die gleichzeitigen oder etwas späteren Anwendungsmöglichkeiten der griechischen Vokabel λῃστής sein[97].

Welche Folgen hat nun die Bezugnahme des Vorwurfs Jesu in Mk 11,17bβ auf Jer 7,11?

> Wir haben oben S. 269f gesehen, daß der Prophet Jeremia die von ihm angesprochenen Judäer mit Räubern verglich, die zwischen ihren Raubexpeditionen Zuflucht und Schutz in einer Höhle suchen. Sie meinten nämlich im Tempel eine durch nichts gefährdete Geborgenheit genießen zu können (vgl. Jer 7,10a) und leisteten es sich darum, sich gleichzeitig frech und freimütig über den im Gesetz von demselben Gott, der ihrer Überzeugung nach mit seiner Heilspräsenz im Tempel weilte, geoffenbarten Willen hinwegzusetzen (vgl. V. 9.10b). Dieses schizophrene Verhalten, das das Haus Gottes der Funktion nach zu einer Räuberhöhle macht, konnte Gott unmöglich dulden, und er eignete sich deshalb die Sicht der angesprochenen Judäer an (V. 11) und zog die unweigerliche Konsequenz aus der Umfunktionierung des Tempels, indem er ihn der Vernichtung nach Vorbild des Heiligtums in Silo preisgab (V. 12–14).

Bezogen auf die Auseinandersetzung Jesu im Tempel mit den Geldwechslern und Taubenverkäufern als Bediensteten des Tempelmarkts und somit als Vertretern des Tempelbetriebs heißt der Vorwurf, den Tempel zur Räuberhöhle gemacht zu haben[98], daß sie sich trotz ihrer Sündhaftigkeit[99] im Tempel sicher wähnen. Sie vertrauen darauf, daß der in diesem Tempel täglich vollzogene Opferkult, dessen reibungslose und ungestörte Ausübung sie durch ihre Funktionen innerhalb des ganzen Tempelbetriebs ermöglichen, für sie als Kollektivum, Gemeinde Israels, und als Individuen Sühne erwirkt und ihnen somit heilsamen Bestand vor Gott gewährt[100].

---

[97] So auch PESCH, Markusevangelium II, 199; MEYER, Christus Faber, 277 Anm. 71; SMITH, Objections, 267f Anm. 32 („The meaning of the term in Mark 11:17 must be derived from its original Jeremian context" [268]) und TAN, Zion and Jesus, 183f.
Besser als die Verbindung mit zelotischen Freiheitskämpfern, aber noch zu unpräzis ist der Vorschlag von SANDNES, Jesus som profet, 106f, in σπήλαιον λῃστῶν einen Sammelausdruck für typische prophetische Anklagen gegen Jerusalem und den Tempel wie beispielsweise Ez 9,9; 22,25f; Mi 3,9–12; Am 4,4; 5,21–24 zu sehen.

[98] SMITH, Objections, 266–268 und QUALLS, Prophetic Challenge, 400 meinen, daß Jesus die Entsprechung seiner Generation zu der des Jeremia bewußt herausstellen will.

[99] Vgl. zu Jesu Sicht der Sündhaftigkeit aller Menschen und deren daraus erfolgenden Gerichtsverfallenheit S. 295 mit Anm. 171.

[100] S. zum Sühnopferkult im Jerusalemer Tempel den Exkurs S. 387ff und zur unerläßlichen Rolle der Geldwechsler und Opfertierhändler im Kultbetrieb die Abschnitte 1.4 S. 251ff und 1.5 S. 254ff.

Dies ist Jesus zufolge eine fürchterliche Selbsttäuschung, die er als solche durch eine Anspielung auf die allen Schriftkundigen bekannte מְעָרַת פָּרִצִים des Gerichtspropheten Jeremia entlarvt.

> „By his action ... Jesus   set an ancient word before Israel: ‚Reform your ways and your deeds, that I may remain with you in this place' (Jer. 7.3) and, as the text of the oracle continued: ‚Do not put your trust in the deceitful words, This is the temple of the Lord, the temple of the Lord, the temple of the Lord!' (Jer. 7.4). *The cleansing of the temple was an attack on ‚this generation's' obstinate confidence in its status.* This aspect of the cleansing had as its horizon the imminence of judgment."[101]

Die sich aus diesem Verständnis von Mk 11,17bβ ergebende vollständige Übereinstimmung zwischen der Handlung Jesu in V. 15b.16, die den Tempelkultbetrieb stört und der zeichenhaften Intention nach lahmlegt bzw. zum Aufhören bringt (s.u. S. 384ff), und der Verurteilung des der Verblendung unterliegenden Kultapparats in V. 17bβ ist eine weitere Bekräftigung der bereits oben vertretenen Sicht, in σπήλαιον λῃστῶν liege eine gezielte und für das richtige Verständnis des Vorgangs theologisch höchst bedeutsame Anspielung auf Jer 7,11 vor[102].

---

[101] MEYER, Aims, 198 (kursiv von mir); vgl. DERS., Christus Faber, 264f. Vgl. auch SCHLATTER, Matthäus, 613f: „Jesus sagt der Judenschaft, sie benütze den Tempel nicht zur Befreiung vom Bösen und zur Reinigung ihres Willens im Gehorsam gegen Gottes Gebot, sondern suche in ihm den Schutz für ihr Übeltun, wie die Höhle den Banditen vor seinen Verfolgern schützt und ihm die Fortsetzung seines verbrecherischen Verhaltens ermöglicht ... (Jesus) sagt, weil ... sein Anspruch verworfen wird, mit dem aus Jeremia genommenen Bild, daß der ganze Kultus seinen Zweck verloren habe. Denn dies ist der Kultus der Unbußfertigen, die die Umkehr ablehnen, und über diesen Kultus hat der Prophet schon längst das göttliche Urteil gesprochen." (Der Vorwurf der Eisegese gegen SCHLATTER bei HAENCHEN, Johanneische Probleme, 39 Anm. 4 ist unberechtigt.) S. ferner JUEL, Messiah and Temple, 132–134 (der allerdings die Frage, ob Mk 11,17 auf Jesus zurückgehe, zurückstellt [vgl. a.a.O., 131], aber im mk Zusammenhang dezidiert σπήλαιον λῃστῶν aus dem Kontext Jer 7,1–15 verstehen will); HOOKER, Traditions, 18 und TROCMÉ, Expulsion, 15: „... le logion de Marc xi. 17 a été prononcé par Jésus, qui y a exprimé son jugement sur le Temple de Jérusalem, institution qui donnait au peuple juif un faux sentiment de sécurité."
MOHR, Markus- und Johannespassion, 84 bestreitet dagegen zu Unrecht die Analogie zu Jeremia: „Da in Mk 11,15ff anders als in Jer 7,3–14 das Problem der falschen Sicherheit keine Rolle spielt, muss die Bezeichnung des Tempels in Mk 11,17 als ‚Räuberhöhle' einen anderen Sinn haben als in Jer 7,11." Ein nicht gerade rühmliches Beispiel völligen Unverständnisses für die (s.E. durch Mk erfolgten) Aufnahme von Jer 7,11 liefert EPPSTEIN, Historicity, 43.

[102] Gegen WOLFF, Jeremia, 157, der seine Erörterung mit dem Satz abschließt: „An eine bewußte Bezugnahme auf Jer. 7,11 ist dann in Mark. 11,17 nicht zu denken."

1.7.3 Das Schriftzitat aus Jes 56,7b

Das gerade erreichte Ergebnis betreffs Mk 11,17bβ ist ohne Berücksichtigung des diesem Vorwurf antithetisch gegenüberstehenden positiven Pendants in V. 17bα formuliert worden. Wir müssen uns darum nun auch diesem ersten Teil der direkten Rede Jesu zuwenden. Gegebenenfalls wird er unser bisheriges Verständnis korrigieren oder modifizieren. Unter wörtlicher Aufnahme von Jes 56,7b[103] sagt Jesus hier: „Ist nicht geschrieben: ‚Mein Haus wird ein Haus des Gebetes für alle Völker genannt werden'?" Um Jesu Rezeption dieses Prophetenwortes beurteilen zu können, müssen wir uns zuerst dieses Wort im Rahmen des Ursprungskontextes in Jes 56,3–8 ansehen.

1.7.3.1 Jes 56,3–8

Adressaten des Prophetenwortes Jes 56,3–8[104] sind jahwefürchtige Fremde[105] und Eunuchen, die der Resignation verfallen sind und sich für ausgeschlossen aus dem Gottesvolk bzw. für „einen dürren Baum" erachten (V. 3aγbβ). Der Prophet entgegnet und gebietet der Resignation Einhalt (V. 3aα.bα), denn jetzt hat er ihnen ein Verheißungswort von Jahwe zu übermitteln (V. 4aα). Dieses Wort besagt, daß keine Gruppen als solche von der Gemeinschaft mit Jahwe ausgeschlossen sind; für den einzelnen Menschen ist allein seine Befolgung des Gotteswillens entscheidend (vgl. 56,1–2). Die durch die Botenformel eröffnete Jahwerede V. 4–7 richtet sich in zwei parallel aufgebauten Redegängen an die Eunuchen (V. 4f) und die Fremden (V. 6f). Zuerst werden die Adressaten jeweils durch drei Kennzeichen näher bestimmt (V. 4.6), von denen zwei den beiden angesprochenen Menschengruppen gemeinsam sind: Sie halten den Sabbat (V. 4aβ: erstes Kennzeichen der Eunuchen; V. 6bα: zweites Kennzeichen der Fremden[106]), und sie halten am Bund Jahwes fest (V. 4b. 6bβ: bei beiden das dritte Kennzeichen). Über diese beiden gemeinsamen Prädikate hinaus wird den angesprochenen Eunuchen bescheinigt, daß sie das erwählen, woran Jahwe sein Gefallen hat (V. 4a: zweites Kennzeichen), und den Fremden, daß sie seinen Namen lieben und sich ihm als

---

[103] Vgl. S. 221 mit Anm. 219, 221.

[104] Zur Abgrenzung vgl. WESTERMANN, Jesaja, 249; KOENEN, Ethik, 11f, 32f.

[105] Die Fremden sind näher charakterisiert als הַנִּלְוֶה אֶל־יְהוָה (V. 3aβ, sing.; für die Vokalisierung als Partizip s. GESENIUS/KAUTZSCH, Grammatik, § 138k und den Apparat in BHS) bzw. הַנִּלְוִים עַל־יְהוָה (V. 6a, plur.), d.h. als Heiden, die „sich Jahwe angeschlossen haben" (vgl. Jes 14,1; Sach 2,15).

[106] Obwohl das Sabbatgebot alt ist (vgl. u.a. Ex 23,12; 34,21; Am 8,5; Jes 1,13), ist die Einschärfung seiner Einhaltung ein herausragendes Kennzeichen der nachexilischen Zeit (vgl. Ez 20,12.20; 22,8.26; Neh 10,31; 13,15ff; 1Makk 2,29–41; Jub 2,25–33; CD-A X,14–XI,18 und die Ausführungen in SCHÜRER, History II, 467–475).

Diener zur Verfügung stellen (V. 6a: erstes Kennzeichen[107]). Den in dieser Weise gekennzeichneten Eunuchen und Fremden gilt nun die Heilszusage Jahwes (V. 5.7). Den Eunuchen verheißt er einen ewigen, unaustilgbaren Namen, der weit besser als Nachkommenschaft ist (V. 5[108]). Die Fremden wird er an seinen heiligen Berg führen und in seinem Bethaus erfreuen (V. 7aαβ). Ihre Brand- und Schlachtopfer werden dort angenommen werden (V. 7aγ[109]). Diese volle kultische Zulassung der Fremden wird in V. 7b begründet: „Denn mein Haus wird ein Haus des Gebetes für alle Völker genannt (werden)" (כִּי בֵיתִי בֵּית־תְּפִלָּה יִקָּרֵא לְכָל־הָעַמִּים).

Die in V. 3 entgegnete Resignation der Fremden und Eunuchen ist offensichtlich durch Auseinandersetzungen um ihren Status in der judäischen Kultgemeinde ausgelöst worden[110]. Die Nichtzulassung Verstümmelter steht bereits in dem deuteronomischen Gemeindegesetz Dtn 23,2–9 an erster Stelle und ist kultisch bedingt[111]. Wie die willentliche Zerstörung der Zeugungsfähigkeit durch die Kastration als ein schlimmer Greuel betrachtet wird, geht etwa aus dem zwar viel jüngeren, aber für die Einschätzung des Phänomens typischen Text Ant 4,290f hervor[112]. Sowohl der den

---

[107] Für eine Erörterung darüber, worin dieses „Dienen" besteht, s. VAN WINKLE, Isaiah LVI 1–8, 239–241. Eine der wenigen spektakulären Besonderheiten der sich durchgehend sehr eng am MT haltenden LXX-Übersetzung von Jes 56,3–8 ist ihre geschlechtsdifferenzierende Wiedergabe von V. 6aγ לִהְיוֹת לוֹ לַעֲבָדִים durch τοῦ εἶναι αὐτῷ εἰς δούλους καὶ δούλας!

[108] Zu der Bedeutung von יָד וָשֵׁם vgl. WESTERMANN, Jesaja, 250f; H.A. BRONGERS, Miscellanea exegetica, in: Übersetzung und Deutung. Studien zu dem Alten Testament und seiner Umwelt. FS A.R. Hulst, Nijkerk 1977, (30–49) 35–37; SCULLION, Isaiah, 152; VAN WINKLE, a.a.O., 239.

[109] Der Ausdruck, die darzubringenden Opfer seien לְרָצוֹן, gehört zur kultischen Ritualsprache. Diese Formel deklariert das Opfer als „wohlgefällig" vor Jahwe (vgl. u.a. Lev 1,3; 19,5; 22,19.21.29; Jes 60,7bα). Ihr negatives Pendant hat sie in den die Nichtannahme eines Opfers aussagenden Formeln לֹא לְרָצוֹן und לֹא יֵרָצֶה (vgl. Lev 7,18; 19,7; 22,20.23.25). Vgl. hierzu VON RAD, Theologie I, 273–275.

[110] WHYBRAY, Isaiah, 198 vermutet, es seien Eunuchen gemeint, „who had accepted this condition on entering Babylonian or Persian official employment such as that of Nehemia or Daniel".

[111] Vgl. die explizite Nennung von Hodenquetschung in Lev 21,20 unter den Gebrechen, die Priester für den Dienst im Tempel untauglich machen.

[112] „Man scheue und fliehe den Umgang der Verschnittenen, denen die Manneskraft und die Zeugungsfähigkeit fehlt, die Gott den Menschen zur Mehrung ihres Geschlechts verliehen hat. Sie sollen verstossen werden, als ob sie die Kinder gemordet hätten, noch ehe diese geboren sind, und weil sie sich der Zeugungsfähigkeit beraubt haben" (CLEMENTZ, Jüdische Altertümer I, 244 [Ant 4,8,40]). Dagegen hat Philos Kritik an den Eunuchen in SpecLeg 1,325 interessanterweise nicht den Verlust der vom Schöpfer verliehenen Zeugungskraft im Blick, sondern die Kastration wird angeprangert als ein unerlaubtes Mittel zur Wahrung der „Jugendblüte ... damit sie nicht rasch welke". Daß allerdings auch die alexandrinische Diaspora die Eunuchen nicht pauschal verurteilt hat, zeigt Weish 3,14, wo in Anlehnung an Jes 56,5 einem dem Herrn treuen Eunuchen eine besondere Gnade und ein köstlicher Anteil am Tempel verheißen wird (χάρις ἐκλεκτὴ καὶ κλῆρος ἐν ναῷ κυρίου θυμηρέστερος).

Eunuchen zugeschriebene Spruch in V. 3bβ wie auch die Heilszusage in V. 5 zeigen, daß auch in unserem Text die verlorene Zeugungsfähigkeit der Eunuchen und die ihnen damit verwehrte Aufrechterhaltung ihres Namens durch Nachkommen im Vordergrund steht. Gleichzeitig geht aber aus der Verheißung Jahwes, er werde ihnen in seinem *Haus* ein Denkmal aufrichten (V. 5aα), und aus der Parallelstellung der Eunuchen zu den Fremden hervor, daß auch der ihnen von Dtn 23,2 her versperrte Zugang zur Kultgemeinde mit angesprochen ist.

Die Auseinandersetzung um die jahwefürchtigen Fremden hat explizit mit deren Zugehörigkeit zum Gottesvolk (V. 3aγ) und damit deren Teilnahme am Tempelkult (vgl. V. 7) zu tun. Der Ausschluß[113] aus dem Volk Jahwes, der ihnen droht bzw. bereits vollzogen worden ist, zeigt, daß es in der Gegenwart des hier sprechenden anonymen Propheten einflußreiche und maßgebende Kreise gab, die bemüht waren, die Jerusalemer Kultgemeinde strikt auf Juden zu beschränken. Diese Bestrebungen scheinen etwa den im „Verfassungsentwurf" Ezechiels enthaltenen Bestimmungen bezüglich des kultischen Status der Ausländer zu entsprechen. Denn darin wird vor dem Hintergrund der laxen vorexilischen Praxis, als der Tempel durch die Zulassung unbeschnittener Heiden entweiht worden war (Ez 44,7), geregelt, daß keiner von all den unbeschnittenen Fremden, die bei den Israeliten leben, das Heiligtum betreten darf (Ez 44,9). Obwohl der Verfassungsentwurf explizit von Unbeschnittenen spricht[114], während die Jes 56,3ff angesprochenen Fremden *beschnittene Proselyten* sind[115], fällt trotzdem die gemeinsame Bezeichnung der Heiden in Jes 56,3.6 und Ez 44,7.9 als „Fremde" (בְּנֵי הַנֵּכָר / בֶּן־נֵכָר) auf. Denn es ist gut vorstellbar, daß ein durch derartige Tendenzen, wie sie der „Verfassungsentwurf" bezeugt (vgl. auch Ex 12,43; Lev 22,25), ausgelöster Eifer um die kultische Integrität Israels nach und nach nicht bereit oder fähig war, zwischen unbeschnittenen Heiden und Proselyten zu unterscheiden, sondern pauschal alle Nichtjuden als Fremde vom Gottesvolk auszuschließen bemüht war. Handfeste Bestrebungen dieser Art begegnen in den von Esra und Nehemia um die Mitte des 5. Jh.s v.Chr. durchgeführten Maßnahmen, bei denen

---

[113] Während בדל *Hiphʿil* sonst die positive Aussonderung Israels von allem Unreinen bezeichnet (vgl. u.a. Lev 20,24b.26; 1Reg 8,53), steht das Wort hier in Jes 56,3aβ für die entgegengesetzte Bewegung, d.h. für den Ausschluß aus der Sphäre des Gottesvolkes (vgl. auch Neh 13,3).

[114] Daß die Fremden als „unbeschnitten am Herzen und unbeschnitten am Körper" bezeichnet werden (vgl. zur Unbeschnittenheit des Herzens Jer 4,4; 9,25; Lev 26,41; Dtn 10,16), kann man zwar eine „Spiritualisierung" der Beschneidung nennen, aber dies ist im Verfassungsentwurf Ezechiels oder sonst im AT keineswegs als eine Relativierung oder Verdrängung der rituellen Ordnung der Beschneidung zu verstehen (vgl. H.-J. HERMISSON, Sprache und Ritus im altisraelitischen Kult. Zur „Spiritualisierung" der Kultbegriffe im Alten Testament, WMANT 19, Neukirchen-Vluyn 1965, 72–74).

[115] Die volle Proselytisierung geht aus den Näherbestimmungen der Fremden als solcher, die sich Jahwe angeschlossen haben (V. 6aα; s. Anm. 105) und an seinem Bund festhalten (V. 6bβ), hervor; vgl. WESTERMANN, Jesaja, 249; WHYBRAY, Isaiah, 197f. Auch VAN WINKLE, Isaiah LVI 1–8, 250 nimmt an, daß das Schweigen des Textes über die Beschneidung – im Kontrast zur ausdrücklichen Rede über die Sabbatwahrung – damit zu erklären ist, daß „the foreigners with which this oracle is concerned were already circumcised". S. ferner seine interessanten Ausführungen zum Unterschied zwischen den Termini בֶּן־הַנֵּכָר und גֵּר sowie dazu, warum unser Text den ersten anwendet (V. 3.6) und den zweiten vermeidet (a.a.O., 237).

sogar eingegangene Mischehen aufgelöst wurden (s. Esr 9–10 [bes. 10,11]; Neh 13,23ff). Das Verbot im dtn Gemeindegesetz gegen Aufnahme von Ammonitern und Moabitern (Dtn 23,4–7) wird nun als Begründung des radikalen Ausschlusses aller Nichtjuden herangezogen (Neh 13,1–3[116]; vgl. 9,2; 10,29 und auch Ps 79,1; Thr 1,10). Unser Prophetentext Jes 56,3–8 wendet sich gegen Bestrebungen dieser Art. Vielleicht sind sogar die Träger der Esra-Nehemia-Reform und des ezechielischen Verfassungsentwurfs als seine direkten Gegner zu identifizieren[117].

In die Situation der kultischen Ausgrenzung der Fremden hinein verheißt ihnen Jahwe die *volle* Teilnahme am Jerusalemer Tempelkult. Die zweimalige Bezeichnung des Tempels in V. 7 als „Bethaus" (בֵּית־תְּפִלָּה) mag zwar wahrscheinlich ein Ausdruck für die nachexilische Aufwertung des Wortelements im Gottesdienst sein[118], aber ist keineswegs als ein (polemischer) Gegensatz zu der Funktion des Tempels als Opferstätte zu verstehen. „Bethaus" steht hier in V. 7aαβ parallel zum „heiligen Berg (Jahwes)", und vor allem zeigt das Nebeneinander von V. 7aβ und 7aγ, daß überhaupt keine Spur von Opferkritik oder -abwertung im Text vorhanden ist: Die Hinführung der Fremden zum Berg Jahwes, zu seinem Bethaus (V. 7aαβ), gipfelt in ihrer Darbringung kultisch anerkannter Brand- und Schlachtopfer auf seinem Altar (V. 7aγ)[119]. Der Nachdruck in dem

---

[116] Neh 13,3: וַיְהִי כְּשָׁמְעָם אֶת־הַתּוֹרָה וַיַּבְדִּילוּ כָל־עֵרֶב מִיִּשְׂרָאֵל.

[117] Vgl. WESTERMANN, a.a.O., 249f; H. DONNER, Jesaja LVI 1–7: Ein Abrogationsfall innerhalb des Kanons – Implikationen und Konsequenzen, VT.S 36, Leiden 1985, (81–95) 82–84; KOENEN, Ethik, 223f: „Es dürfte sich ... bei den Fremdlingen, die Knechte Jahwes sein wollen (56,6), aber von Jahwe – so heißt es jedenfalls in der Klage von Jes 56,3 – aus seinem Volk getrieben wurden, ... um die Leidtragenden der rigorosen, von Nehemia und Esra angeführten Separationspolitik handeln" (224). VAN WINKLE, Isaiah LVI 1–8, 238 warnt dagegen vor einer direkten Identifizierung der Maßnahmen, denen die Fremdlinge ausgesetzt sind, mit der Esra-Nehemia-Reform. Er spricht allgemeiner von einer aufgrund unserer unzureichenden Kenntnisse der nachexilischen Geschichte nicht näher identifizierbare „reform movement which demanded the exclusion of proselytes"; was Esra und Nehemia betrifft, könnte es höchstens sein, „that those who attempted to exclude the covenant keeping foreigners were the misguided followers of Ezra or Nehemiah but there simply is not sufficient evidence to render this plausible" (a.a.O., 249).

[118] Vgl. WESTERMANN, a.a.O., 251: „Daß der Tempel jetzt ‚Haus des Gebetes' heißt, ist bezeichnend: im Exil war das Wortelement für den Gottesdienst beherrschend geworden, weil die Opfer wegfielen." Obwohl der Tempel nur hier im ganzen AT „Bethaus" genannt wird, zeugen auch andere Stellen von seiner Bedeutung als Gebetsstätte; vgl. vor allem das deuteronomistische Gebet bei der Einweihung des salomonischen Tempels, 1Reg 8,22ff, in dem Jahwe in V. 41–43 gebeten wird, auch das Gebet nichtisraelitischer Fremder (הַנָּכְרִי אֲשֶׁר לֹא־מֵעַמְּךָ יִשְׂרָאֵל [V. 41a]) zu erhören.

[119] Auch bei dem dritten Beleg des entsprechenden Ausdrucks ὁ οἶκος τῆς προσευχῆς in der LXX, in Jes 60,7, steht „Haus des Gebetes" ganz unpolemisch neben der Rede von Schafs- und Widderopfern auf dem Altar Gottes in Jerusalem. Ebenso stehen in 1Reg 8 Gebet (vgl. Anm. 118) und Darbringung von Opfern (V. 5.62–64) nebeneinander als Funktionen des Tempelbetriebs.

Begründungssatz V. 7b liegt deshalb nicht auf der Bezeichnung des Tempels als „Haus des Gebetes", sondern darauf, daß der Tempel Jahwes ein Haus des Gebetes *für alle Völker* genannt wird.

Wir vermuteten oben, daß der in der Esra-Nehemia-Reform zutage-tretende Eifer um die Unversehrtheit der Jerusalemer Kultgemeinde bald keine Unterscheidung mehr zwischen unbeschnittenen Heiden und Prose-lyten zuließ. Bei dem hinter Jes 56,3–8 stehenden Propheten kommt durch die Anwendung von לְכָל־הָעַמִּים in V. 7b eine entgegengesetzte Steigerung zum Ausdruck. Denn er begnügt sich nicht damit, seinen unmittelbaren Adressaten, den zeitgenössischen Proselyten, die volle Teilnahme am Jerusalemer Tempelkult in Aussicht zu stellen, sondern weitet die Perspek-tive universalistisch zu der Einschließung aller Heidenvölker aus.

Zusammenfassend ist zu sagen, daß die in Jes 56,3–8 zum Ausdruck kommende Kultkritik sich gegen den Ausschluß von (Eunuchen und) Proselyten aus der Kultgemeinde richtet und ihnen aufgrund des universa-listischen Charakters des Jerusalemer Tempels als „Bethaus für alle Völker" (V. 7b) volle Teilnahme am Tempelkult verheißt[120].

1.7.3.2 Jes 56,7b im Rahmen des ganzen Jesajabuches

Nach unserer Rekonstruktion der Situation, in die durch einen anonymen Propheten die Gottesbotschaft Jes 56,3–8 hinein gesprochen wurde (s.o. S. 278f), bezog sich der Spruch Jes 56,7b ursprünglich auf die Gegenwart. Es war Gottes Wille, daß den vom Ausschluß aus dem Gottesvolk bedrohten bzw. bereits darunter leidenden Proselyten (vgl. V. 3aγ) *sofort* Zutritt zum Tempel und volle Teilnahme am Opferkult gewährt werden sollte (vgl. V. 6.7a). Nach Einfügung in das Jesajabuch wurde jedoch dieser Text auf den bereits im 8. Jh. v.Chr. wirkenden Propheten Jesaja zurückgeführt und dann mit dem Völkerwallfahrtstext in Jes 2,2–4 sowie mit weiteren (tritojesajanischen) Texten (Jes 60–62; 66,18ff) zusammen-gehalten und futurisch-eschatologisch verstanden[121].

Jes 60–62 zufolge werden die Völker und ihre Könige nach Jerusalem strömen, durch ihre strahlende Lichtherrlichkeit angezogen (Jes 60,1–3.14; 62,2), und sie werden

---

[120] S. die zutreffende Zusammenfassung des Inhalts von Jes 56,3–8 in CASEY, Culture and Historicity, 311f. Für eine angemessene Hervorhebung der Radikalität des im Text zutagetretenden Universalismus s. VAN WINKLE, Isaiah LVI 1–8, 248, 251.

[121] Ursprünglich bezog sich Jes 2,2a auf den gegenwärtigen Tempel des Jesaja, d.h. auf den salomonischen, und der Prophet erwartete den Einbruch des eschatologischen Friedens und der Zuströmung der Völker an den Zion (2,2b–4) in der nahen Zukunft. Nach der Zerstörung des vorexilischen Tempels wurden diejenigen Texte des Jesaja, die eschatologisches Heil ansagen, auf die noch ausstehende Zukunft bezogen, und dies galt später ebenso für die an sein Prophetenbuch angefügten Sammlungen des Dtjes und des Trjes (vgl. S. 149f mit Anm. 195).

dabei die Exilierten in ihre Heimat zurückführen (60,4.9a). Der Zug der Völker endet im Tempel, wo ihre mitgebrachten Tiere (vgl. 60,6.7a) auf dem Altar als wohlgefällige Opfer dargebracht werden (60,7bα[122]), und hierdurch verherrlicht Jahwe „sein Haus der Herrlichkeit" (60,7bβ: בֵּית תִּפְאַרְתִּי, vgl. auch V. 13b). Obwohl Kap. 60–62 z.T. die Völker auch in der Rolle von Dienern für Israel schildert (vgl. 60,10f; 61,5f) und somit von der in 56,3–8 propagierten Gleichstellung abrücken, stimmen sie immerhin in der Nebenstellung der Rückführung der Exilierten und der Beteiligung der Völker am Opferkult mit 56,3–8 überein (vgl. 56,7.8)[123]. Zum Schlußtext des (Trito-)Jesajabuches, Jes 66,18ff, weist Jes 56,3–8 eine Reihe von Bezügen auf[124]. Auch dort ist die Rede davon, daß Jahwe die Völker zu seinem heiligen Berg führen wird und daß sie dabei die Exilierten mitbringen werden (V. 20). Unter den Völkern wird zwischen den in der näheren Umgebung Israels wohnenden und den entfernten unterschieden (V. 18f), wobei „Entronnene" der Nachbarvölker mit dem Auftrag, die Herrlichkeit Jahwes zu verkündigen, als „Missionare" zu den entfernten Völkern geschickt werden[125]. Das Hinzuströmen der Völker zum heiligen Berg in Jerusalem (V. 20) gipfelt darin, daß Jahwe aus ihrem Kreis bzw. von den missionarisch tätigen Entronnenen einige zu levitischen Priestern macht (V. 21[126]). Als konsequente Entfaltung und Weiterführung von Jes 56,7 besagt Jes 66,21 somit, daß die rechtmäßige Teilnahme der Heiden am Gottesdienst im „Bethaus für alle Völker" nicht auf Laienfunktionen beschränkt bleibt, sondern auch die Beteiligung am priesterlichen Dienst mit einschließt[127].

---

[122] Statt des MT-Textes ist mit 1QIs[a] und den meisten alten Übersetzungen יַעֲלוּ לְרָצוֹן עַל מִזְבְּחִי zu lesen; vgl. WESTERMANN, a.a.O., 282 Anm. 3 und KOENEN, Ethik, 146 Anm. 512. Vgl. Anm. 109 zur Deklarationsformel לְרָצוֹן.

[123] VAN WINKLE, Isaiah LVI 561,–8, 244f bewertet die unterschiedlichen Perspektiven in jeweils Jes 56,3–8 und 60–62 als recht groß: „Isa. lvi 1–8 seeks to offset the nationalism of Isa. lx–lxii" (244).

[124] Für die Bezüge im einzelnen vgl. KOENEN, a.a.O., 28f.

[125] Zur Unterscheidung der beiden Völkergruppen vgl. Jer 31,10. Die Verkündigungsaufgabe der Völker aus der näheren Umgebung ist bei Deuterojesaja in Jes 42,12 vorbereitet. Auch die Bezeichnung der ausgesandten „Missionare" als „Entronnene" (פְּלֵיטִים) ist eine Anknüpfung an Deuterojesaja, vgl. Jes 45,20. Zum Verständnis von Jes 66,18f vgl. KOENEN, a.a.O., 209–211.

[126] Jes 66,21: וְגַם־מֵהֶם אֶקַּח לַכֹּהֲנִים לַלְוִיִּם אָמַר יְהוָה. Man muß m.E. nicht wie WESTERMANN, a.a.O., 335f zwei Schichten in Jes 66,18ff annehmen, um מֵהֶם V. 21 auf die Völker statt auf die zurückgeführten Israeliten zu beziehen. Denn unabhängig von allen literarkritischen Rekonstruktionen ist das auch von WESTERMANN erwähnte inhaltliche Argument ausschlaggebend, daß unter den Exilierten Zugehörige von Priester- und Levitenfamilien sind und daß aus ihrem Kreis deshalb nicht zusätzlich (וְגַם־מֵהֶם) einige zu Priestern erwählt werden müßten. Für das Verständnis von לַכֹּהֲנִים לַלְוִיִּם als „levitische Priester" vgl. KOENEN, a.a.O., 211 Anm. 15. Der Vertretern der heidnischen Völker zukommende Priesterdienst ist in Jes 56,6 vorbereitet, wenn die Fremden dort als Diener Jahwes (vgl. שָׁרְתוּ, wobei das Suffix auf יְהוָה zurückweist) charakterisiert werden (vgl. VAN WINKLE, a.a.O., 244).

[127] Damit übertrifft Jes 66,18ff sogar den Universalismus von 56,3–8 (s. VAN WINKLE, a.a.O., 251).

Den Charakter und die Reichweite der eschatologischen Interpretation der tempelbezogenen Texte im Jesajabuch hat BEN F. MEYER gut erfaßt:

> „The temple, then, would have a role not only in Israel and for history but for the whole world at time's end in the reign of God (Isa. 2.2–4; 56.1–8). This would be the last and eternal – the eschatological – temple, located on a Zion (Isa. 2.2–4; 28.16) rebuilt in carnelians and sapphires (Isa. 54.11) ... *This temple no one could build but God himself – or the Messiah transcendently enthroned at his right hand.*"[128]

In diesem Zusammenhang wird Jes 56,7 zu einer Kernaussage über die Hinführung der heidnischen Völker zum endzeitlichen Tempel auf dem Zion. Denn die Worte, das Haus Gottes „*wird* ein Haus des Gebetes für alle Völker *genannt werden*"[129], wurden

> „usually understood in second-temple Jewry to refer to the eschatological temple; when such a temple is erected, there would be an influx of Gentile proselytes to Zion to worship Yahweh. And thus would be fulfilled the propecy that the temple would be a house of prayer for all nations (Ps. 22.27; Isa. 2.2–3; Zeph. 3.9–10; Tob. 13.11; Pss. 17.30, 33; Sib. Or. 3.702–18, 772–6; T. Ben. 9.2)"[130].

Nur selten wird im Alten Testament mit Hilfe von בוא *Hiphʿil* von Gottes Führung seines Volkes zum Zion gesprochen (vgl. Ex 15,17 [s.o. S. 91f]; Jer 3,14; Ps 78,53f [s.o. S. 94 Anm. 15]; Neh 1,9); um so mehr fällt darum Jes 56,7aα auf: „Ich werde sie [*sc.* die Fremden] zu meinem heiligen Berg bringen" (וַהֲבִיאוֹתִים אֶל־הַר קָדְשִׁי). Jes 56,7 verheißt in einmaliger Weise den Heiden die mit Israel gleichgestellte Teilnahme am eschatologischen Heil im endzeitlichen Heiligtum auf dem Zion[131].

1.7.3.3 Jesu Anwendung von Jes 56,7b

Jesus zitiert in Mk 11,17 also einen prophetischen Spruch, der in seiner Zeit allgemein als eine eschatologische Weissagung verstanden wurde.

---

[128] MEYER, Aims, 183, 184 (kursiv von mir). Vgl. die Ausführungen über Gottes Errichtung des eschatologischen Tempels und über den Messias als Bauherrn des Tempels in Kap. 2 und 3.

[129] Das in Jes 56,7b benutzte Imperfekt יִקָּרֵא hat häufig einen futurischen Sinn (vgl. GESENIUS/KAUTZSCH, Grammatik, § 107i). Durch die Wiedergabe mit dem Tempus Futur, κληθήσεται, richtet die LXX die Aussage auf die Zukunft aus. Jes 56,7 konnte zwar, wie 1Makk 7,37 zeigt, in frühjüdischer Zeit auf den zweiten Tempel bezogen werden, aber die radikalere, eschatologische Zukunftsdeutung gewann immer mehr an Raum und konnte sich auf die Verbform sowohl in der hebräischen als auch in der griechischen Bibel berufen.

[130] TAN, Zion and Jesus, 188f (mit Verweis auf DUNN, Partings of the Ways, 48, für die Belege).

[131] VAN WINKLE, Isaiah LVI 1–8, 242: „[T]he promise from Isa. lvi 7 is a unique, radical extending of expectations so that the foreigner here is promised admission to Zion in terms which are infrequently used only for Israel in order to highlight that they receive equal opportunity as the old chosen people."

Dieses Schriftwort stellt er dem scharfen Räuberhöhlenvorwurf, der ebenso in Anspielung auf die Schrift formuliert ist, entgegen. Wie ist dieser Kontrast zu verstehen?

Wie wir oben gesehen haben, deckt Jesus mit Hilfe der Anspielung auf Jeremias Tempelrede (Jer 7,1–15) die analoge Situation der Angesprochenen zur Generation Jeremias auf. Der Räuberhöhlenvorwurf enthält eine ungemein scharfe Anklage und Drohung: „Wenn ihr wie die Zeitgenossen Jeremias bei eurem schizophren-räuberischen Verhalten gegenüber dem Tempel bleibt, wird er – wie der salomonische Tempel – von Gott dem Zerstörungsgericht ausgeliefert werden." Indirekt verkörpert der Vorwurf jedoch gleichzeitig einen zugespitzten Umkehrruf: „Wenn ihr aber meiner Botschaft gehorcht und im Gegensatz zu Jeremias Zeitgenossen von euren Wegen umkehrt, besteht Hoffnung auf eine andere Zukunft als die des Gerichtes." Das Zitat von Jes 56,7b zeigt nun im Hinblick auf den Tempel, worin die Alternative, die aus der erzielten und erhofften Umkehr folgen wird, konkret besteht: Nichts weniger als die Erfüllung der eschatologischen Weissagung aus Jes 56,7 wird dann eintreffen[132].

Von hierher ergibt sich eine enge Verbindung des Jesuswortes in Mk 11,17 zu seiner Botschaft von der Gottesherrschaft bzw. vom Reich Gottes (s.o. S. 133–136). Wie wir gesehen haben, muß seine Wanderung nach Jerusalem, dem verheißenen Zentrum der Basileia, die durch seine Verkündigung hervorgerufene starke Erwartung des baldigen Anbruchs der Basileia noch weiter angespornt haben (vgl. S. 142). Durch spektakuläre, messianisch anmutende Taten wie den Einzug in die Stadt und Worte wie das Tempelwort steuerte Jesus bewußt auf eine Klimax, auf die „Stunde der Wahrheit", zu[133]. Seine Aktion im Tempel gehört in diesen Zusammenhang hinein. Wir können darum unsere Ausführungen oben zum Sinn des Räuberhöhlenvorwurfs im Munde Jesu dahingehend präzisieren, daß es ihm um die angesichts der hereinbrechenden Basileia erforderliche Abkehr von dem trügerischen Vertrauen auf den Kultbetrieb als Grundlage für die heilvolle Existenz vor Gott und Hinkehr zu Gottes eschatologischem Heilshandeln in und durch Jesus ging.

> „Ziel der Handlung [*sc.* Tempelaktion] war, die Jerusalemer Priesterschaft zu zwingen, den üblichen Opferkult nicht mehr länger an Jesu Verkündigung der βασιλεία vorbei zu vollziehen, sondern sich im Tempel auf die Zeit des neuen Gottes-

---

[132] Durch das Schriftzitat aus Jes 56,7 „on the eschatological temple, the ‚prophecy' linked with the cleansing was the entire treasury of oracles celebrating the restoration of temple, Zion, and Jerusalem" (MEYER, Aims, 198).

[133] TAN, Zion and Jesus, 192: „Jesus' presence in Jerusalem represents the confrontation of the kingdom of God with the authorities who had been given the task of running the heart of Jewry, Jerusalem. Through the presence of Jesus, the leaders were confronted with their very king, Yahweh."

dienstes zu rüsten."[134] „Einen Kult, der Israel Sühne- und Sündenvergebung an seinem messianischen Umkehrruf vorbei gewährte, konnte Jesus unmöglich dulden."[135]

„Thus, the temple establishment would be faulted for their mismanagement of the temple and for their failure to recognise in Jesus' ministry the dawn of the eschatological fulfilment promised by Yahweh. Hence, instead of a renewal of the temple, it is sentenced to be destroyed."[136]

Es ist nunmehr die Stunde der Entscheidung gekommen. Wenn Israel – angeleitet von seinen Führern im Jerusalemer Tempel – angesichts der hereinbrechenden Basileia Gottes in Jesu Person und Wirken nun in der letzten ihm gebliebenen Stunde umkehrt, kann die drohende Katastrophe der Vernichtung noch aufgehalten werden. Denn im Falle der Umkehr und der Aufhebung des Räuberhöhlenzustandes im Tempel wird stattdessen die Verheißung aus Jes 56,7 verwirklicht werden. Jesus scheint hier in der Tat die Möglichkeit in Aussicht zu stellen, daß der eschatologische Heilszustand auf dem Zion ohne eine vorausgehende Vernichtung des alten Tempels einkehren kann. Wir können wieder an unsere Überlegungen zum Tempelwort Mk 14,58 auf S. 149f anknüpfen: Das „Abbrechen" des alten Tempels und seine Ersetzung durch das neue, von Gottes Händen gegründete Heiligtum (vgl. Ex 15,17b) *kann unter Umständen* die Form einer Transformation statt einer Zerstörung annehmen. Die dafür erforderliche Voraussetzung ist die Umkehr des Volkes.

Wir haben gesehen, daß der Nachdruck des von Jesus zitierten Satzes aus Jes 56,7b, „mein Haus wird ein Haus des Gebetes für alle Völker genannt werden", auf dem Zuspruch gegenüber den heidnischen Völkern, gleichberechtigt mit den Israeliten bzw. den Juden am Tempelkult teilnehmen zu dürfen, liegt. Liegt auch bei Jesu Aufnahme dieses Prophetenwortes der Schwerpunkt auf der Beteiligung der Völker am Gottesdienst im neuen Tempel auf dem Zion?

Wenn in der Rezeption, die Jes 56,7b in Mk 11,17 zuteilgeworden ist, der Nachdruck wie im Ursprungskontext immer noch auf πᾶσιν τοῖς ἔθνεσιν liegt, würde das Schriftzitat unter Umständen als positive Gegenüberstellung zu dem Vorwurf in V. 17bβ gut passen, so wie ihn BUCHANAN, BARRETT und BORG verstehen (s.o. S. 270ff): Die Zweckbestimmung des Tempels sei es, ein Gotteshaus für alle Völker zu sein, aber die jüdischen Freiheitskämpfer gegen Rom hätten ihn zu einer nationalistischen Burgfeste gemacht[137]. Was aber bei dieser Deutung zu kurz kommt,

---

[134] STUHLMACHER, Theologie I, 84.

[135] STUHLMACHER, Die Stellung Jesu und des Paulus zu Jerusalem, 143.

[136] TAN, Zion and Jesus, 190.

[137] BARRETT, House of Prayer, 16 zufolge paßt die Deutung von λῃστής auf die zelotischen Aufrührer dermaßen gut „as a contrast with πᾶσιν τοῖς ἔθνεσιν that it should certainly be accepted". Mk 11,17 lasse sich demzufolge folgendermaßen paraphrasieren: „God intended this place for international prayer; you have made it a nationalist stronghold" (ebd.). Vgl. BORG, Conflict, 175 und ebenso LOSIE, Cleansing, 291f.

ist die *eschatologische* Ausrichtung von Jes 56,7. Die Weissagung des Propheten wäre durch eine universalistische Tempelreform, die die Zulassung der Heiden nicht mehr auf den äußersten Vorhof beschränken würde, noch längst nicht erfüllt.

Durch seine Aufnahme der Zionstradition (s.o. S. 130–133) schloß Jesus sicherlich auch den Aspekt der Völkerwallfahrt und der Anteilnahme der Heiden am eschatologischen Heil auf dem Zion mit ein (vgl. Lk 13,29 par. Mt 8,11), und darum hat dieser Aspekt der Heilsverheißung in Jes 56,7 bestimmt seine Zustimmung gefunden. ÉTIENNE TROCMÉ betont dies und sieht in Mk 11,17bα Jesu aktualisierende Ansage der Erfüllung der alttestamentlich-frühjüdischen Völkerwallfahrtserwartung. Problematisch an der Deutung TROCMÉs ist allerdings der scharfe traditionsgeschichtliche Bruch, den er zwischen Jesus und der frühesten judenchristlichen Gemeinde einerseits und dem sonstigen Urchristentum, einschließlich der Evangelisten Markus, Matthäus und Lukas, andererseits, postuliert[138]. Ver-

---

[138] Vgl. TROCMÉ, Expulsion, 12. TROCMÉ meint die Auslassung der im Ursprungskontext entscheidenden Worte πᾶσιν τοῖς ἔθνεσιν (bzw. וּלְכָל־הָעַמִּים) in den Parallelen des Mk 11,17 in Mt 21,13 und Lk 19,46 auf den jüdischen Charakter der hier geäußerten eschatologischen Erwartung zurückführen zu können: „Cette universalisation du pèlerinage au Temple pour y sacrifier n'a rien de spécifiquement pagano-chrétien, ni même de proprement chrétien. C'est sans doute ce qui a conduit Matthieu et Luc à supprimer les mots ‚pour toutes les nations‘ qui convenaient trop à l'Eglise et à la prédication missionnaire pour pouvoir s'appliquer au Temple juif" (ebd.). Diese Erklärung der Streichung von πᾶσιν τοῖς ἔθνεσιν bei Mt und Lk ist jedoch bei näherer Betrachtung wenig überzeugend. Wie TROCMÉ zugeben muß, war auch der zweite Evangelist kein Anhänger der Völkerwallfahrt im traditionellen Sinne: „Comme Marc, fort hostile au Temple de Jérusalem, n'aurait eu aucune raison de grandir cette institution en ajoutant ces mots [*sc.* πᾶσιν τοῖς ἔθνεσιν], ceux-ci viennent sûrement de la tradition la plus ancienne, expression d'une Eglise encore tout juive pour laquelle la question de l'accès des païens au salut ne se posait pas encore avec acuité" (ebd.). TROCMÉs auf Mt und Lk angewandte Argumentationsmuster und dieser Logik zufolge müßte aber auch Mk diese „überholten" und seiner Theologie zuwiderlaufenden Worte gestrichen haben. Vgl. noch seine weiteren Ausführungen, a.a.O., 12–15

CECIL ROTH will in seinem Aufsatz „The Cleansing of the Temple and Zechariah xiv 21" sogar Mk 11,16 von der angeblichen Ausrichtung der ganzen Szene auf die Erfüllung der Völkerwallfahrt her erklären. Dies erreicht er durch eine Verbindung zwischen dem von Jesus zitierten Jesajatext und Sach 14 (vgl. a.a.O., 176f), demzufolge z.Z. der eschatologischen Völkerwallfahrt (vgl. Sach 14,16) alle Töpfe in Jerusalem und in Juda dem Herrn geheiligt sein werden, so daß sie alle ohne weiteres für die Zubereitung von Opfermahlen tauglich sind (V. 21a): „In confirmation of this, Mark seems to imply, it was ordered, after the Cleansing of the Temple, that all utensils brought casually into the Temple area should be designated for use in the cultus, as a further token that Messianic times had begun: hence any vessel brought in was not allowed to be taken out again, as the verse states" (177f). ROTHs Konstruktion beruht auf einer Reihe unbeweisbarer und spekulativer Voraussetzungen. Die s.M.n. für Jesus entscheidende Motivation der Tempelaktion, Sach 14,21b, wird nirgends weder von Jesus noch von den Evangelisten explizit in Verbindung mit der Tempelaktion zitiert; einzig das vorjoh Logion Joh 2,16b ist unter Einfluß dieser Stelle gebildet worden (s.o. S. 202–206).

mutlich schätzt KIM HUAT TAN den Befund zutreffender ein, wenn er
meint, Jesus sei zwar den Heiden gegenüber positiv eingestellt, aber der
Nachdruck liege bei seiner Aufnahme von Jes 56,7 auf der Erfüllung der
Zionsweissagungen:

> „It is more arguable that Jesus was more taken up with the fulfilment of the promises
> made to Zion than that he was specially concerned for the Gentiles when those words
> were uttered. The mention of the Gentiles served only as a foil to highlight the crucial
> moment in God's programme which was coming to pass with Jesus' presence in
> Jerusalem."[139]

Jesus stellt also den erneuten Tempel, von dem Jes 56,7 spricht, auf als
positives Gegenüber zu dem alten, zur Räuberhöhle verkommenen Tempel.
Wenn es das unzeitgemäße Beharren auf der alten Kultordnung ist, das die
Angesprochenen in ihrem Verhalten zum Tempel wie Räuber ihrer Höhle
gegenüber erscheinen läßt, ist anzunehmen, daß auch im positiven Pendant
des Jesuswortes das gottesdienstliche Verhalten angesprochen ist. Im
Ursprungskontext eignete, wie wir gesehen haben, der Kennzeichnung des
Tempels als „Haus des Gebetes" keine opferpolemische Spitze, denn dort
steht dieser Ausdruck Seite an Seite mit der Darbringung kultisch
anerkannter Brand- und Schlachtopfer auf Jahwes Altar. Die Brandopfer
sind ein wichtiger Bestandteil des bestehenden Sühnopferkultes (vgl.
S. 391f), und wenn das Zitat aus Jes 56,7b nun im Munde Jesu auf die der
eschatologischen Gottesherrschaft angemessene tempelgottesdienstliche
Alternative zum alten Kult verweisen soll, kann das „Haus des Gebetes"
nicht mehr einfach in harmonisch synonymem Parallelismus zum
„Opferaltar" stehen wie ursprünglich in Jes 56,7a. Die eschatologische
Erfüllung wird notwendigerweise Folgen für die Gestaltung und den Inhalt
des Tempelkultes haben, denn – wie es der Judaist JOHANN MAIER aus-
drückt – „die Endzeitankündigung impliziert einen endgültigen Wandel der
Verhältnisse hin zu dem von Gott endgültig gewollten Zustand"[140]. In der
Basileia Gottes, zu der Jesus einlädt und deren Verwirklichung er in seiner
Person und seinem Wirken herbeibringt, wird es für den alten Sühnopfer-
kult keinen Raum oder kein Bedürfnis mehr geben.

In diesem neuen Kontext bekommt nun tatsächlich die Kennzeichnung des
Tempels als „Haus des Gebetes" theologisches Eigengewicht. Neben der
Hauptfunktion als Stätte des (Sühn-)Opferkultes war der Jerusalemer Tempel
von Anfang an auch ein Ort für Gebet gewesen (vgl. 1Reg 8,22ff, bes.
V. 29f.41–43; 3Makk 2,10 mit 2Makk 10,26; Lk 2,37; 18,10)[141], und Jesus

---

[139] TAN, Zion and Jesus, 191.

[140] MAIER, Konfliktpotential, 174.

[141] Zur Orientierung über die Bedeutung des Gebetes – im Tempelgottesdienst sowie
außerhalb des Tempels – im Frühjudentum s. vor allem J. BLENKINSOPP, The Second
Temple as House of Prayer, in: „Où demeures-tu ?" La maison depuis le monde biblique.

greift nun im Anschluß an ein Schriftwort diese Nebenfunktion auf und stellt sie in den Mittelpunkt als eine bleibende legitime Funktion auch des Gottesdienstes im eschatologischen Tempel auf dem Zion[142].

1.8 Die Reaktion der Hohenpriester und Schriftgelehrten (V. 18)

Wir kommen zu der Reaktion auf Jesu Tempelaktion, von der Mk 11,18 berichtet. Wie bereits oben ausgeführt, ist das „Hören", von dem hier die Rede ist, zeitlich nach den Geschehnissen anzusiedeln, die die vorausgehenden Verse 15–17 geschildert haben (vgl. S. 265f). Es sind die „Hohenpriester" (ἀρχιερεῖς) und die „Schriftgelehrten" (γραμματεῖς), denen Jesu Tat und Wort zu Ohren kommen und die sich daraufhin darüber Gedanken machen, wie sie diesen Jesus umbringen können. Es ist kein Zufall, daß gerade diese beiden Gruppen als die genannt werden, die heftig auf Jesu Auftritt im Tempel reagieren.

Die Sammelbezeichnung οἱ ἀρχιερεῖς steht für die unter Vorsitz *des* Hohenpriesters (sing. ὁ ἀρχιερεύς) leitenden (Ober-)Priester bzw. die aus einigen wenigen Familien bestehende Priesteraristokratie in Jerusalem. Im 1. Jh. n.Chr. lag die Kontrolle über den Tempel in der Hand dieser kleinen Gruppe, die mit Hilfe der politischen Herrscher – d.h. der Herodesfamilie und der römischen Legaten und Präfekte – die zadokidischen und hasmonäischen Priestergeschlechter aus der Führungsposition verdrängt hatte. Natürlich unterstand auch der Markt in der königlichen Säulenhalle direkt dieser Hohenpriesterschaft[143]. Von dieser Machtposition her hatten die Hohenpriester natürlich ein Eigeninteresse an dem reibungslosen

---

En hommage au professeur Guy Couturier à l'occasion de ses soixante-cinq ans, éd. par J.-C. PETIT, Montréal 1994, 109–122. Vgl. auch H.D. BETZ, Jesus, 467f.

[142] Manche Forscher haben, allerdings manchmal ohne den theologischen Zusammenhang voll zu erkennen, immerhin gesehen, daß in dem die Tempelaktion begleitenden Jesuswort der Nachdruck nicht mehr wie im Ursprungskontext in Jes 56 auf πᾶσιν τοῖς ἔθνεσιν, sondern auf der Bestimmung des Tempels als οἶκος προσευχῆς, „Haus des Gebetes", liegt. Vgl. MOHR, Markus- und Johannespassion, 83: „Gegenüber der positiven, im Gewand der Verheissung einhergehenden Wertung des Opferkultes bei Tritojesaja verunmöglicht Jesu Handeln, [sic] in Mk 11,15f nach Mk auch diesen Opferkult; und wenn Jesus im Anschluss daran sagt, der Tempel ‚ein Bethaus heissen soll für alle Völker', dann muss V. 17 auf dieser kultkritischen Linie interpretiert werden. Und das bedeutet, dass dem Tempel als ‚Bethaus' grundsätzlich keine andere Funktion zugebilligt wird als die der Synagogen." S. ferner z.B. ROLOFF, Kerygma, 99: „... man (wird) die Wendung πᾶσιν τοῖς ἔθνεσιν nicht überinterpretieren dürfen. Sie war von Jes. 56,7 her vorgegeben, steht aber in unserem Zusammenhang im Schatten der Antithese: ‚Haus des Gebetes – Räuberhöhle' *und läßt sich nur aus ihr heraus deuten*" (kursiv von ROLOFF; vgl. noch die weiteren Ausführungen a.a.O., 98f). Vgl. auch noch LOHMEYER, Markus, 236; SCHMITHALS, Markus II, 494f; TRAUTMANN, Zeichenhafte Handlungen Jesu, 429 Anm. 42 und LÜHRMANN, Markusevangelium, 193.

[143] Für eine detailliertere Darlegung s. ÅDNA, Jerusalemer Tempel, 91–95.

Funktionieren der Vorgänge auf dem Tempelmarkt, aber ihre negative Reaktion auf Jesu Störaktion braucht gar nicht ausschließlich auf mehr oder weniger zweifelhafte egoistische Motive zurückgeführt zu werden, denn sie waren ebenso von der unbedingten Notwendigkeit der ungestörten und ununterbrochenen Entfaltung des Sühnopferkultes (vgl. dazu den Exkurs S. 387ff) theologisch überzeugt.

In der Einschätzung des Sühnopferkultes als unerläßlicher Bedingung und Grundlage des heilvollen Bestandes Israels vor Gott begegneten sich die Hohenpriester und die neben ihnen in Mk 11,18 erwähnten Schriftgelehrten. Damit ist eine Gruppe gemeint, die parallel zu der in nachexilischer Zeit immer anwachsenden Bedeutung der Tora allmählich an Einfluß und Prestige gewonnen hatte, bis sie im 1. Jh. n.Chr. den Höhepunkt ihrer Macht erreicht hatte. Traditionell waren die Priester Träger und Interpreten der Weisungen Gottes gewesen (vgl. Dtn 33,9b.10a; Ez 44,23f); aber je umfassender und detaillierter die Tora auf die verschiedensten Situationen des Lebens appliziert werden sollte, desto mehr war Expertenwissen gefordert, und deshalb konnte eine eigene Gruppe von *Schriftgelehrten* entstehen, denen in neutestamentlicher Zeit drei Hauptaufgaben zukamen:

> „Die Schriftgelehrten betätigten sich a) als Exegeten, die die Schrift interpretierten und ihre Weisungen für die Gegenwart verbindlich festlegten, b) als Pädagogen, die möglichst vielen Schülern die Auslegungsmethoden der Schrift beizubringen suchten, und c) als Juristen, die in der Funktion von Richtern bei Prozessen das Gesetz praktisch handhabten."[144]

Obwohl die Schriftgelehrten z.Z. Jesu mehrheitlich zu der Partei der Pharisäer und die Hohenpriester dagegen zu der Partei der Sadduzäer gehörten und sie deshalb oft miteinander in Streit lagen[145], ist es allerdings historisch gut vorstellbar, daß sie eine gemeinsame Front gegen Jesus nach seiner Tempelaktion bilden konnten; denn obwohl sie in manchen Einzelfragen des Kultvollzugs unterschiedlicher Meinung waren, hielten sie beide am Sühnecharakter des Opferkultes und seiner Notwendigkeit für die heilvolle Existenz des jüdischen Volkes unbeirrt fest. Nach den synoptischen Evangelien geriet Jesus bereits während seines Wirkens in Galiläa wiederholt mit Schriftgelehrten in Konflikt (vgl. Mk 2,6 par. Mt 9,3; Mk 2,16 par. Lk 5,30; Mk 3,22; 9,11 par. Mt 17,10)[146]; wenn sie

---

[144] BAUMBACH, *Art.* γραμματεύς, 626. Vgl. zur Orientierung SCHÜRER, History II, 322–336.

[145] Das hiermit gezeichnete Bild ist vereinfacht und undifferenziert. Für eine Orientierung über Pharisäer und Sadduzäer und die Verflechtungen dieser „Parteien" mit der (Berufs-)Gruppe der Schriftgelehrten, den Hohenpriestern und den sog. Ältesten (s.u. Anm. 158) vgl. u.a. SCHÜRER, History II, 381–414.

[146] Vgl. BAUMBACH, *Art.* γραμματεύς, 624f.

aber in Jerusalem neben den dortigen Hohenpriestern mit der Absicht, Jesus umzubringen, auftreten (vgl. neben Mk 11,18 Mk 14,1 par. Lk 22,2; Lk 23,10[147]), meinen die Evangelisten speziell diejenigen (führenden) Schriftgelehrten, die dem Hohen Rat (dem Sanhedrin) angehören, wie vor allem aus jenen Stellen deutlich wird, die noch die dritte diesem Gremium angehörige Gruppierung, die sogenannten „Ältesten" nennen (vgl. Mk 11,27 par. Lk 20,1; Mk 14,43.53; 15,1[148])[149]. Obwohl aus der Passionsgeschichte in den Evangelien hervorgeht, daß die Hohenpriester die treibende Kraft in der Bemühung, Jesus unschädlich zu machen, gewesen sind und es keine entsprechende Klarheit über die Rolle gibt, die (die) Schriftgelehrte(n) dabei gespielt haben, ist angesichts der unerhört radikalen Provokation, die Jesu Tempelaktion auch pharisäisch gesinnten Schriftgelehrten gewesen sein muß, Mk 11,18 ungeachtet des redaktionellen Charakters dieses Verses (vgl. S. 226, 231) durchaus glaubhaft als historisch zutreffende Beschreibung der Reaktion seitens der führenden Kreise im Sanhedrin auf dieses Auftreten im Tempel[150].

Hiermit sind nun die grundlegenden exegetischen Beobachtungen zu der Texteinheit Mk 11,15–19 gemacht worden, auf deren Grundlage sich die weiteren Einzelheiten zur historischen Einordnung und Interpretation der Tempelaktion Jesu (vgl. Kap. 6 und 7) ausführen lassen.

---

[147] Hierzu ist auch die erst unter Kenntnisnahme des historischen Verlaufs der Passion Jesu gestaltete Formulierung in der sog. dritten Leidensankündigung Mk 10,33 par. Mt 20,18 zu rechnen (vgl. jedoch den Hinweis auf TAN, Zion and Jesus, 77–79 in Anm. 308 auf S. 414).

[148] Vgl. noch in der sog. ersten Leidensankündigung Mk 8,31 par. Mt 16,21/Lk 9,22.

[149] Für ausführlichere Erläuterungen zum Sanhedrin s.u. Anm. 158 in Verbindung mit der Nennung der dritten Gruppierung, der πρεσβύτεροι, in Mk 11,27. Für das Verhältnis bzw. die Rivalität zwischen Hohenpriestern und Schriftgelehrten innerhalb des Sanhedrins vgl. SCHÜRER, History II, 213: „... the γραμματεῖς, the professional lawyers, ... exercised a considerable influence in the Sanhedrin ... Now since the ἀρχιερεῖς belonged predominantly, if not exclusively, to the party of the Sadducees, and the γραμματεῖς just as predominantly to that of the Pharisees, it follows that Sadducees and Pharisees alike sat in the Sanhedrin ... In practice, the Pharisees exercised considerable influence during this time [sc. in herodianisch-römischer Zeit], and according to Josephus, their demands were met by the Sadducees, albeit unwillingly, because otherwise the people would not have tolerated them." Vgl. noch ebd. Anm. 51: „The link between High Priests and Pharisees so frequently referred to in the New Testament (Mt 21:45; 27:62; Jn. 47:32,45 [sic, korrekt 7:32,45]; 11:47,57; 18:3) corresponds to the actual state of affairs. This is also the case with Josephus" (als Belege nennt SCHÜRER Bell 2,411; Vita 191.197).

[150] Hier können die vielfältigen historischen Probleme des Prozesses Jesu nicht behandelt werden. Vgl. jedoch S. 113–116, 143f, 324–328.

2. Die Frage nach Jesu Vollmacht (Mk 11,27–33)

Mk 11,27–33:
(27) Und sie kommen wieder nach Jerusalem. Und während er im Tempel umhergeht, kommen die Hohenpriester und die Schriftgelehrten und die Ältesten zu ihm. (28) Und sie sagten ihm: „In welcher Vollmacht tust du dieses? Oder wer hat dir diese Vollmacht gegeben, daß du dieses tust?" (29) Jesus aber sprach zu ihnen: „Ich werde euch eine einzige Sache[151] fragen, und wenn ihr mir antwortet[152], werde auch ich euch sagen, in welcher Vollmacht ich dieses tue. (30) Die Taufe des Johannes, war sie vom Himmel oder von Menschen? Antwortet mir!" (31) Und sie überlegten unter sich, indem sie sagten: „Wenn wir sagen: ‚Vom Himmel‘, wird er sagen: ‚Warum habt ihr ihr[153] dann nicht geglaubt?‘ (32) Aber sollen wir sagen: ‚Von Menschen‘?"[154] Sie fürchteten das Volk, denn alle hielten von Johannes, daß er wirklich ein Prophet war[155]. (33) Und sie antworteten Jesus und sagen: „Wir wissen es nicht." Und Jesus sagt ihnen: „Und ich sage euch nicht, in welcher Vollmacht ich dieses tue."

2.1 Eine Delegation des Hohen Rates

Im „Tempel", d.h. wahrscheinlich irgendwo im äußeren Bereich der herodianischen Tempelanlage – vermutlich in einer der u.a. Unterricht dienenden Säulenhallen[156] –, suchen „die Hohenpriester und die Schriftgelehrten und die Ältesten" Jesus auf (V. 27)[157]. Die drei Subjekte

---

[151] Für die Übers. von λόγος hier durch „Sache" s. BAUER, Wörterbuch, 969f (*Art.* λόγος, Punkt 1aε). Mit PESCH, Markusevangelium II, 209 und gegen BDR § 247.2 mit Anm. 5 ist vom Kontext her anzunehmen, daß εἷς hier noch die volle Bedeutung des Zahlwortes innehat, und dementsprechend ist ἕνα λόγον durch „eine *einzige* Sache" wiedergegeben.

[152] Vgl. BDR § 387.2.

[153] Das Dativobjekt des πιστεύειν, αὐτῷ (Maskulinum oder Neutrum), ist von der Frage in V. 30 her, eher auf die *Taufe* (τὸ βάπτισμα, Neutrum) als auf die *Person* des Johannes (Maskulinum) zu beziehen, obwohl überwiegend eine Person als Dativobjekt des πιστεύειν (im NT steht πιστεύειν 39mal mit Dativobjekt) erscheint (vgl. HOFFMANN/VON SIEBENTHAL, Grammatik, § 174b). S.u. S. 295f zur weiteren exegetischen Begründung dieser Übers.

[154] Es ist zwar naheliegend, εἴπωμεν hier analog zum vorausgehenden εἴπωμεν in V. 31 aufzufassen, aber weil Mk im Gegensatz zu den Parallelen Mt 21,26; Lk 20,6 weder die konditionale Konjunktion ἐάν wiederholt noch im folgenden die direkte in der 1. Person plur. gehaltene Überlegung der auftretenden Jesusgegner beibehält, sondern zum Bericht des Evangelisten in der 3. Person wechselt, ist εἴπωμεν hier mit ERNST, Markus, 335 und PESCH, Markusevangelium II, 209 am ehesten als deliberativer Konjunktiv aufzufassen (vgl. HOFFMANN/VON SIEBENTHAL, Grammatik, § 210d).

[155] ἔχειν τινὰ ὅτι = „von jemand halten, daß ..." (vgl. BDR § 397 Anm. 5; BAUER, Wörterbuch, 673 [*Art.* ἔχω, Punkt I.5]).

[156] Vgl. ÅDNA, Jerusalemer Tempel, 55f.

[157] Für den Erweis, daß V. 27a und aus V. 27b die Umstandsangabe „während er im Tempel umherging" wahrscheinlich redaktionell sind, vgl. S. 236 mit Anm. 293. Auch bei der Ausscheidung von ἐν τῷ ἱερῷ περιπατοῦντος αὐτοῦ steht τὸ ἱερόν als Ort der Begegnung fest, denn die Bestimmung von V. 27a samt der Umstandsangabe in V. 27b als Redaktion impliziert, daß in der vormk Überlieferung V. 27b*.28ff direkt auf die

benennen die drei „Fraktionen" des Sanhedrins, des Hohen Rates[158]. Die
Aussage kann zwar so aufgefaßt werden, daß der ganze Sanhedrin mit
seinen 71 Mitgliedern auf den Plan tritt, aber der (urchristliche) Erzähler
bzw. Mk wird eher „an eine Abordnung der Behörde – nicht einen Auftritt
des gesamten Hohen Rates – gedacht haben"[159]. Jedenfalls ist letzteres das
historisch Wahrscheinlichere.

2.2 Jesu Vollmacht

Anlaß dieses Auftretens einer repräsentativen Delegation der höchsten
jüdischen Behörde ist Jesu einmalige Inanspruchnahme oder Anmaßung
von eigener Kompetenz, indem er etwas Unerhörtes unternommen hat, wie
wir ihrer Doppelfrage an ihn in V. 28 nach der *Art* (ἐν ποίᾳ ἐξουσίᾳ ταῦτα
ποιεῖς;) und der *Herkunft* (ἢ τίς σοι ἔδωκεν τὴν ἐξουσίαν ταύτην ἵνα
ταῦτα ποιῇς;) der in diesem Handeln zutage tretenden *exousia* entnehmen
können. Die Annahme, daß das hier durch das Demonstrativpronomen
ταῦτα umschriebene bzw. bezeichnete Handeln nichts anderes als seine in
Mk 11,15ff geschilderte Tempelaktion ist, ist in dem sich mit der
literarkritischen und überlieferungsgeschichtlichen Analyse befassenden

---

bereits im „Tempel" ausgetragene Szene Mk 11,15b–17 gefolgt sind (vgl. S. 231ff). In
diesem Fall ist wahrscheinlich nicht einfach irgendeine der vier äußeren Säulenhallen des
herodianischen Tempels, sondern die königliche Säulenhalle im Süden als Ort auch für
das Gespräch Mk 11,28ff zu denken. Vgl. die Ausführungen oben S. 243–247 zum
Terminus τὸ ἱερόν.

[158] Vom NT und Josephus wissen wir, daß der vermutlich 71 Mitglieder umfassende
(vgl. mSan 1,5.6; 2,4; mShevu 2,2) Sanhedrin (hebräisch: סַנְהֶדְרִין; griech.: τὸ συνέδριον)
in herodianisch-römischer Zeit aus drei Gruppierungen zusammengesetzt war. Neben
Mk 11,27 par. Lk 20,1 werden sie noch in Mk 8,31 par.; 14,43.53; 15,1; Mt 27,41
ἀρχιερεῖς, γραμματεῖς und πρεσβύτεροι genannt. Vgl. zu den beiden ersten Gruppen die
Ausführungen oben S. 287–289. Daß Bell 2,411 dieselben Gruppierungen – nur in
anderer Reihenfolge – meint, ist klar: „Nun traten die einflußreichsten Bürger (οἱ
δυνατοί) mit den Hohenpriestern (οἱ ἀρχιερεῖς) und den bedeutenden Pharisäern (οἱ τῶν
Φαρισαίων γνώριμοι) zusammen ..." (Übers. von MICHEL/BAUERNFEIND, De bello
Judaico I, 265). Die Ältesten, οἱ πρεσβύτεροι, bezeichnen die Familienhäupter der
aristokratischen Familien in (Judäa und) Jerusalem, aus deren Reihen als Standes-
vertretung eine gewisse Zahl Sitz und Stimme im Sanhedrin hatte. Vgl. hierzu JEREMIAS,
Jerusalem, 252–264, bes. 252–257. Über die Geschichte, die Zusammensetzung und
Kompetenzen des Sanhedrins vgl. vor allem SCHÜRER, History II, 199–226. Seit des
Regierungsantritts des Archälaus im Jahre 4 v.Chr. „the competence of the Sanhedrin
was undoubtedly ... restricted to Judaea proper ... The same state of affairs prevailed
under the Roman governors. However, during their administration the country's internal
affairs were handled by the Sanhedrin to a greater extent than under Herod and
Archelaus" (a.a.O., 206). Viele weitere Belege für die im Sanhedrin vertretenen
Gruppierungen sind a.a.O., 212 Anm. 43–46 aufgeführt.

[159] GNILKA, Markus II, 138. Vgl. auch PESCH, Markusevangelium II, 210. Anders
LOHMEYER, Markus, 240f.

Kapitel 4 bereits begründet worden (vgl. S. 231ff). Wenn diese Identifizierung des Bezugspunktes von ταῦτα stimmt, fragen die Vertreter des
Sanhedrins folglich danach, mit welcher und wessen ἐξουσία Jesus die
Tätigkeit der Geldwechsler und Taubenverkäufer gewaltsam verhindert
und das Tragen von Gefäßen vom Tempelmarkt in der königlichen
Säulenhalle zu den inneren Teilen des Tempelkomplexes unterbunden hat.
Ein derartiges Auftreten ist, auch wenn es keine dauerhafte Unterbrechung
des Tempelmarktbetriebes bewirkte, in der Tat angesichts der hohenpriesterlichen Verfügungsgewalt über den Tempelmarkt und der theologischen Bedeutung des durch diese Aktion auch indirekt angetasteten
Sühnopferkultes eine so große Provokation, daß eine Reaktion darauf
seitens des Sanhedrins nicht verwunderlich ist.

Zum Verständnis der Perikope müssen wir zuerst die Bedeutung des
insgesamt viermal vorkommenden Begriffs ἐξουσία (V. 28[*bis*].29.33)
klären.

Die Musterung der mehr als 100 Belege im Neuen Testament offenbart „ein weites
Bedeutungsfeld, ... dessen Nuancen nicht immer exakt zu ermitteln und
wiederzugeben sind; vor allem der Übergang zwischen den drei ... Bedeutungen:
1. *Freiheit, Recht*; 2. *Fähigkeit, Macht*; 3. *Autorität, Vollmacht* ist fließend, da Recht
und Vollmacht ineinander übergehen können und die Vollmacht die Macht/Fähigkeit
voraussetzt ... und insofern erstere die letztere mitumfaßt"[160]. In der (synoptischen)
Jesusüberlieferung wird die Frage nach der *exousia* sonst vor allem angesichts des
Lehrens und der *Sündenvergebung* Jesu laut. Zwar ist Mt 7,29, „denn er lehrte sie wie
einer, der *exousia* hat (ὡς ἐξουσίαν ἔχων), und nicht wie ihre Schriftgelehrten",
Bestandteil des mt Abschlusses der (mt) Bergpredigt (Mt 5,1–7,29), aber diese
Kennzeichnung seines Lehrens in Gegenüberstellung und unter Abgrenzung von der
Lehre der Schriftgelehrten (vgl. S. 288 mit Anm. 144) dürfte nichtsdestoweniger
historisch und sachlich zutreffend für etwa die als authentisch anzusehenden sog.
Antithesen (Mt 5,21–48) sein, wenn Jesus darin der alten Sinaioffenbarung („ihr habt
gehört, daß den Alten gesagt worden ist") sein „Ich aber sage euch" (ἐγὼ δὲ λέγω
ὑμῖν) gegenüberstellt[161] (vgl. auch Mk 1,22.27 par. Lk 4,32.36). Nicht weniger

---

[160] I. BROER, *Art.* ἐξουσία, EWNT II, ²1992, (23–29) 24f (kursiv von BROER). Die
Zählung von Bedeutungen bezieht sich auf BAUER, Wörterbuch, 562–564. (BROER hat
sich noch auf die 5. Aufl. des BAUERschen Wörterbuches von 1958 bezogen, in dem der
Art. ἐξουσία mit identischer Gliederung von Bedeutungen wie in der 6. Aufl. in den
Sp. 550–552 zu finden ist.) Zu ἐξουσία bezogen auf Jesu Person und Werk s. BROER,
a.a.O., 25f und W. FOERSTER, *Art.* ἐξουσία, ThWNT II, 1935, (559–571) 565f.

[161] Auf die vielfachen historischen und exegetischen Probleme in Verbindung mit den
Antithesen kann hier natürlich nicht eingegangen werden. Für Mt 7,29 als eine
zutreffende Charakterisierung des in den Antithesen sich ausdrückenden Lehranspruches
Jesu s. LUZ, Matthäus I, 247–249, 416 und STUHLMACHER, Theologie I, 81, 102–104.
Durch die explizite Einfügung von Jesu Lehren in der Einleitung der Vollmachtsperikope
in Mt 21,23a und Lk 20,1 beziehen Mt und Lk auch in ihren Parallelen zu Mk 11,28 –
d.h. in Mt 21,23b und Lk 20,2 – die Frage nach der *exousia* Jesu auf seine Lehre (vgl.
hierzu S. 232 Anm. 277).

aufsehenerregend ist Jesu Zuspruch der Sündenvergebung (vgl. Mk 2,5 par. Mt 9,2b/Lk 5,20; Lk 7,48), die seitens der jüdischen Schriftgelehrten als Anmaßung von einem Gott allein zustehenden Recht beurteilt wird (vgl. Mk 2,6f par. Mt 9,3/Lk 5,21[; Lk 7,49]), die Jesus aber mit dem Spruch rechtfertigt: „Der Menschensohn hat *exousia*, auf Erden Sünden zu vergeben" (Mk 2,10 par. Mt 9,6/Lk 5,24)[162]. In der Erzählung Mk 2,1–12 par., der die eben angeführten Belege entnommen sind, kommt der enge Zusammenhang von *Macht* gleich Fähigkeit und *Vollmacht* im Begriff ἐξουσία dadurch schön zum Vorschein, daß Jesus seine *exousia*, die Sünden zu vergeben, durch ein heilendes *Macht*wort unter Beweis stellt (vgl. Mk 2,9–11 par. Mt 9,5f/Lk 5,23f[163]). Trotzdem ist der vorherrschende Aspekt der der *Autorität* oder *Befugnis*, wenn die Frage nach ἐξουσία in Verbindung mit der Inanspruchnahme einer nur Gott zustehenden Prärogative (Sündenvergebung) oder der Außerkraftsetzung (bzw. z.T. Radikalisierung und Überbietung) göttlicher Offenbarung (Jesu Lehre) auftritt.

In der Doppelfrage in Mk 11,28 geht es deutlich um die *Vollmacht* Jesu, so im Tempel zu handeln, wie es Mk 11,15–17 berichtet. Aufgrund welcher *Autorität* handelt er derart eigenmächtig, und wer hat ihn *bevollmächtigt, autorisiert*, den Tempelbetrieb in dieser Weise gewaltsam zu unterbrechen? Der Sanhedrin unter dem Vorsitz der Hohenpriester ist überzeugt, daß der Tempelbetrieb mit dem nicht zu unterbrechenden Sühnopferkult als seiner wichtigsten Funktion von Gott eingesetzt und gewollt ist, und darum ist es in seinen Augen eine sehr ernste Angelegenheit, wenn jemand dagegen eingreift. Für ein derartiges Auftreten bedarf es einer von Gott gewährten Legitimation, etwa prophetischer oder königlich-messianischer Art wie bei den von den Sanhedristen bekannten früheren Fällen von tempelreformatorischen und tempelkritischen Auftritten und Maßnahmen z.B. eines Josia, Jeremia oder Judas Makkabäus. *Vollmacht* ist deshalb durch und durch die sachgemäße deutsche Wiedergabe von ἐξουσία in Mk 11,28 (und in V. 29.33 samt den synoptischen Parallelen), die denjenigen Aspekt des weiten Bedeutungsfeldes dieses Begriffs herauszustellen vermag, auf den es hier ankommt[164].

2.3 Die Taufe des Johannes

Jesus antwortet nicht sofort. Stattdessen entgegnet er der Vollmachtsfrage der Sanhedristen mit einer Gegenfrage und macht seine Antwort von deren

---

[162] S. S. 145 und bes. den dort in Anm. 185 erwähnten Aufsatz von O. HOFIUS.

[163] Mk 2,9–11: „(9) Was ist leichter, dem Gelähmten zu sagen, deine Sünden sind vergeben, oder zu sagen, stehe auf und nimm dein Bett und gehe umher? (10) Damit ihr aber seht, daß der Menschensohn *exousia* hat, auf Erden Sünden zu vergeben – spricht er zum Gelähmten: (11) Dir sage ich: Stehe auf, nimm dein Bett und gehe in dein Haus!" (bis auf das unübersetzte *exousia* Übers. nach GNILKA, Markus I, 95).

[164] Dieses Ergebnis ist weder überraschend noch originell. Als Bezeichnung für die Perikope Mk 11,27–33 par. hat sich längst „die Frage nach Jesu Vollmacht" bzw. einfach „Vollmachtsperikope" eingebürgert.

Beantwortung seiner Frage abhängig (Mk 11,29). Daß er beim Gegenstoß alles auf *eine* bestimmte Sache (εἰς λόγος, vgl. Anm. 151) setzt, muß einen tieferen Grund haben als bloß eine geschickte strategische Überlegung, wie er die Gegner in Verlegenheit versetzen und sich aus einer prekären Situation retten könne (vgl. V. 31–33). Die eine Sache will er in das Gespräch einführen, weil sie ihm besonders wichtig ist: „Die Taufe des Johannes, war sie vom Himmel oder von Menschen? Antwortet mir!" (V. 30).

Obwohl es letztlich zu keiner Aussage Jesu über die Art der von ihm (bei der Tempelaktion) in Anspruch genommenen Vollmacht kommt (vgl. V. 33b), weil sich die Sanhedristen vor einer Antwort auf seine Gegenfrage drücken (vgl. V. 31–33a), impliziert bereits seine Gegenfrage, daß seine Vollmacht in irgendeiner Weise mit Johannes dem Täufer und seinem Wirken in Verbindung steht[165]. Trotz der Tendenz in der urchristlichen Überlieferung, die Eigenständigkeit des Johannes zu verringern und ihn bloß als einen auf Jesus ausgerichteten Vorboten darzustellen[166], schimmert Jesu bestimmt authentische Hochschätzung gegenüber Johannes noch deutlich durch: „Wahrlich, ich sage euch: Unter allen von Frauen Geborenen hat es keinen Größeren als Johannes den Täufer gegeben" (Mt 11,11a; vgl. Lk 7,28a)[167]. Gerade daß die Berufung auf den Täufer in V. 30 ebenso der Tendenz, Johannes Jesus unterzuordnen, zuwiderläuft, wird von manchen als ein starkes Indiz für die Authentizität dieses Jesuswortes angesehen[168]. RUDOLF BULTMANN[169] expliziert den in der Gegenfrage Jesu enthaltenen Anspruch folgendermaßen: „Wie der Täufer seine ἐξουσία von Gott und nicht von Menschen hatte, so auch ich!" Entspricht dieser analogen Ausrüstung mit göttlicher Vollmacht auch eine inhaltliche Korrespondenz im Auftrag des Täufers und Jesu? Bei der Suche nach einer Antwort auf diese Frage werden wir auf die gemeinsame eschatologische Ausrichtung ihres Wirkens auf das

---

[165] Für eine Darlegung von Person und Wirken Johannes' des Täufers vgl. z.B. BORNKAMM, Jesus, 41–45 und STUHLMACHER, Theologie I, 58–63.

[166] Diese Tendenz ist im vierten Evangelium besonders deutlich (vgl. Joh 1,6–8.15.19–28; 3,25–36 [V. 30: „Jener (*sc.* Jesus) muß wachsen, ich (*sc.* Johannes) aber muß abnehmen"]) und spiegelt bestimmt eine Rivalität zwischen Johannesanhängern und Jesusjüngern bzw. frühen Christen wider (vgl. auch Lk 5,33; 11,1; Act 18,25f; 19,1–7).

[167] Für eine Erörterung von Jesu Haltung zum Täufer vgl. z.B. BORNKAMM, a.a.O., 45f und JEREMIAS, Theologie, 53f.

[168] Vgl. ROLOFF, Kerygma, 95; GRUNDMANN, Markus, 316; PESCH, Markusevangelium II, 212. Die Umschreibung des Gottesnamens mit (ὁ) οὐρανός in V. 30 (und 31) ist ein Semitismus und somit noch ein mögliches Zeichen frühen Ursprungs. Hierzu und zu weiteren vermutlichen Semitismen in der Perikope vgl. GNILKA, Markus II, 137 Anm. 7.

[169] BULTMANN, Geschichte, 18.

Israel, angesichts der unmittelbar bevorstehenden bzw. bereits hereinbrechenden Herrschaft Gottes, drohende Gericht gewiesen, und der Evangelist Matthäus ist insofern im Recht, wenn er die Verkündigung der beiden mit denselben Worten zusammenfaßt: „Kehrt um! Denn die Herrschaft der Himmel ist nahe" (Mt 3,2 [über Johannes]; 4,17 [über Jesus][170]). Nach Johannes liegt die Axt, die das Gericht an Israel vollziehen soll, bereits an der Wurzel der Bäume bereit; nur Frucht der Umkehr – gar kein Pochen auf die Zugehörigkeit zum erwählten Gottesvolk – kann vor dem Gericht retten (vgl. Mt 3,7–10 par. Lk 3,7–9). Jesus stimmt mit Johannes in dieser Sicht der Situation Israels überein; nach ihrer gemeinsamen „‚anthropologischen' Prämisse ... (ist) Israel – so, wie es sich vorfindet – vom Gericht Gottes bedroht"[171]. Es liegt von hierher nahe, die Tempelaktion als einen Umkehrruf zu verstehen, der von genau derselben göttlichen Vollmacht wie früher das Wirken des Johannes getragen ist.

Bei den bisherigen Ausführungen zu Mk 11,30 haben wir im Gefolge von RUDOLF BULTMANNS Rekonstruktion der in diesem Vers impliziten Antwort Jesu auf die Vollmachtsfrage der Sanhedristen von der Entsprechung zwischen Johannes dem Täufer und Jesus in ihrer von Gott autorisierten Sendung gesprochen. Dabei ist jedoch nicht genügend berücksichtigt worden, daß Jesus in V. 30 nach der *Taufe* und nicht der Person des Johannes fragt: „Die Taufe des Johannes, war sie vom Himmel oder von Menschen?" Er fragt „nicht nach einer persönlich verliehenen Vollmacht des Täufers, sondern dem gottgegebenen Ursprung der Taufe"[172]. Zwar ist die Taufe des Johannes (vgl. Mk 1,4f; Mt 3,5f.7; Lk 3,3.7; 7,29f) nicht ohne ihn als den Täufer zu denken[173], aber es geht

---

[170] Nur die letztere Stelle hat eine synopt. Parallele in Mk 1,15; vgl. auch Lk 10,9; Mt 10,7. Trotz der gleichlautenden Zusammenfassung der Botschaft unterscheidet Mt natürlich auch zwischen den beiden: Johannes ist nur der Wegbereiter von Jes 40,3 (Mt 3,3), während in Jesu Verkündigung die Verheißung von Jes 8,23–9,1 ihre Erfüllung findet (Mt 4,14–16). Vgl. BORNKAMM, Jesus, 47.

[171] MERKLEIN, Botschaft, 34. Für eine Darlegung der Gerichtspredigt des Johannes s. a.a.O., 28–33, und für „die Übereinstimmung Jesu mit Johannes in der ‚anthropologischen' Prämisse seiner Verkündigung" s. a.a.O., 33–36 (in Anführungszeichen die Überschrift dieses Abschnittes, a.a.O., 33). Zur übereinstimmenden Gerichtspredigt vgl. noch JEREMIAS, Theologie, 55.

[172] LOHMEYER, Markus, 242 Anm. 3.

[173] Nicht nur das NT (für Belege vgl. BARTH, Taufe, 34 Anm. 65), sondern auch Josephus nennt Johannes „den Täufer" (vgl. Ant 18,116: Ἰωάννης ὁ ἐπικαλούμενος βαπτιστής). Dies ist ein weiteres Zeugnis dafür, daß die Tauftätigkeit das geradezu Typische seines Wirkens darstellte. Ohne religionsgeschichtliche Vorgabe sind die *Einmaligkeit* und das passive *Untergetauchtwerden* des Täuflings durch den Täufer. Vgl. zur Johannestaufe vor allem BARTH, a.a.O., 23–36, aber auch die entsprechenden Abschnitte aus den in Anm. 165 und 171 genannten Darlegungen: BORNKAMM, a.a.O.,

Jesus nicht darum, einen Johannes analogen Status zuerkannt zu bekommen[174], sondern gezielt um dessen Taufe, der sich auch Jesus am Anfang seines Wirkens unterzogen hatte (vgl. Mk 1,9–11 par. Lk 3,21f / Mt 3,13–17). „Also ist die Johannes-Taufe nicht ein analoges Beispiel, sondern der *sachliche Grund* der Vollmacht Jesu."[175] Worin besteht aber der Bezugspunkt zwischen der an Jesus selbst vollzogenen Johannestaufe (als Grund seiner Vollmacht) und seiner provozierenden Tempelaktion (als Folge seiner Vollmacht)? Hier ist nicht nur zu bedenken, daß die Taufe durch Johannes offensichtlich eine grundlegende Bedeutung für Jesu Verständnis seiner Sendung gehabt hat[176], sondern im besonderen, daß der Johannestaufe der Charakter einer „Taufe der Umkehr zur Vergebung der Sünden" (βάπτισμα μετανοίας εἰς ἄφεσιν ἁμαρτιῶν) eignete (vgl. Mk 1,4 / Lk 3,3). Wie GERHARD BARTH zu Recht aus der Eigenständigkeit der Johannestaufe gegenüber allen der kultischen Reinheit dienenden Tauchbädern folgert, ist die Sündenvergebung nicht bloß Folge der Umkehr, sondern sie bezieht sich auf den sakramental verstandenen Taufritus:

> „Der Täufling tauft sich nicht selbst, sondern er wird getauft ... Wohl zeigt sich seine Umkehr darin, daß er zur Taufe kommt. Aber die Taufe selbst ist nicht Ausdruck seiner Umkehr oder seines Bekenntnisses, sondern ist Ausdruck eines Geschehens, das ihm passiv widerfährt, das ihm zugeeignet wird. Dies ist nach Mk 1,4 die Vergebung der Sünden."[177]

42f; MERKLEIN, a.a.O., 31f und STUHLMACHER, a.a.O., 62f.

[174] Gegen ERNST, Markus, 337 und PESCH, Markusevangelium II, 211, die meinen, daß Jesus Anerkennung als Prophet auf der Linie von Johannes sucht. Der oben S. 294 zitierte Spruch Jesu aus Mt 11,11 / Lk 7,28 über Johannes fährt fort: „Aber der Kleinste in der Basileia Gottes ist größer als er" (Lk 7,28b, vgl. Mt 11,11b). Die Hochachtung vor dem Täufer hat folglich Jesus nicht daran gehindert, einen Johannes qualitativ weit überbietenden Anspruch zu erheben, der in der in seinem Wirken bereits vorhandenden heilsamen Gegenwart der Gottesherrschaft bzw. des Gottesreiches gründet. Vgl. JEREMIAS, a.a.O., 56.

[175] LOHMEYER, Markus, 242 Anm. 3 (kursiv von mir). Von hierher ist auch αὐτῷ in V. 31 auf die Taufe zu beziehen (s.o. Anm. 153), vgl. LOHMEYERs Übers., a.a.O., 240 und seine Ausführungen a.a.O., 242 Anm. 5. Obwohl GRUNDMANN, Markus, 317f unter ausdrücklicher Berufung auf LOHMEYER (318 Anm. 51) die Formulierung, die Taufe des Täufers sei Grund der Vollmacht Jesu, aufnimmt (317), bezieht er in der Übers. von V. 31 αὐτῷ auf den Täufer, nicht auf die Taufe: „warum habt ihr *ihm* denn nicht geglaubt?" (316 [kursiv von mir]).

[176] Für die Taufe und die darauffolgende sog. „Versuchung" (vgl. Mk 1,12f par.) als grundlegend und wegweisend für Jesu öffentliches Wirken vgl. STUHLMACHER, Jesus von Nazareth als Christus des Glaubens, 27f; DERS., Theologie I, 63–66. Vgl. auch JEREMIAS, a.a.O., 56–62. (Zur Korrektur von JEREMIAS' Beschreibung der Johannestaufe als einer Selbsttaufe des Täuflings mit Johannes nur in der Rolle eines Zeugen, a.a.O., 58, s. BARTH, Taufe, 27, 34f.)

[177] BARTH, a.a.O., 36. Vgl. noch a.a.O., 34–36, bes. die Auseinandersetzung in

Für die spätere (ur)christliche Tradition stellte es zwar ein empfindliches Problem dar, daß Jesus – der sündlose Herr und Gottessohn (vgl. Mk 1,1) – sich dieser Sündenvergebung gewährenden Taufe unterzogen hatte[178], aber gerade die dieses Problembewußtsein widerspiegelnde Einfügung in die mt Fassung des Berichtes über Jesu Taufe in Mt 3,14f dürfte helfen, dem Bezugspunkt zwischen der Johannestaufe und der Tempelaktion Jesu, um den es Mk 11,30 geht, auf die Spur zu kommen:

> Mt 3,14f:
> (14) Johannes aber versuchte ihn zu hindern und sprach: „Ich habe es nötig, mich von dir taufen zu lassen, und du kommst zu mir?" (15) Jesus aber antwortete und sprach zu ihm: „Laß jetzt; so ziemt es sich nämlich für uns, alle Gerechtigkeit zu erfüllen." Da ließ er ihn.[179]

Die urchristliche Reflexion bringt durch die Verweigerung des Täufers zum Ausdruck, daß Jesus im Unterschied zu allen anderen der „Taufe der Umkehr zur Vergebung der Sünden" nicht bedurfte, sondern sich ihr aus einem anderen Grunde unterzog, nämlich um „alle Gerechtigkeit zu erfüllen" (πληρῶσαι πᾶσαν δικαιοσύνην). Obwohl ich dazu neige, in dem mt Gerechtigkeitsbegriff viel stärker als in der Literatur üblich den Aspekt der Heilsgabe Gottes zu sehen[180], kommt es mir in diesem Zusammenhang nicht so sehr auf die richtige Auslegung dieser mt Sätze an als vielmehr auf ihre funktionale Entsprechung zu Jesu Situation angesichts der ihm drohenden Lebensgefahr, die in der Konfrontation mit den Sanhedristen zweifelsohne vorhanden ist (vgl. S. 412–419): So wie aus der nachösterlichen Perspektive des Mt, die im stellvertretenden Sühnetod Jesu den Grund der Sündenvergebung erkennt (vgl. Mt 20,28; 26,28[181]), der Sinn der Beteiligung Jesu an der bußfertigen Sündern gewährten Johannestaufe nicht sein eigenes Bedürfnis der Sündenvergebung, sondern allein seine auf den eigenen Sühnetod hin angelegte *Identifizierung mit den Sündern*

Anm. 67 mit GNILKA, Markus I, 45. Nach MERKLEIN, Botschaft, 31 muß die Forderung des Johannes vom Bringen einer „würdigen Frucht" (vgl. Mt 3,8 / Lk 3,8) identisch mit dem Empfang der Taufe sein, woraus er folgert: „Die Johannestaufe ist also nicht nur ein ‚Zeichen' der Umkehr, sondern selbst wirksame Kraft, die den Getauften aus dem Unheilszusammenhang des vorfindlichen Israel herausreißt" (a.a.O., 32).

[178] Vgl. BARTH, a.a.O., 17–23.

[179] Übers. von LUZ, Matthäus I, 150.

[180] Abzulehnen ist LUZ, a.a.O., 154f, 209–211, der in δικαιοσύνη bei Mt (neben 3,15 noch 5,6.10.20, 6,1.33; 21,32) nur ein menschliches Verhalten sieht. Für eine differenziertere Sicht, die in der δικαιοσύνη bei Mt nicht nur die „Forderung Gottes an die Menschen", sondern auch den „Ausdruck des Heiles Gottes" sieht, vgl. K. KERTELGE, *Art.* δικαιοσύνη, EWNT I, ²1992, (784–796) 792–794 (die in Anführungszeichen gesetzten Zitate sind Sp. 793 entnommen) und P. STUHLMACHER, Gerechtigkeit Gottes bei Paulus, FRLANT 87, Göttingen ²1966, 188–191.

[181] Vgl. die mt Hinzufügung von ἄφεσιν ἁμαρτιῶν zum Weinwort 26, 28.

sein kann[182], mag Jesus am Ende seines Weges rückblickend in seinem ihm am Anfang des Weges zuteilgewordenen βάπτισμα μετανοίας εἰς ἄφεσιν ἁμαρτιῶν die Messiasbeauftragung und die Weihung zum stellvertretenden Tod für die verlorenen Sünder gesehen haben.

Die beiden einzigen Logien, in denen Jesus von seiner Taufe redet, Mk 10,38 und Lk 12,50, scheinen dies zu bestätigen, indem sie die Taufe mit seinem Todesgeschick gleichsetzen. Mk 10,38bβ ist der Bezug auf den Jesus gewaltsam zugefügten Tod sowohl vom Kontext der Martyriums-bereitschaft seiner Nachfolger (vgl. Mk 10,35–40) als auch von der Parallele des Leidensbechers V. 38bα her eindeutig: Den Zebedäussöhnen, die um die Ehrenplätze zur Rechten und Linken Jesu in seiner Herrlichkeit gebeten haben, sagt Jesus: „Ihr wißt nicht, worum ihr bittet. Könnt ihr den Becher trinken, den ich trinke, oder mit der Taufe, mit der ich getauft werde, getauft werden?"[183]. In Lk 12,50 liegt sogar eine zusätzliche Verbindung zwischen Jesu Todestaufe und der Ankündigung Johannes' des Täufers von dem ihm nachfolgenden Weltenrichter dadurch vor, daß die Verwirklichung der Todestaufe zur Voraussetzung für eben jenes Werfen des (Gerichts-)Feuers (Lk 12,49) gemacht wird, das Lk 3,16 par. Mt 3,11 zufolge den Stärkeren, der Johannes folgen wird, im Vergleich zu ihm auszeichnen wird[184].

---

[182] Vgl. SCHLATTER, Matthäus, 89 zu Mt 3,15: „Er [*sc.* Jesus] gesellt sich zu den Sündern und tritt in die Reihe der Verschuldeten, nicht um für sich selbst die Rettung zu finden, nicht wegen eigener Verschuldung auf der Flucht vor dem kommenden Zorn, sondern weil er eins mit der Gemeinde und der Träger der göttlichen Gnade ist und der göttlichen Barmherzigkeit dient." Da Mt im Unterschied zu Mk und Lk die Taufe des Johannes nicht durch den Ausdruck (μετανοίας) εἰς ἄφεσιν ἁμαρτιῶν (Mk 1,4/Lk 3,3) qualifiziert und überhaupt nur im Weinwort 26,28 von ἄφεσις ἁμαρτιῶν spricht, ist es kaum berechtigt einen typologischen Zusammenhang zwischen Jesu Taufe und Tod als *spezifisch matthäisch* zu behaupten. Nichtsdestoweniger führt die Zusammenschau von der Mk 1,4 par. historisch bestimmt zutreffenden Festhaltung des sakramental sünden-vergebenden Charakters der Johannestaufe (s.o. S. 296 mit Anm. 177) und dem urchristlich allgemeinen Bekenntnis zum von der / den Sünde(n) rettenden Heilscharakter des Todes Jesu notwendig zu der Sicht, daß Jesu Taufe als Identifizierung mit den Sündern zu sehen ist.

[183] Zum Becher als Gerichtsmetapher vgl. L. GOPPELT, *Art.* ποτήριον, ThWNT VI, 1959, (148–158) 149–152 und PESCH, Markusevangelium II, 156f. Von der parallelen Taufmetapher gilt vermutlich, daß sie auf „jenen alttestamentlichen Aussagen auf(baut), die Leiden, Verfolgung und Ungemach mit einer Wasserflut vergleichen, in der der Mensch unterzugehen droht" (GNILKA, Markus II, 102), wie z.B. 2Sam 22,5; Ps 42,8; 69,2f.15f.

[184] Zu der von Johannes angekündigten Richtergestalt und Jesu Identifizierung mit ihr s.o. S. 141. Für die Analyse von Lk 12,49–50 und die Verbindung zu Lk 3,16 par. s. MARSHALL, Luke, 545–548. Zum Ganzen des oben dargelegten Verständnisses von Jesu Taufe durch Johannes vgl. O. CULLMANN, Die Tauflehre des Neuen Testaments. Erwachsenen- und Kindertaufe, Zürich 1948, 13–17, dessen Ausführungen (vgl. auch

Das Auftreten der Delegation des Hohen Rates mit der Frage an Jesus nach seiner Vollmacht und der Verlauf der Ausfragung offenbaren, daß die Tempelaktion als eine letzte zugespitzte Herausforderung bei den Hohenpriestern und den anderen Führern des Volkes eine Umkehr nicht herbeigeführt hat. Als Messias und Sohn Gottes weiß sich Jesus berufen, das eschatologische Heil für Israel und die Völker heraufzuführen. Angesichts des Ungehorsams und des Beharrens auf der alten Kultordnung verlagert sich der Schwerpunkt in seinem messianischen Wirken auf dem Zion auf seine Bereitschaft zum stellvertretenden Leiden und Opfertod hin (s. dazu die ausführliche Darlegung S. 416ff). In diesem Kontext weist er nun auf die ihm zuteilgewordene Taufe des Johannes als Legitimierung seiner Herausforderung des Sühnopferkultes, zu dem er in Konkurrenz getreten ist. Die Taufe durch Johannes ist in ihrer Eigenschaft als Jesu Identifizierung mit den Sündern der *sachliche Grund* der Vollmacht (vgl. das Zitat von ERNST LOHMEYER oben S. 296), die ihn im tiefsten Sinne zur Zeichenhandlung im Tempel berechtigt hat.

DERS., Die Christologie des Neuen Testaments, Tübingen [5]1975, 65–67) – von einer gesamtbiblischen Perspektive her – nicht einfach durch den Vorwurf der Eisegese (so LUZ, Matthäus I, 155) disqualifiziert werden können.

Kapitel 6

Die Historizität der Tempelaktion Jesu

1. Ist die Tempelaktion Jesu historisch vorstellbar?

1.1 Kritische Anfragen an die Historizität

Angesichts der in der Einleitung vorgeführten kritischen Anfragen an die Historizität der Tempelaktion Jesu (s.o. S. 8–12) muß die Untersuchung der Historizität bei der elementaren und radikalen Frage einsetzen, inwiefern dieses vermeintliche Ereignis überhaupt historisch vorstellbar ist. Von den in der Forschung ins Feld geführten Einwänden gegen die Historizität müssen wir vor allem auf folgende eingehen:

1) Wie konnte Jesus allein seine Aktion der Austreibung, des Umstoßens und der Unterbindung der freien Bewegung auf dem riesigen 450 x 300 Meter messenden Tempelplatz durchführen?

2) Wenn er aber – gegen das einhellige Zeugnis aller Evangelisten – die umfassende Aktion nicht allein, sondern mit Unterstützung seiner Anhänger durchführte, wie konnten sie sich gegen den zwangsläufig erfolgten Widerstand

   a) der Geldwechsler und Opfertierhändler einerseits und

   b) der zahlreich anwesenden Wallfahrer andererseits durchsetzen, die nach Jerusalem gekommen waren, um gerade das zu tun, was Jesu Aktion durch die aus ihr erfolgende Lähmung des Tempelmarkts bestenfalls erschwerte oder sogar unmöglich zu machen drohte?

   Falls Jesus und seine Helferschar in der Tat den Bediensteten des Tempelmarkts und den Pilgern überlegen waren,

   c) wie konnten sie sich gegen die für Ruhe und Ordnung im Tempel verantwortliche Tempelpolizei durchsetzen, die bestimmt zum Ort des Geschehens von den (Jesus unterlegenen) Tempelmarktbediensteten geholt worden oder sowieso von sich aus eingetroffen wäre?

   Falls auch die Tempelpolizei Jesus und seinen Anhängern unterlegen war, spitzt das Problem der scheinbaren Duldung der Tempelaktion sich nochmals zu, weil wir dann noch fragen müssen:

   d) Warum schritt die in der Festung Antonia stationierte römische Truppe nicht gegen Jesus ein, deren Soldaten „an den Festtagen ... immer in voller Bewaffnung das versammelte Volk (bewachen), damit es keinen Aufstand beginne" (Bell 2,224; vgl. Ant 20,106f; Bell 5,244; Act 21,27ff[1]).

1.2 Die Unhaltbarkeit der „Maximallösung" einer Besetzung des Tempels durch Jesu Anhänger

In der Einleitung formulierten wir im Anschluß an WALTER GRUNDMANN eine Maximal- und eine Minimallösung als hypothetisch mögliche Antworten auf die kritischen Anfragen (vgl. S. 11f). Die Maximalvariante lehnten wir bereits dort weitgehend als ernsthaft in Frage kommende Lösung ab. Denn angesichts der neutestamentlichen Jesusüberlieferung erscheint die These als völlig absurd, daß Jesus eine richtige Besatzungstruppe geführt haben soll. Sie soll von vergleichbarer Stärke und Kampfesbereitschaft gewesen sein wie die, die Anfang September 66 n.Chr. zuerst die Festung Antonia an der Nordwestecke der Tempelanlage nach zweitägiger Belagerung einnahm und die dort stationierten römischen Soldaten umbrachte (Bell 2,430[2]) und kurze Zeit danach die übrigen in der Stadt verbliebenen römischen Soldaten erledigte: Teils hieb sie sie in ihrem Heereslager nieder (Bell 2,440), teils zwang sie sie in den Türmen des Königspalastes auf dem Südwesthügel, wo die Letzten Zuflucht gesucht hatten (Bell 2,438f), zur Aufgabe und metzelte sie entgegen der Kapitulationsvereinbarung nach Abgabe der Waffen nieder (Bell 2,450–454)[3].

S.G.F. BRANDON hat in seinem Buch „Jesus and the Zealots" den bisher seriösesten Versuch unternommen, Jesus als einen dem Zelotismus nahestehenden Messiasprätendenten und die Tempelaktion als einen revolutionären Angriff auf den Tempel darzustellen[4]:

> „This attack on the Temple trading system constituted ... a most radical challenge to the authority of the sacerdotal aristocracy, and it was also a truly revolutionary act, for the high priest held his office and authority from the Romans, and was thus an essential factor of the Roman government in Judaea. To challenge the rule of the high priest was thus, in effect, to challenge the Roman rule." (332) „[I]t is improbable that his action in the Temple was unsupported; indeed, far on the contrary, it is likely that it was achieved by the aid of an excited crowd of his supporters and was attended by violence and pillage." (333) „The fact that Mark and Luke mention, in another connection [*sc.* Mk 15,7; Lk 23,19.25], that there was an insurrection in the city about

---

[1] Übers. von MICHEL/BAUERNFEIND, De bello Judaico I, 227. Die Parallelstelle Bell 5,244 ist auf S. 10 zitiert.

[2] Zur Datierung vgl. a.a.O., 447 Anm. 195.

[3] Zur Orientierung über die jüdischen Freiheitskämpfer im 1. Jh. n.Chr. s. vor allem die Monographie von MARTIN HENGEL über die Zeloten, vgl. auch DERS., War Jesus Revolutionär?, 11–14; C.T.R. HAYWARD, The Fourth Philosophy: Sicarii and Zealots, Appendix B, in: SCHÜRER, History I, 598–606 und sonst die einschlägigen Einführungen in die Zeitgeschichte des Neuen Testaments.

[4] BRANDON, Jesus and the Zealots, 322–358 (bes. 331–336, 338–340 über die Tempelaktion).

this time, which involved bloodshed, makes it legitimate to wonder whether this attack by Jesus on the Temple trading system, which was tantamount to an attack on the sacerdotal aristocracy, was a far more serious affair than the Gospels show." (334) Die Beziehung zwischen der zelotischen Bewegung und Jesus beurteilt BRANDON folgendermaßen: „[T]here seems to be nothing in the principles of Zealotism, as enunciated by Judas of Galilee, that we have definite evidence for knowing that Jesus would have repudiated." (355)[5]

Obwohl BRANDON sich gewisser Sympathien unter Neutestamentlern und Historikern erfreuen kann, stößt sein Konstrukt auf fast einhellige Ablehnung[6].

Ohne mit der Vermengung der zelotischen Ausrichtung belastet zu sein, gehören auch die historischen Rekonstruktionen von JOACHIM JEREMIAS und BEN F. MEYER zur Maximallösung, denn aus der Unterbindung des Gefäßtragens durch den Tempel, von der Mk 11,16 spricht, schließen sie, daß Jesus alle Tempeltore durch seine Anhänger besetzen ließ:

---

[5] Den Evangelisten unterstellt BRANDON eine verharmlosende Zudeckung der wahren Ausmaße der gewaltsamen Aktion, s. a.a.O., 332ff: „The Evangelists depict Jesus as making this attack alone, and as driving out the crowd of money-changers and traders, thus upsetting their business and involving them in loss of their goods, quite unaided" (332f). „It takes very little reflection, however, to realise that such a depiction can scarcely approximate to the truth" (333). „That no mention is made in the Gospel record of the intervention of the Temple police may well be due to the fact that that record has been carefully edited" (333f). BRANDON findet, daß Mk überhaupt bemüht sei, eine die historischen Tatsachen verfälschende Apologie zu schreiben (vgl. 221–282, 322f), der es vor allem darum gehe, „to explain away the embarrassing fact of the Roman execution of Jesus as a rebel. But that explanation, on analysis, is found to be not only demonstrably unsound, but also suggestive of its author's awareness of other embarrassing facts which he endeavoured to disguise" (327), zu denen u.a. der Charakter der Tempelaktion als ein revolutionärer Angriff auf die Hohepriesterschaft gehöre.

[6] Mit gewisser Sympathie, aber letztlich ablehnend äußern sich HORSLEY, Jesus, 130 und CHILTON, Temple of Jesus, 94–98, 99.
Zur Widerlegung der Vorstellung von Jesus im allgemeinen als einem zelotisch gesinnten, revolutionären Messiasprätendenten und von der Tempelaktion als revolutionärem Angriff im besonderen vgl. vor allem den Aufsatzsammelband E. BAMMEL / C.F.D. MOULE (Ed.), Jesus and the Politics of His Day, Cambridge 1984 sowie HENGEL, War Jesus Revolutionär?, bes. S. 14–16 (mit dazugehörigen Anmerkungen auf S. 33–35): „Daß Jesus gekreuzigt wurde ... wegen einer politischen Anklage ..., zeigt der ‚titulus' am Kreuz: ‚Der König der Juden' ... Aber ist damit erwiesen, daß Jesus selbst als zelotischer Messiasprätendent auftrat ...? Ganz gewiß nicht. Weder sein Verhalten während der letzten dramatischen Tage in Jerusalem noch seine ganze Wirksamkeit und Verkündigung stützen derartige Vermutungen" (14f).
Vgl. noch die Kritik gegen die zelotische Deutung bei CULLMANN, Jesus und die Revolutionären seiner Zeit, 31ff; TRAUTMANN, Zeichenhafte Handlungen Jesu, 440 Anm. 129; LOSIE, Cleansing, 251–255; BORG, Conflict, 346 Anm. 53; FREDRIKSEN, Jesus and the Temple, 298; H.D. BETZ, Jesus, 456 Anm. 4; TAN, Zion and Jesus, 11–13, 164f.

„Once arrived at the temple court, his disciples secured the gates (Mark 11:16), allowing no use of the court as a short cut. He himself overturned tables, drove animals and merchants alike from the temple platform ... The tendency observable in all four gospels was not to enhance but to downplay the event (probably to forestall any temptation to interpret Jesus as a revolutionary). Thus, Mark represents Jesus as acting alone, despite the fact that the prohibition expressed in Mark 11:16 ... required the collaboration of his disciples.“[7]

Hierbei verstehen JEREMIAS und MEYER jedoch nicht nur Mk 11,16 fälschlich als Verbot, den Tempelvorhof als Abkürzung zu benutzen, sondern sie verschweigen auch die Rolle der Tempelpolizei und der römischen Truppe.

Vermutlich ist BRUCE CHILTONs historische Rekonstruktion nahe der von JEREMIAS und MEYER einzuordnen. Meistens spricht CHILTON ohne genauere Präzisierungen von „Jesus' occupation of the Temple“[8], aber ein seltenes Mal deckt er auf, was wir uns dabei vorzustellen haben: Jesu „act did not merely illustrate a reality, it accomplished it: he and his followers occupied the Temple in order to stop the sale of animals there, as well as the transit of vessels (Mk 11.16, cf. Zech 14.21a)“[9].

Auch RICHARD A. HORSLEY meint, daß die Evangelisten das wahre Ausmaß der Tempelaktion Jesu heruntergespielt haben, und ordnet dieses Ereignis dementsprechend irgendwo in der Mitte zwischen einer vollen Übernahme des Tempelgeländes und einer harmlosen „Reinigung“ im Stil der Evangelisten ein:

„Thus by stepping back somewhat from the particulars and examining an action that must have been more than a mere religious ‚purification‘ but less than an attempt at direct takeover of the seat of hierocratic government, we can view the action as a minimally violent prophetic demonstration symbolizing an imminent action by God ... It must also have been an actual attack involving some violence against property if not against persons. Thus Jesus' demonstration is an escalation over and above the biblical paradigms, except for the insurrection attendant upon Elijah's direct symbolic act of restoration of Israel in I Kings 18.“[10]

---

[7] MEYER, Christus Faber, 263, 264. Vgl. JEREMIAS, Theologie, 219 mit Anm. 92.

[8] So die Überschrift des sechsten Kapitels in Temple of Jesus, 91–111, und auch mehr als 10mal in den nachfolgenden Kapiteln 7 und 8, ebenso wiederholt in φραγέλλιον.

[9] CHILTON, φραγέλλιον, 341f. Vgl. auch Temple of Jesus, 130: „the revolt Jesus led in the Temple“. Diesen ungeschützten Formulierungen steht ziemlich unvermittelt folgender historischer Vorbehalt gegenüber: „... one of the few things we know *with some certainty* that he [*sc.* Jesus] did—namely, occupy the Temple“ (Temple of Jesus, 99). Zu den von mir in kursiv gesetzten Worten erläutert CHILTON, ebd. in Anm. 34: „The actual destruction of the Temple in A.D. 70 appears strongly to have influenced the Gospels ... For that reason the possibility may be entertained that the entire episode placing Jesus in the doomed edifice is a fabrication.“

[10] HORSLEY, Jesus, 299, 300. S. für seine gesamte Diskussion des Umfangs und des Charakters der Tempelaktion a.a.O., 297–300.

Im Gegensatz zu Jeremias, Meyer und Chilton stellt sich Horsley explizit den gewichtigen Einwänden gegen eine Aktion Jesu dieses Umfangs und behauptet mit Hinweis auf vergleichbare Ereignisse z.Z. des Herodessohnes Archälaus und des römischen Prokuratoren Cumanus, daß ein sofortiges Eingreifen der Tempelpolizei oder der Römer gar nicht zu erwarten gewesen wäre[11]. Wie Horsley einräumt, setzt aber eine Aktion, die immerhin so umfassend war, daß Pilatus und die Tempelbehörde sich gezwungen sahen, mit der Niederschlagung bis zu einem späteren und strategisch geschickteren Zeitpunkt, abzuwarten, ein Ausmaß voraus, das den von den Evangelien erweckten Eindruck weit übertrifft. Sowohl dies als auch die angebliche Zurückhaltung der Behörden gegenüber derartigen Störungen im Tempel wie der Aktion Jesu sind aber mehr als fragliche Prämissen seiner Rekonstruktion.

In dem jüngsten mir bekannten Plädoyer zugunsten eines großen Ausmaßes der Tempelaktion Jesu[12] führt Maurice Casey m.E. die Argumentation wesentlich über Horsley hinaus: Die Ereignisse zur Zeit des Archälaus (vgl. Bell 2,5–13; Ant 17,206–218) und die mit der Tempelaktion Jesu verbundenen Ereignisse seien bis in Einzelheiten hinein kohärent, denn Archälaus begegnete dem Protest, mit dem er konfrontiert war, im ersten Schritt damit, daß er den Chef der Tempelpolizei sandte „to persuade people to give up their protest, an action comparable with sending the party to question Jesus in the temple (Mark 11:27–33)“[13]. Nur allmählich wegen des Scheiterns der vorsichtigen Maßnahmen griff Archälaus härter durch, was zuletzt zu 3000 Opfern unter den in Jerusalem bei einem Wallfahrtsfest versammelten Juden gipfelte:

> „The unsuccessful mission of the cohort and the carnage wrought by Archelaus' army show us exactly what the chief priests and scribes were avoiding in the case of Jesus (Mark 14:2). Judah of Kerioth solved their problem by enabling them to arrest Jesus without causing havoc.“[14]

Wir dürfen folglich eine überlegte und verantwortliche Verzögerung des Eingreifens nicht mit einem totalen Nichteingreifen verwechseln. Durch diese Darlegung gelingt es Casey, dem Argument des angeblichen Nichteingreifens der Tempelpolizei dessen Spitze abzunehmen, denn es kam nach der Darstellung der Evangelisten ja in der Tat zu einem Eingreifen gegen Jesus, zwar nicht sofort, aber dafür nicht weniger entschieden und

---

[11] A.a.O., 297f.

[12] Casey, Culture and Historicity, 319: „We should prefer the evidence of our primary source: Jesus threw people out of the temple, stopped people trading in it, and prevented people from carrying vessels through it ... It follows that Jesus was not arrested *immediately* because he had too much power, not too little“ (kursiv von Casey).

[13] A.a.O., 320.

[14] A.a.O., 321.

effektiv[15]. Hier müssen wir aber hinzufügen, daß die Plausibilität der erst um einige Zeit verspäteten Verhaftung Jesu keineswegs davon abhängig ist, daß die Tempelaktion ein riesiges Ausmaß hatte, sondern dieses Vorgehen seitens der Hohenpriester stellt sich als historisch gut verständlich und glaubwürdig auch bei einem äußerlich geringen Ausmaß der Tat Jesu dar.

In seinem ebenso entschiedenen Eintreten für die historische Glaubwürdigkeit der Evangelienberichte über Jesu Tempelaktion schreibt ROBERT H. GUNDRY in ähnlicher Weise wie CASEY jeweils der Tempelpolizei und den Römern ganz entgegengesetzte Motive für ihr Nichteingreifen zu: Wie Mk 11,18 zutreffend mitteile, hielt einerseits die Besorgnis des Sanhedrins vor der Popularität Jesu unter dem Volk sie zunächst davon ab, die Tempelpolizei gegen ihn zu schicken; andererseits kümmerte die römische Garnison sich keinen Deut um eine Störung des Marktbetriebs im Tempel, so lange es nicht zu einem Aufstand kam[16]. GUNDRY sieht sich auch nicht gezwungen, das tatkräftige Mithelfen seitens der Jünger und Sympathisanten für eine Großaktion Jesu im Tempel anzunehmen. Jesu charismatische Ausstrahlung und die autoritative Kraft seiner Worte genügen vollends, um das Geschehene zu erklären:

> „Can Jesus have stopped the temple traffic without the help of his disciples? In modern times charismatic personalities have been known to do similar feats, sometimes to have had a similar effect even without effort ... In assessing historical possibilities we should not neglect the awe in which holy men like Jesus were and are held ... it is certain that he gained the reputation of a charismatic with supernatural powers. That is all that is necessary for this occasion."[17]

---

[15] Wir müssen vermeiden, „nonintervention with *delay*" durcheinanderzubringen (a.a.O., 320, kursiv von CASEY). Was die Römer betrifft, war die Aktion Jesu CASEY zufolge immerhin zu gering, um ein Eingreifen zu motivieren: „As for the Romans, they were confronted with a minor disturbance at which a Jewish preacher persuaded most Jews to follow his view of what should and should not be done in the court of the Gentiles. This did not give them enough reason to risk life and limb or top cause carnage" (321).

[16] Vgl. GUNDRY, Mark, 646. GUNDRY zufolge sind die meisten Verweise auf das Eingreifen der Römer irrelevant, denn sie handeln von „an uproar, armed rebellion, or pillaging on the part of hundreds or thousands of people" (ebd.).

[17] Ebd. Mit Hinweis auf diese Ausführungen GUNDRYs weist CASEY, Culture and Historicity, 319f den traditionellen Einwand, bloße Worte können so etwas wie die „Reinigung" des Tempels nicht bewirken (s.o. S. 10 Anm. 18 das Zitat aus HAENCHEN, Der Weg Jesu, 386 und vgl. sonst z.B. BORG, Conflict, 172), fast sarkastisch zurück: „... Borg underestimates the role of sacred texts and their interpreters in communities which adhere to them. Hence, the most robust defenses of the Marcan account come from evangelical scholars who have personal and corporate experience of the power of the preached word ... Inferring that Jesus' performance in the temple was a remarkable display of religious authority and power, as we must, we should not refuse to believe it" (Culture and Historicity, 320).

Es ist in der Tat Forschern wie GUNDRY und CASEY gelungen, die zeitgeschichtlich argumentierenden Einwände gegen die „Maximallösung" zu erschüttern. Trotzdem machen sie es sich jedoch insgesamt zu leicht mit der historischen Glaubwürdigkeit einer praktisch das ganze Tempelgelände lahmlegenden Großaktion Jesu. Sowohl die Tatsache der unbehelligten Durchführung der Tempelaktion als auch der ihr folgende weitere Verlauf des Jerusalemaufenthaltes Jesu nach der Darlegung der Evangelisten lassen sich m.E. nach wie vor besser mit der Annahme eines geringeren Ausmaßes der Handlung Jesu vereinbaren. Es kommen ferner als weitere und letztlich entscheidende Argumente gegen die maximalistischen Rekonstruktionen hinzu, daß sie teils auf einem Mißverständnis von Mk 11,16 und teils auf Nichtbeachtung der literarkritischen und überlieferungsgeschichtlichen Fragen nach dem Verhältnis zwischen den immerhin beträchtlichen Unterschieden der verschiedenen Evangelienfassungen über die Tempelaktion und dem Ursprung der Überlieferung beruhen.

1.3 Die „Minimallösung"

Auch die sogenannte „Minimallösung" der Annahme eines bescheidenen übersehbaren Vorgangs, der auf einen kleinen Winkel des Tempelgeländes beschränkt war, schien uns in Anlehnung an WALTER GRUNDMANN, so weit unsere Überlegungen in der Einleitung gelangten, keinen überzeugenden Ausweg aus dem Dickicht der ernsten Anfragen an die Historizität der Tempelaktion Jesu zu bieten (s.o. S. 11f). GRUNDMANN wandte berechtigterweise ein, daß man erst den postulierten begrenzten Schauplatz ausfindig machen und den angeblich bescheidenen Umfang des Handelns Jesu in dieser Szene anschaulich unterbringen müßte.

Ein wichtiges Ergebnis der inzwischen geleisteten Arbeit ist, daß der von den Evangelien vorausgesetzte Schauplatz des Ereignisses – d.i. der Aufenthaltsort der Verkäufer und Geldwechsler – auf einen beschränkten Bereich des riesigen Tempelgeländes lokalisiert werden kann: Der Tempelmarkt war in der königlichen Säulenhalle entlang der südlichen Umfassungsmauer der herodianischen Tempelanlage untergebracht[18]. Damit ist aber eines der gewichtigsten Hindernisse der „Minimallösung" aus dem Weg geräumt. Denn sehr weitgehend setzen die am Anfang dieses Kapitels formulierten kritischen Anfragen an die Historizität der Tempelaktion Jesu einen großen Markt im Tempel voraus, der sich über das meiste Gelände, wenn nicht das ganze des äußeren Vorhofs der Heiden erstreckte. Wenn diese Prämisse wegfällt, stellt sich die historische Vorstellbarkeit dieses Ereignisses gleich anders dar.

---

[18] S.o. S. 247–251. Den ausführlichen Nachweis dieser Lokalisierung des Tempelmarkts habe ich in ÅDNA, Jerusalemer Tempel, erbracht.

Wegen der beträchtlichen Differenzen unter den vier verschiedenen Fassungen der Tempelaktion kann man nicht einfach von *dem* Tempelaktions*bericht* sprechen, aus dem sich etwa der Grad an Gewaltanwendung ziemlich genau feststellen und die sich daraus ergebenden historischen Probleme eindeutig erkennen ließen. Unter den Evangelienberichten ist vielmehr bis hin zu einem redaktionsgeschichtlich begründeten Umschwung eine Steigerungstendenz aufweisbar, die den Vorgang im Tempel immer dramatischer und erfolgreicher darstellt[19]. Es ist vor dem Hintergrund dieser Tendenz gut denkbar, daß bereits die früheste uns vorliegende schriftliche Fassung, d.h. die des Markus, dieser Steigerungsentwicklung unterlegen sein mag, wie z.B. MARTIN HENGEL vermutet:

> „Der Bericht des Markus stellt wohl kaum ein apologetisches understatement, sondern eher eine Übertreibung dar, ähnlich wie auch bei der Einzugserzählung, bedingt durch das bekannte Streben des Evangelisten nach erzählerisch-kerygmatischer Anschaulichkeit."[20]

Um hier weiterzukommen, müssen wir den von uns bereits erarbeiteten vorsynoptischen bzw. vormarkinischen Überlieferungsstrang einerseits und den vorjohanneischen andererseits miteinander vergleichen. Gemeinsamer Kern dieser beiden jeweils in Mk 11,15b–17 und Joh 2,14–16* vorliegenden Überlieferungen sind folgende Auskünfte:

1) Jesus trieb die Verkäufer hinaus (Joh 2,15a[21]) bzw. begann sie hinauszutreiben (Mk 11,15bα);
2) er stieß die Tische der Geldwechsler um (Joh 2,15b; Mk 11,15bβ);
3) er agierte gegen die Taubenverkäufer, indem er ihnen befahl, ihre Taubenkäfige oder -körbe zu entfernen (Joh 2,16a), oder indem er ihre Sitze umstieß (Mk 11,15bβ).

Wenn wir diesen „harten" Kern wiederum einer genauen Analyse unterziehen, scheint die Angabe über das Umstoßen der Wechslertische nicht nur in numerischem Sinn seine Mitte zu bilden, sondern das sicherste Einzelelement der ganzen Überlieferung zu sein. Was die Taubenverkäufer

---

[19] S. den detaillierten Nachweis in Kapitel 4. Zu den Unterschieden bei den verschiedenen Evangelisten s. sonst z.B. HENGEL, War Jesus Revolutionär?, 33 Anm. 52.

[20] HENGEL, a.a.O., 15. Vgl. auch die bejahende Aufnahme seiner Ausführungen in DAVIES, The Gospel and the Land, 351 Anm. 46; PESCH, Markusevangelium II, 200 und TRAUTMANN, Zeichenhafte Handlungen Jesu, 119· „Der Bericht in Mk 11,15 von der Austreibung *der* Verkäufer und Käufer, vom Umstürzen *der* Tische der Geldwechsler und Taubenverkäufer [sic] im Tempel muß also ganz sicher eine Übertreibung darstellen" (Hervorhebungen von TRAUTMANN).

[21] Es ist gerade ein Ausschlag der joh Entdramatisierungstendenz, daß das Objekt des Prädikats ἐξέβαλεν in der Endgestalt von Joh 2,15 nur Tiere umfaßt, aber im vorjoh Stadium bezog sich das Prädikat auf die in V. 14 genannten πωλοῦντες als Objekt (s.o. S. 179f Anm. 63, S. 194f, 196).

anbetrifft, lassen sich die beiden Versionen – Umstoßen der Sitze und rügende Worte mit Befehl, die Taubenkäfige oder -körbe zu entfernen – ohne weiteres gegenseitig verbinden, aber die „Wortversion" bei Joh kann auch bereits eine sekundäre Bildung sein[22]. Im Blick auf die „Austreibung" scheint Joh 2,15a* mit dem Ausdruck πάντας ἐξέβαλεν gegenüber dem vormk Überlieferungsstrang eine Steigerung zu vertreten, indem hier – vergleichbar mit dem späteren Verfahren des Mt – das vollständige Austreiben aller Verkäufer berichtet wird[23]. Mk 11,15bα stellt als Objekte der begonnenen Vertreibung (ἤρξατο ἐκβάλλειν) neben die Verkäufer auch noch die Käufer (οἱ ἀγοράζοντες): „er fing an, die Verkäufer und *die Käufer* hinauszutreiben." Ein rein mechanisch substrahierendes Rückschlußverfahren könnte hier versucht sein, dieses Zusatzmoment des vormk Überlieferungsstrangs gegenüber dem vorjoh als ein sekundäres Steigerungselement zu identifizieren[24]. Sowohl die Anschaulichkeit der Szene – die Markthalle war bestimmt nicht leer von Käufern, als Jesus einschritt – als auch die Konzentration in der (vor)joh Fassung auf die zu verkaufenden Tiere, macht es jedoch viel wahrscheinlicher, daß die Käufer gestrichen worden sind, weil die Tiere und deren Händler in die Mitte des Geschehens gestellt werden sollten, als daß die vormk Überlieferung sie nachträglich eingefügt hätte. Ähnlich dürfte es zuletzt um die nur in Mk 11,16 besprochene Unterbindung des Tragens von Gefäßen bestellt sein. Denn nachdem die exegetische Untersuchung gezeigt hat, daß auch dieses Einzelelement inhaltlich kohärent mit den vorausgehenden in V. 15 ist, besteht kein Grund es dem Ursprungsstadium der vormk Überlieferung abzusprechen.

Aufgrund dieses Vergleichs läßt sich darum als der früheste erkennbare Ursprung der Überlieferung von der Tempelaktion folgende Kernaussage ausmachen: Jesus hat im Jerusalemer Tempel (*hieron*) Tische von Geldwechslern und Sitze von Taubenverkäufern umgestoßen, ferner das Tragen von Gefäßen zwischen dem Marktgelände und den inneren Vorhöfen unterbunden sowie begonnen, die vorhandenen Verkäufer und Käufer hinauszutreiben[25].

---

[22] Vgl. zu der auf direkte Gewaltanwendung verzichtenden joh Fassung der Auseinandersetzung mit den Taubenverkäufern als möglichem Ausdruck joh redaktioneller Tendenz S. 192 Anm. 94.

[23] Zu ἤρξατο ἐκβάλλειν als eine in diesem Fall inhaltlich bescheidenere Aussage als ἐξέβαλεν s.o. S. 170.

[24] So noch die in ÅDNA, Jesu Kritik, 415 vertretene Sicht.

[25] Daß Jesus diese Taten beiden Überlieferungssträngen zufolge um einige Worte ergänzt hat, ist hier ausgeklammert worden, da die historische Vorstellbarkeit von (gegebenenfalls sehr kritischen) Worten, die Jesus im Tempel gesprochen haben soll, m.W. nie bestritten worden ist. Die gegenüber Mk 11,15b.16 und Joh 2,15f umgestellte Reihenfolge der Kernaussagen ist ein bewußter Ausdruck dessen, daß das Umstoßen der

Wenn wir dieses überlieferungsgeschichtliche Ergebnis und die zeitgeschichtliche Erkenntnis über den begrenzten Ort des Tempelmarkts in der
königlichen Säulenhalle zusammenhalten, ergibt sich ein historisch gut
vorstellbares Bild des Ereignisses, auf das die Überlieferung von der
Tempelaktion Jesu zurückgehen mag. Die bereits von W. GRUNDMANN
angesichts der kritischen Anfragen zur Historizität der Tempelaktion Jesu
in Aussicht gestellte „Minimallösung" greift. Die von ihm vermißten
Voraussetzungen, die ihn von dem Eintreten für die Minimallösung noch
zurückhielten, sind nun historisch mit der Lokalisierung des Tempelmarkts
und überlieferungsgeschichtlich mit der Herausstellung einer hinsichtlich
des äußeren Ausmaßes der berichteten Episode bescheideneren Überlieferung vorhanden.

Der historischen Vorstellbarkeit der Tempelaktion Jesu steht darum
nichts mehr im Wege[26].

2. Chronologische Einordnung der Tempelaktion Jesu

2.1 Die Datierung im Johannesevangelium

Obwohl die überlieferungsgeschichtliche Analyse zu dem Ergebnis
gelangte, daß die vormarkinische Überlieferung dem Ursprung näher steht
als die vorjohanneische (vgl. S. 191ff), folgt nicht zwangsläufig, daß dann
die mk bzw. die synoptische chronologische Einordnung des Ereignisses
gegenüber der joh im Recht sein *muß*. Johannes zufolge fallen dasjenige
Passafest, vor dem Jesus seine Tempelaktion durchführte (vgl. Joh 2,13
mit 2,14ff), und dasjenige, während dessen er seinen schmachvollen Tod
am Kreuz erlitt, gerade als die Passalämmer am 14. Nisan nachmittags im
Tempel geschlachtet wurden (vgl. Joh 18,28; 19,14 mit 19,31–36), zwei –
möglicherweise sogar drei – Jahre auseinander (s.o. S. 179 Anm. 61). Für
die Beurteilung dieser chronologischen Differenz sind vor allem folgende
Gesichtspunkte zu bedenken.

Wechslertische (und damit höchstwahrscheinlich auch das Umstoßen der Sitze der
Taubenverkäufer) das handfestere und anschaulichere Datum darstellt.

[26] Ganz abwegig ist der von SCHMITHALS, Markus II, 490f konstruierte Gegensatz
zwischen Historizitätsfrage und theologischem Sinn der Erzählung: „Das Geschehen der
Tempelreinigung ... ist historisch gesehen unvorstellbar. Wir haben es mit einer
‚Wundergeschichte' zu tun. Man darf diesen Bericht nicht historisch rationalisieren und
vermuten, Jesus habe exemplarisch nur einen Tisch umgestoßen ... Derartige Erklärungen
machen in Wahrheit historisch nichts verständlich und zerstören den theologischen Sinn
der Erzählung, die selbst nichts von derartigen Erklärungen andeutet. Tatsächlich handelt
bei der Tempelreinigung Gott selbst ... Wenn die spätere Legende erzählt, Jesus habe mit
Strahlen aus seinen Augen die Gegner in die Flucht geschlagen, so kommt sie dem Sinn
der Erzählung näher als alle historisierende Apologetik ..."

Bereits die Tatsache, daß der geographisch-chronologische Rahmen der synopt. Evangelien (unter Absehung der Kindheitsgeschichten in Lk 1–2) Jesus nur einmal nach Jerusalem ziehen läßt, und zwar anläßlich des Passafestes, während dessen er dort hingerichtet wird, läßt den Verdacht aufkommen, daß sie manche Episoden, die sie aus der ihnen vorliegenden Jesusüberlieferung unbedingt aufnehmen wollten und die sich ursprünglich in Jerusalem zugetragen hatten und wie z.B. die Tempelaktion sich auch nirgendwo sonst abspielen konnten, aus anderen chronologischen Kontexten herausgelöst und in diesen einzig gebliebenen eingefügt haben[27]. Johannes dagegen, der von mehreren Aufenthalten Jesu in Jerusalem zu berichten weiß (vgl. 2,13–3,21; 5,1–47; 7,10–10,39; 12,12ff), befand sich hinsichtlich der Tempelaktion nicht in einer solchen Zwangslage wie die Synoptiker und konnte, falls dieses Ereignis zu einem früheren Zeitpunkt stattgefunden hatte, es noch problemlos chronologisch korrekt unterbringen[28]. In der Tat meinen einige Forscher bei den Synoptikern nicht nur allgemein einige verstreute Hinweise auf frühere Jerusalemaufenthalte Jesu feststellen zu können, sondern besonders im Kontext der Tempelaktion Indizien dafür zu finden, daß dieses Ereignis früher als nur einige wenige Tage vor Jesu Verhaftung und Verurteilung stattgefunden haben muß: Denn einerseits verrate Jesu Hinweis auf Johannes den Täufer bei der Vollmachtsbefragung nach der Tempelaktion (vgl. Mk 11,30 par.)[29], daß das Wirken des Johannes nicht lange zurückgelegen habe[30], und andererseits zeige die Unklarheit über den Wortlaut

---

[27] S. die Überlegungen S. 130f betreffs der Wahrscheinlichkeit, daß Jesus Jerusalem mehrmals besuchte. Vgl. BLAKEWAY, Cleansing, 280: „[I]t is at least a credible hypothesis that the Synoptists, when they come to the story of the Passion, have recorded a mass of material which was really spread over several visits of our Lord to Jerusalem, and which actually occurred at different times in the three (?) years' ministry."

[28] BLAKEWAY, ebd. folgert aus seiner in der vorigen Anm. zitierten These: „In this case, the account of the cleansing takes the same place in the Jerusalem ministry as in the Johannine account, namely, at the beginning."

[29] Zum Zeitpunkt der Auseinandersetzung über Jesu Vollmacht (Mt 21,23–27; Mk 11,27–33; Lk 20,1–8) war nach dem chronologischen Aufriß der Synopt. der Täufer längst tot (vgl. Mt 14,1f; Mk 6,14–16; Lk 9,7–9).

[30] Als sechstes von insgesamt sieben Argumenten für die joh Chronologie führt TAYLOR, Mark, 461 aus: „... the question, ‚By what authority doest thou these things?', which refers to the Cleansing, seems to belong to a time when the ministry of the Baptist had not long ended." Vgl. BLAKEWAY, a.a.O., 281, der zu der Überlegung der Hohenpriester, Schriftgelehrten und Ältesten in Mk 11,32 par. ausführt: „... why this excessive zeal on John's behalf by the people, and this excessive fear on the part of the Pharisees [sic], if John was already murdered some two or three years previously? John's popularity when he was baptizing in Jordan was, we know, unbounded. But it seems too much to expect that the Pharisees [sic] were running any real danger if he has been dead some years. But if the incident of the question about authority rightly belongs to the early part of our Lord's ministry when John Baptist's popularity was at its height, and it was

des von Zeugen im Prozeß gegen Jesus hervorgebrachten Tempelwortes, daß viel Zeit verstrichen sein mußte, seitdem Jesus dieses Wort äußerte (vgl. Joh 2,19)[31].

Bei näherer Betrachtung erweisen sich die zugunsten der joh Datierung ins Feld geführten Argumente insgesamt als recht schwach und z.T. als direkt irreführend[32]. Die Tempelaktion Jesu, mißversteht oder verharmlost man sie nicht[33], paßt bereits aufgrund ihrer theologischen Brisanz und Reichweite nur in die Zeit des zugespitzten und – von Jesus bestimmt wahrgenommen – tödlichen Konflikts hinein[34]. Eine so provokative Einmischung in den Tempelbetrieb mußte sofort eine Reaktion seitens der Tempelverwaltungsbehörde auslösen; daß Jesus nicht nur unbehelligt aus der Auseinandersetzung kam, sondern danach ungehindert den Tempel wiederholt aufsuchen und dort lehren konnte, wie es der vierte Evangelist darstellt (vgl. Joh 7,14.28; 8,20; 10,23; 18,20), ist mehr als unwahrscheinlich[35]. Weil die Tempelaktion historisch sehr wahrscheinlich eine

---

really connected with the cleansing incident, it carries with it the latter to the same time – the time, in fact, when St. John does place it." ERNST, Markus, 328 hält sowohl die mk als auch die joh Datierung für redaktionell und sieht „für das ohne zeitliche Festlegung überlieferte Stück" am ehesten in der Erwähnung des Täufers in Mk 11,30 ein mögliches Indiz für die Entstehung zu einer Zeit, „in welcher die Erinnerung an dessen vollmächtiges Auftreten noch lebendig in Erinnerung war".

[31] Vgl. TAYLOR, Mark, 461 (fünftes von sieben Argumenten) sowie BLAKEWAY, a.a.O., 282 (zitiert in Anm. 198 auf S. 152; s. die Kritik dort).

[32] Schwach ist z.B. das vierte Argument von TAYLOR, Mark, 461, es solle angeblich bei Mk einen inneren Widerspruch geben zwischen der bedeutsamen Position der Tempelaktion und ihrer tatsächlichen Bedeutungslosigkeit „in the course of events" der mk Passionsgeschichte. Direkt irreführend ist die Behauptung, ein frühes Datum der Tempelaktion sei *a priori* historisch wahrscheinlicher als die Zuordnung zu den allerletzten Tagen vor Jesu Tod (so z.B. BLAKEWAY, Cleansing, 279 und das siebte Argument TAYLORs [vgl. ebd.]). Ein Beispiel einer mißlungenen, mit manchen Ungenauigkeiten und Anachronismen durchzogenen Beweisführung für die historische Richtigkeit der joh chronologischen Plazierung der Tempelaktion liefert CAMPBELL, Historicity, 116–119.

[33] Wie z.B. TAYLOR bei seinem in der vorigen Anm. angesprochenen siebten Argument für die joh Chronologie: „... as an act of reforming zeal, rather than a challenge to Judaism, the incident is more suited to an earlier period" (ebd.). Vgl. zur wirklichen theologischen Brisanz S. 381ff.

[34] Vgl. zu Recht SCHNACKENBURG, Johannesevangelium I, 369: „... die Tempelreinigung (paßt) eher in eine Zeit, zu der sich die Spannung zwischen Jesus und dem Synhedrium schon zugespitzt hatte und die Auseinandersetzung einem Ende zudrängte, und auch das Tempellogion muß nach seinem Inhalt der letzten Zeit der Offenbarung Jesu zugewiesen werden."

[35] Vgl. COOKE, Cleansing, 321 und SCHNACKENBURG, ebd.: „Auch für das Joh-Ev muß es auffallen, daß die Aktion Jesu keine erkennbaren Nachwirkungen hinterläßt, gleichsam ins Nichts verpufft. Sein so machtvolles Hervortreten am Anfang widerspricht dem Gesamtbild, das die Syn vom Verhalten Jesu entwerfen ..."

entscheidende Rolle im Prozeß gegen Jesus spielte (s.u. S. 324–328), verliert die sowieso nur spekulative Annahme, die Synoptiker seien wegen ihres chronologisch-geographischen Schemas gezwungen, die Tempel-aktion wider historisch besseres Wissen in die letzten Tage Jesu hinein zu verlegen, ihre argumentative Relevanz[36].

Endgültig ausschlaggebend für eine Entscheidung gegen die joh chronologische Einordnung der Tempelaktion zwei (oder drei) Jahre vor dem Tod Jesu ist freilich die Erkenntnis, daß der vierte Evangelist nicht aufgrund historisch exakten Wissens über den Zeitpunkt dieses Ereignisses es nach vorne verlegt, sondern einzig und allein aus *theologischen Gründen*[37].

2.2 Erfolgte die Tempelaktion Jesu zu einem anderen Zeitpunkt als kurz vor einem Passafest?

Das Lukasevangelium kann durch seine Verabschiedung von dem Tages-schema, das in den beiden anderen synoptischen Evangelien vorliegt (s.o. S. 174f), den Eindruck einer längeren Zeitspanne zwischen dem Einzug in Jerusalem und der an demselben Tag stattfindenden Tempelaktion (Lk 19,28–46) einerseits und dem Todespassa (vgl. Lk 22,1) andererseits erwecken[38]. Nun ist diese Darstellung redaktionsgeschichtlich bedingt und beruht nicht auf einem exakteren historischen Wissen als in den anderen Evangelien über den Zeitpunkt dieses Ereignisses. Obwohl die übrigen Evangelien zwar bezüglich der Einordnung der Tempelaktion in Jesu Wirken differieren, stimmen nichtsdestoweniger Joh mit seiner Frühdatie-rung und Mt und Mk mit ihrer Spätdatierung darin überein, daß sie sich kurz vor einem Passafest zutrug (vgl. Joh 2,13ff und S. 315). Trotzdem sind in der Forschung Thesen zur Datierung der Tempelaktion vorgelegt worden, die zwar nicht die lk Darstellung zugrundelegen, aber ihr faktisch näher stehen als den übrigen Evangelien.

---

[36] Vgl. CASEY, Culture and Historicity, 324.

[37] So die große Mehrheit der Forscher. „Für Joh lassen sich leicht Gründe erzäh-lerischer und theologischer Art erkennen, warum er dieses Ereignis schon an den Anfang der Selbstoffenbarung Jesu rücken wollte" (SCHNACKENBURG, Johannesevangelium I, 369). Selbst habe ich – angeregt durch H. KVALBEIN, Den uavsluttede rettssaken. Om Johannesevangeliet som vitnesbyrd [Norw., d.h.: „Der unabgeschlossene Rechtsprozeß. Über das Johannesevangelium als Zeugnis"], Ung Teologi 15/1, Oslo 1982, 83–97 – in der redaktionsgeschichtlichen Analyse der joh Tempelaktionsperikope in ÅDNA, Jesu Kritik, 541–553 versucht zu zeigen, daß ein wesentliches theologisch-kompositorisches Motiv für die Vorverlegung der Tempelaktion darin besteht, dieses Ereignis gerade wegen dessen historischer Bedeutung für die Ablehnung Jesu zum Ausgangspunkt für die ganze Reihe von „Gegenzeugnissen" gegen Jesu Person im Johannesevangelium zu machen. Für Verweise auf Forschungsliteratur, die die Vorverlegung der Tempelaktion im Johannesevangelium theologisch-kompositorisch erklärt, s. ÅDNA, a.a.O., 546f.

[38] Vgl. CONZELMANN, Mitte, 70.

Z.B. erwägt VINCENT TAYLOR trotz seiner entschiedenen Bevorzugung der joh gegenüber der mk Datierung[39] angesichts „the strong objection that it [*sc.* die joh Einordnung der Tempelaktion] reflects a doctrinal motive and a desire to set this crucial encounter at the beginning of the Gospel"[40], ob eine *dritte* Option denkbar ist und kommt zu dem Schluß, daß diese Episode wahrscheinlich zu dem mit Jesu Rückzug nach Peräa (vgl. Joh 10,40) endenden Aufenthalt in Jerusalem gehört[41]. Der Jerusalemaufenthalt Jesu in Joh 7,10–10,39 fällt in die Zeit des Laubhüttenfestes ein halbes Jahr vor dem Todespassa[42].

Die Überlegungen TAYLORs treffen sich in bezug auf diesen Zeitpunkt mit denen, die sich THOMAS WALTER MANSON völlig unabhängig von ihm über die Datierung der Tempelaktion aufgrund von Beobachtungen im Markusevangelium macht. MANSON meint, daß die mit Mk 10,1 eingeleitete nach-galiläische Epoche des Wirkens Jesu in Mk 10–16 in die drei Blöcke 10,1–31; 10,32–11,33 und 14,1–16,8 fällt[43]. Da angeblich erst der letzte Block zeitlich mit dem Todespassa verbunden sei, müssen in den beiden anderen eigens Indizien für ihre chronologische Einordnung gesucht werden. Das deutlichste Indiz dieser Art sei MANSON zufolge die die Tempelaktionsperikope umrahmende Feigenbaumerzählung in Mk 11,12–14.20ff, weil sie mitteilt, daß der betreffende Feigenbaum Blätter hat (Mk 11,13) und damit die Wintermonate, während derer die Feigenbäume keine Blätter haben, als möglichen Zeitpunkt ausschließt[44]. Ferner denkt er, daß die ganze Erzählung, um überhaupt sinnvoll zu sein, einen Zeitpunkt voraussetze, zu dem nicht nur Blätter, sondern auch Feigen am Baum zu finden seien, und damit schrumpfe der aktuelle Zeitraum auf die Monate Mai bis Oktober ein. Kurz vor dem Passafest habe der Feigenbaum zwar bereits neue Blätter, aber noch keine reifen Feigen, wie auch der letzte Satz in Mk 11,13 zu Recht besage: „es war nicht die Zeit der Feigen". Erst dieser Satz verbinde MANSON zufolge die Feigenbaumerzählung mit dem Passatermin überhaupt und mache die Erzählung zu einem absurden Verlangen nach Feigen zur falschen Jahreszeit[45]. Lasse man aber diesen Satz aus, der sowieso „the incident at a time which makes nonsense of the whole story" festsetze[46], stehe es uns frei, die Feigenbaumerzählung und mit ihr den ganzen Textblock Mk 10,32–11,33 in den passenden Zeitraum des Jahreszyklus einzuordnen. Da das Laubhüttenfest in die Jahreszeit der reifen Feigen fällt und

---

[39] Vgl. TAYLOR, Mark, 461. Einige seiner sieben Argumente zugunsten der joh Datierung sind oben S. 310f dargeboten und kritisiert worden. Auch TROCMÉ, Expulsion, 20f rechnet wegen angeblichen Schweigens über die Tempelaktion in der Leidensgeschichte mit mehreren Wochen oder sogar mehreren Monaten zwischen dem Ereignis und Jesu Verhaftung.

[40] A.a.O., 462.

[41] Vgl. die Erörterung ebd., mit folgendem Schlußsatz: „Either this date, or the Johannine, seems preferable to the Markan setting." S. auch MANN, Mark, 448.

[42] Die in Joh 7,10 genannte ἑορτή ist nach Ausweis von 7,2 das Laubhüttenfest.

[43] Vgl. MANSON, Cleansing, 271–276 (zu den s.M.n. zusätzlich eingefügten Stoffen in Kap. 12–13 s. a.a.O., 275f).

[44] A.a.O., 277f.

[45] A.a.O., 278.

[46] Ebd.

manche Züge des noch zu diesem Textblock gehörenden Einzugsberichts Mk 11,1–10 auch auf dieses Fest hinweisen[47], sei am ehesten damit zu rechnen, daß Jesus bereits zum Laubhüttenfest ein halbes Jahr vor dem Todespassa in Jerusalem eingezogen sei und dort zu diesem Zeitpunkt seine Tempelaktion durchgeführt habe[48]. Obwohl MANSON durch diese Vorverlegung des Einzugs und der Tempelaktion den auffälligen Umschwung in der Stimmung der Volksmassen bis zum Karfreitag (vgl. Mk 11,8–10 mit 15,11–15.29f) durch den damit sich ergebenden zeitlichen Abstand gut erklären zu können meint[49], scheitert seine ganze Konstruktion sowohl aufgrund einer völlig verfehlten Exegese der Feigenbaumerzählung als auch aufgrund des unberechtigten Auseinanderreißens von Mk 11 (;12; 13) und 14–16.

Es ließen sich weitere Beispiele für alternative Datierungsvorschläge nennen[50], aber ihnen allen sind ein hohes Maß an Spekulation und fehlende Grundlage in den uns allein zur Verfügung stehenden Quellen, namentlich den neutestamentlichen Evangelien, gemeinsam.

---

[47] A.a.O., 278f. Für eine gute Übersicht über die Elemente der Einzugsgeschichte, die mit dem Laubhüttenfest in Verbindung gebracht werden können (vgl. aus der joh Parallele noch die nur dort erwähnten Palmzweige [Joh 12,13]), s. BROWN, John I, 456f. Letztlich sind jedoch keine Argumente für die Verlegung des Einzugs zum Laubhüttenfest stichhaltig, s. dazu TAN, Zion and Jesus, 195.

[48] Vgl. a.a.O., 281: „The Peraean ministry [*sc.* die Mk 10,1 vorausgesetzt sei] ended for the time being when Jesus went up to Jerusalem (via Jericho) for the Feast of Tabernacles. On this occasion the cleansing of the Temple took place. We are then left with a period of some six months (Oct.–April) between the cleansing of the Temple (Mk. xi. 11–25) and the opening of the Passion narrative proper (Mk. xiv. 1).“

[49] Vgl. ebd.

[50] Das neueste mir bekannte Eintreten für den Laubhüttenfesttermin stammt von MATSON, Contribution, 503–505. Weder er noch CHILTON, φραγέλλιον, 330f, 338, der, z.T. unter Berufung auf ERNST BAMMEL, auch weitere Argumente zugunsten des Laubhüttenfesttermins anführt, überzeugen. Aus den verwirrenden Ausführungen bei DOWDA, Cleansing, 219–222 bin ich letztlich nicht schlüssig geworden, ob er auch das Laubhüttenfest für den wahrscheinlich historisch ursprünglichen Zeitpunkt der Tempelaktion hält.

F.C. BURKITT hat in einem Aufsatz in JThS 17, 1916, 139–152 („W and Θ: Studies in the Western Text of St. Mark“), auf den Seiten 141–144 auf mit dem Tempelweihfest (vgl. 2Makk 10,6–8; Ant 12,316–326; Joh 10,22) verbindende Motive beim Einzug und der Tempelaktion Jesu verwiesen (s. bes. 2Makk 10,7). BURKITTs Ausführungen veranlassen MANSON, a.a.O., 277 zu folgender enthusiastischer Erklärung: „... clearly there could not be any season of the Jewish liturgical year when the cleansing of the Temple would be more appropriate“, aber weil der Zeitpunkt des Tempelweihfestes im Dezember in einem noch höheren Grad als der Passatermin im Frühjahr mit der zum zeitlichen Kontext der Einzugs- und Tempelaktionsgeschichte fest dazugehörenden Feigenbaumerzählung unvereinbar sei, bleibt er beim Laubhüttenfest als Zeitpunkt der Tempelaktion Jesu. Eine deutliche Sympathie für die Verlegung der Tempelaktion zum Tempelweihfest zeigt HOOKER, Traditions, 18.

2.3 Die markinische Chronologie

Wir haben in der literarkritischen Untersuchung des Kontextes, in den die Tempelaktionsperikope in den synoptischen Evangelien hineinversetzt ist, gesehen, daß in Mk 11 ein Tagesschema relativer Chronologie vorliegt, das die in diesem Kapitel berichteten Ereignisse auf drei verschiedene Tage verteilt, und daß Mt seinerseits in seiner Parallele zu Mk 11 (Mt 21,1–27) dies auf zwei Tage verkürzt und Lk dagegen (in 19,28–20,8) das Tagesschema in eine unbestimmte Zeitspanne von längerer Dauer auflöst (s. S. 172–178, bes. die Übersicht S. 176f). Wenn wir nun die *relative* Chronologie in Mk 11 mit der *absoluten* Chronologie der Angaben in Mk 14,1.12 verbinden, läßt sich in Mk 11–16 eine Abfolge von insgesamt *acht Tagen* erkennen:

1. Tag	=	Sonntag	10. Nisan:	Mk 11,1–11
2. Tag	=	Montag	11. Nisan:	Mk 11,12–19
3. Tag	=	Dienstag	12. Nisan:	Mk 11,20–13,37
4. Tag	=	Mittwoch	13. Nisan:	Mk 14,1–11
5. Tag	=	Donnerstag	14. Nisan:	Mk 14,12–72
6. Tag	=	Freitag	15. Nisan:	Mk 15,1–47
7. Tag	=	Sabbat	16. Nisan:	(vgl. Mk 15,42; 16,1)
8. Tag	=	Sonntag	17. Nisan:	Mk 16,1–8

Dem in Mk 11,1–16,8 vorliegenden Tagesschema zufolge fand also die Tempelaktion Jesu in dem entsprechenden Jahr am Montag, dem 11. Nisan, statt. Weil es jedoch erhebliche Anzeichen für mk Redaktion bei diesem Tagesschema gibt, läßt eine genaue chronologische Datierung der Tempelaktion sich allerdings kaum davon ableiten[51].

2.4 Die Tempelaktion Jesu fand kurz vor dem Todespassa statt

Trotz unseres zurückhaltenden Urteils über den historischen Quellenwert des Achttageschemas in Mk 11–16 können wir mit größter Wahrscheinlichkeit den Zeitpunkt der Tempelaktion Jesu in der dem Passa unmittelbar vorausgehenden Zeit chronologisch festlegen.

Nicht wenige Forscher haben aus den Auskünften in mSheq 1,3, die Geldwechsler stellten ihre Tische für die Einnahme der Tempelsteuer am 15. Adar im „Lande" und am 25. Adar im Tempel auf, einerseits und in mSheq 3,1 andererseits, die erste Entnahme der Tempelsteuer wurde am 29. Adar oder am 1. Nisan vorgenommen, geschlossen, daß die Geldwechsler nur in der Woche vom 25. Adar bis zum 1. Nisan im Tempel anzutreffen waren und daß Jesu Auseinandersetzung mit ihnen dementsprechend während dieser Woche stattgefunden haben muß[52]. Dies

---

[51] Zur ausführlichen Begründung dieses Gesichtspunktes s. ÅDNA, Jesu Kritik, 429–434.

[52] S. z.B. TAN, Zion and Jesus, 194 mit Anm. 174 sowie 175 Anm. 82: Die

beruht aber auf einer Überinterpretation dieser Mischnastellen. Aus
anderen Belegen (s. vor allem tSheq 2,12f) geht nämlich hervor, daß
Geldwechsler über das ganze Jahr im Tempel im Einsatz waren. Aus
mSheq 1,3 geht m.E. nur hervor, daß ab dem 25. Adar in den letzten
hektischen Tagen der Tempelsteuereintreibung, als immer mehr Wallfahrer
zum bevorstehenden Passa eintrafen, zusätzliche Tische aufgestellt wurden
und mehr Geldwechsler im Einsatz waren als sonst[53]. Andere wie
E.P. SANDERS sowie G. THEISSEN und A. MERZ rechnen mit einer Ankunft
zu dem von den Reinheitsvorschriften her üblichen Zeitpunkt einer Woche
vor dem Passa: „Am 8. Nisan zogen Jesus und seine Anhänger zusammen
mit einer riesigen Menschenmenge in Jerusalem ein."[54]

Obwohl weder die Angaben über Anwesenheit von Geldwechslern noch
die von den Reinheitsvorschriften vorgesehene Reinigungszeit für die
genaue Fixierung der Ankunft Jesu in Jerusalem und damit auch für den
Zeitraum, innerhalb dessen die Tempelaktion stattgefunden hat, letztlich
entscheidend sind, weisen sie immerhin historisch zutreffend in die Zeit
„shortly before the feast of Passover and Unleavened Bread" als „the date
of this event"[55].

3. Historische Rekonstruktion der Tempelaktion Jesu und deren Folgen

Obwohl nun die historische Vorstellbarkeit der Tempelaktion Jesu nachgewiesen und ihre chronologische Einordnung kurz vor jenem Passafest,
während dessen Jesus in Jerusalem gekreuzigt wurde, bestimmt worden
sind, ist die *Historizitätsfrage* damit noch nicht entschieden[56].

---

mischnischen Informationen über die Geldwechsler helfen, „to situate this action in time,
that is, it was performed two to three weeks before Passover". Vgl. sonst u.a. EPPSTEIN,
Historicity, 45; JEREMIAS, Widerspruch, 179; DERS., Theologie, 145 Anm. 15;
HAENCHEN, Johannesevangelium, 200, 204; CARSON, John, 178. (Einige nehmen
allerdings eine verlängerte Anwesenheit noch bis zum Passa am 14. Nisan an.)

[53] So auch MANSON, Cleansing, 276f und BAUCKHAM, Demonstration, 75. S. ÅDNA,
Jerusalemer Tempel, 117f.

[54] SANDERS, Sohn Gottes, 366f. S. zu den erforderlichen Reinigungen, die eine Woche
beanspruchten, a.a.O., 365f und DERS., Judaism 134f. THEISSEN / MERZ, Jesus, 380f
rechnen zwar auch damit, daß Jesus, wie es üblich war, eine Woche vor Beginn des
Passafestes nach Jerusalem kam, aber sie bestreiten entschieden, daß der Grund für die
Ankunft zu diesem Zeitpunkt war, daß er sich noch rechtzeitig den Reinigungsriten
unterziehen wollte, denn das würde seinem von den Evangelien gut bezeugten radikalen
Reinheitsverständnis widersprechen.

[55] CASEY, Culture and Historicity, 308.

[56] Im Abschn. 2 über die chronologische Einordnung hat die Annahme der Historizität
bereits eine Rolle gespielt, insofern die vorausgesetzte Historizität z.T. als Kriterium bei
der Plausibilitätsprüfung der verschiedenen Datierungsvorschläge eingesetzt worden ist.
Dieses m.E. methodisch voll gerechtfertigte Verfahren will weder noch soll es den

3.1 Eine literarische Bildung?

ERNST LOHMEYER faßte die s.E. schwerwiegendsten Einwände gegen die Historizität der Tempelaktion Jesu in folgendem Satz zusammen:

> „Geschichtlich läßt sich der Vorfall kaum noch ganz erkennen; denn es ist schwer vorstellbar, wie Jesus allein den weiten Tempelplatz solle gesäubert haben, weshalb die Tempelpolizei nicht eingegriffen hat oder die römische Wache auf der Burg Antonia, weshalb diese Tat in dem Prozeß Jesu keine Rolle spielt."[57]

Obgleich die drei ersten Anfragen, die in diesem Zitat zu Wort kommen, inzwischen entschärft oder gar entkräftigt sind, bleibt der letzte Einwand LOHMEYERs, die Tempelaktion spiele keine Rolle im Prozeß gegen Jesus, von erheblichem Gewicht, falls er zutrifft[58]. Wenn es stimmt, daß keine Verbindung zwischen dieser Aktion im Tempel und dem mit tödlichem Ausgang endenden Einschreiten gegen Jesus wenige Tage später nachweisbar oder wahrscheinlich zu machen ist, müssen ernsthaft andere Erklärungen für die Existenz der Überlieferung von Jesu Handeln im Tempel als die Annahme eines historischen Ereignisses gesucht werden. In diesem Fall kämen Thesen in Frage wie etwa die in der Einleitung kurz vorgestellten von WALTER GRUNDMANN, die Tempelaustreibung sei eine narrative Umbildung kritischer Jesusworte gegen den Tempel, und von GEORGE WESLEY BUCHANAN, die Erzählung sei ein im Messiasglauben wurzelnder Midrasch, der erst nachösterlich Jesus zugeschrieben worden ist und sein Vorgehen als messianischen Akt versteht[59].

Eindruck erwecken, daß sich eine eigenständige kritische Prüfung der Historizität des vermeintlichen Ereignisses erübrigt.

[57] LOHMEYER, Markus, 237. (Dies ist der vollständige Satz, aus dem auf S. 10f in den Anm. 17, 18 und 21 Bruchstücke zitiert worden sind.)

[58] Vgl. auch z.B. CAMPBELL, Historicity, 115 / 116: „The major weakness with this scheme [sc. dem synopt. Aufriß der letzten Woche Jesu] is the rather weak cause and effect relationship between the Temple-cleansing *per se* and the final crisis ... The cleansing of the Temple in Synoptic sequence is insufficient to explain in the space of a few days how Christ was welcomed, admired, then rejected, judged, condemned and crucified."

[59] Vgl. zu GRUNDMANN und BUCHANAN S. 11f und S. 21 mit Anm. 67. Aufgrund der gewichtigen historischen Bedenken einerseits und des s.E. durch die Einführung der atl. Worte in Mk 11,17 besonders deutlichen katechetischen Zwecks der hier gemeinten „Lehre" (vgl. die Einführung V. 17a) andererseits urteilt LOHMEYER, Markus, 237: „Die Erzählung ist kaum ein historischer Bericht zu nennen, sondern ein paränetisches Beispiel mit angefügter Lehre" (vgl. a.a.O., 236 zum „katechetische[n] Zweck" bzw. zur „katechetischen Haltung dieser Lehre"). KLOSTERMANN, Markusevangelium, 117 scheint in der Tempelaktionserzählung eine „aus alttestamentlichen Stellen wie Mal 3,1; Zach 14,21, auch Hos 9,15 entstanden(e) ... dichterische Darstellung" jener „Wahrheit ..., daß Jesus ,weltgeschichtlich' den Tempel gereinigt hat", zu sehen.

BUCHANAN[60] ist nicht der einzige Forscher, der in den letzten Jahren die Tempelaktionsüberlieferung als eine literarische Bildung ohne Grundlage in einem historischen Ereignis zu erklären versucht hat. Das gilt auch nicht zuletzt für BURTON L. MACK in dem Buch mit dem in dieser Hinsicht kennzeichnenden Titel „A Myth of Innocence. Mark and Christian Origins":

> „The temple act cannot be historical. If one deletes from the story those themes essential to the Markan plots, there is nothing left over for historical reminiscence. The anti-temple theme is clearly Markan and the reasons for it can be explained. The lack of any evidence for an anti-temple attitude in the Jesus and Christ traditions prior to Mark fits with the incredible lack of incidence in the story itself. Nothing happens. Even the chief priests overhear his ‚instruction' and do nothing. The conclusion must be that the temple act is a Markan fabrication."[61]

In ROBERT J. MILLERs Untersuchung darüber, wie eine exemplarisch ausgewählte Anzahl von Forschern im Hinblick auf die Historizitätsfrage der Tempelaktion Jesu argumentieren, schneidet MACK am besten ab. MILLER bescheinigt ihm, seine „treatment is superior" im Vergleich zu jenen, die trotz der fehlenden Plausibilität der mk Szene an der Historizität festhalten[62]. Er stimmt den der MACKschen Argumentation zugrundeliegenden methodologischen Prinzipien zu, wenn in einer Perikope Züge, die dem narrativen Plot der ganzen Schrift entsprechen, sowie ein für den Autor typisches Thema vorkommen, sei auf literarisch-schriftstellerischen Ursprung der Texteinheit zu schließen[63]. Die „Überlegenheit" MACKs bestehe vor allem darin, „that he can explain why the implausibility is there: Mark has sacrificed plausibility for the sake of more clearly developing his narrative designs"[64]. Vor dem Hintergrund von BUCHANANs und MACKs Arbeiten und auf der Grundlage weiterer methodologischer Überlegungen gelangt MILLER zu dem grundlegenden Gesichtspunkt, daß

---

[60] S. die Beurteilung von BUCHANANs Midraschthese in MILLER, Historical Method, 15f. Mit Zustimmung stellt MILLER fest: „Buchanan does not explicitly state, but surely presupposes, that a scene should not be judged historical if the evidence supports another way to account for its presence in the gospel. So even if the argument against historicity is not absolutely compelling, such an argument nonetheless points toward unhistoricity and cannot simply be gainsaid" (16).

[61] MACK, Myth of Innocence, 292.

[62] MILLER erörtert MACKs Position in (A)Historicity, 246–248 sowie in Historical Method, 20–22. Das Zitat ist S. 248 bzw. S. 22 entnommen.

[63] (A)Historicity, 247 = Historical Method, 22: „If a scene is composed entirely of themes and narrative designs essential to the gospel's plot, the deed in that scene should be considered unhistorical."

[64] (A)Historicity, 248; Historical Method, 22.

die Annahme der Historizität erst dann erlaubt ist, wenn „we have no other reasonable way to account for the presence of a story in the text"[65].

Der bisher ausführlichste Versuch, den Bericht über Jesu Tempelaktion als eine literarische Bildung zu erklären, stammt von DAVID SEELEY. In seinem Aufsatz „Jesus' Temple Act" erörtert er zunächst drei Hauptdeutungen, die eine historische Tat Jesu zugrundelegen und jeweils von den namhaften Forschern E.P. SANDERS, J. NEUSNER und C.A. EVANS vertreten werden, findet aber alle historisch unglaubwürdig und schließt dementsprechend daraus: „Our only recourse seems to be agreement with Buchanan, who says that the account which ‚now appears in the gospels ... does not make sense in the Jerusalem situation during Jesus' ministry.‘"[66] Nach diesem negativen Resultat untersucht er im zweiten Teil des Aufsatzes „the temple act as Marcan composition" und wird nun fündig: „[T]he act fits the Second Gospel's plot line so well that its compositional appropriateness far outweighs the difficulties in trying to conceive it as a historical event."[67] Vor diesem Hintergrund kann es nicht überraschen, daß SEELEYs Schlußbilanz lautet:

„When the aims of Mark are considered, the temple act can be seen to fit nicely into his literary agenda for his gospel. *Logic dictates that the compositional alternative be chosen over the historical one.*"[68]

---

[65] So Historical Method, 29 in der fünften der insgesamt 18 „theses on method", in die dieser Aufsatz mündet (a.a.O., 28f). Die Berechtigung dieser methodologischen Regel versucht MILLER, a.a.O., 24 (vgl. auch [A]Historicity, 249) zu begründen. Er gibt zwar zu, daß die *a priori* Annahme der Unhistorizität „is not persuasive by itself" (Historical Method, 24; vgl. Thesen 6 und 7 a.a.O., 29), aber solange man sich dessen bewußt ist, daß „our findings are not statements about the event themselves but about our ability to account for their presence in our texts" (ebd.), sei sie jedoch methodologisch vertretbar. Hier muß hinzugefügt werden, daß MILLER zufolge die historische Implausibilität einer Erzählung gar keine Voraussetzung für ein negatives Urteil betreffs der Historizität ist; in bezug auf die Tempelaktion bei Mk kommt der angeblichen Implausibilität nur die Rolle einer zusätzlichen „indication of the fictive nature of the scene" zu ([A]Historicity, 248; Historical Method, 22); die Feststellung der narrativ-thematischen Einordnung ins Ganze des Markusevangeliums reicht für das negative Urteil voll aus. Erst mehrfache Bezeugung in Quellen, die voneinander unabhängig sind („multiple independent attestation"), vermag etwas daran zu ändern, vgl. (A)Historicity, 249f; Historical Method 25 sowie 29 (methodologische Thesen 8 und 9).

[66] SEELEY, Temple Act, 264–271, Zitat von S. 271. Das BUCHANAN-Zitat ist dessen Aufsatz Money-Changers, 282 entnommen. S. auch SEELEYs Urteil in Temple Act, 264 Anm. 2: „[I]t is hard to imagine *any* behavior by the historical Jesus which might have stood at the source of the tradition concerning the temple act" (kursiv von SEELEY).

[67] A.a.O., 271–282, Zitat von S. 280.

[68] A.a.O., 283 (kursiv von mir). Das Kriterium der mehrfachen Bezeugung (s.o. Anm. 65) vermag nichts an dieser Beurteilung zu ändern, denn SEELEY sieht hinter Joh 2,13–22 keine von Mk unabhängige Überlieferung; die joh Fassung ist ihm zufolge von Mk abhängig (vgl. a.a.O., 272f).

SEELEY, MILLER, MACK und BUCHANAN zeigen eine große Bereitschaft, literarisch-fiktive Bildungen der Evangelisten über Jesus anzunehmen. Ihr Vertrauen in die schriftstellerisch schöpferische Kraft und Freiheit der Evangelisten geht Hand in Hand mit einem tiefen Verdacht gegen historische Glaubwürdigkeit der einzelnen Erzählelemente in Texten wie dem über die Tempelaktion. MAURICE CASEY hat in seinem Aufsatz „Culture and Historicity: The Cleansing of the Temple" die Arbeiten dieser Autoren einer kritischen Analyse unterzogen, die in ihrem Ergebnis für die Vertreter der „Fiction"-Auffassung schlicht vernichtend ausfällt[69]. CASEY wirft ihnen ein oberflächliches, historisch höchst mangelhaft informiertes und ein manchmal arrogantes Vorgehen bei ihren Postulaten über fehlende Historizität vor.

> Den ersten Teil von SEELEYS Aufsatz, in dem er die historische Unglaubwürdigkeit der Tempelaktion darzulegen bemüht ist, charakterisiert CASEY folgendermaßen: „The unfortunate effect of Seeley's method is that he regards as unhistorical anything which he does not understand. The trouble with his execution is that there is too much which he does not understand; consequently, he ends up with too little historical event."[70] Das im zweiten Teil des Aufsatzes von SEELEY zugrundegelegte literarisch-kompositionelle „argument excludes *by method* even the possibility that there was a real event which was later written up with secondary material. That method is contrary to the nature of historical research into a culture in which the rewriting of history was normal"[71]. Um die methodologischen Prinzipien MACKS und MILLERS ist es nach CASEY keineswegs besser bestellt. Er zitiert den oben in Anm. 63 wiedergegebenen Satz aus MILLERS Aufsätzen und erläutert dazu: „Since this excludes *by method* any possibility that a gospel writer could found his plot on correct information about an important sequence of events, it should not be accepted as a principle for serious historical research. Rather, it illustrates the destructive nature of this approach to criticism of the Gospels."[72]

Obwohl ich nicht immer mit CASEYS eigenen historischen und exegetischen Einschätzungen einverstanden bin, finde ich seine methodologische Kritik an den „Fiction"-Vertretern überzeugend und unbedingt berechtigt[73]. Wie die radikale Formkritik vor ihr veranschlagt der „literary criticism" den Freiraum für die Bildung sekundärer, unhistorischer Jesusworte und

---

[69] CASEY versieht den entsprechenden Teil des Aufsatzes mit der Überschrift „Fiction", s. Culture and Historicity, 324–331.

[70] A.a.O., 325. Für Beispiele mangelhaften historischen Verständnisses seitens SEELEY s. S. 325–329 und seitens MACK und MILLER S. 331.

[71] A.a.O., 329 (kursiv von CASEY). Die niederschmetternde Gesamtbilanz über SEELEYS Arbeit lautet: „Thus, Seeley has done what he accuses Mark of: he has written fiction, only he has done it by making up interpretations of which there is little or no sign in the text" (330).

[72] A.a.O., 331 (kursiv von CASEY).

[73] Für eine sehr kritische Abrechnung mit MACKS gesamter Arbeit, bes. wie sie in „A Myth of Innocence" ihren Niederschlag gefunden hat, s. WRIGHT, Jesus, 35–44.

-erzählungen beim urchristlichen Tradieren der Evangelienüberlieferung viel zu hoch[74]. Angesichts der für die urchristlichen Tradenten der Jesus-überlieferung nachweislich feststellbaren Maßstäbe im Umgang mit der Überlieferung, die eine solche Freiheit zu beliebigen Neubildungen schlicht ausschließen[75], ist die Erklärung der Tempelaktionsperikope als eines nachösterlichen Erzeugnisses ohne historische Basis in einem faktischen Handeln des irdischen Jesus höchst problematisch.

3.2 Bejahung der Historizität

TILL AREND MOHR hat in seiner Studie „Markus- und Johannespassion" einige erwägenswerte Gesichtspunkte zur Historizität der Tempelaktion Jesu vorgelegt. Er meint die älteste rekonstruierbare Fassung der Überlieferung von der Tempelaktion zu der judenchristlichen Gemeinde in Jerusalem zurückverfolgen zu können[76]. MOHR weist erstens darauf hin,

---

[74] Vgl. die klassisch gewordene Formulierung in E. KÄSEMANN, Das Problem des historischen Jesus, in: DERS., Exegetische Versuche und Besinnungen I, Göttingen 1960, (187–214) 203: Es gelte „nicht mehr die etwaige Unechtheit, sondern gerade umgekehrt die Echtheit des Einzelgutes zu prüfen und glaubhaft zu machen". Vgl. auch etwa N. PERRIN, Was lehrte Jesus wirklich? Rekonstruktion und Deutung, Göttingen 1972, 32: „... es steht um die synoptische Tradition so, daß die Beweislast tragen muß, wer die Echtheit behauptet. Praktisch bedeutet das, daß wir nach Anzeichen dafür suchen müssen, daß ein Wort nicht von der Gemeinde, sondern vom historischen Jesus stammt."

[75] Vgl. die Kritik gegen die überlieferungsgeschichtliche Praxis der (klassischen) Formgeschichte S. 228–230. Über die dort in Anm. 271 angeführte Lit. hinaus verweise ich für einen alternativen, m.E. den ntl. Textbefunden viel gerechter werdenden Ansatz vor allem auf die sich über einen Zeitraum von einem Vierteljahrhundert erstreckende Verfasserschaft von B. GERHARDSSON: Memory and Manuscript. Oral Tradition and Written Transmission in Rabbinic Judaism and Early Christianity, ASNU 22, Uppsala 1961; Tradition and Transmission in Early Christianity, CNT 20, Lund / Kopenhagen 1964; Die Anfänge der Evangelientradition, Wuppertal 1977; Der Weg der Evangelientradition (1982, s. S. 230 Anm. 271); The Gospel Tradition, CB.NT 15, Lund 1986. Für eine kritische Würdigung sowohl der mit einer Vielzahl von sekundären Gemeindebildungen in den synopt. Evangelien rechnenden formgeschichtlichen Schule als auch der alternativen Position, die mit einem viel höheren Anteil an authentischem Material rechnet und neben GERHARDSSON u.a. von JOACHIM JEREMIAS (vgl. vor allem seine „Neutestamentliche Theologie. Erster Teil: Die Verkündigung Jesu") und RAINER RIESNER (vgl. vor allem seine Monographie „Jesus als Lehrer") vertreten wird, s. STUHLMACHER, Theologie I, 41ff, der für die Nachfrage nach dem Wirken und der Verkündigung des historischen Jesus zu folgendem Ergebnis kommt: „... (es) ist ratsam, ... nicht mehr das von der klassischen Formgeschichte vorausgesetzte, sondern das von J.Jeremias, B.Gerhardsson und R.Riesner entwickelte, historisch besser begründete Bild vom Werdegang der synoptischen Evangelientradition zugrundezulegen" (a.a.O., 46).

[76] Vgl. MOHR, Markus- und Johannespassion, 93f. Obwohl die Gründe, die er für die Zuordnung zur Urgemeinde anführt, m.E. teilweise nicht stichhaltig sind, dürfte sein historisches Ergebnis bezüglich der frühen Lokalisierung der Tempelaktionsüberlieferung in Jerusalem, das hier interessiert, nichtsdestoweniger korrekt sein. In der überlieferungsgeschichtlichen Analyse habe ich mich ausführlich mit der Position MOHRs,

„dass der Bericht ... viel zu konkrete, eigenständige Züge auf(weist), wie zB das Umstossen der Tische der Geldwechsler, als dass die Tempelreinigung aus dem AT heraus sek(undär) gebildet worden sein könnte"[77]. Gemäß der Logik der Formgeschichte müßte für die Entstehung der Tempelaktionsgeschichte in der nachösterlichen Gemeinde als Sitz im Leben „eine Situation scharfer Auseinandersetzung mit den jüd. Hierarchien [sic] angenommen werden"; historisch betrachtet würde jedoch in dieser Situation „ein Phantasieprodukt, dessen Ungeschichtlichkeit der jüd. Priesterschaft von Anfang an klar gewesen wäre, nicht den Hauch einer Chance haben ... als Argument ernst genommen zu werden, zumal die Apostel selbst wissen mussten, dass der historische Jesus mit einer solchen Geschichte nichts zu tun hatte"[78]. Als damit verbundenes drittes Argument folgert Mohr, daß im Fall eines derartigen frontalen Konflikts mit der Priesterschaft das weitere Verbleiben der Jerusalemer Judenchristen in Jerusalem ein Rätsel wäre[79]. M.E. darf Mohr nach diesen Ausführungen mit guten Gründen den Anspruch erheben, für folgende Schlußfolgerung festen Boden unter den Füßen zu haben: „Somit lässt sich an der Geschichtlichkeit der Tempelreinigung, wie auch weithin in der Forschung angenommen, nicht zweifeln."[80]

---

derzufolge Joh 2,14–17 insgesamt, vor allem durch das Wort V. 16b, mehr Authentisches als die mk Parallele bewahrt hat (vgl. a.a.O., 86–92), auseinandergesetzt (s.o. vor allem S. 194–197, 198–206).

[77] Mohr, a.a.O., 94. In Anm. 89 auf derselben Seite geht er auf die beiden Texte, die am ehesten in Frage kämen, nämlich Mal 3,1ff und Sach 14,20f (vgl. dazu das Zitat von Klostermann in Anm. 59), ein und weist nach, daß sie dem Bericht von der Tempelaktion nicht Pate gestanden haben können. Bauckham, Demonstration, 82 sieht in der Tatsache, daß Mal 3,1–3 oder Sach 14,21 – „texts often quoted in modern studies of our subject" – nicht in der Überlieferung von der Tempelaktion zitiert werden, sondern daß es im Gegenteil die sonst nirgends christologisch ausgewerteten Stellen Jes 56,7 und Jer 7,11 sind, die durch Zitat und Anspielung aufgenommen worden sind, ein starkes Argument für die Authentizität von Mk 11,17b. Als einen extremen Vertreter der zu Recht von Mohr und Bauckham abgelehnten Position nenne ich Schmithals, Markus II, 496: „Die *Basis* des Berichtes ist die Mal 3,1ff. verheißene und zur Zeit des Erzählers historisch erfahrbare ‚Reinigung' des jüdischen Gottesdienstes durch die Begründung der christlichen Gemeinden" (kursiv von Schmithals).

[78] Mohr, a.a.O., 94.

[79] Vgl. ebd. Die Verfolgung und Vertreibung des sog. Stephanuskreises aus Jerusalem (vgl. Act 7,54–8,3) zeigt, welche Folgen diese Art von Tempelkritik und Auseinandersetzung mit der Priesterschaft (vgl. Act 6,12–14) haben konnte.

[80] A.a.O., 95. In Anm. 92 auf derselben Seite nennt er unter den Forschern, die mit der Historizität der Tempelaktion rechnen, u.a. Bornkamm, Jesus, 139f; Hahn, Hoheitstitel, 171ff; Roloff, Kerygma, 94; Hamilton, Cleansing; Roth, Cleansing; Trocmé, Expulsion, 13ff; Jeremias, Weltvollender, 35ff; Gnilka, Markus II, 130 und Pesch, Markusevangelium II, 198.
Von Mohr unerwähnt sind u.a. Davies, The Gospel and the Land, 349 Anm. 45 (mit einer negativ ausgedrückten Historizitätsannahme: „It is difficult to think that there was

Unter Stellungnahmen aus den letzten Jahren zugunsten der Historizität der Tempelaktion Jesu als einer dem äußeren Ausmaß nach relativ bescheidenen Episode können noch einige Forscher exemplarisch kurz erwähnt werden. BEN WITHERINGTON III folgert aus der glaubwürdigen Auskunft der Evangelien, daß Jesus allein handelte,

„that a major disturbance was not created ... If any action was taken at all as a result of the minor disruption, then it could have been handled by a few temple police who, if Jesus did not persist in his action for long, could easily have helped to set matters right and reported the incident to the temple authorities"[81].

Wie in der Einleitung erwähnt, sprach sich E.P. SANDERS bereits 1985 in „Jesus and Judaism" für die Historizität der Tempelaktion in der Form des Umstoßens einiger Geldwechslertische „as a demonstrative action" aus und fügte hinzu: „It would appear that the action was not substantial enough even to interfere with the daily routine"[82]. In seinem neueren Jesusbuch „The Historical Figure of Jesus" (1993; deutsche Übersetzung 1996) zählt

---

no cleansing"), 352 Anm. 46 (positiv: „a very mild or minor act of civil disobedience which attracted no attention from the guardian soldiers") und vor allem die ausführliche Erörterung bei TRAUTMANN, Zeichenhafte Handlungen Jesu, 114–119, von der „Authentie der ältesten Überlieferung Mk 11,15" (s.o. S. 213–216 mit Anm. 180 für ihre Auffassung, daß Mk 11,15 – und zwar der ganze Vers – den ursprünglichen Kern der Überlieferung ausmacht). Neben der Feststellung, daß die in Mk 11,15 vorausgesetzte Situation den historischen Realitäten im Tempel z.Z. Jesu entspricht (a.a.O., 115f), und dem Erweis, daß das Ausmaß der Aktion Jesu äußerlich betrachtet bescheiden gewesen sein muß (118f: „Beim Auftreten Jesu im Vorhof des Tempels [trotz ihrer Kenntnis von der These, der Standort der Händler und Geldwechsler befinde sich in der königlichen Säulenhalle (s. 115), bleibt TRAUTMANN bei der allgemeinen Angabe des Vorhofs der Heiden] kann es sich ... nur um ein geringfügiges und unsensationelles Ereignis gehandelt haben" [119]), weist TRAUTMANN zur Begründung der Authentizität vor allem auf „die Unableitbarkeit der Tat Jesu" (116–118). I.M.n. halte die Tempelaktion dem Kriterium der doppelten Unähnlichkeit voll stand (117), denn einerseits „(mußte) Jesu Verhalten ... der religiös begründeten Praxis seiner Zeitgenossen zutiefst widersprechen; es ist aus dieser Praxis nicht ableitbar" (117) und andererseits sei angesichts der aus Stellen wie Act 2,46; 3,1; 5,12.21.42; 21,26; 22,17 hervorgehenden „positiven Einstellung zum Tempel der Judenchristen vor 70 n.Chr. ... eine sekundäre Bildung von Mk 11,15 nicht vorstellbar; sie widerspricht deutlich der Haltung der ältesten Gemeinde zum Tempel" (118). U.a. MERKLEIN, Botschaft, 135 nimmt die Ausführungen TRAUTMANNS positiv auf und spricht sich für die Historizität des Ereignisses als „eine(r) begrenzte(n) exemplarische(n) Aktion" aus.

[81] WITHERINGTON, Christology, 110. Insgesamt führt WITHERINGTON, a.a.O., 109f sechs Argumente zugunsten der Historizität an. S. das Referat und die z.T. berechtigte Kritik daran bei MILLER, (A)Historicity, 244–246; Historical Method, 16–18.

[82] SANDERS, Jesus and Judaism, 70. Schwere, nur z.T. angebrachte Kritik gegen SANDERS trägt MILLER vor in (A)Historicity, 236–238; Historical Method, 6–9.

Sanders die Tempelaktion zu den sichersten historischen Daten über Jesus[83].

3.3 Die Verbindung zwischen der Tempelaktion und dem Prozeß gegen Jesus

Zur obigen Beschäftigung mit den literarisch-fiktiven Thesen leitete die Behauptung Ernst Lohmeyers, die Tempelaktion spiele keine Rolle im Prozeß gegen Jesus, über (s.o. S. 317). Wir müssen nun prüfen, inwiefern diese Behauptung stimmt oder nicht.

Die radikale historische Kritik hat aus dem einen „gesicherte(n) Kern-Faktum ..., daß Jesus gekreuzigt wurde, ... geschlossen ..., daß man ihn verhaftete und daß ein Gerichtsverfahren erfolgte, und zwar ein römisches ... Alles übrige am Ablauf der Ereignisse ist strittig"[84]. Will man aber von diesem dürftigen Faktum des durch römische Hand vollstreckten Todes-urteils zu der mit der ganzen übrigen Jesusüberlieferung im Widerstreit liegenden These, Jesus sei ein zelotischer Widerstandskämpfer gegen die Römer gewesen (s.o. S. 301f), nicht zwangsläufig gelangen, sondern eine historisch plausible Verbindung zwischen dem hinter den Evangelien sich abzeichnenden Wirken Jesu und seinem römischen Verbrechertod finden, bedarf es eines vermittelnden Zwischenglieds.

Ohne hier auf die umstrittenen Fragen eingehen zu wollen oder zu müssen, welche Rollen im einzelnen welchen jüdischen Akteuren in den zur Kreuzigung Jesu führenden dramatischen Ereignissen seiner letzten Stunden zukommen, muß – meine ich – aus den uns vorliegenden Befunden wenigstens die historische Schlußfolgerung erlaubt sein, daß die *Hohenpriester* offensichtlich in irgendeiner Weise daran beteiligt gewesen sind[85].

Es ist auffällig, wie die während des Wirkens Jesu in Galiläa am häufigsten als seine Gegner auftretenden Pharisäer seit seiner Ankunft in Jerusalem in den Hinter-grund treten[86] und dafür nun die Hohenpriester, οἱ ἀρχιερεῖς, dominieren (vgl.

---

[83] Sanders, Historical Figure, 10f, vgl. 254–262 für Einzelheiten (= Sohn Gottes, 27f, vgl. 372–384 für Einzelheiten). Vgl. die Zustimmung bei H.D. Betz, Jesus, 456 und Tan, Zion and Jesus, 159f.

[84] H. Conzelmann, Historie und Theologie in den synoptischen Passionsberichten (1967), in: Ders., Theologie als Schriftauslegung. Aufsätze zum Neuen Testament, München 1974, (74–90) 74f. Vgl. noch Conzelmann / Lindemann, Arbeitsbuch, 402–409 für eine weitere sehr kritische Erörterung, die zwar noch mit einer vermittelnden Rolle einiger Juden rechnet, die Jesus den römischen Behörden ausgeliefert haben, aber sonst auch nur die römische Verurteilung und Hinrichtung als historisch gesicherte Fakten gelten läßt und sich dabei mit der Auskunft bescheidet, Jesus müsse aufgrund eines politischen Vorwurfs verurteilt worden sein. Der Titulus am Kreuz (vgl. Mk 15,26) sei allerdings dafür nicht „heranzuziehen, denn bei diesem titulus handelt es sich um ein christologisches Motiv ohne historischen Hintergrund" (409).

[85] Zu den Hohenpriestern s.o. S. 287 sowie Ådna, Jerusalemer Tempel, 91–95.

[86] Zu pharisäischen Gegnern Jesu in Galiläa s. u.a. Mk 2,16 par.; 2,24 par.; 3,6 par. Mt 12,14; Mk 7,1ff par.; 8,11 par.; 8,15 par.; 10,2 par. Bei Lk treten die Pharisäer zum

Mk 11,18 par. Lk 19,47; Mk 11,27 par.; Mt 21,45f par. Lk 20,19; Mk 14,1 par.; 14,10 par.; 14,53.55 par.; 15,1 par.; 15,3 par.)[87]. Wenn man zusätzlich wie z.b. DAVID FLUSSER damit rechnet, daß die in einigen von diesen Stellen neben den Hohenpriestern genannten Schriftgelehrten nicht den pharisäischen Flügel des Sanhedrins meint und daß der Sanhedrin als vollständiges Gremium gar nicht an den Maßnahmen gegen Jesus beteiligt gewesen ist, sondern daß die gegen Jesus einschreitenden Hohenpriester, Schriftgelehrten und Ältesten sich auf einen engeren, sadduzäisch gesinnten Kreis beschränken[88] oder wenn man mit E.P. SANDERS überhaupt erhebliche Zweifel an der Existenz und Funktion des Sanhedrins (so wie ihn die rabbinischen Quellen ihn beschreiben) um das Jahr 30 n.Chr. anmeldet[89], rücken die Hohenpriester noch mehr in den Vordergrund als diejenigen, die auf der jüdischen Seite gegen Jesus aktiv einschreiten. Ungeachtet dessen, wie stark oder gering die Gegnerschaft der Pharisäer (und anderer Gruppen) gegen Jesus letztlich gewesen sein mag, sind es die Jerusalemer Hohenpriester, die jüdischerseits die treibende Kraft in der Bestrebung, ihn unschädlich zu machen, darstellen. Bereits die unbefangene Lektüre von Mk 15,1–15 par. Mt 27,1–26 erweckt diesen Eindruck, denn nach der beschlossenen Auslieferung Jesu an den römischen Präfekten Pontius Pilatus (Mk 15,1 par. Mt 27,1f) sind es die Hohenpriester, die Jesus vor Pilatus anklagen (Mk 15,3 par. Mt 27,12 [Mt: auch die Ältesten]) und die Volksmenge aufwiegeln, die Freilassung des Barabbas auf Kosten von Jesus zu fordern (Mk 15,11 par. Mt 27,20 [Mt: auch die Ältesten]); und außerdem schreibt Mk 15,10 Pilatus die Erkenntnis zu, es seien die Hohenpriester, die Jesus an ihn ausgeliefert haben (παραδεδώκεισαν αὐτὸν οἱ ἀρχιερεῖς), und unterstreicht somit erneut deren führende Rolle bei dem wenige Verse zuvor berichteten Auslieferungsbeschluß (vgl. Mk 15,1)[90].

---

letzten Mal in 19,39 während des Einzugs Jesu in Jerusalem auf und bei Mk in 12,13 in der Zinsgroschenperikope. Nur Mt nennt sie auch in Jerusalem mehrmals (21,45; 22,15. 34.41; 27,62; vgl. auch Jesu Rede 23,1ff).

[87] Unter den Hohenpriestern wird die führende Rolle des *Hohenpriesters* in der Verhörszene Mk 14,53ff par. hervorgehoben. Vgl. für eine gute synopt. Übersicht über die Stellen, die von den negativen Reaktionen und den feindseligen Maßnahmen seitens der Hohenpriester seit Jesu Ankunft in Jerusalem handeln, SANDERS, Jesus and Judaism, 310f.

[88] Vgl. FLUSSER, Prozeß und Tod, 144, 146–148 („Man darf ... fast mit Sicherheit annehmen, daß in der Nacht des Verhörs im Haus des Hohenpriesters nicht die Mitglieder des Synhedriums versammelt waren, sondern lediglich der Tempelrat ...“ [148]); DERS., Die letzten Tage Jesu, 95ff (es waren „die Hohenpriester und das Tempeldirektorium", die „in Jesus eine wirkliche Bedrohung sahen" [102]).

[89] Vgl. SANDERS, a.a.O., 312–317.

[90] Die Führungsrolle der Hohenpriester bei der Entscheidung, Jesus den Römern auszuliefern, geht auch aus dem wegen der Erwähnung des ὅλον τὸ συνέδριον historisch so umstrittenen Vers Mk 15,1 hervor, da sie zuerst genannt und die beiden anderen Gruppierungen der πρεσβύτεροι und der γραμματεῖς Ihnen lediglich durch eine präpositionale Konstruktion angehängt sind. Vermutlich denken auch CONZELMANN / LINDEMANN, Arbeitsbuch, 409 bei ihrem erschlossenen kritischen Minimum an historischen Fakten des Prozesses gegen Jesus mit Mk 15,10 an die Gruppe der Hohenpriester, wenn sie von denjenigen „Juden" sprechen, die Jesus den Römern auslieferten (s.o. Anm. 84). Man muß folglich nicht, um die maßgebliche Rolle der Hohenpriester beim Einschreiten gegen Jesus zu sichern, wie etwa FLUSSER und SANDERS die Gegnerschaft der Pharisäer gegen Jesus bestreiten oder völlig herunterspielen (vgl. FLUSSER, Die letzten Tage Jesu, 30f, 88–90; SANDERS, Jesus and Judaism, 275, 285f).

Wenn nunmehr das oben geforderte Zwischenglied zwischen dem unrevolutionären Wirken Jesu einerseits und seinem von römischer Hand vollstreckten Verbrechertod am Kreuz andererseits in der Hohenpriesterschaft gefunden ist[91], stellt sich die Frage, was die Hohenpriester dazu bewogen hat, aktiv gezielt auf Jesu Hinrichtung hinzuwirken. Da die Hohenpriester in Jerusalem residierten, dürften sie erst dort mit Jesus direkt in Berührung gekommen sein, und wenn wir für Anlässe, die einen derart tödlichen Konflikt ausgelöst haben mögen, lediglich auf Jerusalem als Ort des Geschehens angewiesen sind, kommt uns zwangsläufig gerade die Tempelaktion in den Sinn.

In der Tat stellt Markus es so dar, daß die Tötungsabsicht seitens der Hohenpriester (und der Schriftgelehrten) gerade durch Jesu Tempelaktion ausgelöst wird und daß die letztlich mit Jesu Kreuzigung endende dramatische Ereigniskette von hierher ihren unheilvollen und unaufhaltsamen Lauf nimmt (vgl. Mk 11,18). Trotz des mk redaktionellen Charakters dieses Verses (vgl. S. 226–228, 231) liegt es nahe zu vermuten, daß Mk hierbei historisch zutreffend urteilt:

> „Mark links the decisive plot to kill Jesus to the action [*sc.* die Tempelaktion] ... (Mark 11.18). There is no reason to suppose that he here had access to the thinking of the Jewish leaders, but this time (unlike Mark 3.6), he seems to have hit it right."[92]

Die Ausführungen zum Sanhedrin und zu der darin vertretenen Gruppe der Schriftgelehrten oben S. 289f und S. 291 Anm. 158 stehen nicht im Widerspruch zu der hier vertretenen Sicht. Für den positiven Erweis der Hohenpriester als Jesu Hauptgegner vgl. noch SANDERS, a.a.O., 289f, 293.

[91] SANDERS, a.a.O., 313–315 sieht eine Bestätigung hierfür in der Rolle, die den Hohenpriestern nach der Beschreibung des Josephus wiederholt bei Konflikten als vermittelnder und schlichtender Instanz zwischen dem jüdischen Volk und der römischen Besatzungsmacht im 1. Jh. v. und im 1. Jh. n.Chr. zukam: „The impression is overwhelming that the chief priests took the lead in mediating between the Romans and the populace: they were held responsible by the Romans, they asserted their authority and prestige in seeking accomodation, and they undertook to speak to the Romans on behalf of the nation" (315). Zur Rolle der Hohenpriester nach SANDERS s. noch Judaism, 485–490 sowie Historical Figure, 13, 67f, bes. 265ff (= Sohn Gottes, 31, 113, bes. 386ff).

[92] SANDERS, a.a.O., 301f. In Historical Figure, 130f (= Sohn Gottes, 200f) stellt er die Vermutung auf, daß der Block mit Konflikterzählungen Mk 2,1–3,6 einer Quelle entnommen ist, die ursprünglich diese Konflikte kurz vor der Hinrichtung Jesu einordnete. In diesem Fall würde folglich auch Mk 3,6 wie 11,18 sich ursprünglich auf die Zeit des zugespitzten Konflikts beziehen. Vgl. HAHN, Verständnis des Opfers, 276: „Daß dies [*sc.* die Tempelaktion] der entscheidende Anlaß für die jüdische Behörde war, gegen Jesus einzuschreiten, wird von den Evangelien wohl zuverlässig überliefert." S. auch SÖDING, Tempelaktion, 50 und 62 („Tatsächlich war sie [*sc.* die Tempelaktion] der Auslöser für seine Verhaftung und Hinrichtung").

Nicht nur E.P. SANDERS, sondern u.a. auch G. BORNKAMM, D. FLUSSER, H. MERKLEIN, P. FREDRIKSEN, F.J. MATERA, J.D.G. DUNN, J. GNILKA, M.J. BORG, J.D. CROSSAN, R.E. BROWN sowie P.M. CASEY schließen aus der Tatsache der führenden Rolle der Hohenpriester im Prozeß gegen Jesus, daß die Tempelaktion die Hauptureache für ihre Bestrebung, ihn umzubringen, gewesen sein muß[93].

Wenn wir zusätzlich zur allein entscheidenden Rolle der Hohenpriester auch noch in Erinnerung rufen, daß die *Thematik* der Stellung Jesu zum Tempel nach der Darstellung von Mk und Mt im Prozeß gegen ihn gar nicht abwesend war, sondern im Gegenteil eine herausragende Rolle bei der Zeugenaufnahme im Verhör vor dem Hohenpriester Kaiphas spielte (vgl. Mk 14,57f par. Mt 26,60b.61 und s.o. die Ausführungen S. 113–116, 140, 143f), und dabei berücksichtigen, daß eine völlige inhaltliche Kohärenz zwischen der Tempelaktion und dem somit im Prozeß bezeugten Tempelwort Jesu besteht[94], dürfen wir nunmehr den Einwand ERNST

---

[93] Vgl. BORNKAMM, Jesus, 140: „Fragen wir ... nach dem Ablauf der Ereignisse, so darf man mit Sicherheit annehmen, daß die jüdische Behörde vor allem durch die sie herausfordernden Szenen beim Einzug und im Tempel sich zum Einschreiten veranlaßt sah." S. auch FLUSSER, Prozeß und Tod, 160: „Die entscheidende Frage stellt sich so: Was geschah wirklich? Geht man dieser Frage nach, wird deutlich, was im allgemeinen nicht bekannt ist: Die Verbindung der den einzelnen Geschichten zugrunde liegenden Fakten ist sehr homogen und einleuchtend. Der ernsthafte Zusammenstoß Jesu mit den Obersten im Tempel führte zu seiner Auslieferung an die Römer." GNILKA, Jesus, 279 weist auf folgenden aufschlußreichen Tatbestand: „Es ist ... sehr belangreich, daß innerhalb der berichtenden Stücke des Markusevangeliums die Hohenpriester hier zum erstenmal erwähnt werden. Dies bestätigt ihre Initiative im Vorgehen gegen Jesus. Der Tempelprotest Jesu bewog sie zum Handeln, wenn sie dieses auch noch um Stunden oder wenige Tage aufschoben. Er ist dann gewissermaßen auch das missing link zwischen dem galiläischen Konflikt, der noch nicht bis zum Äußersten vorangetrieben war, und dem Ende." S. ferner MERKLEIN, Botschaft, 135–137; FREDRIKSEN, Jesus and the Temple, 299–302; MATERA, Trial of Jesus, 12–15; DUNN, Partings of the Ways, 51–53; BORG, Jesus. Der neue Mensch, 197–199, 203; CROSSAN, Der historische Jesus, 476f; BROWN, Death I, 458; CASEY, Culture and Historicity, 320f, 332.

[94] Die Berechtigung der Behauptung inhaltlicher Kohärenz wird Kapitel 7 aufweisen. Zur Verbindung zwischen Tempelaktion und -wort vgl. HAHN, Gottesdienst, 28; TRAUTMANN, Zeichenhafte Handlungen Jesu, 122ff („Besonders die Kombination von Handlung und Wort Jesu am Tempel eröffnet die Möglichkeit, einmal einen zureichenden historischen Grund für die Kreuzigung Jesu benennen zu können ..." [126]); GNILKA, a.a.O., 279f und SANDERS, a.a.O., 302: „... we should make a connection between the threat of destruction and the gesture against the temple ... Jesus probably did not *do* one thing in the temple and *say* another about it during the same brief period without there being some interconnection ... When the action and the saying came to the attention of the Jewish leaders [sc. vgl. Mk 11,18], they surely saw them both as arrogant and wicked" (kursiv von SANDERS). Vgl. zur Bedeutung des Tempelwortes und des Räuberhöhlenvorwurfs (Mk 11,17bβ par.) für die Bestrebung der Hohenpriester, Jesus unschädlich zu machen, auch FLUSSER, Prozeß und Tod, 145f.

LOHMEYERs gegen die Historizität der Tempelaktion, diese Tat spiele im Prozeß Jesu keine Rolle (s.o. S. 317), als irreführend zurückweisen[95].

Ganz im Gegenteil stellt sich eine in allen Hinsichten plausible Verbindungslinie her zwischen der Tempelaktion und dem wenige Tage später, nach seiner Auslieferung an die Römer durch die gegen ihn aufgebrachten Hohenpriester erfolgten Schandtod am Kreuz vor den Toren Jerusalems.

3.4 Rekonstruktion des Ereignisses

Zuletzt stellt sich die Frage, wie genau der Verlauf der Tempelaktion Jesu und deren unmittelbare historische Umstände sich rekonstruieren lassen.

Einen Versuch, sowohl den Zeitpunkt als auch den Anlaß für Jesu Verhalten im Detail zu bestimmen, der hier zur Sprache kommen muß, machte VICTOR EPPSTEIN in seinem Aufsatz „The Historicity of the Gospel Account of the Cleansing of the Temple" (1964). Die in der rabbinischen Literatur wiederholte Auskunft, daß der Sanhedrin 40 Jahre vor der Tempelzerstörung von der Quaderkammer im inneren Tempelvorhof zu den Ḥanuyot, d.h. Läden, umzog, deutet EPPSTEIN dahingehend, daß der zu diesem Zeitpunkt amtierende Hohepriester Kaiphas den Sanhedrin aus irgendwelchen Gründen zum Verlassen des Tempels zwang und daß dem Sanhedrin von den Ḥanuyot-Besitzern auf dem Ölberg, die keiner (hohen)priesterlichen Kontrolle unterlagen, dort eine neue Unterkunft angeboten wurde[96]. Um die Ḥanuyot-Leute für die Aufnahme des von ihm ausgewiesenen Sanhedrins zu bestrafen, richtete, so EPPSTEINs Vermutung, Kaiphas daraufhin „in the spring of 30 C.E." einen alternativen Verkaufsstand für Opfermaterie im Tempel ein[97]. Ferner vermutet EPPSTEIN, daß Jesus und seine Jünger nicht zum ersten Mal nach Jerusalem gekommen waren, um das Passafest zu feiern, sondern daß sie von früheren Besuchen mit den Einrichtungen vor Ort, einschließlich der Gegenwart von Geldwechslern im Tempel in den Tagen 25. Adar bis 1. Nisan, vertraut waren und daß sie sich vor dem ersten Eintreten in den Tempel sieben Tage lang auf dem Ölberg für die nötige Reinigung aufhielten[98]. Vor diesem Hintergrund sei es nun möglich zu verstehen, was

---

[95] MEYER, Aims, 184: „... according to the synoptic tradition, historically preferable here, the cleansing of the temple is what triggered the determination to do away with Jesus (Mark 11.18; Luke 19.47), i.e., as it concretely turned out, to bring him to the trial at which the temple saying would be cited as evidence against him." Wenn man nach Muster der radikalen Kritik von CONZELMANN / LINDEMANN, Arbeitsbuch, 406f dem ganzen Verhör im Haus des Hohenpriesters Mk 14,55–64 jegliche Historizität abspricht und die Szene lediglich für „ein Beispiel für die christologische Gestaltung einer Erzählung ... aus der Perspektive der glaubenden Gemeinde nach Ostern" (406) erachtet, entfällt jegliche Möglichkeit zu einer positiven Aussage darüber, was in der Phase vor der Auslieferung an die Römer überhaupt eine Rolle im Prozeß Jesu gespielt hat. Auch bei dieser Art von (unberechtigter!) maximalistischer Skepsis gegenüber den Quellen bleibt wegen der Tatsache der Auslieferung an die Römer durch die *Hohenpriester* die Tempelaktion immerhin die wahrscheinlichste Veranlassung für die gegen Jesus ergriffenen Maßnahmen.

[96] Vgl. EPPSTEIN, Historicity, 48–55.

[97] Vgl. a.a.O., 55.

[98] Vgl. a.a.O., 44–48.

Mk 11,11 bedeutet, der zuerst den falschen Eindruck erwecken könnte, Jesus sei zum ersten Mal zum Tempel gekommen und sehe sich deshalb alles so genau an (περιβλεψάμενος πάντα):

> „It is now possible to reflect meaningfully upon what Jesus saw when ‚looking round about on all things' in the Temple some time in the Spring of 30 C.E. under the High Priesthood of Joseph ha-Kayyaph. The tables of the moneychangers, which place his visit between Adar 25 and Nisan 1[99], were not what astonished him and could not have been the object of his attack. The stalls of those who trafficked in sacrificial objects must have been only recently openend, *perhaps that very morning, since Jesus who had spent a full week on the Mount of Olives had evidently heard nothing of them and did not immediately react with violence.* It was only after his return to Bethany on the road which passed through Hanuth, *where no doubt he learned the full significance of what he had seen,* that he became convinced the incumbent priesthood was ruthlessly turning the holy Temple into a marketplace because of a spiteful quarrel with the Sanhedrin and determined to clean out the trespassers."[100]

Durch die an diesem Tag gemachten Beobachtungen und eingeholten Informationen veranlaßt schreite dann Jesus am nächsten Tag zur Tat:

> „When the next morning Jesus, accompanied by his twelve disciples, *and perhaps by a band of partisans of Hanuth,* burst into the Temple court, he began to drive out the merchants who were selling doves and other sacrificial objects and overturned their benches ... The Temple Guard was not prepared to resist and may moreover have been withheld by lack of sympathy for what Caiaphas was doing, or perhaps by bad conscience and fear of the people."[101]

Diese zunächst beeindruckend erscheinende Rekonstruktion EPPSTEINs vom Verlauf und den Umständen der Tempelaktion demaskiert sich bei näherem Betrachten als eine einzige Kette aus spekulativen Annahmen. Nicht nur legt er die Aussagen über den Umzug des Sanhedrins 40 Jahre vor der Tempelzerstörung als eine präzise chronologische Angabe zugrunde und identifiziert den mit *Ḥanuyot* gemeinten Ort ungeprüft mit dem Ölberg[102], sondern auch das von ihm gezeichnete Bild der Beziehungen zwischen dem Hohenpriester bzw. den Hohenpriestern und dem Sanhedrin ist falsch[103]. Die Behauptung, daß die Zulassung von Verkäufern von

---

[99] Dies ist eine aufgrund von mSheq 1,3 unternommene falsche Beschränkung der Präsenz der Geldwechsler im Tempel (s.o. S. 315f).

[100] A.a.O., 56 (kursiv von mir).

[101] A.a.O., 56f (kursiv von mir). Die nachfolgende Befragung durch „the Temple hierarchy" ziele darauf ab, herauszufinden, ob Jesus im Auftrag des mit Kaiphas im Streit liegenden Sanhedrins oder der Pharisäer handele (a.a.O., 57).

[102] Vgl. ÅDNA, Jerusalemer Tempel, 85f sowie 123 zur Umzugstradition und zu den Läden auf dem Ölberg.

[103] EPPSTEIN stellt es so dar, als ob der Hohepriester gar nicht selbst zum Sanhedrin gehörte, sondern ihm lediglich eine Zeitlang Gastrecht im Tempel gewährt hatte. Trotz der Spannungen, die zwischen Hohenpriestern und pharisäischen Schriftgelehrten im Sanhedrin bestimmt bestanden haben, haben wir keinen Anlaß zu bezweifeln, daß um das Jahr 30 n.Chr. der Hohepriester den *Vorsitz* im Sanhedrin innehatte (vgl. SCHÜRER, History II, 215–217) und somit das Gremium kaum aufgrund von Zwietracht des Tempelgeländes hat verweisen wollen.

Opfermaterie im Tempelvorhof lediglich auf die verärgerte Gemütsstimmung des Hohenpriesters im Frühjahr 30 n.Chr. zurückging, der in dieser Weise den seinen Gegnern Unterkunft versorgenden *Ḥanuyot* auf dem Ölberg Konkurrenz bieten wolle, und die Einzeichnung von Jesu Bewegungen in dieses konstruierte Bild der Umstände vor Ort in der Vorpassazeit des Jahres 30 n.Chr. sind nichts als unbeweisbare und völlig willkürliche Postulate. Der Versuch VICTOR EPPSTEINS, ein detailliertes Bild vom Verlauf der Tempelaktion zu zeichnen, ist schlicht mißlungen und gescheitert[104].

Das Beispiel EPPSTEINS kann als Warnung gegen ausufernde Spekulation dienen, aber soll uns trotzdem nicht abschrecken, die Tempelaktion und deren unmittelbaren Umstände, so weit wie möglich, historisch nachzuzeichnen. Es ergibt sich folgendes Bild:

Jesus ist zusammen mit seinen Jüngern wenige Tage vor dem Passafest – im oder um das Jahr 30 n.Chr.[105] – in Jerusalem angekommen. Er ist aller Wahrscheinlichkeit nach durch eines der Tore der Unterstadt südlich des Tempels eingezogen[106] und hat sich von dort in den Tempel begeben, wobei er vermutlich den Eingang durch eines der sogenannten Hulda-Tore benutzt hat[107]. Ob er, sofort nachdem er aus dem vom Tor führenden

---

[104] Obwohl EPPSTEIN kaum richtige Nachfolger gefunden hat, ist nichtsdestoweniger die Beurteilung seines Aufsatzes in der Lit. erstaunlich mild ausgefallen; s. z.B. LANE, Mark, 403f und EVANS, Cleansing or Portent of Destruction?, 265–267. Ähnlich kritisch wie ich äußert sich CASEY, Culture and Historicity, 309 Anm. 12.

[105] Die komplizierten Fragen des Todesjahres und des Todestages Jesu (14. oder 15. Nisan) lassen wir hier beiseite, vgl. ÅDNA, Jesu Kritik, 420–426.

[106] Ich kann hier auf eine historische Beurteilung der Einzugsgeschichte Mk 11,1–10 par. im einzelnen nicht eingehen (zu ihrer Historizität s.o. S. 139 mit Anm. 170). Bei aller Ungewißheit, die betreffs des Osttors des Tempels herrscht (vgl. ÅDNA, Jerusalemer Tempel, 19f Anm. 63), darf auf jeden Fall aufgrund der strategischen Gegebenheiten ausgeschlossen werden, daß dieses Tor mit dem Ölberg über eine Brücke verbunden gewesen ist, und es entfällt als Ort des Eintretens Jesu in die Stadt und den Tempel (gegen u.a. EPPSTEIN, a.a.O., 47; DERRETT, Zeal, 80 und PESCH, Markusevangelium II, 197). Mit der von mir angenommenen Einzugsroute Jesu rechnen auch u.a. MAZAR, Entdeckungen, 143 und FLUSSER, Die letzten Tage Jesu, 44f. Leider geht aus der Beschreibung des Josephus von dem entsprechenden Teil der sog. ersten Mauer in Bell 5,145 nicht hervor, wie viele Tore es in der Ostmauer der Unterstadt gegeben hat; aus diesem Grund ist die vorsichtige Formulierung, „eines der Tore der Unterstadt", behutsam gewählt worden.

[107] Zu den sog. Hulda-Toren s.o. S. 250 und für eine ausführliche Darlegung s. ÅDNA, Jerusalemer Tempel, 78–82. Diese Annahme wird anscheinend von S. SAFRAI (vgl. FLUSSER, Die letzten Tage Jesu, 51: „Hinsichtlich der Frage, an welcher Stelle er den Tempel betreten hat, hält Prof. Safrai daran fest, daß er auf einem Esel von der Unteren Stadt her kam") und sicher von FLUSSER geteilt (vgl. a.a.O., 52: „Von hier aus mußte Jesus zu Fuß durch eines der beiden Hulda-Tore und die von diesen abzweigenden Zugänge gehen ... Auf diesem Weg dürfte Jesus den Tempelbergplatz ... erreicht haben"). Möglich ist auch die von MAZAR, Entdeckungen, 148 geschilderte Route: „Ich bin der Meinung, daß die Evangelien in ihren Berichten über Jesus im Tempel deutlich machen wollen, daß Jesus nach Ophel kam und von dort seinen Weg längs der Südmauer

unterirdischen Tunnel in den Vorhof trat, sich umdrehte und in die königliche Säulenhalle begab und dort zur Tat schritt oder ob er – so wie Mk 11,11 es beschreibt – beim ersten Betreten des Tempelgeländes nach der Ankunft in der Stadt sich mit einer Inspektion begnügte und die Aktion auf dem Tempelmarkt in der königlichen Säulenhalle erst später (nach Mk 11,15ff am nächsten Tag) durchführte, ist nicht einfach zu entscheiden[108].

Wie dem auch sei, die Szene der Tempelaktion selber bestand jedenfalls darin[109], daß Jesus einige Tische, auf denen die dort vorhandenen Geldwechsler ihre Münzen ausgebreitet hatten, und einige der Sitze, die von den ebenso vorhandenen Taubenverkäufern benutzt wurden, umstieß. Es scheint, daß Jesus darüber hinaus noch den Taubenverkäufern befahl, ihre Taubenkäfige oder -körbe zu entfernen, und auch einige der Verkäufer und Käufer aus der königlichen Säulenhalle zu verjagen begann. Außerdem war er bemüht, das Tragen von Gefäßen, die am ehesten dem Transport von Geld, aber möglicherweise auch von vegetabiler Opfermaterie dienten, vom Markt in der königlichen Säulenhalle am Südrand der Tempelanlage zu den inneren Teilen des Tempels zu unterbinden. All diese Handlungen wurden von erläuternden und rechtfertigenden Worten begleitet bzw. gefolgt, zu denen u.a. die Berufung auf das Schriftwort Jes 56,7b und die Anspielung auf den Vorwurf Jeremias in Jer 7,11, die Zeitgenossen machen den Tempel zur Räuberhöhle, gehörten[110].

---

fortsetzte bis zu der Stelle, wo der Weg in die Hauptstraße einmündet, die entlang der Westmauer führt. Von hier aus wäre er dann die Treppen der Königlichen Säulenhalle [*sc.* die vom Robinson-Bogen getragenen Treppen, s.o. S. 250] hochgegangen, wo der Handel mit den Waren für den Gebrauch im Tempel sich vollzog ...“

[108] Es folgt aus dem vermutlich redaktionellen Charakter des mk Tagesschemas, zu dem Mk 11,11 gehört, nicht automatisch, daß die Tempelaktion nach dem Einzug sofort noch an demselben Tag erfolgt sein muß. M.E. wäre allein der etwaige Erweis, daß Einzug und Tempelaktion (als zwei messianische Akte) aufs engste zusammengehören (so z.B. MEYER, Aims, 168 sowie Christus Faber, 260; TAN, Zion and Jesus, 194f), ein wirklich schwerwiegendes Argument zugunsten der zeitlich direkten Abfolge der beiden Ereignisse. S. jedoch die angebrachten Überlegungen CASEYs zu Mk 11,11 bei seiner Entgegnung von SEELEY (s.o. S. 320): „After a thirteen-mile walk and the triumphal entry (some two miles on a donkey with an excited and potentially unstable crowd of disciples), Jesus had good reason not to cleanse the temple at once. Mark also tells us that it was late, which is natural after a fifteen-mile journey. Altogether, the historical Jesus had good reason to postpone vigorous action and effective preaching until another day, whether or not it was so late that the merchants and money changers had stopped their work for the day“ (Culture and Historicity, 330).

[109] Vgl. zum folgenden vor allem S. 212–225, 261–265 und 306–309.

[110] Vgl. SMITH, Objections, 265 Anm. 25: „It is probable that Jesus provided for his audience a midrash on these two texts. Mark, however, only includes the texts of Jesus' midrash.“

Wegen des ausbleibenden Einschreitens der Tempelpolizei und der im Tempel stationierten römischen Truppe ist damit zu rechnen, daß diese Aktion Jesu äußerlich betrachtet ein recht bescheidenes Unterfangen gewesen ist[111]. Historisch am sichersten von den berichteten Einzelheiten scheinen das Umstoßen der Geldwechslertische und die Tatsache der erläuternden Rede Jesu zu sein[112]. Bei der berichteten Hinaustreibung von Verkäufern und Käufern sowie der Unterbindung vom Gefäßtransport zwischen dem Tempelmarkt und den inneren Teilen des Tempels dürfen wir uns nur ansatzweise angefangene, exemplarische Taten vorstellen, die keineswegs vollständig und konsequent durchgeführt wurden[113], sondern nur in gewisser Weise, die das nächste Kapitel genauer klären wird, *Zeichen* setzen konnten.

Das nächste Kapitel wird die Plausibilität dieses rekonstruierten Verlaufs der Tempelaktion Jesu weiter bestätigen, insofern es aufzeigen wird, daß auch eine Tat dieser Art von an sich geringem äußeren Ausmaß wegen ihres theologischen Sinngehaltes höchst brisant und provokativ sein konnte und sein *mußte*. Von daher vermochte sie durchaus entschiedene Schritte seitens der Hohenpriesterschaft mit dem Ziel, Jesus zu töten, herauszufordern.

In der Tat findet, wie E.P. SANDERS überzeugend gezeigt hat, das hier rekonstruierte Ausmaß der Tempelaktion Jesu als die historische Realität hinter der Tempelaktionsüberlieferung eine präzise Bekräftigung im weiteren Verlauf der Passionsereignisse. SANDERS stellt heraus, daß die (religiös begründete) negative Reaktion gar nicht vom Ausmaß der Aktion, sondern allein von ihrem symbolischen Sinn abhängig ist[114]. Er findet in der Tempelaktion (und im Tempelwort) die ausschlaggebende Provokation für das Einschreiten gegen Jesus seitens der Hohenpriesterschaft und für seine Auslieferung an die Römer[115].

Aus dem Vergleich mit dem Schicksal, das einerseits dem Propheten Jesus, Sohn des Ananias, in den letzten Jahren vor der Tempelzerstörung zuteil wurde und das andererseits den sogenannten Ägypter und seine Anhänger z.Z. des Prokurators Felix traf, schließt SANDERS auf die politische Reichweite des Auftretens Jesu (im

---

[111] Diese Annahme ist trotz der Argumentation HORSLEYs und CASEYs zugunsten einer Großaktion Jesu, gegen die die Behörden strategisch bewußt erst mit Verspätung eingegriffen haben (s.o. S. 304f), nach wie vor historisch klar vorzuziehen. S. auch die historischen Rekonstruktionen der Tempelaktion bei BORG, Conflict, 171f, 176; FREDRIKSEN, Jesus and the Temple, 299; SMITH, Objections, 269 Anm. 39; CROSSAN, Der historische Jesus, 475 sowie TAN, Zion and Jesus, 165.

[112] SANDERS geht zwar zu weit, wenn er die Tempelaktion ausschließlich auf das Umstoßen einiger Tische beschränkt (vgl. Jesus and Judaism, 70); s. die berechtigte Kritik bei TAN, a.a.O., 167.

[113] Vielleicht ist sogar ἤφιεν in Mk 11,16 als konatives Imperfekt (vgl. BDR § 326; HOFFMANN/VON SIEBENTHAL, Grammatik, § 198d) aufzufassen, wonach dieser Vers auch nach der Intention des Erzählers lediglich besagen will, daß Jesus *versuchte*, den Gefäßtransport zu verhindern (vgl. PESCH, Markusevangelium II, 198).

[114] SANDERS, Jesus and Judaism, 287, 296.

[115] S. das Referat oben S. 324f und für zusätzliche Nebenmotive s. a.a.O., 305.

Tempel)[116]. Auch Jesus, Sohn des Ananias, wurde von den Juden an den römischen Oberbefehlshaber, den Prokurator Albinus, ausgeliefert, aber er begnügte sich damit, ihn auszupeitschen und anschließend wieder freizulassen (vgl. Bell 6,303–305). Der „Ägypter" sammelte viele Gefolgsleute (laut Act 21,38 4000 Mann; laut Bell 2,261 30000 Mann) und wollte vom Ölberg aus Jerusalem einnehmen (vgl. Bell 2,262; Ant 20,169f). Felix kam ihnen aber zuvor; zwar gelang es dem „Ägypter" zu fliehen, aber von seinen Anhängern wurden Hunderte getötet oder verhaftet (vgl. Ant 20,171f; Bell 2,263)[117].

Von dem Bild, das die Evangelien zeichnen und das wir hier historisch rekonstruiert haben, erscheint es als sehr plausibel, daß Jesus vor allem aufgrund der Aktion im Tempel verhaftet und von den Römern hingerichtet wurde. Im Fall des „Ägypters", der ein viel größeres Ausmaß hatte, griffen die Römer auch gegen die Anhänger hart und entschieden ein; im Fall von Jesus, Sohn des Ananias, dagegen, der als einzelne Gestalt ohne Gefolgsleute keine ernsthafte Gefahr darstellte, begnügten sie sich mit einer Auspeitschung. Jesu Fall ist, vergleichbar mit dem Johannes' des Täufers (vgl. Ant 18,118), zwischen diesen beiden einzuordnen, indem es nur zu seiner Hinrichtung kam und seine Jünger verschont blieben:

> „It was the combination of a *physical action* with a *noticeable following* which accounts for and led immediately to Jesus' death. The Jewish leaders could then reasonably and persuasively propose to Pilate that Jesus should be executed. Pilate agreed. It is probable that the Jewish leaders did not see Jesus' followers as posing any threat once their leader was removed ... We must, I think, accept the view of the Gospels, at least in general terms. He [*sc.* Jesus] was executed by Pilate at the behest of the Jewish leadership, including at least the chief priests. Had the public tumult been so great that the Romans executed him without being urged, they almost certainly would have killed many of his followers as well."[118]

---

[116] Vgl. a.a.O., 302–304.

[117] Zum ganzen Geschehensablauf vgl. SCHÜRER, History I, 464.

[118] SANDERS, a.a.O., 304 (kursiv von SANDERS), 318.

Kapitel 7

Interpretation der Tempelaktion Jesu

1. Einleitung

Nachdem die Historizitätsprüfung der Tempelaktion Jesu nun zu einem positiven Resultat geführt hat und auch das äußere Ausmaß und die zeitliche Einordnung des Ereignisses sich weitgehend haben rekonstruieren lassen, können wir uns der Frage zuwenden, was Jesus durch diese Aktion im Tempel zum Ausdruck bringen wollte. Bereits in der Einleitung wurde eine Reihe der in der Forschung vorgelegten Interpretationsvorschläge kurz präsentiert (vgl. S. 16ff). Inzwischen wurde einerseits in Kapitel 2 das wichtigste traditionsgeschichtliche Hintergrundmaterial aufgearbeitet und andererseits wurden in Kapitel 5 entscheidende exegetische Ergebnisse gebracht. Wenn wir nun die eingangs angesprochenen Interpretations-vorschläge bzw. -ansätze wieder aufgreifen, wollen wir sie von den gewonnenen traditionsgeschichtlichen, historischen und exegetischen Erkenntnissen her erörtern und dabei bemüht sein, sowohl ihre jeweiligen Einsichten als auch die Mängel und Aporien herauszustellen. Zuletzt wollen wir durch angemessene Berücksichtigung des konkreten Verlaufs der Tempelaktion sowie des messianischen Sendungsbewußtseins und der Leidensbereitschaft Jesu aufzeigen, daß die Tempelaktion als spektakuläre Zeichenhandlung ein Ausdruck der messianischen Sendung Jesu ist.

2. Nichteschatologische Interpretationen[1]

2.1 Ein prophetischer Protest gegen Mißstände beim Tempelbetrieb?

Viele Forscher scheinen miteinander darin übereinzustimmen, daß die in Mk 11,17 anläßlich des Auftretens Jesu im Tempel überlieferte Rede den Vorgang als eine Tempel*reinigung* deutet:

> Mk 11,17:
> Und er lehrte und sprach zu ihnen: „Ist nicht geschrieben: ‚Mein Haus wird ein Haus des Gebetes für alle Völker genannt werden'? Ihr aber habt es zu einer Räuberhöhle gemacht."

Je nachdem, ob sie dieses Wort für authentisch halten oder nicht, schreiben sie dementsprechend entweder Jesus selbst oder der späteren vormarkinischen Überlieferung, gegebenenfalls erst dem Verfasser des Markusevangeliums, diese Deutung des Geschehenen zu[2]. Wenn diese Schlußfolgerung aus dem Inhalt von Mk 11,17 stichhaltig ist, folgt aus dem positiven Ergebnis der überlieferungsgeschichtlichen Analyse bezüglich der Authentizität dieses Jesuswortes (s.o. S. 216–225) eine entsprechende Sicht als Ertrag dieser Studie.

Die Aktion Jesu, verstanden als prophetischer Protest gegen irgendwelche, noch genauer zu präzisierenden Mißstände im Tempel, die es zu beseitigen gilt, um den Tempel (wieder) in den Zustand unbefleckter Reinheit zu versetzen, hätte gegebenenfalls viele Vorbilder in der prophetischen Tempel- und Kultkritik im Alten Testament. Zu nennen wäre nicht nur die scharfe Gerichtsverkündigung des Jeremia, auf die in dem Vorwurf, den Tempel zur Räuberhöhle gemacht zu haben, in Mk 11,17bβ ausdrücklich angespielt wird (s.o. S. 267ff), sondern auch die auf Reform des Tempelbetriebs und auf Umkehr der Kultteilnehmer und des Kult-

---

[1] Obwohl manche Forscher die Frage, ob ihre Deutung der Tempelaktion Jesu eschatologisch oder nichteschatologisch ist, überhaupt nicht erörtern und es auch fließende Positionen gibt, die nicht eindeutig einzuordnen sind, ist m.E. die Unterscheidung zwischen eschatologischen und nichteschatologischen Interpretationen grundlegend. Es ist darum angemessen, diese Unterscheidung der systematisierenden Kategorisierung verschiedener Interpretationen zugrundezulegen (Abschnitte 2 und 3). Wo es Unsicherheiten bei der Zuordnung gibt oder wo nuancierende Modifikationen erforderlich sind, werde ich versuchen, dies gebührend zu berücksichtigen.

[2] Vgl. u.a. JEREMIAS, Theologie, 144f (s. S. 225 Anm. 240); HOOKER, Traditions, 17f (s. S. 224 Anm. 238); SANDERS, Jesus and Judaism, 66: „If the saying in Mark 11.17 and parr. were Jesus' own comment on why he ‚cleansed' the temple, ... we would have to accept that it was indeed trade and sacrifice which bothered him, possibly because dishonesty was involved." „... all three synoptists, by use of the quotation about a ‚den of robbers', make it appear that Jesus was quite reasonably protesting against dishonesty (Mark 11.17 and parr.). They attempt to make the action relatively innocuous ..." (a.a.O., 75).

personals zu einem gottgefälligen Lebenswandel setzende Verkündigung bei Propheten wie Jesaja und Maleachi[3].

Z.B. PAULA FONTANA QUALLS deutet vom Jesuswort in Mk 11,17 ausgehend die Tempelaktion als „eine prophetische Herausforderung" (vgl. den Titel ihres Aufsatzes), getragen von demselben Ernst wie seinerzeit die Gerichtsverkündigung des Jeremia:

> „He is condemning the entire religious system of Israel. His actions of overturning the tables and chairs and driving out the buyers and sellers can be understood as nothing less than *prophetic symbolic acts* of unavoidable and impending judgment. His actions coupled with his words, were an attack on the ‚political-economic-religious system' of his day. Destruction of the entire system was inevitable."[4]

In ähnlicher Weise deutet RICHARD A. HORSLEY Jesu Auftritt: „Along lines similar to these prophetic prototypes [*sc.* Jeremia und andere atl. Gerichtspropheten], Jesus' action in the Temple can be understood as a demonstration symbolizing destruction and directed against the high-priestly establishment."[5] Ferner ist auch A.E. HARVEY diesem prophetisch-symbolischen Deutungsansatz zuzuordnen[6]. Ihm zufolge tritt Jesus zwar in die Reihe der alttestamentlichen Propheten, aber seine Aktion im Tempel ist keine Nachahmung oder inszenierte Erfüllung gewisser prophetischer Weissagungen[7], sondern vielmehr „a new and creative prophetic gesture with which Jesus (as with so much of his teaching) challenged his

---

[3] Zu Jeremia s.o. S. 37f, 267–270. Für Jesaja und Maleachi s. ÅDNA, Jesu Kritik, 147f, 151–154.

[4] QUALLS, Prophetic Challenge, 401 (kursiv von mir). Weil QUALLS von einem unaufhaltsamen, radikalen Gericht spricht und auch ausdrücklich bestreitet, daß es um eine Reinigung des Tempels geht (vgl. ebd.), wäre ihre Interpretation u.U. als eschatologisch einzuordnen.

[5] HORSLEY, Jesus, 299. (Die im vorausgehenden Zitat aus QUALLS, Prophetic Challenge, in Anführungszeichen gesetzten Worte „political-economic-religious system" sind einer anderen Veröffentlichung HORSLEYs entnommen: Jesus and Judaism. Christian Perspectives, in: H.W. ATTRIDGE / G. HATA (Ed.), Eusebius, Christianity, and Judaism, Detroit 1992, 73–74. QUALLS, a.a.O., 402 Anm. 16 erläutert dazu: „He [*sc.* HORSLEY] interprets this account as an attack against the priestly aristocracy that controlled the system and exploited the people."

[6] Vgl. HARVEY, Jesus, 131: Weil Jesus der direkte Zutritt zu den Hohenpriestern mit einem ihnen geltenden Gerichtswort verwehrt war, entschloß er sich für eine andere wohl bekannte prophetische Option, nämlich die der prophetischen Zeichenhandlung („the prophetic gesture"). Daß Jesus sich beim Auftritt im Tempel als Prophet verstand, geht HARVEY zufolge vor allem aus seiner nachträglichen Berufung auf Johannes den Täufer bei der Frage nach seiner Vollmacht hervor (zur Kritik an diesem Verständnis s.o. S. 295f).

[7] HARVEY, a.a.O., 132f hält sowohl die Anspielung auf Jes 56,7 und Jer 7,11 in Mk 11,17 als auch auf Sach 14,21 in Joh 2,16 und auf Ps 69,10 in Joh 2,17 für einen nachträglichen „attempt by the Christian tradition to relate Jesus' action to biblical prototypes" (133).

contemporaries to draw their own conclusions"[8]. Nach HARVEY war die richtige Schlußfolgerung, daß Jesus bei seinem Handeln den Anspruch erhob, der Prophet zu sein, auf dessen Kommen und dessen vollmächtige Entscheidung noch offener und ungeklärter Angelegenheiten des zweiten Tempels man seit 1Makk 4,46 wartete[9].

Wenn die Tempelaktion als ein prophetischer Protest zu verstehen ist, dürfte es möglich sein, präziser zu erfassen, wogegen er gerichtet gewesen sein muß. Denn verstreute Informationen bei Josephus, in den Targumim und im (sonstigen) rabbinischen Schrifttum können darauf hindeuten, daß es z.Z. Jesu genügend Grund für einen vollmächtig prophetischen Protest vor allem gegen die Unterdrückung seitens der Hohenpriester gab.

> Z.B. behaupten Josephus in Ant 20,180f.206f und eine in tMen 13,18 und bPes 57a überlieferte Tradition, daß die Hohenpriester sogar den einfachen, armen Priestern die ihnen zustehenden Zehnten weggenommen haben: „Schliesslich gingen die Hohepriester in ihrer Dreistigkeit und in ihrem Übermut so weit, dass sie sich nicht scheuten, ihre Knechte auf die Tennen zu schicken und die den Priestern zustehenden Zehnten wegnehmen zu lassen, was zur Folge hatte, dass die ärmeren Priester aus Mangel an Lebensmitteln dem Tode verfielen. So war an die Stelle von Recht und Gerechtigkeit die zügelloseste Tyrannei unruhiger Köpfe getreten" (Ant 20,181)[10]. „Früher schafften die Priester die Häute der Opfertiere in die Halle des Hauses Parva und verteilten sie dann am Abend an die ganze Priesterabteilung jenes Tages. Da kamen die Vornehmen der Priesterschaft [*sc.* die hohenpriesterlichen Familien] und nahmen diese mit Gewalt" (tMen 13,18)[11]. Aufgrund der Auswertung eines reichhaltigen Materials urteil CRAIG A. EVANS: „[W]e cannot escape the conclusion that the high priesthood of Jesus' time was in all likelihood corrupt (or at least was assumed to be so) ..."[12]

---

[8] A.a.O., 134.

[9] Ebd. Diese Deutung ergibt sich allerdings erst durch die Zusammenschau mit dem Einzug, der HARVEY zufolge nur ein einziges geschichtliches Vorbild hatte, das er bei allen Anwesenden bestimmt in Erinnerung rief, „namely the approach of Simon Maccabeus to cleanse the temple of pagan objects in 141 B.C. But this ceremony had included the provisio that certain matters in the temple could be regulated only by ‚a prophet who was to come' [Anm. 72: 1. Macc. 4.46; cf. 14.41-2] – and the tradition long remained alive in Judaism that only a prophet has authority to control and rectify temple procedures. It follows that a person who assumed the right, even by a symbolic gesture, to pass judgment on any temple institution was thereby claiming the authority of a prophet." HARVEY hält allgemein die Kategorie des Propheten als für den historischen Jesus zutreffend; erst nach Ostern haben seine Anhänger ihm den Messias- bzw. Christustitel zugeschrieben: „There can be no doubt ... that Jesus did in fact act and speak as a prophet" (a.a.O., 135). Zur Kritik an diesem Verständnis s.o. S. 137–140.

[10] Zitiert nach CLEMENTZ, Jüdische Altertümer II, 664 (Ant 20,8,8).

[11] Zitiert nach BILL. II, 570.

[12] EVANS, Cleansing or Portent of Destruction?, 263. S. das zusammengestellte Material an Tempel- und Priesterkritik aus der Mischna, der Tosefta, dem Talmud und den Midraschim in a.a.O., 257–260 sowie in DERS., Evidence of Corruption, 331–337 und in ÅDNA, Jesu Kritik, 168–170, 192f, 197–201. Wie EVANS urteilen auch u.a. BOCKMUEHL, This Jesus, 69–71; GUNDRY, Mark, 644f; CASEY, Culture and Historicity, 313–315 sowie TAN, Zion and Jesus, 168–171, 178f.

Etwa von Jesu Weherufen gegen die Reichen und Satten in Lk 6,24f und von seiner Antwort an den reichen Jüngling (vgl. Mk 10,17–22 par.) sowie dem darauffolgenden, seine Jünger erschreckenden Wort, es sei leichter für ein Kamel, durch ein Nadelöhr zu gehen, als für einen Reichen in die Basileia Gottes zu gelangen (Mk 10,23–31 par., s. V. 25), her wäre es ohne weiteres vorstellbar, daß Jesus seinen Besuch im Jerusalemer Tempel für harte Kritik gegen die sich auf Kosten von anderen bereichernden Hohen-priester nutzen wollte[13]. Vor diesem Hintergrund deutet z.B. JOACHIM JEREMIAS das Handeln Jesu:

> „Die Tempelreinigung war eine prophetische Zeichenhandlung ... Jesus realisiert in ihr die Verheißung Sach 14,21: ‚Kein Händler soll mehr sein im Hause des Herrn der Heerscharen an jenem Tage' ... und *droht* damit *der Kaste des Priesteradels, die den Schacher an der heiligen Stätte organisiert hat, das Gericht an:* οὐ γέγραπται ὅτι ὁ οἶκός μου οἶκος προσευχῆς κληθήσεται πᾶσιν τοῖς ἔθνεσιν (Jes 56,7); ὑμεῖς δὲ πεποιήκατε αὐτὸν σπήλαιον λῃστῶν (Mk 11,17). Das ist ein drastisches Bild, das aus Jer 7,11 stammt: die Priester haben den Tempel zum Schlupfwinkel gemacht, von dem aus sie wie Räuber immer wieder zu neuen Raubzügen ausziehen. Sie mißbrauchen ihren Beruf, den Kultus zur Ehre Gottes zu vollziehen, zu Geschäft und Profit. Damit tun sie etwas Furchtbares: sie stellen Gott in den Dienst der Sünde."[14]

---

[13] EVANS, Cleansing or Portent of Destruction?, 243–248 führt unter der Überschrift „Jesus' Attitude toward the Priesthood" u.a. die Texte Mk 11,27–33; 12,1–12.41–44; 14,43–50 (und Lk 3,7b–9 [Q]) als Belege für einen scharfen Konflikt zwischen Jesus und der (Hohen-)Priesterschaft an. EVANS hält nicht alles in diesen Texten für authentisch jesuanisch, aber er findet in Übereinstimmung mit manchen anderen Forschern, auf die er hinweist, auch bei kritischer Lektüre in diesem Material klare „indications, usually indirect, of controversy and animosity between Jesus and the priests" (248). Mk 11,17 steht folglich nicht isoliert. Zu Recht macht EVANS noch darauf aufmerksam, daß die Verse Mk 7,10–13, wenn sie als authentisch gelten dürfen, besonders aufschlußreich sind, denn „this passage contributes to the picture of Jesus as sensitive to the oppression of the poor or elderly for the sake of religiosity" (246). Vor dem Hintergrund dieser Stoffe aus der Jesusüberlieferung sowie des priesterkritischen Materials aus (anderen) frühjüd. Quellen gelangt EVANS zu dem Ergebnis, daß auch „Jesus' action in the temple is direct evidence of" „corruption in the high priesthood" (263).

[14] JEREMIAS, Theologie, 145 (kursiv von mir). A.a.O., 109 schreibt JEREMIAS, daß dieser Handel den Tempel „profanisiert" hat. (JEREMIAS verbindet diese Deutung mit einem eschatologisch-messianischen Verständnis, s. S. 19f, 358.)

BOCKMUEHL, This Jesus, 72f schließt sich dieser Einschätzung an: Vor dem Hinter-grund der „corruption of the priestly hierarchy" (vgl. die Beschreibung a.a.O., 69–71) „it is easy to see how Jesus' demonstration in the Temple could have been a reaction against the perceived economic and spiritual injustice of the unscrupulous operators of the Temple system ... There is here an implied judgement, perhaps not unlike that expressed by the Qumran sectarians, which pertains not to the sacrificial system *as such* but to the injustice and abuse of power which have polluted the Temple and all who actively participate in its corrupt dealings." Auch JOHNSON, Mark, 190; MANN, Mark, 446f und HENGEL, War Jesus Revolutionär?, 15f sehen in der Tempelaktion einen prophetischen Protest (s. Zitat S. 17 Anm. 42).

Als Beispiel aus jüngster Zeit für die Interpretation der Tempelaktion als prophetischen Protest kann KIM HUAT TAN angeführt werden:

> „We propose that Jesus intended his action in the temple to be a prophetic protest against the mismanagement of the temple by the priestly aristocracy … it can be seen that such a prophetic demonstration is also implicitly a challenge to the political-economic base in Jerusalem."[15]

Die *Vorstellbarkeit* jesuanischer Kritik an der Hohenpriesterschaft ist jedoch längst noch kein *Erweis*, daß gerade die Tempelaktion als ein gegen diese Gruppe und deren Treiben gerichteter Protest zu verstehen ist. Es ließen sich durchaus andere zeichenhafte Handlungen als das Umstoßen von Geldwechslertischen und Sitzen der Taubenverkäufer denken, die geeigneter sein müßten, einem Protest gegen den Reichtum und die Unterdrückung der Hohenpriester Ausdruck zu verleihen[16], und auch der die Tat erläuternde Räuberhöhlenvorwurf in Mk 11,17bβ legt, wie die Erörterung S. 267–275 gezeigt hat, keineswegs diese Deutung des Ereignisses als prophetischen Protest gegen räuberische Habgier fest[17]. Zwar ist es ver-

---

HOOKER, Traditions, 18 weitet das Gesichtsfeld bei ihrer Reinigungsdeutung auf alle Teilnehmer am Tempelgottesdienst aus: „So what was Jesus doing when he entered the temple and overthrew the money-changers' tables? Was he, perhaps, after all, *cleansing* the temple rather than destroying it? Was he, in other words, protesting against those who worshipped there while failing to love God with all their heart and soul and mind and strength? Was he protesting in the only way possible, by interrupting the sacrifices? Are not his actions more appropriate against such false worship than as a symbol of coming destruction? Certainly the quotations from Isaiah and Jeremiah make sense in that context" (kursiv HOOKER; die Ablehnung der Deutung als „symbol of coming destruction" ist gegen SANDERS gerichtet, s.u. S. 354–357). HOOKERs Deutung ist viel zu unpräzis im Vergleich zu dem von JEREMIAS und anderen vertretenen Bezug auf die Hohepriesterschaft, um überzeugen zu können.

[15] TAN, Zion and Jesus, 185/187. Vgl. noch seinen zusammenfassenden Rückblick auf das Kapitel, in dem er die Tempelaktion behandelt hat: „In chapter 7, we have tried to demonstrate that the action in the temple was a protest by Jesus, carried out in the spirit of the classical prophets, against the oppressive and profiteering regime run by the establishment under the cloak of the temple cult" (231f). (Auch TAN verbindet die Deutung als prophetischen Protest mit einer eschatologischen Interpretation.)

[16] Zu Recht SEELEY, Temple Act, 267f, mit der abschließenden Einschätzung: „It remains hard to imagine anyone behaving in this manner with the goal of protesting priestly corruption" (268).

[17] EVANS, a.a.O., 251 meint allerdings in der Tempelrede Jeremias (u.a.) Anklagen gegen „crimes … which are commercial" zu finden (in Jer 7,9.11). Aber die Anklage des Diebstahls im Rahmen von dem Halbvers Jer 7,9a, der mit knappen Stichworten auf mehrere Gebote des Dekalogs Bezug nimmt – darunter eben das (nach biblischer Zählung) 8. Gebot in Ex 20,15 par. Dtn 5,19 „du sollst nicht stehlen" (לֹא תִגְנֹב; vgl. Jer 7,9: גָּנֹב), ist allgemeiner zu verstehen. Vielleicht denkt EVANS, daß gerade die Rede von der Räuberhöhle in V. 11 bezogen auf den Tempel das vorhin genannte Stehlen als kommerzielle Sünden, entfaltet und begangen im Raum des Tempels und Tempelbetriebs, präzisiert und qualifiziert, aber dabei übersieht er gegebenenfalls, daß Jer 7,11

einzelt zu kritikwürdigen Situationen auf dem Tempelmarkt gekommen, wie z.B. gelegentlich einem Hochtreiben der Preise von Opfermaterie (vgl. mKer 1,7[18]) oder zum Einfordern eines zu hohen Aufgeldes bei den Wechselgeschäften[19], aber im großen und ganzen haben wir keinen Grund zur Annahme, daß die Zustände auf dem Tempelmarkt in der königlichen Säulenhalle in wirtschaftlicher Hinsicht kritikwürdig gewesen sind. Es scheint mir darum, daß JOACHIM GNILKA mit folgenden Worten die Lage korrekt einschätzt: „Grobe Mißstände, die beim Tempelmarkt aufgetreten wären, sind uns nicht überliefert."[20]

---

gar nicht die Priester oder andere als Räuber im Tempel charakterisiert, denn dieser Vers *vergleicht* das Verhalten der Angeredeten mit dem von Räubern, die Schutz in ihrer Höhle suchen. (J.JEREMIAS wird in der oben S. 338 zitierten Ausführung dem Jer-Text gerechter.) Die Tempelrede Jeremias, einschließlich V. 9 und 11, prangert das Nebeneinander von sündhaften Vergehen gegen den Gotteswillen und dem Vertrauen auf Rettung im Tempelkult an und hebt dabei auf wirtschaftliche Unterdrückung o.ä. gar nicht besonders ab.

[18] mKer 1,7: „Es trug sich einmal zu, daß die Geflügelopfer in Jerusalem auf einen Golddenar zu stehen kamen. Da sprach R. Schimeon b.Gamliel (I., gegen Ende des Tempelbestandes): Bei diesem Tempel! Ich will in der Nacht nicht schlafen, bis sie für (Silber-)Denare zu haben sind. Da ging er in den Gerichtshof und lehrte: Wenn eine Frau fünf zweifellose Geburten oder fünf zweifellose Blutausflüsse gehabt hat, so bringt sie ein Opfer (von Geflügel), und dann darf sie am Opferschmaus teilnehmen, während sie für die übrigen (vier) Fälle nicht zu einem Opfer verpflichtet ist. Da kamen die Geflügelopfer an demselben Tage auf einen viertel (Silber-)Denar zu stehn" (Übers. [und Erläuterungen in Klammern] von BILL. I, 851. S. auch die Erläuterungen in SANDERS, Judaism, 89).

[19] Für einen in jeder Hinsicht mißlungenen Versuch, einen konkreten Anlaß für die Tempelaktion Jesu in einer angeblichen Neuorganisation des Handels mit Opfertieren zu finden, vgl. EPPSTEIN, Historicity (s. meine Erörterung oben S. 328–330).

[20] GNILKA, Markus II, 128; zu einer entsprechenden Einschätzung der Situation kommen SCHMITHALS, Markus II, 492; BORG, Conflict, 348 Anm. 62; CARSON, John, 178f mit Anm. 1 auf S. 179; SMITH, Objections, 267 Anm. 29; SANDERS, Judaism, 89–92; SÖDING, Tempelaktion, 60 Anm. 116 und SEELEY, Temple Act, 268. Dies muß festgehalten werden gegen ungerechtfertigte Pauschalisierungen wie etwa die von SWETE, Mark, 257; TAYLOR, Mark, 463 und CRANFIELD, Mark, 358: „The reference here is no doubt to the swindling and extortion practised in the Temple mart and by the money-changers."

BAUCKHAM, Demonstration, 76–78 rechnet mit einem Monopol des Markts im Tempel für den Verkauf von Tauben und lebloser Opfermaterie und schließt aus dieser Monopolstellung, daß der Preis der gerade für die Armen als Opfertiere vorgesehenen Tauben hochgetrieben wurde. BAUCKHAM kann aber diese These nur mit der eben zitierten Mischna aus Ker 1,7 (s.o. Anm. 18), die s.E. herrschende Zustände auf dem Markt reflektiere, und mit dem Hinweis auf die allgemein bekannte Einwirkung einer Monopolposition auf die Preise begründen. S.M.n. stoße Jesus die Sitze der Tauben-verkäufer im Protest gegen den hohen Preis für Tauben um, der die Armen daran hindere, vorgeschriebene Opfer darzubringen: „... we may attribute to Jesus a desire not to reject the laws on sacrifice but to see their real purpose fulfilled. The special scandal of the temple trade in doves was that the laws specifically intended to make worship possible

RICHARD BAUCKHAM möchte den Blick vom Tempelmarkt auf den Tempel als Finanzinstitution und Bank im weiteren Sinne ausweiten[21] und darin den Konflikt-punkt sehen, um den es Jesus bei seiner Protestdemonstration gehe: Der Verkauf von Opfermaterie, u.a. Tauben, sei in den kommerziellen Geschäftsbetrieb des Tempels integriert und trage zum Reichtum der die Tempelfinanzen kontrollierenden Hohen-priesterschaft bei[22]. Auf diese Einbindung des Tempelmarkts in die kommerzielle Tätigkeit der Tempelbank und die daraus zwangsläufig erfolgende Beeinträchtigung der Kultteilnahme der ärmeren Bevölkerung reagiere Jesus: „The point was that the [*sc.* financial side of the sacrificial] system was being run for the benefit of the temple treasury, so that instead of being a vehicle of the people's worship it was an oppressive financial burden on them ... Jesus' demonstration in the temple can therefore be understood as a principled religious protest not against some minor abuses of the sacred precincts but against what Jesus must have seen as serious misconduct by the nation's religious leaders."[23] Diese Deutung scheitert vor allem an

for the poor were being so applied as to make them a financial burden on the poor" (77). Ferner greife Jesu Unterbindung des Tragens von Gefäßen gegen den Transport von Mehl, Öl und Wein (s.o. S. 264 Anm. 62) ein: „Flour, oil and wine were bought by the temple treasury, which sold them at a profit to people making offerings of them (*m.Šeqalim* 4:3; 5.4, cf. 4:8). It seems that, as with the sale of doves, the temple operated a monopoly and fixed the price (*m.Šeqalim* 5:4; 4:9). Thus again Jesus was protesting against the way in which the temple treasury had turned the sacrificial system into a profit-making business" (78). Das hier von BAUCKHAM gezeichnete Bild wird von den angeführten Belegen aus dem Mischnatraktat Sheqalim nicht abgedeckt.

Völlig übertrieben sind die Vorstellungen, die sich CAMPBELL, Historicity, 106f von kapitalistischen Mißständen auf dem Tempelmarkt macht.

[21] Zum Tempel als Bank s. ÅDNA, Jerusalemer Tempel, 94 mit Anm. 20. Eine wesent-liche Prämisse BAUCKHAMs ist die Annahme, daß die Rede in Mk 11,15bα von den Verkäufern und Käufern, die Jesus hinauszutreiben begann, „a reference to all kinds of commercial transactions in which the temple treasurers and their staff were engaged" ist (Demonstration, 78). Auch das Tragen von Gefäßen, auf das Mk 11,16 sich bezieht, ord-net er diesem Handel zwischen Lieferanten an den Tempel und der Tempelverwaltung zu. TAN, Zion and Jesus, 178–181 schließt sich ebenso diesem Verständnis von Mk 11,15b. 16 an, woraus er folgert: „Jesus was protesting against the temple establishment for turning the sacrificial system into an oppressive profit-making industry" (181). Natürlich spielt diese Identifizierung der Käufer, Verkäufer und Gefäße in Mk 11,15b.16 eine ent-scheidende Rolle bei seiner Gesamtsicht der Tempelaktion Jesu als prophetischen Protestes; vgl. dazu oben S. 339 mit Anm. 15. Zur Kritik an BAUCKHAMs und TANs Ver-ständnis von Mk 11,15b.16 s.o. S. 264 Anm. 62 mit dem weiteren Verweis auf S. 247f.

[22] Vgl. a.a.O., 78–81. Auch TRAUTMANN, Zeichenhafte Handlungen Jesu, 120f sieht als *einen* Aspekt der Handlung Jesu einen Protest gegen das wirtschaftliche Treiben der reichen sadduzäischen Tempelhierarchie. Zum *zweiten* und noch schwerwiegenderen Aspekt s.u. S. 364f und Anm. 364.

[23] BAUCKHAM, a.a.O., 78/81. Wenn Jesus Jes 56,7b zitiert, benutze er den Terminus „Haus des Gebetes" nicht polemisch gegen den Opferkult (a.a.O., 83f), sondern im Gegenteil „he was insisting on its purpose: to be the expression of the prayer of those who came to the temple to worship. It was this real purpose of the sacrificial cult which was being frustrated by the temple authorities when they made it a means of financial exaction" (84). Mit der Aufnahme der Metapher der Räuberhöhle aus Jer 7,11 wolle Jesus ferner besagen, „that the priestly aristocracy, who by virtue of their control of the temple hierarchy occupy positions of privilege and unassailable authority, are abusing these positions as means of plundering the people" (84).

der falschen Identifizierung der Leute, mit denen Jesus Mk 11,15b zufolge zu tun hat (s. Anm. 21). Wenn die Verkäufer – allen voran die Taubenverkäufer – und die Geldwechsler dagegen korrekt als Bedienstete, die im Auftrag der Tempelverwaltung auf dem Tempelmarkt im Einsatz sind, identifiziert werden, stellt sich der Sprung von Jesu Auseinandersetzung mit diesen Bediensteten in der Markthalle zu BAUCKHAMS Übertragung des Sinngehalts seiner Aktion auf den Tempel in dessen Eigenschaft als kapitalistischem Finanzzentrum Palästinas als zu weit heraus, zumal die Quellengrundlage für das von BAUCKHAM rekonstruierte Gesamtbild sehr lückenhaft ist und die Zweifel an dessen Tragfähigkeit entsprechend groß sind[24].

2.2 Ein Protest gegen die Entweihung des Tempels?

Wenn zweifelhafte Geldtransaktionen, Wucherpreise u.ä. als Gründe für Jesu Tempelaktion ausscheiden, kommen dann alternativ ein Eintreten für die gegebenenfalls gefährdete Heiligkeit des Tempels im allgemeinen oder kultische Motive im besonderen als seine Beweggründe in Frage?

BEN F. MEYER sieht in der Tempelaktion, die er als Jesu Besetzung der ganzen Tempelanlage mit Hilfe seiner Anhänger rekonstruiert (s.o. S. 302f), einen Ausdruck von Jesu Zorn über die Mißachtung der Heiligkeit des Tempels[25]. Dieses unangemessene Verhalten spiegeln vor allem die Unsitte, den Tempelplatz als Abkürzungsweg zu benutzen, sowie der Handel im Tempelbezirk wider[26]. Auch MAURICE CASEY und HANS DIETER BETZ sehen in Jesu Aktion einen Protest gegen das Eindringen des Handels in den Tempel, der die Reinheit gefährdet und die gottesdienstlichen Funktionen stört:

> „The problem that apparently irritated Jesus was that the merchants and the bankers had moved inside the sacred precinct to conduct their business. This situation brought about a conflict between business and worship, with business increasingly disturbing worship not only by the inevitable noise, confusion, and filth but also by introducing different interests and values. Once allowed inside the sacred precinct, business inevitably expanded into the space reserved for worship, subverting the very purpose of the sanctuary ... At this point, at least, commercialism subverted the purity required of the Temple cult as a whole ...“[27]

Wie etwa JOACHIM JEREMIAS vor ihm (vgl. das Zitat S. 338) ordnet BETZ Jesus der prophetischen Tradition zu und verweist auf Sach 14,21 als ein wahrscheinliches Vorbild für seine Reaktion gegen die Profanisierung und

---

[24] BAUCKHAMS Aufsatz erweckt den Verdacht einer ausgeprägten (ideologischen) Voreingenommenheit seitens des Autors, die seine Ergebnisse teilweise präjudiziert.

[25] MEYER, Christus Faber, 263: „outrage at irreverence toward the sacred“.

[26] A.a.O., 265. Zur Widerlegung des falschen Verständnisses von Mk 11,16 als Protest gegen die Benutzung des Tempelbezirks als Abkürzungsweg, s.o. S. 256ff.

[27] H.D. BETZ, Jesus, 461f. Wie MEYER nennt BETZ neben dem Handel auch den angeblichen Mißbrauch des Tempelbezirks Abkürzungsweg (a.a.O., 462), s. dazu die vorige Anm. Für CASEYS Auffassung s. Culture and Historicity, 309.

Entfremdung des Tempels durch den Opferhandel[28]. Abgesehen davon, daß sich hier leicht anachronistische Vorstellungen über einen angeblich unvermeidlichen, prinzipiellen Konflikt zwischen Tempelgottesdienst einerseits und Marktfunktionen andererseits hineinschleichen können[29], ist hier vor allem daran zu erinnern, daß die gewaltige Erweiterung des zweiten Tempels durch Herodes den Großen unter voller Wahrung der kultischen Heiligkeit des traditionellen Tempelquadrats geschehen war und daß die Lokalisierung des Tempelmarkts in der königlichen Säulenhalle im äußersten Süden der herodianisch erweiterten Tempelanlage zur Folge hatte, daß dieser Markt in keinerlei Weise die Heiligkeit des Tempels gefährden konnte[30]. Wir können folglich bereits aufgrund der räumlichen

---

[28] A.a.O., 467 mit Anm. 44.

[29] Völlig zu Recht führt SANDERS, Jesus and Judaism, 63 aus: „In the time of Jesus, the temple had long been the only place in Israel at which sacrifices could be offered, and this means that suitable animals and birds must have been in supply at the temple site. There was not an ‚original‘ time when worship at the temple had been ‚pure‘ from the business which the requirement of unblemished sacrifices creates. Further, no one remembered a time when pilgrims, carrying various coinages, had not come. In the view of Jesus and his contemporaries, the requirement to sacrifice must always have involved the supply of sacrificial animals, their inspection, and the changing of money." Man darf sogar verschärfen: „The business arrangements around the temple were *necessary* if the commandments [*sc.* die Opfervorschriften] were to be obeyed" (a.a.O., 65 [kursiv von SANDERS]). Vgl. bereits LOHMEYER, Reinigung, 259f; sonst u.a. FREDRIKSEN, Jesus and the Temple, 297.
CAMPBELL, Historicity, 117 macht sogar das vermeintliche Erfordernis, der „notorious desecration of His Father's house", die der Tempelmarkt repräsentiere, ein Ende zu setzen, zu einem Argument für die joh Frühdatierung der Tempelaktion (vgl. S. 311 Anm. 32). Bei SCHMITHALS, Markus II, 492ff werden wir bei aller Übereinstimmung in der Abstempelung des Tempelmarkts als etwas religiös zutiefst Negativen im Vergleich zu CAMPBELL von einem ins andere Extrem versetzt, denn er verlagert den ganzen Konflikt auf die Ebene der (des) nachösterlichen Erzähler(s). Trotz aller Berechtigung reformatorischer Anthropologie und Hamartiologie geht SCHMITHALS viel zu weit, wenn er in Mk 11,15–17 nur eine Variante der Auseinandersetzung mit dem „Wahn des Menschen, durch sein Werk, gerade auch sein religiöses Werk, das Leben zu gewinnen" (493), sieht und den Sinn des Handelns Jesu folgendermaßen wiedergibt: „Diesen tödlichen Wahn des Menschen, seine Sünde, treibt Jesus aus dem Heiligen, aus dem Gottesdienst, aus dem Gottesverhältnis des Menschen aus ..." (493f). Vgl. sonst S. 16f mit Anm. 40 und 41.

[30] Vgl. den detaillierten Erweis S. 243ff, wie zwischen dem äußeren Teil des Tempelareals, d.h. dem Vorhof der Heiden und den ihn umgebenden Säulenhallen, und dem inneren Teil des herodianischen Tempels unterschieden wurde und wie die in exklusivem Sinne kultische Heiligkeit am Tempelgebäude und den es umgebenden inneren Vorhöfen, zu denen Nichtjuden kein Zutritt hatten, haftete (s. bes. Bell 5,194 [S. 245 Anm. 16] und mKel 1,6–9 [S. 247 Anm. 25]). Für eine ausführliche Darlegung zum Verhältnis des vorherodianischen zweiten Tempels zum heiligen Quadrat von 500 x 500 Ellen in seiner Mitte einerseits und zur herodianischen Erweiterung andererseits s. vor allem ÅDNA, Jerusalemer Tempel, 3–31.

Gegebenheiten vor Ort ausschließen, daß Jesu Aktion auf dem Tempelmarkt in kultischem Sinne eine *Reinigung* gewesen sein kann, der es darum ging, Handelsaktivitäten, die im Widerspruch zur Heiligkeit des Tempels stünden, aus dem Tempelbezirk zu entfernen[31].

Insofern das Umstoßen der Geldwechslertische den Kern oder Zentralakt der Tempelaktion Jesu darstellt (vgl. S. 332 mit Anm. 112), können wir erwägen, inwiefern die Interpretation von hierher abzuleiten ist. KIM HUAT TAN vermutet als Sinn des Tischeumstoßens einen prinzipiellen Protest Jesu gegen die Tempelsteuer als theologisch unangemessen, weil Gott als Vater Israels keine Steuern von seinen eigenen Kindern einfordere (vgl. Mt 17,25f)[32]; aber er ordnet diesen Aspekt seinem übergreifenden Verständnis der Tempelaktion als Protest gegen die hohepriesterliche Aristokratie, in deren Auftrag die Geldwechsler wirkten, ein[33]. MAURICE CASEY verbindet seinerseits die Einnahme der Tempelsteuer und die übrigen Wechselgeschäfte der Geldwechsler als unterdrückende und ausbeutende Maßnahmen gegenüber der ärmeren Bevölkerung auf der einen Seite[34] mit der Frage, welche Münzen für die Tempelsteuer verlangt wurden. Das waren die besonders wertbeständigen Tetra- und Didrachmen aus Tyros, die ein Bild des Stadtgottes Melkart trugen, und auch dagegen, „that images of Melkart were brought into the house of God for financial gain", richtete sich CASEY zufolge Jesu Protesthandlung[35]. Während TAN und CASEY die aus dem Tischeumstoßen zu erschließende Ablehnung der Tätigkeit der Geldwechsler bzw. der tyrischen Geldmünzen als einen Teilaspekt des Gesamtsinns der Tempelaktion betrachten, rückt PETER RICHARDSON Jesu Protest gegen die benutzten tyrischen Münzen als die

---

[31] Wie eine *wirkliche* Tempelreinigung aussieht, lehren Texte wie 2Chr 29,15–17; 1Makk 4,36ff; 2Makk 10,1ff.

[32] TAN, Zion and Jesus, 176. Zur Tempelsteuer s.o. S. 252f. TAN, a.a.O., 175 veranschlagt zu Unrecht den Widerstand gegen die Tempelsteuer z.Z. Jesu als relativ verbreitet im jüdischen Volk, und insofern wäre eine prinzipielle Ablehnung seitens Jesu nichts Besonderes.

[33] A.a.O., 177: „[T]he assumed financial corruption of the temple establishment held in some circles ... was also probably regarded as being connected to the very facility of money-changing, providing an additional reason for Jesus to view it as oppressive. Conversely, an attack on the tax itself by the overturning of the money-changers' tables also amounted to a challenge to the priestly aristocracy."

[34] CASEY, Culture and Historicity, 313f: „We must also infer that the merchants and money changers were taking money from the poor, doing so in accordance with the Law. Poor people had to pay the temple tax, just like rich people, and money changers always sell money for more than its face value, to make a profit." Wie TAN sieht CASEY diese Praxis der Geldwechsler nur als einen Teilaspekt einer allgemeinen Bereicherung der Tempelhierarchie auf Kosten der breiten Massen des Volkes (s.o. Anm. 12).

[35] A.a.O., 315, vgl. 311.

Kernbotschaft, auf die es wirklich ankommt, in die Mitte des ganzen Geschehens:

> „On two grounds the payment of the Temple dues is offensive: it is required to be in Tyrian shekels with their assertion of Melkart's importance, their offensive eagle-symbol and their statement of Tyre's pre-eminence; and it must be paid annually when Torah requires only once-in-a-lifetime payment. These grounds, I think, shape Jesus' attitude to the Temple dues and prompt him to upset the tables of the money-changers in Jerusalem ...“[36]

Das klar erkennbare Anliegen Jesu sei der Schutz der Heiligkeit des Tempels, die mit Benutzung heidnischer Münzen mit Abbildungen schlicht unverträglich sei[37]. Der Grund für Jesu gewaltsames Einschreiten gegen die Geldwechsler ist zu finden in seiner „hostility to the continued use of Tyrian shekels to pay the Temple dues. *This action is* not a visionary's symbol of the destruction of the Temple, but *the reformer's anger at the recognition of foreign gods*“[38].

Mit RICHARDSONs Sinnbestimmung der Tempelaktion als Protest gegen die Anerkennung fremder Gottheiten sind wir nahe an jenem Aspekt angelangt, den HANS DIETER BETZ als das Hauptanliegen Jesu betrachtet[39]. BETZ erörtert die Rolle des herodianischen Tempelbaus in Jerusalem vor dem Hintergrund von Tempelbauprojekten in der griechisch-römischen Welt im allgemeinen und stellt zu Recht als ein wesentliches Motiv solcher Monumentalbauten die Legitimierung königlicher Herrscheransprüche heraus[40]. In Jesu Tempelaktion vermutet er einen Protest gegen diese

---

[36] RICHARDSON, Why Turn the Tables?, 520.

[37] Sowohl das Umstoßen der Sitze der Taubenverkäufer als das zweite Hauptelement der Tempelaktion als auch Jesu radikale Stellungnahme zu Fragen wie z.B. Schwören und Ehescheidung seien mit seiner strikten Ablehnung der heidnischen Münzen im Tempel kohärent (a.a.O., 521f). Jesu Ablehnung des Verkaufs von Tauben sei auf die Gefahr der kultischen Verunreinigung, die ständig vom Taubenkot ausging, zurückzuführen: „[J]esus argued that the whole precinct was holy to the Lord, that even birds might defile it just as animals would, and that strict principles required all sellers to stay outside the Temple precincts. On this view his objection to the sellers was not quite the same as his objection to the money-changers; in this case he objected to the activity, in that case he objected to the object. But in both cases the issue was the holiness of the Temple and its precincts“ (521). Zu der Frage der Verschmutzungsgefahr durch Tierexkremente im Tempel s. ÅDNA, Jerusalemer Tempel, 125f, 133f.

[38] RICHARDSON, a.a.O., 523 (kursiv von mir).

[39] Die oben S. 342f mit Anm. 27 und 28 besprochene Reaktion Jesu gegen die Gefährdung der Heiligkeit des Tempels durch den Handel bezeichnet BETZ ausdrücklich als einen Nebenaspekt: „... such impurity alone does not seem to have been the main reason for Jesus' action“ (Jesus, 462).

[40] S. den „Monumentalization of Temples in the Greco-Roman World“ überschriebenen Abschnitt BETZ, a.a.O., 462–467 und die Schlußfolgerung in bezug auf Herodes a.a.O., 469: „There is every reason to believe that a ruler like Herod the Great, being close to Augustus, would not miss an opportunity such as the one presented by the

Zweckentfremdung und diesen heidnisch-hellenistischen Mißbrauch des Jerusalemer Tempels:

> „Jesus must have intended his intervention to be a symbolic reminder of the old prophetic objections against the corruption of Temple worship by kingship ... [W]hen Jesus drove out the merchants and the bankers from the Temple area, his reason does not seem to have been a priestly concern for the ritual purity of the Temple. In his judgment, we can conclude, the proper worship of God was compromised by Herod's subjection of the Temple to the political purpose of glorifying his kingship and by the intrusion of commercialism."[41]

Weil die herodianische Erneuerung und Erweiterung des Tempels in Jerusalem jedoch von Anfang an unter Wahrung der traditionell-religiösen Bedürfnisse und im Einverständnis mit der Priesterschaft und dem jüdischen Volk im allgemeinen durchgeführt worden war[42] und außerdem z.Z. der Tempelaktion Jesu der Bauherr Herodes vor mehr als drei Jahrzehnten gestorben und die Kontrolle über den Tempel seit der Absetzung seines Sohnes Archälaus im Jahre 6 n.Chr. gar nicht mehr in den Händen der Herodesfamilie lag[43], spielte der Konflikt zwischen dem Tempel als dem religiösen Zentrum des jüdischen Volkes einerseits und als Mittel und Schauplatz königlicher Entfaltung nach Art und Vorbild hellenistischer Herrscherideologie andererseits kaum eine Rolle mehr.

Überhaupt scheiden alle hier besprochenen Varianten einer tatsächlichen oder angeblichen Gefährdung der Heiligkeit des Tempels als Motivation der Tempelaktion Jesu aus. Deren Sinn ist nicht in einem Protest gegen drohende Entweihung des Tempels zu finden.

2.3 Ein Protest gegen eine nationalistisch sich abgrenzende Heiligkeitsideologie?

Eine nichteschatologische, prophetische Deutung der Tempelaktion Jesu, die in manchen Hinsichten als konträr zu den oben erörterten Interpretationen mit deren Nachdruck auf die Bemühung Jesu um die Heiligkeit des

---

Jerusalem Temple. By turning the Temple into the splendid edifice it must have been, he intended to demonstrate his power as well as his religious legitimacy as a Jewish king." Zur Bedeutung der hellenistischen Herrscherideologie als Motivation des Herodes s. ÅDNA, Jerusalemer Tempel, 33–35.

[41] A.a.O., 469, 472. In Anm. 52 auf S. 469 verweist BETZ auf 2Sam 7,5–16; Am 5,25 und Jer 7,22 samt auf Sekundärliteratur als Belege für die alten prophetischen Proteste, die Jesus durch seine Tempelaktion angeblich in Erinnerung ruft.

[42] Vgl. ÅDNA, Jerusalemer Tempel, 32–36.

[43] Das änderte sich einige Jahre später wieder, als zuerst Agrippa I. (41–44 n.Chr.), dann vorübergehend Herodes von Chalcis (44–48) und vor allem Agrippa II. (50–92/93) von den Römern wieder Befugnisse über den Tempel, vor allem das Recht, Hohepriester ein- und abzusetzen, eingeräumt wurden (vgl. SCHÜRER, History I, 377; ÅDNA, a.a.O., 92).

Tempels betrachtet werden muß, ist der von MARCUS J. BORG vertretene Ansatz (s.o. S. 17f). Ihm zufolge funktionierte der Tempel in Jerusalem nicht erst in den allerletzten Jahren vor dem Ausbruch des jüdischen Krieges gegen Rom 66–70 n.Chr., sondern bereits zur Zeit Jesu als das Zentrum der jüdischen Abgrenzung gegenüber den verhaßten Heiden[44]. Wie Jesu Tempelaktion zu verstehen ist, können wir laut BORG vor allem dem die „prophetic act" begleitenden Wort Mk 11,17 entnehmen[45]: Der Räuberhöhlenvorwurf könne zwar auf einzelne Gewaltepisoden in der Gegenwart Bezug nehmen (vgl. Lk 13,1–3), aber vor allem sei er eine zutreffende Charakterisierung der vorherrschenden Tempelideologie[46]. Dem Zustand des Tempels als Hochburg jüdischen Nationalismus stellt Jesus das Zitat aus Jes 56,7 entgegen: „Instead of being a fountain of resistance, Jerusalem with its Temple was meant to be the city set on a hill whose light would reach the nations."[47] Weil gerade die Geldwechsler und die Opfertierhändler der abgrenzenden Heiligkeitsideologie dienen, richtet Jesus seine Aktion gegen sie:

> „Manifesting the clear-cut distinction between holy / profane, holy nation / profane nations, their activity served and symbolized the quest for holiness understood as separation, a quest at the root of resistance to Rome. The act of expelling them, consistent with the words of interpretation, affirmed that understanding of holiness to be in error. And thus the ‚odd gesture' and the words of interpretation cohere: the quest for a holy, separated nation had made of the Temple a ‚den of violent ones'; the merchants, typifying that separation by their activity, were expelled because ‚My house shall be called a house of prayer for all the nations,' not a center of resistance to the nations."[48]

Die Anspielung auf Jer 7,11 durch den Räuberhöhlenvorwurf sowie mehrere andere Jesusworte enthielten Warnungen und Drohungen, daß der Tempel, die Stadt Jerusalem und das ganze Volk in einer sich anbahnenden Katastrophe vernichtet werden würden, falls sie sich nicht von der abgrenzend-nationalistischen Ideologie hin zu einem anderen Völkern freundlich gesinnten Universalismus wenden würden[49]: „At almost every

---

[44] BORG, Conflict, 163–170.

[45] A.a.O., 173.

[46] A.a.O., 174f: „[T]he greater emphasis should be placed on the general: the role of the Temple ideology in the quest for holiness with its corollary of resistance to foreign rule. As the *parisim* in 586 B.C.E. trusted the Temple to guarantee their impunity *vis a vis* Babylon, so for many elements in first-century Judaism the Temple was both a guarantor of security and a focal point of liberation hopes."

[47] A.a.O., 175. BORG spielt auf Mt 5,14 an (vgl. a.a.O., 349 Anm. 68). Vgl. a.a.O., 175f: „The words of interpretation contrasted the intended universal role of the Temple with its present role as a pillar of chauvinism."

[48] A.a.O., 176.

[49] A.a.O., 177–195. BORG erörtert u.a. die von ihm als grundsätzlich authentisch

point the Temple ideology was overturned by Jesus' warnings. The immediate future would not bring the exclusion of the Gentiles, but judgment upon the Temple because it had become a center of exclusiveness."[50]

Die bisherige Darlegung von MARCUS J. BORGs Gesichtspunkten beruht auf seiner Studie „Conflict, Holiness and Politics in the Teachings of Jesus" aus dem Jahre 1984. Einige Jahre später schrieb er noch ein Buch über Jesus (englisches Original 1987, deutsche Übersetzung 1993), in dem er nach wie vor Jesus als Prophet versteht[51]. Es scheint mir, daß im zweiten Buch die Hervorhebung des Universalismus bei Jesus etwas abgeschwächt ist, während dagegen die nicht-eschatologische Orientierung entschiedener vertreten wird. Jesu prophetisches Anliegen sei es, Israel vor den drohenden Konsequenzen der „politics of holiness" mit seiner Alternative der „politics of compassion" zu retten[52]. Der Umkehrruf laute, die politische Katastrophe könne noch vermieden werden[53]. Um diese Botschaft in der Stunde der Entscheidung gehe es Jesus bei seinem Aufenthalt in Jerusalem, wo die Tempelaktion die Klimax seiner Herausforderung an das jüdische Volk darstellte[54]. Die Radikalität der Infragestellung des Tempels verursachte, daß Gegenmaßnahmen gegen Jesus sofort eingeleitet wurden:

> „So also trat Jesus während seiner letzten Woche in Jerusalem vor allem als Prophet und unerbittlicher Mahner auf, der sein Volk zur Umkehr rief ... Als Stimme eines neuen Denkens rief er ... der öffentlichen Meinung ins Bewußtsein, daß der Tag gekommen sei, zu Gott umzukehren, wenn sich auch immer deutlicher abzeichnete, daß er damit seinen eigenen Tod provozierte."[55]

BORG hat gewiß darin recht, daß Jesus gegen allerlei gewaltsam-zelotische Abgrenzungstendenzen in seiner Gegenwart eingestellt war. Aber er zeichnet ein historisch nicht zutreffendes Bild von den Zuständen in Jerusalem und im Tempel zur Zeit Jesu, und vor allem irrt er sich in bezug auf den Zukunftshorizont Jesu, von dem her Jesu Beurteilung der

---

betrachteten Stellen Mk 13,2; Lk 13,34f par.; Lk 19,42–44; 21,20.21b–22.23b–24; Mk 13,14; Lk 13,1–5; 23,27–31; 17,31.

[50] A.a.O., 195.

[51] Vgl. Conflict, 198f mit Jesus. A New Vision, 150–156 (= Jesus. Der neue Mensch, 169–178).

[52] Jesus. A New Vision, 156–161 (= Jesus. Der neue Mensch, 178–185); s.o. S. 17 Anm. 43. Jesu Kritik gegen Jerusalem und den Tempel ist analog zur Kritik Jeremias (und Ezechiels), vgl. Jesus. A New Vision, 161–163 (= Jesus. Der neue Mensch, 185–188).

[53] Jesus. A New Vision, 163–165 (= Jesus. Der neue Mensch, 188–191).

[54] Vgl. das Zitat aus Jesus. Der neue Mensch, 196f (= Jesus. A New Vision, 175f) oben auf S. 17.

[55] Jesus. Der neue Mensch, 199 (= Jesus. A New Vision, 177).

Gegenwart und seine Warnungen bzw. Weissagungen im Hinblick auf die Zukunft zu verstehen sind. M.E. sprengt die Perspektive Jesu eindeutig die innergeschichtlichen Kategorien, innerhalb derer BORG ihn einordnet. Durch seine positive Anlehnung an die Zionstradition, seine Verkündigung der nahen Basileia Gottes sowie seinen messianischen Anspruch (s.o. S. 130–142) ist Jesus eschatologisch orientiert: Es geht um viel mehr als die Ersetzung einer nationalistischen Heiligkeitsideologie durch einen weltoffenen Universalismus; es geht um die Verwirklichung des endzeitlichen Heils auf dem Zion für Israel und die Völker, zu dem Jesus als der messianische Menschensohn und Repräsentant Gottes durch seinen Umkehrruf einlädt[56].

2.4 Ein Reformversuch zugunsten der Teilnahme ganz Israels am Vollzug der Opfer?

BRUCE CHILTON hat in seiner Monographie „The Temple of Jesus" aus dem Jahre 1992 eine recht originale Interpretation der Tempelaktion Jesu vorgelegt. Seine bewußte und konsequente Bemühung darum, Jesus im Rahmen des zeitgenössischen Judentums zu verstehen, gehört zu den eindeutig positiven Aspekten des Deutungsansatzes CHILTONs[57]. Allerdings ist kritisch zu fragen, ob er in einer methodisch unberechtigten Weise dem neuschöpfenden Potential Jesu zu enge Grenzen setzt, wenn er als eine Prämisse formuliert, daß Jesus die historisch erkennbaren Grenzen des Frühjudentums *nicht sprengen oder transzendieren kann*[58].

Nach CHILTON war Jesus ein Rabbi[59] pharisäischer Prägung mit einer radikalen eigenständigen Reinheitsauffassung, derzufolge ganz Israel, einschließlich der Samaritaner, rein waren[60]. Diese Sicht setzte Jesus in

---

[56] Zur Kritik an BORGs nichteschatologischer Jesusdeutung s. FREDRIKSEN, Jesus and the Temple, 296 Anm. 8 sowie WRIGHT, Jesus, 75–78.

[57] Ich habe leider nicht die Gelegenheit gehabt, seine Weiterführung dieses Programms in dem zusammen mit CRAIG A. EVANS herausgegebenen, viele Aufsätze enthaltenden Werk „Jesus in Context. Temple, Purity, and Restoration" (AGJU 39, Leiden / New York / Köln 1997) für diese Erörterung heranzuziehen.

[58] Vgl. CHILTON, Temple of Jesus, 119–121. „[I]f we wish to speak of Jesus in historical terms, he must be located in the space of early Judaism. Any language that alleges Jesus' rejection or transcendence of Judaism is to be dismissed from the outset as an instance of apologetic" (120).

[59] Vgl. die Titel zweier anderer Werke CHILTONs: A Galilean Rabbi and His Bible, Wilmington [Del.] 1984 sowie Profiles of a Rabbi, Atlanta [Ga.] 1989.

[60] Temple of Jesus, 124f, 133f: „The point of such sayings as Matthew 15:11, Mark 7:15, and Luke 11:40, 41 is that Israelites are properly understood as pure, and that what extends from a person, what he is and does and has, manifests that purity" (125). Jesus vertrete „a program of purity that is radically inclusive" (134).

seine aufsehenerregende Tischgemeinschaftspraxis um[61]: Alle, denen ihre
Sünden vergeben sind und die rein sind, lädt Jesus an seinen Tisch.

> „[M]eals were principal occasions on which his definition of what and who was pure
> could be developed and illustrated. In fact, just such a definition is at issue in a major
> text concerning forgiveness, Luke 7:36–50 … Eating with Jesus is the emblem both
> of one's fitness to sacrifice and of one's readiness for the kingdom."[62]

Nach Jesu Auffassung und in seiner vollmächtigen Praxis ging – entgegen
der in Leviticus verfochtenen Sicht – die Sündenvergebung dem Opfer
voraus: Im Tempel sollen darum Israeliten, denen ihre Sünden vergeben
worden waren, ihre reinen Opfer darbringen[63]. Die Zusammenhänge
zwischen Jesu Vergebungspraxis, Reinheitsauffassung, Mahlideologie und
dem Tempelkult erläutert CHILTON folgendermaßen:

> „The purity defined by Jesus throughout his ministry focused upon acts of forgiveness
> and offering as themselves purifying, assuming the ordinarily pure practice of all
> Israel. To eat forgivingly and to offer of one's own in the Temple was to anticipate
> the ultimate banquet with the patriarchs within the kingdom of God. That vision, and
> the imperative to forgive and to practice fellowship with the whole of Israel that it
> necessarily implied, drove Jesus to Jerusalem as the source and center of that banquet.
> The purity he practiced at table belonged in the Temple, as well. Indeed, the
> contemporary ideology of sacrifice, shared by Jesus with Essenes and Pharisees, had
> it that the purity of the table was a function of the altar's purity. The occupation of the
> Temple was in that sense a predictable if catastrophic outcome of Jesus' program of
> purity."[64]

Wie aus diesem Zitat hervorgeht, leitet CHILTON die Tempelaktion, die er
durchgehend als eine Besetzung („occupation") des Tempels bezeichnet
(vgl. S. 303), unmittelbar von Jesu Reinheitsauffassung ab. Laut CHILTON
sah Jesus nämlich eine große Diskrepanz zwischen der Organisation des
Opferkultes im Tempel und einer Praxis, die seiner Sicht entsprechen
würde. Denn für Jesus war die Sicherung opfertauglicher Tiere, die der
Handel im Tempel gewährte, für eine akzeptable Opferpraxis nicht
ausreichend. Weil alle Israeliten rein und damit berechtigt waren, ihre
eigenen Opfer darzubringen, mußte im Tempel vielmehr ein Opfervollzug
praktiziert werden, durch den die Opferer wirklich als Besitzer ihrer

---

[61] Vgl. a.a.O., 146ff.

[62] A.a.O., 147 / 148.

[63] A.a.O., 133: „Forgiveness is the condition in which sacrifice is rightly offered,
rather than the condition of which sacrifice is a remedy. As compared to the book of
Leviticus, for example, the presupposition is nothing short of revolutionary, in that the
normal understanding was that sins of various sort could only be understood as forgiven
after the priest had offered a sacrifice on behalf of the worshiper, and after repentance
(see Leviticus 4:22–5:16; 16:15, 16)."

[64] A.a.O., 150.

Opfertiere erschienen. Diesem entscheidenden Anliegen wurde durch die herrschende Praxis keineswegs genügend Rechnung getragen[65]:

> „Jesus' occupation of the Temple was directed against animals that did not genuinely belong, in his estimation, to those who were to offer them, because they were procured by means of a purely financial transaction in the Temple ... [H]e confronted the authorities in the Temple with the claim that their management was a scandal, and that the direct provision of animals by a forgiven, purified Israel was what was required for the experience of holiness and the reality of the covenant to be achieved."[66]

CHILTON hat bestimmt wichtige Erkenntnisse betreffs des Zusammenhangs zwischen der Reinheitsauffassung, der Vergebungspraxis und den Tischgemeinschaften Jesu erarbeitet, und ferner hat er darin recht, daß all dies Folgen für die Beurteilung des Tempelkultes haben könnte. Aber seine Rekonstruktion der Tempelaktion Jesu ist wenig überzeugend[67], und – teilweise damit zusammenhängend – seine Bestimmung des Sinngehaltes bzw. der Absicht Jesu ist ebenso wenig überzeugend. Denn ist es denkbar,

---

[65] Nach CHILTON haben wir es hier mit einem Streit zwischen Pharisäern und (sadduzäischen) Priestern zu tun. Jesu Anliegen ist mit dem von Schimeon b.Gamliel (s.o. Anm. 18) und von Hillel eng verwandt (vgl. a.a.O., 101–103, 108f, 111, 151): „The essential component of Jesus' occupation of the Temple is perfectly explicable within the context of contemporary Pharisaism, in which purity was more than a question of animals for sacrifice being intact. For Jesus, the issue of sacrifice also—and crucially—concerned the action of Israel, as in the teachings of Hillel and Simeon" (109). Rabbinische Texte bezeugen einen Streit darüber, ob die Opfernden ihre Hände auf das Opfertier legen dürften; Hillel zufolge war die Handaufstemmung ein Ausdruck des Besitzertums (vgl. a.a.O., 101, 109).

[66] A.a.O., 128 / 136.

[67] Obwohl sie angeblich den Charakter einer Besetzung des ganzen Tempels gehabt haben soll (s.o. S. 303), hält CHILTON es für wahrscheinlich, „that the overturning of the tables ot the money changers is a fiction of Christian *haggadah*, designed to make his action more comprehensible and attractive" (a.a.O., 130). Falls auch einige Geldwechslertische umgestoßen wurden, war dies auf jeden Fall nur eine Randerscheinung, die keinen Angriff auf das Opfersystem implizierte (vgl. 109–111). S. die Kritik bei TAN, Zion and Jesus, 177 Anm. 91 (auffälligerweise ist dies TANs überhaupt einzige Bezugnahme auf die Monographie CHILTONs).
Ähnlich argumentiert CHILTON in φραγέλλιον: Auch dort ist er bemüht, den Anstoß Jesu von den die Tempelsteuer einnehmenden κολλυβισταί fernzuhalten (vgl. 337) und ihn ausschließlich auf den Verkauf von Opfertieren zurückzuführen: „The scandal of the arrangement was not the animals, but the money being paid for them in the precincts of the Temple. For that reason, the uniquely Johannine, ,Do not make my father's house a house of trade' (2.16b), is precisely to the point" (338; s. zur näheren Begründung a.a.O., 338–340, wobei CHILTON in einer nicht überzeugenden Weise zwischen den für Jesus akzeptablen κολλυβισταί [vgl. oben] und den nur Joh 2,14 erwähnten κερματισταί unterscheidet, die angeblich das Geld für die Opfertiere einnahmen). CHILTON gelangt zu folgendem Ergebnis: „Jesus' aim was purification, along the lines of stopping illicit trade (cf. Zech. 14.21c)" (341).

daß Jesus eine Aktion dieses Ausmaßes wegen eines Streitpunktes darüber,
wie beim Opfervollzug angemessen zum Ausdruck gebracht werden sollte,
daß der Opfernde sein dargebrachtes Opfertier besaß, durchführen konnte
und wollte?[68] Grundsätzlich muß gefragt werden, wie glaubwürdig das
Gesamtbild, das CHILTON von Jesus und dessen Interessen und Anliegen
zeichnet, überhaupt ist. M.E. rückt er Jesus zu nahe an die Pharisäer und
setzt einen größeren Abstand zwischen dem historischen Jesus und der
nachösterlichen Theologie über ihn als erforderlich voraus[69]. Wie wir noch
nachzuweisen versuchen werden, gehört gerade die Tempelaktion zu jenen
Jesusüberlieferungen, die in ihrer theologischen Reichweite eine enge
Beziehung zur urchristlichen Christologie und Soteriologie aufweisen.

Die hier vorgenommene Zuordnung der Deutung CHILTONs zu den nichteschatologischen Interpretationen ist anfechtbar. Er sieht durchaus die Basileia Gottes als ein
Hauptanliegen Jesu[70] und führt unter der Überschrift „Eschatological Purity" aus, wie
das Sacharjabuch, u.a. dessen Schlußvers 14,21, wahrscheinlich Jesus und seine
Handlungen beeinflußt hat[71]. Ausschlaggebend für die Einordnung CHILTONs sind
jedoch erstens der Nachdruck, den er auf die Teilnahme Jesu an halachisch-pharisä-
ischen Diskussionen über die *pragmata* der Opfer legt, zweitens der Charakter der
Tempelaktion als ein Versuch, die Opfervollzugspraxis im Tempel in Übereinstimmung mit Jesu Sicht des erforderlichen Zusammenhangs zwischen Opferer und Opfertier zu *reformieren*, und drittens CHILTONs explizite Kritik von denen, die „the
concept of the eschatological restoration of Israel as the touchstone of the theology of
Jesus" betrachten[72]. Wir haben bereits in Kapitel 3 ein reichhaltiges Material
gesichtet, das gerade auf die eschatologische Wiederherstellung und Sammlung des
Gottesvolkes als die Mitte der Sendung Jesu hindeutet. Wir wenden uns nun
ausdrücklich eschatologischen Interpretationen der Tempelaktion Jesu zu.

---

[68] Vgl. diesbezüglich die Kritik bei CASEY, Culture and Historicity, 323.

[69] S. z.B. seine viel zu pauschalen und historisch ungerechtfertigten Äußerungen
a.a.O., 138: „There can be no question, however, within any historical terms that concern
us here, but that the assessment of Jesus as a Judaic teacher is primary. For precisely that
reason, we have freely … simply bracketed from our consideration the anti-Judaic, sometimes anti-Semitic, and frequently anti-cultic, rhetoric of the Gospels. It is obvious that
Christianity became a Hellenistic religion, obvious that it came to oppose Judaism, and
obvious that—especially in the wake of the destruction of the Temple—it developed the
dogma (characteristic of modern consciousness) that sacrifice has been transcended. To
ascribe those developments directly to Jesus is conventional in some circles, but
profoundly and evidently uncritical."

[70] Vgl. z.B. a.a.O., 137: „The picture is of a thoroughly Judaic teacher, in contact
with, without being limited to, the Pharisaic movement, engaged with issues of purity
and popular participation in the cult, and driven by an eschatological vision of God's
kingdom."

[71] A.a.O., 135f. „In the light of Zechariah, Jesus' occupation of the Temple … appears
as an enactment of prophetic purity in the face of a commercial innovation, a vigorous
insistence that God would prepare his own people and vessels for eschatological
worship" (136).

[72] A.a.O., 99. Konkret bezieht sich diese Kritik auf E.P. SANDERS und dessen
Abhängigkeit von A. SCHWEITZER (vgl. noch den Kontext 98–100).

3. Eschatologische Interpretationen

Das Alte Testament und das Frühjudentum kennen viele Beispiele, wie Kritik und Verwerfung des gegenwärtigen Tempels (oder gewisser Bestandteile seines Apparats) mit der Erwartung eines *eschatologischen Neuanfangs* einhergehen können.

Am ausgeprägtesten ist die organische Verbindung von Tempelkritik und -erneuerungserwartung in jenen Fällen, in denen die Weissagung eines neuen, eschatologischen Tempels der Gerichtsankündigung für den gegenwärtigen Tempel an die Seite tritt, wie es uns etwa bei Ezechiel, in den sogenannten Zehnwochen- und Tiersymbolapokalypsen, im Jubiläenbuch und im Schrifttum der Qumrangemeinde begegnet (s.o. S. 38–46, 99–106).

3.1 Eine eschatologische Reinigung des Tempels?

Es hat immer wieder Versuche gegeben, das traditionelle Reinigungsverständnis der Handlung Jesu mit seiner Ankündigung der eschatologischen Basileia Gottes zu verbinden. Meistens bleiben diese Ansätze jedoch recht vage, insofern sie wirklich als Reinigungsdeutungen anzusprechen sind. Das hat seinen Hauptgrund darin, daß einer Reinigung grundsätzlich der Charakter einer Wiederherstellung eines früheren, aber inzwischen verlorenen Zustandes bzw. einer Reform eignet und somit nichteschatologischer Art ist.

Ich nenne als Beispiele Äußerungen von B. WITHERINGTON und J.D.G. DUNN. Nach WITHERINGTON ist die wahrscheinlichste Interpretation der Tempelaktion, „that Jesus performed a prophetic sign that was meant ... as a symbolic action of cleansing, perhaps like that of Nehemiah's (cf. Neh. 13:4–9, 12–13), in which case Jesus was saying that God's final action was upon the people of Israel and that Jesus was bringing it in"[73]. Auch DUNN erwägt als am naheliegendsten eine Deutung, die der traditionellen Bezeichnung als Tempelreinigung nahekommt, „that is, an action expressing the conviction that the Temple had to be sanctified and made ready for its eschatological function"[74]. Aus den weiteren Ausführungen DUNNs geht hervor, daß die eschatologische Funktion des Tempels, von der er spricht, darin bestehen wird, das Zentrum der Völkerwallfahrt zu sein. Dies ist aber eine Funktion mit eigener, selbständiger Prägung, die mit einer „Reinigung" des Tempels nicht gleichgesetzt oder vermischt werden sollte (s.u. Abschnitt 3.3, S. 358f). WITHERINGTONs Deutung ist eher als eine wirkliche Reinigungsinterpretation anzusehen, aber sein Hinweis auf Nehemias Maßnahmen in Neh 13 als Parallele bestätigt unsere Vermutung eines Gegensatzes zwischen einer Reinigung im engen Sinne und einer eschatologischen Ausrichtung, denn bei Nehemia ging es um eine reformatorische Wiederherstellung erträglicher Zustände im Tempel und keineswegs um eine „eschatologische Reinigung". Das eschatologische Moment gewinnt WITHERINGTON hauptsächlich von dem

---

[73] WITHERINGTON, Christology, 115.
[74] DUNN, Partings of the Ways, 48.

Wort Joh 2,16b her, das er im Gegensatz zu Mk 11,17 für authentisch hält und von der eschatologischen Stelle Sach 14,21b ableitet[75]. Ich halte zwar eine Einwirkung von Sach 14,21b auf Joh 2,16b für wahrscheinlich, aber überlieferungsgeschichtlich ist dieses Logion erst nachösterlich einzuordnen (s.o. S. 201–206), während das ursprünglich zur Tempelaktion gehörende Jesuswort in Mk 11,17 zu finden ist (s.o. S. 216–225)[76].

3.2 Eine auf die Tempelerneuerung weisende Zeichenhandlung?

Die Ankündigung eines neuen Tempels in Texten wie Ez 40–48; äthHen 90,29; 91,13; 4QFlor (4Q174) I,1–5 und im Tempelwort Jesu Mk 14,58 setzt in der Regel die vorausgehende Vernichtung des alten, der Sünde anheimgefallenen gegenwärtigen Tempels voraus (vgl. Ez 8–11; äthHen 90,28; 93,8; 4QFlor [4Q174] I,5f und Mk 14,58). Jesu Tempelaktion läßt sich vor diesem Hintergrund vielleicht als ein *Zeichen des Gerichtes* über den Jerusalemer Tempel verstehen, dessen eigentliche Botschaft jedoch in der damit verbundenen *impliziten Ankündigung des neuen eschatologischen Tempels* besteht.

In der neueren Diskussion hat E.P. SANDERS mit beachtlichen Argumenten diese Deutung der Tempelaktion vertreten. Ihm zufolge ist Jesu Aktion „to be regarded as a symbolic demonstration"[77]. Entsprechend ihrem Charakter als einem gewaltsamen Umstoßen einiger Tische symbolisiert sie Zerstörung[78].

> „But what does this mean? On what conceivable grounds could Jesus have undertaken to attack – and symbolize the destruction of – what was ordained by God? The obvious answer is that destruction, in turn, looks towards restoration ... We should probably think that his expectation was that a new temple would be given by God from heaven, an expectation which is not otherwise unknown during the period, even if it may not have been universal."[79]

SANDERS findet denselben Sinngehalt im Tempelwort Jesu: „[H]e predicted the imminent appearance of the judgment and the new age."[80]

---

[75] WITHERINGTON, a.a.O., 111, 114 (s.o. S. 198 Anm. 120, S. 206 Anm. 152).

[76] Vgl. auch die Kritik von WITHERINGTON bei SMITH, Objections, 263f Anm. 22. In dieser Anm. nennt er auch andere Vertreter der Auffassung, daß „Jesus' intention was to purify the temple in preparation for the inbreaking of the kingdom of God" (263). Gegen dieses Verständnis wendet SMITH ein: „But if Jesus intended to purify the temple in preparation for the coming of the kingdom of God by his overturning of the tables of the money changers and his demand that they cease their operations in the temple, one must still identify what Jesus saw as needing purification" (263f).

[77] SANDERS, Jesus and Judaism, 69.

[78] A.a.O., 70 (vgl. das Zitat auf S. 18).

[79] A.a.O., 71, 73.

[80] A.a.O., 73. Zu SANDERS' Deutung des Tempelwortes s.o. S. 148f mit Anm. 192 und 193.

> „Ich nehme also an, daß Jesu symbolische Aktion, die Tische der Geldwechsler im Tempel umzustürzen, Hand in Hand mit einem Ausspruch über die bevorstehende Zerstörung des Tempels ging und in dieser Kombination von den Behörden als prophetische Drohung aufgefaßt wurde. Darüber hinaus halte ich es für höchst wahrscheinlich, daß Jesus selbst mit seiner symbolischen Aktion die Zerstörung des Tempels voraussagen ... wollte."[81]

Sowohl die hiermit ausgewiesene Kohärenz der Tempelaktion und des Tempelwortes als auch SANDERS' Herausstellung der historischen Verbindung zwischen ihnen und Jesu Tod wenige Tage später (s.o. S. 324f, 332f) sind Indizien dafür, daß es ihm gelungen ist, die Befunde zu einer historisch plausiblen Synthese zu verbinden.

SANDERS steht keineswegs allein mit dieser Interpretation. BEN F. MEYER sah noch vor ihm in der Tempelaktion eine Kombination eines „Zerstörungsgleichnisses" und eines Hinweises auf „restoration"[82]. Vor allem hat SANDERS in PAULA FREDRIKSEN eine entschiedene Nachfolgerin bekommen:

> „By overturning these tables, Jesus symbolically enacted the impending *apocalyptic destruction* of the Temple. But in the context of his ministry, and more broadly in the context of Jewish restoration theology, such destruction is not ‚negative': it necessarily implies no condemnation of, e.g. the Temple cult, the Torah, Judaism, or anything else. In the idiom of Jewish apocalyptic, destruction implies rebuilding; and a new or renewed Temple – especially one not made by the hand of man – would imply, more directly, that the Kingdom of God was at hand."[83]

Trotz der beeindruckenden exegetisch-historischen Synthese SANDERS' und der Zustimmung FREDRIKSENs bleibt jedoch diese Interpretation der Tempelaktion Jesu problematisch. Denn ist der Aussagegehalt der Zerstörung wirklich so selbstverständlich und eindeutig dem Umstoßen einiger Tische zu entnehmen? Tatsächlich räumt SANDERS selbst ein, daß andere

---

[81] SANDERS, Sohn Gottes, 380 (= Historical Figure, 260). Vgl. a.a.O., 381: „Er war ein Prophet, und zwar ein eschatologischer Prophet. Er glaubte, daß Gott im Begriff stehe, den Tempel zu zerstören. Und was dann? ... Jesus stellte sich wahrscheinlich für das neue Zeitalter, in dem die zwölf Stämme Israels wieder versammelt waren, einen neuen und vollkommenen Tempel vor, den Gott selbst erbauen werde" (= Hi.Figure 261).

[82] MEYER, Aims, 201: „As in the days of Jeremiah unbelief could find assurance in the massive fact of the temple. But the cleansing was a *parable of judgment* (cf. Luke 19,39–44) ..." (kursiv von mir). A.a.O., 198: „But the cleansing of the temple said ‚restoration', too, and was already itself a fulfilment event ... the restoration realized in Jesus' cleansing of the temple was essentially parabolic." Sowohl weil MEYER versucht, sehr viele Aspekte in seiner Deutung der Tempelaktion unterzubringen (vgl. a.a.O., 197–202) als auch weil er den neuen Tempel, von dem Jesus im Tempelwort spricht, anders als SANDERS auf die Kirche bezieht (s.o. S. 144 Anm. 184), ist seine Verbindung von „judgment" und „restoration" in der Aussageabsicht der Tempelaktion als einer Zeichenhandlung viel weniger profiliert als bei SANDERS.

[83] FREDRIKSEN, Jesus and the Temple, 299.

Zeichenhandlungen wie z.B. das bereits vom Propheten Jeremia praktizierte Zerbrechen eines Kruges (Jer 19,10f) vielleicht naheliegendere Zerstörungssymbole gewesen wären[84].

Gravierender bei SANDERS' Deutung ist aber m.E. zweierlei: Zum einen kommt s.M.n. dem Ort des Geschehens überhaupt keine Bedeutung zu[85]. Ist es aber vorstellbar, daß das einzig Konstitutive am Handeln Jesu die Symbolik der Tempelzerstörung an sich war und daß es darum nichts als ein purer Zufall gewesen ist, daß es gerade die Geldwechsler traf? Ist Jesus recht spontan auf deren Tische losgegangen, weil sie leicht zugänglich waren, oder wie stellt sich SANDERS den Zufallscharakter des ausgesuchten Objekts vor, das letztlich nichts weniger als die Zerstörung des Jerusalemer Tempels symbolisieren sollte? Mir scheint es – nicht zuletzt angesichts der sehr ernsthaften Folgen dieser Episode, mit denen auch SANDERS historisch zutreffend rechnet – viel wahrscheinlicher zu sein, daß es sich nicht um eine zufällige Tat gehandelt haben kann, die, ohne daß der inhaltliche Gehalt verlorengehen würde, durch eine ganz andere ausgewechselt werden könnte, sondern daß Jesus bewußt und wohlüberlegt den Gegenstand bzw. die Adressaten seiner Handlung aussuchte und daß der präzise Sinn der gegebenenfalls als zeichenhaft oder symbolisch aufzufassenden Handlung sich nur unter Berücksichtigung der betroffenen Personen und deren Funktionen ableiten läßt.

Das zweite Bedenken gegen SANDERS' Deutung ist noch schwerwiegender: Ihm zufolge geht es bei Jesu Tempelaktion gar nicht eigentlich um das – zu Recht oder zu Unrecht erschlossene – Symbol der Tempelzerstörung, denn das Zerstörungssymbol meint eigentlich die *Wiederherstellung*; „... destruction, in turn, looks towards restoration"[86].

P. FREDRIKSEN äußert sich noch ungeschützter als SANDERS über die Eindeutigkeit des Tischeumstoßens als eines Gerichtssymbols, das über sich selbst hinaus auf die eschatologische Erneuerung der Basileia Gottes hinweist: „Jesus' gesture (overturning the tables) near the archetypical festival of ‚national' liberation (Passover) in the

---

[84] Jesus and Judaism, 70: „Would breaking something not have been a better symbol? Perhaps so. I must leave to others the assessment of ‚overturning' as a self-evident symbol of destruction, though it appears to me to be quite an obvious one." U.a. DUNN, Partings of the Ways, 48 ist nicht überzeugt: „... the symbolism is hardly self-evident from the action itself (overturning tables); whereas in the prophetic tradition the symbolism of the prophetic action is usually fairly clear-cut in its reference (e.g. 1Kings 11.29ff.; 22.11; Isa. 20.1ff.; Hos. 1.3)." Auch TAN, Zion and Jesus, 167f erörtert, inwiefern das Umstoßen der Tische ein eindeutiges Zerstörungssymbol ist, und kommt zu einem negativen Ergebnis. CASEY, Culture and Historicity, 322f geht noch strenger mit SANDERS ins Gericht: „We should not pluck obviousness from the air like this. Sanders's judgment is quite arbitrary."

[85] A.a.O., 68: „[T]he place of the trade, and consequently of Jesus' action, should be seen as coincidental and not determinative for the meaning of the event."

[86] A.a.O., 71.

context of his mission (‚The Kingdom of God is at hand!') would probably have been readily understood *by any Jew watching* as a statement that the current Temple was about to be destroyed (by God, not human armies, and certainly not literally or personally by Jesus himself) and accordingly that the present order was about to cede to the Kingdom of God. The gesture was more than eloquent: it was clever, its meaning clearer and more widely available than any spoken pronouncement could have been."[87]

SANDERS' und FREDRIKSENs Beteuerungen können aber darüber nicht hinwegtäuschen, daß der Tempelaktion Jesu – im Gegensatz zum Tempelwort – das Element der eschatologischen Erneuerung neben der Zerstörungsdrohung schlicht fehlt[88]. Trotz der Berechtigung und Notwendigkeit, Tempelaktion und Tempelwort zusammenzuhalten und kohärent zu deuten, bleibt es dabei, daß der wahre Aussagegehalt der Handlung Jesu im Tempel SANDERS und FREDRIKSEN zufolge lediglich implizit aus ihr heraus geschlossen werden kann[89]. Hier sind sie, scheint es mir, der Versuchung erlegen, die Tempelaktion dem von ihnen beliebten Schema der „restoration eschatology" zuzuordnen, die i.M.n. Jesus vertreten hat[90]. Es ist aber viel wahrscheinlicher, daß der sinnhafte Schwerpunkt der Handlung Jesu nicht nur in einer erst zu erschließenden *Implikation* derselben zu finden ist, sondern daß er direkt aus ihr selbst heraus abgeleitet werden kann und muß[91].

---

[87] FREDRIKSEN, Jesus and the Temple, 299 (kursiv von FREDRIKSEN).

[88] Vor allem ist es so, wenn man wie SANDERS und FREDRIKSEN die Aktion Jesu auf das eine Element des Umstoßens der Tische beschränkt und die Zugehörigkeit von Mk 11,17 – mit dem Zitat aus Jes 56,7b als eine mögliche positive Zukunftsperspektive für den Tempel – zur Szene bestreitet (vgl. SANDERS, a.a.O., 66, 70 und FREDRIKSEN, a.a.O., 297, 299). Vor allem TAN, Zion and Jesus, hat bei seiner ausführlichen Auseinandersetzung mit SANDERS (166–172) die negativen Folgen der Vernachlässigung der anderen Elemente der Tempelaktion Jesu (d.h. die Hinaustreibung der Verkäufer und Käufer, das Umstoßen der Sitze der Taubenverkäufer, das Unterbinden des Gefäßtragens sowie das begleitende Wort Mk 11,17 [TAN, a.a.O., 163f, 172]) für eine zutreffende Interpretation herausgestellt (167). Vgl. auch MILLER, (A)Historicity, 237 Anm. 4 (= Historical Method, 8 Anm. 10). Für ein ausgewogenes Urteil sollten allerdings SANDERS' Ausführungen über die Folgen der Tempelaktion für den Opferkult nicht übersehen werden; vgl. a.a.O., 70 (zitiert unten in Anm. 196).

[89] U.a. SEELEY, Temple Act, 264f mit Anm. 7 und TAN, a.a.O., 171 bestreiten, daß im zeitgenössischen Judentum von der Zerstörung automatisch auf Erneuerung geschlossen wurde. THEISSEN/MERZ, Jesus, 381 deuten auch die Tempelaktion vom Tempelwort her und bleiben beim unmittelbar „negativen" Aussagegehalt: „Die Symbolhandlung der sogenannten ‚Tempelreinigung' wird durch die Tempelprophetie interpretiert: Es ging hier nicht um eine Reform des Tempels innerhalb der gegenwärtigen Geschichte, sondern um sein Verschwinden mit dieser vergehenden Welt."

[90] Vgl. SANDERS, a.a.O., 91–119, 335–340 und s.o. S. 356f das Zitat aus FREDRIKSEN, a.a.O., 299.

[91] Vgl. auch die Kritik von SANDERS bei BAUCKHAM, Demonstration, 86–88; BOCKMUEHL, This Jesus, 200 Anm. 39; H.D. BETZ, Jesus, 459 Anm. 18 (während

3.3 Eine den Zion für die Völkerwallfahrt vorbereitende Handlung?

Ein zentrales Element der eschatologischen Zionstraditionen, das Jesu Zustimmung fand, war die Hoffnung auf die Wallfahrt der heidnischen Völker zum Tempel auf dem Zion[92]. Anknüpfend an Jesu Aufnahme des Schriftwortes Jes 56,7b – „mein Haus wird ein Haus des Gebetes für alle Völker genannt werden" – mit dessen Nachdruck auf dem *dativus commodi* לְכָל־הָעַמִּים bzw. πᾶσιν τοῖς ἔθνεσιν[93] sowie vielleicht auch noch an den Schauplatz der Tempelaktion (den Vorhof der Heiden) haben eine Reihe von Forschern vor dem Hintergrund der Völkerwallfahrtserwartung die Handlung Jesu als ein Zeichen für das eschatologische Hinzukommen der Heiden zum Tempel auf dem Zion interpretiert. Zu ihnen gehören u.a. JOACHIM JEREMIAS, CECIL ROTH, FERDINAND HAHN, WILLIAM DAVID DAVIES und JAMES D. G. DUNN, die darauf hinweisen, daß Jesus diese Erwartung in bezug auf die Basileia Gottes geteilt hat (vgl. Mt 8,11 par. Lk 13,29 mit Jes 25,6–8)[94], und dementsprechend vorschlagen, sein Auftreten im Tempel als eine damit übereinstimmende Zeichenhandlung zu deuten.

ROTH und DUNN (s.o. S. 285 Anm. 138 und S. 353) suchen dabei das traditionelle Tempel*reinigungs*verständnis von Sach 14,21b bzw. PsSal 17,30f her eschatologisch mit der Völkerwallfahrtsvorstellung zu verbinden. Laut ROTH beriefen sich nationalistische Kreise in der Gegenwart Jesu auf Sach 14,21b für eine vollständige Ausgrenzung von Heiden aus dem Tempel, indem sie den dort vom Haus des Herrn auszuweisenden כְּנַעֲנִי als *nomen gentile* auffaßten[95]. Jesus dagegen verstehe mit einer

SANDERS sich bemüht, den ursprünglichen Sinn der Tempelaktion Jesu von der nachträglichen Deutung der Evangelisten abzugrenzen [vgl. z.B., Jesus and Judaism, 66f, 75f; Sohn Gottes, 380], meint BETZ, daß gerade die von SANDERS Jesus zugesprochene Deutung eher „to the retrospective views of the evangelists, rather than to Jesus" hinweist).

Es folgt aus den obigen Ausführungen, daß eine Deutung wie die von CHR. BURCHARD, die den Aspekt der Zerstörung des gegenwärtigen Tempels ganz ausblendet und in der Tempelaktion Jesu nur einen Hinweis auf den eschatologischen Tempel sehen will (vgl. S. 18 Anm. 49), dem tatsächlichen Charakter des Handelns Jesu noch weniger gerecht wird.

[92] Zur Völkerwallfahrtserwartung s.o. S. 26f, 280–282; zu Jesu Anlehnung daran s. S. 130–133 sowie 284f.

[93] Vgl. zum dativus commodi S. 162 Anm. 12. Für den Nachweis, daß der Schwerpunkt in Jes 56,7b auf „für alle Völker" und nicht etwa auf der Bezeichnung vom Tempel als „Haus des Gebetes" liegt, s. S. 276–280.

[94] Vgl. JEREMIAS, Jesu Verheißung, 47f, 53f; DERS., Theologie, 236f; HAHN, Verständnis der Mission, 26–28; DUNN, Partings of the Ways, 48.

[95] Vgl. zu Sach 14,21b S. 202f, wo ich gezeigt habe, daß im Ursprungskontext כְּנַעֲנִי „Händler" meint. Obwohl die LXX dieses Wort einfach als Χαναναῖος wiedergibt, zeigen Stellen wie Sach 11,7.11 und Prov 31,24, daß auch sie nicht als Zeuge einer nationalistischen Rezeption angesehen werden kann (zu diesen Stellen vgl. ÅDNA, Jesu Kritik,

anderen, u.a. von dem Targum und von der griechischen Übersetzung des Aquila vertretenen Strömung dieses Wort als Berufsbezeichnung für „Händler"[96], und seine Austreibung der Geldwechsler und Verkäufer sei nichts anderes als seine vollmächtige Verwirklichung dieser prophetischen Weissagung in bewußter Auseinandersetzung mit den nationalistischen Kreisen, die vielmehr von diesem Wort her die Heiden fernhalten wollten[97]. DUNN zufolge verleiht das von Jesus zitierte Wort Jes 56,7b der Erwartung der eschatologischen Völkerwallfahrt Ausdruck: „The implication would then be clear: that the action was eschatological in significance – a symbolic representation of the ‚cleansing' of the Temple which would be necessary if it was to serve its intended eschatological function, and possibly even a symbolic attempt to bring about these conditions."[98]

---

223 Anm. 338 und 339). Dies ist gegen ROTH, Cleansing, 178–180, festzuhalten, der nur die LXX für die angebliche „fremdenfeindliche" Auslegung von Sach 14,21b z.Z. Jesu anzuführen weiß. Es ist nicht der Schlußvers des Sacharjabuches, sondern – wie 4QFlor (4Q174) I,3f belegt – Texte wie Dtn 23,3f und Ez 44,9, die für die Ausgrenzung von Heiden aus dem Tempel angeführt worden sind (s.o. S. 99 mit Anm. 34; auch dieser Abschnitt aus 4QFlor wird von ROTH, a.a.O., 179 zitiert).

[96] A.a.O., 179f; s. zur Wiedergabe von Sach 14,21b im Targum und bei Aquila S. 203 Anm. 137.

[97] Vgl. a.a.O., 174f. Das Wort Mk 11,17 richte Jesus *nicht* an die Vertreter der Tempelverwaltung, sondern an diejenigen unter seinen Anhängern, die zu einem nationalistisch-zelotischen Mißverständnis seiner Tempelaktion neigen mochten (vgl. a.a.O., 176f): „Having carried out his intention and created the necessary pre-Messianic condition by expelling the traders from the Temple precinct, he assembled the people and explained his action to them. The Temple was to be a House of Prayer for all nations and accessible to all men, he said: and its sanctity must be preserved by the exclusion from it of mercantile operations of any sort. They, by misinterpreting the term ‚Canaanite' in a literal sense and using it as a pretext for excluding Gentiles – whether from the inner courts only or from the entire precinct – had converted the Holy Place instead into a σπήλαιον λῃστῶν – a den of nationalist rebels" (181). ROTHs Deutung versucht eine Reihe von unbeweisbaren und zweifelhaften Annahmen zu verbinden. Dazu gehören nicht nur die Postulate der nationalistischen Rezeption von Sach 14,21b und der Jesusanhänger als Adressaten von Mk 11,17, sondern auch seine Ausführungen zu Mk 11,16 (vgl. die Kritik S. 285 Anm. 138) und überhaupt die Vorstellung, daß Jesus es von Sach 14,21b her als seine Aufgabe angesehen haben sollte, „the necessary pre-Messianic condition" herbeizuführen.

[98] DUNN, Partings of the Ways, 48. TRAUTMANN, Zeichenhafte Handlungen Jesu, 108f, 111f postuliert für eine vormk Überlieferungsschicht, zu der Mk 11,16 gehöre, ebenso eine „Deutung des Geschehens auf eine endzeitliche Reinigung bzw. Reinheit des Tempels" (112), aber dieses Postulat beruht auf einer unzutreffenden überlieferungsgeschichtlichen Einordnung und Interpretation von Mk 11,16 (vgl. die Kritik auf S. 215f und S. 259 mit Anm. 45). DUNN gibt seinerseits zu, daß die Streichung der Worte „für alle Völker" in Mt 21,13 und Lk 19,46 und das fehlende explizite Echo von Sach 14,21 (das er hinter Mk 11,16 vermutet) ein Problem darstellen, aber zieht trotzdem folgende Bilanz: „Nevertheless, all the evangelists are agreed in interpreting the episode as some sort of symbolic purification of the Temple cult; and all three Synoptics do refer to Isa. 56.7. So, despite everything, it probably remains the best solution" (a.a.O., 49). MCKELVEY, New Temple, 66 sieht in der Tempelaktion Jesu einen prophetischen Akt angesichts der hereinbrechenden Basileia Gottes, der Israel zu einer Entscheidung herausfordert: „Jesus' action compels the Jews to face afresh the fundamental question of

JOACHIM JEREMIAS führt seinerseits aus:

> „Daß Jesus in der Tat dieses universale Verständnis des eschatologischen Tempels
> geteilt hat, zeigt die Perikope von der Tempelreinigung. Vielleicht darf man – obwohl
> mir das nicht sicher ist – schon darin eine tiefere Absicht Jesu sehen, daß es gerade
> der Heidenvorhof ist, den er reinigt. Sicher blickt jedenfalls auf die Heiden das
> Schriftwort, mit dem Jesus sein Tun begründet ... Ausdrücklich erklärt Jesus, daß er
> den Völkern die Stätte der Anbetung bereite. Die eschatologische Stunde ist herbei-
> gekommen: das profanisierte Heiligtum wird gereinigt; Gott kommt zu seinem
> Tempel."[99]

In seinen älteren Beiträgen sieht FERDINAND HAHN in ähnlicher Weise in
der Tempelaktion Jesu einseitig und mit Nachdruck eine Gleichnishandlung, die auf die den Heiden rechtmäßig zukommende Stellung im
Eschaton hinweist:

> „Die Feststellung, daß sich die Handlung Jesu nicht im eigentlichen Heiligtum,
> sondern im Vorhof der Heiden abspielte ... führt wohl am nächsten an die Intention
> Jesu heran: das Vorgehen im Tempel wäre dann, wie dies auch von V. 17 zum
> Ausdruck gebracht wird, als eine auf die den Heiden gegebene eschatologische
> Verheißung bezogene Gleichnishandlung zu verstehen."[100]

Obwohl JEREMIAS zurückhaltend ist, zu viel aus dem Ort des Geschehens
herauslesen zu wollen, und vor allem das seiner Überzeugung nach
authentische Wort Mk 11,17 der Deutung zugrundelegt und HAHN
umgekehrt beim Vorhof der Heiden einsetzt und in Mk 11,17 lediglich eine
sekundäre Bekräftigung der vom Ort der Szene abgeleiteten Deutung sieht,
decken sich die von ihnen jeweils gezogenen Schlußfolgerungen[101]. Trotz

---

what it means to be the people of God. To accept his answer will mean (among other
things) the inclusion of the Gentiles; to reject it will mean (among other things) the
destruction of the temple."

[99] JEREMIAS, Jesu Verheißung, 55f. Obwohl in der „Neutestamentlichen Theologie"
das Moment der Priesterkritik in JEREMIAS' Deutung vorherrscht (vgl. das Zitat auf
S. 338), ist auch dort dieser Aspekt der Einbeziehung der „Heiden in das eschatologische
Gottesvolk" noch berücksichtigt (Theologie, 236).

[100] HAHN, Hoheitstitel, 171; vgl. Verständnis der Mission, 29f. HAHN hält Mk 11,17
zwar für ein nachträgliches Deutewort der tradierenden Gemeinde, aber meint, daß „die
Intention Jesu damit getroffen (ist)" (a.a.O., 30 Anm. 2; vgl. Hoheitstitel, 171f Anm. 5).
Später, am deutlichsten in der Studie „Der urchristliche Gottesdienst", hat HAHN sich von
dieser früheren Deutung gelöst und vertritt nun die radikale Deutung einer Aufhebung
des ganzen Tempelkultes (vgl. dazu unten S. 364–366 und S. 434 Anm. 3). Im Gegensatz
zu früher sieht er in dem s.M.n. sekundären Wort Mk 11,17 eine mildernde Umdeutung
zur Vorstellung einer Tempel*reinigung* (Gottesdienst, 30) und führt insbesondere die
Worte πᾶσιν τοῖς ἔθνεσιν, die er früher für einen zutreffenden Ausdruck der Intention
Jesu hielt, nun erst aufs Konto der universalistischen Tendenz des Markus (ebd.
Anm. 60). Vgl. übrigens auch W.D. DAVIES als Vertreter des von JEREMIAS und HAHN
repräsentierten Deutungstyps (s.o. S. 18 Anm. 46).

[101] Bei der Frage, welche Bedeutung dem Ort des Geschehens, also dem Vorhof der

dieser gegenseitigen Rückendeckung vermögen ihre Voten nicht zu überzeugen. Denn eine auf den Vorhof der Heiden begrenzte Aktion ist gerade
nicht geeignet, die eschatologische Verwirklichung der Verheißung an die
Heiden in Jes 56,7b zeichenhaft darzustellen[102]. Sie würde in ihrer

---

Heiden, zukommt, beziehen sich beide auf E. LOHMEYERs Aufsatz „Die Reinigung des
Tempels", in dem der Ort zum Schlüssel der Deutung erklärt wird, wogegen JEREMIAS
skeptisch ist (vgl. Jesu Verheißung, 56 Anm. 220). Da LOHMEYER wegen der historischen Schwierigkeiten, die der Bericht über die Tempelaktion Jesu bereitet (Reinigung,
259; vgl. noch oben S. 317), die Frage der Authentizität bei Seite läßt und sich damit
begnügt, die Geschichte im Rahmen des Markusevangeliums zu deuten (vgl. a.a.O., 261),
gibt sein Beitrag wenig zur Erarbeitung des *ursprünglichen* Sinnes der Tempelaktion
Jesu her.
    Anders verhält es sich nicht nur mit den oben referierten Beiträgen von JEREMIAS und
HAHN, sondern auch mit dem sich mit der Tempelaktion beschäftigenden Kapitel der
Studie „The Gospel Message of St. Mark" von R.H. LIGHTFOOT (S. 60–69). In großer
und explizit zugegebener Abhängigkeit von LOHMEYERs Aufsatz legt auch er den
Schwerpunkt in der Deutung auf den Aspekt der Heidenvölker, und obwohl auch er sich
hauptsächlich mit der Darstellung auf der literarischen Ebene des Markus beschäftigt,
rechnet er jedoch gleichzeitig damit, daß es eine sachliche Entsprechung zwischen dem
historischen Ereignis und der Intention Jesu einerseits und dem allerdings noch
deutlicher herausgestellten Akzent des Evangelisten andererseits gibt: „... the Lord's
action, apart from its astonishing character, may not have seemed to the passer-by of any
supreme religious significance or importance at the time. But in the light of the context in
Mark it assumes a momentous character" (a.a.O., 64; vgl. zur vorausgesetzten
Authentizität auch a.a.O., 68). (LOHMEYER, a.a.O., 263 und) LIGHTFOOT, a.a.O., 64
zufolge bedeutet die Zulassung eines Tempelmarkts im Vorhof der Heiden durch die
jüdische Tempelbehörde eine Entfremdung dieses Teils des Tempelgeländes, und Jesus
will durch seine Tat angesichts der unmittelbar bevorstehenden Basileia Gottes die den
Heiden von Gott gewährten Rechte wiederherstellen: „... even before the arrival of the
messianic king the Gentiles had been allowed certain privileges upon the threshold of the
temple, and of these the Jewish authorities ... had allowed them to be robbed; must it not
therefore be the first act of the messianic king on his arrival to restore to Gentiles at least
those religious rights and privileges which ought already to be theirs, especially if, as
would surely happen with the coming of Messiah, Jewish worship would now become a
universal worship?" Mit dieser unsachgemäßen und spannungsvollen Verbindung von
Wiederherstellung und *eschatologischer Erneuerung* bei der Deutung von Jesu Handeln
im Tempel ist auch ein Stückweit die Position von J. JEREMIAS belastet (vgl. Anm. 99).
    [102] Als eine Kuriosität sei hier die *uneschatologische* Deutung F.C. BURKITTs wenig-
stens kurz angestreift: Es gehe Jesus darum, das räumliche Ausmaß des Tempelmarkts im
Vorhof der Heiden so weit zurückzudrängen, daß noch genügend Platz zum Beten der
Heiden frei werde. Aus den drei Tagen in der zweiten Hälfte des Tempelwortes (vgl.
Mk 14,58 / Mt 26,61) gehe hervor, daß das für den Gottesdienst Erforderliche in drei
Tagen zu bewerkstelligen sei (vgl. Cleansing, 388f). Auch LANE, Mark, betont stärker
das gegenwärtige, von alters her begründete Recht derjenigen Heiden, „who had not yet
become full proselytes to Judaism" (406), den äußeren Vorhof zum Beten zu benutzen,
als die eschatologische Zukunftsperspektive: „... Jesus expelled the merchants from the
Court of the Gentiles in order to safeguard rights and privileges sanctioned by God. The
use of the forecourt as an open market effectually prevented the one area of the Temple
which was available to the Gentiles from being a place of prayer" (406).

Bescheidenheit weit hinter dem radikalen Prophetentext Jes 56,3ff zurück-
bleiben, denn er fordert nichts weniger für die Fremden als volle, mit den
Juden gleichberechtigte Teilnahme am Opferkult (s.o. S. 276–280). Eine
diese Botschaft tragende Zeichenhandlung könnte nicht auf den Vorhof der
Heiden beschränkt bleiben[103], sondern müßte die durch die steinerne
Schranke (vgl. S. 245 mit Anm. 16) markierte Grenze zwischen dem
äußeren und inneren Teil des Tempels überschreiten bzw. durchdringen
und etwa jene Form annehmen, die dem Paulus bei seinem letzten Besuch
des Jerusalemer Tempels vorgeworfenen Verhalten eignete und angeblich
darin bestand, Griechen in den nur Juden zugänglichen Teil des Tempels
mitgenommen zu haben (vgl. Act 21,28).

Mit Ausnahme des Zitates aus Jes 56,7b sind es überhaupt keine Einzel-
elemente der Tempelaktion, die direkt oder indirekt auf die Frage der Rolle
der Heiden im Jerusalemer Tempel zu beziehen sind. Wir haben SANDERS
dafür kritisiert, daß er dem Ort des Geschehens keine Bedeutung beimißt
(vgl. S. 356). Die Zugehörigkeit dieses Ortes zu jenem Teil der Tempelanlage, zu dem auch die Heiden Zutritt hatten, ist offensichtlich nicht,
worauf es ankommt. Vielmehr wird die gebührende Berücksichtigung des
Ortes darin bestehen, daß wir in bezug auf die Deutung der Tempelaktion
den Tempelmarkt in der königlichen Säulenhalle als die Szene des Geschehens sowie die Rollen und Funktionen jener Bediensteten des Markts,
gegen die Jesus einschritt, ernst nehmen. Die Rechte oder Interessen der
Heiden im Tempel standen keineswegs im Mittelpunkt des Handelns Jesu
bei der Tempelaktion. Im Logion Mk 11,17 weist er auf die positive
Zukunft des Tempels hin, die verwirklicht werden kann, falls Israel sich
von seinem „räuberischen" Verhalten abwendet und Jesu Umkehrruf
angesichts der hereinbrechenden Basileia Gottes gehorcht. Wenn die
Priesterschaft und das Volk umkehren und die drohende Tempelzerstörung
dann vermieden wird, wird stattdessen der verheißene eschatologische
Heilszustand zur Wirklichkeit und vom Zion ausstrahlend auch die
heidnischen Völker an sich ziehen. Dann werden sie, gleichgestellt mit
Israel, an dem eschatologischen Gottesdienst im „Haus des Gebetes" auf
dem Zion teilnehmen, bei dem es nicht mehr um einen Sühne erwirkenden
Opferkult, sondern um den Lobpreis und die Anbetung Gottes in seiner
Wohnstätte auf dem Zion (vgl. Ex 15,17) gehen wird[104].

---

[103] In Anlehnung an BORG, Conflict, 175 führt TAN, Zion and Jesus, 191f zu Recht
aus: „[S]uch an understanding would make Jesus' action a rather impotent one. As Borg
observes, this implies that the outer court was where the Gentiles belonged while Israel
continued to enjoy a fuller service in the inner courts; this is definitely not what Isaiah
56.7 meant. Therefore, if the spatial aspect of the action is emphasised, it would
contradict the intention of Isaiah 56.7 which was cited."

[104] Zur exegetischen Untermauerung dieser Ausführungen s.o. S. 282–287.

Anders als im Ursprungskontext, d.h. in Jes 56,3–8, trägt die Bezeichnung des Tempels als Haus des *Gebetes* im Munde Jesu theologisches Eigengewicht; das Gebet stellt er als eine bleibende Funktion auch im eschatologischen Heiligtum auf dem Zion heraus[105].

Wegen der Nähe zu den bisher in diesem Abschnitt vorgestellten Interpretationen der Tempelaktion als einer auf die eschatologische Beteiligung der Heiden hinweisenden Tat Jesu möchte ich noch den Deutungsvorschlag RUDOLF PESCHs anhängen. Er gehört zu denen, die Mk 11,17 für authentisch halten (s.o. S. 225 Anm. 240), und meint, daß wir im ursprünglichen Kontext des von Jesus zitierten Wortes aus Jes 56,7 den Schlüssel zum richtigen Verständnis der Tempelaktion finden. Im darauffolgenden Vers Jes 56,8 geht es um die Sammlung Israels: „Wort Gottes, des Herrn, der die vertriebenen Söhne Israels sammelt: Noch mehr als ich schon gesammelt habe, will ich dort versammeln!"[106] Diesen, aus dem Kontext des Schriftzitats implizit erschlossenen Aspekt des Auftretens Jesu sucht PESCH nun zugleich mit der expliziten Aussage des zitierten Wortes, daß es *auch* um die heidnischen Völker geht, und mit dem *Ort* des Geschehens, s.m.n. dem Vorhof der Heiden, zu verbinden: „Jesus tritt im Vorhof der Heiden für die Heiligkeit des ganzen Tempelbezirks ein, für die Ermöglichung der Anbetung Jahwes auch durch die Heiden, die sich hier aufhalten durften. Jesus demonstriert nicht für einen opferlosen Kult, er stört nicht die Opfer im inneren Tempelbezirk, deren Vollzug auch nicht vom Verkauf der Opfergaben und Opfertiere im Vorhof der Heiden abhängig war ..."[107] In der Anspielung auf Jer 7,11 im letzten Teil des Jesuswortes Mk 11,17 sieht PESCH auch noch ein Drohwort gegen den Tempel impliziert[108]. Er versucht folglich, im Hinblick auf den Tempel sowohl positive eschatologische Momente partikularistischer (Sammlung Israels) sowie

---

[105] Über die bereits S. 287 Anm. 142 erwähnten Forscher hinaus können hier noch SCHMID, Markus, 212f sowie vor allem SÖDING, Tempelaktion, 45–47 angeführt werden. SÖDING sieht in Mk 11,17 zwar eine Interpretation, die „dem Gedanken der eschatologischen Völkerwallfahrt zum Zion verpflichtet" sei (46), aber gleichzeitig erkennt er, daß dieses Moment mit einer radikalen Tempelkritik, der die Bezeichnung des Tempels als „Haus des Gebetes" Ausdruck verleihe, verbunden sei: „Daß der Tempelbetrieb den Stein des Anstoßes bildet, liegt auf der Hand. Er ist mit der eigentlichen Bestimmung des Heiligtums, Haus des Gebetes für alle Völker zu sein, unvereinbar ... Damit der Tempel zum eschatologischen Pilgerziel der Völker werden kann, muß er von einer Opferstätte zu einem ‚Haus des Gebetes' umfunktioniert werden" (46). Diese Sicht spricht SÖDING gemäß seiner überlieferungsgeschichtlichen Einordnung von Mk 11,17 irgendwo zwischen dem (jesuanischen) Überlieferungsursprung und Markus (vgl. S. 224 Anm. 237) einer Gruppe von Judenchristen zu, „die wohl mit Jerusalem verbunden gewesen sind, den Tempelkult allerdings verworfen haben" (47). Als ursprünglicher Sinn der Tempelaktion Jesu könne diese Deutung aber nicht gelten (vgl. a.a.O., 60f).

[106] PESCHs eigene, m.E. recht freie Übers. von Jes 56,8 (Markusevangelium II, 199). Zu Recht folgt PESCH gegen WESTERMANN, Jesaja, 249 mit Anm. 4, in der zweiten Vershälfte dem MT (und der LXX), אֲקַבֵּץ עָלָיו (συνάξω ἐπ' αὐτόν) (WESTERMANN entscheidet sich unverständlicherweise für die textgeschichtlich eindeutig sekundäre, aus der Lesart des Targums גְּלְוָתְהוֹן erschlossene Variante עֵלָיו), wobei das Suffix sich auf den heiligen Berg Jahwes (הַר קָדְשִׁי), zu dem er die Fremden führen wird und wo sich sein „Haus des Gebetes" befindet, zurückbeziehen muß (V. 7). Also ist der heilige Berg mit dem Tempel der Sammelpunkt *auch* für die Vertriebenen Israels.

[107] A.a.O., 199.

[108] Ebd.

universalistischer Art (die Anbetung des Herrn durch die zum Tempel in Jerusalem strömenden Heiden) als auch eine Gerichtsdrohung gegen denselben Tempel als Sinn der Tempelaktion zu erkennen. Dabei ist auffällig, wie wenig er sich am Inhalt der Aktion selber orientiert[109] und wie wenig profiliert seine vorgetragene Deutung ausfällt. Es sind einfach zu viele, z.T. schwer zu verbindende Aspekte, die PESCH darin enthalten sehen möchte. Sein Deutungsvorschlag mutet m.E. etwas nach nachträglicher Schriftgelehrsamkeit an, die aus der Distanz unter weitgehender Vernachlässigung der überlieferten Tat in Mk 11,15f möglichst viele Schriftbezüge aus dem diese Tat begleitenden Wort in dem darauffolgenden V. 17 zu gewinnen sucht.

3.4 Spiritualisierende Transzendierung des Tempelkultes?

Unter den vielfältigen tempeltheologischen Traditionen im Alten Testament und Frühjudentum ist auch in einigen Zusammenhängen und Kreisen die Tendenz eines spiritualisierenden Kultverständnisses zu verzeichnen, demzufolge das Geschick des Jerusalemer Tempels weitgehend belanglos wird. Im Alten Testament sind einige Psalmen, die die sogenannte Todafrömmigkeit verkörpern (vgl. Ps 40; 50; 51; 69) sowie vor allem der tritojesajanische Text Jes 66,1–4 zu nennen, der eine spiritualisierte Frömmigkeit propagiert, die sich explizit im Gegensatz zu Tempel und Tempelkult befindet[110]. In frühjüdischer Zeit wird das spiritualisierende Kultverständnis vor allem in der Diaspora vertreten (vgl. u.a. Arist, Weish und Philo von Alexandria) und findet in dem erst nach der Zerstörung des zweiten Tempels abgefaßten 4. Buch der sibyllinischen Orakel die zugespitzteste und schärfste Ablehnung des Tempelkultes[111].

Ist es denkbar, daß die Störung des Opferkultbetriebs, die Jesu Tempelaktion verursacht, und das dieses Handeln positiv rechtfertigende Wort vom Tempel als „Haus des Gebetes" einfach Jesu Plädoyer für eine Aufwertung des Wortelements und der inneren frommen Gesinnung auf Kosten des *rite* vollzogenen Opferkultes in etwaiger Entsprechung zu der von der Todafrömmigkeit und Philo von Alexandria vertretenen Haltung sind? Oder ist Jesu Tempelaktion Ausdruck einer noch radikaleren Spiritualisierung auf der Linie von Jes 66,1–4 oder Sib 4, nach denen Tempel und Tempelkult angesichts Gottes Größe und Transzendenz geradezu als absurd erscheinen und es in der Beziehung zu Gott allein auf eine demütige Einstellung (vgl. Jes 66,2b) und ein ehrbares Leben (vgl. Sib 4,30–34) ankommt? Sib 4 läßt in V. 162–170 sogar Umkehr und ein einmaliges Tauchbad die Funktion des Tempelkultes übernehmen. Könnte diese religionsgeschichtliche Analogie zur Johannestaufe, der sich Jesus unterzogen hatte und auf die er sich sogar in Verbindung mit der Frage nach seiner Vollmacht ausdrücklich berief (s.o. S. 293ff), nicht dafür sprechen, daß Jesus sich im Einklang mit der Einstellung dieser Schrift befand?

Ohne auf die hier genannten alttestamentlichen und frühjüdischen Texte zu rekurrieren und mit einer in ihnen kaum anzutreffenden eschatologischen Ausrichtung setzen sich FERDINAND HAHN, WOLFGANG SCHENK und

---

[109] Vgl. a.a.O., 198: „Der Sinn der Aktion ist nicht aus ihr selbst deutlich, sondern Jesu zugehöriger Lehre zu entnehmen (V 17)."

[110] Vgl. ÅDNA, Jesu Kritik, 202–208 und s.o. S. 123.

[111] S. ÅDNA, a.a.O., 208–213. Auch im rabbinischen Judentum ist neben der weiterhin bestehenden Erwartung eines neuen Tempels auch ein der Synagoge statt dem verlorenen Tempel als Zentrum des religiösen Lebens entsprechendes spiritualisierendes Verständnis zu verzeichnen (a.a.O., 214f).

MARIA TRAUTMANN für ein Verständnis der Tempelaktion Jesu ein, das sie in die Nähe dieser Texte rückt[112]. HAHN sieht im ganzen Wirken Jesu und in allen überlieferten Logien, die den Tempelkult betreffen, eine konsequent antikultische und antipriesterliche Haltung[113], die ihren schärfsten Ausdruck in der „Zeichenhandlung im Tempelvorhof und Jesu Anspruch, daß mit seinem Auftreten das Ende des Jerusalemer Tempels gekommen sei," erhielt[114]. SCHENK erblickt einerseits in Mk 11,15 einen Kontrast zur Maßnahme des Baba ben Buṭa, 3000 Stück Kleinvieh zu dem von ihm verödet vorgefundenen Tempelberg zu bringen (vgl. yBes 2, 61c,13[115]) und andererseits in Mk 11,16 eine Antithese zu mBer 9,5 (vgl. S. 257f) und schließt daraus: „Somit erweist sich die Handlung Jesu ... nicht als ein Akt zur Wahrung der ‚Würde des Hauses‘, sondern als ein apokalyptisches Handeln, das den Tempeldienst gewaltsam unterbindet und dadurch den Kult radikal beendet."[116] TRAUTMANN führt ihrerseits folgendes aus:

> „Jesus stellte in seiner Aktion am Tempel das gesetzlich vorgeschriebene Opfer mit kultreinen Tieren wie auch die jährliche Tempelsteuer und damit das auf den Tempel konzentrierte und von den Sadduzäern verfochtene Kult- und Sühnewesen in Frage. Die intendierte Kritik Jesu übertrat somit das faktische Ereignis der Tempelreinigung. Es stellte zeichenhaft eine Relativierung des zeitgenössischen Tempelkults, wenn nicht eine Aufhebung desselben dar."[117]

Zu Recht stellt HAHN ferner heraus, daß die Tat Jesu trotz ihres bescheidenen äußeren Ausmaßes als Gleichnishandlung „ihre volle Wucht" habe und ihrer theologischen Reichweite nach nichts weniger impliziere, als daß

---

[112] Das geschieht jeweils in den Monographien HAHN, Der urchristliche Gottesdienst; SCHENK, Der Passionsbericht nach Markus; TRAUTMANN, Zeichenhafte Handlungen Jesu.

[113] Vgl. Gottesdienst, 24ff, wo HAHN sogar so weit geht, daß er jegliche kultische Beteiligung Jesu bezweifelt: „Jesu Feier des Paschamahles ist nicht gesichert, und von einer Beteiligung am Tempelkult ist nirgends gesprochen" (25). Nicht nur ist die Skepsis betreffs des Passamahls unberechtigt; HAHN hat selber in einer späteren Veröff. diese zugespitzte Formulierung korrigiert: „Jesus selbst hat sich an Wallfahrten nach Jerusalem beteiligt und sich im Tempel aufgehalten, aller Wahrscheinlichkeit nach auch am Opferkult teilgenommen" (Verständnis des Opfers, 272f).

[114] HAHN, Gottesdienst, 28.

[115] Zum Text s. BILL. I, 852.

[116] SCHENK, Passionsbericht, 156. Den Kontrast bzw. die Antithese in Mk 11,15f zu den herangezogenen Vergleichstexten sucht er a.a.O., 155f herauszustellen. Charakteristisch für sein Verständnis ist die Überschrift des S. 151–158 umfassenden Abschn. 2.2., in dem diese Ausführungen vorzufinden sind: „Die eschatologische Kultunterbindung im Tempel (Mark 11,15–19)".

[117] TRAUTMANN, Zeichenhafte Handlungen Jesu, 121. Vgl. auch ERNST, Markus, der unter ausdrücklicher Berufung auf TRAUTMANN „hinter der Aktion Jesu eine symbolische Handlung, welche den jüdischen Tempelkult grundsätzlich in Frage stellte," (329) bzw. eine „Zeichenhandlung, die demonstrativ die alte kultische Ordnung verwirft," (328) erkennen will.

„davon der ganze Tempel betroffen (ist); denn auf diese Weise wird der traditionelle Opferkult unmöglich gemacht"[118]. Das historische Faktum, daß „das Vorgehen Jesu im Tempelbezirk ... die Ereignisse seiner Passion unmittelbar nach sich gezogen" habe[119], beweise, daß die Gleichnishandlung „in diesem Sinn auch verstanden worden" sei[120]. „Daß der Tempel Jerusalems Teil des alten, vergehenden Äons ist und daß der Opferkult der anbrechenden Gottesherrschaft weichen muß, wird *ad oculos* demonstriert."[121]

WILLIAM W. WATTY nimmt im Gegensatz zu den eben besprochenen Forschern die radikale Stelle Jes 66,1f (sowie auch 57,15) explizit auf[122] und verbindet damit die Deutung der Tempelaktion Jesu als „prophetic symbolism of divine judgment portending destruction"[123]. WATTY zufolge gehe der Sinn als prophetisches Symbol für göttliches Zerstörungsgericht vor allem aus der Anspielung auf Jer 7,11 in Mk 11,17bβ und aus der Unterbindung des σκεύη-Tragens hervor, denn die Aufnahme des Jeremiawortes bedeute „a re-activation of prophecy which foretold destruction of an earlier structure which had been built on the same site"[124]. Jesu Einschreiten gegen den Gefäßtransport „may be interpreted as a ban which was placed on the temple preceding its destruction which his own dramatic

---

[118] HAHN, Gottesdienst, 29. Vgl. DERS., Verständnis des Opfers, 276: „... wo Opfertiere verjagt und das Wechseln des für die Opfergaben benötigten Geldes unmöglich gemacht wird, da wird der Opferkult selbst aufgehoben und für beendet erklärt." TRAUTMANN, a.a.O., 129 stellt zu Recht fest, daß Jesu „Vorgehen im Tempel trotz seiner Geringfügigkeit im Verständnis seiner Zeitgenossen als eine unerhörte kritische Handlung gegenüber der tempelstaatlichen Ordnung bewertet werden (mußte)".

[119] HAHN, Gottesdienst, 28. Vgl. zu den historischen Zusammenhängen S. 324–328.

[120] A.a.O., 29.

[121] Ebd. Vgl. TRAUTMANN, a.a.O., 128: „Das Verhalten Jesu im Tempel dürfte in seinem letzten Sinngehalt erst voll verständlich werden, wenn man es mit seiner zentralen Verkündigung von Gottes Herrschaft und Reich zusammenschaut und es in diesem umgreifenden Horizont des Auftretens Jesu begreift. Die Tempelreinigung als zeichenhafte scharfe Kritik am Tempel und seinem Kult signalisiert das mit Jesu Auftreten gekommene ,Neue'. Der bestehende Tempel und der an ihn gebundene Kult stellen nicht mehr die unaufgebbare heilsnotwendige zentrale Instanz dar, weil Gottes eschatologische Herrschaft im Wirken Jesu unmittelbar erfahrbar auf die Menschen zukommt."

[122] WATTY, Jesus and the Temple, 239.

[123] A.a.O., 237.

[124] A.a.O., 238. WATTY, ebd. unterstreicht, daß es notwendig sei, den ursprünglichen historischen Zusammenhang dieses Wortes zu berücksichtigen, um der Implikationen seiner Anführung im Kontext Jesu voll gewahr zu werden. In bezug auf die im Titel seines Aufsatzes angesprochene Alternative, „Cleansing or Cursing?", ist der von ihm genannte Umstand von Relevanz, „that this action of Jeremiah [*sc.* die sog. Tempelrede, aus der der Räuberhöhlenvorwurf entnommen ist] occurred at the commencement of Jehoiakim's reign, that is to say, subsequent to the thorough-going cleansing of the Josianic reform (26,1 cf. 2Kg 23,1ff)".

intervention had initiated"[125]. Obwohl WATTYs Deutung der Handlung Jesu als eines Gerichtssymbols etwa im Unterschied zu E.P. SANDERS' und P. FREDRIKSENs Interpretation für sich in Anspruch nehmen kann, daß sie mit dem Schwerpunkt bei den „destruktiven" Zügen in Jesu Handeln im Einklang steht[126], ist die Grundlage für seine Schlußfolgerungen aus Mk 11,16 wirklich viel zu dürftig. Leider enthält sein Aufsatz auch weitere übertriebene Spekulationen[127] und hat auch den empfindlichen Mangel, daß bei der Deutung keine Abgrenzung zwischen der historischen Ursprungssituation und der literarischen, redaktionsgeschichtlichen Ebene des Markus durchgeführt wird[128].

Die Zuordnung von WATTYs Deutung zu den eschatologischen Interpretationen ist nicht eindeutig. Obwohl JOHN DOMINIC CROSSAN bestimmt nicht zu den Verfechtern eines eschatologischen Jesus gehört (s.o. S. 4 Anm. 4), scheint seine Deutung der Tempelaktion immerhin eine so radikale Transzendierung des Tempels mit einzuschließen, daß sie am ehesten in diesem Abschnitt zu besprechen ist. Analog zu seiner Rekonstruktion und Deutung des Tempelwortes, derzufolge Jesus gar keinen Ersatz für den zerstörten Tempel in Aussicht stellt (s.o. S. 129 Anm. 129), faßt CROSSAN die Tempelaktion Jesu als eine symbolische Zerstörung auf[129]. Er erörtert den Ursprung der Überlieferungen über die Tempelaktion und das Tempelwort und gelangt zu der Annahme, daß wir es mit einem gemeinsamen Ursprungskontext beider zu tun haben:

„Ich vermute, daß die älteste Überlieferung von einer *Handlung* sprach, die, wie die bei Markus 11,15–16 und Johannes 2,14–16a berichteten Handlungen, als symbolische Zerstörung des Tempels anzusehen war, und ein *Wort* mitteilte, wie das im Thomasevangelium 71 erhaltene, das die Absicht bekundete: ich werde dieses Haus so gründlich zerstören, daß niemand es wieder aufbauen kann. Später scheint mir dann die Überlieferung die Handlung von dem Wort getrennt und beide unterschiedlich ausgedeutet zu haben. Anstatt des ursprünglich dazugehörigen Worts fand man zur Erklärung der Handlung unterschiedliche andere Worte bei den Propheten ... Ich bin also der Meinung, daß eine auf die symbolische Zerstörung des Tempels hinauslaufende Handlung und eine diesen Sinn der

---

[125] A.a.O., 239. Zu dieser Deutung von Mk 11,16 gelangt WATTY aufgrund der Beobachtung, daß „in the OT, the movement of the temple-vessels in or out of the temple is closely related to its re-dedication in the one case and its destruction in the other" (ebd.). Als Belege gibt er folgende Texte an: 1Reg 8,4; 2Reg 25,13–15; Jes 52,11; Jer 27,16.19–22; 28,3–6.

[126] Vgl. zu SANDERS und FREDRIKSEN und der Kritik an ihnen S. 354–357.

[127] So, wenn er, a.a.O., 238f aus Mk 11,27, ἐν τῷ ἱερῷ περιπατοῦντος αὐτοῦ – sogar gegen den Wortlaut! – eine weitere Zeichenhandlung nach Vorbild von Jos 6 herauslesen will. Jesus gehe um den Tempel herum als „an encirclement preliminary to the desecration and destruction of the temple now placed under a ban" (239).

[128] Vgl. bes. a.a.O., 238.

[129] CROSSAN, The Historical Jesus, 357f: „That action is not, of course, a physical destruction of the Temple, but it is a deliberate symbolical attack. It ,destroys' the Temple by ,stopping' its fiscal, sacrificial, and liturgical operations" (zitiert nach dem englischen Original, weil die Wiedergabe in der deutschen Übers. „Der historische Jesus" [473] unbefriedigend ist).

Handlung erklärende Rede allerdings dem historischen Jesus zugeschrieben werden können."[130]

CROSSAN meint den soziologisch-theologischen Hintergrund der radikalen Ablehnung des Tempels bei Jesus in seinem Wirken als Wanderprediger zu finden. Während Johannes der Täufer lediglich eine immer noch ortsgebundene Alternative zum Tempeldienst bot – die Wüste statt des Zions –, wanderte Jesus „vielmehr von Ort zu Ort, und anstatt die Menschen zu sich kommen zu lassen, kam er zu ihnen. Darin lag eine noch radikalere Herausforderung der niedergelassenen Autorität des Tempels in Jerusalem; das Wandern spiegelte und symbolisierte die egalitäre Herausforderung des Wanderers. Gleichgültig also, was Jesus selbst hinsichtlich des Tempels dachte, sagte und tat, *war er dessen funktionaler Gegner, bot eine Alternative dazu, Ersatz für den Tempel*"[131]. CROSSAN zufolge vollzog Jesus also die Tempelaktion als die zeichenhafte Zerstörung des Tempels, weil er in seiner Person die Alternative und den Ersatz dazu vertrat. Es bedurfte keines Tempelgebäudes mehr, weil Jesus es und den ganzen damit verbundenen Kult überbot bzw. transzendierte.

M.E. argumentiert CROSSAN viel zu oberflächlich für seine radikalen überlieferungsgeschichtlichen und exegetischen Thesen, um überzeugen zu können. Zwar hat er in der Tat zu Recht erkannt, daß Jesus mit einem sehr hohen Selbstanspruch auftrat und daß er aus diesem Grund mit dem Tempel in Konflikt geriet, aber CROSSAN ortet diesen Konflikt nicht richtig. Wie wir gesehen haben, beansprucht das authentische Tempelwort, den alten Tempel durch einen neuen zu ersetzen, und auch das Wort, das die Tempelaktion begleitete, Mk 11,17, spricht durch die Aufnahme von Jes 56,7b von einem zukünftigen Tempelgottesdienst. Für Jesus vertritt der Tempel mit seiner Zentralfunktion des Sühnopferkultes nicht eine veraltete und überholte religiöse Ordnung, die transzendiert und einfach durch die Alternative des die Menschen aufsuchenden Wanderpredigers überboten werden kann. Insofern er nicht nur als der messianische Bauherr dem alten Tempel den Ersatz des neuen, eschatologischen Tempels bietet, sondern unter Umständen bereit ist, in seiner Person die Alternative zu stellen, bezieht sie sich spezifisch auf den Sühnopferkult (s.u. S. 424ff).

3.5 Ein letzter Umkehrruf angesichts der hereinbrechenden Gottesherrschaft bzw. des Gottesreiches?

JÜRGEN ROLOFF führt, indem er sich gegen die Interpretationen als Kultusreform oder als Proklamation eines endzeitlichen Universalismus richtet, zwei Stichworte ein, an denen wir uns beim nächsten eschatologischen Deutungsansatz orientieren können: „Jesu Handeln war ... ein prophetisches Zeichen, das *Buße* und *Umkehr* Israels in der Endzeit wirken wollte!"[132]

Laut ROLOFF ist das Charakteristische oder, wenn man will, das Geniale bei dem zur Umkehr rufenden Zeichen Jesu, daß er in seinem Handeln den Heiligkeitsbegriff seiner jüdischen Zeitgenossen nicht sprengt und darum dazu imstande ist, „das Judentum bei seiner eigenen Erkenntnis von der Heiligkeit des Tempels als des Ortes

---

[130] CROSSAN, Der historische Jesus, 475 (kursiv von CROSSAN) (= The Historical Jesus, 359).

[131] Der historische Jesus, 470 (kursiv von mir) (= The Historical Jesus, 355).

[132] ROLOFF, Kerygma, 95 (kursiv von mir).

der Gegenwart Gottes" zu behaften und aufzuzeigen, „daß seine Praxis damit im Widerspruch steht"[133]. Abgesehen davon, daß diese Einschätzung auf einer teilweise falschen Exegese von Mk 11,15f beruht[134], ahne ich in der Behauptung des Widerspruchs zwischen der Praxis (des Verkaufs von Opfertieren und – gemäß ROLOFFs Verständnis von Mk 11,16 – des Durchtragens von Gefäßen durch den Vorhof?) und der Erkenntnis von Heiligkeit des Tempels jenes moderne Vorurteil des unvereinbaren Gegensatzes zwischen äußerlichen Ordnungen wie dem Tempelmarktbetrieb und der wahren Heiligkeit des Heiligtums[135]. Ungeachtet dessen, daß ROLOFF in dieser Weise Jesu Tempelaktion im Rahmen des von ihm für das zeitgenössische Judentum postulierten Heiligkeitsbegriffs beläßt, will er jedoch gleichzeitig aus dem Geschehen auch einen persönlichen Vollmachtsanspruch Jesu herauslesen: „... Jesus (war) in seiner Stellungnahme zum bestehenden Tempel von der Voraussetzung bestimmt, in seinem Handeln ein neues Gottesverhältnis zu ermöglichen, das nunmehr an die Stelle des im Tempel begründeten treten sollte."[136]

Auch BEN F. MEYER gehört zu denen, die die Ausrichtung der Tempelaktion auf die eschatologische Basileia Gottes betonen[137] und dies mit dem Ruf zur Umkehr eng verbinden:

> „[T]he cleansing of the temple ... epitomized in action the message ‚The reign of God is at hand!' and the demand ‚Repent!' ... And like John's baptism and Jesus' proclamation, it urgently addressed all Israel, not just the temple clergy or the Sanhedrin. Planned for prime time and maximum exposure, it was a ‚demonstration' calculated

---

[133] A.a.O., 96.

[134] Zu dieser Sicht gelangt ROLOFF nämlich aufgrund der Deutung von Mk 11,15f als einem Eintreten seitens Jesu „für die Heiligkeit des Tempelbezirkes, die er von der bestehenden Praxis geschändet sieht" (ebd.). Dieses Verständnis beruht (mindestens) in bezug auf Mk 11,16 auf einer Fehlinterpretation: „Jesus habe das Durchtragen von Gefäßen ... durch den Vorhof (zur Abkürzung des Weges) untersagt" (ebd.; s.o. S. 259 Anm. 46). Vgl. die Erörterung S. 261–265 für das richtige Verständnis von Mk 11,16.

[135] SANDERS, Jesus and Judaism, 62 versteht ROLOFF genau so, denn die zitierte Äußerung kommentiert er folgendermaßen: „There was, it seems ..., an interior holiness which was being besmirched or obscured by the actual conduct of the temple's affairs." Vgl. die zutreffenden Ausführungen SANDERS', die die anachronistische „distinction between this sort of ‚practice' [sc. dem Handel auf dem Tempelmarkt] and the ‚real purpose' of the temple" effektiv widerlegen a.a.O., 62f (das Zitierte ist S. 63 entnommen; eine weitere Passage ist oben in Anm. 29 zitiert).

[136] A.a.O., 97. ROLOFFs Ausführungen muten widersprüchlich an. Die zuletzt zitierte Äußerung, Jesus ermögliche ein neues Gottesverhältnis an die Stelle des im Tempel begründeten, ist jedoch explizit unter Aufnahme von Mk 13,2 formuliert, das ROLOFF für authentisch hält (vgl. ebd.). Um ROLOFF gerecht zu werden, ist auch zu bedenken, daß er die Perikopen von der Tempelaktion und von der Vollmachtsfrage, die ausdrücklich mit Jesu persönlicher Vollmacht zu tun hat (vgl. S. 290ff) für ursprünglich *eine einzige* Überlieferungseinheit hält, die die Verse Mk 11,15f.18a.28–33 umfaßt hat (vgl. a.a.O., 90–93 und die Aufnahme bzw. Berücksichtigung seiner überlieferungsgeschichtlichen Analyse auf S. 227f, 231f).

[137] MEYER, Aims, 170: „Jesus' act was symbol-charged and signified the imminent eschaton. It brought the capital city and the temple into relation to the reign of God."

to interrupt business as usual and bring the imminence of God's reign, abruptly, forcefully, to the attention of all."[138]

Eine geschlossene und sowohl mit den zeitgeschichtlichen Gegebenheiten im Tempel als auch mit der sonstigen Jesusüberlieferung gut im Einklang stehende Deutung von der Tempelaktion als eschatologischem Umkehrruf hat HELMUT MERKLEIN in seiner Monographie „Jesu Botschaft von der Gottesherrschaft" vorgelegt[139]. MERKLEIN vermutet, Jesus sei von Galiläa nach Jerusalem gegangen, um das ganze Volk mit seiner Verkündigung der jetzt in seinem Wirken hereinbrechenden βασιλεία τοῦ θεοῦ zu konfrontieren: „Wenn Jesus den Anspruch seiner Botschaft auf ganz Israel aufrechterhalten wollte, mußte er sie auch in Judäa und vor allem in Jerusalem, der heiligen Gottesstadt und dem traditionellen religiösen Zentrum Israels, ausrichten."[140] Angesichts der Unheilssituation, in der das Volk nach Jesu Überzeugung sich befindet, und des ihm darum drohenden Gerichts[141] ist es für seine Rettung einzig und allein auf das neue, eschatologische Erwählungshandeln Gottes angewiesen:

> „Obwohl Israel – nach der mit Johannes [*sc.* dem Täufer] geteilten ‚anthropologischen' Prämisse – vom Gericht bedroht ist, sagt ihm Jesus das Heil der Gottesherrschaft zu. Dies setzt voraus, daß Gott Israel jetzt erneut zum Gegenstand seines eschatologischen und damit endgültigen Erwählungshandelns gemacht hat."[142]

---

[138] A.a.O., 197. Vgl. DERS., Christus Faber, 262.

[139] Z.B. erliegt er nicht dem eben angesprochenen modernen Vorurteil betreffs des Handels als etwas, das dem heiligen Charakter des Tempels widerspricht: „... der Verkauf von Opfertieren und das Geldwechseln im Bereich des Tempels und unter Aufsicht der Tempelbehörde (war) einem geordneten Kultbetrieb eher förderlich als hinderlich. Die Aktion Jesu mußte daher zumindest von der sadduzäischen Tempelbehörde nicht nur als ‚Tempel*reinigung*', sondern als Affront gegen die Sinnhaftigkeit des Kultbetriebes überhaupt gewertet werden; und wahrscheinlich war sie von Jesus selbst auch so gemeint" (MERKLEIN, Jesu Botschaft, 135f).

[140] A.a.O., 137. Dies ist keine gewagte Vermutung über die Veranlassung der Wanderung Jesu nach Jerusalem, sondern entspricht dem weitgehenden Konsens. Vgl. die von MERKLEIN, ebd. zitierte Lit. sowie das Forschungsreferat in TAN, Zion and Jesus, 16–22. Als Beispiel zitiere ich BORNKAMM, Jesus, 136: „Der Grund für Jesu Zug nach Jerusalem, den er mit seinen Jüngern antrat, kann nicht zweifelhaft sein. Es galt, die Botschaft der kommenden Gottesherrschaft nun auch in Jerusalem ... auszurichten." Unzutreffend ist dagegen FREDRIKSENs zugespitzte Formulierung: „He [*sc.* Jesus] went to confront no one – not Judean Jews, not the priests, and certainly not Rome. He went, perhaps, simply to be in the right place at the right time. He went up to Jerusalem that Passover because he expected the Kingdom to come that Passover, at or as the climax of his own mission."

[141] Vgl. hierzu S. 295 mit Anm. 171.

[142] A.a.O., 59. Vgl. a.a.O., 36: „Ging es Johannes soteriologisch im wesentlichen darum, Israel eine Möglichkeit zu eröffnen, dem drohenden Gericht zu entkommen, so wagt es Jesus, für Israel, das eigentlich das Gericht zu erwarten hätte, eine neue, von Gott gesetzte *Wirklichkeit* des Heils anzusagen, die in der Proklamation der „„basileia" Gottes'

Das sich im Geschehen der βασιλεία τοῦ θεοῦ verwirklichende Erwählungshandeln Gottes ist an Jesu Person gebunden, insofern sie in seinen Worten und Taten „bereits in Gang gekommenes Geschehen" ist und er der „Proklamator und Repräsentant der Gottesherrschaft" ist (vgl. S. 136). Weil dieses neue Heilshandeln Gottes jedoch exklusiv im Wirken Jesu anzutreffen ist, wird Israels Stellungnahme zu ihm dafür entscheidend, ob es Anteil am Heil gewinnt oder ob es ins Gericht zurückfällt[143]. In Jerusalem und vor allem im Tempel als dem religiösen Zentrum des ganzen jüdischen Volkes mußte es zur endgültigen Entscheidung und Klärung kommen[144]:

> „Nicht der Kult als gottgesetzte Ordnung dürfte für ihn [*sc.* Jesus] das Problem gewesen sein, sondern die Art und Weise, wie *Israel* diesen Kult für sich beanspruchte ... (Israel) durfte den Kult als Möglichkeit der Sühne nicht *gegen* Gottes sündentilgendes Erwählungshandeln in Anspruch nehmen oder unter Berufung auf eine kultische Heilsmöglichkeit sich vor der Entscheidung *für* das jetzt zu ergreifende Erwählungshandeln drücken. Um diese Entscheidung dürfte es Jesus bei seinem provozierenden Reden und Tun im Tempel gegangen sein."[145]

Mit noch größerem Nachdruck als Helmut Merklein stellt Thomas Söding die schwerwiegenden Folgen des Umkehrrufs Jesu für den Kultbetrieb heraus[146].

> „Mit seiner Aktion stört Jesus symbolisch die laufenden Opferriten, die Steuereintreibung und den gesamten Tempelbetrieb. Durch diese Unterbrechung deckt er auf, daß der Tempel nicht etwa jener Ort ist, an dem Gottes Herrschaft besonders deutlich erfahrbar würde, sondern gerade im Gegenteil jener Ort, an dem sich die Ablehnung der mit Jesus nahekommenden Basileia geradezu institutionell formiert. Der Kult bleibt von dieser eschatologischen Kritik nicht ausgenommen. Das Nahe-

---

zur Sprache kommt. Umkehr ist daher nicht mehr nur ein Ausbrechen aus dem auch von Jesus nicht bezweifelten Zusammenhang von Sünde und Gericht, sondern Annahme des eschatologischen Erwählungshandelns Gottes" (kursiv von Merklein). Vgl. ebenso a.a.O., 50f.

[143] Das Zitat in der vorigen Anm. aus a.a.O., 36 fährt fort: „Zwar bleibt auch in diesem Konzept die Gerichtsaussage bestehen, doch kann sie nicht mehr apodiktisch sein. Das Gericht ist vielmehr Folge des zurückgewiesenen Heils, Rückfall aus der von Gott gesetzten Wirklichkeit in die Israel anthropologisch dann allein verbliebene Möglichkeit des Gerichts."

[144] Zu Recht schreibt Merklein nicht nur der sadduzäischen Priesterschaft, sondern der breiten Masse des Volkes das im Exkurs S. 387ff dargelegte Verständnis des Opferkultes zu: „... die breite Masse des Volkes dürfte auf eine Infragestellung des Kultes [*sc.* wie sie die Tempelaktion Jesu implizierte, vgl. das Zitat in Anm. 139] eher mit Unsicherheit, wenn nicht sogar mit Ablehnung reagiert haben. Denn ... die Mehrheit des Volkes (zweifelte) grundsätzlich nicht daran, daß der Kult eine von Gott gegebene Sühne- und Heilsmöglichkeit für Israel darstellte" (a.a.O., 137f).

[145] A.a.O., 138 (kursiv von Merklein). Vgl. noch das Zitat aus ebd. oben in der Einleitung S. 19 Anm. 54.

[146] Zu Söding s. das Zitat auf S. 19 (aus: Tempelaktion, 61).

kommen der Gottesherrschaft bestätigt ihn nicht etwa, purifiziert ihn auch nicht, sondern führt ihn in die Krise."[147] „Die Aktion Jesu im Jerusalemer Tempel hat ... eine paränetische Spitze: Sie ist Aufruf zur Umkehr ... Die Kritik Jesu setzt voraus, daß es zwischen dem eschatologischen Heil der Basileia Gottes und dem Opferkult im Heiligtum keinen inneren Zusammenhang gibt, sondern angesichts der Ablehnung seiner Botschaft durch die Protagonisten des Tempels sogar ein Gegensatz aufbricht."[148]

Das große Verdienst HELMUT MERKLEINs und THOMAS SÖDINGs ist es, die Tempelaktion von der *Mitte* der Verkündigung Jesu – seiner Proklamation der Basileia Gottes – (s.o. S. 133 mit Anm. 141) her zu deuten. Sie haben erarbeitet und erkannt, wie der hohe Anspruch Jesu als des Repräsentanten der hereinbrechenden Basileia mit dem Tempelbetrieb in Konflikt geraten mußte, insofern dieser sich seiner Botschaft verschloß und trotz der geschlagenen eschatologischen Stunde weiterhin auf Altem beharren würde:

> „Jesus kritisiert eine auf das Heiligtum fixierte Heilssicherheit, die trügerisch ist, weil sie gerade das übersehen läßt, was Gott seinem in Sünde verstrickten Volk zur Rettung werden lassen will ... Freilich ist die Aktion kaum gezielt gegen den Opferkult gerichtet, sondern gegen das falsche Heilsvertrauen, das er begründet. Die Tempelaktion wäre also der Versuch Jesu, seinem Sendungsauftrag dadurch gerecht zu werden, daß er Jerusalem und Israel *per viam negativam* die Wirklichkeit der Herrschaft Gottes aufgehen läßt. Gerade dadurch, daß Jesus in seiner symbolischen Aktion den Kindern Jerusalems nimmt, was nach alter Überlieferung ihren Wandel vor Jahwe ermöglicht, sollen sie Augen für das gewinnen, was Gott zum Heil Israels – und der Heidenvölker (Mt 8,11 f. par Lk) – zu tun sich tatsächlich entschlossen hat und jetzt durch Jesus in Wort und Tat verkündet."[149]

An diese Ausführungen SÖDINGs und MERKLEINs werden wir weiter unten nochmals anknüpfen und versuchen die Alternativen, die sich angesichts dessen, ob es zu einer Umkehr kommt oder nicht, stellen, noch präziser herauszuarbeiten.

3.6 Die Tempelaktion als Erfüllung prophetischer Weissagungen?

Über die eindeutig zitierten bzw. alludierten Schriftworte Jes 56,7 und Jer 7,11 in dem die Tempelaktion begleitenden Wort Mk 11,17 par. hinaus

---

[147] SÖDING, Tempelaktion, 61f. Vgl. auch das Zitat aus TAN, Zion and Jesus, 192 in Anm. 133 auf S. 283.

[148] A.a.O., 63. Vgl. auch, wie GNILKA, Jesus, 279 die Tempelaktion Jesu einen „in Handlung umgesetzte(n) Bußruf" nennt, der „im Kontext seiner Reich-Gottes-Predigt, angesichts des anstehenden Endes ... sein besonderes Profil" gewinne.

[149] SÖDING, a.a.O., 61, 62. Obwohl SÖDING Mk 11,17 für „sicher sekundär und bestimmt nicht jesuanisch" hält (a.a.O., 52) und seinen Blick somit für die Anspielung auf Jer 7,11 und das falsche Heilsvertrauen des Volkes, um das es Jeremia dort geht (s.o. S. 267ff), versperrt, erreicht er trotzdem das richtige Ergebnis, daß Jesus sich in der Tempelaktion gegen das falsche Heilsvertrauen, das der Tempelkult begründet, richtet.

sind noch andere Prophetentexte für die Interpretation dieser Handlung Jesu beansprucht worden.

Am häufigsten wird die Stelle Sach 14,21b ins Spiel gebracht, die immerhin Joh 2,16b wahrscheinlich beeinflußt hat und, insofern dieses Logion auf Jesus zurückgeführt werden kann, damit indirekt für die Ursprungssituation bezeugt wäre[150]. Manchmal wird sie noch mit Mal 3,1 in Verbindung gebracht, so z.B. – allerdings mit einem Vorbehalt versehen – von D.A. CARSON[151] sowie von B.F. MEYER: Mit Verweis auf Sach 14,21 nennt er die Tempelaktion „a fulfilment event"[152] und erläutert dazu: „... if we are correct in thinking that Zech. 14.21 was relevant to Jesus' act, it was simply a matter of affirming eschatological fulfilment with reference to the messianic creation of a holy Israel."[153] Zu Mal 3,1 führt er aus: „,The Lord whom you seek will suddenly come to his temple' (Mal. 3.1), warned the prophet. Powering the prophetic indignation with which Jesus cleansed the temple was precisely the consciousness of coming to it as Lord and judge."[154]

Weil nach unserer überlieferungsgeschichtlichen Analyse Joh 2,16b jedoch nicht auf Jesus zurückgeht (s.o. S. 198–206) und weil keine Anspielung auf Mal 3,1 in einem mit der Tempelaktion verbundenen Logion nachgewiesen werden kann, scheiden diese Prophetenworte m.E. als Motivation oder Schriftbegründung der Tempelaktion aus[155].

---

[150] S.o. in diesem Kapitel S. 338 (J. JEREMIAS), S. 342f (H.D. BETZ), S. 352 (B. CHILTON), S. 353f (B. WITHERINGTON), S. 358f (C. ROTH) und S. 359 Anm. 98 (J.D.G. DUNN).

[151] CARSON, John, 179: „Dodd ... suggests there is an allusion to Zechariah 14:21 ... Equally, John may be alluding to Malachi 3:1, 3 ... This means that this act of prophetic symbolism was a denunciation of worship that was not pure (cf. also Ezk. 10:15–19; 11:22–23). "

[152] MEYER, Aims, 198.

[153] A.a.O., 305 Anm. 61. Vgl. DERS., Christus Faber, 262.

[154] Aims, 201. Zu Mal 3,1 vgl. noch LOSIE (s.u. Anm. 163). S. auch S. 322 Anm. 77.

[155] Hier soll noch kurz auf den durch sehr spekulative und unhaltbare Prämissen belasteten Aufsatz „Temple Cleansing and Temple Bank" von N.Q. HAMILTON verwiesen werden. Er postuliert zu Unrecht eine ganze „business colony" im Jerusalemer Tempel, die angeblich Handel mit sowohl Rindern als auch Schafen betrieben haben soll (a.a.O., 368 [zur Widerlegung s.o. S. 254]), und meint folgendes aus Mk 11,15f herauslesen zu können: „... Jesus put out merchants who sold and bought ... This would apply to the business colony at the temple and especially the sale of cattle ... He overturned the tables of the moneychangers ... Here it is the banking operation that Jesus suspends. He upsets the sale of doves for sacrifice. He prevents conveying any object through the temple. This would cut off delivery of merchandise to the vendors and carrying away of purchases ... We need know nothing more for it to be clear that *Jesus by his act suspended the whole economic function of the temple*" (370f; kursiv von mir). Durch dieses Auftreten nehme Jesus königliche Rechte für sich in Anspruch (vgl. a.a.O., 371 mit 370), aber sein Motiv sei trotzdem nicht messianisch, sondern angesichts der Nähe der Basileia Gottes die Verwirklichung der für die eschatologische Zeit dem Tempel jegliche wirtschaftliche Funktionen absprechenden Weissagung in Sach 14,21b (372).

Allgemein hat Lynn Allan Losies Dissertation über die Tempelaktion Jesu zu wenig Beachtung gefunden. Darum möchte ich hier seine Deutung relativ ausführlich darbieten.

Losie mißt sowohl dem Umstoßen der Geldwechslertische als auch der Unterbindung des Gefäßetragens große Bedeutung für die Interpretation der Tempelaktion bei. Wenn wir aber seine traditionsgeschichtliche Begründung für das Mk 11,16 berichtete Handeln Jesu unter die Lupe nehmen, kommen sofort erhebliche Bedenken auf. Ihm zufolge sei das im darauffolgenden Vers 17 überlieferte Wort eine Zusammenstellung von den Prophetenworten Jes 56,7 und Jer 7,11 durch Mk (s.o. S. 217 Anm. 198), in der lediglich das kompositionell zugrundeliegende Stichwort „Haus"[156] noch an das ursprüngliche, durch Mk 11,17 verdrängte Wort erinnere. Er vermutet nämlich die deuterojesajanischen Texte Jes 52,7–10.11–12 als „motivating factor" für Jesus[157]. Laut Jes 52,11 (s.o. S. 55 mit Anm. 98) ist eine kultische Reinigung notwendige Voraussetzung für die eschatologische Wiederkunft Jahwes zum Zion, von der V. 8bβ spricht, und dies betrifft vor allem die Träger der Kultgeräte. Der Targum gibt den Text von V. 11bβ[158] folgendermaßen wieder: – אִתְבְּחַרוּ נָטְלֵי מָנֵי בֵּית מַקְדְּשָׁא דַּיוי „reinigt euch, die ihr die Geräte des *Hauses* des Heiligtums des Herrn tragt"[159]. Da die Forderung kultischer Reinheit für die eschatologische Heilszeit nicht auf diesen dtjes Text beschränkt, sondern alttestamentlich-frühjüdisch breit bezeugt ist[160] und da weder Ort noch Personen in dem Text spezifiziert sind, ist nach Losie eine Übertragung von Jes 52,11 auf neue Situationen wie etwa Jesu Aktion im Tempel sehr gut

---

[156] בַּיִת bzw. οἶκος als Bezeichnung des Jerusalemer Tempels kommt sowohl in Jes 56,7 als auch Jer 7,11 vor. Losie, Cleansing, 209ff sucht seine These vom „Haus" als kompositionell-sachlichem Stichwort vor allem dadurch zu untermauern, daß er aus der redaktionellen Verschachtelung der Tempelaktionsperikope mit der Feigenbaumerzählung in Mk 11,12ff schließt, Mk sei bei seinem Verständnis der Tempelaktion von der Gerichtsrede in Hos 9,10–17 beeinflußt gewesen (vgl. die Feigenmetapher im ersten Vers). In dieser Gerichtsrede heißt es nämlich sogar, daß Gott wegen der bösen Taten seines Volkes sie aus seinem Haus hinaustreiben will. Hos 9,15aγ ist mit den Worten מִבֵּיתִי אֲגָרְשֵׁם (MT) bzw. ἐκ τοῦ οἴκου μου ἐκβαλῶ αὐτούς (LXX) in der Tat die atl. Stelle, die vom Wortlaut her der Verbindung zwischen ἐκβάλλειν und ὁ οἶκός μου bzw. ὁ οἶκος τοῦ πατρός μου (im Sinne „das Haus Gottes") in Mk 11,15.17 par. Mt 21,12f/Lk 19,45f und Joh 2,15f am nächsten steht.

[157] A.a.O., 264. Was den eschatologischen Freudesboten in Jes 52,7 anbelangt, weist Losie zu Recht auf 11QMelch (11Q13) II, 15–25 als Beleg dafür, wie die Person in Jes 52,7 mit der von Jes 61,1f identifiziert wird (für den hebräischen Text s. García Martínez / Tigchelaar, The Dead Sea Scrolls II, 1208 und für eine deutsche Übers. s. Maier, Die Texte vom Toten Meer I, 362f), und es gibt guten Grund anzunehmen, daß Jesus selbst diese beiden Texte auf seine Person bezogen und für sein Wirken in Anspruch genommen hat (vgl. a.a.O., 264–266; s. sonst u.a. Jeremias, Theologie, 110 und Stuhlmacher, Theologie I, 157).

[158] MT Jes 52,11bβ: הִבָּרוּ נֹשְׂאֵי כְּלֵי יְהוָה.

[159] Für den aramäischen Text vgl. Sperber, The Bible in Aramaic, Vol. III, 107.

[160] Vgl. vor allem Ez 40–48, aber s. auch u.a. Jes 66,20; Joel 4,17 und Mal 3,1–3. Frühjüd. bezeugt vor allem die Qumrangemeinde kultische Reinheit als Voraussetzung für und Wesensbestandteil der eschatologischen Erneuerung; vgl. Janowski / Lichtenberger, Enderwartung, 32–41.

denkbar. Vermutlich habe Jesus den dtjes Text als Aufforderung oder Berufung aufgefaßt, die Tempelvorhöfe angesichts Gottes unmittelbar bevorstehenden Kommens zu reinigen. Besonders eng sei die Verbindung zwischen Jes 52,11 und Mk 11,16, zumal über das übereinstimmende Tragen von kultischen Tempel-כְּלִים bzw. -σκεύη (LXX Jes 52,11) hinaus noch auf die breit bezeugte Tradition der Lagerung der Kultgeräte in Abwartung der Endzeit zu verweisen sei[161]. Aber weil Jesus sich nach LOSIES Überzeugung selbst für den für die Endzeit verheißenen eschatologischen Propheten gehalten hat[162], der das Kommen Gottes ankündigt und bereitet[163], lasse sich die ganze Aktion vor dem Hintergrund des dtjes Textes verstehen: Der Befehl, als Teil der eschatologischen Reinigung wegzuziehen (Jes 52,11aα), „may have influenced Jesus' expulsion to [sic!] those participating in the preparations for cultic activity in the temple ... Isaiah 52:7–12, therefore, may have provided the impetus for Jesus' action in the temple, and may explain the enigmatic reference in Mark 11:16 ..."[164]

Obwohl LOSIE Jesus nicht ausschließlich von der Kategorie des eschatologischen Propheten her verstehen will[165], bleibt seine Deutung der Tempelaktion sehr problematisch. Sie postuliert als Hintergrund den alttestamentlichen Text Jes 52,11(f) (bzw. 52,7–12), von dem in der Tempelaktionsüberlieferung in den Evangelien nur das erst in der (nachneutestamentlichen) targumischen Übertragung dieses Textes auftauchende Wort „Haus (Gottes)" als Rudiment noch übriggeblieben sein soll, und auch bei wohlwollendster Betrachtung seines Vorschlags muß schlicht festgestellt werden, daß die einzelnen Elemente des Berichts über Jesu Auftreten in Mk 11,15f, einschließlich der Unterbindung des Gefäßtragens, sich nur schwer mit dem Inhalt von Jes 52,11 decken[166]. LOSIES Vorschlag ist in einem so hohen Grad mit nicht nur

---

[161] LOSIE nennt 2Makk 2,1–8 (bes. V. 4–8); syrBar 6,7–9 (a.a.O., 213, 261f). Vgl. noch die Überlieferung im Rest der Worte Baruchs bzw. Paralipomena Jeremiae (s. ÅDNA, Jesu Kritik, 196f).

[162] Vgl. a.a.O., 259–261.

[163] Vgl. vor allem Mal 3,1. LOSIE, a.a.O., 261f verbindet die beiden Stellen in 1Makk 4,46 und 14,41 über den zukünftigen Propheten, dem kultische Entscheidungen überlassen werden, mit der Tradition in 2Makk 2,7f, daß Gott selbst die verborgenen Kultgeräte wieder ans Licht bringen wird. In der Vollmacht, die ihm als dem eschatologischen Propheten zukomme, greife Jesus in den Tempelbetrieb ein; die Unterbindung des σκεύη-Tragens sei Jesu aktualisierende Rezeption von Jes 52,11 und 2Makk 2,7f.

[164] A.a.O., 266. Vgl. auch 211f.

[165] Vgl. a.a.O., 261: „This is not to say that this category [sc. der eschatologische Prophet] totally defined Jesus' self-understanding, but only recognizes that eschatological prophecy was an important aspect of Jesus' mission."

[166] LOSIE legt nicht davon Rechenschaft ab, wie Mk 11,16 als Verwirklichung von Jes 52,11 und Erfüllung von 2Makk 2,7f (im Lichte der in 1Makk 4,46; 14,41 erscheinenden Erwartung eines eschatologischen Propheten) sein soll. Unterbindet Jesus vorübergehend das Tragen von Kultgefäßen im Tempel in der Erwartung, daß sich die Träger der vom Propheten in Jes 52,11 verlangten Reinigung unterziehen lassen? Soll Jesus vorschreiben, wie die kultische Reinigung vom Tempel und seinem Personal, die das Umstoßen der Tische und Sitze und das Transportverbot bereits eingeleitet haben, im Detail durchzuführen ist? Dürfen nach dieser Reinigung dieselben σκεύη wie zuvor getragen werden, oder erwartet Jesus von 2Makk 2,7f her, daß ihm geoffenbart werden wird, wo sich die verborgenen Kultgeräte des salomonischen Tempels befinden, und

nicht beweisbaren, sondern schlicht unwahrscheinlichen Voraussetzungen belastet, daß er bestenfalls als sehr hypothetisch und spekulativ bezeichnet werden muß[167].

4. Messianische Interpretationen

Wir führen die eschatologischen Deutungen der Tempelaktion Jesu weiter, indem wir uns nun den spezifisch *messianischen* Interpretationen zuwenden wollen[168]. Einige Forscher, die messianische Aspekte annehmen oder erwägen, begnügen sich mit recht zurückhaltenden oder vagen Äußerungen[169]. Präzisere Formen nehmen vor allem messianische Deutungsansätze an, die von der traditionsgeschichtlichen Vorgabe her die Reinigung des Heiligtums als eine Aufgabe des Messias in den Blick nehmen oder die die Tempelaktion von einem messianischen Gesamt-verständnis des Auftretens Jesu her als eine messianische Zeichenhandlung seinem ganzen Wirken einzuordnen vermögen.

4.1 Eine messianische Tempelreinigung?

ROBERT H. GUNDRY gehört zu jenen, die das traditionelle Verständnis der Handlung Jesu im Tempel mit einer messianischen Komponente verbinden

---

sollen die alten σκεύη, auf die sich das Verbot Mk 11,16 bezieht, durch die neu aufgefundenen ersetzt werden? (Der legendäre Charakter von 2Makk 2,1–8, den vor allem dessen Widersprüche in der authentischen Jeremiaüberlieferung Jer 27,16ff; 43,4ff und die Auskunft in Esr 1,7–11 über die Rückführung nach Jerusalem von den nicht vor dem Feind versteckten, sondern nach Babylon verschleppten Tempelgeräten offenbaren, macht das Ganze natürlich noch problematischer.) Diese, sich aus LOSIEs Darlegung ergebenden Fragen, auf die er keine Antworten hat, decken m.E. die Absurdität seines Deutungsvorschlags auf.

[167] Eine weniger profilierte, aber LOSIEs Interpretation ähnliche Deutung legt DERRETT, Zeal vor, indem auch er einem sonst kaum beachteten (tr)jes Text, und zwar Jes 59,14–20, eine Schlüsselfunktion zuschreibt (vgl. a.a.O., 80f, wo er diesen Text sogar „a part of the Song of the Servant" [80] nennt!) und Jesus als einen vollmächtig auftretenden Propheten versteht (vgl. 86f, 93f; in Anm. 34 auf S. 87 verweist er auf dieselben Stellen in 1Makk wie LOSIE [vgl. vorige Anm.] [„1Macc. 4.16" ist Fehlschreibung für 4,46]). Dazu, in welcher Hinsicht auch Nehemia als Vorbild für Jesu Auftreten gedient haben mag, vgl. a.a.O., 92f.

[168] Messianische Momente sind bereits oben bei einigen der im Abschnitt 3 behandel-ten Positionen angeklungen; vgl. z.B. LIGHTFOOT (s. Anm. 101) und MEYER (s. S. 373: „the messianic creation of a holy Israel"). Ebenso haben wir aber viele eschatologische Deutungsansätze verzeichnet, die sich entweder über eventuelle messianische Aspekte ausschweigen oder sogar entschieden nichtmessianisch konzipiert sind; vgl. z.B. ROLOFF, Kerygma, 94, 96f (s. S. 368f) und LOSIE, Cleansing, 271f (s. S. 374ff).

[169] Z.B. schreibt MATERA, Trial of Jesus, 14: „Jesus' dramatic entry into Jerusalem, however, and his behavior in the temple ... could easily be construed as an implicit claim to be a messianic figure."

wollen[170]. Während GUNDRY trotz seiner Rede von „Reinigung" jegliche Bezugnahme auf Sach 14,21 bestreitet[171], legt dagegen BEN WITHERING-TON III bei seiner Bestimmung des Handelns Jesu im Tempel gerade diese Stelle und ihren eschatologisch-messianischen Kontext im Sacharjabuch zugrunde (s.o. S. 353f):

> „If the interpretive word in John 2:16b goes back to a *Sitz im Leben Jesu*, then Jesus would once again be indicating that he saw himself as the messianic figure of Zechariah who not only brought the final cleansing to Israel at its center of being, the temple, but who also brought in the dominion of God that was expected on ‚that day.'
> ... Thus, we see two attempts, the entry and the cleansing, by Jesus during the closing days of his life to present himself in a messianic light, not in accord with popular expectation, but in accord with his own self-perception, which seems to have been based on the oracles of Zechariah."[172]

Die eindeutigste traditionsgeschichtliche Anknüpfung für eine messiani-sche Tempelreinigung bietet jedoch PsSal 17, der vom (davidischen) Messias erwartet, daß er die Heilige Stadt Jerusalem und das dort befind-liche Heiligtum reinigen wird:

> PsSal 17,30c.31:
> (30c) und er wird reinigen Jerusalem durch Heiligung wie von Anfang an, (31) so daß Heiden kommen von den Enden der Erde, um seine Herrlichkeit zu sehen, als Gaben darbringend seine ermüdeten Söhne, und zu sehen die Herrlichkeit des Herrn, womit Gott sie verherrlichte.[173]

Z.B. PETER STUHLMACHER vermutet, daß das messianische Wirken Jesu in der Tempelaktion zum Vorschein kommt:

> „Was die Bedeutung dieser Zeichenhandlung Jesu anbetrifft, geht E.P. Sanders davon aus, daß es sich um eine Vorausankündigung der Zerstörung des Tempels gehandelt

---

[170] Warum „Tempelreinigung" eine angemessene Bezeichnung des Vorfalls im Tempel ist und inwiefern Jesus wirklich als Messias und nicht „bloß" als Prophet auftrat, bleibt bei GUNDRYs Ausführungen etwas unklar: „Since no ritual cleansing of the temple takes place — rather, a stopping of commercial traffic — we might consider speaking of disruption ... But to speak of cleansing has become traditional: and in a non-ritual sense, cleansing describes Jesus' action well" (Mark, 641f). „That in cleansing the temple Jesus acts as a prophet, not as the Messiah, may or may not be true ... if Jesus does act as a prophet rather than as the messianic king, no inferences are to be drawn damaging to his messiahship or consciousness thereof" (642).

[171] Vgl. a.a.O., 643.

[172] WITHERINGTON, Christology, 115.

[173] S.o. S. 68–70 für den Erweis, daß bei dieser Aussage die Reinigung des Tempels einbegriffen ist. Es ist nicht ganz auszuschließen, daß PsSal 17 sogar an die Errichtung des eschatologischen Tempels durch den Messias denkt (vgl. S. 70 Anm. 156), aber auf sichererem Boden befinden wir uns, wenn wir aus V. 30 eine *Reinigung* des Tempels herauslesen.

habe. Folgt man dem (Markus-)Text genau, ist es aber wahrscheinlicher, daß Jesus tatsächlich den Tempel für den neuen messianischen Gottesdienst reinigen wollte."[174]

Es ist vor allem TILL AREND MOHR, der in seiner Studie „Markus- und Johannespassion" diesen Deutungsansatz breit entfaltet hat[175]. Dabei ist von großem Belang, daß MOHR das Logion Joh 2,16b – „Macht nicht das Haus meines Vaters zu einem Kaufhaus!" – für das authentische Wort hält, das Jesus zur Erklärung seines Handelns gesprochen hat (vgl. S. 198–200). Nach Ausweis des Alten Testaments sei Jesu Eintreten gegen die kommerzielle Zweckentfremdung des Tempels, d.h. – positiv ausgedrückt – für seine Heiligkeit, eine *königliche* Tat. MOHR weist zur Begründung zuerst auf die Nathanweissagung 2Sam 7,12–16 hin und fährt dann fort:

> „Hier interessiert insbesondere, dass es nicht einzelne Propheten waren, sondern Könige, namentlich Asa, Hiskia und Josia, ferner Judas Makkabäus, die von Zeit zu Zeit Kultusreformen und ,Tempelreinigungen' durchführten. So erwarten auch die Psalmen Salomos, dass der Messias ,Jerusalem rein und heilig machen (wird), wie es zu Anfang war' (17,30)."[176] Im Blick auf Jesu Auftreten bei und nach seiner Ankunft in Jerusalem bedeute ihm folgendes: „Den Anspruch, den Jesus bei seinem Einzug in Jerusalem geltend machte, erhebt er in nicht minderem Masse bei der Beseitigung des Marktgetümmels im Vorhof der Heiden. Als Messias, der gemäss 2Sam 7,14 (Ps 2,7) für sich die Gottessohnschaft reklamiert, handelt er im Tempel mit der Machtbefugnis eines stellvertretenden Hausherrn, der die Heiligkeit dieses Hauses gewahrt wissen will."[177]

Der hiermit angesprochene messianische Motivzusammenhang zwischen dem Einzug (als „Königsinthronisation") und der Tempelaktion spielt nicht nur bei MOHR, sondern auch allgemein eine wesentliche Rolle bei der messianischen Deutung des Ereignisses im Tempel[178].

---

[174] STUHLMACHER, Theologie I, 151. (SANDERS' Deutung ist oben auf S. 354–357 erörtert worden). Vgl. noch STUHLMACHER, Warum mußte Jesus sterben?, 52: „Jesus sah die Zeit gekommen, Gott im Geist der Wahrheit anzubeten und den Tempel für diese Anbetung zu reinigen."

[175] Vgl. MOHR, Markus- und Johannespassion, 96–98.

[176] A.a.O., 96. Für die im Zitat erwähnten Kultusreformen und Tempelreinigungen vgl. 2Reg 18–19; 22–23; 2Chr 14,1–4; 15; 29–31; 34–35; 1Makk 4,36ff.

[177] A.a.O., 96f.

[178] Vgl. das Referat von JEREMIAS, Weltvollender, in der Einleitung (S. 20). S. auch die nachdrückliche Betonung des historischen und theologischen Zusammenhangs zwischen dem Einzug und der Tempelaktion bei TAN, Zion and Jesus, 158f, 192–196, der den Einzug zwar als eine königliche Handlung versteht (a.a.O., 152 [zitiert S. 139 Anm. 170], 156f), aber mit einer ausdrücklichen messianischen Deutung sehr zurückhaltend ist. Vgl. sonst z.B. MEYER, Aims, 199f: „Jesus, the disciples, and the pilgrim crowds combined to make the entry a messianic event, so investing the cleansing of the temple with a messianic dimension ... The entry into Jerusalem and the cleansing of the temple constituted a messianic demonstration, a messianic critique, a messianic fulfilment event, and a sign of the messianic restoration of Israel. In so far as the cleansing of the temple

MOHR hat nun den Motivzusammenhang um ein weiteres Element bereichert: Er weist darauf hin, daß im Alten Testament einerseits Königsinthronisation und Kultreform bzw. Tempelreinigung oft mit *Bundesschluß* oder *-erneuerung* verbunden werden[179] und daß andererseits nach dem zur Sammlung von Heilsworten in Jer 30–33 gehörenden Spruch Jer 30,21f ein künftiger Herrscher (der mit dem Messias zu identifizieren ist, vgl. 33,14–17) nach Art des Mose sowohl einen exklusiven Zugang zu Jahwe haben als auch einen neuen Bund vermitteln wird:

> Jer 30,21f:
> Sein [*sc.* Jakobs] Machthaber wird aus ihm selbst entstammen, und sein Herrscher aus seiner Mitte hervorgehen; und ich gebe ihm Zutritt, dass er mir nahe; denn wer könnte sein Herz verpfänden, dass er mir nahe? – ist Jahwes Spruch. Und ihr werdet mein Volk sein, und ich werde euer Gott sein.[180]

Der Bund, den dieser künftige Herrscher vermitteln wird, könne (jedenfalls auf der synchronen Ebene des Jeremiabuches) kein anderer als der im nächsten Kapitel, Jer 31,31–34, angekündigte, neue Bund sein. Von hierher ergebe sich wiederum eine Analogie zur Einbindung vom Einzug und der Tempelaktion in die Passionsgeschichte des Markus, denn nach urchristlicher Überzeugung habe Jesus den in Jer 31,31–34 verheißenen neuen Bund in seinem Opfertod heraufgeführt[181]:

> „Schon die frühe Urgemeinde erblickte nach Ausweis der Abendmahlsüberlieferung 1Kor 11,23ff und Mk 14,24 in Jesu Tod u.a. dasjenige Opfer, welches den neuen, endgültigen und universalen ‚*Bund*‘ Gottes stiftete. Ein wesentlicher Bestandteil der im AT berichteten Kultusreformen und Tempelreinigungen stellte nun ein [sic] Bundesschluss dar, durch den das heilvolle, wegen des zuvor betriebenen Götzendienstes aber gestörte Verhältnis zu Jahwe, wiederhergestellt wurde. Bei dieser mit

---

was a harsh and dramatic critique, its messianic aspect was an implicit presentation of credentials. But in the deeper sense, i.e., in so far as the total event was both a partial fulfilment of Old Testament prophecy and a pledge of perfect completion, *the messianic aspect was the ultimate rationale of the event*" (kursiv von mir). Zum Zusammenhang zwischen Einzug und Tempelaktion und der messianischen Deutung beider s. noch DERS., Christus Faber, 263, 264. Es ist nicht zuletzt die Bestreitung eines ursprünglichen überlieferungsgeschichtlichen (und damit auch historischen) Zusammenhangs zwischen Einzug und Tempelaktion, die Forscher wie ROLOFF und LOSIE veranlaßt hat, eine messianische Interpretation der Tempelaktion Jesu abzulehnen (vgl. Anm. 168).

[179] A.a.O., 97. Er verweist auf folgende Texte: 2Reg 11,17; 23,1–3; 2Chr 15,12–14; 29,10f.

[180] Jer 30,21f, zitiert nach MOHR, ebd., der die Übers. von WEISER, Jeremia, z.St. übernommen hat. Aus der Bundesformel in V. 22 gehe hervor, daß in diesem Spruch die Vermittlung des Bundes gemeint sei (a.a.O., 98).

[181] Vgl. die explizite Bezugnahme auf Jer 31,31 (bzw. Jer 38,31 LXX) in der Abendmahlsüberlieferung in 1Kor 11,25 und Lk 22,20: τοῦτο τὸ ποτήριον ἡ καινὴ διαθήκη (ἐστὶν) ἐν τῷ ἐμῷ αἵματι (bzw. τῷ αἵματί μου).

dem Akt einer Abrenuntiation verbundenen Bundeserneuerung trat später der König als Bundesmittler auf."[182]

Aus der Darlegung MOHRs wird nicht ganz deutlich, welche Sinnaspekte er bereits Jesus einerseits und welche er der nachösterlichen Gemeinde andererseits zuspricht, aber auch falls er die im Tod Jesu geschehene Bundeserneuerung erst für eine (nachträgliche) Erkenntnis der Urgemeinde hält[183], bleibt es ihm zufolge beim messianischen Sinn der Tempelaktion auch der Intention Jesu nach:

> „In einer mit unwiderstehlicher Gewalt durchgeführten Aktion, in der Jesus die Heiligkeit des Tempels als des Hauses seines Vaters gewahrt wissen will, bringt er nicht nur seinen schon beim Einzug erhobenen messianischen Anspruch, sondern auch die in seiner Person und in seinem Handeln gegenwärtige Herrschaft Gottes zur Geltung."[184]

Gegen diese Deutung von Jesu Handlung im Tempel als *messianischer Reinigung* melden sich eine Reihe von Bedenken. Sie setzen bereits bei der Tatsache ein, daß MOHRs Zugrundelegung von Joh 2,16b als Schlüssel zum ursprünglichen Sinn der Tempelaktion[185] auf einer überlieferungs-geschichtlich unhaltbaren Prämisse beruht; vielmehr haben wir in Mk 11,17 das ursprünglich dazugehörige Jesuswort zu sehen[186]. Denn nicht nur die aus Joh 2,16b abgeleitete Voraussetzung, Jesu Sorge sei die (vermeintlich) fehlende Heiligung des Tempels, ist irreführend, sondern auch die von MOHR mit manchen Vertretern eines nichtmessianischen *Reinigungs*verständnisses geteilte Auffassung, daß ein Markt im Tempel zum Geldwechseln und Verkauf von Opfermaterie eine Bedrohung der

---

[182] MOHR, a.a.O., 97. Auf S. 98 bezieht er neben Jer 31,31–34 auch Mal 3,1ff in den Motivzusammenhang von Reinigung und Bundesschluß mit ein und zeigt, wie in der urchristlichen Rezeption auch in bezug auf diesen Text Jesus als der Bundesmittler angesehen wird.

[183] Dies scheint seine Einschätzung zu sein, vgl. a.a.O., 98: „Im Blick auf diesen Traditionsstrom [*sc.* die Verbindung von königlich vollzogener Kultreform und vermit-teltem Bundesschluß] wird das Interesse der Urgemeinde verständlich, einen Passions-bericht zu schaffen, der ausser der eigentlichen Leidensgeschichte, dh ab der Gefangen-nahme Jesu, auch den Abendmahlskomplex enthielt und mit dem Einzug und der Tempelreinigung begann. Dies ermöglichte ihr, die eschatologische Bedeutung des Leidens Jesu zu verdeutlichen und zu zeigen, dass er – obwohl von Juden und Heiden verworfen – dennoch der von Gott verheissene Messias war."

[184] A.a.O., 99.

[185] Vgl. a.a.O., 95: „Wie aber muss dann die Tat Jesu verstanden werden? Den entscheidenden hermeneutischen Schlüssel liefert uns das als Skopus dieses biographi-schen Apophthegmas überlieferte Logion in Joh 2,16b: Jesus schreitet ein, weil der Tempel als das Haus seines himmlischen Vaters zu einem Kaufhaus zweckentfremdet wurde!"

[186] Vgl. die Erörterung S. 198–206, 216–225.

Heiligkeit darstellen bzw. von den „Frommen" für etwas Unerhörtes gehalten werden würde[187].

Noch viel weniger als die Ausführungen MOHRs können die von G.W. BUCHANAN im Aufsatz „Symbolic Money-Changers in the Temple?" vorgelegten Spekulationen von der Korrektheit einer *messianischen Reinigungs*deutung überzeugen (s.o. S. 21). Während MOHR seinerseits die Historizität ernst nimmt[188], geht BUCHANAN von völlig unhaltbaren Prämissen aus, indem er den frühen Christen eine auf der Basis der traditionsgeschichtlich vorgegebenen Erwartung von Kultreform und Tempelreinigung durch den König / Messias beruhende „Logik" unterstellt, die angeblich völlig unabhängig von den tatsächlichen Begebenheiten im Wirken des Jesus von Nazareth nachträglich Jesuserzählungen nach Art des jüdischen Midrasch produziere[189]: „Since all prophecy was prophesied only for the days of the Messiah (bBer 34b) and these were the days of the Messiah, there could be no question in the minds of committed Christians that something like this must have taken place. With such doctrines as these prevailing it would not have taken a great deal of creativity to conjecture and compose a narrative to fit the supposed facts."[190] Zur Kritik an dieser Art von modern-kritischer „Logik", die die elementaren Tradierungsgrundsätze der Jesusüberlieferung völlig verkennt und zu entsprechend irreführenden Ergebnissen gelangt s.o. S. 321 Anm. 75.

4.2 Eine zur Umkehr rufende, messianische Zeichenhandlung

Die urchristlich einhellige Bezeugung der Messianität Jesu beruht nicht auf einer erst nachösterlich aufgekommenen Deutung des Mannes aus Nazareth, die ihm nachträglich, so wie es sich u.a. G.W. BUCHANAN in dem eben dargebotenen Beispiel vorstellt, bereitwillig allerlei messianische Handlungen zugeschrieben hat. Ganz im Gegenteil wurzelt das nachösterliche Messiasbekenntnis in dem ihm historisch vorgegebenen messianischen Anspruch des historischen Jesus selbst (s.o. S. 136–142). Dieser Anspruch kam nicht nur in Worten zum Ausdruck (vgl. Mk 8,29f; 14,61f), sondern auch und vor allem in Zeichenhandlungen, wie z.B. der Erwählung des Zwölferkreises und dem Einzug in Jerusalem.

In der Mitte des messianischen Wirkens Jesu stand die Proklamation der βασιλεία τοῦ θεοῦ, der Gottesherrschaft bzw. des Gottesreiches (s.o. S. 133–136). Die Basileia war in seinem Wirken „bereits in Gang gekommenes Geschehen" (vgl. S. 142), und als Jesus mit seinen Jüngern nach Jerusalem im oder um das Jahr 30 zum Passafest zog, sah er ihren vollen Anbruch offensichtlich so nahe herangerückt, daß der Zeitpunkt der endgültigen Herausforderung ganz Israels mit der Botschaft von der Basileia gekommen war. Die Wahl Jerusalems als Szene war nicht in erster Linie taktisch dadurch bedingt, daß das jüdische Volk sich hier zu den

---

[187] Vgl. die Kritik oben S. 342f mit Anm. 29 und S. 369 mit Anm. 135.

[188] MOHR, Markus- und Johannespassion, 94f (s.o. S. 321f).

[189] Vgl. BUCHANAN, Money-Changers, 283, 286ff.

[190] A.a.O., 283f.

Wallfahrtsfesten aus aller Welt versammelte, sondern *theologisch* darin begründet, daß der Zion mit dem Tempel das Zentrum der eschatologischen Basileia Gottes darstellen würde (s.o. S. 25–27). Jesus erkannte nicht nur die auf den Zion bezogenen eschatologischen Traditionen an (vgl. S. 130–133), sondern als Messias wußte er sich auch berufen, die eschatologische Heilswirklichkeit auf dem Zion aktiv herbeizuführen. Die Hoffnung auf den Messias nahm in den eschatologischen Erwartungen des Frühjudentums eine wichtige Stellung ein (s.o. S. 28–35), und zu den ihm aufgetragenen Aufgaben konnte u.a. die Errichtung des neuen, eschatologischen Tempels gehören (vgl. S. 50–87). In dem während seines letzten Aufenthaltes in Jerusalem gesprochenen Tempelwort Mk 14,58 (vgl. S. 151f) kündigte Jesus an, daß *er* in Bälde dieses Heiligtum zu errichten beabsichtigte. Dabei begnügte er sich nicht damit, etwaige traditionelle Stellen über den Messias als Tempelbauherrn in Erinnerung zu rufen, sondern knüpfte mit der Charakterisierung des zu errichtenden Tempels als „nicht mit Händen gemacht" an die von Ex 15,17b.18 ausgehende Tradition über Gott als den ausschließlichen Bauherrn seines eschatologischen Tempels auf dem Zion an (vgl. S. 91–110). Dies ist ein Ausdruck des einmaligen Anspruchs Jesu, der vor göttlichen Prärogativen nicht halt machte, sondern über die traditionell messianischen Befugnisse hinaus weit in Gottes alleinigen Kompetenzenbereich vordrang (vgl. S. 145f). Als „Gottes Repräsentant unter den Menschen" wollte er in göttlicher Vollmacht, an Gottes Statt, den „nicht mit Händen gemachten" eschatologischen Tempel auf dem Zion errichten (vgl. S. 146f). Diese im Tempelwort angekündigte Absicht stellte eine Art von Klimax der messianischen Sendung Jesu dar.

Der Anbruch der Basileia Gottes und die Errichtung des neuen Tempels, von wo aus Gott seine eschatologische Herrschaft ausüben würde, hatten zwangsläufig Folgen für den alten, gegenwärtigen Tempel. Der Tempelbetrieb mit dem Opferkult in seiner Mitte konnte nicht in alten Bahnen ungestört weitergeführt werden, als ob nichts wäre. In seiner Tempelaktion konfrontierte Jesus die Priesterschaft und überhaupt das ganze Volk mit dieser Wahrheit der nunmehr anbrechenden eschatologischen Stunde. In dem zur Tempelaktion gehörenden Wort Mk 11,17 stellte er in einem Schriftzitat sowie einer Anspielung auf ein anderes Schriftwort die eschatologische Tempelweissagung aus Jes 56,7b und den Vorwurf aus Jer 7,11, den Tempel zur Räuberhöhle gemacht zu haben, einander kontrastierend gegenüber. Durch die Anspielung auf Jer 7,11 bescheinigte Jesus den Bediensteten des Tempelmarkts, mit denen er bei der Tempelaktion zu tun hatte und die dabei als Vertreter des ganzen Tempelbetriebs angesprochen wurden (vgl. S. 265–267), daß sie sich analog zu den Zeitgenossen des Propheten Jeremia verhielten. Sie vertrauten darauf, daß der durch ihre berufliche Beteiligung ermöglichte Opferkult für sie als Kollektivum,

Gemeinde Israels, und als Individuen Sühne erwirkte und ihnen somit Heil garantierte. Nach wie vor in der alten Kultordnung die Heilsgewißheit zu suchen, während sie sich dem aktuellen Ruf Gottes durch seinen Repräsentanten Jesus, angesichts der hereinbrechenden Basileia umzukehren und sich dem von ihm verkündigten und verkörperten eschatologischen Heilshandeln zu öffnen, verschlossen, kam einem „räuberischen" Verhalten gegenüber dem Tempel gleich (s.o. S. 267–275). Die von Jesus aufgenommene Weissagung aus Jes 56,7b – „mein Haus wird ein Haus des Gebetes für alle Völker genannt werden" – brachte dagegen im Kontrast zu dieser Anschuldigung die positive Bestimmung des Tempels für das Eschaton zum Ausdruck (s.o. S. 276–282). Die Gegenüberstellung der ernsthaften religiösen Diagnose des Selbstbetrugs bezüglich des Sühnopferkultes und der wahren eschatologischen Bestimmung des Tempels funktionierte wie ein Umkehrruf: Wenn die Vertreter des Tempelbetriebs – und mit ihnen das ganze jüdische Volk – sich im Gegensatz zu den Zeitgenossen Jeremias von ihrem „räuberischen" Verhalten abwenden und sich dem eschatologischen Heilshandeln Gottes in Jesus öffnen würden, würde der gegenwärtige Tempel nicht wie der salomonische Tempel dem Zerstörungsgericht anheimfallen. Stattdessen würde eine Transformation zur eschatologischen Wirklichkeit mit dem neuen bzw. qualitativ erneuerten Tempel auf dem Zion stattfinden (s.o. S. 282–284, vgl. auch S. 147–150).

H. MERKLEIN und TH. SÖDING sind darum voll im Recht, wenn sie die Tempelaktion Jesu als Umkehrruf angesichts der Basileia Gottes verstehen (s.o. S. 368ff). Vor allem hat SÖDING klar erkannt, daß der Tempelkult und die in Jesu Person und Wirken bereits gegenwärtige Basileia miteinander in Konflikt gerieten:

„Jesus kritisiert eine auf das Heiligtum fixierte Heilssicherheit, die trügerisch ist, weil sie gerade das übersehen läßt, was Gott seinem in Sünde verstrickten Volk zur Rettung werden lassen will." „Die Aktion Jesu im Jerusalemer Tempel hat ... eine paränetische Spitze: Sie ist Aufruf zur Umkehr ... Die Kritik Jesu setzt voraus, daß es zwischen dem eschatologischen Heil der Basileia Gottes und dem Opferkult im Heiligtum keinen inneren Zusammenhang gibt, sondern angesichts der Ablehnung seiner Botschaft durch die Protagonisten des Tempels sogar ein Gegensatz aufbricht."[191]

PETER STUHLMACHER hat über SÖDING hinaus die Erkenntnis des Umkehrrufs um die messianische Komponente ergänzt:

„Mit der messianischen Symbolhandlung der ‚Tempelreinigung' stellte Jesus die Tempelpriesterschaft (und mit ihr Israel) vor die Frage, ob sie weiterhin den Sühnekult vollziehen wollen, ohne auf Jesu Botschaft der Umkehr einzugehen."[192] „[D]ie gleich nach dem Eintreffen in Jerusalem vollzogene Tempelreinigung (war)

---

[191] SÖDING, Tempelaktion, 61, 63. Für ausführlichere Zitate s.o. S. 19 sowie 371f.

[192] STUHLMACHER, Warum mußte Jesus sterben?, 52.

eine messianische Zeichenhandlung, mit der Jesus die Tempelpriesterschaft aufforderte, sich seinem Umkehrruf zu stellen …"[193]

In welchem Sinne Jesu Ankündigung der Basileia Gottes mit dem Kultbetrieb im Jerusalemer Tempel in Konflikt geriet und welche Folgen seine messianische Heraufführung der Basileia mit dem neuen bzw. erneuerten eschatologischen Tempel auf dem Zion für den traditionellen Opferkult haben mußte, können wir über die bisherigen Ausführungen hinaus durch die Betrachtung der einzelnen Elemente der Tempelaktion genauer erfassen.

Auf dem Tempelmarkt in der königlichen Säulenhalle schritt Jesus gegen die *Geldwechsler* und die *Taubenverkäufer* ein, indem er einige ihrer Tische und Sitze umstieß. Es scheint, daß er darüber hinaus noch den Taubenverkäufern befahl, ihre Taubenkäfige oder -körbe zu entfernen und einige der Verkäufer und Käufer aus der königlichen Säulenhalle zu verjagen begann. Außerdem war er bemüht, das Tragen von Gefäßen, die am ehesten dem Transport von Geld, aber möglicherweise auch von vegetabiler Opfermaterie dienten, vom Markt in der königlichen Säulenhalle am Südrand der Tempelanlage zu den inneren Teilen des Tempels zu unterbinden (vgl. Mk 11,15f). All diese Handlungen wurden von dem bereits oben besprochenen Wort Mk 11,17 begleitet[194].

Den Geldwechslern kam wegen der Monopolstellung der tyrischen Silbermünzen (Di- und Tetradrachmen) für die Tempelsteuer eine geradezu unentbehrliche Funktion im Tempelbetrieb zu. Die zum Jerusalemer Tempel aus der ganzen Diaspora strömenden Juden waren für die Entrichtung der für alle Volljährigen obligatorischen Tempelsteuer eines halben Schekels – gleich einer tyrischen Didrachme – auf sie angewiesen (s.o. S. 251–253). Das Umstoßen von Tischen der Geldwechsler und die damit – wenigstens der zeichenhaften Intention nach – erzwungene Unterbrechung ihrer Tätigkeit hatte folglich erhebliche und sehr schwerwiegende Konsequenzen. Der bereits durch das strategische Einschreiten gegen die Geldwechsler erreichten Unterbrechung des Handels auf dem Tempelmarkt verlieh Jesus noch weiteren Nachdruck durch eine entsprechende gegen die Taubenverkäufer gerichtete Tat. Durch das Umstoßen ihrer Sitze unterband er den Handel mit den Tauben, die als Sünd- und Brandopfer für einige bestimmte Fälle von kultischer Reinigung allgemein vorgeschrieben waren, aber vor allem als Ersatzopfermaterie für Sünd- und Brandopfer der Armen, die sich teurere Opfertiere nicht leisten konnten, vorgesehen waren (vgl. Lev 5,7–10; s.o. S. 254f). Jesu Aktion auf dem Tempelmarkt verhinderte aber nicht nur die Anschaffung von Opfermaterie für die einzelnen

---

[193] STUHLMACHER, Theologie I, 146. S. noch die Zitate aus a.a.O., 84 und 102 sowie aus DERS., Die Stellung Jesu und des Paulus zu Jerusalem, 143 oben auf S. 21 und 283.

[194] Zur historischen Rekonstruktion der Szene s.o. S. 330–332.

Tempelbesucher, sondern hatte auch Folgen für die kollektiven Opfer, die täglich im Namen und zugunsten der ganzen jüdischen Gemeinde von den diensttuenden Priestern dargebracht wurden. Es war nämlich der Hauptzweck der von den Geldwechslern eingenommenen Tempelsteuer, diesen Kult finanziell zu tragen (vgl. S. 253).

Natürlich sind die Implikationen der Aktion Jesu auf dem Tempelmarkt im Hinblick auf den Opferkult weder Jesus selbst noch jemandem anderen verborgen geblieben. Wir haben damit zu rechnen, daß Jesu Tempelaktion keine emotionale bzw. spontane Impulshandlung darstellte, sondern daß sie wohlüberlegt war[195] und daß er sich die Objekte seines Handelns gezielt ausgesucht hatte, um seiner Zeichenhandlung Wirkung zu verleihen. Vor allem die Geldwechsler stellten einen strategischen Angriffspunkt für einen Anschlag gegen den Opferkult *wegen ihrer Schlüsselstellung im Kultbetrieb* dar, da ohne ihren Dienst die Tempelsteuer zur Finanzierung des kollektiven Opferkultes nicht entrichtet werden konnte. Die weiteren Elemente der Tempelaktion neben dem Umstoßen der Geldwechslertische – d.h. das Umstürzen der Sitze der Taubenverkäufer, die symbolische Austreibung von Händlern und Käufern aus der königlichen Säulenhalle sowie die Unterbindung des Gefäßtransports zwischen der Halle und den inneren Teilen der Tempelanlage – bestätigen, daß *die Tempelaktion Jesu darauf zielte, den Opferkultbetrieb zeichenhaft zum Erliegen zu bringen*[196].

Nach diesem Nachweis der negativen Folgen der in Mk 11,15f geschilderten Handlungen Jesu für den Opferkult im Tempel können wir zu dem begleitenden Wort aus Mk 11,17 zurückkehren und eine inhaltliche Übereinstimmung mit dem bereits erarbeiteten Sinn dieses Wortes feststellen (s.o. S. 382f und vgl. S. 265ff für die detaillierte exegetische Erörterung

---

[195] Vgl. dazu auch MEYER, Aims, 197 sowie CHILTON, Temple of Jesus, 138. Man muß trotzdem nicht wie MEYER und CHILTON eine volle Besetzung des Tempels (s.o. S. 302f) voraussetzen, um mit einem wohlüberlegten Handeln seitens Jesu zu rechnen.

[196] SWETE, Mark, 256 meint, daß das Einschreiten gegen die Taubenverkäufer wegen der allgemeinen Verwendung von Tauben sowohl als *vorgeschriebener* als auch *möglicher* Opfermaterie faktisch einen Schlag gegen den ganzen Handel im Tempel darstellte: „Every branch of the Temple trade suffered, and not only those forms which were specially offensive or aggressive ..." Auch SANDERS sieht die Implikationen der Aktion Jesu für den Kultbetrieb, aber läßt dies nur ein Nebenaspekt sein, der dem Hauptsinn als Symbolhandlung für die Zerstörung des gegenwärtigen Tempels (s.o. S. 354–357) untergeordnet ist: „The import [*sc.* der Aktion Jesu] to those who saw or heard of it was almost surely, at least in part, that Jesus was attacking the temple service which was commanded by God. Not just the priests would have been offended, but all those who believed that the temple was the place at which Israel and individual Israelites had been commanded to offer sacrifice, to make atonement for their sins ... We should suppose that Jesus *knew what he was doing*: like others, he regarded the sacrifices as commanded by God, he knew that they required a certain amount of trade, and he knew that making a gesture towards disrupting the trade represented an attack on the divinely ordained sacrifices" (Jesus and Judaism, 70 [kursiv von SANDERS]).

von Mk 11,17): Die Tatelemente der Tempelaktion sowie das Wortelement des Räuberhöhlenvorwurfs richten sich gemeinsam gegen die Weiterführung des gegenwärtigen Opferkultes. Der Grund dafür war, daß er der eschatologischen Wirklichkeit der nahe herangerückten und in Jesu Wirken sich bereits realisierenden Basileia Gottes nicht länger angemessen war. Die Vorläufigkeit des Sühnekultes mußte der endgültigen und der Sühnefunktion nicht mehr bedürftigen Heilswirklichkeit der Gottesherrschaft bzw. des Gottesreiches weichen. JOHANNES MAIER erläutert dazu:

> „Die Sühnefunktion des Kults verliert ihren Anlaß für den, der die Wende von der sühnebedürftigen vor-läufigen Existenz in ,diesem Äon' zum Eschaton im Sinne des gekommenen Heilszustandes voraussetzt; *für den Kult bliebe die Anbetung als bleibende Funktion – wie im himmlischen Heiligtum.* Eine Proklamation von Sündenvergebung unter solch eschatologischen Vorzeichen stellt demgemäß weniger eine Anmaßung der sündenvergebenden Alleinkompetenz Gottes dar als die Kennzeichnung dieser Wende. Wie weit dabei auch das Motiv aus Jes 56,7 hineinspielte, ist schwer auszumachen, aber grundsätzlich war es möglich, auch den Begriff ,Haus des Gebets' in diesem Sinne zu verstehen. Das aber schließt selbstverständlich die Ankündigung der Erfüllung der Sühnefunktion und somit eine endgültige Änderung im Rahmen des Kultes mit ein – vom Vorläufigen zum Endgültigen."[197]

Das Kontrastelement im Jesuswort Mk 11,17, die Weissagung aus Jes 56,7b, wies gerade auf das Gebet aller Völker als das Charakteristikum des Gottesdienstes im eschatologischen Tempel auf dem Zion hin. Es würde aus der bisherigen Nebenrolle in die Mitte des neuen Tempelgottesdienstes rücken (vgl. S. 286f). Der eschatologischen Königsherrschaft Gottes in dem „nicht von Händen gemachten" Heiligtum auf dem Zion entspricht die Anbetung Israels und der Völker, die an der vom Zion austrahlenden Heilswirklichkeit teilhaben werden.

Wenn die Tempelbediensteten und mit ihnen das ganze jüdische Volk den spektakulären Umkehrruf der Tempelaktion positiv beantworten und Jesus gehorchen würden, stünde der eschatologischen Vollendung nichts mehr im Wege. Dann wäre auch das drohende Vernichtungsgericht über den zur „Räuberhöhle" umfunktionierten Tempel gebannt. Die Ersetzung des alten „mit Händen gemachten" Tempels durch den neuen „nicht mit Händen gemachten", die Jesus seinem Tempelwort zufolge vollbringen wollte, würde vermutlich die Transformation statt der Zerstörung des alten Tempels bedeuten.

Was wäre aber, falls die Umkehr als Reaktion auf Jesu Tempelaktion ausbliebe? Wie wir bereits ausführlich dargelegt haben, kam es nicht zur Umkehr seitens der Priesterschaft und der übrigen Führer des Volkes. Vielmehr veranlaßte die provokative Tempelaktion sie dazu, Jesus unschädlich machen zu wollen (vgl. Mk 11,18). Nach wenigen Tagen

---

[197] MAIER, Konfliktpotential, 185f (kursiv von mir).

gelang es ihnen unter Führung des Hohenpriesters Kaiphas, Jesus zu verhaften und den römischen Präfekten Pontius Pilatus zu überzeugen, ihn als Messiasprätendenten durch Kreuzigung umzubringen (vgl. S. 140, 143f, 324–328). In der Tat war Jesu Tempelaktion als messianische Symbolhandlung so angelegt, daß sie auch im Falle des selbsttrügerischen Beharrens Israels auf der alten Kultordnung zeichenhaft auf die von Gott in Jesus heraufgeführte eschatologisch-soteriologische Alternative hinwies. Wenn Israel sich verweigerte, die angesichts des hereinbrechenden Eschatons absolut erforderliche Umkehr zu vollziehen, war Jesus seinerseits bereit, stellvertretend für Israel und die Völker in den Tod zu gehen.

Bevor wir den Inhalt der messianischen Leidens- und Opferbereitschaft Jesu weiter entfalten können, müssen wir uns deren theologisch-traditionsgeschichtliche Voraussetzungen im Sühnopferkult des Jerusalemer Tempels vergegenwärtigen. Das soll durch einen ausführlichen Exkurs geleistet werden.

Exkurs: Der Sühnopferkult im Jerusalemer Tempel

1. Einleitung

Es ist keine Übertreibung zu sagen, daß der Tempel in Jerusalem bis zu seiner Zerstörung im Jahre 70 n.Chr. das Zentrum im Leben des jüdischen Volkes bildete[198]. Diese herausragende Position gründet in der Erwählung des Zions als „Wohnstätte" Jahwes (Ps 132,13f; 1Reg 8,12f) bzw. seines Namens (2Sam 7,13; 1Reg 5,17.19; 9,3) oder seiner Herrlichkeit (Ps 26,8; 1Reg 8,11), wo er sein Volk empfangen und ansprechbar sein will (vgl. Dtn 12,5–7.11; 1Reg 8,29f) (s.o. S. 25–27, 91ff). Wenn wir fragen, wie sich diese zentrale Position etwa um die Zeitenwende konkret Ausdruck verschaffte, kann z.B. genannt werden, daß die gesamte Judenschaft durch die Entrichtung der Tempelsteuer gemeinsam die zentralen (kultischen) Funktionen des Tempels finanziell trug (vgl. S. 252f), daß das Volk in 24 *Mišmārōt* (משמרות) eingeteilt war, die in wöchentlicher Abwechslung Laienvertreter zur Begleitung des Gottesdienstes im Tempel stellten[199], und daß die in der Diaspora lebenden Juden keine Anstrengung scheuten,

---

[198] Vgl. die zutreffende Einschätzung von SANDERS, Historical Figure, 262: „I think that it is almost impossible to make too much of the Temple in first-century Jewish Palestine." Er räumt der Behandlung des Tempels und der Vorgänge im Tempel einen diesem Urteil entsprechenden großen Raum in „Judaism" ein (S. 47–118, 251–257). Vgl. auch DERS., Jesus and Judaism, 270f (mit dazugehörigen Anmerkungen auf S. 401f).

[199] Diese Einteilung entspricht der der Priester und Leviten in 24 diensttuenden Gruppen; vgl. J. LIVER / D. SPERBER, *Art.* Mishmarot and Ma'amadot, EJ, Vol. XII, 1971, 89–93.

den Wallfahrtsvorschriften nachzukommen, sondern zu Zehntausenden zu den drei jährlichen Wallfahrtsfesten zum Tempel in Jerusalem strömten[200].

Unter den vielen Funktionen, die der Tempel wahrzunehmen hatte, kam dem Opferkult die größte Bedeutung zu. Torastudium, Gebet und Ausübung von Liebeswerken konnten und sollten auch außerhalb des Tempels in den Synagogen, Lehrhäusern und sonstwo im Alltagsleben praktiziert werden, aber der Opferkult durfte nur an dem einen exklusiven Ort entfaltet werden, den Jahwe für diesen Zweck erwählt hatte (vgl. die am Anfang des deuteronomischen Gesetzes eingeschärfte „Kultuszentralisation" in Dtn 12). Die mittlere der im berühmten Spruch des Simeon des Gerechten (ca. 200 v.Chr.) genannten drei „Säulen", die עֲבוֹדָה, d.h. der (kultische) Gottesdienst, war vor allem an den Tempel gebunden (vgl. mAv 1,2[201]).

---

[200] Vgl. die Schilderung des Philo von Alexandria in SpecLeg 1,69: „... viele Tausende strömen aus Tausenden von Städten, zu Wasser und zu Lande, von Ost und West, von Nord und Süd, zu jedem Feste zum Heiligtum ..." (Übers. von COHN, Philo von Alexandria II, 30.) Die Pflicht, zu den drei großen Festen – d.h. Passa, Wochenfest und Laubhüttenfest – zum Tempel zu pilgern, ist im Gesetz festgelegt (vgl. Ex 23,17; 34,23; Dtn 16,16). Z.Z. des zweiten Tempels wurde die Vorschrift nicht so streng ausgelegt, daß jeder männliche Jude dreimal jährlich nach Jerusalem gehen mußte, was für die in der entfernteren Diaspora Lebenden sowieso nicht praktikabel gewesen wäre. „The obligation was only felt to be binding insofar as it was practical to do so, and the individual fulfilled it more or less frequently according to his closeness to the Land of Israel, his possibilities and his devotion to the commandments" (SAFRAI, Relations, 191). Es scheint, daß jüdische Gemeinschaften überall jedoch darauf Wert legten, wenigstens durch einige Repräsentanten in Jerusalem vertreten zu sein, und „it is probably safe to assume that there was hardly a community in Palestine or the Diaspora from which some members did not go up, either in large or small numbers" (SAFRAI, Temple, 900). Für die Wallfahrten vgl. neben den Darlegungen SAFRAIs, aus denen eben zitiert wurde (Relations, 191–199; Temple, 898–904), vor allem seine große Monographie „Die Wallfahrt im Zeitalter des Zweiten Tempels" und auch die Kurzfassung „Pilgrimage to Jerusalem at the End of the Second Temple Period", in: O. MICHEL u.a. (Ed.), Studies on the Jewish Background of the New Testament, Assen 1969, 12–21.

[201] mAv 1,2: שִׁמְעוֹן הַצַּדִּיק ... הָיָה אוֹמֵר עַל-שְׁלשָׁה דְבָרִים הָעוֹלָם עוֹמֵד, עַל הַתּוֹרָה וְעַל הָעֲבוֹדָה וְעַל גְּמִילוּת חֲסָדִים; deutsche Übers.: „Schimʿon der Gerechte ... tat den Ausspruch: ‚Auf drei Dingen steht die Welt: auf der Tora, auf dem Kultus und auf der Liebestätigkeit'" (Text und Übers. nach MARTI/BEER, ʾAbôt [Väter], 6/7). Simeon der Gerechte ist trotz der Angabe des Josephus in Ant 12,43 nicht mit dem Hohenpriester Simeon I. (Anfang des 3. Jh.s v.Chr.), sondern mit dem in Sir 50,1–21 gelobten Simeon II. zu identifizieren (vgl. SCHÜRER, History II, 359f). DUNN, Partings of the Ways, spricht – nach Vorbild der fünf „Säulen" in Islam (285 Anm. 8) – von den „Four Pillars of Second Temple Judaism" (Titel des 2. Kap. seiner Monographie, S. 18ff), zu denen der Tempel neben dem monotheistischen Grundsatz, der Erwählung von Volk und Land und der Tora gehört (s. 31–35): „... of course, the Temple was most significant of all as *a religious centre* ... Above all, we should not forget that the whole system of sacrifice, atonement and forgiveness, so fundamental to the Judaism of the period, was focussed entirely on the Temple" (33/34; kursiv von DUNN).

2. Der Opferkult

Der im Jerusalemer Tempel entfaltete Opferkult bestand aus Opfern, die von der jeweils diensttuenden Priestergruppe im Namen der ganzen jüdischen Gemeinde dargebracht wurden, sowie aus Opfern, die Einzelpersonen darbrachten bzw. darbringen ließen. Die individuellen Opfer waren sowohl freiwilliger als auch obligatorischer Art[202] und machten die große Mehrzahl der dargebrachten Opfer aus[203]. Den Kern des Opferkultes stellte nichtsdestoweniger das tägliche Brandopfer für das Kollektivum Israel dar (עֹלַת הַתָּמִיד bzw. הַתָּמִיד), das am Morgen und am Abend (bzw. am Nachmittag) dargebracht wurde. Als Brandopfer wurde jeweils ein Lamm (כֶּבֶשׂ) dargebracht, und dieses Opfer wurde von einem Speise- und einem Trankopfer begleitet (Ex 29,38–42; Num 28,3–8; mTam 3,2–5; 4,1–12; 7,3)[204]. Wie viel dem Volk am täglichen Vollzug dieses Opfers lag, zeigt deutlicher als alles andere die Tatsache, daß es in Zeiten von Belagerung und Hungersnot unbeirrt Tag um Tag von den Priestern dargebracht und daß seine Einstellung als ein furchtbarer Schlag erachtet wurde[205].

---

[202] Vgl. SCHÜRER, History II, 295f und sonst S. 255 oben für konkrete Anlässe, bei denen Opfer den betroffenen Einzelpersonen vorgeschrieben sind.

[203] Die Anzahl der kollektiven Opfer „was insignificant compared to private sacrifices. It was this huge quantity, so great as to be almost unbelievable, that gave the Temple cult its peculiar stamp. Day after day, masses of victims were slaughtered there and burnt, and in spite of the thousands of priests, when one of the great festivals came round the multitude of sacrifices was so great that they could hardly cope with them" (SCHÜRER, History II, 308). Vgl. Arist 88; VitMos 2,159 und auch die Darlegung in SANDERS, Judaism, 103–118, bes. 105–116.

[204] Für die Bezeichnung עֹלַת הַתָּמִיד vgl. u.a. Num 28,10.15.24.31; Esr 3,5; Neh 10,34 und für הַתָּמִיד Dan 11,31; 12,11; mYom 7,3. Dem Tamid-Opfer sind durch die Zeiten einige Änderungen widerfahren. Die priesterschriftlichen Vorschriften in Ex 29 und Num 28 stehen am Ende der atl. Entwicklung (vgl. noch die beim Tamid zur Anwendung kommenden allgemeinen P-Bestimmungen für Brandopfer in Lev 1 und 6,1–6), und der Mischnatraktat Tamid schildert im Detail die Durchführung des Opfervorgangs auf der Grundlage der P-Vorschriften. (Zu P s. Anm. 207.) Für eine Darstellung dieses täglichen Kult- und Gottesdienstvorgangs im Jerusalemer Tempel um die Zeitenwende vgl. z.B. den Abschnitt „Der tägliche Morgengottesdienst im Jerusalemer Tempel" aus der Einleitung in HOLTZMANN, Tamid (Vom täglichen Gemeindeopfer), 9–27; P. BILLERBECK, Ein Tempelgottesdienst in Jesu Tagen, ZNW 55, 1964, 1–17; SCHÜRER, History II, 299–307; SAFRAI, Temple, 885–890. Am Sabbat und während der Feste wurden über die beiden Lämmer hinaus weitere kollektive Brandopfer dargebracht; vgl. für Einzelheiten den priesterschriftlichen Kultkalender Num 28–29 und SCHÜRER, History II, 307f und SAFRAI, a.a.O., 890–898.

[205] Vgl. Ant 14,65–68; Bell 1,148–150; 6,94f; mTaan 4,6. Auch im Bericht über die Verfolgung durch Antiochus IV. Epiphanes wird die aufgezwungene Einstellung des Tamid besonders hervorgehoben (vgl. Dan 8,11–13).

3. Die priesterliche Sühnopfertheologie des Pentateuchs[206]

Der herausragende Stellenwert des Opferkultes und die entsprechend große Sorge, als er durch die Zerstörung des Tempels zum Aufhören gebracht wurde, sind auf die Bedeutung zurückzuführen, die ihm die priesterliche Theologie zuerkennt. Denn nach der Priesterschrift[207] dienen mit Ausnahme der Schlachtopfer[208] alle Hauptopferarten der Sühne. Es sind also „bei P garnicht allein" die beiden (jüngsten) Opferarten, das *Sündopfer* (חַטָּאת) und das *Schuldopfer* (אָשָׁם), die gerne unter der Bezeichnung *Sühnopfer* zusammengefaßt werden, „die sühnen, sondern ... alle Opfer sühnen. Das gesamte Opferwesen dient der Sühne, findet seinen Sinn in der dem Opfer an sich zukommenden sühnenden Funktion"[209].

Mit „sühnen" und „Sühne" gebe ich Worte wieder, die im Hebräischen von der Wurzel *kpr* (כפר) gebildet sind, unter denen im folgenden dem in *Piᶜel* auftretenden Verb כִּפֶּר eine besonders zentrale Bedeutung zukommen wird[210]. Der priester(schrift)lichen Konzeption des Opferkultes als Sühnekult entspricht ein Wissen um eine tiefe Verschuldung seitens des Menschen gegenüber Gott, die der Mensch wiedergutzumachen nicht

---

[206] Die folgende Darlegung orientiert sich eng an den Arbeiten von HARTMUT GESE und seinem Schüler BERND JANOWSKI, denen ich meine wichtigsten Erkenntnisse über die biblische Sühnetheologie verdanke. Ich habe leider keine Gelegenheit gehabt, die wichtigen Arbeiten zur atl. Sühne(kult)theologie von JACOB MILGROM (s. vor allem: Leviticus 1–16, AncB 3, New York 1991) und überhaupt die allerneueste Diskussion zu Lev und zum priesterlichen Opferkultverständnis mitzuberücksichtigen.

[207] Hier wird gänzlich auf Unterscheidung verschiedener Schichten innerhalb der priesterschriftlichen Texte im Pentateuch verzichtet. Obwohl die These einer ursprünglich eigenständigen P-Quelle, die erst durch Redaktion mit älteren Quellen verbunden und zusammengefügt worden ist, immer noch am plausibelsten erscheint (vgl. z.B. SMEND, Entstehung, 38–62), bleiben die folgenden Ausführungen unter dem Stichwort „P" auch gültig, falls die P-Texte nur eine Bearbeitungsschicht im Pentateuch darstellen sollten (vgl. R. RENDTORFF, Das Alte Testament. Eine Einführung, Neukirchen-Vluyn ³1988, 166–173), denn in beiden Fällen wird damit gerechnet, daß P die jüngsten Texte enthält, die dem Pentateuch seine Endgestalt verschaffen und dementsprechend (zusammen mit dtn. / dtr. Stoffen) die prägenden Akzente für die nachfolgende Wirkungsgeschichte des Pentateuchs setzen. Es ist darum kein Zufall, daß der Pentateuch als kanonische Heilige Schrift zum ersten Mal in den Reformbestrebungen des Priesters Esra historisch greifbar wird (vgl. Neh 8–10 und s. dazu SMEND, a.a.O., 19).

[208] Bei dem als זֶבַח oder שְׁלָמִים זֶבַח genannten *Schlacht*opfer werden einige Bestandteile des Opfertieres für Jahwe auf dem Altar verbrannt und andere Bestandteile von dem Opfernden in *communio* mit seiner Familie, seinen Freunden und / oder anderen Anwesenden der jüdischen Gemeinde in *Mahlgemeinschaft* verzehrt (vgl. 1Sam 1,3–8.21; Lev 3). Eine besondere Form dieses Mahlopfers stellt das Dankopfer, die תּוֹדָה, dar (Lev 7,11ff). 1Sam 3,14 ist kein Beleg für Sühnewirkung eines Schlachtopfers (vgl. GESE, Sühne, 90; JANOWSKI, Sühne, 136f).

[209] GESE, Sühne, 94.

[210] Vgl. JANOWSKI, Sühne, 15ff.

imstande ist. Der schuldhafte und unreine Mensch befindet sich in einem irreparablen Unheilszustand; er hat sein Leben verwirkt und kann vor dem heiligen und reinen Gott nicht bestehen. Aus diesem Zustand radikaler und absoluter Verlorenheit gibt es keinen anderen heilbringenden Ausweg als die Sühne, und die kann nicht der Mensch selbst erbringen; nur Gott kann sie gewähren:

> „Gott entsühnt als Schöpfungsherr in majestätischer Allmacht, jedoch auf seiten des Menschen bedeutet Sühne die Bereitschaft zum Tode ... Sühnen heißt nicht versöhnlich stimmen, heißt nicht vergeben sein lassen, was wiedergutgemacht werden kann. *Gesühnt werden heißt, dem verdienten Tod entrissen werden.*"[211]

3.1 Brandopfer, Sündopfer und Schuldopfer

Die Sühnewirkung des *Brandopfers* (עֹלָה[212]) bezeugen u.a. Lev 1,4[213] und 16,24b, die des *Sündopfers* (חַטָּאת[214]) u.a. Lev 4,20.26.31.35; 5,6; 16,6.11;

---

[211] GESE, Sühne, 90/91 (kursiv von mir). Für die Beschreibung des sühnebedürftigen Zustands und atl. Beispiele nichtkultischer Sühne(akte) s. a.a.O., 86–90. Zur priesterschriftlichen Sicht der Sünde und der Unreinheit vgl. VON RAD, Theologie I, 275–280, 285–293. Daß die Erkenntnis der allgemeinen Sühnebedürftigkeit gerade in der exilisch-nachexilischen Zeit aufgekommen zu sein scheint, hängt wahrscheinlich mit der erschütternden Erfahrung des Zusammenbruchs und Verlustes aller Größen und Institutionen zusammen, von denen sich das vorexilische Israel Heils- und Zukunftsgewißheit versprochen hatte. Die unwiderlegbar erwiesene Wahrheit der vorexilischen Gerichtsprophetie zwang nun zu einer fundamentalen Neuorientierung, die in bezug auf den Kult bedeutete, daß „es zu der Hineinnahme der exzeptionellen Sühnehandlung, die ja mit dem Gottesdienst primär garnichts zu tun hat, in das regelmäßige kultische Geschehen" kam (GESE, Sühne, 92).

[212] Das Brandopfer unterscheidet sich vom Schlachtopfer (vgl. Anm. 208) darin, daß keine seiner Bestandteile vom Opfernden oder von den Priestern verzehrt werden, sondern es ganz auf dem Altar verbrannt wird (vgl. das Lev 1 vorgeschriebene Ritual und VON RAD, a.a.O., 268f).

[213] Lev 1,4: „Er [sc. der Opfernde] stemmt seine Hand auf den Kopf des Brandopfer(tiere)s; so wird ihm Wohlgefallen zuteil, indem es ihm Sühne schafft" – וְסָמַךְ יָדוֹ עַל רֹאשׁ הָעֹלָה וְנִרְצָה לוֹ לְכַפֵּר עָלָיו (deutsche Übers. nach JANOWSKI, Sühne, 207; vgl. auch a.a.O., 216 mit Anm. 173).

[214] Zum Sündopfer vgl. das Ritual Lev 4,1–5,13 (für eine gute kurze Übersicht über dessen Inhalt vgl. MAASS, Art. כפר sühnen, 845f), das für unsere weiteren Ausführungen von großer Bedeutung sein wird. Je nachdem, ob ein Sündopfer von einem Individuum oder von dem Kollektivum der Gemeinde oder dem das Kollektivum repräsentierenden Hohenpriester dargebracht wird, werden einzelne Bestandteile des Opfertieres von den Priestern verzehrt oder das ganze Opfertier wie beim Brandopfer verbrannt (vgl. Lev 6,19.23; für diese unterschiedliche Behandlung der nach dem Opfervollzug übrigbleibenden Teile des Sündopfertieres vgl. JANOWSKI, a.a.O., 236–238). Sonst „unterschied sich das Sündopfer (vom Brandopfer) vor allem durch eine detailliertere Prozedur mit dem Blut; es wurde nämlich nicht nur rings um den Altar ausgegossen, sondern auch an seine Hörner gestrichen" (VON RAD, a.a.O., 271; vgl. GESE, Sühne, 94). Zu den Blutriten beim Sündopfer s.u. S. 395–398. Durch die Umfunktionierung des Brandopfers in P und die Einführung des Sündopfers kommt es zu einer diese beiden

Num 15,27f; 28,22; 29,5; außerdem werden diese beiden Opferarten oft gekoppelt und ihnen in dieser Verbindung miteinander Sühnewirkung zugesprochen (u.a. Lev 9,7a[215]; 12,6–8; Num 6,11; 8,12; 29,11; vgl. auch 2Chr 29,24). Sühne erbringen auch das *Schuldopfer* (אָשָׁם[216] nach u.a. Lev 5,16.18; 7,7) und das Opfer bei der „Einsetzung" (מִלֻּאִים) der Priester (vgl. Ex 29,33f; Lev 8,33f)[217]. Aus diesen Belegen geht hervor, daß für die Sühne erwirkenden Opferdarbringungen zweierlei gemeinsam ist und somit für die kultische Sühnehandlung konstitutiv zu sein scheint: die Handaufstemmung (allerdings nicht beim Schuldopfer) und der im Detail vorgeschriebene Umgang mit dem Blut des Opfertieres (bei den Sündopfern in der Form eines vollen Blutritus). Wir wenden uns diesen beiden Aspekten des Opfervorgangs zu, um deren Bedeutung herauszu-stellen und dadurch tiefer in das Wesen der kultischen Sühne einzudringen.

3.2 Die Handaufstemmung

Die Handaufstemmung begegnet wiederholt sowohl beim Brandopfer (u.a. Lev 1,4 [vgl. Anm. 213]; 8,18; Num 8,12) als auch beim Sündopfer (u.a. Lev 4,4.15.24.29.33; 8,14; Num 8,12)[218]. Zur Interpretation des in diesen Belegen an sich nicht eindeutigen Vorgangs gehen mehrere Forscher von der scheinbar klaren Stelle Lev 16,21f aus:

Lev 16,21f:
(21) Aaron stemmt seine beiden Hände auf den Kopf des lebendigen Bockes, bekennt über ihm alle Verschuldungen der Israeliten und alle ihre Übertretungen, durch die sie sich irgend verfehlt haben, gibt sie auf den Kopf des Bockes und schickt (ihn) mit Hilfe eines dafür Bereitstehenden in die Wüste. (22) Der Bock trägt auf sich alle ihre Verschuldungen fort in eine abgelegene Gegend; so schickt er den Bock in die Wüste.[219]

Opferarten überschneidenden Anwendung des kultgeschichtlich ursprünglich das Brand-opfer qualifizierenden Attributs (רֵיחַ־נִיחוֹחַ לַיהוָה) („Beruhigungsduft", „Beschwichti-gungsgeruch"), das nur nachträglich in einen literarischen Zusammenhang mit dem Sündopfer gesetzt worden ist und weder das Sündopfer noch das Brandopfer, insofern es (bei P) als sühnendes Opfer verstanden wird, theologisch qualifiziert (vgl. JANOWSKI, a.a.O., 217f mit Anm. 176).

[215] Lev 9,7a: „Dann sagte Mose zu Aaron: ‚Tritt zum Altar hin, bring dein Sündopfer und dein Brandopfer dar, und vollzieh für dich und für das Volk die Sühne'" – וַיֹּאמֶר
מֹשֶׁה אֶל־אַהֲרֹן קְרַב אֶל־הַמִּזְבֵּחַ וַעֲשֵׂה אֶת־חַטָּאתְךָ וְאֶת־עֹלָתֶךָ וְכַפֵּר בַּעַדְךָ וּבְעַד הָעָם

[216] Vgl. zum Schuldopfer vor allem Lev 5,14–26; 7,1–7 und GESE, Sühne, 94: „... das ‚Schuldopfer' ... ist eigentlich nichts anderes als ein ‚negatives Mahlopfer': wer ein Schuldopfer darbringt, opfert sozusagen ein Mahlopfer, doch wird dieses von der heiligen Priesterschaft und nicht vom Opferherrn verzehrt."

[217] Weitere Belege für die Sühnewirkung der Opfer sind zu finden in der alle relevanten Stellen umfassenden Übersicht bei JANOWSKI, Sühne, 190f.

[218] Vgl. die Übersicht bei JANOWSKI, a.a.O., 200 (Tabelle!) und 205.

[219] Übers. nach JANOWSKI, a.a.O., 209f.

Hier geschieht durch den Hohenpriester eine *Übertragung* der Sünden Israels auf den Bock, der sie fortträgt (עָוֺן נָשָׂא). U.a. KLAUS KOCH versteht die Handaufstemmung beim Sünd- (und Brand)opfer analog als eine Übertragung von Sünde auf das Opfertier, die durch dessen Beseitigung oder Vernichtung ausgelöscht werde: Es finde statt eine „*körperliche Übertragung* der Sünde-Unheils-Sфäre durch das Aufstemmen der Hand"[220]. Die Unterbrechung des Sünde-Unheilszusammenhangs geschah „auf die Weise, daß die Unheilswirkung des Bösen auf ein Tier abgeleitet wurde, das stellvertretend für den Menschen ... starb"[221].

BERND JANOWSKI hat aber unter Heranziehung von außerbiblischem Material aus dem antiken Mittelmeerraum gezeigt, daß der Lev 16,21f geschilderte Vorgang der Darbringung von (Brand- und) Sündopfern nicht analog ist. Wenn es über die in V. 21a berichtete Handaufstemmung und das Bekennen der Verschuldungen und Übertretungen hinaus in V. 21bα heißt וְנָתַן אֹתָם עַל־רֹאשׁ הַשָּׂעִיר, tritt ja die Beladung mit den Sünden als eine „Verdinglichung" des Wortgeschehens des Sündenbekenntnisses ausdrücklich zur Handaufstemmung hinzu; sie stellt folglich einen zusätzlichen Akt dar. Lev 16,21f spricht überhaupt nicht von einem Opfer, sondern ist „als *eliminatorischer Ritus* zu verstehen, dessen Grundstruktur in der *magischen Übertragung (kontagiöse Magie) und anschließenden Entfernung (Elimination) der materia peccans durch ein dafür vorgesehenes Substitut* besteht"[222]. Vielmehr ist für die Handaufstemmung

---

[220] KOCH, Sühne, 196 (kursiv von KOCH). Vgl. a.a.O., 195: „... Frevel ist hier ... stoffähnlich gedacht, eine unsichtbare, raumhafte Sфäre, die den Sünder mit seiner Umgebung einhüllt seit dem Augenblick der Tat. Die Sфäre der Übeltat ist schicksalwirkend, sie führt im Lauf der Zeit zu Unheil und Tod. Diesem Teufelskreis entgeht der Israelit einzig durch einen Sühneritus am Heiligtum. Dort nämlich wird es möglich, kraft göttlicher Heiligkeit die Sündensфäre abzuwälzen auf ein Tier, das statt des Sünders verdirbt." KOCH kommt das Verdienst zu, der atl. Forschung erstmals (wieder) nach jahrzehntelanger Verdrängung von und theologischer Kritik an dem Sühnebegriff einen positiven Zugang zu den sühnekultischen Texten eröffnet zu haben; vgl. neben dem zitierten Aufsatz vor allem seine masch. HabSchr. „Die israelitische Sühneanschauung und ihre historischen Wandlungen", Erlangen 1956.

[221] VON RAD, Theologie I, 284. In seinen Ausführungen über die Sühne knüpft VON RAD explizit an KOCHs HabSchr. (vgl. vorige Anm.) an, s. a.a.O., 282 Anm. 96 und KOCH, Sühne, 185.

[222] JANOWSKI, Sühne, 210 (kursiv von JANOWSKI). Für ein forschungsgeschichtliches Referat über das u.a. von K. KOCH (s.o.) und (früher) von R. RENDTORFF vertretene Verständnis der Handaufstemmung als Sündenübertragung vgl. a.a.O., 205–210. S. 210–215 bringt JANOWSKI den Erweis, daß Lev 16,21f zu den in Kleinasien, Syrien-Palästina und Griechenland bezeugten Eliminationsriten gehört, die sauber von der Kategorie der Opfer zu unterscheiden sind. Zum Nachweis, daß im AT die Beladung mit Sünde nur in Lev 16,21f im Kontext der Handaufstemmung auftritt, vgl. auch GESE, Sühne, 95f, dessen Ausführungen in folgendes Ergebnis münden: „Es handelt sich hier also um den besonderen Fall einer ausdrücklich zur *sĕmîkā* hinzutretenden Sündenbeladung; d.h. an

auf den Kopf des Opfertieres eine Bedeutung anzunehmen, die sich mit der im Kontext von Amtseinsetzungen praktizierten Handauflegung (vgl. Num 8,10; 27,18.23; Dtn 34,9) verbinden läßt. In diesen Fällen „kommt ... keine Beladung mit Sünden, sondern eine Subjektübertragung (zur delegierenden Sukzession) zum Ausdruck"[223]. Ein dieser Subjektübertragung analoges Verständnis der Handaufstemmung im Zusammenhang der Opferdarbringung läßt sich ohne weiteres aus der Formulierung von Lev 1,4 (s. Anm. 213) schließen: Die Wirkung der in V. 4a beschriebenen Aufstemmung der Hand des Opfernden auf den Kopf des Brandopfertieres sagt die zweite Vershälfte aus: Es wird ihm göttliches Wohlgefallen zuteil, indem es ihm Sühne schafft (V. 4b: וְנִרְצָה לוֹ לְכַפֵּר עָלָיו). Der hier bezeugte engste Zusammenhang zwischen Handaufstemmung und kultischem Sühnegeschehen kann nur als „eine *Identifizierung des Opfernden mit seinem Opfertier*" expliziert werden[224]. Durch diese Identifizierung mit dem in den Tod gegebenen Opfertier gewinnt der Opferherr Anteil an dessen Tod; es geht um nichts Geringeres als

„den *eigenen*, von dem sterbenden Opfertier stellvertretend übernommenen *Tod des Sünders*. Darum ist das Wesentliche bei der kultischen Stellvertretung nicht die Übertragung ... der *materia peccans* auf einen rituellen Unheilsträger und dessen anschließende Beseitigung, sondern *die im Tod des Opfertieres*, in den der Sünder hineingenommen wird, indem er sich mit diesem Lebewesen durch die Handaufstemmung identifiziert, *symbolisch sich vollziehende Lebenshingabe des homo peccator*"[225]!

---

sich ist die *sĕmîkā* unabhängig davon zu verstehen" (96). (Aus der Übersicht über Lit. zum Handaufstemmungsverständnis, das nach der Monographie JANOWSKIs erschienen ist, bei KRAUS, Tod Jesu, 51 Anm. 37 geht hervor, daß R. RENDTORFF in seinem Kommentar „Leviticus", BK III, Lieferung 1, Neukirchen-Vluyn 1985, seine frühere Ansicht geändert hat: „Die Übertragungstheorie für die Opfer [ist] aufzugeben" [Leviticus, 41, zitiert nach KRAUS]).

[223] GESE, Sühne, 96. Für eine Erörterung dieser Texte s. JANOWSKI, a.a.O., 201ff.

[224] JANOWSKI, a.a.O., 218 (kursiv von JANOWSKI). Zur weiteren Explikation zitiert er 218f aus GESE, Sühne, 97, dessen präzise Formulierungen auch hier wiedergegeben werden sollen: „... wir können aber mit Sicherheit die Frage der Handauflegung dahin entscheiden, daß hier eine Identifizierung im Sinne einer delegierenden Sukzession, eben eine Stellvertretung zum Ausdruck kommt und keine Abladung von bloßem ,Sündenstoff' vorgenommen wird. In diesem Gestus drückt sich gleichsam eine Subjektübertragung, aber keine Objektabladung aus." Vgl. wie VON RAD (trotz der oben S. 393 [Verweis in Anm. 221] zitierten, nach einem Übertragungsverständnis anmutenden Formulierung) zum Handaufstemmungsritus fragt: „war er ein Gestus der Selbstidentifikation des Opfernden mit dem Tier?" (a.a.O., 269). Für Weiteres zur Forschungsgeschichte s. JANOWSKI, a.a.O., 219 Anm. 183.

[225] JANOWSKI, a.a.O., 220f (kursiv von JANOWSKI). Die im Zitat implizit enthaltene Abgrenzung von und Auseinandersetzung mit KOCHs Auffassung der kultischen Stellvertretung begründet JANOWSKI in Anm. 192 auf S. 220f.

3.3 Die Blutriten

Der das Sündopfer vom Brandopfer unterscheidende Blutritus (vgl. Anm. 214) vollzieht sich im Fall eines einzelnen als Opferherrn (vgl. Lev 4,22–26.27–35) als *kleiner Blutritus*, nämlich durch das Streichen (נָתַן) von Blut des Opfertieres an die Hörner des im Priestervorhof stehenden Brandopferaltars (V. 25a.30a.34a), und im Fall der Darbringung des Opfers durch die ganze Gemeinde oder den Hohenpriester als ihren Repräsentanten (vgl. Lev 4,3–12.13–21) als *großer Blutritus*, nämlich durch siebenmaliges Sprengen (הִזָּה) von Blut an den Vorhang vor dem Allerheiligsten und Streichen (נָתַן) von Blut an die Hörner des Räucheraltars (V. 5–7a.16–18a). In beiden Fällen wird das übrigbleibende Blut des Opfertieres am Fuß des Brandopferaltars ausgeschüttet (V. 7b.18b.25b.30b.34b)[226].

Diese Applikation des Blutes an den Altar und das Heiligtum[227] im Kontext von Sündopfern, die zur Entsühnung von Menschen dargebracht werden, korrespondiert mit der Darbringung von Sündopfern, die *nicht* Menschen und deren Sünde betreffen, sondern einfach *der Entsühnung von Altar und Heiligtum* gelten (vgl. u.a. Ex 29,36f; 30,10; Ez 43,20; 45,20). Bezogen auf den Tempel und die in ihm vorhandenen Kultgegenstände dienen die Sündopfer der *Weihung des Heiligtums*. Zwar dürfte diese Weihefunktion kultgeschichtlich am Anfang stehen[228], aber dies heißt keineswegs, daß sie von der Entsühnung von Menschen sachlich zu trennen ist, denn es geht „schon in der Altar- und Heiligtumsweihe Ez 43,19f. nicht um den isolierten Reinigungsakt eines sakralen Gegenstandes, sondern vielmehr um die rituelle Voraussetzung für die

---

[226] Zur Redeweise von *kleinem* und *großem Blutritus* und zur Beschreibung der beiden Riten vgl. GESE, Sühne, 94 sowie JANOWSKI, a.a.O., 222–225, 232. Zur richtigen (lokalen) Einordnung dieser Bestimmungen s. den Plan des in den P-Vorschriften (anachronistisch) vorausgesetzten Begegnungszeltes bei JANOWSKI, a.a.O., 223 und die Beschreibung und den Plan des Jerusalemer (ersten und zweiten [bzw. herodianischen]) Tempels bei ÅDNA, *Art.* Tempel, 1534f, 1538f.

[227] Nach JANOWSKI, a.a.O., 226ff ist der kleine Blutritus kultgeschichtlich älter als der große. Sachlich ist der große Blutritus jedoch als eine Steigerung anzusehen, „weil hier das Sündopferblut in das *Innere des Heiligtums* (Vorhang vor dem Allerheiligsten und Räucheraltar) und damit ‚möglichst nahe an den im Allerheiligsten gegenwärtigen Gott‘ herangebracht wird" (a.a.O., 235; kursiv von JANOWSKI; das von ihm aufgenommene Zitat ist K. ELLIGER, Leviticus, HAT I/4, Tübingen 1966, 69 entnommen). Vgl. auch GESE, Sühne, 101f.

[228] Für weitere Belege für Sündopfer zur Entsühnung von Altar und Heiligtum s. JANOWSKI, a.a.O., 190. Seiner Darstellung S. 227ff zufolge ist diese Weihefunktion kultgeschichtlich der Entsühnung von Menschen vorgeordnet. Vgl. die zusammenfassende Bilanz der kultgeschichtlichen Untersuchung sowohl hinsichtlich der Unterscheidung zwischen Entsühnung von sakralen Gegenständen und Entsühnung von Menschen als auch hinsichtlich der Unterscheidung zwischen kleinem und großem Blutritus S. 235f.

Neukonstituierung des Kultes, und d.h. letztlich: um ein neues Jahwe-Israel-Verhältnis"[229]. Den sachlichen Zusammenhang zwischen dem Weiheaspekt und der Entsühnung von Menschen bringt vielleicht der chronistische Text 2Chr 29,23.24a am allerdeutlichsten zum Ausdruck:

2Chr 29,23.24a:
(23) Und sie brachten die Sündopferböcke vor den König und die Gemeinde, und sie stemmten ihre Hände auf sie; (24a) darauf schlachteten die Priester sie und brachten ihr Blut als Sündopfer zum (Brandopfer-)Altar hin dar (וַיְחַטְּאוּ אֶת־דָּמָם הַמִּזְבֵּחָה), um für ganz Israel Sühne zu schaffen (לְכַפֵּר עַל־כָּל־יִשְׂרָאֵל).[230]

Die parallele Anwendung des Sündopfers bei P sowohl für die Entsühnung des Heiligtums wie auch des Menschen hat sachlich zur Folge, daß hier das den Menschen betreffende kultische Sühnegeschehen der Entsühnung des Heiligtums entsprechend als ein Akt der Weihung verstanden wird:

„Indem der Priester das Blut dieses – durch die Handaufstemmung mit dem Opferherrn identifizierten – Sündopfertieres in einem zeichenhaften Ritus an den Brandopferaltar (oder) an die äußere Abgrenzung des Allerheiligsten (Vorhang vor dem Allerheiligsten und Räucheraltar) ... sprengt, wird eine *zeichenhaft-reale Lebenshingabe des Opfernden an das Heiligtum Gottes* vollzogen."[231]

Wieso das Blut des Opfertieres Sühne erwirken kann, wird in der Begründung des Lev 17,10–14 formulierten Blutgenußverbots ausgesagt:

Lev 17,11:
כִּי נֶפֶשׁ הַבָּשָׂר בַּדָּם הִוא וַאֲנִי נְתַתִּיו לָכֶם עַל־הַמִּזְבֵּחַ לְכַפֵּר עַל־נַפְשֹׁתֵיכֶם כִּי־הַדָּם הוּא בַּנֶּפֶשׁ יְכַפֵּר:

(Denn) die *näpäš* (das Leben des Individuums, die Seele) des Fleisches (des animalischen körperlichen Wesens) ist im Blut. Ich (Gott) gebe es euch auf/für den Altar, um eure *něpašôt* (euer individuelles Leben, eure Seele) zu sühnen, denn das Blut sühnt durch die *näpäš*.[232]

Das Blut ist folglich dem profanen Genuß entzogen, weil Gott es den Israeliten ausschließlich für den Altar, d.h. für den Bereich des Opfer-kultes, verliehen hat (V. 11aβ), und zwar zum Zweck der Sühne (V. 11aγ).

Diese Aussage über die göttliche Bestimmung zur Verwendung des Opferblutes ist von der religionsgeschichtlich-ontologischen Begründung des Blutgenußverbots in V. 11aα („die *näpäš* des Fleisches ist im Blut") und der sühnetheologischen Begründung in V. 11b („denn das Blut sühnt durch die *näpäš*") umgeben[233]. V. 11b

---

[229] A.a.O., 240f.

[230] Übers. von JANOWSKI, a.a.O., 241.

[231] Ebd. (kursiv von JANOWSKI).

[232] Übers. und (in Klammern gesetzte) Erläuterungen von GESE, Sühne, 98.

[233] Zur Terminologie und zur Argumentationsstruktur Lev 17,10(a).11aα.aβγ.b s. JANOWSKI, a.a.O., 245f. Für die hiermit vorausgesetzte instrumentale Funktion der Präposition בּ in בַּנֶּפֶשׁ in V. 11b vgl. a.a.O., 244f.

zieht sozusagen die Summe aus den beiden vorausgehenden Sätzen: Weil das Blut Träger des Lebens ist (V. 11aα) und weil Gott dieses Blut für den kultischen Sühnevollzug gegeben hat (V. 11aβγ), vermag das Blut Sühne zu erwirken.

Es kommt also auf das im Blut enthaltene Leben an[234], das die Basis des kultischen Sühnegeschehens darstellt. Die durch die Handaufstemmung vollzogene Identifizierung des Opferherrn mit dem in den Tod gegebenen Tier (s.o.) bedeutet nun, daß „es in der Lebenshingabe des Sündopfertieres nicht um ein fremdes Todesgeschick, sondern um den eigenen, vom Opfertier stellvertretend übernommenen Tod des Opferherrn (geht)"[235]. Das an den Altar und / oder das Heiligtum gegebene Blut des Sündopfertieres stellt aufgrund der Identifizierung und Stellvertretung nichts Geringeres als *das in den Tod gegebene Leben des schuldhaften und zu keiner Wiedergutmachung fähigen Sünders* dar. Die oben herausgestellte Parallelität der Entsühnung von Menschen mit der von kultischen Gegenständen bedeutet, daß P

> „das *kultische Sühnegeschehen primär als einen Akt der Weihung* verstanden, durch den das חטאת-Blut in einem zeichenhaften Ritus (Blutsprengen, Blutstreichen) an das Heiligtum hingegeben wird"; es wird m.a.W. „eine *zeichenhaft-reale Lebenshingabe des Opfernden an das Heiligtum Gottes* vollzogen"[236].

Mit *Weihung an das Heilige* als Zweckangabe ist eine positive Sinnbestimmung für den Sühnekult formuliert[237], die dem Gesamtcharakter des priesterschriftlichen, nachexilischen Kultverständnisses entspricht[238]: Weil

---

[234] Vgl. VON RAD, Theologie I, 283: „Die Sühnewirkung liegt also nicht im Blut, sondern im Leben, dessen Träger das Blut ist." Zum (kultisch bezogenen) Verständnis des Blutes in Israel unter Abgrenzung gegenüber religionsgeschichtlich breit bezeugten dynamistischen Vorstellungen von Blut vgl. GESE, Sühne, 97f.

[235] JANOWSKI, a.a.O., 247.

[236] A.a.O., 241 (kursiv von JANOWSKI).

[237] Vgl. a.a.O., 241f Anm. 287 zur Auseinandersetzung mit dem Verständnis der Sühne als bloßem Negativum (d.h. Elimination der Sünde und der Unreinheit, Aufhebung des Sündenzustandes usw.).

[238] GESE, Sühne, 99: „Der Grundgedanke des nachexilischen Kultes ist, daß Israel zum Heiligen hinzugebracht wird. Der Kult ist zeichenhafte Sühne; denn er ist der Weg zum Heiligen, der nur durch unseren Tod hindurchführen kann." Vgl. sonst vor allem DERS., Das Gesetz, in: DERS., Zur biblischen Theologie. Alttestamentliche Vorträge, (55–84) 66–68: Gerade weil der Kult nach P der transzendenten Wirklichkeit (des Himmels / Gottes) entspricht (vgl. einerseits bezüglich des Tempels als Abbildes [תַּבְנִית] Ex 25,9.40; 26,30 und andererseits die Sabbatbegründung in Ex 31,17 [; 20,11]), hat er *zeichenhaften* Charakter. „Ziel der Tora ist die Heiligkeit, die sich zeichenhaft im Kult verwirklichen läßt. Das geschieht wesentlich durch die Sühne. Der Akt der Weihe an Gott, indem der Abstand zum Heiligen durch die stellvertretende Bluthingabe zeichenhaft überbrückt wird, steht so im Zentrum des priesterschriftlichen Kultes, ... daß jedes Opfer Sühnecharakter bekommt, denn nur Sühne kann Sinn des Kultes sein, nicht Gabe" (a.a.O., 67f).

der Kult Begegnung und Gemeinschaft mit Gott vermittelt und *ist*, bedarf es der Sühne „in einem neuen positiven Verständnis der Hingabe an das Heilige"[239]. „Die kultische, die heiligende Sühne ist alles andere als nur ein negativer Vorgang einfacher Sündenbeseitigung oder bloßer Buße. Es ist ein *Zu-Gott-Kommen durch das Todesgericht hindurch.*"[240] Der Sühnevorgang *inkludiert* also den Opfernden und läßt ihn aufgrund der stellvertretenden Totalhingabe mit dem heiligen Gott in Gemeinschaft treten und durch den Tod hindurch neues Leben vor Gott gewinnen[241].

3.4 Die kippaer-nislaḥ-Formel

Eine als fester Bestandteil der Sünd- und Schuldopferbestimmungen Lev 4,1–5,13; 5,14–26 auftretende Formel spiegelt die dem nachexilischen Sühnekult innewohnende Gewißheit betreffs seiner Gültigkeit und Hinlänglichkeit wider. Es geht um die zweigliedrige sogenannte *kippaer-nislaḥ*-Formel, deren Grundform in Lev 4,31b vorliegt:

וְכִפֶּר עָלָיו/עֲלֵיהֶם הַכֹּהֵן וְנִסְלַח לוֹ/לָהֶם

„Der Priester erwirkt Sühne für ihn/sie (plur.), und es wird ihm/ihnen vergeben werden."

(Vgl. sonst Lev 4,20.26.35; 5,10.13.16.18.26; 19,22; Num 15,25.28[242].)

---

[239] GESE, Sühne, 100. Vgl. ebd.: „Für P kann der Kult, in dem der Mensch Gott begegnet, nur sühnender Kult sein. So führt dieses letzte und höchste Kultverständnis Israels, das Gottesdienst als Gottesgemeinschaft im vollen Sinn, als Partizipation an Gottes Doxa versteht, die das ‚Begegnungszelt', die ‚Wohnung' Gottes erfüllt (Ex 40,34), zur tiefsten Sündenauffassung: Der Mensch als solcher, in seiner Gottferne, ist angesichts der Offenbarung der göttlichen Doxa dem Tod verfallen. Aber Gott eröffnet einen Weg zu sich hin in der zeichenhaften Sühne, die sich in dem von ihm offenbarten Kult vollzieht."

[240] A.a.O., 104 (kursiv von mir). Vgl. die auf S. 391 zitierte „Definition" GESEs: „Gesühnt werden heißt, dem verdienten Tod entrissen werden" (Verweis in Anm. 211).

[241] Die *Einschließung* des Opfernden stellt einen wesenhaften Aspekt des Sühnevorganges dar: „Der Sühnevorgang darf nicht vorgestellt werden als Sündenabladung mit darauffolgender Straftötung des Sündenträgers, des Opfertieres. Hier würde nur eine *ausschließende* Stellvertretung stattfinden; vielmehr geschieht in der kultischen Sühne in der Lebenshingabe des Opfertieres eine den Opferer *einschließende* Stellvertretung ... Für den kultischen Sühnakt ist es nun entscheidend, daß diese Lebenshingabe nicht eine ins Nichts, eine bloße Tötung, sondern eine Lebenshingabe an das Heilige ist, gleichsam eine durch den Blutkontakt zum Ausdruck gebrachte *Inkorporation* in das Heilige" (GESE, Sühne, 97/98; kursiv von mir). Vgl. unter Anwendung der Begrifflichkeit „exkludierende" und „inkludierende Stellvertretung" zu diesem Sachverhalt auch STUHLMACHER, Theologie I, 193.

[242] Übers. der Grundform der *kippaer-nislaḥ*-Formel nach JANOWSKI, a.a.O., 250. Für eine Übersicht über die in den elf anderen Belegen auftretenden Variationen s. a.a.O., 250f.

Durch den Wechsel von der aktiven *Pi'el*-Form כִּפֶּר mit dem Priester als Subjekt im ersten Glied, das „das Ergebnis des (priesterlichen) Sühnehandelns zusammen(faßt)"[243], zu der passiven *Niph'al*-Form נִסְלַח im zweiten Glied, das „die Akzeptation dieses dem Sünder geltenden Handelns durch Gott formuliert"[244], wird deutlich herausgestellt, daß nicht der Priester, sondern Gott selbst Subjekt des Vergebens ist[245]. Die Formel drückt nichts weniger als eine Gewißheit der Sündenvergebung aus, die darauf beruht, daß Gott den Sühnekult zu diesem Zweck eingesetzt hat (vgl. Lev 10,17; 17,11)[246].

3.5 Welche Sünden sind sühnbar?

Ein weiterer Bestandteil der Sündopfervorschriften in Lev 4,1–5,13, auf den wir jetzt eingehen müssen, sind die Angaben über den *Anlaß zur Darbringung einer* חַטָּאת. Bereits in der Einleitung 4,1f wird herausgestellt, daß die folgenden Einzelbestimmungen für verschiedene Personen (-kreise) 4,3–12.13–21.22–26.27–35 sich auf Versündigungen gegen irgendeines der Gebote Jahwes beziehen, die בִּשְׁגָגָה geschehen. Mit Hilfe der Wurzel(n) שגג/שגה werden die einzelnen Anlässe, bei denen Sündopfer zur Erlangung der Sühne darzubringen sind, theologisch qualifiziert (für בִּשְׁגָגָה vgl. neben 4,2 noch 4,22.27 und für שגה *Qal* 4,13).

Der Bedeutungsgehalt dieser Wurzel(n) läßt sich aus dem Lev 4,1–5,13 ergänzenden Sündopfergesetz Num 15,22–31 gewinnen, in dem sie häufig begegnet (begegnen)[247] und durch die Gegenüberstellung und Abgrenzung von Sünden, die בְּיָד רָמָה („mit erhobener Hand") begangen werden (Num 15,30), deutlich profiliert wird (werden): Bei den Derivaten von שגג/שגה geht es um Versündigungen, die „*unvorsätzlich, unabsichtlich, aus Versehen*" geschehen[248]. Diese Qualifizierung der laut Lev 4,1ff und

---

[243] A.a.O., 251.

[244] Ebd.

[245] Vgl. a.a.O., 251f: „Da das passive וְנִסְלַח ... unzweifelhaft Umschreibung des göttlichen Subjekts ist, wird ... zwischen Sühne und Vergebung ein deutlicher Unterschied hinsichtlich des Subjekts gemacht."

[246] Zur *kippaer-nislah*-Formel vgl. noch ÅDNA, Der Gottesknecht als triumphierender und interzessorischer Messias, 154.

[247] Belege in Num 15,22–31: שְׁגָגָה in V. 24.25(*bis*).26.27.28.29; שגג *Qal* in V. 28; שגה *Qal* in V. 22.

[248] Zitat aus JANOWSKI, a.a.O., 255 (kursiv von mir). Diese Bedeutung ergibt sich aus der eindeutigen Bedeutung von בְּיָד רָמָה, der Gegenformel zu בִּשְׁגָגָה: „vorsätzlich, absichtlich"; vgl. Num 15,30f: „(30) Die Person, die mit erhobener Hand (etwas) tut, sei sie aus den Einheimischen oder den Fremden, die lästert Jahwe; diese Person soll aus der Mitte ihres Volkes ausgerottet werden (וְנִכְרְתָה). (31) Denn sie hat das Wort Jahwes verachtet und sein Gebot gebrochen. Diese Person soll ausgerottet werden (הִכָּרֵת תִּכָּרֵת); ihre Schuld liegt auf ihr." Die darauffolgenden Verse Num 15,32–36 berichten von

Num 15,22ff sühnbaren Sünden darf auf keinen Fall als eine Verharmlosung mißverstanden werden, denn „daß auch bei einem ‚Versehen' die *Objektivität der Verschuldung* gewahrt bleibt, zeigt sich nicht zuletzt daran, daß kultische Entsühnung gerade auch bei Versündigungen בִּשְׁגָגָה notwendig war"[249]. Gerade die Tatsache, daß der Mensch ohne schuldhafte Handlungen unvorsätzlich und unweigerlich in eine sühnebedürftige Situation gerät, ist ein Ausdruck des Ernstes, mit dem wir es hier zu tun haben. Es geht um „ein depraviertes *Sein* des Menschen"[250]; und es erscheint als berechtigt, „gerade angesichts der Verfehlungen בִּשְׁגָגָה von einer *anthropologischen Grundsituation des verwirkten Lebens* zu sprechen"[251]. Vor diesem Hintergrund des von P realistisch und ungeschmückt dargelegten Verlorenseins des Menschen strahlt die im Sündopfergesetz Lev 4,1ff geschilderte kultische Sühne jedoch um so deutlicher als ein *Heilsgeschehen*[252] hervor! In den durch die *kippaer-nislaḥ*-Formel angezeigten Sachzusammenhang zwischen priesterlichem Sühnehandeln und göttlicher Vergebung (s.o.) wird nämlich auch die menschliche Schulderfahrung einbezogen: Indem die *kippaer-nislaḥ*-Formel

> „explizit auf den jeweiligen Anfang der חַטָּאת-Bestimmungen Lev 4,3ff. und d.h.: auf die anthropologische Grundsituation des verwirkten Lebens Bezug nimmt, wird der *Sachzusammenhang zwischen menschlicher Schulderfahrung, priesterlichem Sühnehandeln* (resultatives כִּפֶּר) *und göttlicher Vergebungszusage* (passives נִסְלַח) auch formal so eng wie möglich gestaltet: *Das priesterliche Sühnehandeln führt zur göttlichen Vergebung der Sünde, die ihrerseits Anlaß für die Darbringung der* חַטָּאת *war*"[253].

Die in Num 15,22–31 gezogene scharfe Trennlinie zwischen unvorsätzlichen und absichtlichen Sünden ist in dieser Weise einmalig im Alten

---

einem konkreten Fall bewußter Sabbatschändung und der Tötung des Schuldigen. Nach KOCH, Sühne, 198 zeigt die mit כרת gebildete Ausrottungsformel die Grenze der Sühne (nach priesterschriftlichem Verständnis) auf: „Bei der Unterlassung von Beschneidung, von Sabbat- und Passahfeier, bei unbefugtem Genuß von Opferblut oder -fett und ähnlichem, aber auch bei Vergehen gegen den Volksgenossen ‚mit erhobener Hand', d.h. mit bösem Vorsatz ... gibt es keine Sühne. Vergebung als Rechtfertigung des Gottlosen ist auch der nachexilischen Zeit noch unbekannt. Nur für die Umgebung des Täters gibt es dann Sühne durch den Tod des Frevlers ..." Vgl. zum Ganzen der שגג/שנה-Thematik noch JANOWSKI, a.a.O., 254f.

[249] JANOWSKI, a.a.O., 255 (kursiv von JANOWSKI).

[250] GESE, Sühne, 101 (kursiv von GESE); vgl. noch seine Rede vom „gottfernen Sein" des Menschen (ebd.) und die Beschreibung der Grundsituation der menschlichen Existenz oben S. 390f mit Anm. 211.

[251] JANOWSKI, a.a.O., 255 (kursiv von JANOWSKI).

[252] Vgl. den Titel von JANOWSKIs Monographie: „Sühne als Heilsgeschehen".

[253] JANOWSKI, a.a.O., 253f (kursiv von JANOWSKI).

Testament[254]. Daß man bei einer solchen zweiteiligen Kategorisierung nicht einfach stehengeblieben, sondern wesentlich differenzierter die im Grenzbereich befindlichen Verstöße angegangen ist, zeigen u.a. die „Schuldopfer" (אָשָׁם)-Bestimmungen in Lev 5,14–26 und 7,1–7. Die von der Wurzel אשם gebildeten Derivate אָשֵׁם/אָשַׁם (Verbum in *Qal*) und אָשָׁם (Nomen) beziehen sich auf „eine Situation der Schuldverpflichtung, in der jemand etwas gibt", und / oder auf „eine Situation, in der jemand zur Schuldableistung verpflichtet ist oder wird, in der er etwas geben soll"[255]. Es besteht ein organischer Zusammenhang zwischen diesen beiden Aspekten, indem „*die aus einem Schuldiggewordensein resultierende Verpflichtung ... immer auf die Ableistung (zielt)*"[256].

Wenn אשם *Qal* in der Sündopfertora Lev 4,1–5,13 wiederholt erscheint (vgl. Lev 4,13.22.27; 5,2.3.4.5), bezeichnet es die Folge des (בִּשְׁגָגָה) חָטָא. In Lev 5,6.7 kommt auch das Nomen אָשָׁם vor, aber es kann nicht als Opferbezeichnung aufgefaßt werden, weil in den beiden Abschnitten 5,1–6.7–10 entsprechend dem Kontext 4,1–5,13, in den sie hineingehören, חַטָּאת der Opferterminus ist (vgl. V. 6a und 7b [im letzteren Fall neben עֹלָה, Brandopfer])[257].

Als Opferterminus erscheint אָשָׁם erst in der Texteinheit Lev 5,14–26, die dementsprechend angemessen als „Schuldopfertora" bezeichnet werden kann (vgl. Anm. 216). Die beiden ersten Abschnitte V. 14–16.17–19 beschäftigen sich wie die vorausgehende Sündopfertora mit versehentlichen Sünden (vgl. V. 15a.18b: שְׁגָגָה; V. 18b: שגג *Qal*) und deren Entsühnung (vgl. V. 16b.18b) und verwenden אָשָׁם sowohl in seiner ursprünglichen Bedeutung „Schuldableistung / Schuldabgabe" (vgl. V. 15bα) wie auch als Opferterminus „Schuldopfer" (vgl. V. 15bβ.16b.18a.19)[258].

---

[254] Der Ausdruck בְּיָד רָמָה kommt neben Num 15,30 nur in Ex 14,8 und Num 33,3 vor, aber dort mit anderer Bedeutung. Die Ausrottungsformel (vgl. Anm. 248) kommt aber natürlich öfters vor (vgl. u.a. Ex 12,15.19; 31,14; Lev 7,20.21.25.27; Num 19,13.20).

[255] KNIERIM, *Art.* אָשָׁם Schuldverpflichtung, 252f.

[256] A.a.O., 254 (kursiv von KNIERIM).

[257] Vgl. JANOWSKI, a.a.O., 256f, der Lev 5,5f entsprechend übersetzt: „(...) (5) so muß er [*sc.* der Sünder], wenn er schuldpflichtig wird (וְיָאשַׁם) in einem von diesen [*sc.* in V. 1–4 aufgezählten] Fällen, bekennen (הִתְוַדָּה), wodurch er sich versündigt hat (חָטָא), (6) und Jahwe seine Schuldableistung/Schuldabgabe (אֲשָׁמוֹ) bringen für die Sünde, die er begangen hat (עַל חַטָּאתוֹ אֲשֶׁר חָטָא): ein weibliches Tier vom Kleinvieh, ein Schaf oder eine Ziege, zum Sündopfer (לְחַטָּאת). So schafft der Priester ihm Sühne wegen seiner Sünde (וְכִפֶּר עָלָיו הַכֹּהֵן מֵחַטָּאתוֹ)" (a.a.O., 257).

[258] Daß die Bedeutung „Schuldopfer" neben die herkömmliche Bedeutung „Schuldableistung / Schuldabgabe" tritt, rührt daher, daß אָשָׁם auch das „Mittel der Schuldableistung" (KNIERIM, a.a.O., 255) bezeichnen kann. Vgl. zu Lev 5,14–16, mit einer Übers. von V. 15f, JANOWSKI, a.a.O., 257, und zu V. 17–19 ebd. Anm. 386.

Im letzten Abschnitt der Schuldopfertora in Lev 5, V. 20–26, geht es nun interessanterweise um *absichtlich begangene Sünden*. Wenn jemand etwas, was ihm anvertraut ist, was er sich unrechtmäßig angeschafft oder gefunden hat, veruntreut und noch durch Meineid bestreitet, daß es sich in seinem Besitz befindet (V. 21f), „versündigt er sich und macht sich schuldig" (V. 23aα: וְהָיָה כִּי־יֶחֱטָא וְאָשֵׁם). Zur Wiedergutmachung des angerichteten Schadens soll der Schuldige eine „Erstattung des vollen Wertes des widerrechtlich erworbenen Gutes mit einem (Straf-)Aufschlag von einem Fünftel"[259] leisten (V. 23f[260]). Zu dieser von dem Verschuldeten zu leistenden Wiedergutmachung kommt als Schuldopfer ein einwandfreier Widder hinzu:

Lev 5,25f:
(25) Und seine Schuldgabe (אֲשָׁמוֹ) [sic] muß er Jahwe bringen: einen einwandfreien Widder aus dem Kleinvieh nach der Taxe als Schuldableistung (לְאָשָׁם), hin zum Priester. (26) So schafft der Priester ihm Sühne vor Jahwe, und es wird ihm vergeben werden, wegen irgendetwas von allem, was er tut, um dadurch schuldpflichtig zu werden (לְאַשְׁמָה = inf.cstr. *qal* + לְ) [= wegen jedweder Handlung, durch die er schuldpflichtig geworden ist].[261]

Die Einschränkung der entsühnenden Sündopfer auf Sünden, die בִּשְׁגָגָה begangen werden (s.o. S. 399), hängt mit der Radikalität des Sündenverfallenseins zusammen:

„Sühne heißt nicht, Sünden, Verfehlungen, die reparabel sind, vergeben. Da sehe der Mensch selbst zu; Wiedergutmachung leisten, wo dies möglich ist, ist eine Selbstverständlichkeit."[262] „Verwendet wird das Schuldopfer bei läßlichen Verschuldungen Einzelner und ist möglichst, d.h. wenn materieller Schaden wiedergutmacht werden kann, mit Ersatzleistung und einer Buße von einem Fünftel verbunden. Die wesentliche Form des Opfers besteht in dem ... ‚negativen Mahlopfer', in dem Ausschluß aus dem den Schalom feiernden Gemeinschaftsmahl. Das Schuldopfer ist also, abgesehen von dem sekundären, allen Opfern zukommenden Sühncharakter, gar kein Sühnritus, sondern ein Bußritus, der aus dem Mahlopfer entwickelt ist."[263]

Trotz des Charakters als Bußritus verbindet Lev 5,14–16, wie wir gesehen haben, immerhin Schuldableistung mit unvorsätzlichen Sünden. Lev 5,20–26 rückt sogar auch noch absichtlich begangene Sünden in den Bereich des

---

[259] JANOWSKI, a.a.O., 258.

[260] Auch bei dem in Verbindung mit versehentlichen Sünden vorgeschriebenen Schuldopfer in Lev 5,14–16 soll eine um ein Fünftel des Wertes vermehrte Wiedergutmachung geleistet werden (V. 16a). Vgl. auch Lev 22,14; Num 5,7.

[261] Übers. von JANOWSKI, a.a.O., 258.

[262] GESE, Sühne, 90f.

[263] A.a.O., 100. Zur Entwicklung des אָשָׁם-Begriffes innerhalb von P vgl. JANOWSKI, a.a.O., S.258f.

kultischen Sühnegeschehens hinein, das unter der Verheißung der göttlichen Vergebung steht (V. 26a: וְכִפֶּר עָלָיו הַכֹּהֵן לִפְנֵי יְהוָה וְנִסְלַח לוֹ).

3.6 Der große Versöhnungstag

Zuletzt müssen wir bei unserer Erörterung der priesterschriftlichen Sühnetheologie noch kurz auf das Ritual des großen Versöhnungstages, des יוֹם (הַ)כִּפֻּרִים (Lev 23,27f; 25,9), eingehen, das in Lev 16 vorliegt. In seiner Endgestalt vereint dieses Kapitel unterschiedliche Aspekte der Entsühnung und der Sündenelimination[264]: Entsühnung von Priesterschaft und Volk (V. 11.17.24b.30.33b), Entsühnung von Heiligtum und Altar (V. 16.18f. 33a) und die Elimination von Sünde mit Hilfe des in die Wüste zu Azazel geschickten „Sündenbockes" (V. 10.21f[265]). BERND JANOWSKI mag darin recht haben, daß in der von ihm (und KARL ELLIGER, auf den er sich bezieht) rekonstruierten Grundschicht „das Hauptgewicht auf den im Allerheiligsten zur Entsühnung von Priesterschaft und Volk zu vollziehenden Blutsprengungsriten" lag[266]. Trotzdem ist es auffällig, daß in der vorliegenden Gestalt des Textes die beiden anderen erwähnten Aspekte im Vordergrund stehen, zumal bei den im Ritual enthaltenen Sündopfern, dem als חַטָּאת für die Priesterschaft dienenden Farren (V. 3.6.11.27) und dem als חַטָּאת für das Volk dienenden Bock (V. 5.9.15.27), die Handaufstemmung nicht erwähnt wird, die sonst konstitutiv zu den für Personen dargebrachten Sündopfern gehört (s.o. S. 392). In den zur Weihung von Altar und Heiligtum dargebrachten Sündopfern (vgl. u.a. Ex 29,36f; Ez 43,18ff; 45,18ff und s.o. S. 395f mit Anm. 228) finden jedoch die Sündopfer in Lev 16 eine Entsprechung, was die fehlende Handaufstemmung betrifft. Dies ist vielleicht zu verstehen als „ein Hinweis darauf, daß der Blutritus am Jom Kippur auf die Reinigung des Heiligtums abzielt und nicht generell auf Sündenvergebung"[267].

Für die frühjüdische Zeit ist jedoch die Handaufstemmung auf den Kopf des für den Hohenpriester und die Priesterschaft dargebrachten Sündopferfarren bezeugt (vgl. mYom 3,8; 4,2). Dies bedeutet, daß auch der Aspekt der Sündenvergebung, falls er früher von dem der Heiligtumsreinigung in den Hintergrund verdrängt worden war, in neutestamentlicher Zeit eine wesentliche Rolle am großen Versöhnungstag spielt (siehe weiteres unten S. 406–408).

---

[264] Für literarkritische Analysen von Lev 16 s. JANOWSKI, a.a.O., 266–271 und KRAUS, Tod Jesu, 45ff.

[265] S. zum „Sündenbock"-Ritus oben S. 392f mit Anm. 222.

[266] JANOWSKI, a.a.O., 269.

[267] So KRAUS, a.a.O., 54. Vgl. sein in drei Punkten für die redaktionelle Endgestalt von Lev 16 formuliertes Ergebnis S. 56f und seine Bilanz bezüglich des (Haupt-)Zwecks der Blutapplikation: „Bei der Blutapplikation im Allerheiligsten am Jom Kippur geht es um die Reinigung bzw. Weihe des Heiligtums. Vergeben werden dabei die Sünden, durch die das Heiligtum verunreinigt wurde und nicht schlechthin alle" (59; kursiv im Original). Zur besonderen Blutapplikation am großen Versöhnungstag s.u. Anm. 273.

Im Blick auf die oben erörterte Unterscheidung zwischen versehentlichen und willentlichen Sünden ist V. 16a besonders interessant:

Lev 16,16a:
Und er [*sc.* der Hohepriester] schafft dem Heiligtum Sühne von den Unreinheiten der Israeliten und von ihren Übertretungen, durch die sie sich irgend verfehlt haben.[268]

Der Begriff פֶּשַׁע, der Sünde als einen (verbrecherischen) Bruch mit Gott qualifiziert[269] und somit willentliche Sünden bezeichnet[270], kommt bei P überhaupt nur in Lev 16,16.21 vor[271]. Es wird also bei der Reinigung des Tempels (und bei dem Eliminationsritus in V. 21f) keine Ausnahme für die absichtlich begangenen Sünden gemacht: Wie es auch letztlich um die Entsühnung derjenigen Personen, die vorsätzlich gesündigt haben, stehen mag[272], nach Lev 16,15f vermag das Blut des Sündopferbockes das Heiligtum vollkommen von Unreinheit und Sünden *aller Art*, die den Israeliten anhaften und von ihnen begangen worden sind, zu entsühnen[273].

---

[268] Lev 16,16a: וְכִפֶּר עַל־הַקֹּדֶשׁ מִטֻּמְאֹת בְּנֵי יִשְׂרָאֵל וּמִפִּשְׁעֵיהֶם לְכָל־חַטֹּאתָם. Ich folge bei der Übers. von לְכָל־חַטֹּאתָם JANOWSKIs Übers. derselben Konstruktion in Lev 16,21a, vgl. JANOWSKI, a.a.O., 206f, 209f (zitiert oben S. 392 [JANOWSKI folgt seinerseits dabei ELLIGER, Leviticus, HAT I/4, Tübingen 1966, 200, 201]). KRAUS, a.a.O., 48 faßt חַטֹּאתָם trotz der abweichenden Präposition als Parallele zu den פְּשָׁעִים auf. Ob הַקֹּדֶשׁ das Allerheiligste meint, ist umstritten (vgl. KRAUS, a.a.O., 54 Anm. 50).

[269] Vgl. KNIERIM, *Art.* פֶּשַׁע Verbrechen, 493.

[270] Darin, daß die פְּשָׁעִים willentliche Sünden bezeichnet, hat KRAUS, a.a.O., 48 recht, unabhängig davon, wie לְכָל־חַטֹּאתָם syntaktisch einzuordnen ist (vgl. Anm. 268).

[271] Vgl. KRAUS, a.a.O., 48 Anm. 17.

[272] Hierüber schweigt das Ritual in Lev 16, aber vgl. unten S. 406–409 zu der späteren Entwicklung des Rituals für den großen Versöhnungstag.

[273] Der am יוֹם הַכִּפֻּרִים vollzogene Blutritus übertrifft den großen Blutritus mit dem Sprengen des Blutes an den Vorhang vor dem Allerheiligsten (vgl. S. 395), indem der Hohepriester hier sogar in das Allerheiligste hineintritt und dort das Blut *vorn auf* und *vor* das Sühnmal (הַכַּפֹּרֶת) sprengt (lezteres siebenmal); vgl. Lev 16,14f und JANOWSKI, a.a.O., 269 (Übers.) und 271–276.
In unserem Zusammenhang, wo es um den Sühnopferkult im Jerusalemer Tempel im allgemeinen geht, können wir die Frage, ob die Entsühnung von Personen am großen Versöhnungstag zugunsten von der Heiligtumsweihe im P-Ritual Lev 16 sachlich in den Hintergrund verdrängt worden ist, weitgehend auf sich beruhen lassen. S. jedoch die Kritik an KRAUS in D.P. BAILEYs Rezension seines Buches: „Even if a distinction between *Personsühne* and *Heiligtumsühne* seems to arise legitimately from some of the texts Kraus cites, we may still be wary of any method which distinguishes them too sharply. The two seem intimately connected in most texts, with, if anything, only a slight accent falling one way or the other ..." (JThS 45, 1994, [247–252] 250f). Wenn es darum geht, den traditionsgeschichtlichen Hintergrund der christologischen Sühneaussage in Röm 3,25, Gott habe Christus öffentlich als ἱλαστήριον aufgestellt, zu erarbeiten, wird die genaue Erfassung der Blutapplikation auf und vor das ἱλαστήριον (so die Übers. der LXX von כַּפֹּרֶת) in Lev 16,14f jedoch von größter Bedeutung sein. W. KRAUS widmet seine Monographie „Der Tod Jesu als Heiligtumsweihe. Eine Untersuchung zum Umfeld

4. Das sühnetheologische Verständnis des Jerusalemer Opferkultes im 1. Jh. n.Chr.

4.1 Allgemein

Wir haben nun die wichtigsten Aspekte der priester(schrift)lichen Sühnetheologie dargelegt und können den Bogen zum Jerusalemer Tempelkult um die Zeitenwende, bei dem wir in diesem Exkurs ansetzten, zurückschlagen.

HARTMUT GESE schreibt: „Der nachexilische an dem Gedanken der Sühne orientierte Kult Israels stellt mit Recht das offenbarungs-geschichtliche Endstadium der Entwicklung des allgemeinen Kultes in Israel dar."[274] Gerade die der priesterschriftlichen Kultkonzeption traditions- (und offenbarungs)geschichtlich zukommende Eigenart als „Endstadium der Entwicklung des allgemeinen Kultes" läßt vermuten, daß sie bis zur aufgezwungenen Einstellung des Tempelkultes im Jahre 70 n.Chr. als Basis für seine *Deutung* diente. FRITZ MAASS meint denn auch in seinem Sühne-Artikel feststellen zu können, daß es sich historisch genau so verhält: „Das Sühne-Institut, wie es sich in P und Ez 40–48 repräsentiert, hat dem Judentum für ein halbes Jahrtausend das Gepräge gegeben."[275] Nicht nur der Ernst der Sache und die vor keinen Gefahren oder Mühen zurückschreckende kontinuierliche Aufrechterhaltung des Tempelkultes (vgl. S. 387–389), sondern auch explizite Aussagen in frühjüdischen und rabbinischen Texten bestätigen, daß die im ersten jüdischen Kanonteil, der Tora, enthaltene priester(schrift)liche kultische Sühnetheologie bis zuletzt die Grundlage des Jerusalemer Tempelkultes blieb.

4.2 Welche Sünden sind sühnbar?

Ich habe oben die in P getroffene Unterscheidung zwischen versehent-lichen und vorsätzlichen Sünden und die Frage ihrer jeweiligen Sühnbar-keit erörtert (vgl. S. 399–403). Zwar gibt es frühjüdische Texte, die streng die Unsühnbarkeit absichtlicher Sünden verfechten (vgl. Jub 30,10; 33,13.17; [41,23ff schwankend;] PsSal 3,7ff; 1QS IX,1), aber – wie es von der inneralttestamentlichen Entwicklung bis hin zu Lev 5,20–26 her zu erwarten ist – herrscht die Auffassung vor, daß auch vorsätzliche Sünden unter gewissen Bedingungen vergeben werden können. Z.B. belegt folgender sich auf Lev 4,22 beziehender Spruch des in den letzten Jahren vor der Tempelzerstörung und in den Jahren danach führenden Gelehrten

---

der Sühnevorstellung in Römer 3,25–26a" genau dieser Fragestellung. Für eine kompe-tente und ausgewogene Beurteilung seiner Analyse und Interpretation dieser von Paulus aufgenommenen Überlieferung vgl. die oben angeführte Rezension BAILEYs.

[274] GESE, Sühne, 104.
[275] MAASS, *Art.* כפר sühnen, 856. Vgl. DUNN, Partings of the Ways, 40.

Jochanan ben Zakkai[276] die Einschließung vorsätzlicher Sünden unter denen, die durch Sündopfer entsühnt werden:

bHor 10b:

R. Joḥanan b.Zakkaj sagte: Heil (אשרי) dem Zeitalter, dessen Fürst ein Opfer wegen seines Vergehens darbringt ... und wenn er wegen eines Versehens ein Opfer darbringt (ואם על שגגתו מביא קרבן), um wieviel mehr wegen eines vorsätzlichen Vergehens (צריך אתה לומר מהן זדונו).[277]

Wenn bestimmte Bedingungen für die Entsühnung vorsätzlicher Sünden explizit genannt werden, steht an erster Stelle das freiwillig geschehende offene Eingeständnis der begangenen Sünden, das in Lev 5,23f explizit nicht genannt wird, jedoch in der Sachparallele Num 5,7 ausgesprochen ist: „Sie sollen ihre Sünde bekennen." Auf das Sündenbekenntnis muß ferner die Buße folgen. Einer um Sündenbekenntnis und Buße ergänzten Rezeption des Sündopfergesetzes zur Einschließung absichtlich begangener Sünden begegnen wir z.B. bei Philo von Alexandria in SpecLeg 1,235f.238: auch ἁμαρτήματα ἑκούσια, willentliche Sünden, werden vergeben, wenn der Sünder sie bekennt (ὁμολογεῖν) und seine Buße (μετάνοια) durch Wiedergutmachung glaubhaft macht. In der anonymen Baraitha tYom 4,9 wird die Bedeutung der Buße mit folgenden Worten unterstrichen: „Das Sündopfer, das Schuldopfer, der Tod und der große Versöhnungstag – sie alle entsühnen nur mit der Buße zusammen."[278]

Eine besondere Bedeutung hinsichtlich der Entsühnung vorsätzlicher Sünden kam dem großen Versöhnungstag, dem יוֹם הַכִּפֻּרִים, zu. Vor allem diente in diesem Zusammenhang die oben S. 404 besprochene Einbeziehung der פְּשָׁעִים der Israeliten in Lev 16,16.21 als Grundlage für die Auffassung, daß an diesem Tag auch die absichtlich begangenen Sünden sühnbar sind. Dies kommt z.B. in SpecLeg 2,196[279] sowie im Tosefta-

---

[276] Vgl. SCHÜRER, History II, 369f.

[277] Hebräischer Text und deutsche Übers. bei GOLDSCHMIDT, Der babylonische Talmud VII, 1094. R.Jochanan b.Zakkai liest das Lev 4,22 einleitende Relativpronomen אֲשֶׁר als אַשְׁרֵי. Zu den rabbinischen Termini für versehentliche und vorsätzliche Sünden vgl. das Zitat aus tYom 2,1 und den Erläuterungen dazu unten S. 407.

[278] tYom 4,9A: חטאת ואשם ומיתה ויום הכפורים כולן אין מכפרין אלא עם התשובה. Vgl. für den hebräischen Text LIEBERMAN, Tosefta, II. Seder *Mōʿēd*, 252. Eine engl. Übers. hat NEUSNER, The Tosefta. Second Division: Moed, 208 geliefert (s. dort für die weiteren Ausführungen der Gelehrten tYom 4,9 B–G). Zur rabbinischen Diskussion, inwiefern und in welcher Weise die Buße (הַתְּשׁוּבָה) Voraussetzung für die Sühne des יוֹם הַכִּפֻּרִים ist, vgl. sonst u.a. mYom 8,8; bShevu 13a und BÜCHLER, Sin and Atonement, 402f, 410f. Zu Philo von Alexandria vgl. SANDERS, Judaism, 192f.

[279] SpecLeg 2,196: „Zweitens [*sc.* wird der Versöhnungstag ‚Fasten' genannt], weil der ganze Tag Bitten und Gebeten gewidmet ist, da man sich vom frühen Morgen bis zum Abend keiner anderen Beschäftigung hingibt als inbrünstigsten Gebeten: durch diese sucht man Gottes Huld zu erlangen, erbittet Vergebung für absichtlich und unabsichtlich

traktat Yoma zum Ausdruck, wo es zu den bei dem Bekenntnis in Lev 16,21aβγ benutzten Sündenbegriffen (עֲוֹנוֹת, פְּשָׁעִים und חַטָּאוֹת) ausgeführt wird:

tYom 2,1:
... Worte des R.Meʾir. Aber die Weisen sagen: *Verschuldungen* (עונות) sind die vorsätzlichen Sünden (הזדונות); *Frevel* (פשעים) sind die widersetzlichen Sünden (המרדים); *Verfehlungen* (חטאים) sind die unbeabsichtigten Sünden (השגגות). – Soll er [also], nachdem er die vorsätzlichen Sünden und die widersetzlichen Sünden bekannt hat, [dann etwa] zurückkehren und die unbeabsichtigten Sünden bekennen?! [Nein,] sondern so sagt er: „Ich habe vor dir gefehlt, mich verschuldet, gefrevelt, ich und mein Haus ..."[280]

Wie aus der Übersetzung und den beigefügten hebräischen Termini hervorgeht, entspricht einerseits שגגות dem biblischen Begriff בִּשְׁגָגָה („unbeabsichtigte Sünden") und andererseits זדונות dem biblischen Ausdruck בְּיָד רָמָה („vorsätzliche Sünden")[281]. Im Text von tYom 2,1 wird noch vor dem Zitat von Lev 16,21, an das sich die oben zitierten Ausführungen R. Meirs anschließen, Lev 16,30 zitiert. In diesem, zur abschließenden Zusammenfassung des in Lev 16 vorgetragenen Rituals gehörenden Vers heißt es: „An diesem Tag soll er euch Sühne schaffen, um euch zu reinigen von all euren Sünden (חַטֹּאתֵיכֶם), so daß ihr vor Jahwe rein werdet" (Lev 16,30). Da in diesem Schriftwort, das also in tYom 2,1 noch vor Lev 16,21 zitiert wird, nur der eine Sündenbegriff חַטָּא, der für die versehentlichen Sünden steht, erscheint, schließt R. Meir, daß er „als Gesamtbegriff für Sünde anzusehen" ist, „dem die anderen substituiert werden können"[282]. Also:

---

begangene Sünden und gibt man sich frohen Hoffnungen hin, nicht eigenen Verdienstes wegen, sondern wegen der Gnade dessen, der lieber Vergebung eintreten lässt als Strafe" (Übers. von COHN, Philo von Alexandria II, 162). Vgl. zu Philos Äußerungen über den Versöhnungstag KRAUS, Tod Jesu, 73–75.

[280] Übers. von LARSSON, Der Toseftatraktat Jom hak-Kippurim, 15f. Die in Klammern eingefügten hebräischen Wörter sind entnommen a.a.O., S. י. Ein noch größerer Auszug aus LARSSONS Übers. ist zitiert bei KRAUS, a.a.O., 83.

[281] Vgl. die sehr informativen Ausführungen zu unbeabsichtigten und vorsätzlichen Sünden bei LARSSON, a.a.O., 140–144. Über die biblisch vorgegebene Zweiteilung hinaus führt dieser Text eine dritte Kategorie ein: „die widersetzlichen Sünden" (המרדים). Vgl. hierzu LARSSON, a.a.O., 141: „das Nomen מֶרֶד kommt im BH nur einmal vor, Jos 22,22; das Verb מָרַד aber taucht mehrmals auf. Der Unterschied zu זדון ist nicht deutlich auszumachen, und die von den meisten Lexikographen vorgeschlagene Übersetzung ,Widerspenstigkeit, Widersetzlichkeit' läßt sich deshalb schwerlich durch eine passendere ersetzen."

[282] KRAUS, a.a.O., 83. Vermutlich betrachtet R. Meir auch die abweichende syntaktische Konstruktion bei dem dritten Sündenbegriff in Lev 16,21, d.h. die Anwendung der Präposition לְ statt der Objektpartikel אֵת, die die beiden vorausgehenden Sündenbegriffe einführt, als weiteren Beleg dafür, daß חַטָּאת Oberbegriff für die beiden anderen, עָוֹן und פֶּשַׁע, ist, in dem sie eingeschlossen sind. Vgl. LARSSON, a.a.O., 144.

„Die עונות und die פשעים werden am Jom Kippur als חטאים angesehen, deswegen sind sie sühnbar."[283]

Daß der in die Wüste geschickte „Sündenbock" am großen Versöhnungstag auch für die vorsätzlichen Sünden Sühne bringt, sagen auch andere rabbinische Texte, u.a.

> mShevu 1,6:
> Für alle übrigen Übertretungen in der Tora, die leichten und die schweren, die mutwilligen und die versehentlichen, die wissentlichen und die unwissentlichen, Gebote und Verbote, mit der Ausrottung (durch Gott) und mit dem Tode durch den (irdischen) Gerichtshof zu bestrafende, schafft der in die Wüste fortgeschickte Bock Sühne.[284]

Der Mischnatraktat Yoma unterscheidet zwischen Sünden gegen Gott und gegen Menschen, insofern er die Wiedergutmachung gegenüber dem in Leidenschaft gezogenen Nächsten zur Bedingung der Entsühnung macht:

> mYom 8,9:
> Sünden, die sich zwischen Menschen und der höchsten Stelle [Gott] abspielen, sühnt das Sühnfest, aber die, welche sich zwischen jemand und seinem Nächsten abspielen, sühnt das Sühnfest nur, wenn er seinen Nächsten zuvor begütigt hat.[285]

Beim Vergleich zwischen dem Ritual für den Versöhnungstag in Lev 16 und in mYom fällt übrigens auf, daß im Gegensatz zu Lev 16 eine Handaufstemmung auf den Kopf des für den Hohenpriester und die Priesterschaft dargebrachten Sündopferfarren in mYom 3,8; 4,2 bezeugt ist[286] und daß das Zu-Tode-Kommen des in die Wüste geschickten Bockes in mYom 6,6 berichtet wird[287]. Es liegt in mYom deutlich der Akzent auf dem Sündenbekenntnis, was KRAUS zufolge „aus der Tatsache (verständ-

---

[283] KRAUS, a.a.O., 83f.

[284] Übers. von BILL. III, 178. (BILLERBECKs Übers. des ganzen Abschnittes mShevu 1,2–7 [a.a.O., 177f] ist aufgenommen von KRAUS, a.a.O., 85f. Für den hebräischen Text s. BLACKMAN, Mishnayoth IV, 1954, 340.) Weitere Belege bei LARSSON, a.a.O., 143.

[285] Übers. von MEINHOLD, Joma (Der Versöhnungstag), 73.

[286] Dagegen kommt beim Sündopferbock für das Volk immer noch keine Handaufstemmung vor. Die bereits in Lev 16,21 berichtete Handaufstemmung auf den Kopf des zweiten, in die Wüste geschickten Bockes ist in mYom 6,2 erwartungsgemäß aufrechterhalten.

[287] Die explizite Nennung des Todes des „Sündenbockes" in mYom 6,6 („Dann stieß er [sc. derjenige, der den Bock in die Wüste führt] ihn rücklings hinab, so daß er hinabrollte. Schon vor der Mitte des Berges war er vollkommen in Stücke zerrissen" [Übers. von MEINHOLD, a.a.O., 61]) hängt wahrscheinlich damit zusammen, daß in der frühjüd. Rezeption die Entsühnung der vom Volk begangenen Sünden auf diesen Bock bezogen wurde und daß er darum – im Gegensatz zu seiner Rolle in dem ursprünglichen Eliminationsritus – als ein Opfer aufgefaßt wurde (vgl. JANOWSKI, Sühne, 210).

lich ist), daß kein Kult mehr existiert und das Bekenntnis daher an Bedeutung gewinnt"[288].

4.3 Das Tamidopfer

Der große Versöhnungstag wurde nur einmal im Jahr begangen, und, wie am Anfang dieses Exkurses beschrieben (s.o. S. 389), war es das *Tamid*opfer, das den Kern des täglichen Gottesdienstes ausmachte. Sein Sühnecharakter ist nicht nur indirekt aus den P-Stellen über die Sühnewirkung von Brandopfern im allgemeinen (vgl. Belege auf S. 391f) zu schließen, sondern er wird bereits vom Jubiläenbuch explizit bezeugt[289]:

Jub 6,14:
Und es gibt für dieses Gesetz [*sc.* das Blutgenußverbot] keine Grenze der Tage, in Ewigkeit ist es. Und sie sollen es bewahren für die Generationen, damit sie Fürbitte leisten für sie mit Blut vor dem Herrn vor dem Altar an jedem Tag. Morgens und abends sollen sie für sie Verzeihung erbitten immer vor dem Herrn, damit sie es bewahren und nicht beseitigen.

Jub 50,11:
Diese Arbeit allein [*sc.* die Darbringung von Opfern] soll getan werden an den Tagen der Sabbate im Hause des Heiligtums des Herrn, eures Gottes, damit sie Sühnopfer darbringen in Israel beständig, Tag für Tag, zum Gedächtnisopfer, das angenommen sein wird vor dem Herrn und die er annimmt in Ewigkeit, Tag für Tag, wie es dir geboten ist.

Auch rabbinische Texte bestätigen den Sühnecharakter des Tamids. Besonders aufschlußreich ist eine in der Tosefta überlieferte Tradition, die die Entrichtung der Tempelsteuer (vgl. S. 253) erläutert und ihre Notwendigkeit mit dem Hinweis auf die Sühnewirkung des durch sie finanzierten kollektiven Opferkultes begründet:

tSheq 1,6:
(A.) Sobald sie [*sc.* die Geldwechsler] sich im Heiligtum niedergelassen hatten, fing man an zu pfänden.
(B.) Die Israeliten wurden wegen ihrer Schekel gepfändet, damit von ihnen die Gemeindeopfer im Heiligtum dargebracht würden.
(C.) Man bildete ein Gleichnis: Wem gleicht dies? Einem, der ein Geschwür an seinem Bein bekam; und ein Arzt band ihn fest und machte an seinem Bein einen Einschnitt, um es zu heilen. So sprach auch der Heilige, gepriesen sei er: Die Israeliten sollen gepfändet werden wegen ihrer Schekel, damit Gemeindeopfer von ihnen dargebracht werden.

---

[288] KRAUS, a.a.O., 87. Vgl. a.a.O., 87–90 für eine Erörterung der hier kurz angeschnittenen Aspekte von mYom, und s. hinsichtlich der Rolle des großen Versöhnungstages nach der Tempelzerstörung BÜCHLER, Sin and Atonement, 410: „... after the destruction of the Temple the Day of Atonement had to take the place of all atoning sacrifices public and private ..."

[289] Jub ist um die Mitte des 2.Jh.s v.Chr. zu datieren (vgl. S. 44 Anm. 55). Jub 6,14 und 50,11 sind zitiert nach K. BERGER, Das Buch der Jubiläen, JSHRZ II/3, 357, 554f.

(D.) Denn Gemeindeopfer bringen Sühne und Versöhnung zwischen den Israeliten und ihrem Vater, der im Himmel ist (מפני שקרבנות הצבור מרצין ומכפרין בין ישראל לאביהן שבשמים).

(E.) Und ebenso finden wir es bei der Hebegabe der Scheḳel, die die Israeliten in der Wüste entrichtet haben, denn es heißt: Und du sollst das Sühnegeld von den Kindern Israels nehmen usw.[290]

Die Schulen Schammais und Hillels[291] erklärten die Sühnewirkung des beim Tamidopfer dargebrachten Lammes, כֶּבֶשׂ, haggadisch jeweils von den phonetisch nahestehenden Wurzeln כבש (vgl. als Verb in *Qal* in Mi 7,19: „die Sünde[nschuld] zertreten", d.h.: Die כְּבָשִׂים halten die Sünden Israels nieder, bis der Versöhnungstag kommt und sie entsühnt) und כבס (vgl. als Verb in *Piᶜel* in Ps 51,9 über das Abwaschen von Sünden, d.h.: Die כְּבָשִׂים waschen in Übereinstimmung mit Jes 1,18 und Jer 4,14 die Sünden Israels ab)[292]. Jeweils in tShevu 1,1–3; mShevu 1,2–7 und bShevu 2a ff sind Sprüche von Gelehrten gesammelt, die „various definite sins for which the public sin-offerings atoned" nennen[293].

Wir können diese Untersuchung über das Verständnis des Opferkultes im Jerusalemer Tempel mit der Feststellung abschließen, daß trotz einer Ausdehnung des Bereichs der sühnbaren Sünden[294] und der teilweise damit zusammenhängenden stärkeren Betonung von Sündenbekenntnis und Buße die priesterschriftliche kultische Sühnetheologie im Pentateuch immer noch um die Zeitenwende die Grundlage des Opferkultes im Jerusalemer Tempel bildete.

4.4 Weitere Zeugen des Sühnopferkultes

Die Schlüsselstellung der Sühne als entscheidendem Aspekt des Kultes wird ferner von den Texten aus Qumran bestätigt (vgl. u.a. 1QS V,6; VIII,10; IX,4;

---

[290] Übers. von HÜTTENMEISTER, Scheḳalim; die Einteilung A–E ist NEUSNER, The Tosefta. Second Division: Moed, entnommen; für den hebräischen Text s. LIEBERMAN, Tosefta, II. Seder Mōᶜēd, 201. Wie aus dem Vergleich mit dem beigefügten hebräischen Text in Teil D hervorgeht, hat HÜTTENMEISTER in seiner Übersetzung die Reihenfolge von מרצין ומכפרין umgestellt. Zur Zitierung von Ex 30,16 am Ende erläutert er a.a.O., 23f Anm. 66: „Die Bibel wurde nach Versanfängen zitiert. Da ein Beherrschen des Textes vorausgesetzt wurde, konnte man den Rest des Zitates fortlassen, auch wenn, wie hier, der wesentliche Teil fortfiel. Nur durch den zweiten Teil des Verses wird das Bild vollständig, denn hier findet sich der Bezugspunkt, das Stichwort ‚Sühne' (ומכפרין – לכפר). Die Fortsetzung lautet: ‚... und es soll den Kindern Israels zum Gedächtnis sein vor dem Ewigen, um für eure Seelen Sühne zu erwirken.'"

[291] Vgl. dazu SCHÜRER, History II, 363–367.

[292] Vgl. BÜCHLER, Sin and Atonement, 319–322 (mit Belegen).

[293] Vgl. BÜCHLER, a.a.O., 428 Anm. 1. (S.o. Anm. 284 für Angaben über Übers. von mShevu 1,2–7.)

[294] Vgl. SANDERS, Judaism, 416f betreffs der grundlegenden Einigkeit unter den Pharisäern darüber, „that God had appointed a means of atonement for every transgression" (417).

1QSa [1Q28a] I,3; 11QTR [11Q19] XIV,11; XXI,7f; XXII,15f; XXVI,7.9)[295]. Auch zeitgenössische Texte aus dem Diasporajudentum ändern bzw. modifizieren dieses Bild vom Opfergottesdienst im Tempel als einem der *Sühne* dienenden Kult nicht[296]. Ein Beispiel aus der Diaspora für eine sehr positive Einstellung zum Jerusalemer Tempel und dem Opferkult ist das in seinem Grundbestand aus Ägypten um die Mitte des 2. Jh.s v.Chr. stammende 3. Buch der sibyllinischen Orakel[297]. Im vierten und fünften Orakel des Buches (V. 545–656.657–808[298]) kommen Opfern und Tempelgaben eine große Bedeutung zu: Nach V. 573–579 verherrlicht ein heiliges Geschlecht frommer Menschen (= Juden) den Tempel durch allerlei Opfer, die sie in heiliger Weise (ἁγίως) darbringen; V. 624–629 fordern zu Bekehrung und Versöhnung mit dem einzigen wahren Gott auf (zweimal ἱλάσκεσθαι + Gott als Objekt) und schreiben Opfer zur Erlangung dieses Zieles vor[299]; V. 772–774.808 zufolge werden

---

[295] Zu der Sühnevorstellung in Qumran s.o. S. 45f sowie JANOWSKI, Sühne, 259–265; JANOWSKI/LICHTENBERGER, Enderwartung und O. BETZ, Sühne in Qumran, in: J. ÅDNA / S.J. HAFEMANN / O. HOFIUS (Hg.), Evangelium – Schriftauslegung – Kirche. FS für Peter Stuhlmacher zum 65. Geburtstag, Göttingen 1997, 44–56.

[296] Dies muß entschieden festgehalten werden etwa gegen den Exkurs „Sühne und Tempelkult" in C. BREYTENBACH, Versöhnung. Eine Studie zur paulinischen Soteriologie, WMANT 60, Neukirchen-Vluyn 1989, 199–201, der unter Hinweis auf die Möglichkeit außerkultischer Sühne und auf spiritualisierendes Kultverständnis in der Diaspora den Sühnecharakter des Opferkultes im Tempel so weit wie nur möglich abschwächen möchte. Diese Sicht des von BREYTENBACH herangezogenen Textmaterials entspricht der allgemeinen Tendenz in seiner Studie, die paulinische Rede von der Versöhnung in Christus von der atl.-frühjüd. Sühnetradition fernzuhalten und sie statt dessen aus der profangriechischen Diplomatensprache abzuleiten. Seine Auswertung der Texte aus diasporajüd. Kreisen ist bestenfalls sehr einseitig, und man kann sich nur schwer des aufkommenden Verdachts wehren, daß BREYTENBACHs Interesse, die atl.-frühjüd. Sühnetheologie als möglichen traditionsgeschichtlichen Hintergrund für die paulinischen Versöhnungsaussagen auszuschalten, ihn zu einer den Texten nicht gerechtwerdenden „kultfeindlichen" Auswertung verleitet hat. Vgl. zur Kritik an BREYTENBACHs Monographie P. STUHLMACHER, Cilliers Breytenbachs Sicht von Sühne und Versöhnung, in: JBTh 6, Neukirchen-Vluyn 1991, 339–354.

[297] Für den griechischen Text von Sib 3 vgl. GEFFCKEN, Die Oracula Sibyllina, 46–90. Zur deutschen Übers. H. MERKELs s. S. 71 Anm. 162 (Sib 3 hat er S. 1081–1108 übersetzt). Zur historischen Einordnung von Sib 3 vgl. neben MERKEL, a.a.O., 1059–1064 noch J.J. COLLINS, Sibylline Oracles, in: OTP I, (317–472) 354–356 und SCHÜRER, History III.1, 632–641 (für die Datierung s. bes. 635–637). Die Zuweisung von Sib 3 zur ägyptischen Diaspora ist allgemein anerkannt, aber umstritten ist die nähere Einordnung. COLLINS meint es den Kreisen um den oniadischen Tempel in Leontopolis im Unteren Ägypten (vgl. Bell 7,420–436; Ant 13,62–73) zuordnen zu können, aber dies ist keineswegs gewiß (vgl. CHESTER, Sibyl, 40–43).

[298] Zur Abgrenzung vgl. COLLINS, a.a.O., 354; CHESTER, a.a.O., 38.

[299] Sib 3,624–629: „(624) Aber du, listenreicher Sterblicher, zögere nicht säumig, (625) sondern kehre um, bekehre dich und versöhne Gott! (626) Opfere Gott Hekatomben von Stieren und auch von (627) erstgeborenen Lämmern und Ziegen zu regelmäßig wiederkehrenden Zeiten. (628) Aber suche ihn zu versöhnen, den unsterblichen Gott, ob er etwa Erbarmen mit dir hat. (629) Er allein ist Gott und es existiert kein anderer."

in der eschatologischen Vollendung (V. 657ff) auch Heiden Gaben spenden und Opfer darbringen[300].

Nicht einmal der Aristeasbrief und die Schriften des Philo von Alexandria widerlegen mit ihren deutlichen spiritualisierenden Akzenten (s.o. S. 364) das oben gezeichnete Bild vom Sühnecharakter des Jerusalemer Tempelkultes, denn indirekt bestätigen sie in ihrer Beschreibung des keinen Aufwand scheuenden Tempelgottesdienstes (vgl. Arist 87f.92f.95; SpecLeg 1,162–256) die am Tempel in Jerusalem minutiös praktizierte Einhaltung der im Pentateuch niedergelegten Vorschriften für den Kult, und dieser große Apparat ließ sich in diesem Ausmaß auf die Dauer nur aufrechterhalten, falls dem Opferkult eine entsprechend entscheidende Bedeutung zugemessen wurde wie in der priester(schrift)lichen Sühnetheologie.

4.3 Die Zeichenhandlung auf dem Tempelmarkt und Jesu messianische Leidens- und Opferbereitschaft

Nach dieser Darlegung des theologischen Verständnisses des Sühnekultes im Jerusalemer Tempel wenden wir uns wieder Jesus zu. Es war nichts weniger als dieser der Sühne Israels dienende Opferkult, den Jesus durch seine spektakuläre Tempelaktion zeichenhaft zum Erliegen brachte. Er tat es, weil er sich berufen wußte, als Messias den unmittelbar bevorstehenden Durchbruch der Basileia auf dem Zion durch die Errichtung des „nicht mit Händen gemachten" Tempels einzuleiten (Mk 14,58), in dem der alte Sühnopferkult dem eschatologisch vollendeten Gottesdienst der Anbetung Gottes würde weichen müssen.

4.3.1 Jesu Erkenntnis der ihm in Jerusalem drohenden Lebensgefahr

Wir dürfen durchaus damit rechnen, daß Jesus vollen Ernstes nach Jerusalem ging, um ganz Israel zur Umkehr angesichts der hereinbrechenden Basileia Gottes zu rufen. Der Ruf zur Umkehr war keine Scheinhandlung; Israel wurde ein letztes Mal eine echte Gelegenheit geschenkt, sich dem eschatologischen Heilshandeln Gottes in und durch seinen Sohn und Repräsentanten Jesus zu öffnen. Wie diese gesteigerte Konfrontation Jesu mit dem religiösen Zentrum des Judentums letztlich ausgehen würde, war zwar offen, aber Jesus hat gewiß von vornherein klar erkannt, daß die Wahrscheinlichkeit einer negativen Reaktion groß war und daß er sich mit seiner geplanten Tempelaktion einer entsprechend großen Gefahr aussetzen würde.

Noch vor der Ankunft in Jerusalem hatte Jesus die Erfahrung gemacht, auf immer erbitterteren Widerstand in verschiedenen Kreisen zu stoßen[301]. Das gewaltsame Schicksal Johannes' des Täufers (vgl. Ant 18,116–119;

---

[300] V. 808: ἀλλὰ χρὴ πάντας θύειν μεγάλῳ βασιλῆι – „Aber alle müssen dem großen König opfern." Vgl. zu der Teilnahme der Völker auch V. 564–571.718.

[301] Vgl. JEREMIAS, Theologie, 265f und STUHLMACHER, Warum mußte Jesus sterben?, 49–51 sowie Theologie I, 144f.

Mk 6,14–29 par.) stand ihm warnend vor Augen[302]. Wegen der Gefahr, die von seinem galiläischen Landesherrn Herodes Antipas, dem für den Tod des Täufers Verantwortlichen, ausging, sprach er von seinem Tod in Analogie zum Martyrium der Propheten:

> Lk 13,31 33:
> (31) In derselben Stunde kamen einige Pharisäer und sagten ihm: „Gehe weg und ziehe fort von hier, denn Herodes will dich töten." (32) Und er sagte ihnen: „Geht und sagt diesem Fuchs: Siehe, ich treibe Dämonen aus und heile Kranke, heute und morgen, und am dritten Tag bin ich am Ziel. (33) Jedoch muß ich heute und morgen und am folgenden Tag (weiter)wandern; denn ein Prophet darf nirgendwo anders als in Jerusalem umkommen.

KIM HUAT TAN hat diesen Text aus dem Sondergut des Lukas – neben dem Q-Wort Lk 13,34f par. Mt 23,37–39 und dem nur von Matthäus überlieferten Logion Mt 5,35b – gründlich untersucht[303] und befürwortet sowohl die Historizität der Szene Lk 13,31f als auch die Authentizität und Integrität der Worte V. 32f[304]. Inhaltlich besagen V.32f, daß ein Zusammenhang zwischen dem exorzistischen und heilenden Wirken Jesu und seinem mit dem Martyriumstod des Propheten endenden Weg nach Jerusalem besteht:

> „[J]esus' ministry of exorcising and healing and even his ‚perfection' (on the climactic third day) are all part of his ‚going' (way). And his ‚going' (way) is under a divine compulsion. There could not be any two-part structure to his ‚going' (way) as everything which happens to him and everything that he does are part and parcel of the divinely appointed ‚way'. Hence, we conclude that the temporal formula of v. 33 is meant to show that all the actions which are under the ambit of the temporal formula in v. 32b fall under the divinely appointed ‚way' (πορεύεσθαι) of Jesus, and that this is a way that leads to death in Jerusalem."[305]

Jesus hat folglich „mit der Möglichkeit seines Todes in Jerusalem gerechnet und diesen Tod in Analogie zum Martyrium der Propheten gestellt"[306].

Zwar sind die in den synoptischen Evangelien dreimal vorkommenden sogenannten Leidensweissagungen in ihrer vorliegenden Gestalt (Mk 8,31 par. Mt 16,21 par. Lk 9,22; Mk 9,31 par. Mt 17,22b.23 par. Lk 9,43b.44;

---

[302] Das Martyrium des Johannes mußte Jesus wegen seiner Verbundenheit mit ihm (vgl. S. 293ff) ganz besonders beschäftigen. Vgl. JEREMIAS, a.a.O., 267 und TAN, Zion and Jesus, 75.

[303] TAN, Zion and Jesus, 53–131; Lk 13,31–33 behandelt er S. 57–80. Vgl. zu seiner Erörterung dieser Texte oben S. 131f.

[304] A.a.O., 57–69. Ebenso STUHLMACHER, Die Stellung Jesu und des Paulus zu Jerusalem, 143 und Theologie I, 127 sowie CASEY, Culture and Historicity, 313.

[305] TAN, a.a.O., 73f. Er erörtert den Sinn von V. 32f S. 69–74. Zur Rede vom „dritten Tag" vgl. JEREMIAS, Drei-Tage-Worte, 222–224 und s.o. S. 119–121.

[306] STUHLMACHER, Theologie I, 127. Vgl. JEREMIAS, Theologie, 266f. Diese Analogie ändert allerdings nichts daran, daß Jesus im ganzen die Kategorie des Propheten sprengt und nur als Messias angemessen zu begreifen ist; s.o. S. 139.

Mk 10,33f par. Mt 20,18f par. Lk 18,31b–33) z.T. im nachhinein unter
Kenntnisnahme des historischen Verlaufs der Passion Jesu geformt
worden, aber JOACHIM JEREMIAS hat überzeugend gezeigt, daß der in
Mk 9,31 enthaltene Kernsatz ὁ υἱὸς τοῦ ἀνθρώπου παραδίδοται εἰς
χεῖρας ἀνθρώπων[307] rückübersetzt ins Aramäische den Maschal מִתְמְסַר בַּר
אֲנָשָׁא לִידֵי בְּנֵי אֲנָשָׁא, mit Passivum divinum und Wortspiel, ergibt, der auf
Jesus zurückgeführt werden kann[308].

> Auch die „Taufsprüche" Jesu, Mk 10,38 und Lk 12,50, die bereits oben auf S. 298
> besprochen worden sind, sowie andere „*Mešalim*, bei denen Jesus eigenes Schicksal im
> Mittelpunkt steht" oder „die Jesu Schicksal in den Zusammenhang der anderen
> Endereignisse stellen", wie z.B. das Wort über den Heimatlosen (Mt 8,20 par.) oder
> über den entrissenen Bräutigam (Mk 2,20 par.), gehören in diesen Kontext hinein[309].

4.3.2 Jesu Todesgewißheit nach der negativen Reaktion auf die Tempel-aktion

Wie wir wissen, reagierten die religiösen und politischen Führer des jüdischen Volkes auf Jesu Tempelaktion nicht mit Umkehr und Entgegen-
kommen, sondern im Gegenteil mit dem festen Entschluß, ihn möglichst
schnell unschädlich zu machen (vgl. Mk 11,18 und s.o. S. 324ff). Es folgte
die Befragung durch eine Delegation des Sanhedrins nach Jesu Vollmacht
für ein solch skandalöses Auftreten im Tempel (vgl. Mk 11,27–33 und s.o.
S. 290ff). Überhaupt scheinen die Tage zwischen der Tempelaktion und
der Passafeier am 14. Nisan von weiteren Auftritten Jesu und weiteren
Konfrontationen im Tempel geprägt gewesen zu sein (vgl. Mk 12,1–44
und s.o. S. 315 die Übersicht über das bei Mk vorliegende Tagesschema).
Auf die Zurückweisung seiner Einladung und das unbeugsame Beharren
auf dem „räuberischen" Verhalten bezog sich Jesus z.B. in dem in diese
Tage gehörenden Gleichnis von den bösen Weingärtnern (Mk 12,1–12): Er
„threatens the hierarchs with the judgment of God for rejecting his
messengers" und sieht deren Anschlag auf ihn selbst als den letzten und

---

[307] Die Seitenreferenten geben in Mt 17,22 und Lk 9,44 den Satz bis auf die Ersetzung
von παραδίδοται durch μέλλει παραδίδοσθαι identisch wieder (vgl. dazu BDR § 323 mit
Anm. 3 und 356 mit Anm. 1).

[308] Vgl. JEREMIAS, Theologie, 264f, 267f und Drei-Tage-Worte, 228. Im Zusammenhang seiner Untersuchung von Lk 13,31–33 zieht TAN, a.a.O., 77–79 Mk 10,32–34 zum
Vergleich heran und meint Indizien dafür zu finden, daß wesentlich mehr Elemente der
Leidensankündigungen als bloß der oben rekonstruierte Maschal der vorösterlichen
Überlieferung entstammen: „Hence, the Markan third passion / resurrection prediction
may offer another piece of evidence to show that Jesus expected death in Jerusalem and
nowhere else" (79).

[309] JEREMIAS, Theologie, 269. Für noch weiteres relevantes Material aus der Jesusüberlieferung und ihre Auswertung in bezug auf Jesu Vorausschau seines gewaltsamen
Todes s. a.a.O., 269–272.

entscheidenden Boten, den Sohn Gottes, voraus[310]. Dieses Gleichnis gehört zu dem, was BEN F. MEYER das „Nachwort" der Tempelaktion genannt hat, in dem Jesus die Konsequenzen der ablehnenden Reaktion auf sein Handeln im Tempel erläutert[311]:

> „Töne der Distanzierung vom bestehenden Jerusalem und seinem Tempel werden erst hörbar während der sich an die Tempelreinigung anschließenden letzten Auseinandersetzungen Jesu mit seinen Gegnern in der Heiligen Stadt. Im Gleichnis von den bösen Weingärtnern (Mk 12,1–12 Par.) kündigt Jesus in wohlerwogener, jedem Israeliten vertrauter biblischer Symbolsprache Israel das Gottesgericht an, und zwar für den Fall, daß seine Repräsentanten wirklich Gottes geliebten ,Sohn' (d.h. Jesus, den Messias, vgl. 2Sam 7,14; Ps 89,28) verwerfen und töten werden."[312]

Vermutlich gehört auch die Klage in dem Q-Wort Mt 23,37–39 par. Lk 13,34f zeitlich in die Situation nach der Tempelaktion hinein:

> Mt 23,37–39:
> (37) Jerusalem, Jerusalem, du tötest die Propheten und steinigst die Boten, die zu dir gesandt sind. Wie oft wollte ich deine Kinder um mich sammeln, so wie eine Henne ihre Küken unter ihre Flügel nimmt; aber ihr habt nicht gewollt. (38) Darum wird euer Haus (von Gott) verlassen. (39) Und ich sage euch: Von jetzt an werdet ihr mich nicht mehr sehen, bis ihr ruft: „Gesegnet sei er, der kommt im Namen des Herrn!"[313]

Nachdem Jerusalem Jesu Bemühen, seine Kinder zu sammeln, zurückgewiesen hat, erklärt er unter Aufnahme und Bestätigung seines früheren Wortes über den Prophetentod in Jerusalem (vgl. Lk 13,33; s.o. S. 413) seine Bereitschaft und seinen Anspruch, „to be the one through whose prophetic ministry Jerusalem is to be gathered back to God"[314]. Wegen der Ablehnung des Sendboten Gottes wird Jerusalem der Tempel und die

---

[310] Zitat aus HENGEL, Jesus, the Messiah of Israel, 340. Für die Authentizität dieses Gleichnisses spricht dessen „familiarity with Palestinian conditions" (ebd., mit Hinweis auf DERS., Das Gleichnis von den Weingärtnern Mc 12:1–12 im Lichte der Zenonpapyri und der rabbinischen Gleichnisse, ZNW 59, 1968, 1–39) sowie die Tatsache, daß „it has an excellent *Sitz im Leben* at this point in his [*sc.* Jesu] ministry, and the early church had no reason to make up anything so indirect" (CASEY, Culture and Historicity, 327).

[311] MEYER, Aims, 201 rechnet auch das Tempelwort – in der von ihm rekonstruierten Form (s.o. S. 129) – zu diesem „Nachwort" (s.o. S. 151f zur Datierung des Tempelwortes): „It is plausible, furthermore, and even probable that the temple riddle belonged to the cleansing of the temple as a postscript (John 2.18)." In einer auf diesen Satz bezogenen Anmerkung schreibt er zum Gleichnis über die Weingärtner: „Similarly, the parable of the Wicked Husbandmen (Mark 12.1–11 parrs.) may well have been part of the same postscript, as suggested by both its point (the target was the Jerusalem leadership) and its placement" (a.a.O., 306 Anm. 64).

[312] STUHLMACHER, Die Stellung Jesu und des Paulus zu Jerusalem, 145.

[313] S.o. S. 131f für Übersetzungsangabe, zur Authentizität und für Erläuterungen zu diesem Wort als Zeugnis der Zustimmung Jesu zur Zionstradition.

[314] TAN, Zion and Jesus, 113.

dortige Gottespräsenz genommen[315], und sie werden Jesus erst wieder sehen, wenn er als der messianische Menschensohn zum Gericht wiederkehrt[316]. Matthäus hat diese Q-Überlieferung der großen Gerichtsrede Jesu gegen die Schriftgelehrten und Pharisäer in Kap. 23 angehängt. Obwohl diese kompositionelle Unterbringung thematisch bedingt zu sein scheint, dürfte Matthäus insofern gegenüber Lukas[317] im Recht sein, daß er die Klage Jesu erst *nach* der Tempelaktion bringt. TAN diskutiert ausführlich den literarischen, überlieferungsgeschichtlichen und historischen Kontext der Klage Jesu und erreicht folgendes Ergebnis: „[B]ecause of the finality of the tone of the lament, it seems plausible that Q 13.34–5 came from the last phase of Jesus' ministry, possibly after the ‚temple-cleansing'."[318]

4.3.3 Die Leidensbereitschaft als ein Grundzug der messianischen Sendung Jesu

Wir haben nun gesehen, wie Jesus bereits vor den dramatischen Ereignissen in Jerusalem auf seinen gewaltsamen Tod als mögliche Konsequenz vorausgeblickt hat und wie er nach der feindlichen Reaktion der religiösen Führer auf die Tempelaktion noch entschiedener mit seinem baldigen Tod rechnete. In der Tat hat Jesus die Bereitschaft zum Leiden aufgrund eines einzigartigen und im Vergleich mit der Tradition umgeprägten Messiasbewußtseins bereits seit der Taufe durch Johannes und der sich „unmittelbar anschließenden (Fasten-)Zeit in der Wüste" ausgezeichnet:

„F. Neugebauer hat die ‚Versuchung' treffend Jesu ‚Wegentscheidung am Anfang' genannt ...: *Jesus hat in der Zeit des πειρασμός gelernt, den ihm von Gott zuteilgewordenen Sendungsauftrag gehorsam zu bejahen, und erkannt, daß er sich als der*

---

[315] Für diese Deutung von Mt 23,38 par. Lk 13,35a s.o. S. 132 Anm. 137.

[316] Obwohl das Verlassen des Hauses auf die Zerstörung des Tempels zu beziehen ist (s. vorige Anm.), meint das Objekt με in dem Satz „von jetzt an werdet ihr *mich* nicht mehr sehen, bis ihr ruft ..." trotzdem nicht die wiederkehrende Schekhina (gegen BORG, Conflict, 182f), sondern höchstwahrscheinlich den bei seiner Parusie zum Gericht erscheinenden Menschensohn Jesus. Vgl. die Erörterung bei TAN, a.a.O., 118–121. Diese Situation, bei der Jerusalem / Israel den im Namen des Herrn Kommenden mit Worten aus Ps 118,26 begrüßen wird, wird ihnen nach TAN, a.a.O., 115–118 eine bedingte, von der Umkehr abhängende Hoffnung auf Heil bieten.

[317] Auch Lukas hat seiner Plazierung dieser Klage thematische Gesichtspunkte zugrundegelegt, denn das unmittelbar vorausgehende Wort ist der inhaltlich verwandte Spruch Lk 13,32f.

[318] TAN, a.a.O., 121–124 (Zitat von S. 124). In der anschließenden Zusammenfassung präzisiert er den anzunehmenden Zeitpunkt, die Klage „is expressed during the last phase of Jesus' public ministry while in Jerusalem, possibly *just after the ‚cleansing' of the temple*" (124f, kursiv von mir). Auch STUHLMACHER, Die Stellung Jesu und des Paulus zu Jerusalem, 145 ordnet Jesu Klage über Jerusalem der Situation der Auseinandersetzungen Jesu mit seinen Gegnern in den Tagen nach der Tempelaktion zu.

‚Sohn Gottes' nunmehr auf seine ureigene Weise mit dem vom Täufer angekündigten
‚Kommenden', dem messianischen Menschensohn-Weltenrichter, zu identifizieren
habe. Fortan sprach Jesus in geheimnisvoller Andeutung von sich selbst als dem
‚Menschensohn' und sah in dieser Selbstprädikation nicht nur die Vollmacht
beschlossen, im Namen Gottes zu wirken (vgl. z.B. Mk 2,28 Par), sondern auch –
gegenüber der frühjüdischen Tradition vom Menschensohn ganz neu und unerhört! –
seinen Leidensauftrag (vgl. Mk 10,45 Par)."[319]

Trotz des Bruchs mit traditionellen Vorstellungen vom davidischen
Messias (vgl. vor allem PsSal 17) haben wir bereits festgestellt, daß Jesu
Wirken und Sendungsanspruch nur von der Kategorie des Messianischen
her angemessen erfaßt werden kann (s.o. S. 136–142)[320]. Aber die
Umprägung der Messiasrolle zu der eines gedemütigt Leidenden ist so
radikal und unerhört gewesen, daß sie auch von Jesu engsten Jüngern nicht
akzeptiert und verstanden worden ist (vgl. Mk 8,27–33 par.; 9,32 par.).

Die Leidensbereitschaft Jesu erwuchs aus der Erkenntnis, wie ernst es
um die Sündhaftigkeit und Verlorenheit der Menschen bestellt war (s.o.
S. 295). Als messianischer Arzt und Menschensohn war er dazu berufen,
die verlorenen Sünder zu suchen und zu retten (Lk 19,10; Mk 2,17 par.),
und angesichts der Unbußfertigkeit und der fehlenden Bereitschaft, seinen

---

[319] STUHLMACHER, Theologie I, 65 (kursiv von STUHLMACHER). Vgl. noch die
Ausführungen oben S. 141f sowie STUHLMACHER, a.a.O., 124: „Jesus hat sich selbst in
ganz neuartiger Weise mit dem von Johannes dem Täufer angekündigten messianischen
Menschensohn-Weltenrichter identifiziert. Er hat das Prädikat ‚Messias' zwar im
Jüngerkreis akzeptiert, wollte aber seinen irdischen Weg als dienender Knecht Gottes in
Niedrigkeit bis hin zur Selbstopferung für ‚die Vielen' gehen (vgl. Jes 43,3–4;
53,11–12)."

[320] Vgl. hierzu noch die Ausführungen des norwegischen Neutestamentlers RAGNAR
LEIVESTAD, der meint, daß Jesus aufgrund des zunehmenden Widerstandes, dem er
begegnete, allmählich sein Messiasverständnis durch die Identifizierung mit dem leidenden Gottesknecht aus Jes 53 umprägte: „Jesus' acceptance of the messianic calling had
become a rejection of most of the traditional conceptions which Jews associated with the
longed-for ideal king. This is scarcely comprehensible without making the assumption
that he found a messianic model in the Suffering Servant of the Lord. By that I do not
mean simply that it was Isaiah 53 alone which determined his direction and led him to
choose the path which culminated at Golgotha. This path was, on the whole, the consequence of the religious and ethical ideals of Jesus and the opposition he experienced from
religious leaders ... *But Isaiah 53 made it possible to believe that this was also the way
for the anointed of the Lord, that the Messiah himself must suffer in order to enter into
his glory.* We can say in addition that if a role model was found in the songs of the
Servant of the Lord, it is easy to understand that the vision of the future did not extend
beyond the hope of resurrection and exaltation. *But the consequence was that the center
of gravity in the messianic role for Jesus himself shifted to that which actually became
the great preparatory test: suffering and death. That became the real messianic task.* The
Son of man had come to serve and to give his life as a ransom for many" (Jesus, 172f,
kursiv von LEIVESTAD).
Zu Jesu Leidensbereitschaft aufgrund der Erfahrung der Unbußfertigkeit Israels s.
auch MEYER, Christus Faber, 268.

Umkehrruf zu befolgen, zeichnete sich ihm ein stellvertretendes Todes-leiden immer deutlicher als der unumgänglich erforderliche Weg seines messianischen Dienstes ab. Von Jesu Wissen um den Unheilszustand jener Menschen, zu denen er mit dem Ruf zur Umkehr angesichts des bevorstehenden Gerichtes und der hereinbrechenden Basileia Gottes gesandt war, und von ihrem Beharren auf einem „räuberischen" Verhalten her

> „läßt sich Jesu Opferbereitschaft nachvollziehen: Während seines Wirkens erkennt er nicht nur, daß die von ihm erwählten Jünger schwach und versuchlich bleiben (vgl. Lk 22,31f.), sondern er sieht auch, daß sich immer mehr Menschen gegen seine Botschaft auflehnen. Er weiß zugleich, daß diese Verschlossenheit gegenüber seinem Ruf zur Umkehr und seiner Person für die Betroffenen tödliche Folgen haben muß; wer Jesus zurückweist, macht sich der Sünde wider den Hl. Geist schuldig (vgl. Mk 3,28f.). In dieser für seine Gegner und für seine Jünger bedrohlichen Situation entschließt sich Jesus, das Äußerste zu tun, dessen er auf Erden fähig war, nämlich sich selbst aufzuopfern, damit seinen Freunden und Feinden das Todesgericht erspart bleibt"[321].

Weil Jesu Berufung, die Basileia aufzurichten, gerade die Form annahm, das vor Gott Verlorene zu suchen und zu retten[322], wurde sein Weg nach Jerusalem, d.h. zum Zion als dem Zentrum der eschatologischen Basileia, wo er die entscheidenden Initiativen zu ihrem Durchbruch zu ergreifen hatte, der Weg zu seinem Tod. In den oben besprochenen Worten Lk 13,32f und Lk 13,34f par. Mt 23,37–39 spricht Jesus diese konträr oder gar paradox anmutende zweifache Beziehung zu Jerusalem ausdrücklich an. KIM HUAT TAN hat sie in seiner Untersuchung dieser Jesusworte gut herausgearbeitet:

> „Certain important results have been obtained. The first concerns the magnetic aspect of Jerusalem with regard to Jesus' ministry. Jerusalem is to be the place of Jesus' τέλος ... As Jesus' message concerns the establishment of Yahweh's reign on earth, it would be legitimate to infer that he would be impelled by his very message to go to Jerusalem ... The second result concerns the nature of the τέλος. Two important points ought to be noted under this head. The first is that Jesus understands his τέλος to involve his death ... Although death may be a consequence expected by Jesus in his ministry in Jerusalem, he actually understands it to be the necessary culmination of his whole ministry."[323]

In diesen Zusammenhang gehört auch die „Todesprophetie und ... Vollen-dungsverheißung"[324] hinein, mit der Jesus Mk 14,25 zufolge sein letztes

---

[321] STUHLMACHER, Warum mußte Jesus sterben?, 54f. Vgl. DERS., Theologie I, 146.

[322] Vgl. STUHLMACHER, Theologie I, 95.

[323] TAN, Zion and Jesus, 129f.

[324] So die Charakterisierung des sonst vornehmlich „Verzichtserklärung" genannten Logions Mk 14,25 durch MERKLEIN, Botschaft, 145. Die folgende Übers. ist a.a.O., 144 entnommen. MERKLEIN führt an erster Stelle dieses „mit großer Mehrheit für authentisch

Mahl mit den Zwölf abgeschlossen hat: „Amen, ich sage euch, ich werde vom Gewächs des Weinstocks nicht mehr trinken bis zu jenem Tag, an dem ich es neu trinken werde in der Gottesherrschaft." Denn aus diesem Logion geht hervor, daß Jesus auch noch im Angesicht des Todes an seiner Sendung und Botschaft festzuhalten vermochte: Er „verweist auf das endgültige Hereinbrechen der Gottesherrschaft" und „gibt sogar seiner Gewißheit Ausdruck, daß sein Tod ihn nicht daran hindern kann, am vollendeten Heilsmahl der Gottesherrschaft teilzunehmen"[325]. Dieses Mahl wird nach Jes 24,23; 25,6–8 auf dem Zion stattfinden.

Der Leidensweg ist nicht nur den Jüngern Jesu unverständlich gewesen, sondern Jesus selbst hat bis in die Nacht seiner Verhaftung hinein mit Gott und sich schmerzlich um Ergebung gerungen (vgl. Mk 14,32–42 par., bes. V. 33b–36, mit Hebr 5,7–10). Angesichts der tödlichen Bedrohung ergriff er aber nicht die Flucht, sondern ließ das furchtbare Geschick als die Fügung seines himmlischen Vaters gehorsam auf sich zukommen (vgl. Mk 14,36 par. Mt 26,39 par. Lk 22,42).

4.3.4 Jesu Verständnis seines Todes als Lösegeld und Sühnopfer

Für die Frage, inwiefern Jesus seinem bevorstehenden gewaltsamen Tod soteriologische Bedeutung beigemessen hat, sind vor allem zwei Überlieferungen aufschlußreich. Die erste ist das sogenannte Lösegeldwort:

> Mk 10,45 par. Mt 20,28:
> Der Menschensohn ist nicht gekommen, um sich dienen zu lassen, sondern um zu dienen und sein Leben hinzugeben als Lösegeld für viele.[326]

Dieses Wort weist Verwandtschaft mit dem vierten Gottesknechtslied in Jes 53 auf, demzufolge das Leben des Knechts eine Ersatzleistung für das verwirkte Leben „der Vielen" ist (s. bes. V. 10–12). Am direktesten bezieht das Logion sich aber auf einen anderen deuterojesajanischen Text,

> Jes 43,3f:
> (3) Denn ich, Jahwe, bin dein Gott, der Heilige Israels, dein Retter. Ich gebe Ägypten als Lösegeld für dich, Kuš und Seba statt deiner, (4) weil du teuer bist in meinen

---

gehaltene Wort" zur Begründung der Annahme an, „daß Jesus in diesen [*sc.* letzten] Tagen die Möglichkeit oder sogar die Gewißheit seines Todes deutlich vor Augen getreten ist" (a.a.O., 139).

[325] MERKLEIN, a.a.O., 145.

[326] Die Authentizität dieses Logions ist sehr umstritten. Unter denen, die die Authentizität der gleich unten zu behandelnden sogenannten Deuteworte akzeptieren, halten z.B. H. MERKLEIN und R. PESCH Mk 10,45 für sekundär (vgl. MERKLEIN, Botschaft, 144 mit Anm. 49; dort auch Verweise auf die entsprechenden Veröff. PESCHs, s. bes. seine Ausführungen zu Mk 10,45 in Markusevangelium II, 162–164). M.E. hat aber STUHL-MACHER, Existenzstellvertretung, bes. 29–38, durch eine detaillierte, viele Aspekte berücksichtigende überlieferungsgeschichtliche Analyse die Echtheit dieses Jesuswortes erwiesen. Vgl. auch DERS., Theologie I, 120f für eine kürzere Darlegung.

Augen, wert bist und ich dich liebe. Und ich gebe Menschen für dich und Nationen für dein Leben.[327]

Der anonyme Exilsprophet Deuterojesaja verkündigt, daß Jahwe aus Liebe zu Israel an seiner Stelle die Völker und Länder Ägypten, Kusch und Seba dem Perserkönig Kyros als *Lösegeld*, כֹּפֶר, geben will. Die Septuaginta gibt den aus der Rechtssprache stammenden und Ersatzzahlung, Existenzstellvertretung, Lebensäquivalent bedeutenden Terminus כֹּפֶר u.a. mit der in Mk 10,45 benutzten Vokabel λύτρον wieder[328]. In Übereinstimmung mit der frühjüdischen Rezeption versteht Jesus Jes 43,3f als eine eschatologische, dem Endgericht geltende Weissagung, aber im Unterschied dazu läßt er nicht die Gottlosen oder die Heiden (vgl. die in V. 3 genannten Ägypten, Kusch, Seba) als Lösegeld für Israel dem Vernichtungsgericht preisgegeben werden[329], sondern er ist bereit, selbst als Lösegeld zu dienen:

> „Jesus selbst tritt mit seinem Leben an die Stelle jener Völker, die für Israel sterben sollen, und zwar tritt er an ihre Stelle in freiwilligem Gehorsam, der ihn mit Gottes Erlösungswillen eint. Jesus übt Existenzstellvertretung für Israel. Die Preisgabe seines Lebens soll all jenen zum Leben vor Gott verhelfen, die dieses Leben verloren und verwirkt haben ... In seiner Existenzstellvertretung für die Vielen ist Jesus das Opfer, das Gott selbst aussieht, aber auch selbst auf sich nimmt und darbringt, um die Sünder vor der Vernichtung zu bewahren. Eben diese Opferbereitschaft macht den inneren Kern der messianischen Sendung Jesu aus.“[330]

Die zweite für Jesu Todesverständnis besonders aufschlußreiche Überlieferung sind seine Deuteworte bzw. Spendeworte über Brot und Wein beim letzten (Passa-)Mahl mit den Jüngern in der Nacht seiner Verhaftung:

> Mk 14,22bβ.24b:
> Nehmt, das ist mein Leib ... Das ist mein Blut des Bundes, das ausgegossen wird für viele.[331]

---

[327] Übers. von WESTERMANN, Jesaja, 94. Für den Erweis der Berührungen zwischen Jes 43,3f und Mk 10,45 vgl. STUHLMACHER, Existenzstellvertretung, 37f.

[328] Vgl. für eine Übersicht über die Stellen und die Bedeutungsnuancen von כֹּפֶר im AT STUHLMACHER, Existenzstellvertretung, 38f und Theologie I, 128.

[329] Zu den frühjüd. Belegen vgl. STUHLMACHER, Existenzstellvertretung, 39 und Theologie I, 128.

[330] STUHLMACHER, Existenzstellvertretung, 39/41.

[331] Zum Charakter des letzten Mahles Jesu mit den Jüngern als eines Passamahles und zur Einordnung der Deuteworte innerhalb des liturgischen Verlaufs des Mahles s. JEREMIAS, Abendmahlsworte, 35–56 und STUHLMACHER, Das neutestamentliche Zeugnis vom Herrenmahl, 70–73 sowie Theologie I, 133–135. Für den Nachweis, daß die in Mk 14,22.24 vorliegende Fassung der Spendeworte aller Wahrscheinlichkeit nach dem ursprünglichen, authentisch jesuanischen Wortlaut wiedergibt, vgl. aus denselben Veröff. einerseits die sehr ausführliche Erörterung von JEREMIAS, a.a.O., 132–195 und die kürzere, sehr präzise Argumentation von STUHLMACHER, Das neutestamentliche Zeugnis

Jesus identifiziert sich mit dem Brot, das er bricht und seinen Jüngern reicht. Als Folge gewinnen die Jünger Anteil an ihm selbst, seiner Person, gerade in der schweren Stunde seines nunmehr unmittelbar bevorstehenden Todes[332]. Daß es sein Tod ist, der Jesus hierbei vor Augen steht, geht unbestreitbar aus der Rede vom *ausgegossenen Blut* im zweiten Spendewort hervor (vgl. τὸ αἷμά μου ... τὸ ἐκχυννόμενον), denn das Verb ἐκχέειν, „ausgießen", bedeutet mit „Blut" als Objekt „einen Mord begehen" bzw. „einen Menschen gewaltsam zu Tode bringen"[333]. Jesus identifiziert folglich den Wein in dem Kelch, aus dem alle Tischgenossen trinken (vgl. Mk 14,23), mit seinem in den Tod dahingegebenen Leben[334]. Dieser gewaltsam erlittene Tod geschieht „für viele" (ὑπὲρ πολλῶν), was eine bewußte Bezugnahme auf Jes 53,11 darstellt[335]. Jesus deutet also im Kelch- bzw. Weinwort Mk 14,24 seinen Tod von dem stellvertretenden Todesleiden des Gottesknechts in Jes 53 und der (priesterlichen) Sühnopfertheologie her[336]. Indem er seine Jünger den Wein, mit dem er sein stellvertretend vergossenes Blut identifiziert, trinken läßt, gewährt er ihnen Anteil an der heilsamen Frucht dieses Todes[337]. Verglichen mit dem Sühn-

---

vom Herrenmahl, 66–69, 73f, 76–78; Theologie I, 130–133, 136, 141f. MERKLEIN dürfte darin recht haben, daß im Blick auf das, worauf es uns in diesem Zusammenhang vor allem ankommt, nicht alles vom Ergebnis der literarkritischen und überlieferungsgeschichtlichen Analyse der parallelen Texte Mt 26,26–29; Mk 14,22–25; Lk 22,14–20 und 1Kor 11,23–25 abhängt, denn „in jedem Fall ist deutlich, daß die Abendmahlsüberlieferung den Tod Jesu als Sühnegeschehen und Bundesstiftung gedeutet hat" (a.a.O., 140).

[332] Vgl. die Ausführungen in STUHLMACHER, Theologie I, 135f, die in den folgenden Satz münden: „Jesu Dankgebet, das Brechen des Brotes, das Spendewort, die Austeilung an die Jünger und ihr gemeinsames Essen verbinden sich zu einer *messianischen Symbolhandlung*, in der zwischen Jesus und den Mahlgenossen, für die er sein Leben aufopfert, vor Gott Gemeinschaft (κοινωνία) gestiftet wird (vgl. 1Kor 10,16–17)" (136, kursiv von STUHLMACHER). Vgl. auch DERS., Das neutestamentliche Zeugnis vom Herrenmahl, 73f.

[333] Vgl. BAUER, Wörterbuch, 498f und STUHLMACHER, Theologie I, 139, der darauf hinweist, daß in der LXX ἐκχέειν αἷμα die „einen Menschen gewaltsam zu Tode bringen" bedeutende Formulierung דָּם שָׁפַךְ im MT wiedergibt (u.a. in Gen 9,6; Num 35,33; Dtn 21,7).

[334] Vgl. zum Blut als Träger des Lebens Lev 17,11 und s. die Ausführungen S. 396f.

[335] Vgl. JEREMIAS, Theologie, 276f und STUHLMACHER, a.a.O., 139f.

[336] Die Anspielung auf Ex 24,8 durch die Qualifizierung vom Blut Jesu als „Bundesblut" widerlegt keineswegs die Sühnedeutung, denn die Targumim belegen, daß in der frühjüd. Rezeption *auch* dem Bundesblut vom Sinai sühnende Wirkung zugesprochen worden ist. Vgl. hierzu STUHLMACHER, a.a.O., 137 und zu der beim letzten Mahl von Jesus vollzogenen Verbindung zwischen dem Mahl der Ältesten Israels auf dem Sinai Ex 24,9–11 und dem eschatologischen Völkermahl auf dem Zion Jes 24,23; 25,6–8 a.a.O., 140.

[337] Vgl. a.a.O., 140: „Indem die Zwölf Jesu Wort hören, den ihnen gereichten ‚Segensbecher' als ‚Kelch des Heils' (Ps 116,13) nehmen und gemeinsam aus ihm

opferkult im Tempel tritt m.a.W. einerseits Jesus an die Stelle des Opfertieres und andererseits das Essen und Trinken des mit Jesu stellvertretend geopfertem Leben identifizierten Brotes und Weines an die Stelle der die Identifizierung des Opferherrn mit seinem Opfertier bewirkenden Handaufstemmung (vgl. S. 392–394).

In der neuesten Forschung ist eine deutliche Tendenz feststellbar, dem letzten Mahl Jesu eine wesentliche zeichenhafte Bedeutung zuzuerkennen. E.P. SANDERS verzichtet auf eine Rekonstruktion und Interpretation der Deuteworte Jesu und begnügt sich dementsprechend damit, das Mahl als symbolischen Vorausblick auf das Reich Gottes ohne irgendwelche sühnetheologische Aspekte zu deuten[338]. Das letzte Mahl tritt somit an die Seite des Einzugs und der Tempelaktion als Zeichenhandlung:

> „Die drei symbolischen Handlungen weisen demnach alle voraus auf das kommende Reich und auf die Rolle, die Jesus darin spielen würde. Er würde mit seinen Jüngern an der Festtafel sitzen, es würde einen neuen oder perfekteren Tempel geben und Jesus würde ‚König‘ sein."[339]

K.H. TAN sieht in den Spendeworten die „Gegenmaßnahme" Jesu, die er ergriff, nachdem „the Jewish leadership in Jerusalem and the temple failed to be ready for the restorative message given through Jesus" in den Symbolhandlungen des Einzugs und der Tempelaktion[340]. In Anknüpfung an die alttestamentlichen Bundesschluß- und Bundeserneuerungstexte macht Jesus seinen bevorstehenden gewaltsamen Tod zur Grundlage des neuen Bundes, der die Vollendung der Zionstraditionen herbeiführen wird:

> „[A]t the last supper, Jesus thought of his impending death as the effective means to the ratification of a covenant whereby God would enter into a new relationship with his restored people. The disciples who partook of the cup offered by Jesus comprised this restored people *in nuce*. It is the ratification of this ‚new' covenant and the constitution of the new and restored people of God, in the context of the restoration of Zion, that Jesus understood his death to signify ... Fulfilment of the restorative blessings of God has indeed come about but not on the city or her temple, but for a small group of Jews who partook of the cup during the last supper."[341]

---

trinken, gewinnen sie Anteil an dem ‚Bundesblut' Jesu, d.h. der sie neu und endgültig mit Gott verbindenden Heilskraft des Sühnetodes Jesu; ihnen wird der Platz bereitet an der messianischen Tafel, an der sie im Frieden mit Gott und ihren Mahlgenossen leben und das Danklied von Jes 26,1ff. anstimmen dürfen." Zur Deutung des Kelchwortes vgl. auch DERS., Das neutestamentliche Zeugnis vom Herrenmahl, 76–78.

[338] SANDERS, Historical Figure, 263f (= Sohn Gottes, 384–386). Er hält es für wahrscheinlich, daß Jesus noch mit dem rettenden Eingreifen Gottes gerechnet hat, aber daß er sich dem Tod als Gottes Willen beugte, als das göttliche Eingreifen ausblieb.

[339] SANDERS, Sohn Gottes, 386 (= Historical Figure, 264).

[340] TAN, Zion and Jesus, 197.

[341] A.a.O., 219f. Für TANs Erläuterungen, die in das zitierte Ergebnis münden, s. a.a.O., 197ff. In einem anschließenden Exkurs, 220–226 erörtert TAN die Frage „Did Jesus expect a post-mortem role?". Er erreicht eine bejahende Antwort: Seitdem Jesu Tod für die Verwirklichung des neuen Bundes mit der Erfüllung der Zionstraditionen wegen

Auch G. THEISSEN und A. MERZ setzen das letzte Mahl Jesu in engsten Zusammenhang mit der Tempelaktion[342]. Die negative Botschaft des Tempelwortes und der Tempelaktion – dieser Tempel sei dem Untergang geweiht; Gott werde an seiner Stelle einen anderen errichten[343] – verlangte nach einem positiven Gegenüber, das Jesus seinen Jüngern beim letzten Mahl gewährte:

> „Jesus bietet den Jüngern einen Ersatz für den offiziellen Kult, an dem sie entweder nicht teilnehmen können oder dessen Teilnahme kein Heil vermitteln kann – bis ein neuer Tempel kommt. Dieser ‚Ersatz‘ ist ein schlichtes Essen. Das letzte Mahl wird durch eine neue Deutung zum Ersatz für den Tempelkult – ein Vorgriff auf das Essen und Trinken im bald hereinbrechenden Gottesreich." Im Hinblick auf die Deuteworte vermuten THEISSEN und MERZ: „Vielleicht hat Jesus nur gesagt: ‚Dies ist der Leib für euch‘ – und damit gemeint: Dies Brot tritt jetzt für euch an die Stelle der sonst im Tempel verzehrten Opferspeise, an die Stelle des Leibes des geopferten Tieres. Und er fügte beim Kelch hinzu: ‚Dieser gemeinsam getrunkene Kelch (d.h. diese Runde) ist der neue Bund‘– nämlich ein Bund ohne Opfer, der nach Jer 31,31–33 darin besteht, daß der Wille Gottes den Menschen ins Herz gelegt wird und Gott ihnen ihre Sünden vergibt."[344]

Die Autoren gestehen selbst ein, daß der von ihnen angenommene Inhalt der Deuteworte sehr dürftig ist, und erwägen alternativ, inwiefern jedoch bereits Jesus selbst und nicht erst die spätere urchristliche Überlieferung das Brot und den Kelch auf seine Person und seinen Tod bezogen hat[345].

Wir kommen zuletzt zu dem mit THEISSENs und MERZ' Interpretation verwandten, aber wesentlich besser untermauerten und dem rekonstruierten Ganzen der Tempeltheologie Jesu eingefügten Verständnis BRUCE CHILTONs. Wie wir bereits gesehen haben, schreibt CHILTON der Tischgemeinschaftspraxis Jesu große Bedeutung als Ausdruck seines radikalen Reinheitsverständnisses zu und sieht in der Tempelaktion den Versuch Jesu, eine Opfervollzugspraxis durchzusetzen, die seiner Auffassung, daß alle Israeliten rein sind und ihre eigenen Opfer darbringen dürfen, entsprechen würde (s.o. S. 349–352). Nach dem Scheitern der Tempelreform deutete nun Jesus CHILTON zufolge das Mahl um: Es sei nicht mehr nur der profilierteste Symbolausdruck der kultischen Reinheit der Mahlgenossen, sondern es sei selbst ein Opfer, wie aus den Deuteworten hervorgehe:

> „The only distinctive features of those meals after the occupation of the Temple are the so-called words of institution. When Jesus says, ‚This is my body,‘ and ‚This is my blood,‘ a fresh meaning is injected into the proceedings, quite apart from the standard reference to purity, forgiveness, and the kingdom that had long

---

der ausbleibenden Umkehr erforderlich geworden war, erwartete er eine zukünftige Rolle für sich über den Tod hinaus, wahrscheinlich in der Form der Auferweckung und der Parusie (225f).

[342] Dies geht bereits deutlich aus den Überschriften in ihrem Buch hervor: Unter der Hauptüberschrift „Das letzte Mahl Jesu im Kontext seines Konflikts mit dem Tempel" werden die beiden Abschnitte „Die Tempelreinigung als kultkritische Symbolhandlung" und „Das letzte Mahl als kultstiftende Symbolhandlung" verhandelt (Jesus, 380–383).

[343] So die Zusammenfassung der Botschaft THEISSEN/MERZ, a.a.O., 382.

[344] Ebd.

[345] A.a.O., 383.

characterized his practice ... Jesus would be saying that, alienated from the Temple of which his occupation had apparently failed as a comprehensive program of reform, bread alone was his ‚body,‘ in the sense of his sacrificial victim, and wine alone was his ‚blood,‘ the accompanying fluid of sacrifice."[346]

Während die angebliche Besetzung des Tempels, mit der CHILTON rechnet (s.o. S. 303), noch keinen ausreichenden Anlaß für ein Einschreiten der Tempelbehörde gegen ihn bedeutet hatte, reagierten die Hohenpriester dagegen schnell auf Jesu neue mit dem Tempelkult in Konkurrenz tretende Mahlideologie, als sie von Judas Iskariot darauf aufmerksam gemacht wurden[347]: „[J]esus begins to refer to what he offers in the meals that enact the purity he always strove for as his ‚body‘ and ‚blood.‘ The authorities in Jerusalem were correctly informed that the teacher who had demanded a new view of purity in the Temple was acting in a way that set up an alternative cult, and he was found guilty of blasphemy."[348]

Trotz des Gewichts, das CHILTON den um die Deuteworte ergänzten Mahlgemeinschaften Jesu nach der Tempelaktion als Veranlassung seiner Verhaftung und Hinrichtung zuerkennt, vermag seine Interpretation ebensowenig zu überzeugen wie die von THEISSEN und MERZ vorgeführte. Er bewertet den hohen Anspruch Jesu in bezug auf seine Person nicht hoch genug, verortet unberechtigterweise zentrale Elemente der neutestamentlichen Abendmahlüberlieferung erst im Raum eines angeblich antijüdischen und opferfeindlichen Hellenismus (vgl. oben Anm. 69) und kann aufgrund dieses Fehlurteils den von den Texten nachgewiesenen Verlauf der Überlieferung überhaupt nicht plausibel erklären.

Es besteht trotz der nun dargelegten neuen Deutungsvorschläge kein Grund, von der oben S. 420–422 im Anschluß an die Arbeiten von J. JEREMIAS und P. STUHL-MACHER vorgeführten Interpretation der Deuteworte Jesu Mk 14,22.24 abzuweichen.

4.3.5 Die Tempelaktion als auf die Ersetzung des Sühnopferkultes durch Jesu Sühnetod weisende Zeichenhandlung

Wir müssen nun die Implikationen der Deuteworte und des Lösegeldwortes für den Jerusalemer Tempelkult und die sich darauf beziehende Zeichenhandlung der Tempelaktion Jesu herausarbeiten.

Im Hinblick auf das Lösegeldwort Mk 10,45 par. Mt 20,28 ist die Betrachtung der Tempelsteuer als „Lösegeld" von deren wichtigstem Hintergrundtext Ex 30,11–16 her von besonderem Belang. Denn diesem Text zufolge soll der von jedem erwachsenen Israeliten zu zahlende halbe Schekel ein „Lösegeld seines Lebens" (כֹּפֶר נַפְשׁוֹ) vor Jahwe sein, „damit unter ihnen keine Plage entstehe, wenn man sie mustert" (V. 12). Eine Musterung ist nach der hier (und sonst u.a. 2Sam 24) zugrundeliegenden Vorstellung eine gefährliche Situation, „in der es um *Leben und Tod* des

---

[346] CHILTON, Temple of Jesus, 152. Die Bezugnahme des Brotes und des Weines auf Jesu Person und seinen Opfertod ist CHILTON zufolge eine nachösterliche Uminterpretation, die dem historischen Jesus auf keinen Fall zuzutrauen ist (vgl. a.a.O., 138f, 148, 152f).

[347] A.a.O., 151.

[348] A.a.O., 153f.

einzelnen und der Gemeinschaft geht"[349]. Diese Aussage über ein *kopaer* zur „Auslösung des individuellen Lebens"[350] hat Parallelen in Ex 21,30 (positiv) und Num 35,31f (negativ, d.h. Verweigerung von Lösegeldannahme in bestimmten Fällen)[351]. Bereits aus dem frühesten dieser Belege, Ex 21,30, geht hervor, daß der *kopaer* „als *Existenzstellvertretung*, als *Lebensäquivalent*" verstanden wird[352]. Diesem „über rein rechtliche Kategorien (‚Schadensregulierung') hinausweisenden ... Sinngehalt"[353] des Terminus *kopaer* wird in der Texteinheit Ex 30,11–16 insofern Rechnung getragen, daß der כֹּפֶר-Begriff „mit Hilfe des כִּפֶּר- und des כִּפֻּרִים-Begriffs exegesiert wird: Die als כֹּפֶר נַפְשׁוֹ gezahlte Abgabe – die deshalb auch direkt כֶּסֶף כִּפֻּרִים ,das Sühnegeld' genannt werden kann (v.16aα) – soll dazu dienen, ‚um für eure (einzelnen) Personen = für (jeden von) euch Sühne zu schaffen' (לְכַפֵּר עַל-נַפְשֹׁתֵיכֶם v.15bβ und v.16bβ)"[354].

Für die neutestamentliche Zeit ist die Festhaltung am Lösegeldverständnis der Tempelsteuer sowohl von Philo von Alexandria als auch von der rabbinischen Tradition bezeugt:

SpecLeg 1,77:
Es ist ... vorgeschrieben, dass jedermann von seinem zwanzigsten Lebensjahre an alljährlich Abgaben entrichte. Diese Beisteuern werden als „Lösegeld" bezeichnet; daher entrichtet man die Abgaben bereitwillig, froh und heiter in der Erwartung, dass ihre Entrichtung Befreiung von Knechtschaft, Heilung von Krankheit und den Genuss dauernder Freiheit und Erlösung für alle Zeit erwirken werde.[355]

Her 186:
Ward nicht auch die heilige Doppeldrachme derartig geteilt, daß wir die eine Hälfte von ihr ... als Lösegeld für unsere Seele (λύτρα τῆς ἑαυτῶν ψυχῆς) entrichten?[356]

---

[349] JANOWSKI, Sühne, 162 (kursiv von JANOWSKI).

[350] Ebd.

[351] Vgl. zu diesen Stellen a.a.O., 154–160.

[352] A.a.O., 157 (kursiv von JANOWSKI). „Sowohl im Falle konkurrierenden Verschuldens (Ex 21,29f.) als auch im Falle unmittelbaren Verschuldens (Ex 30,12) bewirkt die Gabe eines כֹּפֶר die *Lösung des individuellen Lebens* (נֶפֶשׁ) *aus Todesverfallenheit*" (a.a.O., 173; kursiv von JANOWSKI). Das Verständnis vom *kopaer* als Existenzstellvertretung bzw. Lebensäquivalent findet eine Bestätigung im göttlichen Heilszuspruch Jes 43,3f (vgl. a.a.O., 169f). Mit dem andersartigen Verständnis des *kopaer* als „Beschwichtigungsgabe" oder „Vergleichssumme, Abfindungssumme", vertreten von A. SCHENKER, setzt sich JANOWSKI, a.a.O., 157f Anm. 268 ausführlich auseinander.

[353] A.a.O., 158.

[354] A.a.O., 162.

[355] Übers. von HEINEMANN, Philo von Alexandria II, 32.

[356] Übers. nach COHN, Philo von Alexandria V, 265. Da λύτρα כֹּפֶר wiedergibt (vgl. Ex 30,12 und auch Ex 21,30; Num 35,31f in der LXX), habe ich nicht wie COHN mit „Sühne" übersetzt, sondern mit „Lösegeld".

bBB 9a:

R. Eleazar (sagte): Zur Zeit, als der Tempel bestand, entrichtete ein Mensch seinen Šeqel und erlangte Sühne (בזמן שבית המקדש קיים אדם שוקל שקלו ומתכפר לו).[357]

An diesen alttestamentlichen und frühjüdischen Texten ist zunächst die terminologische Übereinstimmung mit dem Jesuslogion Mk 10,45, der Menschensohn sei gekommen, sein Leben hinzugeben als Lösegeld (δοῦναι τὴν ψυχὴν αὐτοῦ λύτρον) für viele, bemerkenswert (vgl. λύτρον in Ex 30,12 LXX sowie SpecLeg 1,77 und Her 186). Ferner ist die kompositionelle Unterbringung dieses Wortes durch den Evangelisten Markus direkt vor der in Jericho spielenden Bartimäusgeschichte (Mk 10,46–52), die geographisch und inhaltlich bereits die messianische Ankunft Jesu in Jerusalem (Mk 11,1–11) vorbereitet und einläutet (s.o. S. 139), zu bedenken. Diese Einordnung des Lösegeldwortes dürfte nicht nur redaktionsgeschichtlich-kompositionell zu erklären sein, sondern entspricht vermutlich dessen historischem Ursprung als einem von Jesus erst gegen Ende seines Wirkens gesprochenen Logion[358]. Der von ihm erhobene Anspruch, das zur Auslösung der Vielen von Gott gewährte und angenommene *lytron* zu sein, trat unweigerlich mit dem Verständnis der Tempelsteuer als Lösegeld in Konkurrenz. Die zeichenhafte Unterbrechung der Tätigkeit der Geldwechsler, die zum Zeitpunkt der Tempelaktion kurz vor dem Passafest vor allem damit beschäftigt waren, die Tempelsteuer einzufordern bzw. entgegenzunehmen, bot sich als eine optimale Möglichkeit an, dem Anspruch, als das wahrhafte und end*gültige* Lösegeld in dieser Hinsicht die Tempelsteuer abzulösen, Ausdruck zu verleihen[359].

Wenn wir ferner bedenken, daß es die wichtigste Funktion der Tempelsteuer war, den kollektiven Sühnopferkult Israels finanziell zu tragen, und daß die Sühnewirkung dieser Opfer dem einzelnen Juden dank seiner Beteiligung an der Steuer zugutekam (vgl. S. 253), und jetzt die neben Mk 10,45 zweite Schlüsselüberlieferung zum Verständnis des Todes Jesu, die Spendeworte Mk 14,22.24, aufgreifen, dann stellt sich die

---

[357] GOLDSCHMIDT, Der babylonische Talmud VI, 951.
Mit der Auffassung der Tempelsteuer als Lösegeld hängt auch die Vorstellung zusammen, daß die Tempelsteuer direkt an Gott *selbst* bezahlt wird (vgl. Ant 18,312; MekhY bachodesch I zu Ex 19,1 [deutsche Übers. bei WINTER / WÜNSCHE, Mechilta, 192]).

[358] Zur Echtheit und zum Verständnis von Mk 10,45 s.o. S. 419f mit Anm. 326–330. Sofern der tödliche Ausgang des Wirkens Jesu sich erst allmählich abzeichnete, ist dieses Wort aus inhaltlichen Überlegungen und unabhängig von seiner kompositionellen Unterbringung aller Wahrscheinlichkeit nach erst gegen Ende des Wirkens Jesu einzuordnen.

[359] Vgl. zur Entrichtung der Tempelsteuer direkt im Tempel ab dem 25. Adar mSheq 1,3 (s.o. S. 252f), und zur Fixierung des Zeitpunkts der Tempelaktion Jesu auf wenige Tage vor dem Passafest s. S. 315f.

theologische Reichweite der Tempelaktion Jesu noch deutlicher heraus. Denn der Anspruch Jesu, seinen Jüngern und „den Vielen" durch sein in den Tod hingegebenes Leben die für ihre Rettung und ihren Bestand vor Gott erforderliche Sühne zu erwirken[360], trat *(theo-)logisch* notwendig in Widerstreit zum täglich vollzogenen Sühnopferkult im Jerusalemer Tempel. *Der gewaltsame Opfertod Jesu ist gemäß seiner eigenen vollmächtigen Deutung in Mk 14,22.24 keine Ergänzung oder gleichberechtigte Alternative zum Sühnopferkult im Tempel, sondern stellt seine definitive Ablösung dar.* Der jüdische Forscher JACOB NEUSNER gehört zu den ganz wenigen, die diesen Aspekt und diese theologische Reichweite der Tempelaktion Jesu erkannt haben:

> „Solch eine Handlung [*sc.* das Umstoßen der Geldwechslertische] wird Befremden ausgelöst haben, denn sie wird die ganz einfache Tatsache in Frage gestellt haben, dass das tägliche Ganzopfer Sühne schuf und Tilgung der Sünde bewirkte und dass Gott Mose in der Tora in diesem Sinne unterwiesen habe. Demgemäss konnte nur jemand, der die ausdrückliche Lehre der Tora über das Ganzopfer ablehnte, die Tische umgestosen [sic] haben – oder aber, wie ich behaupten werde, jemand, der die Absicht hatte, einen anderen Tisch aufzustellen und für einen anderen Zweck: Denn die Aktion übermittelt die gesamte Botschaft, sowohl die negative als auch die positive ... das Umstossen der Geldwechslertische stellt einen Akt der Verwerfung des wichtigsten israelitischen Kultritus, nämlich des täglichen Ganzopfers, dar und besagt deshalb, es gebe ein anderes Sühnemittel als das tägliche Ganzopfer, das jetzt null und nichtig sei. Was sollte dann an die Stelle des täglichen Ganzopfers treten? Es sollte der Ritus der Eucharistie sein: Tisch für Tisch, Ganzopfer für Ganzopfer."[361]

---

[360] Zur Echtheit und zum Verständnis von Mk 14,22.24. s.o. S. 420–422 mit Anm. 331–337.

[361] NEUSNER, Geldwechsler, 83/84. NEUSNER fährt folgendermaßen fort: „Es ergibt sich ferner: Das Gegenstück zu Jesu negativer Handlung, die darin bestand, einen Tisch umzustossen, ist die positive Handlung des Aufrichtens oder Aufstellens eines anderen Tisches – mit anderen Worten: Ich wende mich den Passionserzählungen zu, in deren Mittelpunkt das Abendmahl steht. So jedenfalls würde ich – als Aussenseiter auf diesem Gebiet der Wissenschaft – empfehlen, die Zeichenhandlung zu verstehen. Negativ will sie besagen, dass die durch das tägliche Ganzopfer erwirkte Sühne für die Sünde nichtig ist, positiv, dass Sündenvergebung durch die Eucharistie erlangt wird: Ein Tisch wird umgestossen, ein anderer statt dessen aufgestellt, und beide dienen demselben Zweck, nämlich der Sühne und der Tilgung von Sünde" (84). Daß NEUSNER bei der Gegenüberstellung vom Sühnopfer im Tempelkult und der Eucharistie im Recht ist, belegt die oben S. 421f herausgestellte Analogie zwischen dem Opfertier und Jesu in den Tod hingegebenem Leib einerseits sowie zwischen der Handaufstemmung des Opferherrn und dem Essen und Trinken des mit Jesu Person und Leben identifizierten Brotes und Weines andererseits. Die Kritik von NEUSNER bei SEELEY, Temple Act, 265 und CASEY, Culture and Historicity, 322 ist unberechtigt.

Auch DERRETT, Zeal, stellt sakramentale Bezugspunkte der Tempelaktion heraus, scheint sie aber auf die redaktionsgeschichtlich nachösterliche Stufe der Überlieferung zu beschränken: „... *tables* [*sc.* der Geldwechsler] refer to altars, and *chairs* [*sc.* der Taubenverkäufer] refer to the seats of bishops" (88). „The Cleansing and the Last Supper are both thematically and chronologically related. It is impossible to be sure, as yet, how

Auch HELMUT MERKLEIN kann hier angeführt werden, denn er hat
ebenfalls die weitreichenden Folgen der Tempelaktion Jesu für den Sühnopferkult erkannt: Als sich Priesterschaft und Volk dem Umkehrruf der
Tempelaktion verschlossen[362], spitzte sich der Konflikt zwischen dem
Sühneanspruch des Tempelkultes und dem Anspruch Jesu, durch sein
Wirken und seine Person das allein heilbringende eschatologische Erwählungshandeln Gottes zu vertreten, notwendigerweise zu und erreichte in
dem sich abzeichnenden gewaltsamen Tod Jesu seine Klimax:

> Die „Beseitigung Jesu durch die offiziellen Vertreter des jüdischen Tempelstaates
> (konnte nur) die Legitimität des von ihnen repräsentierten, von Jesus aber inkrimi-
> nierten Kultbetriebes vor aller Öffentlichkeit bestätigen, während der von Jesus
> dagegen aufgebrachte Entscheidungsruf offensichtlich ins Unrecht gesetzt wurde. So
> war zu erwarten, daß auch die große Mehrheit des Volkes weiterhin den bestehenden
> Kult als ausreichende Heilsmöglichkeit ansehen mußte"[363]. In dieser Situation legte
> sich MERKLEIN zufolge der Sühnegedanke Jesus nahe, um zu verhindern, daß das
> eschatologische Erwählungshandeln Gottes, das er für ganz Israel verkündigt hatte,
> durch die Ablehnung zunichte gemacht würde: „Der Sühnegedanke ... bot die
> Möglichkeit, der genannten Folgerung [sc. der Unwirksamkeit des Handelns Gottes
> durch Jesus] entgegenzusteuern. Jesus hätte dann – wohl unter Rückgriff auf Jes 53 –
> beim letzten Mahl seinen (zu erwartenden) Tod als Sühne für Israel gedeutet, dessen
> mehrheitliche Ablehnung sich deutlich abzeichnete. Damit war sichergestellt, daß
> selbst die Verweigerung den eschatologischen Heilsentschluß Gottes nicht rückgängig
> machen und die Wirksamkeit des göttlichen Erwählungshandelns nicht in Frage
> stellen kann."[364]

Jesu Tempelaktion, Mk 11,15–17, ist zeitlich, kompositionell und sachlich
vom Lösegeldwort Mk 10,45 und den Spendeworten Mk 14,22.24

---

far Jesus's comrades were aware of the ‚house‘, ‚communion‘ aspects of the Cleansing,
since we have only the barest skeleton of his explanation provided" (94).

[362] Zu MERKLEINs Verständnis der Tempelaktion als eschatologischem Umkehrruf s.o.
S. 370f.

[363] MERKLEIN, Botschaft, 143.

[364] Vgl. a.a.O., 143f (das Zitat ist S. 144 entnommen).

Vgl. auch ANTWI, Atoning Sacrifice, 27, der aufgrund der Zusammenschau der s.M.n.
an sich ambivalenten Tempelaktion mit anderen für die Frage nach Jesu Einstellung zum
Tempel und Kult relevanten Überlieferungen zu dem Ergebnis kommt: *„He was
consciously engaged in the process of a functional identification of himself with the cult
as an institution for atonement.* From then on he saw himself as destined to be the new
institution for atonement" (kursiv von ANTWI).

Auch M. TRAUTMANN erkennt die gegen den Sühnopferkult gerichtete Spitze der
Tempelaktion Jesu (s.o. S. 364f), aber im Gegensatz zu MERKLEIN (vgl. oben Anm. 144)
schwächt sie sie zu Unrecht zu einem „Angriff auf die herrschende sadduzäische
Tempelhierarchie und deren Opfer- und Sühnekulttheologie" ab (Zeichenhafte
Handlungen Jesu, 120). Wie der Exkurs S. 387ff gezeigt hat, war die im AT wurzelnde
priesterliche Sühnekulttheologie eine nicht auf die sadduzäische Hohepriesterschaft
beschränkte Sondermeinung, sondern sie stellte die allgemeine, von allen maßgeblichen
Kreisen geteilte Basis des Opferkultes überhaupt dar.

umschlossen und muß in Kohärenz mit ihnen gedeutet werden. Weil das verlorene Israel sich seinem Umkehrruf und seiner Einladung angesichts des bevorstehenden Gerichts und der hereinbrechenden Basileia Gottes verschlossen hatte, war sein messianischer Opfergang nun der einzig offen bleibende Heilsweg. Die Tempelaktion barg in sich nicht nur die Botschaft, daß der alte Sühnopferkult dem der Sühne nicht mehr bedürftigen Gottesdienst im eschatologischen Tempel auf dem Zion weichen mußte. Im Falle des Ungehorsams und des weiteren Beharrens Israels auf dem „räuberischen" Verhalten dem Tempel und dem Opferkult gegenüber kamen auch noch andere der Zeichenhandlung innewohnende Aspekte zum Tragen: Es ist nicht länger der Tempelkult, der Israel Sühne und Sündenvergebung gewährt, sondern der ein für allemal stattfindende, vollkommene Sühnopfertod des messianischen Menschensohnes Jesus, der den Weg ins eschatologische Heil öffnet. Von dieser Perspektive her ist die Tempelaktion Jesu eine *messianische Zeichenhandlung*, die besagt, daß *der Sühnopferkult im Jerusalemer Tempel nun zum Erliegen gebracht wird (und gebracht werden muß !)*[365]*, weil der bevorstehende gewaltsame Tod Jesu diesen Opferkult im Tempel ein für allemal als den Vielen zugutekommenden Sühnetod ersetzt und ablöst*[366]. In Entsprechung zu der von uns für das Frühjudentum aufgewiesenen Entwicklung des Verständnisses, welche Sünden sühnbar sind – von der im Pentateuch vorliegenden Beschränkung auf versehentliche Sünden bis hin zu der für die neutestamentliche und frührabbinische Zeit bezeugte Ausdehnung der Sühnbarkeit auf alle, auch absichtlich begangenen Sünden –[367] scheint Jesus eine unbeschränkte Reichweite und Sühnekraft seines Opfertodes zu beanspruchen.

Der negative Ausgang der Tempelaktion Jesu im Sinne der ausbleibenden Umkehr seitens der Priesterschaft und des Volkes hatte zur Folge, daß der impliziten Gerichtsdrohung im Räuberhöhlenvorwurf bald eine nunmehr explizite Zerstörungsankündigung Jesu folgte (vgl. Mk 13,2 par.). Die Ablösung der Zentralfunktion des Tempels durch Jesu Sühnetod hatte

---

[365] Diesen Sinn trägt nicht nur das auf die Geldwechsler und deren Tätigkeit gerichtete Umstoßen der Tische, sondern auch das Umstoßen der Sitze der Taubenverkäufer und die Unterbindung des Gefäßtragens zwischen dem Tempelmarkt in der königlichen Säulenhalle und den inneren Teilen des Tempels.

[366] Dabei greifen das Zeichenhafte der Handlung Jesu und die historische Verwirklichung der unerläßlichen Voraussetzung des gewaltsamen Todes Jesu für die Sinnhaftigkeit dieser Zeichenhandlung denkbar eng ineinander: Durch sein unerhört herausforderndes Auftreten provoziert Jesus wissentlich und willentlich das Einschreiten der Hohenpriester gegen ihn und trägt somit ganz wesentlich dazu bei, daß es wenige Tage danach zum stellvertretenden Sühnopfertod des messianischen Menschensohnes kommt.

[367] S.o. S. 399–403, 405–409.

auch zwangsläufig Folgen für die Art und Weise, wie das Tempelwort Jesu
(Mk 14,58) in Erfüllung gehen würde. Diesen Folgen und der sich vom
Ende des Weges Jesu her ergebenden Gesamtsicht seiner Tempelaktion
und seines Tempelwortes wollen wir uns im abschließenden Ergebniskapitel zuwenden.

Teil IV

Ergebnis

Kapitel 8

Ergebnis

1. Einleitung

Die nunmehr abgeschlossene Untersuchung des Tempelwortes und der Tempelaktion Jesu in Teil II und Teil III dieser Studie hat die in der Einleitung geäußerte Vermutung, diese beiden Überlieferungen nähmen eine Schlüsselposition im Hinblick auf die Erfassung der Stellung Jesu zum Tempel ein, voll bestätigt.

Sie sind beide tief in der Mitte des Wirkens Jesu – der Proklamation und Heraufführung der eschatologischen βασιλεία τοῦ θεοῦ in den Worten und Taten des messianischen Menschensohnes und Evangelisten der „Armen" (s.o. S. 136–142) – verankert. Denn für die vollendete Königsherrschaft Gottes bedarf es eines neuen „nicht mit Händen gemachten" Tempels, und im Tempelwort Mk 14,58 macht Jesus seine messianische Absicht deutlich, den alten Tempel durch den neuen, eschatologischen Tempel ersetzen zu wollen (s.o. S. 142–153). In der Tempelaktion ist ein in Worte und spektakuläre Taten umgesetzter letzter Umkehrruf Jesu angesichts der unmittelbar bevorstehenden Vollendung der Basileia zu sehen. Die religiösen Führer und mit ihnen das ganze Volk müssen sich angesichts des eschatologischen Heilshandelns Gottes in und durch seinen Sohn und Repräsentanten Jesus von der alten Kultordnung lösen und sich dem hereinbrechenden Reich Gottes öffnen. Die Tempelaktion bringt den Opferkult zeichenhaft zum Erliegen und weist auf den neuen, wegen des vollendeten Heils in der Basileia nicht mehr der Sühne dienenden Gottesdienst im „Haus des Gebetes" hin (s.o. S. 381–387).

Obwohl die Tempelaktion und das Tempelwort sich ohne weiteres der Basileiaverkündigung und dem messianischen Sendungsbewußtsein Jesu zuordnen lassen, müssen wir sie auch mit den übrigen tempelbezogenen Stoffen der synoptischen Jesusüberlieferung in Verbindung setzen. Denn erst dadurch gewinnen wir die erforderliche Grundlage für eine abrundende, historisch abgesicherte Gesamtsicht der Stellung Jesu zum Tempel.

2. Andere tempelbezogene synoptische Überlieferungen

2.1 Überlieferungen, die den Tempel und den Tempelkult bejahen

Volles Einverständnis mit geltenden kultischen Bestimmungen seitens Jesu scheint die Heilungsgeschichte Mk 1,40–44 (par. Mt 8,1–4; Lk 5,12–14) vorauszusetzen. Nachdem Jesus einen Aussätzigen durch Handberührung und ein machtvolles Wort von seinem Aussatz gereinigt hat (V. 40–42), weist er ihn nämlich an: „Geh hin, zeige dich dem Priester und bring für deine Reinigung dar, was Mose geboten hat, zu einem Zeugnis für sie" (V. 44). Anscheinend ohne jeglichen Vorbehalt oder Einschränkung weist Jesus hier auf die Bestimmungen in Lev 13–14 hin und bittet den von seiner Hautkrankheit Geheilten, sich der dort vorgeschriebenen Prozedur zu unterziehen.

> Danach soll, wer von Aussatz geheilt worden ist, zum Priester geführt werden (Lev 14,2)[1], der seine Haut genauestens untersucht und im Fall der dadurch bestätigten Heilung ihn durch siebenmaliges Besprengen mit Blut eines geschlachteten Vogels reinigt [וְטִהֲרוֹ, καὶ καθαρὸς ἔσται [Lev 14,7bα]][2]. Der zu Reinigende soll noch am selben sowie auch am siebten Tag (von dem ersten Tag ausgehend gezählt) alle seine Haare abscheren und den ganzen Körper und die Kleider waschen (V. 8f), und am achten Tag soll er ein Schuld-, ein Sünd- und ein Brandopfer darbringen (V. 10ff). Jesus nimmt darauf explizit Bezug.

Da Jesus dem Gereinigten strengstens untersagt, von der ihm durch seine Handauflegung widerfahrenen Heilung zu erzählen (V. 43–44a), ist es nicht ganz deutlich, worin das Zeugnis den Priestern gegenüber bestehen soll[3]. Auch falls dieses Zeugnis trotz des sogenannten Messiasgeheimnisses der Heilung durch Jesus gelten sollte, ändert das nichts an dem in unserem Zusammenhang besonders interessierenden Einverständnis Jesu

---

[1] Lev 13 handelt von der Feststellung von (ausgebrochenem) Aussatz durch den Priester und der Unreinheitserklärung, die daraufhin zu erfolgen hat. In Kap. 14 folgen die Bestimmungen für die Reinigung nach Überwindung der Krankheit. Vgl. SANDERS, Historical Figure, 303 Anm. 6.

[2] S. Lev 14,3–7 für die Einzelheiten dieses Reinigungsrituals.

[3] Auch HAHN, Gottesdienst, der bemüht ist, Jesus vom Tempel und Tempelkult so weit distanziert wie nur möglich darzustellen (s.o. S. 364–366), muß zugeben, „wenn irgendwo eine gewisse Anerkennung des Tempels und der Priesterschaft vorliegt, dann allenfalls in den Erzählungen Lk 17,12–19 und Mk 1,40–44 parr" (a.a.O., 25; zu Lk 17,12–19 s. die weiteren Ausführungen). HAHN meint allerdings in den Worten εἰς μαρτύριον αὐτοῖς ein Mk 6,11; 13,9 entsprechendes Belastungszeugnis vorzufinden und folgert daraus: „gerade die Priester, die die Reinigung bestätigen und das übliche Opfer annehmen, erkennen Jesu Heilungstat an und fällen damit ein Urteil über ihren eigenen Unglauben. So ist auch dieser Text seiner Intention nach als Kritik an den Repräsentanten des Tempelkultes zu verstehen" (26). So sehr der Text auf das Urteil des Priesters zielt, so wenig hat er eine tempelkritische Spitze.

mit der im Tempel geschehenden kultischen Reinigung nach geheiltem Aussatz[4].

Die Lk 17,12–19 überlieferte Erzählung von der Heilung zehn Aussätziger scheint der Notwendigkeit der kultischen Reinigung durch den Priester zu widersprechen: Zwar bittet Jesus auch sie mit denselben Worten wie in Mk 1,44, sich den Priestern zu zeigen (Lk 17,14a), aber im Gegensatz zu Mk 1,42 ist die Heilung zu diesem Zeitpunkt noch nicht geschehen, sondern vollzieht sich erst während ihrer Wanderung zum Tempel (Lk 17,14b). Einer bricht die Wanderung ab, als er die ihm widerfahrene Heilung wahrnimmt, und kehrt zu Jesus zurück, um ihm zu danken (V. 15f). Daraufhin rügt Jesus die neun Übrigen dafür, daß sie sich nicht entsprechend verhalten haben und ebenfalls zurückgekehrt sind, um Gott die Ehre zu geben (V. 17f). Hier hört es sich so an, daß der Befehl Jesu – „Geht hin und zeigt euch den Priestern" (V. 14a) – nur als Vorwand gedient hat, zu prüfen, ob die Aussätzigen sich an die „richtige Adresse" mit Dank an Gott für sein Erbarmen wenden werden, sobald sie unterwegs die ihnen geschenkte Reinigung entdeckt haben. Jedenfalls wiederholt Jesus den Befehl, zu den Priestern zu gehen, nicht, wenn er in V. 19 den einzigen Zurückgekehrten nochmals mit demselben Verb wie vorhin alle zehn (πορεύεσθαι) verabschiedet, allerdings hinzusetzt: „Dein Glaube hat dich gerettet."[5]

Der deutlich auf den Dank an Gott und seinen Gesandten verlagerte Akzent in der Heilungsgeschichte Lk 17,12–19 und Jesu neuartige Reinheitsauffassung[6] können allerdings nicht darüber hinwegtäuschen, daß Jesus in der Überlieferung Mk 1,40–44 par. jedenfalls *einen* wichtigen Aspekt des gegenwärtigen Opferkultes – das Reinigungsritual nach überwundener bzw. geheilter Hautkrankheit – anerkennt[7].

Einer weiteren, entschieden tempelfreundlichen Überlieferung begegnen wir in dem Logion Mt 5,23f, das als exemplarische Weiterführung bzw. Interpretation der sogenannten ersten Antithese in der Bergpredigt (Mt 5,21f) vorgestellt wird:

Mt 5,23f:
(23) Wenn du nun deine Opfergabe zum Altar bringst, und dort kommt dir in den Sinn, daß dein Bruder etwas gegen dich hat, (24) so laß deine Opfergabe dort vor dem

---

[4] Vgl. SANDERS, a.a.O., 129: „The case of the leper is the clearest instance in which Jesus is represented as affirming the Temple, the priests and the purity laws, but is unambiguous. Here Jesus shows himself in agreement with and obedient to the sacrificial and purity laws."

[5] Es scheint vom Duktus der Erzählung her nicht vorausgesetzt zu sein, daß Jesus die Rückkehr der gereinigten Aussätzigen erst *nach* der Lev 14 zufolge acht Tage dauernden priesterlichen Inspektion und Darbringung der Reinigungsopfer erwartet hat. Man darf auch nicht zu viel aus der Tatsache herauslesen, daß der einzige Zurückgekehrte Samaritaner war (vgl. V. 16.18), und den bei der zweiten Verabschiedung V. 19 unterlassenen Befehl, zu den Priestern zu gehen, auf diesen Umstand zurückführen.

[6] Vgl. zu Jesu Reinheitsverständnis vor allem Mk 7,1–23 par. und s. dazu oben S. 349 mit Anm. 60.

[7] ANTWI, Atoning Sacrifice?, 19f erreicht ein entsprechendes Ergebnis bei seiner Erörterung von Mk 1,44 par.

Altar, geh zuerst, versöhn dich mit deinem Bruder, und dann komm und bring deine
Opfergabe dar![8]

Zwar liegt in diesem Jesuswort das Gewicht auf der Bereitschaft zur
Versöhnung und deren Priorität vor der Opferdarbringung, aber die Teilnahme am Kult wird nicht abgelehnt, sondern im Gegenteil vorausgesetzt:

> „Gewiß ist der Tempelkult nicht das Thema. Gleichwohl belegt das Wort, daß Jesus
> ... den Opferkult im Jerusalemer Tempel nicht kritisiert oder gar abrogiert, sondern
> als gegeben vorausgesetzt hat, ohne ihn zu problematisieren."[9]

> „Für Jesus wie Matthäus gilt, daß das Kultgesetz durch das Gebot der Versöhnung
> nicht aufgehoben wird; aber für die Versöhnung gilt das πρῶτον, das auch [*sc.* Mt]
> 23,26 wieder auftaucht."[10]

Durch diese Überlieferungen gewinnen wir den Eindruck eines zum
Tempel im allgemeinen und zum Opferkult im besonderen positiv einge-
stellten Jesus:

> „The Gospel narratives show by many examples that Jesus was not opposed to the
> Temple as such. He frequently went into the Temple as a place where he and his
> disciples worshiped and where he taught. In doing so, he as well as his followers must
> have conformed to the rules and regulations."[11]

Ob Jesu grundsätzliche Anerkennung des Tempels von der Erzählung über
die Entrichtung der Tempelsteuer Mt 17,24–27[12] untermauert oder im
Gegenteil abgeschwächt wird, ist in der Forschung umstritten[13].

---

[8] Übers. von LUZ, Matthäus I, 250. Er hält diesen Spruch für authentisch (s. a.a.O.,
252).

[9] SÖDING, Tempelaktion, 57.

[10] LUZ, a.a.O., 259.

HAHNs Versuch, in dem abgebrochenen Opferritus eine „offene Kampfansage an den
Kult" zu erblicken (Gottesdienst, 26), kann nicht überzeugen; s. die berechtigte Kritik an
HAHN in ANTWI, a.a.O., 20. Wie hinsichtlich der Frage nach Jesu Beteiligung am Opfer-
kult (s.o. S. 365 Anm. 113) hat HAHN in der späteren Veröffentlichung „Verständnis des
Opfers", 273 auch seine Beurteilung von Mt 5,23f gemäßigt und findet nun eine „Vor-
ordnung des Rechtes im Sinn der Nächsten- und Feindesliebe vor den Kult" in diesem
Jesuswort ausgesagt. Zu Recht sieht HAHN, a.a.O., 274 ein entsprechendes Anliegen in
der „harte(n) Kritik an Priestern und Leviten im Gleichnis vom barmherzigen Samariter
Lk 10,30–37", in dem „erneut die mangelnde Zusammengehörigkeit von kultischen
Pflichten und aktueller Verantwortung für andere Menschen im Blickfeld steht".

[11] H.D. BETZ, Jesus, 461. SANDERS, Historical Figure, 224 (= Sohn Gottes, 330) sieht
in Mk 1,44 und Mt 5,23f Jesus ganz im Einverständnis mit „standard Jewish advice,
which reflects endorsement of the sacrificial system". WITHERINGTON, Christology, 113
verweist auf Mt 5,23f als Beleg dafür, daß die Tempelaktion kaum gegen „the temple
cultus per se" gerichtet gewesen sein kann.

[12] Für den Erweis, daß Mt 17,24–27 von der Tempelsteuer und nicht von irgendeiner
anderen Steuer oder Abgabe handelt, s. ÅDNA, Jerusalemer Tempel, 105f mit Anm. 43.
Auf eine überlieferungsgeschichtliche Analyse und eine kritische Historizitäts- und

Die Frage der Tempelsteuereinsammler an Petrus, ob der Lehrer der Jüngergruppe, zu der er gehört, die Tempelsteuer zahle (V. 24), beantwortet er bejahend (V. 25aα). Die Beteiligung Jesu an dieser Steuer scheint eine positive Einstellung zum Tempel im allgemeinen und zu dem durch die Steuer finanzierten Sühnopferkult (s.o. S. 252f) im besonderen zu implizieren und steht somit gegebenenfalls in scharfem Widerspruch zu seiner Störung der mit der Einforderung bzw. Entgegennahme der Tempelsteuer beschäftigten Geldwechsler auf dem Tempelmarkt (vgl. S. 384f). Sobald man auch noch das durch die Befragung des Petrus ausgelöste Gespräch zwischen ihm und Jesus in V. 25f in den Blick nimmt, entschärft sich allerdings die scheinbare Spannung beträchtlich. Von der Analogie aus dem profan-politischen Bereich her, daß die Könige ihre eigenen Söhne, d.h. die Prinzen, von der Steuerpflicht ausnehmen und Abgaben nur von den Fremden (ἀλλότριοι) einziehen, schließt Jesus darauf, daß gerade die Kinder Gottes von der Tempelsteuer frei sind[14].

Jesu prinzipielle Stellungnahme ist folglich, daß ihm und seinen Jüngern, denen er die Gotteskindschaft und das Vorrecht, Gott *Abba* zu nennen, vermittelte[15], von der Tempelsteuer frei sind; sie beteiligen sich nur daran, um keinen unnötigen Anstoß zu erregen (V. 27).

„What we can gather from the saying in Matthew 17.25-6 is that theocratic taxation, even though levied in God's name, is inappropriate in view of God's fatherhood ... that is, since God is Father to his people, he does not exact taxes from his own children ... Hence, Jesus rejected the very idea of an annual tax for the upkeep of the temple (going against the grain of the understanding of the priestly aristocracy)."[16]

Diese Einstellung Jesu zur Tempelsteuer hat in etwa eine Entsprechung in seinem aus dem Logion Mt 23,23 par. Lk 11,42 heraus sprechenden distanzierten Verhältnis zum Zehnten. Die Episode Mt 17,24ff spielt noch in der galiläischen Heimat Kapernaum; und es steht m.E. durchaus im Einklang mit der allmählichen Verschärfung des Konflikts zwischen Jesus und den maßgebenden Größen im zeitgenössischen Judentum gegen Ende seines Wirkens (s.o. S. 412ff), daß er in Jerusalem die prinzipielle Ablehnung der Tempelsteuer in die handfeste Zeichenhandlung des Umstoßens von Geldwechslertischen umsetzte:

Echtheitsprüfung der Perikope Mt 17,24–27 wird hier verzichtet. Die folgenden knappen Ausführungen sind also unter der Prämisse der Authentizität zu lesen: Wie steht es um die Kohärenz mit der Tempelaktion, falls Mt 17,24–27 (im Kern) authentisch ist?

[13] Z.B. BORG, Conflict, 170 verweist auf die Zahlung der Tempelsteuer als einen Beleg dafür, daß Jesus und die von ihm ausgehende Bewegung nicht gegen den Tempel und Kult eingestellte waren (vgl. a.a.O., 197).

[14] Vgl. Ant 18,312 als einen Beleg für die hiermit vorausgesetzte Vorstellung, daß die Tempelsteuer direkt an Gott bezahlt wird.

[15] Vgl. hierzu STUHLMACHER, Theologie I, 84ff.

[16] TAN, Zion and Jesus, 176. Vgl. WITHERINGTON, Christology, 103 Anm. 263.

„The overturning of the money-changers' tables in the cleansing of the Temple would be consistent with this saying [*sc.* Mt 17,25f], even though the principal motives of the cleansing were probably different."[17]

Auch die Erzählung Mk 12,41–44 par. Lk 21,1–4 gehört zu den tempelfreundlichen Überlieferungen. Sie berichtet, wie Jesus Zeuge der Spende einer armen Witwe in den Opferkasten (τὸ γαζοφυλάκιον)[18] wird und wie er diese Frau lobt. In dieser Erzählung liegt jedoch der Nachdruck nicht auf dem Ort des Geschehens, sondern auf dem Verhalten der Frau; ihre Hingabe und Liebe zu Gott ist größer und echter als die der Reichen, die aus ihrem Überfluß spenden[19].

Die Hauptanliegen der beiden Überlieferungen Mt 17,24–27 und Mk 12,41–44 scheinen jeweils die besondere Beziehung zwischen Gott, dem Vater, und seinen Kindern sowie die vorbildlich bedingungslose Hingabe eines Menschen an Gott zu sein. Trotzdem sind sie nicht prinzipiell tempelfeindlich; die Frömmigkeit der von Jesus gelobten Frau nimmt vielmehr die konkrete Form einer Gabe an den Tempel an, und die Gotteskindschaft hielten Jesus und seine Jünger – jedenfalls in der frühen Phase seiner galiläischen Wirksamkeit – nicht davon ab, die Tempelsteuer zu entrichten. Es bleibt darum auch nach der Heranziehung dieser zusätzlichen Überlieferungen dabei, daß Jesus, wie es vor allem aus Mk 1,40–44 par. und Mt 5,23f hervorgeht, dem Tempel und Tempelkult nicht grundsätzlich kritisch gegenüberstand.

Hier können auch noch die Jesusworte über den Tempel und die Stadt Jerusalem als Wohnstätte Gottes, des großen Königs, in Mt 23,21[20] sowie 5,35b (s.o. S. 131) angeführt werden.

---

[17] W. HORBURY, The Temple tax, in: E. BAMMEL / C.F.D. MOULE (Ed.), Jesus and the Politics of His Day, Cambridge u.a. 1984, (265–286) 283. In Anm. 94 auf derselben Seite verweist HORBURY auf die Ausführungen in JEREMIAS, Theologie, für die Herausstellung der vermutlich vorherrschenden Motive bei der Tempelaktion. Mit dieser Deutung, nach der es dabei in der Hauptsache um Priesterkritik ging, habe ich mich oben S. 338f kritisch auseinandergesetzt.

[18] Vermutlich ist einer der 13 Geldbehälter im Frauenvorhof gemeint, von denen nach mSheq 6,5; tSheq 3,1 sechs für freiwillige Gaben vorgesehen waren.

[19] Vgl. PESCH, Markusevangelium II, 263: „Das Tun der Witwe wird von Jesus *seinen Jüngern* gewiß deshalb als beispielhaft vorgestellt, weil es ein ‚totales Vertrauen auf Gott und seine Fürsorge' voraussetzt, wie Jesu Verkündigung der Gottesherrschaft es ebenfalls ermöglicht und fordert" (kursiv von PESCH; das von ihm aufgenommene Zitat ist G. STÄHLIN, *Art.* χήρα, ThWNT IX, 1973 [428–454] 438 entnommen). S. die interessanten Ausführungen bei CHILTON, Temple of Jesus, 126–128. HAHN, Gottesdienst, 26 schwächt die Komponente der Bejahung einer Gabe an den Tempel zu sehr ab, wenn er schreibt: „... hier geht es allein um die Bereitschaft dieser Frau, ihre letzte Habe herzugeben, und der Ort, an dem sich das abspielt, ist gleichgültig."

[20] Vgl. CASEY, Culture and Historicity, 310: „Most Jews believed that God really dwelt in his temple. The Tamid, the daily sacrifice of a lamb in the morning and a lamb

Die durch die besprochenen Überlieferungen bezeugte positive Einstellung Jesu zum Tempel ist von dem her, was wir bereits erarbeitet haben, nicht überraschend. Jesus war in den Glaubenstraditionen seines Volkes tief verwurzelt. Der Tempel und der Tempelkult waren zentrale Bestandteile der von Gott gestifteten und Israel geschenkten Heilsgüter (vgl. Röm 9,4). Von ihnen zeugten die von Jesus hochgeachteten heiligen Schriften (d.h. Tora, Propheten und Psalmen, vgl. Lk 24,27.44), und sie mußten ihm darum wichtig sein. Zwar bringt das nur bei Matthäus vorkommende Wort „hier ist Größeres als der Tempel" (Mt 12,6) – in sachlicher Analogie zu Mt 12,41f par. Lk 11,31f – zum Ausdruck, daß Jesus den Tempel über- bietet[21]. Aber das geschieht nicht in der Form einer Ablehnung, sondern wie allgemein bei Jesus in der Form der Erfüllung vom Gesetz und den Propheten: „Denkt nicht, ich sei gekommen, um das Gesetz oder die Propheten aufzulösen. Ich bin nicht gekommen, um aufzulösen, sondern um zu erfüllen" (Mt 5,17)[22]. Jesu bejahende Erfüllung dessen, was die Schriften über den Tempel sagen, nimmt konkrete Gestalt an in seiner Zustimmung zur Zionstradition (s.o. S. 130–133) und seiner messianischen Berufung, den eschatologischen Tempel zu errichten (s.o. S. 144ff). Daß er den alten Tempel und seine in der Tora niedergelegte Kultordnung noch anerkennt, wie es Mk 1,40–44; Mt 5,23f und die Bereitschaft zur Entrichtung der Tempelsteuer in Mt 17,24f bezeugen, *ehe der Kairos der eschatologischen Erfüllung des Tempels gekommen ist*, ist konsequent und voll verständlich[23]. Das Tempelwort und die Tempelaktion gehören in die

---

in the evening, was seen as a special sign of this. Jesus shared such beliefs. As he said in another halakic argument, put forward to stop people from swearing by the temple, ‚He who swears by the temple swears by it and by him who lives in it' (Matt 23:21)—hence his conventional reference to it as ‚the house of God' ..."

[21] Durch die Formeln „hier ist mehr als Jona" (Mt 12,41 par. Lk 11,32) und „hier ist mehr als Salomo" (Mt 12,42 par. Lk 11,31) bezeugen diese Verse die Überbietung der Prophetie bzw. des Prophetentums und der Weisheit durch Jesus. Ob auch Mt 12,6 ein ursprünglich selbständiges Jesuswort oder eine redaktionelle Bildung nach dem Muster der beiden anderen darstellt, ist umstritten (vgl. LUZ, Matthäus II, 229). M.E. ist dieses Wort auf jeden Fall sachlich zutreffend. Die Diskussion darüber, ob diese neutrisch formulierten Logien christologisch zu verstehen sind oder nicht (vgl. LUZ, a.a.O., 231), ist im Grunde müßig, denn auch wenn sie primär auf den eschatologischen Durchbruch der Basileia zu beziehen sind (vgl. JEREMIAS, Theologie, 86f: „Dieses ‚Mehr' weist darauf hin, daß nicht nur vergangene Heilsgeschichte aufgenommen wird, sondern daß sie überboten wird, mit anderen Worten, dieses ‚Mehr' hat eschatologischen Klang"), ist es Jesus, der seinem messianischen Anspruch nach in seiner Person und seinem Wirken die Basileia nun heraufführt (s.o. S. 142).

[22] Vgl. JEREMIAS, a.a.O., 87f und STUHLMACHER, Theologie I, 104f.

[23] Darum ist der letzte Satz TANs in dem Zitat oben auf S. 437 (aus: Zion and Jesus, 176), in dem er die Einstellung Jesu zur Tempelsteuer zu formulieren sucht, nicht präzis genug. Unter Anspielung auf die Terminologie des Tempelwortes könnte man sagen, Jesus sei der Meinung gewesen, daß in der durch ihn heraufgeführten neuen messia-

eschatologische Erfüllungsstunde, in der das Alte, d.h. auch der alte Tempel und sein Gottesdienst, dem Neuen weichen muß. Darum kündigt Jesus nun im Tempelwort an, daß er den alten „mit Händen gemachten" Tempel abbrechen wird, und darum bringt er in der Tempelaktion den Sühnopferkult zeichenhaft zum Erliegen. Es vollzieht sich die Erfüllung, von der Mt 5,17 spricht[24].

Entsprechend dem Charakter der Tempelaktion als Umkehrruf weist die zeichenhafte Unterbrechung des Sühnopferkultes primär darauf, daß der Sühnopferkult wegen der hereinbrechenden Heilswirklichkeit der Basileia Gottes, die keiner Sühne mehr bedürftig sein wird, zu seinem Ende gekommen ist (s.o. S. 384–387). Aufgrund der negativen Reaktion auf den Umkehrruf Jesu, die in dem Entschluß der religiösen Führer, Jesus umbringen zu wollen, zum Ausdruck kommt, kann das eschatologische Heil nur durch den stellvertretenden Opfertod Jesu erreicht werden (s.o. S. 419ff). In diesem neuen Zusammenhang kommt der Tempelaktion der Sinn zu, zeichenhaft auf seinen Sühnetod als endzeitlichen Ersatz für den Sühnopferkult des Tempels hinzuweisen (s.o. S. 424–429). Weil auch diese Sinngebung, die man von der historischen Perspektive der beabsichtigten und erhofften Umkehr Israels her unter Umständen als potentiell oder sekundär bezeichnen könnte, von Jesus angelegt und beabsichtigt war, stoßen wir auf eine *übereinstimmende Sicht der Notwendigkeit der Sühne* in den kultbejahenden Überlieferungen aus dem früheren Wirken Jesu einerseits und in der Tempelaktion als der auf seinen Sühnetod weisenden Zeichenhandlung andererseits.

2.2 Die Weissagung der Zerstörung des Tempels

Neben der ersten Hälfte des Tempelwortes – „ich werde diesen mit Händen gemachten Tempel abbrechen" (Mk 14,58) – ist als Kontrast zu den tempelbejahenden Überlieferungen vor allem die Zerstörungsweissagung aus Mk 13,1f par. Mt 24,1f par. Lk 21,5f anzuführen:

Mk 13,1–2:
(1) Und als er aus dem Tempel ging, spricht einer seiner Jünger zu ihm: „Meister, siehe, was für Steine und was für Bauten!" (2) Und Jesus sprach zu ihm: „Siehst du diese großen Bauten? Es wird hier kein Stein auf dem anderen bleiben, der nicht abgebrochen werden wird."[25]

---

nischen Situation die Tempelsteuer nicht mehr von Bedeutung sei. Sie gehört zu dem „mit Händen gemachten" alten Tempel, nicht mehr zum neuen Gottesvolk, das Jesus zu sammeln begann (s.u. S. 446) und dessen Glieder Gott *Abba* nennen dürfen.

[24] Aus der Perspektive der auf die Tora und ihre vorgeschriebene Kultordnung verpflichteten Hohenpriester sahen die Dinge allerdings ganz anders aus: „Von dieser Warte aus erscheinen Jesu Diktum von Mt 5,17 mitsamt seiner Kritik an der Tora vom Sinai als schwere religiöse Verstöße. Dasselbe Urteil ergibt sich vom Standpunkt der Hochpriester und Sadduzäer her in dem Augenblick, als Jesus mit der sog. ‚Reinigung des Tempels' (Mk 11,15–17 Par) und seinem Tempelwort (Mk 14,58 Par) die von der Tora vorgeschriebene Kultordnung des Jerusalemer Tempels offen angriff" (STUHLMACHER, a.a.O., 105f).

[25] Jesu Ankündigung der Zerstörung des Tempels steht bei allen Synoptikern als Einleitung zur sog. synopt. Apokalypse (Mk 13,1–32; Mt 24,1–36; Lk 21,5–33). Während die Jesu Weissagung veranlassende Szene in Mk 13,1; Mt 24,1; Lk 21,5 jeweils

Zusammen mit dem Gleichnis Mk 13,33–37 bilden Mk 13,1–2 den redaktionellen Rahmen der Endzeitrede 13,3–32. Auf das Konto des Evangelisten geht jedoch nur die kompositionelle Unterbringung dieser Überlieferung; er hat dieses Apophthegma nicht selber geschaffen[26].

In Verbindung mit der Erörterung der ursprünglichen Verbform im ersten Glied des Tempelwortes zogen wir Mk 13,2 zum Vergleich heran mit dem Ergebnis, daß keine Abhängigkeit des Tempelwortes von dieser Stelle festzustellen war (s.o. S. 118f)[27]. Ebensowenig ist Mk 13,2 als eine vom Tempelwort abhängige sekundäre Bildung anzusehen[28]. Wir haben folglich mit „einer überlieferungsgeschichtlichen Unabhängigkeit der beiden Äußerungen zum Tempel" zu rechnen; „Mk hat sowohl in 14,58 wie auch in 13,2 traditionelles Gut aufgenommen"[29].

Inwiefern die Zerstörungsweissagung als ein nach 70 gebildetes *vaticinium ex eventu* anzusprechen ist oder nicht, ist eine bis heute heftig umstrittene Frage[30]. Nicht nur die überlieferungsgeschichtliche Bestimmung des

---

recht eigenständig formuliert ist, stehen die drei Fassungen des Jesuswortes im darauffolgenden Vers einander wesentlich näher, und zwar besonders im letzten, die Zerstörungsankündigung enthaltenden Teil. M.E. zeigt der Vergleich der drei Versionen dieses Ankündigungsteils deutlich, daß Mk 13,2bβ, οὐ μὴ ἀφεθῇ ὧδε λίθος ἐπὶ λίθον ὃς οὐ μὴ καταλυθῇ, als Vorlage für Mt 24,2bβ und Lk 21,6b gedient hat. Mt verleiht seinerseits der Weissagung noch mehr Nachdruck durch die Einfügung von ἀμὴν λέγω ὑμῖν nach der Frage in V. 2bα (die kürzer formuliert als die in Mk 13,2bα ist) und folgt sonst Mk bis auf die Änderung der zweiten Negation von οὐ μὴ + Konjunktiv Aorist zu οὐ + Futurum (Indikativ), d.h. οὐ καταλυθήσεται. Daß wir es hier mit einer Entwicklung zu tun haben, geht aus der lk Parallele hervor, die nicht nur die zweite, sondern auch noch die erste Negation in dieser Weise geändert hat, d.h. οὐκ ἀφεθήσεται statt οὐ μὴ ἀφεθῇ. Die Zufügung von ἐλεύσονται ἡμέραι ἐν αἷς vor dem Teil der Weissagung, die mit Mk 13,2bβ parallel ist, dürfte unternommen worden sein, „to indicate that there would be a time during which the temple would remain destroyed, and thus to avoid the misapprehension that with its destruction the end would immediately come" (MARSHALL, Luke, 759). Im folgenden beschränke ich mich auf die in Mk 13,2 vorliegende älteste Fassung dieses Wortes.

[26] Vgl. KRAUS, Tod Jesu, 218f: „Formgeschichtlich liegt in Mk 13,1–2 ein Apophthegma vor, das inhaltlich vom Gegensatz der gegenwärtigen Pracht und der zukünftigen Zerstörung geprägt ist. Mk fand dies in seiner Vorlage der Passionsgeschichte schon so vor und hat in diesen Rahmen die Endzeitrede eingebaut."

[27] Darum sind die Vorschläge GUNDRYs und TANs, der Mk 14,58 überlieferte Wortlaut der Zeugenaussage gegen Jesus sei eine mißverstandene oder bewußt böswillig verdrehte Wiedergabe des authentischen Jesuswortes Mk 13,2, abzulehnen (s.o. S. 128f Anm. 126 und S. 151 Anm. 197).

[28] Gegen THEISSEN, Tempelweissagung, 143 Anm. 4; THEISSEN/MERZ, Jesus, 381 (s. weitere Vertreter dieser Auffassung in BORG, Conflict, 351 Anm. 79).

[29] KRAUS, a.a.O., 220.

[30] Einige Vertreter der *vaticinium ex eventu*-Auffassung sind erwähnt in SÖDING, Tempelaktion, 55 Anm. 96. Eine *ex eventu*-Weissagung der Tempelzerstörung könnte unabhängig von dem Tempelwort Jesu formuliert werden, oder sie könnte u.U. eine Anpassung des Tempelwortes an das inzwischen Geschehene sein, so z.B. THEISSEN/

Wortes als vormarkinische Bildung läßt kaum zeitlichen Spielraum für eine Entstehung erst nach der Zerstörung des herodianischen Tempels durch die Römer zu[31], sondern auch die inhaltliche Analyse des Wortes zeigt, daß eine solche Hypothese keineswegs zwingend ist. Biblisch hat die Anwendung von καταλύειν, bezogen auf die Zerstörung des Jerusalemer Tempels, ein Vorbild in Esr 5,12[32]. Im besonderen gibt es eine breite alttestamentlich-frühjüdische Tradition für die Erwartung, daß Gott den gegenwärtigen Tempel dem Vernichtungsgericht preisgeben wird[33].

Wenn Mk 13,2 vor diesem Hintergrund als ein authentisches Jesuswort in Frage kommt, gilt es nun zu klären, wie es sich zum Tempelwort Mk 14,58 und zur Tempelaktion inhaltlich verhält. Zu Recht werden meistens weder das unterschiedliche Subjekt des gemeinsamen Verbs καταλύειν (Gott contra Jesus) noch das unterschiedliche Objekt (die ganze herodianische Tempelanlage statt des meistens speziell das Tempelgebäude meinenden ναός[34]) beim Vergleich zwischen Mk 13,2 und 14,58 als wirkliche Widersprüche angesehen; von dem in der Echtheitsprüfung von Jesusworten bewährten Kohärenzkriterium her spricht deshalb nichts gegen die Authentizität[35].

MERZ, ebd. (s. Anm. 28): „Mk 13,1f formuliert die Tempelweissagung Jesu so um, daß sie mit der Tempelzerstörung im Jahre 70 n.Chr. übereinstimmt." In seiner früheren Studie zur Tempelweissagung Jesu äußerte THEISSEN sich noch präziser (s. Anm. 28): „Die negative Hälfte der Tempelweissagung wurde in Mark. 13,2 sekundär zum vaticinium ex eventu; sie wurde isoliert, weil nur sie eingetroffen ist. Auch so ist noch die ursprüngliche Prophetie erkennbar: Der Tempel wurde zunächst durch Feuer zerstört (Jos. Bell. 6,228ff), dann geschliffen (Jos. Bell. 7,1ff). Ein reines vaticinum ex eventu hätte beide Vorgänge genannt" (ebd.).

[31] Vgl. die einschlägigen Einleitungen und Kommentare für die Datierung des Markusevangeliums.

[32] Die Zerstörung des salomonischen Tempels durch Nebukadnezar wird in Esr 5,12b durch das Verb סתר Peʿal ausgedrückt, das die LXX mit καταλύειν wiedergibt. Codex Alexandrinus benutzt dasselbe Verb in 2Reg 25,10 (= 4Reg 25,10 LXX) in entsprechender Bedeutung für das Niederreißen der Stadtmauern Jerusalems. Der Ausdruck λίθος ἐπὶ λίθον begegnet Hag 2,15 LXX als Wiedergabe von אֶבֶן אֶל־אָבֶן.

[33] Die passivische Ausdrucksweise ist als passivum divinum aufzufassen (vgl. S. 118). Zur Erwartung des göttlichen Zerstörungsgerichts über den Tempel s.o. S. 35ff (gegebenenfalls durch einen menschlichen Helfer vollstreckt, s. S. 148). Zur Widerlegung des ex eventu-Verständnisses s. die unter Berücksichtigung von viel Lit. vorgenommene Erörterung von KRAUS, a.a.O., 220–222 und sonst z.B. SÖDING, Tempelaktion, 55f.

[34] Vgl. jedoch Joh 2,20 als Reaktion auf das Tempelwort im vorausgehenden Vers und s. dazu S. 245f.

[35] Vgl. zu diesem Kriterium u.a. RIESNER, Jesus, 92. Es ist weder inhaltlich nötig noch überlieferungsgeschichtlich berechtigt, in Mk 14,58 Futur 1. Person sing. durch die passivische Konstruktion von 13,2 zu ersetzen, um (genügende) Kohärenz behaupten zu können, wie es z.B. KRAUS, a.a.O., 228 tut, denn ἐγὼ καταλύσω ist Ausdruck des messianischen Anspruchs Jesu, das Gott zukommende Handeln selbst auszuführen (s.o.

M.E. ist die kompositionelle Plazierung der Weissagung Jesu über die Zerstörung des Tempels erst im Anschluß an die Auseinandersetzungen und Streitgespräche im Tempel am Tag nach der Tempelaktion (vgl. Mk 11,27–12,40) von entscheidender Bedeutung für ihre Interpretation und für die gegenseitige Abstimmung zwischen ihr und dem Tempelwort. Denn allem Anschein nach trifft die Plazierung auch chronologisch zu. In der Tempelaktion hatte Jesus ganz bewußt seine „Sache" auf die Spitze getrieben und eine Entscheidung, sei sie positiv oder negativ, provoziert[36]. Die Reaktion seitens der religiösen Führer war negativ ausgefallen. Die Folge waren ein entschiedener Entschluß der Hohenpriester und Schriftgelehrten, Jesus so bald wie möglich unschädlich zu machen (vgl. Mk 11,18), und eine immer schärfere Auseinandersetzung zwischen Jesus und seinen Gegnern in den Stunden und Tagen nach der Tempelaktion. In dieser Situation des verschärften Konfliktes verlieh Jesus nicht nur seiner Todesgewißheit Ausdruck (vgl. Mk 12,1–12 par.; Mt 23,37–39 par. Lk 13,34f und s.o. S. 414–416), sondern „in denselben Kontext gehör(t) die Ankündigung der Zerstörung des Tempels (Mk 13,1f Par.)"[37]. Durch die Ablehnung des Umkehrrufs Jesu und das Beharren auf dem „räuberischen" Verhalten dem Tempel und Tempelkult gegenüber waren die Würfel gefallen. Nun sind die Voraussetzungen für die Verwirklichung der im Räuberhöhlenvorwurf Mk 11,17 implizierten Androhung der Tempel-

---

S. 145ff). Hinsichtlich der völligen Übereinstimmung „in der Grundtendenz", was das Objekt der Zerstörung anbelangt, ist KRAUS, a.a.O., 222 dagegen ganz im Recht. Unter den Forschern, die Mk 13,2 und das Tempelwort Mk 14,58 par. als kohärent ansehen und für wahrscheinlich authentisch halten, können noch erwähnt werden z.B. FLUSSER, Prozeß und Tod, 143f, 145 und SANDERS, der in „Jesus and Judaism", 71–75 die beiden Logien nebeneinander stellt und sie als sich gegenseitig ergänzende Überlieferungen betrachtet. SÖDING, Tempelaktion, 55f hält zwar weder Mk 13,2 noch Lk 19,43f für *vaticina ex eventu*, möchte jedoch den jesuanischen Bestandteil der beiden Überlieferungen auf das ihnen gemeinsame Motiv, kein Stein werde auf dem anderen bleiben, beschränken. SÖDING, a.a.O., 53–55 zufolge haben wir in der Überlieferung Lk 13,34f par. Mt 23,37ff, die er als ein den eschatologischen Exodus Gottes aus dem Heiligtum androhendes Gerichtswort versteht, das am besten erhaltene (prophetische) Tempelwort Jesu vor uns (s. dazu S. 131f, 415f). Das Tempelwort Mk 14,58 par. hält er dagegen für ein sekundäres Wort eines hellenistisch-judenchristlichen Propheten (vgl. a.a.O., 52f; zur Unhaltbarkeit dieser Sicht vgl. die ausführliche überlieferungsgeschichtliche Analyse des Tempelwortes in Kapitel 3).

[36] Vom Charakter der Tempelaktion als einer messianischen Zeichenhandlung, „mit der Jesus die Tempelpriesterschaft aufforderte, sich seinem Umkehrruf zu stellen, ergibt sich folgende Perspektive: *Jesus ist nicht nur willentlich hinaufgezogen nach Jerusalem, sondern er hat dort auch bewußt die Entscheidung gesucht.* Die Verfolgung durch die sadduzäische Priesterschaft hat er für den Fall in Kauf genommen, daß die jüdischen Oberen sich ihm und seiner Botschaft gegenüber verschließen sollten" (STUHLMACHER, Theologie I, 146; kursiv von STUHLMACHER).

[37] STUHLMACHER, Die Stellung Jesu und des Paulus zu Jerusalem, 145; vgl. DERS., Theologie I, 152.

zerstörung im Falle ausbleibender Umkehr und für die Erfüllung des im ersten Glied des Tempelwortes angekündigten Abbrechens des Tempels eingetreten. Die Zerstörungsweissagung in Mk 13,1f ist das von Jesus vor diesem Hintergrund und zu diesem Zeitpunkt gesprochene Wort[38].

3. Die Bedeutung der Tempelaktion und des Tempelwortes vom Ende des Weges Jesu her

Wir haben nun dargelegt, wie sowohl die tempelbejahenden Jesusüberlieferungen als auch seine Weissagung der Zerstörung des Tempels sich in seine Verkündigung einfügen lassen. Es besteht eine vollständige Kohärenz zwischen der Tempelaktion, dem Tempelwort und den sonstigen tempelbezogenen Überlieferungen, sobald man den Umschwung erkennt und berücksichtigt, der durch die negative Reaktion der religiösen Führer und des Volkes auf den Umkehrruf in Gestalt der Tempelaktion verursacht worden ist.

Der Ungehorsam gegenüber Jesu Umkehrruf und der daraus gewachsene Entschluß der Hohenpriester und Schriftgelehrten, ihn umzubringen (vgl. Mk 11,18), sowie die erfolgreiche Umsetzung dieses Entschlusses binnen weniger Tage (vgl. Mk 14–15 par. und s.o. S. 324–328) haben zur Folge, daß die bleibende Bedeutung der Tempelaktion Jesu die einer Zeichenhandlung ist, die auf den Sühnopfertod des messianischen Menschensohnes Jesus Christus als definitive Ersetzung des Sühnopferkultes im Jerusalemer Tempel (s.o. S. 424–430) hinweist. Dem entspricht die nachösterlich früh einsetzende, urchristentumsgeschichtlich und neutestamentlich vorherrschende *sühnetheologische Interpretation des Todes Jesu.*

Die sühnetheologische Entfaltung der Heilsbedeutung des Todes Jesu begegnet schon in der sehr frühen Paradosis Röm 3,25–26a, derzufolge Gott Jesus öffentlich als Sühnmahl, ἱλαστήριον, eingesetzt hat[39], und dann in der Bezeichnung Jesu in 1Joh 2,2; 4,10 als ἱλασμὸς περὶ τῶν ἁμαρτιῶν ἡμῶν, sowie in der Tradition vom Zerreißen des Vorhangs vor dem Allerheiligsten im Tempel in der Todesstunde Jesu in Mk 15,38 par. Ferner sind die Bezeichnung von Jesus als Sündopfer in 2Kor 5,21 und

---

[38] Der Wechsel von der 1. Person des Tempelwortes – „ich werde abbrechen" – zu *passivum divinum* in der Zerstörungsweissagung – jeder Stein der riesigen Tempelanlage „wird abgebrochen werden" – erklärt sich aus der geänderten Situation: Weil Jesus hingerichtet werden wird statt den neuen Tempel zu errichten, wird er es nicht mehr sein, der den alten Tempel abbricht, sondern das Zerstörungswerk wird Gott selbst veranlassen.

[39] Vgl. P. STUHLMACHER, Zur neueren Exegese von Röm 3,24–26 (1975), in: DERS., Versöhnung, Gesetz und Gerechtigkeit. Aufsätze zur biblischen Theologie, Göttingen 1981, 117–135 und Theologie I, 193–195.

Röm 8,3[40], als Lamm – d.h. *Tamid*opfer – in einer Reihe von Texten (1Petr 1,19; Act 8,32; Joh 1,29.36; Apk 5,6.12 u.ö.)[41] und die Rede von Jesu Blut als Sühnemittel in Texten wie Röm 3,25; 5,9; Kol 1,20; Eph 1,7; 2,13; 1Petr 1,2.19; Act 20,28; Hebr 9,12.14; 1Joh 1,7; 5,6–8 und Apk 1,5; 5,9; 7,14; 12,11[42] zu nennen. Die Einmaligkeit des stellvertretenden Opfertodes Jesu und damit ihre ablösende Überbietung der täglich zu wiederholenden Sühnopfer im Tempel wird durch das „ein für allemal" in den Texten Röm 6,10; 1Petr 3,18; Hebr 9,12.26.28 deutlich herausgestellt.

Wie aus dieser Übersicht hervorgeht, verteilen sich die sühnetheologischen Interpretamente des Kreuzestodes Jesu auf viele Schriften und Schichten des Neuen Testaments; wenn aber eine Schrift wegen besonderer Konzentration auf die Deutung des Todes Jesu von der alttestamentlich-frühjüdischen Sühnetheologie her hervorgehoben werden soll, ist das (natürlich) der Hebräerbrief. Seine Darstellung von Jesus sowohl als Hohenpriester wie auch als Opfer gipfelt in Kap. 8–10, die die Hinlänglichkeit, Einmaligkeit und Endgültigkeit des Selbstopfers Jesu in solch eindrücklicher Weise herausstellen, daß sie in gewisser Hinsicht als eine direkte Entfaltung des theologischen Sinngehalts der Zeichenhandlung Jesu im Tempel aufzufassen sind[43].

Der geschichtliche Ausgang der Entscheidungsstunde auf dem Tempelmarkt hatte nicht nur zur Folge, daß der Sühnetod Jesu an die Stelle des Sühnopferkultes trat, sondern bedeutete auch, daß die vom begleitenden Jesuswort formulierte positive Zielangabe der Tempel „wird ein Haus des Gebetes für alle Völker genannt werden" – in anderer Weise als durch die sofortige Errichtung des eschatologischen Tempels, von dem das Tempelwort gesprochen hatte, verwirklicht wurde. Weil Jesus seine messianische Sendung der eschatologischen Ablösung und Überbietung des alten Tempels mitsamt seiner Kultordnung nicht durch die Errichtung des neuen Tempels auf dem Zion, sondern durch seinen stellvertretenden Sühnopfertod verwirklichte, setzte sich in der Zeit nach Ostern verhältnismäßig rasch auch in ekklesiologischer Hinsicht eine Loslösung vom Tempel unter den frühen Christen durch.

---

[40] Vgl. STUHLMACHER, Theologie I, 195, 296.

[41] Zum Tamidopfer s.o. S. 389, 409f. Speziell zu Apk s. P. STUHLMACHER, Das Lamm Gottes – eine Skizze, in: Geschichte – Tradition – Reflexion. FS für Martin Hengel zum 70. Geburtstag, Bd. III, hg. v. H. LICHTENBERGER, Tübingen 1996, 529–542.

[42] S.o. S. 395–398.

[43] Allerdings muß hinzugefügt werden, daß vor allem die in Hebr 10,26–31 bezeugte, aber auch von der vorpaulinischen Paradosis Röm 3,25–26a vertretene Einschränkung der Sühnewirkung des Todes Jesu die oben dargelegte biblisch-frühjüdische Diskussion darüber, welche Sünden sühnbar sind (vgl S. 399 403, 405–409), reflektiert. Wie aus dem Lösegeldwort Mk 10,45 par. und dem Spendewort Mk 14,22.24 par. hervorgeht, schrieb Jesus selbst seinem Opfertod eine unbeschränkte Sühnewirkung und ein unbeschränktes sündenvergebendes Heilsvermögen zu. Diese, Jesus gemäße soteriologische Position wird mit großer Klarheit und Entschiedenheit vor allem von den aus diesem Grund von Martin Luther besonders hoch geschätzten Paulusbriefen, Johannesschriften (vgl. vor allem 1Joh 2,2b!) und 1Petr bezeugt.

Die „spiritualisierende" Übertragung des Theologumenons des Tempels auf die Ekklesia, zu der es nun kam, konnte sogar an die Redeweise Jesu in Mt 16,18 („auf diesem Felsen werde ich meine Kirche bauen [οἰκοδομήσω]") anknüpfen bzw. wurde durch sie gefördert (s.o. S. 144 Anm. 184). In Act 7,48 und 17,24 erscheint das im ersten Glied des Tempelwortes benutzte Attribut χειροποίητος, „mit Händen gemacht", als Kennzeichnung von irdischen Tempeln, in denen Gott nicht wohnen kann und will. Stattdessen nimmt Gott bzw. sein Geist seine Wohnung in der Gemeinschaft der Christen, der Kirche, als Tempel (vgl. 2Kor 6,16; 1Kor 3,16f; Eph 2,21) bzw. Haus Gottes (vgl. 1Petr 2,5; 1Tim 3,15)[44].

Die Verwirklichung des eschatologischen Heils durch Jesu Tod und Auferstehung hatte ferner zur Folge, daß die Völkerwallfahrt als eines der zentralen Elemente der Zionserwartung (s.o. S. 26f), die Jesus durch das Zitat aus Jes 56,7b in Mk 11,17 hervorgehoben hatte (s.o. S. 280–282), sich nun auch anders als bisher erwartet zu erfüllen begann. Jesus hatte bereits während seines irdischen Wirkens die Einbeziehung der heidnischen Völker in das eschatologische Dankopfermahl auf dem Zion im Blick gehabt (vgl. Lk 13,29 par. Mt 8,11 mit Jes 25,6–8). Als die Jünger Jesu nach seiner Auferstehung und seiner neuen Mahlgemeinschaft mit ihnen (vgl. Lk 24; Joh 21; Act 10,40f) im Herrenmahl (1Kor 11,20; vgl. 10,21) antizipierend das endzeitliche Freudenmahl feierten (Act 2,46)[45], ergab sich für die ἐκκλησία Ἰησοῦ Χριστοῦ eine neue Situation: Sie konnte das eschatologische „Haus des Gebetes für alle Völker (πᾶσιν τοῖς ἔθνεσιν)" erst werden, wenn auch die heidnischen Völker zu dem neuen Gottesdienst „in Geist und Wahrheit" (Joh 4,24) eingeladen würden.

Wir halten fest: *Vom Ende des Weges Jesu her hat die Tempelaktion ihre bleibende Bedeutung als Zeichenhandlung, die auf den Sühnetod Jesu als definitiven Ersatz des Sühnopferkultes im Jerusalemer Tempel hinweist.* Der Ausgang der Konfrontation zwischen Jesus und den religiösen Führern Israels im Tempel hat ferner Konsequenzen dafür, wie das Tempelwort seine Erfüllung erreicht: *Der neue „nicht mit Händen gemachte" Tempel ist in der Form der Ekklesia, der personalen Gemeinschaft des neuen Gottesvolkes, verwirklicht worden.* Dem eschatologischen Vollendungscharakter dieser Gemeinschaft im „Leibe Christi" (vgl. 1Kor 12,27) entsprechend werden durch die Völkermission auch die Heiden zur Teilnahme an der Anbetung in „Geist und Wahrheit" im „Haus des Gebetes für alle Völker" (Joh 4,24; Mk 11,17) eingeladen.

Es hat also eine Übertragung stattgefunden, die nun die ursprüngliche realistisch-„erdverbundene" Erfüllung der messianischen Sendung Jesu in der Errichtung eines neuen Tempel(gebäude)s auf dem Zion transzendiert. Ist aber diese Loslösung von dem geographisch lokalisierten Zentrum der

---

[44] Für eine ausführliche Darlegung s.o. S. 122–126.

[45] Zu diesen Zusammenhängen s. STUHLMACHER, Das neutestamentliche Zeugnis vom Herrenmahl, 78–81 und Theologie I, 206–210.

eschatologischen Herrschaft bzw. des Reiches Gottes permanent? Hat die durch die Tempelaktion und das Tempelwort in Erscheinung getretene messianische Sendung Jesu in der personalen und universalistischen Konzeption der aus Israel und allen Völkern bestehenden Gemeinschaft des neuen Gottesvolkes in der Kirche schon ihre endgültige Erfüllung erreicht? Die erforderliche Unterscheidung zwischen dem durch Tod und Auferstehung Jesu verwirklichten Heil einerseits und der noch ausstehenden Parusie andererseits deutet darauf hin, daß die Erfüllung der messianischen Sendung in ihrer Fülle noch nicht erreicht ist.

Während ursprünglich der vollständige Durchbruch der Basileia Gottes als ein einziger, radikaler, alles ändernder Einschnitt noch während des Jerusalemaufenthaltes Jesu möglich schien, hat die Unterscheidung von Auferstehung und Parusie zur Folge, daß der volle Durchbruch der eschatologischen Heilswirklichkeit noch aussteht.

Es gibt in der Jesusüberlieferung Indizien dafür, daß Jesus selbst mit einer „Zwischenzeit" zwischen seinem Tod und der Parusie gerechnet hat: Wenn die Entscheidungsstunde in Jerusalem auf die Ablehnung seines Umkehrrufs hinauslaufen würde, würde es zu seinem Tod statt der sofortigen Errichtung des endzeitlichen Tempels und dem sofortigen Anbruch der Basileia kommen (s.o. S. 412–430). Wie hat sich Jesus dann das Verhältnis zwischen seinem Tod und der Verwirklichung der eschatologischen Basileia vorgestellt? W.G. KÜMMEL hat gezeigt, daß Überlieferungen wie u.a. Mk 2,18ff par.; 14,25.28; Lk 17,22; 18,7.8a darauf hindeuten, daß Jesus eine „Zwischenzeit" (von ungewisser Dauer) zwischen seinem Tod und der Parusie mit der Vollendung der Gottesherrschaft bzw. des Gottesreiches erwartet hat[46].

Es gibt im Neuen Testament Anzeichen dafür, daß die mit dem Zion verbundenen Züge der messianischen Sendung Jesu, die in seinem Wirken noch keine konkrete Erfüllung fanden, auf die Parusie übertragen sind.

Leider fällt das Urteil KIM HUAT TANs in seiner Studie über Jesus und die Zionstraditionen an diesem entscheidenden Punkt unscharf aus. Einerseits findet er, daß Jesus für sich eine Rolle über den Tod hinaus, wahrscheinlich mit der Parusievorstellung verbunden, beansprucht hat (s.o. S. 422f Anm. 341), aber andererseits begnügt er sich damit, Jerusalem bzw. dem Zion bloß symbolische Bedeutung zuzusprechen[47], was

---

[46] Vgl. in W.G. KÜMMEL, Verheißung und Erfüllung, Zürich ³1956, den „Die Erwartung einer Zwischenzeit zwischen Jesu Tod und Parusie" überschriebenen Abschnitt, 58–76, bes. 68–75.

[47] TAN, Zion and Jesus, 238f: „What was Jesus' attitude towards Jerusalem? ... If a synthesis is to be proposed at all, it is perhaps this. Jesus accepted the legitimacy of Jerusalem as serving the symbolic reality of God's reign, but that did not tie him to any historical Jerusalem. The OT prophets and Jesus sought to bridge the gap between the historical Jerusalem and the ideal one. In this light, Stuhlmacher's statement of the attitude of Jesus towards Jerusalem is probably correct: despite Jesus' pronouncement of judgment over Jerusalem and the earthly temple, Zion remained for him the future centre of the restored divine community."

am ehesten darauf hinauszulaufen scheint, daß TAN mit keiner eschatologischen
Funktion des realen Zions rechnet. PETER STUHLMACHER hilft dagegen in seinem
Aufsatz „Die Stellung Jesu und des Paulus zu Jerusalem" weiter[48]: „Trotz Jesu
Gerichtsansage über Jerusalem und den irdischen Tempel bleibt der Zion für ihn der
künftige Zentralort der heilvollen Gottesgemeinschaft aller Glaubenden."[49] Jerusalem
als Standort der Urgemeinde ist vor diesem Hintergrund zu verstehen und impliziert
die Erwartung, daß die Parusie Jesu hier stattfinden würde[50]. Vor allem findet das
Festhalten am Zion seine Bestätigung in der paulinischen Eschatologie (vgl. vor allem
Röm 9,33; 11,25f): „Der Zion ist für Paulus Ausgangspunkt des endzeitlichen
Kommens des Erlösers ... Von 1Thess 1,10; Röm 9,33 und dem gesamten Kontext
von Röm 11 her kann der Erlöser nur der wiederkehrende und damit sein ihm
aufgetragenes messianisches Werk vollendende Christus Jesus sein."[51]

Die Sendung Jesu führte ihn für die Vollendung seines Dienstes nach
Jerusalem, wo die eschatologische Gottesherrschaft bzw. das Reich Gottes
ihr Zentrum auf dem Zion haben würde. In der Tempelaktion und im
Tempelwort verlieh Jesus seinem messianischen Auftrag im Hinblick auf
den Tempel in der Gottesstadt Ausdruck. Weil Gott selbst in dem Christus
Jesus anwesend war und ist und sein Sühnetod ein für allemal wirksam war
und bleibt, ist die Heilswirklichkeit des Tempels auf Jesus und seine
Gemeinde übergegangen. Aber nichtsdestoweniger bleibt der Zion die
Mitte der eschatologischen Heilswirklickeit in der Basileia Gottes, und
darum wird Jesus als der messianische Menschensohn bei seiner Parusie
seine messianische Sendung vom Zion aus vollenden.

---

[48] Gerade dieser Aufsatz, auf den TAN im Zitat in der vorigen Anm. verweist, ist der
Hauptanstoß seiner Untersuchung über Jesus und die Zionstraditionen gewesen (s.o.
S. 131 Anm. 132).

[49] STUHLMACHER, Die Stellung Jesu und des Paulus zu Jerusalem, 146.

[50] A.a.O., 146–148.

[51] Zu Paulus s. a.a.O., 148ff, bes. 153–155. Das Zitat ist S. 154f entnommen.

Literaturverzeichnis

1. Textausgaben und Übersetzungen

1.1 Bibel

1.1.1. Alttestamentliche Textausgaben

Biblia Hebraica Stuttgartensia, ed. K. ELLIGER / W. RUDOLPH, Stuttgart 1967 / 1977 (4., verb. Aufl. 1990) (Abkürzung: BHS).

Septuaginta. Id est Vetus Testamentum graece iuxta LXX interpretes, ed. A. RAHLFS, 2 Vol., Stuttgart 1935 (Editio minor. Duo volumina in uno, 1979).

Septuaginta. Vetus Testamentum Graecum auctoritate Societatis Litterarum Gottingensis (bzw. Academiae Scientiarum Gottingensis) ed., Göttingen:
> Vol. II.1: Exodus, hg. v. J.W. WEVERS, 1991.
> Vol. XII.2: Sapientia Iesu Filii Sirach, hg. v. J. ZIEGLER, 1965.
> Vol. XIII: Duodecim prophetae, hg. v. J. ZIEGLER, [3]1984.
> Vol. XIV: Isaias, hg. v. J. ZIEGLER, [2]1967.

1.1.2 Neutestamentliche Textausgaben

Novum Testamentum Graece, post EBERHARD et ERWIN NESTLE communiter ediderunt BARBARA et KURT ALAND / JOHANNES KARAVIDOPOULOS / CARLO M. MARTINI / BRUCE M. METZGER, 27. rev. Aufl., Stuttgart 1993 (Abkürzung: NA[27]).
> (Novum Testamentum Graece, 26. neu bearb. Aufl., 1.–12. Druck, Stuttgart 1979–91 [Abkürzung: NA[26]].)

Synopsis Quattuor Evangeliorum, ed. K. ALAND, Stuttgart [13]1985 (Abkürzung: SQE[13]).

1.1.3 Übersetzungen

Die Bibel, mit Apokryphen. Nach der Übersetzung Martin Luthers, revidierte Fassung, Stuttgart 1984.

Neue Jerusalemer Bibel. Einheitsübersetzung, mit dem Kommentar der Jerusalemer Bibel. Neu bearb. und erw. Ausg., Deutsch hg. v. A. DEISSLER / A. VÖGTLE, Freiburg im Breisgau 1987.

Bibelen – Den Hellige Skrift. Det gamle og Det nye testamente med de apokryfiske bøker, Oslo 1994.

1.2 Frühjüdische Apokryphen und Pseudepigraphen

1.2.1 Textausgaben

BEENTJES, P.: The Book of Ben Sira in Hebrew. A Text Edition of All Extant Hebrew Manuscripts and a Synopsis of All Parallel Hebrew Ben Sira Texts, VT.S 68, Leiden 1997.

DE JONGE, M. (Ed.): The Testaments of the Twelve Patriarchs. A Critical Edition of the Greek Text, PVTG I.2 (ed. in Cooperation with H.W. HOLLANDER / H.J. DE JONGE / TH. KORTEWEG), Leiden 1978.

GEFFCKEN, J. (Bearb.): Die Oracula Sibyllina, GCS 8, Leipzig 1902.

KURFESS, A.: Sibyllinische Weissagungen, Berlin 1951.

1.2.2 Kommentare und Übersetzungen

Altjüdisches Schrifttum außerhalb der Bibel, übers. und erl. v. P. RIESSLER, Freiburg / Heidelberg 1928 ([4]1979).

Die Apokryphen und Pseudepigraphen des Alten Testaments, 2Bde., hg. v. E. KAUTZSCH, Darmstadt 1975 (= Tübingen 1900) (Abkürzung: APAT):
    Bd. I: Die Apokryphen des Alten Testaments.
    Bd. II: Die Pseudepigraphen des Alten Testaments.

Jüdische Schriften aus hellenistisch-jüdischer Zeit, hg. v. H. LICHTENBERGER (früher v. W.G. KÜMMEL [gest. 1995]), Gütersloh 1973ff (Abkürzung: JSHRZ):
    Bd. I: Historische und legendäre Erzählungen.
    Bd. II: Unterweisung in erzählender Form.
    Bd. III: Unterweisung in lehrhafter Form.
    Bd. IV: Poetische Schriften.
    Bd. V: Apokalypsen.

The Old Testament Pseudepigrapha, 2 Vol., Ed. J.H. CHARLESWORTH, Garden City/New York 1983/1985 (Abkürzung: OTP):
    Vol. I: Apocalyptic Literature and Testaments.
    Vol. II: Expansions of the ‚Old Testament' and Legends, Wisdom and Philosophical Literature, Prayers, Psalms, and Odes, Fragments of Lost Judeo-Hellenistic Works.

1.3 Qumran

The Dead Sea Scrolls. Study Edition, 2 Vol., ed. by F. GARCÍA MARTÍNEZ / E.J.C. TIGCHELAAR, Leiden/New York/Köln 1997/1998:
    Vol. I: 1Q1–4Q273.
    Vol. II: 4Q274–11Q31.

MAIER, J.: Die Qumran-Essener: Die Texte vom Toten Meer, 3Bde., UTB 1862/1863/1916, München/Basel 1995/1995/1996:
    Bd. I: Die Texte der Höhlen 1–3 und 5–11.
    Bd. II: Die Texte der Höhle 4.
    Bd. III: Einführung, Zeitrechnung, Register und Bibliographie.

MAIER, J.: Die Tempelrolle vom Toten Meer und das „Neue Jerusalem". 11Q19 und 11Q20; 1Q32, 2Q24, 4Q554–555, 5Q15 und 11Q18. Übersetzung und Erläuterung. Mit Grundrissen der Tempelhofanlage und Skizzen zur Stadtplanung, 3., völlig neu bearb. und erw. Aufl., UTB 829, München/Basel 1997.

YADIN, Y.: The Temple Scroll, 3 Vol., Jerusalem 1983.

1.4 Philo von Alexandria

Philonis Alexandrini. Opera quae supersunt, 7 Vol., ed. L. COHN / P. WENDLAND, Berlin 1896–1930 (Nachdr. 1962–1963).

Philo in Ten Volumes (and Two Supplementary Volumes). With An English Translation by F.H. COLSON u.a., LCL, London/Cambridge [Ma.] 1929–1962.

Die Werke Philos von Alexandria in deutscher Übersetzung, 6Bde., hg. v. L. COHN / I. HEINEMANN / M. ADLER, Breslau 1909ff (Nachdr. unter dem Titel „Philo von Alexandria. Die Werke in deutscher Übersetzung" + Bd. VII, Berlin 1962/1964).

1.5 Josephus

Josephus in Ten Volumes. With An English Translation by H.S.J. THACKERAY u.a., LCL, London/Cambridge [Ma.] 1926–1965.

Flavius Josephus. De bello Judaico – Der jüdische Krieg, Griechisch und Deutsch, 3Bde., hg. und mit einer Einleitung sowie mit Anmerkungen versehen v. O. MICHEL / O. BAUERNFEIND, Darmstadt:

    Bd. I: Buch I–III, 1959 (^{3}1982).
    Bd. II.1: Buch IV–V, 1963.
    Bd. II.2: Buch VI–VII, 1969.
    Bd. III: Ergänzungen und Register, 1969.

Des Flavius Josephus Jüdische Altertümer, 2Bde., übers. und mit Einleitung und Anmerkungen versehen v. H. CLEMENTZ, Berlin 1923 (= Wiesbaden [10]1990).

1.6 Targumim

The Bible in Aramaic, 4 Vol., ed. by A. SPERBER, Leiden:
    Vol. I: The Pentateuch According to Targum Onkelos, 1959.
    Vol. II: The Former Prophets According to Targum Jonathan, 1959.
    Vol. III: The Latter Prophets According to Targum Jonathan, 1962.
    Vol. IVA: The Hagiographa, 1968.

DALMAN, G.: Aramäische Dialektproben, Leipzig ^{2}1927 (= Darmstadt 1978).

The Aramaic Bible – the Targums, Edinburgh:
    Vol. 2:   Targum Neofiti 1: Exodus. Translated, with Introduction and Apparatus by M. MCNAMARA and Notes by R. HAYWARD, 1994;
            Targum Pseudo-Jonathan: Exodus. Translated, with Notes by M. MAHER, 1994.
    Vol. 11: The Isaiah Targum. Introduction, Translation, Apparatus and Notes by B.D. CHILTON, 1987.
    Vol. 14· The Targum to the Minor Prophets. Translated with a Critical Introduction, Apparatus, and Notes, ed. by K.J. CATHCART / R.P. GORDON, 1989.

1.7 Rabbinisches Schrifttum: Mischna, Talmud, Midraschim

1.7.1 Die Mischna

Die Mischna. Text, Übersetzung und ausführliche Erklärung, mit eingehenden geschichtlichen und sprachlichen Einleitungen und textkritischen Anhängen, begr. v. G. BEER / O. HOLTZMANN, (später) hg. v. K.H. RENGSTORF / L. ROST, Gießen 1912ff / Berlin 1935ff:

    I. Seder. Zeraim:
        1. Traktat. *Berakot* (Gebete), hg. v. O. HOLTZMANN, Gießen 1912.
    II. Seder. Moëd:
        5. Traktat. *Joma* (Der Versöhnungstag), hg. v. J. MEINHOLD, Gießen 1913.

IV. Seder. Neziqin:
  9. Traktat. *'Abôt* (Väter), hg. v. K. MARTI / G. BEER, Gießen 1927.
V. Seder. Qodaschim:
  9. Traktat. *Tamid* (Vom täglichen Gemeindeopfer), hg. v. O. HOLTZ-
  MANN, Gießen 1928.
VI. Seder. Toharot:
  1. Traktat. *Kelim* (Gefäße), hg. v. W. BUNTE, Berlin / New York 1972.

Mishnayoth (In Six Volumes, and Supplementary Volume VII). Pointed Hebrew Text,
  Introductions, Translation, Notes, Supplement, Appendix, Indexes, by PH.
  BLACKMAN, London 1951–1956.

1.7.2 Die Tosefta

תוספתא, מאת שאול ליברמן, נייארק. [Hebräisch: Tosefta, hg. v. S. LIEBERMAN, New
  York]:

סדר מועד [Hebräisch: Seder Mō'ēd], 1962.

HÜTTENMEISTER, F.G.: Sche̲kalim – Jom ha-kippurim, Rabbinische Texte; Erste Reihe:
  Die Tosefta, Bd. II: Seder II: Moëd, Teilbd. 2, übers. und erkl. von Frowald G. Hüttenmeister und Göran Larsson, Stuttgart/Berlin/Köln 1997, 3–100.

LARSSON, G.: Der Toseftatraktat Jom hak-Kippurim. Text, Übersetzung, Kommentar.
  I. Teil, Kapitel 1 und 2, Lund 1980.

The Tosefta. Translated from the Hebrew, ed. by J. NEUSNER, New York:
  Second Division: Moed (The Order of Appointed Times), 1981.

1.7.3 Der Talmud

Der babylonische Talmud. Mit Einschluß der vollstaendigen Mišnah, 9Bde., hg. v. L.
  GOLDSCHMIDT, Haag 1897–1935.

1.7.4 Midraschim

Mechilta. Ein tannaitischer Midrasch zu Exodus, Erstmalig ins Deutsche übers. und erkl.
  v. J. WINTER / A. WÜNSCHE, Leipzig 1909 (Nachdr., Hildesheim u.a. 1990).

Sifra. Halachischer Midrasch zu Leviticus, übers. v. J. WINTER, Breslau 1938.

Der Midrasch Wajikra Rabba, übers. v. A. WÜNSCHE, Leipzig 1884 (Nachdr. in: Bibliotheca Rabbinica. Eine Sammlung alter Midraschim, 22., 24., 26. Lfg., mit Noten und
  Verbesserungen von J. FÜRST, Hildesheim 1967).

Der Midrasch Bemidbar Rabba, übers. v. A. WÜNSCHE, Leipzig 1885 (Nachdr. in:
  Bibliotheca Rabbinica. Eine Sammlung alter Midraschim, 20., 21., 25., 27.–29., 33.,
  34. Lfg., mit Noten und Verbesserungen von J. FÜRST, Hildesheim 1967).

Midrasch Tehillim oder haggadische Erklärung der Psalmen. Nach der Textausgabe von
  Salomon Buber zum ersten Male ins Deutsche übers. und mit Noten und Quellen-
  angaben versehen v. A. WÜNSCHE, 2Bde., Trier 1892 (Nachdr., Hildesheim 1967).

Der Midrasch Shir Ha-Schirim, übers. v. A. WÜNSCHE, Leipzig 1880 (Nachdr. in: Bibliotheca Rabbinica. Eine Sammlung alter Midraschim, 6., 7. Lfg., Hildesheim 1967).

- - - - - - - - - - - - -

(STRACK, H.L. /) BILLERBECK, P.: Kommentar zum Neuen Testament aus Talmud und
  Midrasch, s. S. 464.

2. Hilfsmittel

2.1 Wörterbücher

BAUER, W.: Griechisch-deutsches Wörterbuch zu den Schriften des Neuen Testaments und der frühchristlichen Literatur, 6., völlig neu bearb. Aufl., hg. v. K. ALAND / B. ALAND, Berlin / New York 1988.

GESENIUS, W.: Hebräisches und aramäisches Handwörterbuch über das Alte Testament, bearb. v. F. BUHL, unv. Neudr. der 1915 erschienenen 17. Aufl., Berlin / Göttingen / Heidelberg 1962.

LEVY, J.: Chaldäisches Wörterbuch über die Targumim, 2Bde., Leipzig [3]1881.

LEVY, J.: Wörterbuch über die Talmudim und Midraschim, 4Bde., Berlin / Wien [2]1924 (Nachdr., Darmstadt 1963).

LIDDELL, H.G. / R. SCOTT: A Greek-English Lexicon, revised and augmented by H. ST. JONES (9th Ed.) Oxford 1940 (zahlreiche Nachdr.). With a Supplement, ed. by E.A. BARBER, Oxford 1968.

2.2 Grammatiken

BLASS, F. / DEBRUNNER, A.: Grammatik des neutestamentlichen Griechisch, bearb. v. F. REHKOPF, 14., völlig neubearb. und erw. Aufl., Göttingen 1976 (Abkürzung: BDR).

DALMAN, G.: Grammatik des jüdisch-palästinischen Aramäisch nach den Idiomen des palästinischen Talmud, des Onkelostargum und Prophetentargum und der jerusalemischen Targume, Darmstadt 1978 (unv. photomech. Nachdr. der 2., verm. und vielfach umgearb. Aufl. von 1905).

GESENIUS, W.: Hebräische Grammatik, völlig umgearb. v. E. KAUTZSCH, Leipzig [28]1909 (= 5. Nachdruckaufl., Olms 1985).

HOFFMANN, E.G. / SIEBENTHAL, H. VON: Griechische Grammatik zum Neuen Testament, Riehen [Schweiz] 1985.

2.3 Konkordanzen

2.3.1 zum Alten Testament

Konkordanz zum Hebräischen Alten Testament nach dem von Paul Kahle in der Biblia Hebraica edidit Rudolf Kittel besorgten Masoretischen Text. Unter verantwortlicher Mitwirkung von Leonhard Rost ausgearbeitet und geschrieben von GERHARD LISOWSKY, Stuttgart [2]1958.

A Concordance to the Septuagint and the other Greek Versions of the Old Testament (including the Apocryphical Books), 2 Vol., ed. by E. HATCH / H.A. REDPATH, Oxford 1897 (zahlreiche Nachdr.).

2.3.2 zum Neuen Testament

Konkordanz zum Novum Testamentum Graece von Nestle-Aland, 26. Auflage und zum Greek New Testament, 3rd Edition, hg. vom Institut für Neutestamentliche Textforschung und vom Rechenzentrum der Universität Münster, Berlin / New York [3]1987.

Vollständige Konkordanz zum griechischen Neuen Testament, 2Bde., ANTT 4, Berlin / New York:

Bd. I: Gesamtwortbestand, unter Zugrundelegung aller modernen kritischen Textausgaben und des Textus receptus in Verbindung mit H. RIESEN-

FELD / H.-U. ROSENBAUM / CHR. HARNICK / B. BONSACK neu zusammen-
gestellt unter der Leitung von K. ALAND, 1983.
Bd. II: Spezialübersichten, in Verbindung mit H. BACHMANN und W.A. STABY
hg. v. K. ALAND, 1978.
SCHMOLLER, A.: Handkonkordanz zum griechischen Neuen Testament. Nach dem Text
des Novum Testamentum Graece von Nestle-Aland 26. Auflage und des Greek New
Testament Third Edition (Corrected) neu bearbeitet von B. KÖSTER im Institut für
Neutestamentliche Textforschung Münster / Westfalen, Stuttgart 1989.

2.3.3 zu den Schriften aus Qumran

Konkordanz zu den Qumrantexten, hg. v. K.G. KUHN, Göttingen 1960 (mit Nachträgen in
RdQ 4, 1963–64, 163–234).

2.3.4 zu Josephus

A Complete Concordance to Flavius Josephus, 4 Vol., ed. by K.H. RENGSTORF, Leiden
1973–1983.

2.3.5 zum rabbinischen Schrifttum

אוצר לשון התלמוד [ʾŌṣar lᵉšōn hat-talmūd],hg. v. Ḥ.J. KASSOWSKI, Jerusalem 1954ff.

3. Kommentare

3.1 Altes Testament

3.1.1 Exodus

CHILDS, B.: Exodus. A Commentary, OTL, London 1974.
NOTH, M.: Das zweite Buch Mose. Exodus, ATD 5, Göttingen [4]1968.

3.1.2 Jesaja (Dtjes, Trjes)

ELLIGER, K.: Deuterojesaja. 1. Teilbd.: Jesaja 40,1–45,7, BK AT XI.1, Neukirchen-
Vluyn [2]1989.
GRIMM, W. / DITTERT, K.: Das Trostbuch Gottes. Jesaja 40–55, Stuttgart 1990.
–: Deuterojesaja. Deutung – Wirkung – Gegenwart. Ein Kommentar zu Jesaja 40–55,
Stuttgart 1990.
SCULLION, J.J.: Isaiah 40–66, OTMes 12, Wilmington [Delaware] 1982.
WESTERMANN, C.: Das Buch Jesaja Kapitel 40–66, ATD 19, Göttingen [3]1976.
WHYBRAY, R.N.: Isaiah 40–66, NCeB, London 1975.

3.1.3 Jeremia

RUDOLPH, W.: Jeremia, HAT 12; Tübingen [3]1968.
WEISER, A.: Das Buch Jeremia, ATD 20/21, Göttingen [5]1966.

3.1.4 Ezechiel

ZIMMERLI, W.: Ezechiel, 2Bde.: (Ez 1–24), BK AT XIII.1; (Ez 25–48), BK AT XIII.2,
Neukirchen-Vluyn [2]1979.

3.1.5 Kleine Propheten

ELLIGER, K.: Das Buch der zwölf Kleinen Propheten, 2Bde., ATD 24/25, Göttingen:
(Bd. I: [2]1956); Bd. II: Die Propheten Nahum, Habakuk, Zephanja, Haggai, Sacharja,
Maleachi, [3]1956.

RUDOLPH, W.: Haggai – Sacharja 1–8 – Sacharja 9–14 – Maleachi, KAT XIII.4, Gütersloh 1976.
WOLFF, H.W.: Dodekapropheton 6: Haggai, BK AT XIV.6, Neukirchen-Vluyn 1986.

3.1.6 Psalmen

KRAUS, H.-J.: Psalmen, 3Bde., Neukirchen-Vluyn:
    Bd. I: (Ps 1–59), BK AT XV.1, [5]1978.
    Bd. II: (Ps 60–150), BK AT XV.2, [5]1978.
    Bd. III: (Theologie der Psalmen), BK AT XV.3, 1979.

3.2 Das Matthäusevangelium

LUZ, U.: Das Evangelium nach Matthäus, Zürich / Neukirchen-Vluyn:
    Teilbd. 1: Mt 1–7, EKK I.1, [2]1989.
    Teilbd. 2: Mt 8–17, EKK I.2, 1990.
SCHLATTER, A.: Der Evangelist Matthäus. Seine Sprache, sein Ziel, seine Selbständigkeit, Stuttgart [3]1948.
(STRACK, H.L. /) BILLERBECK, P.: Kommentar zum Neuen Testament aus Talmud und Midrasch, Bd. I, s. S. 464.

3.3 Das Markusevangelium

CRANFIELD, C.E.B.: The Gospel According to Saint Mark, Cambridge 1959.
ERNST, J.: Das Evangelium nach Markus, RNT, Regensburg 1981.
GNILKA, J.: Das Evangelium nach Markus, Zürich u.a. / Neukirchen-Vluyn:
    Teilbd. 1: Mk 1 – 8,26, EKK II.1, 1978.
    Teilbd. 2: Mk 8,27–16,20, EKK II.2, 1979.
GRUNDMANN, W.: Das Evangelium nach Markus, ThHK II, Berlin [8]1980 (seit [7]1977 eine durchgehende Umarbeitung der Auslegung von 1959).
GUNDRY, R.H.: Mark. A Commentary on His Apology for the Cross, Grand Rapids [Michigan] 1993.
HAENCHEN, E.: Der Weg Jesu. Eine Erklärung des Markus-Evangeliums und der kanonischen Parallelen, 2. durchg. und verb. Aufl., Berlin 1968.
JOHNSON, SH.E.: The Gospel According to St. Mark, BNTC, London 1960.
KLOSTERMANN, E.: Das Markusevangelium, HNT 3, Tübingen [5]1971.
LANE, W.L.: The Gospel According to Mark, NIC, Grand Rapids [Michigan] 1974.
LOHMEYER, E.: Das Evangelium des Markus, KEK Abt. I/2, Göttingen [17]1967 (LOHMEYER seit [10]1937).
LÜHRMANN, D.: Das Markusevangelium, HNT 3, Tübingen 1987.
MANN, C.S.: Mark. A New Translation with Introduction and Commentary, AncB 27, Garden City / New York 1986.
NINEHAM, D.E.: The Gospel of Saint Mark, PGC, Middlesex u.a. 1963.
PESCH, R.: Das Markusevangelium, 2Bde., HThK 2, Freiburg / Basel / Wien:
    I. Teil: Einleitung und Kommentar zu Kap. 1,1–8,26, [5]1989.
    II. Teil: Kommentar zu Kap. 8,27–16,20, [3]1984.
SCHMID, J.: Das Evangelium nach Markus, RNT 2, Regensburg [4]1958.
SCHMITHALS, W.: Das Evangelium nach Markus, 2Bde., ÖKT 2, Gütersloh 1979.
SCHWEIZER, E.: Das Evangelium nach Markus, NTD 1, Göttingen [14]1975.
(STRACK, H.L. /) BILLERBECK, P.: Kommentar zum Neuen Testament aus Talmud und Midrasch, Bd. II, s. S. 464.

SWETE, H.B.: Commentary on Mark, London 1913 (Nachdr., Grand Rapids [Michigan] 1977).
TAYLOR, V.: The Gospel According to St. Mark, London [2]1966.
WOHLENBERG, G.: Das Evangelium des Markus, KNT 2, Leipzig 1910.

3.4 Das Lukasevangelium

BOVON, F.: Das Evangelium nach Lukas (Lk 1,1–9,50), EKK III.1, Zürich / Neukirchen-Vluyn 1989.
ELLIS, E.E.: The Gospel of Luke, NCeB, London [2]1974.
MARSHALL, I.H.: The Gospel of Luke, NIGTC, Exeter 1978.
(STRACK, H.L. /) BILLERBECK, P.: Kommentar zum Neuen Testament aus Talmud und Midrasch, Bd. II, s. S. 464.

3.5 Das Johannesevangelium

BARRETT, C.K.: Das Evangelium nach Johannes, KEK Sonderbd., Göttingen 1990.
BECKER, J.: Das Evangelium des Johannes, 2Bde., ÖKT 4, Gütersloh 1979.
BROWN, R.E.: The Gospel according to John, 2 Vol., AncB 29, London 1971 (Nachdr. 1984) (Erstveröff. 1966).
BULTMANN, R.: Das Evangelium des Johannes, KEK Abt. II, unver. Nachdr. der 10. Aufl., Göttingen [21]1986.
–: Das Evangelium des Johannes. Ergänzungsheft, Neubearb. 1957, Göttingen 1968.
CARSON, D.A.: The Gospel According to John, Leicester / Grand Rapids [Michigan] 1991.
HAENCHEN, E.: Das Johannesevangelium. Ein Kommentar, aus den nachgelassenen Manuskripten, hg. v. U. BUSSE mit einem Vorwort v. J.M. ROBINSON, Tübingen 1980.
LINDARS, B.: The Gospel of John, NCeB, London 1972.
MAIER, G.: Johannes-Evangelium, 2 Teile, Edition C-Bibel-Kommentar 6/7, Neuhausen-Stuttgart 1984/1986.
MORRIS, L.: The Gospel according to John, NIC, Grand Rapids [Michigan] 1971.
SCHNACKENBURG, R.: Das Johannesevangelium, 4Bde., HThK 4, Freiburg / Basel / Wien:
    I. Teil: Einleitung und Kommentar zu Kap. 1–4, [3]1972.
    II. Teil: Kommentar zu Kap. 5–12, [4]1985.
    III. Teil: Kommentar zu Kap. 12–21, [5]1986.
    IV. Teil: Ergänzende Auslegungen und Exkurse, 1984.
SCHULZ, S.: Das Evangelium nach Johannes, NTD 4, Göttingen [12]1972.
(STRACK, H.L. /) BILLERBECK, P.: Kommentar zum Neuen Testament aus Talmud und Midrasch, Bd. II, s. S. 464.
WILCKENS, U.: Das Evangelium nach Johannes, NTD 4, Göttingen [17]1998 (1. Aufl. der neuen Bearb.).

4. Artikel, Aufsätze, Monographien

ÅDNA, J.: *Art.* Tempel, in: Das Große Bibellexikon, Bd. III, hg. v. H. BURKHARDT u.a., Wuppertal/Gießen 1989, 1533–1541.
–: The Attitude of Jesus to the Temple. A Critical Examination of How Jesus' Relationship to the Temple is Evaluated within Israeli Scholarship, with Particular Regard to the Jerusalem School, Mishkan 17–18, 2/1992–1/1993, 65–80.

–: Jesu Kritik am Tempel. Eine Untersuchung zum Verlauf und Sinn der sogenannten Tempelreinigung Jesu, Markus 11,15–17 und Parallelen, Tübingen/Stavanger 1993 (Diss., die theologische Gemeindefakultät, Oslo).

–: Der Gottesknecht als triumphierender und interzessorischer Messias. Die Rezeption von Jes 53 im Targum Jonathan untersucht mit besonderer Berücksichtigung des Messiasbildes, in: B. JANOWSKI / P. STUHLMACHER (Hg.), Der leidende Gottesknecht. Jesaja 53 und seine Wirkungsgeschichte, FAT 14, Tübingen 1996, 129–158.

–: Jerusalemer Tempel und Tempelmarkt im 1. Jahrhundert n.Chr., ADPV 25, Wiesbaden 1999.

ANTWI, D.J.: Did Jesus Consider His Death to be an Atoning Sacrifice?, Interp. 45, 1991, 17–28.

BARRETT, C.K.: The House of Prayer and the Den of Thieves, in: Jesus und Paulus. Festschrift für Werner Georg Kümmel zum 70. Geburtstag, hg. v. E.E. ELLIS / E. GRÄSSER, Göttingen 1975, 13–20.

BARRETT, C.K. / THORNTON, C.-J.: Texte zur Umwelt des Neuen Testaments, UTB 1591, Tübingen [2]1991.

BARTH, G.: Die Taufe in frühchristlicher Zeit, BThSt 4, Neukirchen-Vluyn 1981.

BAUCKHAM, R.: Jesus' Demonstration in the Temple, in: B. LINDARS SSF (Ed.), Law and Religion. Essays on the Place of the Law in Israel and Early Christianity, Bristol 1988, 72–89, 171–176.

BAUER, J.B.: Drei Tage, Bib. 39, 1958, 354–358.

BAUMBACH, G.: *Art.* γραμματεύς *grammateus* Sekretär, Schriftgelehrter, EWNT, Bd. I, [2]1992, 624–627.

BETZ, H.D.: Jesus and the Purity of the Temple (Mark 11:15–18). A Comparative Religion Approach, JBL 116, 1997, 455–472 (abgedruckt in: H.D. BETZ, Antike und Christentum, Ges. Aufs. IV, Tübingen 1998, 57–77).

BETZ, O.: Probleme des Prozesses Jesu, in: ANRW II, 25.1, Berlin/New York 1982, 565–647.

–: Die Übersetzungen von Jes 53 (LXX, Targum) und die Theologia Crucis des Paulus, in: DERS., Jesus. Der Herr der Kirche. Aufsätze zur biblischen Theologie II, WUNT 52, Tübingen 1990, 197–216.

BEUTLER, J: *Art.* μαρτυρέω *martyreō* Zeugnis ablegen, bezeugen, διαμαρτύρομαι *diamartyromai* beschwören, bezeugen, μαρτύρομαι *martyromai* beschwören, bezeugen, EWNT, Bd. II, [2]1992, 958–964.

–: *Art.* μαρτυρία *martyria* Zeugenaussage, EWNT, Bd. II, [2]1992, 964–968.

BILLERBECK, P.: S. (STRACK, H.L.)

BJERKELUND, C.J.: En tradisjons- og redaksjonshistorisk analyse av perikopene om tempelrenselsen, NTT 69, 1968, 206–218.

BLAKEWAY, C.E.: The Cleansing of the Temple, ET 22, 1910–11, 279–282.

BOCKMUEHL, M.: This Jesus. Martyr, Lord, Messiah, Edinburgh 1994.

BORG, M.J.: Conflict, Holiness and Politics in the Teachings of Jesus, SBEC 5, New York / Toronto 1984.

–: Jesus. Der neue Mensch, Freiburg / Basel / Wien 1993. [Übersetzung von: Jesus. A New Vision. Spirit, Culture and the Life of Discipleship, San Francisco 1987.]

BORGEN, P.: John and the Synoptics (1990), in: DERS., Early Christianity and Hellenistic Judaism, Edinburgh 1996, 121–157.

BORNKAMM, G.: Jesus von Nazareth, Stuttgart/Berlin/Köln/Mainz [13]1983.

BRANDON, S.G.F.: Jesus and the Zealots. A Study of the Political Factor in Primitive Christianity, Manchester 1967.

BRAUN, F.M.: L'expulsion des vendeurs du Temple (Mt., XXI, 12–17, 23–27; Mc., XI, 15–19, 27–33; Lc., XIX, 45–XX, 8; Jo., II, 13–22), RB 38, 1929, 178–200.

BROOKE, G.J.: Exegesis at Qumran. 4QFlorilegium in its Jewish Context, JSOT.S 29, Sheffield 1985.

BROWN, R.E.: The Death of the Messiah. From Gethsemane to the Grave. A Commentary on the Passion Narratives in the Four Gospels, 2 Vol., AnCB Reference Library, New York/London/Toronto/Sydney/Auckland 1994.

BUCHANAN, G.W.: Mark 11.15–19: Brigands in the Temple, HUCA 30, 1959, 169–177.

–: An Additional Note to „Mark 11.15–19: Brigands in the Temple", HUCA 31, 1960, 103–105.

–: Symbolic Money-Changers in the Temple?, NTS 37, 1991, 280–290.

BÜCHLER, A.: Studies in Sin and Atonement in the Rabbinic Literature of the First Century, Oxford/London 1928.

BULTMANN, R.: Die Geschichte der synoptischen Tradition, FRLANT 29, Göttingen ^{9}1979.

BURCHARD, CHR.: Jesus von Nazareth, in: Die Anfänge des Christentums. Alte Welt und neue Hoffnung, Stuttgart / Berlin / Köln / Mainz 1987, 12–58.

BURKITT, F.C.: The Cleansing of the Temple, JThS 25, 1924, 386–390.

BUSE, I.: The Cleansing of the Temple in the Synoptics and in John, ET 70, 1958–59, 22–24.

CAMPBELL, R.J.: Evidence for the Historicity of the Fourth Gospel in John 2:13–22, StEv VII (TU 126), Berlin 1982, 101–120.

CAMPONOVO, O.: Königtum, Königsherrschaft und Reich Gottes in den frühjüdischen Schriften, OBO 58, Freiburg [Schweiz] / Göttingen 1984.

CASEY, P.M.: Culture and Historicity. The Cleansing of the Temple, CBQ 59, 1997, 306–332.

CHESTER, A.: The Sibyl and the Temple, in: W. HORBURY (Ed.), Templum Amicitiae, Sheffield 1991, 37–69.

–: Jewish Messianic Expectations and Mediatorial Figures and Pauline Christology, in: M. HENGEL / U. HECKEL (Hg.), Paulus und das antike Judentum, WUNT 58, Tübingen 1991, 17–89.

CHILTON, B.: [ὡς] φραγέλλιον ἐκ σχοινίων (John 2.15), in: W. HORBURY (Ed.), Templum Amicitiae, Sheffield 1991, 330–344.

–: The Temple of Jesus. His Sacrificial Program Within a Cultural History of Sacrifice, University Park [Pennsylvania] 1992.

COLLINS, J.J.: The Sibylline Oracles of Egyptian Judaism, SBLDS 13, Missoula [Montana] 1974.

CONZELMANN, H.: Die Mitte der Zeit. Studien zur Theologie des Lukas, BHTh 17, Tübingen ^{5}1964.

CONZELMANN, H. / LINDEMANN, A.: Arbeitsbuch zum Neuen Testament, UTB 52, Tübingen ^{9}1988.

COOKE, F.A.: The Cleansing of the Temple, ET 63, 1951–52, 321–322.

CROSSAN, J.D.: Der historische Jesus, München 1994. [Übersetzung von: The Historical Jesus.The Life of a Mediterranean Jewish Peasant, San Francisco 1991.]

CULLMANN, O.: Jesus und die Revolutionären seiner Zeit, Tübingen ^{2}1970.

DALMAN, G.: Orte und Wege Jesu, Gütersloh 1919 (^{3}1924; mit Anhang versehener Nachdr., Darmstadt ^{4}1967).

–: Aramäische Dialektproben, s. S. 451.

DAVIES, W.D.: The Gospel and the Land. Early Christianity and Jewish Territorial Doctrine, Berkeley/Los Angeles/London 1974.

DE JONGE, M.: *Art.* Messiah, in: The Anchor Bible Dictionary, Vol. IV, New York / London / Toronto / Sydney / Auckland 1992, 777–788.

DERRETT, J.D.M.: The Zeal of the House and the Cleansing of the Temple, DR 95, 1977, 79–94.

DIBELIUS, M.: Die Formgeschichte des Evangeliums, Tübingen ⁶1971.

DIMANT, D.: 4QFlorilegium and the Idea of the Community as Temple, in: Hellenica et Judaica. Hommage à Valentin Nikiprowetzky, éd. par A. CAQUOT / M. HADAS-LEBEL / J. RIAUD, Leuven / Paris 1986, 165–189.

DODD, C.H.: The Interpretation of the Fourth Gospel, Cambridge 1953.

–: Historical Tradition in the Fourth Gospel, Cambridge 1963.

DOWDA, R.E.: The Cleansing of the Temple in the Synoptic Gospels, Diss. masch., Duke University 1972.

DUNN, J.D.G.: The Partings of the Ways Between Christianity and Judaism and their Significance for the Character of Christianity, London/Philadelphia 1991.

EGO, B.: Im Himmel wie auf Erden. Studien zum Verhältnis von himmlischer und irdischer Welt im rabbinischen Judentum, WUNT II/34, Tübingen 1989.

–: Gottes Weltherrschaft und die Einzigkeit seines Namens. Eine Untersuchung zur Rezeption der Königsmetapher in der Mekhilta de R.Yishmaʿel, in: M. HENGEL / A.M. SCHWEMER (Hg.), Königsherrschaft Gottes und himmlischer Kult im Judentum, Urchristentum und in der hellenistischen Welt, WUNT 55, Tübingen 1991, 257–283.

EPPSTEIN, V.: The Historicity of the Gospel Account of the Cleansing of the Temple, ZNW 55, 1964, 42–58.

EVANS, C.A.: Jesus' Action in the Temple: Cleansing or Portent of Destruction?, CBQ 51, 1989, 237–270.

–: Jesus' Action in the Temple and Evidence of Corruption in the First-Century Temple, in: DERS., Jesus and His Contemporaries. Comparative Studies, AGJU 25, Leiden / New York / Köln 1995, 319–344.

FLUSSER, D.: Two Notes on the Midrash on 2 Sam. VII (1959), in: DERS., Judaism and the Origins of Christianity, Jerusalem 1988, 88–98.

–: Jesus, Hamburg 1968.

–: Die letzten Tage Jesu in Jerusalem. Das Passionsgeschehen aus jüdischer Sicht. Bericht über neueste Forschungsergebnisse, Stuttgart 1982.

–: Jesu Prozeß und Tod, in: DERS., Entdeckungen im Neuen Testament. Band 1: Jesusworte und ihre Überlieferung, Neukirchen-Vluyn ²1992, 130–163.

FORD, J. MASSYNGBERDE: Money „bags" in the Temple (Mk 11,16), Bib. 57, 1976, 249–253.

FREDRIKSEN, P.: Jesus and the Temple, Mark and the War, SBL.SP 126, 1990, 293–310.

GALLING, K.: Serubbabel und der Hohepriester beim Wiederaufbau des Tempels in Jerusalem, in: DERS., Studien zur Geschichte Israels im persischen Zeitalter, Tübingen 1964, 127–148.

GASTON, L.: No Stone on Another. Studies in the Significance of the Fall of Jerusalem in the Synoptic Gospels, NT.S 23, Leiden 1970.

GESE, H.: Vom Sinai zum Zion. Alttestamentliche Beiträge zur biblischen Theologie, BevTh 64, München 1974 (³1990).

–: Zur biblischen Theologie. Alttestamentliche Vorträge, BevTh 78, München 1977 (= Tübingen ³1989).

–: Der Davidsbund und die Zionserwählung (1964), in: DERS., Vom Sinai zum Zion, 113–129.

–: Anfang und Ende der Apokalyptik, dargestellt am Sacharjabuch (1973), in: DERS., Vom Sinai zum Zion, 202–230.

–: Die Sühne, in: DERS., Zur biblischen Theologie, 85–106.

GNILKA, J.: Jesus von Nazaret. Botschaft und Geschichte, durchg. und erw. Sonderausgabe, Freiburg/Basel/Wien 1993.

HAENCHEN, E.: Johanneische Probleme, ZThK 56, 1959, 19–54.

–: Der Weg Jesu, s. S. 455.

HAHN, F.: Das Verständnis der Mission im Neuen Testament, WMANT 13, Neukirchen-Vluyn 1963.

–: Christologische Hoheitstitel. Ihre Geschichte im frühen Christentum, FRLANT 83, Göttingen 1965.

–: Der urchristliche Gottesdienst, SBS 41, Stuttgart 1970.

–: Das Verständnis des Opfers im Neuen Testament (1983), in: DERS., Exegetische Beiträge zum ökumenischen Gespräch, GAufs., Bd. I, Göttingen 1986, 262–302.

HAMILTON, N.Q.: Temple Cleansing and Temple Bank, JBL 83, 1964, 365–372.

HARVEY, A.E.: Jesus and the Constraints of History, London 1982.

HEGERMANN, H.: Jesaja 53 in Hexapla, Targum und Peschitta, BFChTh II 56, Gütersloh 1954.

HENGEL, M.: War Jesus Revolutionär?, CwH 110, Stuttgart [2]1970.

–: Die Zeloten. Untersuchungen zur jüdischen Freiheitsbewegung in der Zeit von Herodes I. bis 70 n.Chr., Leiden/Köln [2]1976.

–: Judentum und Hellenismus. Studien zu ihrer Begegnung unter besonderer Berücksichtigung Palästinas bis zur Mitte des 2.Jh.s v.Chr., WUNT 10, Tübingen [3]1988.

–: The „Hellenization" of Judaea in the First Century after Christ, London/Philadelphia 1989.

–: Jesus, the Messiah of Israel. The Debate about the „Messianic Mission" of Jesus, in: B. CHILTON / C.A. EVANS (Ed.), Authenticating the Activities of Jesus, NTTS 28.2, Leiden/Boston/Köln 1999, 323–349.

HOOKER, M.: Traditions About the Temple in the Sayings of Jesus, BJRL 70, 1988, 7–19.

HORBURY, W.: Herod's Temple and „Herod's Days", in: DERS. (Ed.), Templum Amicitiae. Essays on the Second Temple presented to Ernst Bammel, JSNT.S 48, Sheffield 1991, 103–149.

–: Land, sanctuary and worship, in: J. BARCLAY / J. SWEET (Ed.): Early Christian Thought in its Jewish Context, Cambridge 1996, 207–224.

–: Jewish Messianism and the Cult of Christ, London 1998.

HORSLEY, R.A.: Jesus and the Spiral of Violence. Popular Jewish Resistance in Roman Palestine, San Francisco [California] 1987.

JANOWSKI, B.: Sühne als Heilsgeschehen. Studien zur Sühnetheologie der Priesterschrift und zur Wurzel KPR im Alten Orient und im Alten Testament, WMANT 55, Neukirchen-Vluyn 1982.

JANOWSKI, B. / LICHTENBERGER, H.: Enderwartung und Reinheitsidee. Zur eschatologischen Deutung von Reinheit und Sühne in der Qumrangemeinde, JJS 34, 1983, 31–62.

JEREMIAS, JOACHIM: Jesus als Weltvollender, BFChTh 33/4, Gütersloh 1930.

–: *Art.* παῖς θεοῦ, C. παῖς θεοῦ im Spätjudentum in der Zeit nach der Entstehung der LXX, ThWNT, Bd. V, 1954, 676–698.

–: Jesu Verheißung für die Völker, Stuttgart 1956.

–: Jerusalem zur Zeit Jesu. Eine kulturgeschichtliche Untersuchung zur neutestamentlichen Zeitgeschichte, Göttingen [3]1962.

–: Die Abendmahlsworte Jesu, Göttingen [4]1967.

–: Die Drei-Tage-Worte der Evangelien, in: Tradition und Glaube. FG für Karl Georg Kuhn, hg. v. G. JEREMIAS / H.-W. KUHN / II. STEGEMANN, Göttingen 1971, 221–229.

–: Ein Widerspruch zur Perikope von der Tempelreinigung?, NTS 23, 1976–77, 179–180.

–: Neutestamentliche Theologie. Erster Teil: Die Verkündigung Jesu, Gütersloh [4]1988.

JEREMIAS, JÖRG: Das Königtum Gottes in den Psalmen. Israels Begegnung mit dem kanaanäischen Mythos in den Jahwe-König-Psalmen, FRLANT 141, Göttingen 1987.

JUEL, D.: Messiah and Temple. The Trial of Jesus in the Gospel of Mark, SBL.DS 31, Missoula [Montana] 1977.

KLAUSNER, J.: Jesus von Nazareth. Seine Zeit, sein Leben und seine Lehre, Berlin 1930.

KNIERIM, R.: *Art.* אָשָׁם *'āšām* Schuldverpflichtung, THAT, Bd. I, [2]1975, 251–257.

–: *Art.* פֶּשַׁע *pæša'* Verbrechen, THAT, Bd. II, 1976, 488–495.

KOCH, K.: Sühne und Sündenvergebung um die Wende von der exilischen zur nachexilischen Zeit (1966), in: DERS., Spuren des hebräischen Denkens. Beiträge zur alttestamentlichen Theologie, GAufs., Bd. I, hg. v. B. JANOWSKI / M. KRAUSE, Neukirchen-Vluyn 1991, 184–205.

–: Messias und Sündenvergebung in Jesaja 53 – Targum. Ein Beitrag zu der Praxis der aramäischen Bibelübersetzung, JSJ 3, 1972, 117–148.

KOENEN, K.: Ethik und Eschatologie im Tritojesajabuch. Eine literarkritische und redaktionsgeschichtliche Studie, WMANT 62, Neukirchen-Vluyn 1990.

KRAUS, W.: Der Tod Jesu als Heiligtumsweihe. Eine Untersuchung zum Umfeld der Sühnevorstellung in Römer 3,25–26a, WMANT 66, Neukirchen-Vluyn 1991.

KÜMMEL, W.G.: Einleitung in das Neue Testament, Heidelberg [18]1976.

LEIVESTAD, R.: Jesus in His Own Perspective. An Examination of His Sayings, Actions, and Eschatological Titles, Minneapolis 1987.

LEVENSON, J.D.: *Art.* Zion Traditions, in: The Anchor Bible Dictionary, Vol. VI, New York / London / Toronto / Sydney / Auckland 1992, 1098–1102.

LIGHTFOOT, R.H.: The Gospel Message of St. Mark, Oxford 1950.

LOHMEYER, E.: Die Reinigung des Tempels, ThBl 10, 1941, 257–264.

LOSIE, L.A.: The Cleansing of the Temple. A History of a Gospel Tradition in Light of Its Background in the Old Testament and in Early Judaism, Diss. masch., Fuller Theological Seminary 1984.

MAASS, F.: *Art.* כפר *kpr pi.* sühnen, THAT, Bd. I, [2]1975, 842–857.

MACK, B.L.: A Myth of Innocence. Mark and Christian Origins, Philadelphia 1988.

MAIER, J.: Beobachtungen zum Konfliktpotential in neutestamentlichen Aussagen über den Tempel, in: I. BROER (Hg.), Jesus und das jüdische Gesetz, Stuttgart / Berlin / Köln 1992, 173–213.

–: Die Qumran-Essener: Die Texte vom Toten Meer, s. S. 450.

: Die Tempelrolle vom Toten Meer und das „Neue Jerusalem", s. S. 450.

MANSON, T.W.: The Cleansing of the Temple, BJRL 33, 1951, 271–282.

MATERA, F.J.: The Trial of Jesus. Problems and Proposals, Interp. 45, 1991, 5–16.

MATSON, M.A.: The Contribution to the Temple Cleansing by the Fourth Gospel, SBL.SP 128, 1992, 489–506.

MAZAR, B.: Der Berg des Herrn. Neue Ausgrabungen in Jerusalem, erweiterte deutsche Ausgabe, Bergisch Gladbach 1979.

−: Neue archäologische Entdeckungen in Jerusalem, Exkurs I, in: D. FLUSSER, Die letzten Tage Jesu in Jerusalem, Stuttgart 1982, 143−148.

MAURER, Chr.: *Art.* σκεῦος, ThWNT, Bd. VII, 1964, 359−368.

MCKELVEY, R.J.: The New Temple. The Church in the New Testament, OTM, Oxford 1969.

MENDNER, S.: Die Tempelreinigung, ZNW 47, 1956, 93−112.

MERKLEIN, H.: Jesu Botschaft von der Gottesherrschaft, SBS 111, Stuttgart ³1989.

MERZ, A.: S. THEISSEN, G.

METTINGER, T.N.D.: King and Messiah. The Civil and Sacral Legitimation of the Israelite Kings, CB.OT 8, Lund 1976.

MEYER, B.F.: The Aims of Jesus, London 1979.

−: Christus Faber. The Master Builder and the House of God, Allison Park [Pennsylvania] 1992.

MICHEL, O.: *Art.* ναός, ThWNT, Bd. IV, 1943, 884−895.

MILLER, R.J.: The (A)Historicity of Jesus' Temple Demonstration. A Test Case in Methodology, SBL.SP 127, 1991, 235−252.

−: Historical Method and the Deeds of Jesus. The Test Case of the Temple Demonstration, Forum 8, 1992, 5−30.

MOHR, T.A.: Markus- und Johannespassion. Redaktions- und traditionsgeschichtliche Untersuchung der Markinischen und Johanneischen Passionstradition, AThANT 70, Zürich 1982.

MOWINCKEL, S.: Natanforjettelsen 2 Sam. Kap. 7, SEÅ 12, 1947, 220−229.

NEUSNER, J.: Geldwechsler im Tempel − von der Mischna her erklärt, ThZ 45, 1989, 81−84.

PLOOIJ, D.: Jesus and the Temple, ET 42, 1930−31, 36−39.

PLÜMACHER, E.: *Art.* σκεῦος *skeuos* Gerät, Gefäß, Werkzeug, EWNT, Bd. III, ²1992, 597−599.

PREUSS, H.D.: Deuterojesaja. Eine Einführung in seine Botschaft, Neukirchen-Vluyn 1976.

QUALLS, P. FONTANA: Mark 11:15−18. A Prophetic Challenge, RExp 93, 1996, 395−402.

RAD, G. VON: Theologie des Alten Testaments, 2Bde., München:
    Bd. I: Die Theologie der geschichtlichen Überlieferungen Israels, ⁷1978.
    Bd. II: Die Theologie der prophetischen Überlieferungen Israels, ⁶1975.

RENGSTORF, K.H.: *Art.* λῃστής, ThWNT, Bd. IV, 1943, 262−267.

RICHARDSON, P.: Why Turn the Tables? Jesus' Protest in the Temple Precincts, SBL.SP 128, 1992, 507−523.

RIESNER, R.: Jesus als Lehrer. Eine Untersuchung zum Ursprung der Evangelien-Überlieferung, WUNT II/7, Tübingen ³1988.

−: *Art.* Jerusalem, in: Das Große Bibellexikon, Bd. II, hg. v. H. BURKHARDT u.a., Wuppertal/Gießen 1988, 661−677.

RITMEYER, K. / RITMEYER, L.: Reconstructing Herod's Temple Mount in Jerusalem, BArR 15/6, 1989, 23−42.

ROLOFF, J.: Das Kerygma und der irdische Jesus. Historische Motive in den Jesus-Erzählungen der Evangelien, Göttingen 1970.

ROTH, C.: The Cleansing of the Temple and Zechariah xiv 21, NT 4, 1960, 174−181.

SAFRAI, S.: Die Wallfahrt im Zeitalter des Zweiten Tempels, FJCD 3, Neukirchen-Vluyn 1981.

–: Relations between the Diaspora and the Land of Israel, in: S. SAFRAI / M. STERN (Ed.), The Jewish People in the First Century. Historical Geography, Political History, Social, Cultural and Religious Life and Institutions, CRI 1, Vol. I, Assen/Philadelphia ²1974, 184–215.

–. The Temple, in: S. SAFRAI / M. STERN (Ed.), The Jewish People in the First Century. Historical Geography, Political History, Social, Cultural and Religious Life and Institutions, CRI 1, Vol. II, Assen/Philadelphia ²1987, 865–907.

SANDERS, E.P.: Jesus and Judaism, London 1985.

–: Judaism. Practice and Belief, 63 BCE – 66 CE, London 1992.

–: Sohn Gottes. Eine historische Biographie Jesu, Stuttgart 1996. [Deutsche Übersetzung von: The Historical Figure of Jesus, London u.a. 1993.]

SANDNES, K.O.: Jesus som profet, TTK 60, 1989, 95–109.

SCHENK, W.: Der Passionsbericht nach Markus. Untersuchungen zur Überlieferungsgeschichte der Passionstraditionen, Leipzig 1974.

SCHNIDER, F. / STENGER, W.: Johannes und die Synoptiker. Vergleich ihrer Parallelen, BiH 9, München 1971.

SCHRENK, G.: *Art.* ἱερός, ThWNT, Bd. III, 1938, 221–230.

–: *Art.* τὸ ἱερόν, ThWNT, Bd. III, 1938, 231–247.

SCHÜRER, E.: The History of the Jewish People in the Age of Jesus Christ (175 B.C. – A.D. 135). A New English Version, Literary Editor P. VERMES / Organizing Editor M. BLACK, Edinburgh:

Vol. I: revised and edited by G. VERMES / F. MILLAR, 1973.

Vol. II: revised and edited by G. VERMES / F. MILLAR / M. BLACK, 1979.

Vol. III.1: revised and edited by G. VERMES / F. MILLAR / M. GOODMAN, 1986.

Vol. III.2: revised and edited by G. VERMES / F. MILLAR / M. GOODMAN, 1987.

SCHWARTZ, D.R.: The Three Temples of 4QFlorilegium, RdQ 10, 1979, 83–91.

SCHWEMER, A.M.: Gott als König und seine Königsherrschaft in den Sabbatliedern aus Qumran, in: M. HENGEL / A.M. SCHWEMER (Hg.), Königsherrschaft Gottes und himmlischer Kult im Judentum, Urchristentum und in der hellenistischen Welt, WUNT 55, Tübingen 1991, 45–118.

–: Irdischer und himmlischer König: Beobachtungen zur sogenannten David-Apokalypse in Hekhalot Rabbati §§ 122–126, in M. HENGEL / A.M. SCHWEMER (Hg.), Königsherrschaft Gottes und himmlischer Kult im Judentum, Urchristentum und in der hellenistischen Welt, WUNT 55, Tübingen 1991, 309–359.

SEELEY, D.: Jesus' Temple Act, CBQ 55, 1993, 263–283.

SMEND, R.: Die Entstehung des Alten Testaments, Stuttgart/Berlin/Köln/Mainz ⁴1989.

SMITH, B.D.: Objections to the Authenticity of Mark 11:17 Reconsidered, WThJ 54, 1992, 255–271.

SÖDING, TH.: Die Tempelaktion Jesu. Redaktionskritik – Überlieferungsgeschichte – historische Rückfrage (Mk 11,15–19; Mt 21,12–17; Lk 19,45–48; Joh 2,13–22), TThZ 101, 1992, 36–64.

SPIECKERMANN, H.: Heilsgegenwart. Eine Theologie der Psalmen, FRLANT 148, Göttingen 1989.

STEGEMANN, E.W.: Zur Tempelreinigung im Johannesevangelium, in: Die Hebräische Bibel und ihre zweifache Nachgeschichte. Festschrift für Rolf Rendtorff zum 65. Geburtstag, hg. v. E. BLUM / CHR. MACHOLZ / E.W. STEGEMANN, Neukirchen-Vluyn 1990, 503–516.

(STRACK, H.L. /) BILLERBECK, P.: Kommentar zum Neuen Testament aus Talmud und Midrasch, 6Bde., München:
> Bd. I: Das Evangelium nach Matthäus, 1926 ([9]1986) (Abkürzung: BILL. I).
> Bd. II: Das Evangelium nach Markus, Lukas und Johannes und die Apostel-geschichte, 1924 ([8]1983) (Abkürzung: BILL. II).
> Bd. III: Die Briefe des Neuen Testaments und die Offenbarung Johannis, 1926 ([8]1985) (Abkürzung: BILL. III).
> Bd. IV: Exkurse zu einzelnen Stellen des Neuen Testaments. Abhandlungen zur neutestamentlichen Theologie und Archäologie, 1928 ([8]1986) (Abkürzung: BILL. IV).

STUHLMACHER, P.: Existenzstellvertretung für die Vielen: Mk 10,45 (Mt 20,28) (1980), in: DERS., Versöhnung, Gesetz und Gerechtigkeit. Aufsätze zur biblischen Theologie, Göttingen 1981, 27–42.

–: Warum mußte Jesus sterben?, in: DERS., Jesus von Nazareth – Christus des Glaubens, Stuttgart 1988, 47–64.

–: Das neutestamentliche Zeugnis vom Herrenmahl, in: DERS., Jesus von Nazareth – Christus des Glaubens, Stuttgart 1988, 65–105.

–: Die Stellung Jesu und des Paulus zu Jerusalem, ZThK 86, 1989, 140–156.

–: Biblische Theologie des Neuen Testaments. Band 1: Grundlegung. Von Jesus zu Paulus, Göttingen [2]1997.

SUHL, A.: Die Funktion der alttestamentlichen Zitate und Anspielungen im Markus-evangelium, Gütersloh 1965.

SWEET, J.P.M.: A House Not Made with Hands, in: W. HORBURY (Ed.), Templum Amicitiae, Sheffield 1991, 368–390.

SYRÉN, R.: Targum Isaiah 52:13–53:12 and Christian Interpretation, JJS 40, 1989, 201–212.

TAN, KIM HUAT: The Zion Traditions and the Aims of Jesus, MSSNTS 91, Cambridge 1997.

TELFORD, W.R.: The Barren Temple and the Withered Tree. A redaction-critical analysis of the Cursing of the Fig-Tree pericope in Mark's Gospel and its relation to the Cleansing of the Temple tradition, JSNT.S 1, Sheffield 1980.

THEISSEN, G.: Die Tempelweissagung Jesu. Prophetie im Spannungsfeld von Stadt und Land (1976), in: DERS., Studien zur Soziologie des Urchristentums, Tübingen [3]1989, 142–159.

–: Lokalkolorit und Zeitgeschichte in den Evangelien. Ein Beitrag zur Geschichte der synoptischen Tradition, Freiburg [Schweiz] / Göttingen [2]1992.

THEISSEN, G. / MERZ, A.: Der historische Jesus. Ein Lehrbuch, Göttingen [2]1997.

TRAUTMANN, M.: Zeichenhafte Handlungen Jesu. Ein Beitrag zur Frage nach dem geschichtlichen Jesus, FzB 37, Würzburg 1980.

TROCMÉ, É.: L'expulsion des marchands du Temple, NTS 15, 1968–69, 1–22.

VAN WINKLE, D.W.: Isaiah LVI 1–8, SBL.SP 133, 1997, 234–252.

WATTY, W.W.: Jesus and the Temple – Cleansing or Cursing?, ET 93, 1981–82, 235–239.

WITHERINGTON, B., III: The Christology of Jesus, Minneapolis 1990.

WOLFF, CHR.: Jeremia im Frühjudentum und Urchristentum, TU 118, Berlin 1976.

WRIGHT, N.T.: Jesus and the Victory of God, Christian Origins and the Question of God Vol. 2, London 1996.

YADIN, Y.: The Temple Scroll, s. S. 450.

Stellenregister

Die hochgestellten Zahlen beziehen sich auf die Anmerkungen

II. *Apokryphen und Pseudepi-*
graphen des Alten Testaments

äthiopisches Henochbuch (äthHen)

Jubiläenbuch (Jub)

III. Qumranisches Schrifttum

IV. Jüdisch-hellenistische Literatur

Josephus

VI. Altchristliches Schrifttum

VII. Rabbinische Literatur

1. Mischna

Verfasserregister

Namens- und Sachregister

Wissenschaftliche Untersuchungen zum Neuen Testament

Alphabetische Übersicht der ersten und zweiten Reihe

Ådna, Jostein: Jesu Stellung zum Tempel. 2000. *Band II/119.*

Anderson, Paul N.: The Christology of the Fourth Gospel. 1996. *Band II/78.*

Appold, Mark L.: The Oneness Motif in the Fourth Gospel. 1976. *Band II/1.*

Arnold, Clinton E.: The Colossian Syncretism. 1995. *Band II/77.*

Avemarie, Friedrich und *Hermann Lichtenberger* (Hrsg.): Bund und Tora. 1996. *Band 92.*

Bachmann, Michael: Sünder oder Übertreter. 1992. *Band 59.*

Baker, William R.: Personal Speech-Ethics in the Epistle of James. 1995. *Band II/68.*

Balla, Peter: Challenges to New Testament Theology. 1997. *Band II/95.*

Bammel, Ernst: Judaica. Band I 1986. *Band 37 –* Band II 1997. *Band 91.*

Bash, Anthony: Ambassadors for Christ. 1997. *Band II/92.*

Bauernfeind, Otto: Kommentar und Studien zur Apostelgeschichte. 1980. *Band 22.*

Bayer, Hans Friedrich: Jesus' Predictions of Vindication and Resurrection. 1986. *Band II/20.*

Bell, Richard H.: Provoked to Jealousy. 1994. *Band II/63.*

– No One Seeks for God. 1998. *Band 106.*

Bergman, Jan: siehe *Kieffer, René*

Bergmeier, Roland: Das Gesetz im Römerbrief und andere Studien zum Neuen Testament. 2000. *Band 121.*

Betz, Otto: Jesus, der Messias Israels. 1987. *Band 42.*

– Jesus, der Herr der Kirche. 1990. *Band 52.*

Beyschlag, Karlmann: Simon Magus und die christliche Gnosis. 1974. *Band 16.*

Bittner, Wolfgang J.: Jesu Zeichen im Johannesevangelium. 1987. *Band II/26.*

Bjerkelund, Carl J.: Tauta Egeneto. 1987. *Band 40.*

Blackburn, Barry Lee: Theios Anēr and the Markan Miracle Traditions. 1991. *Band II/40.*

Bock, Darrell L.: Blasphemy and Exaltation in Judaism and the Final Examination of Jesus. 1998. *Band II/106.*

Bockmuehl, Markus N.A.: Revelation and Mystery in Ancient Judaism and Pauline Christianity. 1990. *Band II/36.*

Böhlig, Alexander: Gnosis und Synkretismus. Teil 1 1989. *Band 47* –Teil 2 1989. *Band 48.*

Böhm, Martina: Samarien und die Samaritai bei Lukas. 1999. *Band II/111.*

Böttrich, Christfried: Weltweisheit – Menschheitsethik – Urkult. 1992. *Band II/50.*

Bolyki, János: Jesu Tischgemeinschaften. 1997. *Band II/96.*

Büchli, Jörg: Der Poimandres – ein paganisiertes Evangelium. 1987. *Band II/27.*

Bühner, Jan A.: Der Gesandte und sein Weg im 4. Evangelium. 1977. *Band II/2.*

Burchard, Christoph: Untersuchungen zu Joseph und Asenath. 1965. *Band 8.*

– Studien zur Theologie, Sprache und Umwelt des Neuen Testaments. Hrsg. von D. Sänger. 1998. *Band 107.*

Byrskog, Samuel: Story as History - History as Story. 2000. *Band 123.*

Cancik, Hubert (Hrsg.): Markus-Philologie. 1984. *Band 33.*

Capes, David B.: Old Testament Yaweh Texts in Paul's Christology. 1992. *Band II/47.*

Caragounis, Chrys C.: The Son of Man. 1986. *Band 38.*

– siehe *Fridrichsen, Anton.*

Carleton Paget, James: The Epistle of Barnabas. 1994. *Band II/64.*

Ciampa, Roy E.: The Presence and Function of Scripture in Galatians 1 and 2. 1998. *Band II/102.*

Crump, David: Jesus the Intercessor. 1992. *Band II/49.*

Deines, Roland: Jüdische Steingefäße und pharisäische Frömmigkeit. 1993. *Band II/52.*

– Die Pharisäer. 1997. *Band 101.*

Dietzfelbinger, Christian: Der Abschied des Kommenden. 1997. *Band 95.*

Dobbeler, Axel von: Glaube als Teilhabe. 1987. *Band II/22.*

Du Toit, David S.: Theios Anthropos. 1997. *Band II/91*

Dunn , James D.G. (Hrsg.): Jews and Christians. 1992. *Band 66.*

– Paul and the Mosaic Law. 1996. *Band 89.*

Ebertz, Michael N.: Das Charisma des Gekreuzigten. 1987. *Band 45.*

Eckstein, Hans-Joachim: Der Begriff Syneidesis bei Paulus. 1983. *Band II/10.*

– Verheißung und Gesetz. 1996. *Band 86.*

Ego, Beate: Im Himmel wie auf Erden. 1989. *Band II/34*

Ego, Beate und *Lange, Armin* sowie *Pilhofer, Peter(Hrsg.):* Gemeinde ohne Tempel - Community without Temple. 1999. *Band 118.*

Eisen, Ute E.: siehe *Paulsen, Henning.*

Ellis, E. Earle: Prophecy and Hermeneutic in Early Christianity. 1978. *Band 18.*

– The Old Testament in Early Christianity. 1991. *Band 54.*

Ennulat, Andreas: Die ‚Minor Agreements'. 1994. *Band II/62.*

Ensor, Peter W.: Jesus and His 'Works'. 1996. *Band II/85.*

Eskola, Timo: Theodicy and Predestination in Pauline Soteriology. 1998. *Band II/100.*

Feldmeier, Reinhard: Die Krisis des Gottessohnes. 1987. *Band II/21.*
– Die Christen als Fremde. 1992. *Band 64.*
Feldmeier, Reinhard und *Ulrich Heckel* (Hrsg.): Die Heiden. 1994. *Band 70.*
Fletcher-Louis, Crispin H.T.: Luke-Acts: Angels, Christology and Soteriology. 1997. *Band II/94.*
Förster, Niclas: Marcus Magus. 1999. *Band 114.*
Forbes, Christopher Brian: Prophecy and Inspired Speech in Early Christianity and its Hellenistic Environment. 1995. *Band II/75.*
Fornberg, Tord: siehe *Fridrichsen, Anton.*
Fossum, Jarl E.: The Name of God and the Angel of the Lord. 1985. *Band 36.*
Frenschkowski, Marco: Offenbarung und Epiphanie. Band 1 1995. *Band II/79* – Band 2 1997. *Band II/80.*
Frey, Jörg: Eugen Drewermann und die biblische Exegese. 1995. *Band II/71.*
– Die johanneische Eschatologie. Band I. 1997. *Band 96.* – Band II. 1998. *Band 110.* – Band III. 2000. *Band 117.*
Feyne, Sean: Galilee and Gospel. 2000. *Band 125.*
Fridrichsen, Anton: Exegetical Writings. Hrsg. von C.C. Caragounis und T. Fornberg. 1994. *Band 76.*
Garlington, Don B.: ‚The Obedience of Faith‘. 1991. *Band II/38.*
– Faith, Obedience, and Perseverance. 1994. *Band 79.*
Garnet, Paul: Salvation and Atonement in the Qumran Scrolls. 1977. *Band II/3.*
Gese, Michael: Das Vermächtnis des Apostels. 1997. *Band II/99.*
Gräßer, Erich: Der Alte Bund im Neuen. 1985. *Band 35.*
Green, Joel B.: The Death of Jesus. 1988. *Band II/33.*
Gundry Volf, Judith M.: Paul and Perseverance. 1990. *Band II/37.*
Hafemann, Scott J.: Suffering and the Spirit. 1986. *Band II/19.*
– Paul, Moses, and the History of Israel. 1995. *Band 81.*
Hannah, Darrel D.: Michael and Christ. 1999. *Band II/109.*
Hartman, Lars: Text-Centered New Testament Studies. Hrsg. von D. Hellholm. 1997. *Band 102.*
Heckel, Theo K.: Der Innere Mensch. 1993. *Band II/53.*
– Vom Evangelium des Markus zum viergestaltigen Evangelium. 1999. *Band 120.*
Heckel, Ulrich: Kraft in Schwachheit. 1993. *Band II/56.*
– siehe *Feldmeier, Reinhard.*
– siehe *Hengel, Martin.*
Heiligenthal, Roman: Werke als Zeichen. 1983. *Band II/9.*
Hellholm, D.: siehe *Hartman, Lars.*
Hemer, Colin J.: The Book of Acts in the Setting of Hellenistic History. 1989. *Band 49.*
Hengel, Martin: Judentum und Hellenismus. 1969, ³1988. *Band 10.*

– Die johanneische Frage. 1993. *Band 67.*
– Judaica et Hellenistica. Band 1. 1996. *Band 90.* – Band 2. 1999. *Band 109.*
Hengel, Martin und *Ulrich Heckel* (Hrsg.): Paulus und das antike Judentum. 1991. *Band 58.*
Hengel, Martin und *Hermut Löhr* (Hrsg.): Schriftauslegung im antiken Judentum und im Urchristentum. 1994. *Band 73.*
Hengel, Martin und *Anna Maria Schwemer:* Paulus zwischen Damaskus und Antiochien. 1998. *Band 108.*
Hengel, Martin und *Anna Maria Schwemer* (Hrsg.): Königsherrschaft Gottes und himmlischer Kult. 1991. *Band 55.*
– Die Septuaginta. 1994. *Band 72.*
Herrenbrück, Fritz: Jesus und die Zöllner. 1990. *Band II/41.*
Herzer, Jens: Paulus oder Petrus? 1998. *Band 103.*
Hoegen-Rohls, Christina: Der nachösterliche Johannes. 1996. *Band II/84.*
Hofius, Otfried: Katapausis. 1970. *Band 11.*
– Der Vorhang vor dem Thron Gottes. 1972. *Band 14.*
– Der Christushymnus Philipper 2,6-11. 1976, ²1991. *Band 17.*
– Paulusstudien. 1989, ²1994. *Band 51.*
Hofius, Otfried und *Hans-Christian Kammler:* Johannesstudien. 1996. *Band 88.*
Holtz, Traugott: Geschichte und Theologie des Urchristentums. 1991. *Band 57.*
Hommel, Hildebrecht: Sebasmata. Band 1 1983. *Band 31* – Band 2 1984. *Band 32.*
Hvalvik, Reidar: The Struggle for Scripture and Covenant. 1996. *Band II/82.*
Kähler, Christoph: Jesu Gleichnisse als Poesie und Therapie. 1995. *Band 78.*
Kammler, Hans-Christian: siehe *Hofius, Otfried.*
Kamlah, Ehrhard: Die Form der katalogischen Paränese im Neuen Testament. 1964. *Band 7.*
Kelhoffer, James A.: Miracle and Mission. 1999. *Band II/112.*
Kieffer, René und *Jan Bergman (Hrsg.):* La Main de Dieu / Die Hand Gottes. 1997. *Band 94.*
Kim, Seyoon: The Origin of Paul's Gospel. 1981, ²1984. *Band II/4.*
– „The ‚Son of Man‘“ as the Son of God. 1983. *Band 30.*
Kleinknecht, Karl Th.: Der leidende Gerechtfertigte. 1984, ²1988. *Band II/13.*
Klinghardt, Matthias: Gesetz und Volk Gottes. 1988. *Band II/32.*
Köhler, Wolf-Dietrich: Rezeption des Matthäusevangeliums in der Zeit vor Irenäus. 1987. *Band II/24.*
Korn, Manfred: Die Geschichte Jesu in veränderter Zeit. 1993. *Band II/51.*
Koskenniemi, Erkki: Apollonios von Tyana in der neutestamentlichen Exegese. 1994. *Band II/61.*
Kraus, Wolfgang: Das Volk Gottes. 1996. *Band 85.*
– siehe *Walter, Nikolaus.*
Kuhn, Karl G.: Achtzehngebet und Vaterunser und der Reim. 1950. *Band 1.*

Laansma, Jon: I Will Give You Rest. 1997.
Band II/98.

Labahn, Michael: Offenbarung in Zeichen und
Wort. 2000. *Band II/117.*

Lange, Armin: siehe *Ego, Beate.*

Lampe, Peter: Die stadtrömischen Christen in den
ersten beiden Jahrhunderten. 1987, ²1989.
Band II/18.

Landmesser, Christof: Wahrheit als Grundbegriff
neutestamentlicher Wissenschaft. 1999. *Band
113.*

Lau, Andrew: Manifest in Flesh. 1996. *Band II/86.*

Lichtenberger, Hermann: siehe *Avemarie,
Friedrich.*

Lieu, Samuel N.C.: Manichaeism in the Later
Roman Empire and Medieval China. ²1992.
Band 63.

Loader, William R.G.: Jesus' Attitude Towards the
Law. 1997. *Band II/97.*

Löhr, Gebhard: Verherrlichung Gottes durch
Philosophie. 1997. *Band 97.*

Löhr, Hermut: siehe *Hengel, Martin.*

Löhr, Winrich Alfried: Basilides und seine Schule.
1995. *Band 83.*

Luomanen, Petri: Entering the Kingdom of
Heaven. 1998. *Band II/101.*

Maier, Gerhard: Mensch und freier Wille. 1971.
Band 12.

– Die Johannesoffenbarung und die Kirche. 1981.
Band 25.

Markschies, Christoph: Valentinus Gnosticus?
1992. *Band 65.*

Marshall, Peter: Enmity in Corinth: Social
Conventions in Paul's Relations with the
Corinthians. 1987. *Band II/23.*

McDonough, Sean M.: YHWH at Patmos: Rev. 1:4
in its Hellenistic and Early Jewish Setting. 1999.
Band II/107.

Meade, David G.: Pseudonymity and Canon. 1986.
Band 39.

Meadors, Edward P.: Jesus the Messianic Herald
of Salvation. 1995. *Band II/72.*

Meißner, Stefan: Die Heimholung des Ketzers.
1996. *Band II/87.*

Mell, Ulrich: Die „anderen" Winzer. 1994.
Band 77.

Mengel, Berthold: Studien zum Philipperbrief.
1982. *Band II/8.*

Merkel, Helmut: Die Widersprüche zwischen den
Evangelien. 1971. *Band 13.*

Merklein, Helmut: Studien zu Jesus und Paulus.
Band 1 1987. *Band 43.* – Band 2 1998. *Band 105.*

Metzler, Karin: Der griechische Begriff des
Verzeihens. 1991. *Band II/44.*

Metzner, Rainer: Die Rezeption des
Matthäusevangeliums im 1. Petrusbrief. 1995.
Band II/74.

– Das Verständnis der Sünde im
Johannesevangelium. 2000. *Band 122.*

Mittmann-Richert, Ulrike: Magnifikat und
Benediktus. 1996. *Band II/90.*

Mußner, Franz: Jesus von Nazareth im Umfeld
Israels und der Urkirche. Hrsg. von M.

Theobald. 1998. *Band 111.*

Niebuhr, Karl-Wilhelm: Gesetz und Paränese.
1987. *Band II/28.*

– Heidenapostel aus Israel. 1992. *Band 62.*

Nissen, Andreas: Gott und der Nächste im antiken
Judentum. 1974. *Band 15.*

Noack, Christian: Gottesbewußtsein. 2000.
Band II/116.

Noormann, Rolf: Irenäus als Paulusinterpret. 1994.
Band II/66.

Obermann, Andreas: Die christologische Erfüllung
der Schrift im Johannesevangelium. 1996.
Band II/83.

Okure, Teresa: The Johannine Approach to
Mission. 1988. *Band II/31.*

Oropeza, Brisio J.: Paul and Apostasy. 2000.
Band II/115.

Ostmeyer, Karl-Heinrich: Taufe und Typos. 2000.
Band II/118.

Paulsen, Henning: Studien zur Literatur und
Geschichte des frühen Christentums. Hrsg. von
Ute E. Eisen. 1997. *Band 99.*

Park, Eung Chun: The Mission Discourse in
Matthew's Interpretation. 1995. *Band II/81.*

Philonenko, Marc (Hrsg.): Le Trône de Dieu. 1993.
Band 69.

Pilhofer, Peter: Presbyteron Kreitton. 1990.
Band II/39.

– Philippi. Band 1 1995. *Band 87.*

– siehe *Ego, Beate.*

Pöhlmann, Wolfgang: Der Verlorene Sohn und das
Haus. 1993. *Band 68.*

Pokorný, Petr und *Josef B. Souček:* Bibelauslegung
als Theologie. 1997. *Band 100.*

Porter, Stanley E.: The Paul of Acts. 1999.
Band 115.

Prieur, Alexander: Die Verkündigung der
Gottesherrschaft. 1996. *Band II/89.*

Probst, Hermann: Paulus und der Brief. 1991.
Band II/45.

Räisänen, Heikki: Paul and the Law. 1983, ²1987.
Band 29.

Rehkopf, Friedrich: Die lukanische Sonderquelle.
1959. *Band 5.*

Rein, Matthias: Die Heilung des Blindgeborenen
(Joh 9). 1995. *Band II/73.*

Reinmuth, Eckart: Pseudo-Philo und Lukas. 1994.
Band 74.

Reiser, Marius: Syntax und Stil des
Markusevangeliums. 1984. *Band II/11.*

Richards, E. Randolph: The Secretary in the
Letters of Paul. 1991. *Band II/42.*

Riesner, Rainer: Jesus als Lehrer. 1981, ³1988.
Band II/7.

– Die Frühzeit des Apostels Paulus. 1994.
Band 71.

Rissi, Mathias: Die Theologie des Hebräerbriefs.
1987. *Band 41.*

Röhser, Günter: Metaphorik und Personifikation
der Sünde. 1987. *Band II/25.*

Rose, Christian: Die Wolke der Zeugen. 1994.
Band II/60.

Rüger, Hans Peter: Die Weisheitsschrift aus der Kairoer Geniza. 1991. *Band 53.*

Sänger, Dieter: Antikes Judentum und die Mysterien. 1980. *Band II/5.*

– Die Verkündigung des Gekreuzigten und Israel. 1994. *Band 75.*

– siehe *Burchard, Chr.*

Salzmann, Jorg Christian: Lehren und Ermahnen. 1994. *Band II/59.*

Sandnes, Karl Olav: Paul – One of the Prophets? 1991. *Band II/43.*

Sato, Migaku: Q und Prophetie. 1988. *Band II/29.*

Schaper, Joachim: Eschatology in the Greek Psalter. 1995. *Band II/76.*

Schimanowski, Gottfried: Weisheit und Messias. 1985. *Band II/17.*

Schlichting, Günter: Ein jüdisches Leben Jesu. 1982. *Band 24.*

Schnabel, Eckhard J.: Law and Wisdom from Ben Sira to Paul. 1985. *Band II/16.*

Schutter, William L.: Hermeneutic and Composition in I Peter. 1989. *Band II/30.*

Schwartz, Daniel R.: Studies in the Jewish Background of Christianity. 1992. *Band 60.*

Schwemer, Anna Maria: siehe *Hengel, Martin*

Scott, James M.: Adoption as Sons of God. 1992. *Band II/48.*

– Paul and the Nations. 1995. *Band 84.*

Siegert, Folker: Drei hellenistisch-jüdische Predigten. Teil I 1980. *Band 20* – Teil II 1992. *Band 61.*

– Nag-Hammadi-Register. 1982. *Band 26.*

– Argumentation bei Paulus. 1985. *Band 34.*

– Philon von Alexandrien. 1988. *Band 46.*

Simon, Marcel: Le christianisme antique et son contexte religieux I/II. 1981. *Band 23.*

Snodgrass, Klyne: The Parable of the Wicked Tenants. 1983. *Band 27.*

Söding, Thomas: Das Wort vom Kreuz. 1997. *Band 93.*

– siehe *Thüsing, Wilhelm.*

Sommer, Urs: Die Passionsgeschichte des Markusevangeliums. 1993. *Band II/58.*

Souček, Josef B.: siehe *Pokorný, Petr.*

Spangenberg, Volker: Herrlichkeit des Neuen Bundes. 1993. *Band II/55.*

Spanje, T.E. van: Inconsistency in Paul?. 1999. *Band II/110.*

Speyer, Wolfgang: Frühes Christentum im antiken Strahlungsfeld. Band I: 1989. *Band 50.* – Band II: 1999. *Band 116.*

Stadelmann, Helge: Ben Sira als Schriftgelehrter. 1980. *Band II/6.*

Stenschke, Christoph W.: Luke's Portrait of Gentiles Prior to Their Coming to Faith. *Band II/108.*

Stettler, Hanna: Die Christologie der Pastoralbriefe. 1998. *Band II/105.*

Strobel, August: Die Stunde der Wahrheit. 1980. *Band 21.*

Stroumsa, Guy G.: Barbarian Philosophy. 1999. *Band 112.*

Stuckenbruck, Loren T.: Angel Veneration and Christology. 1995. *Band II/70.*

Stuhlmacher, Peter (Hrsg.): Das Evangelium und die Evangelien. 1983. *Band 28.*

Sung, Chong-Hyon: Vergebung der Sünden. 1993. *Band II/57.*

Tajra, Harry W.: The Trial of St. Paul. 1989. *Band II/35.*

– The Martyrdom of St.Paul. 1994. *Band II/67.*

Theißen, Gerd: Studien zur Soziologie des Urchristentums. 1979, [3]1989. *Band 19.*

Theobald, Michael: siehe *Mußner, Franz.*

Thornton, Claus-Jürgen: Der Zeuge des Zeugen. 1991. *Band 56.*

Thüsing, Wilhelm: Studien zur neutestamentlichen Theologie. Hrsg. von Thomas Söding. 1995. *Band 82.*

Thurén, Lauri: Derhethorizing Paul. 2000. *Band 124.*

Treloar, Geoffrey R.: Lightfoot the Historian. 1998. *Band II/103.*

Tsuji, Manabu: Glaube zwischen Vollkommenheit und Verweltlichung. 1997. *Band II/93*

Twelftree, Graham H.: Jesus the Exorcist. 1993. *Band II/54.*

Visotzky, Burton L.: Fathers of the World. 1995. *Band 80.*

Wagener, Ulrike: Die Ordnung des „Hauses Gottes". 1994. *Band II/65.*

Walter, Nikolaus: Praeparatio Evangelica. Hrsg. von Wolfgang Kraus und Florian Wilk. 1997. *Band 98.*

Wander, Bernd: Gottesfürchtige und Sympathisanten. 1998. *Band 104.*

Watts, Rikki: Isaiah's New Exodus and Mark. 1997. *Band II/88.*

Wedderburn, A.J.M.: Baptism and Resurrection. 1987. *Band 44.*

Wegner, Uwe: Der Hauptmann von Kafarnaum. 1985. *Band II/14.*

Welck, Christian: Erzählte ‚Zeichen'. 1994. *Band II/69.*

Wilk, Florian: siehe *Walter, Nikolaus.*

Williams, Catrin H.: I am He. 2000. *Band II/113.*

Wilson, Walter T.: Love without Pretense. 1991. *Band II/46.*

Zimmermann, Alfred E.: Die urchristlichen Lehrer. 1984, [2]1988. *Band II/12.*

Zimmermann, Johannes: Messianische Texte aus Qumran. 1998. *Band II/104.*

Einen Gesamtkatalog erhalten Sie gern vom
Mohr Siebeck Verlag, Postfach 2040, D–72010 Tübingen.
Neueste Informationen im Internet unter http://www.mohr.de